Edgar Allan Poe · Faszination des Grauens

*Edgar Allan Poe*

# FASZINATION DES GRAUENS

Erzählungen

Edgar Allan Poe: Faszination des Grauens, Erzählungen
Copyright © by Area Verlag GmbH, Erftstadt
Alle Rechte vorbehalten

Einbandgestaltung: agilmedien, Köln
Einbandabbildungen: Zefa, Düsseldorf
Satz & Layout: Bernhard Heun, Rüssingen
Druck und Bindung: Bercker, Kevelaer

Printed in Germany 2003
ISBN 3-89996-022-X

# INHALT

Köng Pest .................................... 7
Die Maske des roten Todes ................... 30
Der Untergang des Hauses Usher ............. 42
Der Teufel im Glockenstuhl .................. 78
Der schwarze Kater .......................... 94
Der Mord in der Spitalgasse ................ 113
Der Goldkäfer .............................. 179
Froschhüpfer ............................... 242
Der verlorene Atem ......................... 260
Der künstliche Mann ........................ 283
Die Scheintoten ............................ 302
Der Fall Valdemar .......................... 329
Der Geist des Bösen ........................ 347
Das verräterische Herz ..................... 359

## INHALT

Der Mann der Menge .................... 370
Das Faß Amontillado .................... 388
In den Bergen .......................... 401
Metzengerstein ......................... 421
Die längliche Kiste .................... 436
Das Geheimnis von Marie Rogêts Tod ..... 458
Die Foltern ............................ 554
Der entwendete Brief ................... 585
Du hast's getan ........................ 620
Hüte dich vor des Teufels Wetten ....... 647
Das Abenteuer eines gewissen Hans Pfaall .... 666
Ligeia ................................. 760
Morella ................................ 789

# *König Pest*

*Eine Geschichte, die eine Allegorie enthält*

*Die Götter erlauben – ja! sie befehlen sogar den Königen,
Dinge zu tun, die sie bei Schurken verabscheuen.*
Buckhurst, Perrex et Perrex

IN EINER OKTOBERNACHT gegen zwölf Uhr – es war unter der ritterlichen Regierung König Eduards des Dritten – bemerkten zwei Seeleute, die der Mannschaft eines kleinen, augenblicklich in der Themse vor Anker liegenden Handelsschiffes angehörten, mit einigem Erstaunen, daß sie sich in einer Kneipe befanden, die im Kirchspiel Sanct Andreas lag und als Schild das Porträt einer „fidelen Teerjacke" trug.

Der Raum war schlecht gebaut, rauchgeschwärzt und sehr niedrig; also in keiner Beziehung besser als die üblichen Matrosengasthäuser. In den Augen der Trinker, die in den Ecken herumsaßen, Kerlen aus aller Herren Länder, war er jedoch für seinen Zweck bestens geeignet.

Die beiden Matrosen bildeten wohl die auffallendste Gruppe.

Der, wie es schien, ältere von ihnen – er wurde von seinem Gefährten mit dem, wie man gleich sehen wird, sehr charakteristischen Beinamen „Stelze" angeredet – war auch der weitaus größere. Seine sechs und einen halben Fuß mochte er wohl gut messen, und seine krumme Haltung schien nur die unausbleibliche Folge solcher Riesenhaftigkeit zu sein.

Doch wurde dies Übermaß an Länge durch manche Kümmerlichkeiten an seiner Gestalt wieder ausgeglichen. Er war ganz außerordentlich mager, so daß seine Kameraden wohl behaupteten, er könne, wenn er betrunken sei, sehr gut die Mastbaumlampe, und wenn nüchtern, den Luvbaum ersetzen, aber solche und ähnliche Späße pflegten nicht den geringsten Eindruck auf die Lachmuskeln unseres Seemanns zu machen.

Sein Gesicht mußte auffallen: Er hatte hervorstehende Backenknochen, eine große Habichtnase, ein zurücktretendes Kinn, einen zusammengedrückten Unterkiefer und riesig große, hervortretende wasserblaue Augen. Der Ausdruck dieser Züge war, obwohl sie eine Art verbohrter Gleichgültigkeit zur Schau trugen, ein ernster und feierlicher.

Der jüngere Seemann schien so ungefähr das vollendete Gegenstück seines Gefährten. Seine Größe

## KÖNIG PEST

betrug höchstens vier Fuß. Der untersetzte, schwerfällige Körper wurde von ein Paar krummen, stämmigen Beinen getragen, während die ungewöhnlich kurzen und dicken Arme mit ihren mächtigen Fäusten zu beiden Seiten auf und ab baumelten wie die Flossen einer Seeschildkröte. Aus seinem Kopfe zwinkerten kleine, tief liegende Augen von unbestimmter Farbe hervor. Die Nase lag in der Fleischmasse, die sein rundes, volles, purpurrotes Gesicht umhing, förmlich begraben, und seine dicke Oberlippe ruhte auf der noch dickeren Unterlippe mit einem Ausdruck gemächlichster Selbstzufriedenheit, der noch durch die Angewohnheit ihres Eigentümers, sie von Zeit zu Zeit wohlgefällig zu belecken, erhöht wurde. Er betrachtete seinen langen Gefährten offenbar mit einem aus Erstaunen und Spott gemischten Gefühle und blickte oft zu ihm auf – so ungefähr, wie die rote untergehende Sonne zu den Felsklippen des Ben Nevis aufsehen mag.

Viele und vielartige Wanderungen hatte das würdige Paar während der früheren Nachtstunden bereits durch die verschiedenen Kneipen der Nachbarschaft unternommen. Doch auch die größte Summe reicht nicht ewig, und mit leeren Taschen hatten sich unsere Freunde schließlich in das eben beschriebene Wirtshaus wagen müssen.

In dem Augenblicke, da unsere Geschichte beginnt, saßen Stelze und sein Kamerad Hugo Luckenfenster, so hieß der kleine Dicke, jeder mit aufgestützten Ellbogen, an dem großen Eichentische in der Mitte des Zimmers und lehnten den Kopf in die Hand. Über eine riesige, „unbezahlbare" Flasche hinweg beäugelten sie die unheilverkündenden Worte „KEINE KREIDE", die zu ihrem beträchtlichen Unwillen und Erstaunen auf die Tür geschrieben waren; und zwar mittels desselben Minerals, dessen Anwesenheit sie verleugnen sollten! Nicht, daß man unseren Seefahrern die Fähigkeit, Schriftzüge zu entziffern, hätte zur Last legen können! Diese Wissenschaft galt damals für ebenso kabbalistisch wie die Kunst, sie zu schreiben – doch waren da, um die Wahrheit zu sagen, gewisse Windungen in der Bildung der Buchstaben und im Ganzen ein unbestimmtes, unbeschreibliches Seitwärtssteuern, das den beiden Seefahrern Sturm und schlechtes Wetter zu verkünden schien und sie, um mit den allegorischen Worten Stelzes zu reden, plötzlich bestimmte, „das Schiff zu bewachen, die Segel einzuziehen und vor dem Winde zu laufen".

Nachdem sie also den Rest Ale noch seiner Bestimmung übergeben hatten, knöpften sie ihre kurzen Wämse fest zu und machten einen Vorstoß ins Freie. Und obwohl Luckenfenster zweimal in den Kamin trat, den er für die Tür hielt, wurde ihre Flucht doch endlich glücklich bewerkstelligt, und eine halbe Stunde nach Mitternacht liefen unsere

## KÖNIG PEST

Helden, als ginge es um ihr Leben, eine dunkle, enge Straße in der Richtung nach St. Andrews Treppe hinab, hart verfolgt von der Wirtin und etlichen Gästen der „fidelen Teerjacke".

In der Zeit nun, in der diese ereignisreiche Geschichte spielt, und manches Jahr vorher und nachher, erklang in England und besonders in der Hauptstadt der entsetzliche Schrei: „Die Pest!" Die Stadt war zum großen Teil entvölkert, und in den schrecklichen Vierteln in der Nähe der Themse, in deren schwarzen, engen, schmutzigen Straßen die Seuche aufgekommen, schlichen nur noch Angst, Entsetzen und Aberglauben durch die verödeten Straßen.

Auf Befehl des Königs waren diese Viertel von der übrigen Stadt vollständig abgeschlossen worden, und jedem, der es wagen sollte, in ihre grauenvolle Einsamkeit zu dringen, die Todesstrafe angedroht. Doch konnten weder die gesetzlichen Bestimmungen des Königs, noch die riesigen Holzverschläge am Eingang der Straßen, noch die Furcht vor dem grausigen, widerwärtigen Tode, der jeden Eindringling so ziemlich mit Sicherheit ereilen mußte, verhindern, daß die leeren, menschenverlassenen Wohnungen nächtlicherweile beraubt, und alles Eisen, Kupfer- oder Bleiwerk, kurz, Gegenstände, mit denen noch Handel getrieben werden konnte, fortgeschleppt wurde.

## König Pest

Wenn dann im Winter die Verschläge wieder geöffnet wurden, stellte sich gewöhnlich heraus, daß die Schlösser, Riegel und geheimen Keller nur schlecht die reichen Wein- und Likörvorräte bewahrt hatten, welche die gerade in diesen Vierteln ansässigen zahlreichen Händler lieber einer so ungenügenden Sicherheit überließen, als sie in der Eile unter Mühen und Gefahren in die entfernteren Stadtteile zu schaffen.

Aber nur sehr wenige in dem schreckgefaßten Volke schrieben diese nächtlichen Räubereien Menschenhänden zu. Man glaubte, daß Pestgeister, Seuchenkobolde, Fieberdämone diese Übeltaten verrichteten, und täglich entstanden neue schauerliche Geschichten, so daß schließlich die verlassenen Häuser wie von einem Leichentuch eingehüllt waren, und die Räuber selbst, geängstigt durch die abergläubischen Schauergeschichten, die ihre eigenen Raubzüge geschaffen, die verrufenen Orte flohen; so daß nur Finsternis und schweigender Tod an dieser Stätte des Pesthauchs waren.

Durch einen jener Holzverschläge, die anzeigten, daß das hinter ihnen liegende Gebiet unter dem Krankheitsbanne sei, sahen sich nun plötzlich Stelze und der würdige Hugo Luckenfenster, die gerade eine schmale Straße heruntergerannt kamen, in ihrem Laufe aufgehalten. Es war unmöglich, umzukehren, und jeder Zeitverlust bedeutete höchste Gefahr, denn die Verfolger waren ihnen auf den Fersen. Für zwei so geübte Matrosen wie sie war es eine Kleinigkeit, den grob gearbeiteten Bretterzaun zu erklettern, und nach dem reichlichen Genuß der Spirituosen, durch die Anstrengung des Laufens doppelt stark berauscht, sprangen sie entschlossen auf die andere Seite, rannten mit Schreien und Heulen weiter und verloren sich bald in den verborgenen, verpesteten Schlupfwinkeln.

Wären sie nicht so sinnlos betrunken gewesen – ihre gräßliche Umgebung hätte ihre schwankenden Schritte sicher aufgehalten, das Entsetzen würde sie den Wohnungen der Menschen wieder zugetrieben haben. Die Luft war kalt und nebelig. Die Pflastersteine lagen in wilder Unordnung umher, Gras und Unkraut überwucherten sie, so daß man oft bis über die Knöchel in dasselbe einsank. Zerfallene Häuser versperrten die Straßen, giftige, stinkende Dünste wogten über das Ganze, und in dem gespenstischen Lichte, das selbst um Mitternacht eine dunstige, verpestete Atmosphäre ausstrahlte, hätte man in den Straßen und Gäßchen oder in den fensterlosen Wohnräumen den verwesenden Leichnam manch eines Räubers erblicken können, den die Hand der Pest gefaßt hatte, als er gerade sein nächtliches Werk vollbringen wollte.

Doch dergleichen Gefühle, Bilder und Hindernisse waren machtlos, die Schritte zweier Menschen aufzuhalten, die, von Natur aus tapfer, in dieser Nacht zum Überlaufen voll von Mut und Ale, ohne Zögern und so geradewegs, wie es ihr Zustand nur immer erlaubte, dem Tode selbst in den Rachen gelaufen wären.

Weiter und immer weiter lief der grimmige Stelze, und sein Geschrei, das wie das Kriegsgeheul der Indianer durch die Nacht gellte, weckte das Echo der schauerlichen Öde. Und ihm auf dem Fuße folgte der dicke Luckenfenster, der sich am Rockzipfel seines behenderen Gefährten festhielt und dessen stärkste Leistungen in der Vokalmusik noch durch die machtvollsten Kontrabaßtöne übertraf.

Sie hatten jetzt den eigentlichen Herd der Pest erreicht. Ihr Weg wurde mit jedem Schritt oder vielmehr mit jedem Stolpern widerwärtiger, die Straßen enger, verfallener. Die dumpfe Schwere, mit der große Steine und Balken von Zeit zu Zeit von den einstürzenden Dächern auf die Straße fielen, ließ auf die außerordentliche Höhe der umstehenden Häuser schließen, und wenn die Flüchtlinge Hand anlegen mußten, um sich einen Weg über Schutthaufen hinweg zu verschaffen, so geschah es nicht selten, daß ihre Finger ein Skelett berührten oder in verwesendes Fleisch faßten.

Plötzlich taumelten die Matrosen gegen die Türe eines riesigen Gebäudes von unheimlichem Aussehen. Stelze stieß einen ganz besonders gellenden

Schrei aus, auf den von innen her durch eine lange Reihe ununterbrochener, wilder Rufe, die wie höllisches Lachen klangen, geantwortet wurde. Ohne über diese Laute zu erschrecken, die an solchem Orte und in solchem Augenblicke jeden nicht so sinnlos Berauschten mit Entsetzen erfüllt haben würden, warf sich das würdige Paar der Länge nach gegen die Tür, stieß sie auf und stolperte mit einem Schwall von Flüchen mitten in das Haus hinein.

Der Raum, in dem sie sich nunmehr befanden, war der Laden eines Sargfabrikanten und Leichenbegängnis-Unternehmers; aber durch eine offene Falltür in einer Ecke des Fußbodens, nahe am Eingang, blickte man auf eine lange Reihe von Weinfässern, die – wie der Ton einiger Weinflaschen bewies, die gerade an ihnen zerschellten – mit dem gehörigen Inhalte auf das Beste gefüllt waren. In der Mitte des Raumes stand ein Tisch und darauf eine riesige, anscheinend mit Punsch gefüllte Bowle. Verschiedene Flaschen Wein und Liköre sowie zahlreiche Krüge, Kruken und Flacons von jeder Gestalt und Größe standen auf dem Tisch umher.

Um den Tisch, und zwar auf Särgen, saß eine Gesellschaft von sechs Personen, die ich zunächst beschreiben muß.

Der Eingangstür gegenüber und ein wenig höher als die übrigen, thronte ein Mann, welcher der Präsident der Tafelrunde zu sein schien. Er war groß und dürre, und Stelze erkannte verblüfft, daß man ihn, was Magerkeit anging, doch noch übertreffen könne. Das Gesicht dieses Mannes war so gelb wie Safran, doch keine Partie desselben war einer besonderen Beschreibung würdig – mit Ausnahme der Stirn, die so ungewöhnlich, so scheußlich hoch schien, daß sie wie ein Helm oder eine Krone aus Fleisch wirkte, die dem natürlichen Kopfe noch aufgesetzt war. Der grinsende Mund war zu einem Ausdruck gespenstischer Liebenswürdigkeit zusammengekniffen, und über seinen Augen, wie über denen der ganzen Tischgesellschaft, lag der gläserne Glanz der Betrunkenheit. Dieser Gentleman war von Kopf bis zu Fuß in einen reichgestickten Mantel aus schwarzem Seidensammet gehüllt, der, auf der Schulter geschlossen, nach Art der spanischen Mäntel seine ganze Gestalt lose umschloß. Sein Kopf war reichlich mit den emporgesträubten Federn geschmückt, wie sie die Pferde der Leichenwagen zu tragen pflegen; und mit einer gezierten Munterkeit bewegte er sie hin und her. In seiner rechten Hand hielt er einen großen, menschlichen Schenkelknochen, mit dem er anscheinend gerade ein Mitglied der Tafelrunde berührt hatte, um den Vortrag eines Liedes zu befehlen.

Dem Präsidenten gegenüber, den Rücken zur Tür gewandt, saß eine Dame, deren außergewöhnliches Aussehen dem seinen an Sonderbarkeit nicht das

Geringste nachgab. Obwohl sie gerade so groß war wie die erstbeschriebene Person, hatte sie sich doch durchaus nicht über Magerkeit zu beklagen. Sie befand sich offenbar im letzten Stadium der Wassersucht, und ihr Umfang kam dem der riesigen Tragbahre gleich, die neben ihr in einer Ecke des Zimmers aufgerichtet stand. Ihr Gesicht war außerordentlich rund, rot und voll, und dieselbe Merkwürdigkeit, das heißt eigentlich die Abwesenheit jeder Merkwürdigkeit, die ich schon bei der Beschreibung des Präsidenten erwähnte, zeichnete alle ihre Züge aus – bis auf einen einzigen, der besondere Schilderung verdient –, der scharfsinnige Luckenfenster sah bald, daß sich diese Eigentümlichkeit bei jeder der sechs Personen wiederholte: eine Gesichtspartie fiel immer besonders auf. Bei der in Frage stehenden Dame war es der Mund. Er reichte vom rechten Ohre bis zum linken und bildete einen fürchterlichen Schlund, in den ihre kurzen Ohrringe jeden Augenblick hinabbaumelten. Doch machte sie die größten Anstrengungen, ihn soviel wie möglich geschlossen zu halten und würdig auszusehen. Ihr Kleid bestand aus einem frisch gestärkten und gebügelten Leichentuche, das unter dem Kinn mit einem plissierten Batistkragen abschloß.

Zu ihrer Rechten saß ein junges Dämchen, das sie zu bemuttern schien. Dies zarte, kleine Geschöpf zeigte mit ihren zitternden, mageren Fingern, den farblosen Lippen, den leicht hektischen Flecken in dem sonst bleigrauen Gesichte alle Symptome der galoppierenden Schwindsucht. Doch hatte ihr ganzes Wesen etwas äußerst Distinguiertes; sie trug ihr großes, schönes Leichentuch aus feinstem Leinengewebe mit Grazie und bewegte sich frei und ungezwungen; ihr Haar hing in Locken auf ihre Schultern herab, und ein weiches Lächeln umspielte ihren Mund; aber ihre außerordentlich lange, dünne, krumme, bewegliche, finnige Nase hing weit über ihre Unterlippe hinab, und trotz der feinen Art, mit der sie dieselbe von Zeit zu Zeit mit der Zunge nach rechts oder links schob, gab dieser Rüssel ihrem Gesicht einen etwas mehr als zweideutigen Ausdruck.

An der anderen Seite, zur Linken der wassersüchtigen Dame, saß ein alter, kleiner, aufgeschwollener, asthmatischer, gichtischer Herr. Seine Wangen ruhten wie zwei Portweinschläuche auf seinen Schultern, die Arme hielt er gekreuzt, sein rechtes, von Bandagen umwickeltes Bein ließ er auf dem Tische ruhen und schien sich ganz besonderer Beachtung wert zu halten. Doch so sehr ihn auch jeder Zoll seiner persönlichen Erscheinung mit Stolz erfüllte, liebte er noch besonders, die Aufmerksamkeit der Anwesenden auf seinen prunkvoll gefärbten Überrock zu lenken. Derselbe mußte ihn allerdings auch viel Geld gekostet haben und stand ihm außerordentlich gut; er war aus einer jener kunstvoll gestickten Schabracken gefertigt, mit denen man in England, und auch wohl anderswo, die großen Wappenschilder an den Wohnungen der Aristokratie in Abwesenheit der Herrschaften bedeckt.

Neben ihm, zur Rechten des Präsidenten also, saß ein Herr in langen weißen Strümpfen und baumwollenen Unterhosen. Seine ganze Gestalt wurde von einem komisch wirkenden Schauder geschüttelt, den Luckenfenster Tatterich zu nennen beliebte. Seine frisch rasierten Kinnladen waren durch eine Musselinbinde fest zusammengebunden, und seine auf dieselbe Art und Weise an den Handgelenken befestigten Arme hinderten ihn, den Getränken auf dem Tische allzu reichlich zuzusprechen – eine Vorsicht, die, wie Stelze bei sich dachte, nach seinem verdummten Säufergesicht zu schließen, gar nicht unnötig war. Ein Paar enorm große Ohren standen von seinem Kopfe ab in das Zimmer hinein und wurden von einem Krampf durchzuckt, sooft man nur eine Flasche entkorkte.

Ihm gegenüber als sechste und letzte Person saß ein sonderbar steif aussehendes Wesen männlichen Geschlechtes, das offenbar gelähmt war und sich in seiner unbequemen Kleidung sehr ungemütlich fühlen mußte. Dieser Herr war nämlich vollständig in einen schönen, neuen Mahagonisarg gekleidet, dessen Deckel wie ein Helm auf seinem Haupte saß. In die beiden Seiten des Sarges waren Armlöcher gebohrt, um der Eleganz wie um der Bequemlichkeit willen; dennoch verhinderte dies „Gewand" seinen Träger, geradeso aufrecht zu sitzen wie seine Tischnachbarn. Sein Sarg lehnte in einem Winkel von fünfundvierzig Grad gegen eine Totenbahre, so daß der so originell bekleidete Herr seine großen Augen mit ihren schauderhaften weißen Pupillen, wie voll Erstaunen über ihre eigene enorme Größe, rollend zur Zimmerdecke gerichtet hielt.

Vor jedem der Tafelgenossen lag eine halbe Hirnschale, die als Trinkbecher diente. Über ihren Köpfen hing ein Skelett, das mittels eines um sein Bein geschlungenen Seiles an einem Ringe im Plafond befestigt war. Das andere Bein streckte sich in einem rechten Winkel vom Körper ab, und das ganze klappernde Skelett drehte sich bei jedem leichten Windstoß, der durch die bröckeligen Mauern in den Raum fuhr, lustig im Kreise herum. Der Schädel des scheußlichen Dinges enthielt eine Menge brennender Kohlen, die ein schwankendes, doch lebhaftes Licht auf die ganze Szene warfen. Särge, Bahren und sonstige Verkaufswaren eines Leichenbegängnis-Unternehmers waren an den Wänden und vor den Fenstern so hoch aufgestapelt, daß kein Lichtstrahl auf die Straße drang.

Beim Anblick dieser sonderbaren Versammlung und der noch sonderbareren Kleidung bewahrten unsere Seeleute nicht die wünschenswerte Haltung. Stelzes Unterkinn sank noch tiefer herab als gewöhnlich, und er selbst gegen die ihm zunächst stehende Mauer, während sich hinwiederum seine Augen, so weit es nur möglich war, aufrissen. Luckenfenster jedoch krümmte sich dermaßen, daß seine Nase nicht über das Niveau des Tisches herausragte, schlug sich mit beiden Händen auf die Knie und brach in ein unmäßiges Lachen oder vielmehr in ein langes, lautes, widerhallendes Gebrüll aus.

Ohne über dies unglaublich grobe Betragen nur im geringsten beleidigt zu sein, lächelte der lange Präsident die Eindringlinge mit anmutiger Liebenswürdigkeit an, nickte ihnen mit seinem federgeschmückten Haupte würdevoll zu, stand auf, faßte sie am Arme und führte jeden zu einem Sitze, den zwei andere Mitglieder der Tafelrunde schon in Bereitschaft gestellt hatten. Stelze leistete bei all dem nicht den geringsten Widerstand, sondern setzte sich da nieder, wohin man ihn führte, während Luckenfenster, der Galante, seinen Sargständer vom Kopfende des Tisches an die Seite der kleinen, schwindsüchtigen Dame in dem indischen Leichentuche rückte, in höchster Heiterkeit an ihrer Seite niederplumpste, sich einen Schädel Rotwein eingoß und ihn „auf nähere Bekanntschaft" leerte.

Diese Anmaßung schien jedoch den steifen Gentleman im Sarge zu ärgern und wäre wohl kaum ohne betrübliche Folgen geblieben, wenn nicht der Präsident mit seinem Zepter auf den Tisch geklopft und die Aufmerksamkeit der Anwesenden durch folgende Rede abgelenkt hätte: „Es ist unsere Pflicht bei dem glücklichen Zufalle –"

„Halt!" fiel ihm Stelze mit ernsthafter Miene ins Wort. „Halten Sie ein wenig, und sagen Sie uns beim Teufel zuerst mal, wer Sie eigentlich sind, und was Sie hier wollen, und warum Sie unserem ehrlichen Kameraden, dem Leichenbestatter Wilhelm Schaufel, seinen Wintervorrat von dem leckeren Weinchen da austrinken?"

Bei diesem unverzeihlichen Beweise schlechter Erziehung sprang die seltsame Gesellschaft auf und stieß wieder jene wilden Schreie aus, die die beiden Seeleute schon vorher hatten vernehmen müssen. Der Präsident erlangte zuerst seine Ruhe wieder, wandte sich schließlich mit großer Würde Stelze zu und begann von neuem: „Mit größter Bereitwilligkeit werden wir jede berechtigte Neugier Unserer erlauchten, wenn auch ungebetenen Gäste befriedigen. So werde Ihnen denn kundtun, daß ich der Beherrscher dieser Gebiete bin und hier allein und unbeschränkt regiere unter dem Namen König Pest der Erste."

„Dieser Raum, den Sie sehr profan und zu Unrecht den Laden Wilhelm Schaufels, eines Leichenbestatters, genannt haben – eines Mannes, den Wir nicht kennen, und dessen plebejischer Name vor dieser Nacht Unsere königlichen Ohren noch nicht beleidigt hat – dieser Raum, sage ich, ist das Torzimmer Unseres Palastes, zu Ratsversammlungen in Unserem Königreich und anderen hohen und erhabenen Zwecken bestimmt."

„Die edle Frau Uns gegenüber ist die Königin Pest, Unsere Allerdurchlauchtigste Gemahlin. Die übrigen erlauchten Personen, die Sie erblicken, gehören alle zu Unserer Familie und tragen die Zeichen ihrer königlichen Herkunft in ihren Namen: Seine Königliche Hoheit der Erzherzog Pest-Ilenz, Seine Hoheit der Herzog Pest-Beulchen, Seine Hoheit der Herzog Tem-Pesta, Ihre Königliche Hoheit die Erzherzogin Ana-Pest".

„Was Ihre Frage betreffs der Angelegenheit, über die wir hier Rates pflegen, angeht, gestatten wir Uns zu bemerken, daß sie nur Uns und Unsere königlichen Interessen berührt und für niemand anderen als nur für Uns selbst von Wichtigkeit ist. Aber in Anerkennung jener Rechte, welche Sie als Gäste und Fremde beanspruchen zu dürfen glauben, erklären Wir Ihnen, daß Wir in dieser Nacht, wohl vorbereitet durch ausgedehnte Nachforschungen und sorgfältige Untersuchungen, hier versammelt sind, um den unbestimmbaren Geist, die unerklärlichen Eigenschaften und das Wesen jener unschätzbaren Gaumenlabungen, der Weine, Ales und Liköre dieser prächtigen Metropole zu untersuchen, zu analysieren und gründlich zu bestimmen; um durch dieses Tun nicht allein Unsere eigenen Absichten zu verfolgen, sondern vor allem das wahre Wohlergehen jenes Herrschers zu fördern, der, nicht von dieser Welt, über Uns alle herrscht, dessen Reich ohne Grenzen ist, und dessen Name Tod heißt!"

„Dessen Name Hans Wurst\* ist!" schrie Luckenfenster, schenkte der Dame an seiner Seite einen Schädel voll Likören ein und versah auch den seinen aufs Beste.

„Profaner Schuft", sagte der Präsident und wandte seine ganze Aufmerksamkeit dem würdigen Stelze zu – „profaner, erbärmlicher Lump! Wir haben gesagt, daß Wir in Anerkennung jener Rechte, die Wir selbst in Deiner schmutzigen Person nicht zu verletzen gewillt sind, geruht haben, auf Deine groben, sehr unzeitigen Fragen zu antworten. Nichtsdestoweniger halten Wir es angesichts des profanen Eindringens in Unsere Ratsversammlung für Unsere Pflicht, Dich und Deinen Gefährten

---

\* Im amerikanischen Text steht hier Davy Jones – der Name für eine clownartige Figur, die den Tod spielt.

Anm. der Herausgeber

jeden zu einer Gallone Bier zu verurteilen, die Ihr knieend und auf einen Zug auf das Wohl Unseres Königreiches trinken werdet. Dann soll es Euch freistehen, Euren Weg wieder aufzunehmen oder zu bleiben, oder, jeder nach seinem persönlichen Geschmack, an den Privilegien unseres Tisches teilzunehmen."

„Es wäre ein Ding der Unmöglichkeit", erwiderte Stelze, dem die großartige Haltung und Würde des Königs Pest I. offenbar Respekt eingeflößt hatte – erhob sich und stütze sich während des Redens auf den Tisch – „es wäre ein Ding der Unmöglichkeit, auch nur den vierten Teil von dem Quantum Likör, das Euere Majestät eben zu erwähnen beliebten, in meinem Kielraum aufzuschichten. Abgesehen von den verschiedenen Waren, die wir am Vormittage als Ballast eingenommen –, und der diversen Ales und Likörs, die wir im Laufe des Abends in verschiedenen Häfen eingeschifft, gar nicht zu gedenken –, habe ich jetzt eben in der ‚fidelen Teerjacke' eine volle, wohl bezahlte Schiffsladung eingenommen. Ich erlaube mir deshalb, an Euere Majestät die Bitte zu richten, den Willen für die Tat zu nehmen, denn ich kann weder, noch will ich einen weiteren Tropfen Alkohol mehr schlucken – am allerwenigsten einen Tropfen von dem niederträchtigen Kielwasser, das auf den Namen Bier getauft ist."

„Stop! Stop!" unterbrach ihn Luckenfenster, nicht mehr erstaunt über die Länge der Rede als über die Weigerung – „Stop! Stop! Du Süßwassermatrose! Und kein Geschwätz mehr, Stelze! Mein Lagerraum ist noch aufnahmefähig, obgleich ich ja gestehen muß, daß du ein wenig schwer geladen zu haben scheinst; aber eher würde ich noch für deine Ladung Platz in meinem Packraum schaffen, als warten, bis ein Sturm heraufzieht, wenn ..."

„Ein solches Vorgehen", unterbrach ihn der Präsident, „verträgt sich in keiner Weise mit den Satzungen des Urteils oder vielmehr mit der Verurteilung, welche eine uneinschränkbare, unwiderrufliche ist. Die Bedingungen, die Wir auferlegt haben, müssen buchstäblich und ohne die geringste Verzögerung erfüllt werden. Im Falle einer Weigerung befehlen Wir, daß man Euch an dem Halse und den Fersen zusammenbindet und als Rebellen in jenem Oxhoft Wein ertränkt!"

„Das nenne ich einen Urteilsspruch" „Das ist ein Urteil!" „Das ist ein gerechtes und billiges Urteil!" „Ein glorreiches Dekret!" „Eine höchst verdiente, einspruchslose Verurteilung!" rief die Familie Pest in lautem Durcheinander aus. Der König zerknitterte seine Stirn in zahllose kleine Fältchen, der gichtische alte Herr schnaufte wie ein Blasebalg, die junge Dame im indischen Leichtuche ließ ihre Nase nach rechts und links spielen, der Gentleman in den baumwollenen Unterhosen bekam den Krampf in die Ohren, die Dame im gestärkten Totenhemd schnappte mit ihrem riesigen Rachen wie ein sterbender Fisch, und der im Sarge sah noch steifer aus und rollte die Augen wilder als je.

„Hihihi!" kicherte Luckenfenster, ohne auf die allgemeine Erregung zu achten. „Hihihihihihihihihi! Ich sagte ja, daß die zwei oder drei Gallonen für eine solides Schiff wie mich eine Kleinigkeit sind, wenn es nicht überladen ist – aber wenn ich auf die Gesundheit des Teufels trinken und mich vor Seiner niederträchtigen Majestät, die, so sicher wie ich ein Sünder bin, niemand anderes ist als ein dummer August, auf meine Knie werfen soll, so ist das eine Sache, die vollständig über meinen Verstand geht."

Man hatte ihn jedoch nicht ruhig ausreden lassen. Bei dem Namen dummer August sprang die ganze Gesellschaft von ihren Sitzen auf.

„Verrat!" brüllte Seine Majestät König Pest der Erste.

„Verrat!" sagte der kleine Gichtische.

„Verrat!" kreischte die Erzherzogin Ana-Pest.

„Verrat!" murmelte der Gentleman mit dem aufgebundenen Kinn.

„Verrat!" grunzte der Mann im Sarge.

„Verrat! Verrat!" schrie Ihre Majestät mit dem Rachen – ergriff den unglückseligen Luckenfenster, der soeben angefangen hatte, einen Schädel voll Likör auszutrinken, an dem hinteren Teile seiner Beinkleider, hob ihn hoch in die Höhe und ließ ihn ohne Zeremonie in das riesige, offene Faß mit ihrem geliebten Ale fallen. Er tauchte ein paarmal auf und unter wie ein Apfel in kochendem Punsch und verschwand zuletzt in einem Wirbel von Schaum, den seine Versuche, sich zu retten, in der von Natur aus leicht moussierenden Flüssigkeit reichlich hervorgebracht hatten.

Der lange Seemann sah jedoch keineswegs tatenlos der Niederlage seines Genossen zu. Er ergriff den König Pest, stieß ihn die offene Falltür hinab, schloß dieselbe mit einem fürchterlichen Fluche und lief in die Mitte des Zimmers zurück, dann riß er das Skelett herunter, das über dem Tische baumelte, und bediente sich seiner mit soviel Energie und gutem Willen, daß es ihm gelang, noch ehe die letzte Kohle verloschen war, dem kleinen gichtischen Herrn das Gehirn einzuschlagen. Dann stürzte er sich mit aller Kraft auf das riesige, mit Oktober-Ale und Luckenfenster gefüllte Faß, stieß es um und ließ es ins Zimmer hinrollen. Eine Sündflut so wilden, so wütenden Gebräues schoß heraus, daß das Zimmer von einem Ende zum anderen überschwemmt wurde. Der Tisch stürzte um, mit allem, was darauf stand, die Sargständer fielen auf die Seite, die Punschbowle flog in den Kamin, und die beiden Damen bekamen hysterische Anfälle.

## KÖNIG PEST

Ganze Stöße von Begräbnisgegenständen sausten umher, Krüge, Kruken, Korbflaschen vermengten sich zu greulichem Durcheinander, schwere Ballons verursachten gräßliche Zusammenstöße mit kleinen Likörflacons. Der Mann mit dem Tatterich ertrank auf der Stelle, der kleine Lahme schwamm in seinem Sarge umher – der siegreiche Stelze ergriff die dicke Dame im gestärkten Totenhemd um die Taille, stürzte mit ihr auf die Straße hinaus und steuerte geradenwegs auf den Hafen zu, gefolgt von dem ebenfalls mit bestem Winde segelnden Hugo Luckenfenster, der, nachdem er sich drei- oder viermal tüchtig ausgeniest hatte, mit der Erzherzogin Ana-Pest hinter ihm her schnaufte.

## Die Maske des roten Todes

Der rote Tod hatte schon lange im Lande gewütet; noch nie hatte die Pest grauenhaftere Verheerungen angerichtet. Blut ging vor ihr her – Blut folgte ihr; überall sah man die Farbe des Blutes, spürte seine Schrecken. Sie brachte stechende Schmerzen und plötzliche Schwindelanfälle mit sich, denen starke Blutungen aus allen Poren folgten, und ließ unerbittlich den Tod zurück. Die scharlachroten Flecken auf dem ganzen Körper und besonders auf dem Gesicht des Opfers waren die Brandmale, die den Unglücklichen von der Hilfe und dem Mitleid der Menschen ausschlossen; und der erste Anfall, der qualvolle Fortschritt und das Ende der Seuche war das schauerliche Werk einer halben Stunde.

Doch Prinz Prospero?! – Prinz Prospero war glücklich, furchtlos und weise. Als seine Besitztümer halb entvölkert dalagen, bat er tausend lebenslustige Gesellschafter aus dem Kreise der Ritter und

## Die Maske des roten Todes

Damen seines Hofes zu sich und zog sich mit ihnen in die tiefe Abgeschiedenheit eines seiner befestigten Schlösser zurück. Es war ein weitläufiges, prächtiges Gebäude, eine Schöpfung nach des Prinzen eigenem, wildem, aber großartigem Geschmack. Eine starke, hohe, mit eisernen Toren verschlossene Mauer umgab das ganze Besitztum. Als die Höflinge eingezogen waren, brachte man Schmelzöfen und schwere Hämmer herbei und schmiedete die Riegel an den Toren zu, denn die Verzweiflung sollte weder jählings von außen herein noch die irre Lustigkeit von innen heraus gelangen können. Die Welt draußen mochte für sich selbst sorgen! Es wäre Torheit gewesen, sich um der Zukunft oder der Menschheit willen trübem Nachdenken und Grübeleien hinzugeben! Der Prinz hatte denn auch reichlich für Vergnügungen und Unterhaltung gesorgt. Da waren Spaßmacher, Improvisatoren, Ballettänzer, Musiker, dazu die schönen Damen! Und die edlen Weine! Ja, alles das und Sicherheit war im Schloß! Draußen war der rote Tod!

Im fünften oder sechsten Monat, als die Pest im Lande gerade am schlimmsten wütete, lud Prinz Prospero seine tausend Freunde zu einem Maskenball von ganz ungewöhnlicher Pracht ein.

Die Schar der Masken bot einen berauschenden Anblick dar, doch will ich erst die Räume beschreiben, in denen das Fest stattfand.

## Die Maske des roten Todes

Es waren ihrer sieben – eine wahrhaft fürstliche Zimmerflucht! In den meisten Palästen würde sie wohl eine einzige, lange Durchsicht geboten haben, da man im allgemeinen die Flügeltüren nach jeder Seite hin bis fast an die Wand zurückschieben und alle Räumlichkeiten mit einem Blick durchschweifen konnte. Die Vorliebe des Prinzen für alles Bizarre hatte ihn jedoch bewogen, das Schloß so unregelmäßig bauen zu lassen, daß man zu gleicher Zeit nur wenig mehr als ein Zimmer überschauen konnte. Nach je zwanzig oder dreißig Schritten gelangte man an eine scharfe Biegung, die einem stets den Anblick auf ein neues Bild freiließ. In jedem Zimmer ging zur Rechten und Linken in der Mitte jeder Wand ein hohes, schmales, gotisches Fenster auf einen geschlossenen Korridor hinaus, der den Windungen der Zimmerflucht folgte. Die Scheiben der Fenster waren aus buntem Glase, dessen Farbe mit derjenigen übereinstimmte, die in der Ausschmückung des Zimmers vorherrschte.

Das Zimmer am östlichen Ende der Reihe war zum Beispiel in Blau gehalten, und dementsprechend strahlten auch die Fensterscheiben in funkelndem Blau.

Das zweite Zimmer war mit purpurroten Wandbekleidungen und Zierat ausgestattet, und auch die Scheiben waren purpurn – das dritte Gemach war ganz in Grün ausgestattet, und zauberhaftes grünes

## Die Maske des roten Todes

Licht ergoß sich durch seine Fenster. Das vierte Zimmer hatte orangefarbene Möbel und Beleuchtung, das fünfte Gemach war weiß, das sechste violett – das siebente aber mit schwarzem Samt ausgeschlagen, der den Plafond und die Wände umhüllte und in schweren Falten auf den Bodenteppich von derselben Farbe und dem gleichen Stoff niederfiel. In diesem Zimmer allein entsprach die Farbe der Fenster nicht der der übrigen Ausschmückung. Hier waren die Scheiben scharlachrot, tief scharlachrot. In keinem der sieben Zimmer war unter dem Überfluß an goldenem Zierat, der zahllos umherstand oder von der Zimmerdecke herunterhing, eine Lampe oder ein Kandelaber zu entdecken. In den Korridoren, welche die ganze Zimmerflucht umschlossen, stand jedem Fenster gegenüber ein massiver Dreifuß, in dem ein Kohlenfeuer loderte, das seine Flammen durch das bunte Glas in das Zimmer warf und ihm so eine glühende Helle und eine stets wechselnde, phantastische Beleuchtung gab. Aber in dem westlichen oder schwarzen Zimmer war die Wirkung, die das feurige Licht der blutroten Scheiben auf den schwarzen Wandbekleidungen hervorbrachte, eine so gespenstische, gab den Gesichtern der Eintretenden ein so gräßliches Aussehen, daß nur wenige kühn genug waren, ihren Fuß über die Schwelle des Gemaches zu setzen.

## Die Maske des roten Todes

An der westlichen Wand in diesem Zimmer stand eine riesengroße Uhr aus Ebenholz. Ihr Pendel schwang mit dumpfem, schwerem, eintönigem Schlagen hin und her. Und wenn der Minutenzeiger seinen Kreislauf über das Zifferblatt beendet hatte, und das Uhrwerk die Stunde zu schlagen begann, drang aus der metallenen Brust der Uhr ein voller, tiefer, wunderbar musikalisch klingender Ton hervor, der von so besonderem Klang, von so seltsamer Feierlichkeit war, daß nach Verlauf jeder Stunde die Musiker sich wie von einer unerklärlichen Macht gezwungen fühlten, eine Pause zu machen und dem Ton zu lauschen; die Tanzenden mußten plötzlich innehalten, ein kurzes Mißbehagen breitete sich über die ganze fröhliche Gesellschaft. Man sah, während die Glocken des Uhrwerkes tönten, die Leichtfertigsten erbleichen und die Älteren und Gesetzteren, wie in traumhaftem Nachdenken verloren, ihre Stirn in ihre Hand senken. Doch sobald der letzte Schlag verklungen war, brach die Gesellschaft wieder in heiteres Lachen aus, die Musiker blickten einander an, lächelten wie über eine Torheit und gelobten flüsternd, sich beim nächsten Stundenschlag nicht wieder in eine ähnliche Aufregung bringen zu lassen. Aber wenn nach Verlauf von sechzig Minuten (die dreitausendsechshundert Sekunden der flüchtigen Zeit bedeuten) neue Glockenklänge von der Uhr her tönten, dann schrak die fröhliche Maskenschar wie vorher auf und wartete wieder mit banger, verstörter Angst auf ihren letzten Schlag.

Und doch war es trotz allem ein heiteres, köstliches Fest. Der Prinz hatte seinen ganz persönlichen Geschmack. Er liebte seltene Farben und Farbenwirkungen und verachtete alles Herkömmliche. Seine Pläne waren kühn und voller Leben, und aus seinen Entwürfen sprühte die Glut ferner, schöner Zonen. Manche da draußen hatten ihn für wahnsinnig gehalten. Seine Hofgesellschaft wußte, daß dies ein Irrtum war; aber man mußte ihn selbst hören, ihn sehen, mußte mit ihm reden, um wirklich überzeugt zu sein, daß er es nicht war.

Um dieses große Fest zu verschönern, war ein Teil der beweglichen Ausschmückung der sieben Gemächer unter seiner Leitung entstanden, sein eigener, eigenartiger Geschmack hatte auch die Kostüme der Masken bestimmt. Und sie waren wirklich höchst grotesk. Da gab es Farbenpracht und Glanz und Glitzern, viel Phantasie und Pikanterie. Arabeskenhafte Gestalten mit seltsam verrenkten Gliedmaßen wandelten umher und gemahnten wohl an die Traumgebilde eines Tollen. Viel Schönes war da, viel Übermütiges, viel Bizarres, manches Schreckliche und nicht wenig, das widerwärtig wirkte. Auf und ab wogte es in den sieben Zimmern, wie eine Menge wirrer Traumgestalten. Und die Masken gingen ein und aus, stets wechselnd, bald zaubervoll, bald spukhaft beleuchtet, und die lauten Klänge des Orchesters durchtönten die Luft wie das Echo ihrer Schritte.

Und mitten in den Trubel hinein erklingen dann plötzlich die Glockenschläge der Ebenholzuhr – und für einen Augenblick tritt Totenstille ein, man hört keinen Laut – nichts, nur die Stimme der Uhr! Die Traumgestalten bleiben, wie von plötzlicher Erstarrung ergriffen, auf dem Fleck stehen. Aber kaum ist der letzte Ton verhallt – so erklingt hinter ihm her ein leichtes, halbunterdrücktes Lachen. Die Musik schwillt wieder sanft an, die erstarrten Träume beleben sich wieder und wogen noch heiterer auf und ab durch das Glühen der vielfarbigen Fenster, durch den seltsamen Feuerschein, den die Dreifüße flackernd entsenden. Aber in das westliche der sieben Zimmer wagt sich keine der Masken mehr hinein; denn es ist schon tief in der Nacht und ein grelles Licht dringt durch die scharlachroten Scheiben; und die Düsterkeit der schwarzen Draperien tritt immer erschreckender hervor, und dem, der es wagt, seinen Fuß auf den schwarzen Teppich zu setzen, klingt das dumpfe Ticken der Uhr warnender, feierlicher ins Ohr, als denen, die sich in den anderen Gemächern der lauten Fröhlichkeit überlassen.

Aber in den übrigen sechs Gemächern herrschte ein dichtes Gedränge, und fieberhaft pulste dort der

## Die Maske des roten Todes

Herzschlag des Lebens. Der Festrausch stieg höher und höher, bis endlich die Uhr die Mitternachtsstunde zu schlagen begann.

Und nun, wie bei jedem Stundenschlag, bricht die Musik plötzlich ab; die Tanzenden bleiben starr stehen, überall tritt, wie vorher, eine unheimliche Ruhe ein.

Aber diesmal waren es zwölf Schläge, die von der Uhr ertönten, und daher kam es auch wohl, daß in der längeren Zeit den Nachdenklicheren unter den Festgenossen tiefere und ernstere Gedanken kamen. Und daher kam es auch wohl, daß, noch ehe der letzte Schlag in der Stille verklungen war, mehrere aus der Menge sich der Gegenwart einer maskierten Gestalt bewußt wurden, die bis dahin noch keiner von ihnen bemerkt hatte. Als das Gerücht von der Anwesenheit dieser neuen Erscheinung flüsternd die Runde gemacht, ertönte aus der ganzen Gesellschaft ein Murmeln des Staunens, der Mißbilligung – das sich endlich zu einem Ausdruck des Schreckens, des Entsetzens und des Abscheus steigerte.

Es läßt sich denken, daß es schon eine ganz ungewöhnliche Maske sein mußte, die in einer so phantastisch gekleideten Gesellschaft eine derartige Erregung hervorbringen konnte. Die Maskenfreiheit war in der Tat für jene Nacht fast unbeschränkt, aber die unbekannte Erscheinung ging sogar über

## Die Maske des roten Todes

des Prinzen weitgehendste Erlaubnis hinaus. Selbst in den leichtfertigsten, frivolsten Herzen gibt es Saiten, bei deren Berührung der Mensch erbebt. Und selbst für die Verlorenen, denen Leben und Tod nur noch ein Spott sind, gibt es Dinge, die sie nicht zu ihrem Gespött machen wollen. Die ganze Gesellschaft schien auch hier von dem Gefühl durchdrungen, daß in dem Kostüm und dem Auftreten des Fremden weder Geist noch die geringste Empfindung für Schicklichkeit zu erkennen sei. Seine Gestalt war lang und hager und vom Kopf bis zu den Füßen in Leichentücher gehüllt. Die Maske, die sein Gesicht verhüllte, war so getreu dem Angesicht eines schon erstarrten Leichnams nachgebildet, daß man auch bei genauester Prüfung die Täuschung kaum erkennen konnte. Doch dies alles hätten die tollen Festgenossen – vielleicht nicht gebilligt, aber doch noch erträglich gefunden. Aber der Vermummte war so weit gegangen, den Typus des roten Todes anzunehmen. Die Laken, die ihn umhüllten, waren mit den grauenhaften scharlachroten Flecken besprenkelt.

Als die Augen des Prinzen Prospero die gespenstische Erscheinung erblickten, welche mit langsamen, feierlichen Schritten, als wolle sie ihre Rolle möglichst gut markieren, zwischen den Tanzenden auf und ab schritt, bemerkte man, daß er im ersten Augenblick in heftigem Schauder, voll Schrecken

## Die Maske des roten Todes

oder Abscheu, zusammenzuckte. Doch dann stieg ihm die Zornesröte ins Gesicht.

„Wer wagt es", fragte er mit heiserer Stimme die Höflinge in seiner Nähe, „uns durch diesen gotteslästerlichen Spott zu beleidigen? Ergreift ihn und reißt ihm die Maske ab, damit wir sehen, wen wir bei Sonnenaufgang an den Zinnen des Schlosses aufhängen lassen!"

Der Prinz befand sich im östlichen oder blauen Zimmer, als er diese Worte sprach. Sie tönten laut und klar durch die sieben Räume – denn der Prinz war ein kühner, kraftvoller Mann, und die Musik hatte ein Wink seiner Hand zum Schweigen gebracht.

In dem blauen Zimmer also stand der Prinz, umgeben von einer Schar Höflinge, denen das Blut aus dem Antlitz gewichen war. Als er zu sprechen begonnen hatte, machte sich in der Gruppe eine leichte Bewegung auf den Eindringling zu bemerkbar, der in diesem Augenblick ebenfalls in der Nähe war und jetzt mit gemessenen, majestätischen Schritten auf den Sprecher zutrat. Aber die wahnsinnige Vermessenheit des Vermummten flößte der ganzen Gesellschaft ein so namenloses Entsetzen ein, daß niemand es wagte, Hand an ihn zu legen. Ohne daß ihn jemand aufgehalten hätte, trat er bis auf zwei Schritte an den Prinzen heran, und während die Höflinge wie von einem Gefühl der Angst getrieben

## Die Maske des roten Todes

aus der Mitte der Zimmer an die Wände zurückwichen, durchschritt er ungehindert, mit demselben feierlichen, gemessenen Schritt, mit dem er gekommen, das blaue Zimmer, dann das purpurne, das grüne, das orangefarbene, das weiße, das violette. Niemand machte eine Bewegung, bis plötzlich Prinz Prospero, rasend vor Wut und Scham über seine eigene, unerklärliche Feigheit – obwohl ihm niemand von den Höflingen zu folgen wagte, so sehr hatte sie der Schreck gelähmt – durch die sechs Zimmer stürzte. Er schwang einen Dolch und war der vor ihm herschreitenden Gestalt schon auf drei oder vier Fuß nahegekommen, als diese gerade das Ende des schwarzen Gemaches erreicht hatte, sich plötzlich umwandte und den Verfolger anblickte. Ein gellender Schrei erscholl, der Dolch fiel blitzend auf den schwarzen Teppich nieder, auf den einen Augenblick später Prinz Prospero tot hinsank. Nun raffte sich endlich eine Schar der Festgenossen auf! Sie drangen in das schwarze Gemach, ergriffen den Vermummten, dessen hohe Gestalt aufrecht und bewegungslos im Schatten der Ebenholzuhr stand – aber! in wahnsinnigem Entsetzen schrien sie auf, als sie fühlten, daß die Grabgewänder und die Leichenmaske, die sie mit so rauher Gewalt gepackt, keine Gestalt eingehüllt hatten, die greifbar war!

Und nun erkannten sie die Gegenwart des – roten Todes. Er war gekommen wie ein Dieb in der Nacht.

## Die Maske des roten Todes

Und einer nach dem anderen sanken die Gäste des Prinzen Prospero in den blutbedeckten Sälen ihrer Lustbarkeit dahin und starben in der verzweifelten Stellung, in der sie niedergesunken waren. Die Ebenholzuhr stand mit dem Tode des letzten der Fröhlichen still. Die Flammen der Dreifüße verloschen. Und Finsternis und Verwesung legten sich über das Totenschloß.

## Der Untergang des Hauses Usher

*Son cœur est un luth suspendu:
Sitôt qu'on le touche, il résonne.*
De Béranger

AN EINEM DUNKLEN STUMMEN HERBSTTAG, an dem die Wolken tief und schwer fast bis zur Erde herabhingen, war ich lange Zeit durch eine eigentümlich trübe Gegend geritten und sah endlich, als sich schon die Abendschatten niedersenkten, das Stammhaus der Familie Usher vor mir. Ich weiß nicht, wie es kam: gleich beim ersten Anblick der Mauern breitete sich eine unerträgliche Düsterkeit über meine Seele. Ich sage eine unerträgliche Düsterkeit, weil sie keinen Augenblick lang durch jene beinah angenehme Empfindung gemildert wurde, mit der das Gemüt eines Menschen, der die Dinge künstlerisch schaut, selbst die wüstesten Bilder der Verödung und des Schreckens in sich aufzunehmen pflegt. Ich betrachtete das vor mir liegende Gebäu-

## Der Untergang des Hauses Usher

de mit seiner einfachen landschaftlichen Umgebung – die frostigen Mauern, die leeren Fensterhöhlen, die wie erloschene Augen starrten, ein paar Büschel steifer Binsen, ein paar schimmernde Stämme verdorrender Bäume – mit einem Gefühl so tiefer Niedergeschlagenheit, daß ich sie mit keiner anderen Stimmung auf dieser Welt vergleichen könnte als mit dem trostlosen Erwachen des Opiumessers aus seinem Rausch, mit dem scheußlichen Augenblick, wenn der schimmernde Schleier langsam zerreißt und die Alltagswelt wieder grau und frostig dasteht. Öde, versunkene Trauer lag über dem Stammsitz und teilte sich mir mit: eine müde Melancholie glitt in mich hinein und ließ kein phantastisches Bild in mir aufleben. Was mochte es sein – ich hielt mein Pferd an, um darüber nachzudenken – was mochte es sein, das mich bei der Betrachtung des Hauses Usher mit so entnervender Macht anfiel? Es schien mir, als wäre es ein undurchdringliches Geheimnis, und vergebens bemühte ich mich, die schattenhaften Phantasiegebilde, die durch meinen Geist und meine Grübeleien zogen, zu verscheuchen. Ich kam nicht über den unbefriedigenden Schluß hinaus, daß es ohne Zweifel in der Natur gewisse Verbindungen einfacher Gegenstände gibt, welche die Macht haben, eine solche niederdrückende Wirkung auszuüben, während die Bedingungen, unter denen diese Macht entsteht, unserem Erkenntnisvermögen entzogen sind. Es war ja möglich, so grübelte ich weiter, daß schon eine bloße veränderte Anordnung der einzelnen Bestandteile der Landschaft, der Eigentümlichkeiten des Gesamtbildes, genügen konnte, den trauervollen Eindruck zu mildern oder vielleicht sogar ganz aufzuheben. Dieser Gedanke bestimmte mich, mein Pferd an das steile Ufer eines finsteren Teiches zu lenken, der in unheimlicher Regungslosigkeit das ganze Gebäude umgab. Ich beugte mich vor, starrte in den schwarzen Glanz und erblickte, von einem noch heftigeren Schauder erfaßt, das umgekehrte Spiegelbild der steifen Binsen, der gespenstischen Baumstümpfe und der leeren Fensterhöhlen, die wie erloschene Augen starrten.

Und dennoch hatte ich vor, in dieser Heimstätte der Trauer einen mehrwöchigen Aufenthalt zu nehmen. Der Besitzer des Hauses, Roderich Usher, war in meiner Knabenzeit einer meiner vertrautesten Gefährten gewesen, doch jetzt waren viele Jahre verflossen, seit wir uns zum letzten Mal gesehen. Da hatte ich vor kurzer Zeit in einem abgelegenen Bezirk des Landes einen Brief von ihm erhalten, der in seiner seltsam ungestümen Abfassung keine andere als eine persönliche Antwort zuließ. Die Handschrift zeugte von nervöser Aufregung, der Schreiber erzählte von einer heftigen körperlichen Erkrankung, von einer geistigen Angegriffenheit, die ihn niederdrückte, und sprach das sehnsüchtige Verlangen aus, mich als seinen besten und in der Tat einzigen persönlichen Freund bald wiederzusehen, weil er hoffe, daß meine Gegenwart ihm einige Erleichterung und Aufheiterung verschaffen werde. Die Art und Weise, in der alles dies und noch manches andere gesagt worden war, das wirkliche Herzensbedürfnis, das aus seiner Bitte geklungen, gestattete mir nicht, zu zögern, und ich leistete seiner Aufforderung, obwohl sie mir verwunderlich und eigentümlich genug erschien, unverzüglich Folge.

Obwohl wir in der Jugend sehr vertraute Kameraden gewesen, wußte ich fast nichts über die Lebensverhältnisse meines Freundes, da er von seinen persönlichen Angelegenheiten immer nur mit großer Zurückhaltung gesprochen hatte. Doch hatte ich einmal gehört, daß seine sehr alte Familie schon seit undenklichen Zeiten bekannt sei wegen einer besonderen Reizbarkeit des Temperamentes, die ihre Bestätigung im Laufe der Jahrhunderte in manchem erlesenen Kunstwerke gefunden; und in jüngster Zeit sollte sie sich durch wiederholte Akte einer großartigen geheimen Wohltätigkeit sowie durch eine leidenschaftliche Neigung zur Musik geäußert haben – das heißt mehr zu den schwierigen Verschlingungen und theoretischen Schönheiten, als zu den althergebrachten und leichtverständlichen Reizen dieser Kunst. Außerdem war mir die merkwürdige Tatsache bekannt, daß sich von dem Stammbaum der Familie Usher, die zu allen Zeiten in hohem Ansehen gestanden, niemals eine länger fortbestehende Seitenlinie abgezweigt hatte; mit anderen Worten, daß die ganze Familie ihre Abstammung in direkter Linie herleiten konnte, und daß dies mit sehr geringen, vorübergehenden Abweichungen immer so gewesen sei. Während ich nun über die Tatsache nachgrübelte, daß sich mangels eines solchen Seitenzweiges das Besitztum der Usher stets ganz und ungeteilt vom Vater auf den Sohn vererbt hatte, kam mir erst recht zum Bewußtsein, wie es möglich gewesen, daß sich auch die bekannten Charaktereigentümlichkeiten der Mitglieder der Familie so ungeschmälert durch die Jahrhunderte hindurch erhalten, und ich erwog den möglichen Einfluß, den diese beiden Tatsachen gegenseitig aufeinander ausgeübt haben könnten. Eine Folge dieser unabänderlichen Übertragung des Grunderbes vom Vater auf den Sohn war ohne Zweifel der Umstand, daß der Name und das Besitztum der Familie so miteinander verschmolzen waren, daß der ursprüngliche Titel der Besitzung sich in die seltsame und doppelsinnige Benennung „das Haus Usher" umgewandelt hatte, mit der die Bauern die Familie sowohl als auch das Stammschloß zu gleicher Zeit bezeichneten.

## Der Untergang des Hauses Usher

Ich sagte schon, daß mein ein wenig kindliches Unterfangen – in den finsteren Spiegel des Teiches hinunterzublicken – nur den Erfolg hatte, den ersten rätselhaften Eindruck, den mir das Ganze gemacht, zu verstärken. Wahrscheinlich trug der Umstand, daß sich mein fast abergläubisches Erschrecken – weshalb soll ich es nicht so nennen – fortwährend und rasch steigerte, nicht wenig dazu bei, jenen verstärkten Eindruck hervorzurufen. Dies ist, wie bekannt, das paradoxe Gesetz aller Gefühle, die in einer Furchtempfindung wurzeln. Und vielleicht die alleinige Ursache, daß sich meiner, als ich meine Blicke von dem Teich wieder zu dem Schloß erhob, ein seltsamer Wahn bemächtigte – ein so törichter Wahn, daß ich überhaupt nur von ihm rede, um die Heftigkeit meiner Empfindungen annähernd zu beschreiben. Meine Phantasie war so überreizt, daß ich wirklich zu sehen glaubte, wie das ganze Gebäude und seine nächste Umgebung in eine besondere, nur ihnen eigentümliche Atmosphäre gehüllt waren, eine Atmosphäre, die sich durchaus nicht mit der gewöhnlichen Himmelsluft zu vermischen schien, sondern von den verdorrenden Bäumen, den grauen Mauern und dem schweigenden Teiche aufstieg – wie ein giftiger, mystischer Hauch, bleifarben, trübe, schwer und doch kaum erkennbar.

Ich bemühte mich, diese Wahngebilde, die ich nur für die Ausgeburt meiner traumhaften Versunkenheit halten konnte, von mir abzuschütteln und betrachtete eingehend das wirkliche Äußere des Schlosses. Auf den ersten Blick erkannte man, daß es schon außerordentlich alt sein mußte. Es war sehr verwittert, kleine Pilze überwucherten es nach allen Richtungen hin und hingen wie ein zartes Spinngewebe von den Dachrinnen herunter. Doch im übrigen war von einem Verfall der Baulichkeiten nichts weiter zu bemerken. An keiner einzigen Stelle schien das Mauerwerk eingesunken, und der zerbröckelnde Zustand der einzelnen Steine stand mit der Bewohnbarkeit der Gebäude in seltsamem Widerspruch. Die Fassade erinnerte mich lebhaft an reiches Holzgetäfel, das lange Zeit, von keinem Hauch der äußeren Luft berührt, in einer verlassenen Halle gelegen und sein wohlerhaltenes Aussehen bewahrt hat. Außer diesen leichten Anzeichen von Verwitterung verriet das Schloß an keiner Stelle Spuren von Baufälligkeit. Vielleicht wäre dem Auge eines scharfen Beobachters ein kaum bemerkbarer Riß nicht entgangen, der an der Vorderseite des Gebäudes am Dach begann und in einer Zickzacklinie das ganze Mauerwerk bis herunter in das trübe Wasser des Teiches durchlief.

Während ich noch mit der Betrachtung dieser Einzelheiten beschäftigt war, ritt ich auf einem kurzen, gepflasterten Weg bis dicht vor das Haus. Ein Diener, der mich zu erwarten schien, übernahm mein Pferd, und ich selbst trat unter den großen gotischen Bogen der Halle. Von hier aus führte mich ein Lakai mit leisen Schritten durch verschiedene düstere und gewundene Korridore in das Studierzimmer seines Gebieters. Zahlreiche Gegenstände, die ich auf dem Weg erblickte, trugen dazu bei, jene seltsamen Empfindungen, von denen ich schon gesprochen, wieder zu verstärken. Das Schnitzwerk der Plafonds, die düsteren Wandverkleidungen, die ebenholzartigen, dunklen Fußböden und die phantastisch zusammengestellten Wandschirme, die bei jedem meiner Schritte rasselten, waren doch nur Dinge, an die ich von Kindesbeinen an gewöhnt war, und ich staunte nicht wenig darüber, daß ein so bekannter Anblick so unbekannte Empfindungen in mir wachrufen konnte. Auf einem der Treppenabsätze traf ich den Hausarzt. Ich glaubte auf seinem Gesicht den Ausdruck niedriger Verschmitztheit und doch auch wieder kläglicher Ratlosigkeit zu lesen. Er begrüßte mich ziemlich unsicher und ging seiner Wege. Jetzt warf der Diener eine Tür auf und führte mich bei seinem Herrn ein.

Das Gemach, in dem wir uns befanden, war sehr groß und hoch. Die Fenster waren lang und schmal, liefen in Spitzbögen aus und befanden sich in solcher Höhe über dem schwarzen, eichenen Fußboden, daß sie von unten her nicht erreichbar waren. Durch die vergitterten Scheiben drang ein matter, rötlicher Schimmer, der gerade hinreichte, die mehr hervortretenden Gegenstände im Zimmer ziemlich deutlich erkennbar zu machen. Dagegen versuchte das Auge vergeblich, bis in die entfernteren Winkel des Raumes oder in die Bögen der gewölbten, reich verzierten Decke zu dringen. Die Wände waren mit dunklen Draperien bekleidet, die Ausstattung schien im allgemeinen reich, doch nicht traulich, sie war alt und an vielen Stellen schadhaft. Zahlreiche Bücher und Musikinstrumente lagen verstreut umher, ohne jedoch dem Ganzen einen wärmeren, wohnlicheren Anblick zu verleihen. Ich fühlte, daß ich eine gramgeschwängerte Luft einatmete. Ein Hauch bitterer, starrer, nicht zu bannender Düsterkeit bedeckte und durchdrang alles.

Bei meinem Eintritt erhob sich Usher von einem Diwan, auf dem er ausgestreckt gelegen, und empfing mich mit so lebhafter Wärme, daß ich sie im ersten Augenblick für die übertriebene Herzlichkeit, die erkünstelte Liebenswürdigkeit eines blasierten Weltmannes hielt. Doch überzeugte mich ein Blick in sein Angesicht, daß seine Worte vollkommen aufrichtig gemeint waren. Wir setzten uns, und da er einige Augenblicke lang nicht sprach, betrachtete ich ihn, während mich ein aus Mitleid und Erschrecken seltsam gemischtes Gefühl ergriff. Noch nie war mit einem Menschen in so verhältnismäßig kurzer Zeit eine gleich gräßliche Veränderung vorgegangen, wie mit Roderich Usher! Mein Geist sträubte sich gegen die Vorstellung, daß die bleiche Gestalt da vor mir und der vertraute Gefährte meiner Jugendjahre ein und dieselbe Person seien! Und doch war schon damals der Ausdruck seines Gesichtes merkwürdig gewesen. Eine leichenhafte Blässe – große klare, unvergleichlich leuchtende Augen – schmale, bleiche, doch unübertrefflich schön geschwungene Lippen – die Nase von edelstem jüdischen Schnitt, mit eigentümlich breiten Nüstern, die man sonst nie mit diesem Typus vereinigt findet – ein schön modelliertes Kinn, dessen Zurücktreten auf einen Mangel an Energie schließen ließ – spinnwebfeines, seidenweiches Haar – alle diese Einzelheiten bildeten mit seinen ungewöhnlich breit ausladenden Schläfen ein Antlitz, das man, wenn man es einmal gesehen, nicht so leicht wieder vergessen konnte. Jetzt hatte sich bloß durch ein schärferes Hervortreten der charakteristischen Eigentümlichkeiten dieses Gesichtes und seines Ausdrucks eine solche Veränderung im Aussehen meines Freundes vollzogen, daß ich fast zweifelte, wirklich ihn vor mir zu sehen. Die gespenstische Blässe seines Angesichtes, das nicht mehr natürliche Glänzen seiner Augen beunruhigten und erschreckten mich am meisten. Sein seidenweiches Haar hatte er ungepflegt lang wachsen lassen, wie seltsames Spinngewebe umhing es seine

Züge, und vergebens bemühte ich mich, die rätselhaften Arabesken, die es bildete, als etwas einfach Menschliches hinzunehmen.

Gleich bei den ersten Worten, die ich mit meinem Freund wechselte, fiel mir ein Mangel an Zusammenhang, ein Widerspruch in seinem Wesen auf, und ich entdeckte bald, daß dies seinen Grund in wiederholten, nur schwachen und ganz vergeblichen Anstrengungen hatte, eine zur Gewohnheit gewordene ängstliche Unschlüssigkeit, eine außerordentlich starke, nervöse Aufregung zu meistern. Ich war allerdings auf etwas Derartiges vorbereitet, nicht allein durch seinen Brief, sondern auch durch gewisse Eigentümlichkeiten seines Temperaments, die ich noch von unserer Knabenzeit her an ihm kannte, sowie durch verschiedene Schlüsse, die ich aus der eigentümlichen Beschaffenheit seiner körperlichen und geistigen Konstitution gezogen hatte. Seine Bewegungen waren abwechselnd lebhaft und träge, seine Rede ging oft unvermittelt von zögernder Unschlüssigkeit zu straffer Kürze über – er sprach in wuchtigen, gemessenen Tönen, um gleich darauf wieder in jene gaumigen, schwerfälligen, ungenügend modulierten Laute zu verfallen, die man nur von verkommenen Trunkenbolden oder von unverbesserlichen Opiumessern vernimmt.

In dieser Weise sprach er von dem Zweck meines Besuches, von seinem sehnsüchtigen Verlangen, mich zu sehen, und von der tröstlichen Aufheiterung, die er von mir erwarte. Dann redete er eingehend über die Natur seiner Krankheit, die, wie er sagte, ein angeborenes und ererbtes Familienübel sei, für das wohl kein Kraut gewachsen wäre. „Übrigens", fügte er dann unmittelbar hinzu, „ist es wohl doch bloß eine einfache nervöse Angegriffenheit, die bald vorübergehen wird."

Diese „nervöse Angegriffenheit" äußerte sich bei meinem Freund in unnatürlichen Erregungen der verschiedensten Art. Er beschrieb mir einige derselben, und ich horchte mit gespanntestem Interesse, ja, mit tiefer Bestürzung sowohl auf das, was er sagte, wie auf die Art und Weise, wie er sprach. Er litt an einer krankhaften Verschärfung aller seiner Sinne, nur durchaus ungewürzte, fade Speisen waren ihm erträglich, er konnte nur Kleider von ganz bestimmtem Gewebe tragen, Blumenduft belästigte ihn aufs unangenehmste, Licht, selbst schwaches, tat seinen Augen weh, und nur die Töne von Saiteninstrumenten vermochte er ohne Schmerz anzuhören.

Bald bemerkte ich auch, daß er einem ganz unnatürlichen Gefühl von Furcht sklavisch unterworfen war.

„Ich werde", rief er, „ich muß an dieser beklagenswerten Torheit zugrunde gehen. So und nicht anders werde ich sterben. Ich fürchte mich vor manchen zukünftigen Ereignissen, und zwar nicht sowohl um ihrer selbst als um ihrer Folgen willen. Der bloße Gedanke an irgendeinen, wenn auch geringfügigen Vorfall, der mich in diese unerträgliche Gemütserregung versetzen würde, macht mich schaudern. Und doch fürchte ich mich wirklich nicht vor irgendeiner Gefahr, sondern nur vor ihrer unausbleiblichen Folge: dem Schrecken. Ich fühle deutlich, daß in diesem entnervten, bejammernswerten Zustand früher oder später der Zeitpunkt eintreten wird, wo ich im Kampf mit dem gräßlichen Hirngespinste ‚Furcht' Vernunft und Leben verlieren werde."

Nach und nach ließen mich abgebrochene, unbestimmte Andeutungen noch eine andere Eigentümlichkeit seines geistigen Zustandes erkennen. Gewisse abergläubische Vorstellungen fesselten ihn so eng an das Haus seiner Väter, daß er schon seit langen Jahren nicht mehr gewagt hatte, dasselbe zu verlassen. Verschiedentlich deutete er mir den Einfluß, den seine Umgebung auf ihn ausübe, an, jedoch immer in so vagen, schattenhaften Worten, daß ich sie nicht wiederholen kann. Er glaubte etwa, daß gewisse Besonderheiten in der Bauart und dem Material seines Stammschlosses, in Verbindung oder vielmehr mittels seines langen Leidens, wie er sich ausdrückte, eine Wirkung auf seinen Geist ausübten – eine Wirkung, die von den physikalischen Bestandteilen der grauen Mauern und Türme und des schwärzlichen Teiches, in dem sich alles widerspiegelte, ausging und nach und nach sein geistiges Dasein in Mitleidenschaft gezogen habe.

Doch gab er, wenn auch zögernd zu, daß die trauervolle Verdüsterung seines Gemütes noch einen anderen, natürlichen Grund habe, nämlich die schwere, langwierige Krankheit, ja, den offenbar nahe bevorstehenden Tod seiner zärtlich geliebten Schwester, seiner letzten und einzigen Verwandten – der einzigen Gefährtin seiner letzten, trostreichen Jahre. „Ihr Abschied von dieser Welt", sagte er mir mit einer Bitterkeit, die ich nie werde vergessen können, „wird mich, den Hoffnungslosen, als den letzten der Usher zurücklassen." Während er sprach, schritt Lady Magdalena, die Schwester, im Hintergrund des Gemaches langsam vorüber und verschwand, ohne mich bemerkt zu haben. Ich betrachtete sie mit erschrecktem Staunen und konnte mir über meine Gefühle keine Rechenschaft geben. Wie eine Erstarrung legte es sich über mich, während meine Augen ihrer entschwebenden Gestalt folgten. Als die Tür sich hinter ihr geschlossen, richtete ich meine Blicke unwillkürlich auf ihren Bruder, aber er hatte sein Gesicht in den Händen vergraben, und alles, was ich bemerken konnte, war, daß seine abgemagerten Finger noch bleicher als gewöhnlich schienen, und manche bittere Träne zwischen ihnen hervorquoll.

Lange hatte die Krankheit der Lady Magdalena der Kunst ihrer Ärzte gespottet. Eine anhaltende Spannung, eine stetig fortschreitende Entkräftung des ganzen Körpers und häufige, wenn auch vorübergehende Anfälle von meist kataleptischer Natur – so lautete die ungewöhnliche Diagnose. Bisher hatte sie dem Ansturm der Krankheit standhaft Trotz geboten und war nicht bettlägerig geworden. Am Tage meiner Ankunft jedoch schien ihre Kraft aufgebraucht, sie konnte, wie mir ihr Bruder am Abend mit unaussprechlicher Aufregung mitteilte, der zerstörenden Gewalt des Übels nicht länger widerstehen. Ich erfuhr, daß der flüchtige Anblick, den ich von ihrer Person erhascht, wohl auch der letzte bleiben, daß ich die Lady, bei ihren Lebzeiten wenigstens, nicht mehr sehen würde.

In den folgenden Tagen wurde ihr Name weder von Usher noch von mir mehr erwähnt; ich bemühte mich unterdessen eifrig, meinen Freund wenigstens in etwa seiner schwermütigen Versunkenheit zu entreißen. Wir malten und lasen miteinander, oder ich lauschte traumversunken seinen seltsamen leidenschaftlichen Phantasien auf der Gitarre. Und wie unsere Vertraulichkeit wuchs und inniger wurde, und er mir alle Verborgenheiten seiner Seele immer unverhüllter zeigte, mußte ich mit tiefer Bitterkeit erkennen, wie nichtig alle meine Versuche sein würden, ein Gemüt aufzuheitern, dem die Schwermut so angeboren war, daß sie aus ihm alle Dinge der geistigen und körperlichen Welt mit düsterer, unheilvoller Glut überschien.

Solange ich lebe, wird mich die Erinnerung an die vielen feierlichen Stunden, die ich mit dem letzten der Usher allein verbrachte, nie verlassen. Doch würde es mir nicht gelingen, die Studien und die Lektüre, in die er mich einführte, genauer zu kennzeichnen. Sein aufgeregter, nie befriedigter Idealismus flackerte wie ein grelles, schwefelgelbes Licht um die Dinge, von denen er sprach. Seine langen, improvisierten Totenlieder werden mir ewig in den Ohren klingen, nie wird meinem Gedächtnis eine seltsame Paraphrase über „Carl Maria von Webers letzter Gedanke" entschwinden. Die Malereien, die seine immertätige Phantasie entstehen ließ, waren von einer seltsamen Unbestimmtheit, die mir einen Schauer erregte, der nur um so durchdringender, heftiger war, als ich mir seine Ursache nicht recht zu erklären wußte. Und obschon die Bedeutung jedes dieser Bilder lebhaft und deutlich vor meinen Augen steht, würde es mir doch nur zum ganz geringen Teil gelingen, dieselbe in geschriebenen Worten wiederzugeben. Durch die höchste Einfachheit, welche in seinen Bildern die „Idee" nackt zum Ausdruck brachte, erregte und fesselte er die Aufmerksamkeit. Wenn es je einem Sterblichen gelang, eine „Idee" zu malen, so war es Roderich Usher. Mich wenigstens erfüllten die reinen Abstraktionen, die dieser Melancholiker auf die Leinwand warf, mit unerträglichem, angstvollem Schauder, wie ich ihn nie wieder, nicht einmal bei den gewiß glühenden und doch immer noch zu wirklichen Träumereien Füßlis, empfunden habe.

Ich möchte hier eine der phantastischen Schöpfungen meines Freundes, die nicht so starr abstrakt war, wie die meisten übrigen, wenn auch nur durch einen schattenhaften Versuch, in Worten wiedergeben. Ein kleines Gemälde stellte das Innere eines unendlich langen, rechtwinkligen Gewölbes oder Tunnels dar, dessen niedrige, glatte, weiße Mauern sich ohne jeden Absatz oder Verzierung, ohne jede Unterbrechung hinzogen. Gewisse Nebendinge in der Zeichnung deuteten an, daß sich dies Gewölbe tief unten in der Erde befinde. An keiner Stelle der erschreckend monotonen Längsseiten war ein Ausgang zu entdecken, keine Fackel oder sonst eine künstliche Lichtquelle erhellte den schauerlichen Raum, den dennoch eine Flut greller Strahlen durchwogte und mit gespenstischem, rätselhaftem Scheine erfüllte.

Ich habe schon einmal von einem krankhaften Zustand der Gehörnerven gesprochen, welche dem Leidenden jede andere Musik als die von Saiteninstrumenten unerträglich machte. Vielleicht trugen die engen Grenzen, in denen er die Kunst pflegte – er spielte nur die Gitarre – dazu bei, allem, was ich an Musik im Hause Usher hörte, einen phantastischen Charakter zu verleihen. Seine Impromptus waren von glühendem Schwung, die Musik sowohl als auch die Verse, die er ihnen oft aus dem Stegreif unterlegte. Sie konnten nur jener stärksten geistigen Spannung, jener Konzentration entspringen, welche die menschliche Seele in den Augenblicken höchster künstlerischer Erregung empfindet. Ich erinnere mich der Worte einer dieser Rhapsodien noch vollständig. Vielleicht machte sie hauptsächlich deshalb solchen Eindruck auf mich, weil ihr mystischer Sinn mich zum ersten Male erkennen ließ, daß Usher sich vollkommen darüber klar sei, wie sehr seine erhabene Vernunft auf ihrem Throne wanke. Diese Rhapsodie, welche die Überschrift „Das verwunschene Schloß" trug, lautete, wenn nicht genau, so doch ungefähr folgendermaßen:

Inmitten einer lieblichen Au,
Die sonniges Licht übergoß,
Erhob sich einst ein stattlicher Bau,
Ein schönes, strahlendes Schloß.
Das Reich, wo es sich luftig erhob,
War des Königs ‚Gedanke' Land,
Und Seraphschwingen waren darob
Unsichtbar ausgespannt.

Goldgelbe Banner aus Damast,
Gebadet in Sonnenglut,
Wallten schimmernd herab vom Palast,
Wie eine goldene Flut.
Und jeder schmeichlerische Zephir
Der mit den Blüten dort
Gekost, flog aus dem Zauberrevier
Als Wohlgeruch wieder fort.

Die Wanderer blickten in jenem Tal
Durch Fenster aus leuchtendem Glas
In einen hohen, blendenden Saal,
Wo des Reiches Gebieter saß.
Sein Thron mit purpurnem Baldachin
War ganz aus Edelstein,
Und Genienscharen umschwebten ihn
Zu lieblichen Melodein.

Mit Perlen und Rubinen besät
War des Palastes Portal,
Durch dieses flatterte früh und spät
Ein Echoschwarm ohne Zahl
vor den König hin, indem es ihm
Seiner hohen Weisheit zum Preis
Einen Chorus sang, wie Seraphim
So süß und träumerisch leis.

Doch wüstes Volk in der Sorge Gewand
Nahm Thron und Reich in Beschlag –
Weh, nie mehr dämmert in jenem Land
Der Tag, weh, nimmer ein Tag!
Und alles, alles, was dort umher
Gepranget an Herrlichkeit,
Ist jetzund eine traumhafte Mär
Aus lang begrabener Zeit.

Jetzt zeigen sich des Wanderers Blick
Gestalten, knöchern und starr,
Und schwingen sich zu toller Musik
In Reigen wild und bizarr,
Dieweil gleich einem lautlosen Strom
Sich in die ewige Nacht
Zur Tür hinausstürzt Phantom um Phantom
Und nimmermehr lächelt – doch lacht!

Ich erinnere mich sehr wohl, daß diese Ballade uns zu gewissen Gedanken anregte, denen Usher bald leidenschaftlichen Ausdruck lieh. Ich erwähne sie nicht, weil ich sie für neu halte, sondern wegen der Hartnäckigkeit, mit der Usher immer und immer wieder auf sie zu sprechen kam. Im allgemeinen bezog sich diese Ansicht auf das Empfindungsvermögen der Pflanzen. Doch hatte sich diese Idee in seiner überreizten Phantasie fast ins Unbegrenzte fortgesponnen, er hatte sie auf die unorganischen

Stoffe übertragen. Ich finde die Worte nicht, um seine Ansicht ihrer vollen Bedeutung nach, und den Ernst, mit dem er sie vertrat, zu schildern. Sie stand, wie ich schon andeutete, mit den grauen Mauern seines Stammschlosses in Verbindung. Er behauptete, die Bedingungen jenes Empfindungsvermögens seien hier erfüllt worden – durch die Art und Weise, wie man die Steine zusammengefügt, wie man den Plan der Mauern entworfen – durch die vielen Schwämme und Pilze, die sie allenthalben überwucherten – durch die vermodernden Bäume, vor allem aber durch das lange, ungestörte Bestehen der ganzen Besitzung und die fortwährende Spiegelung des Hauses in dem Teiche. Der augenscheinliche Beweis für jenes Empfindungsvermögen liege – hier versetzten mich seine Worte in grenzenlose Bestürzung – in der allmählichen, aber sicher fortschreitenden Verdichtung der über dem Teiche und dem Gebäude lagernden Atmosphäre. Das Ergebnis sei in dem stillen, aber schreckensvollen Einfluß unverkennbar, den diese Umgebung schon seit Jahrhunderten auf das Schicksal seiner Familie gehabt und die das aus ihm gemacht habe, was ich nun vor mir sähe. Solche Ansichten lassen sich nicht erläutern, und ich will auch nicht versuchen, es zu tun.

Die Bücher, welche nicht den kleinsten Teil des geistigen Lebens des Kranken gebildet hatten, stimmten, wie man sich denken kann, mit seinem Hang zum Phantastischen vollkommen überein. Wir grübelten zusammen über Werke wie: „Ververt und Chartreuse" von Gresset, „Belphegor" von Macchiavelli, „Himmel und Hölle" von Swedenborg, – über „die unterirdische Reise des Nikolas Klimm" von Holberg, die „Chiromantie" von Robert Flud, von Jean d'Indaginé und von De la Chambre; über Ludwig Tiecks „Reise ins Blaue", über „die Stadt der Sonne" des Campanella. Ein Lieblingsbuch meines Freundes war eine kleine Oktavausgabe über das Directorium Inquisitorium des Dominikaners Eymeric de Gironne; und über manche Stellen im Pomponius Mela, die sich auf die alten afrikanischen Feld- und Waldgeister beziehen, konnte sich Usher in stundenlange Träumereien verlieren. Das höchste Entzücken jedoch gewährte ihm das Durchblättern eines äußerst seltenen, merkwürdigen Buches in gotischem Querformat – es war das Handbuch einer vergessenen Kirche, die „Vigiliae Mortuorum, secundum Chorum Ecclesiae Maguntinae".

Ich dachte viel über das seltsame Ritual dieses Werkes und seinen vermutlichen Einfluß auf den Melancholiker nach, als dieser mir plötzlich eines Abends die Mitteilung machte, daß Lady Magdalena verschieden sei. Er teilte mir mit, daß er beschlossen habe, ihren Körper vierzehn Tage lang, bis zu ihrer endgültigen Bestattung, in einem der zahlreichen Gewölbe, die sich zwischen den Grundmauern des Schlosses befanden, aufzubewahren. Der Grund, den er für dies sonderbare Vorgehen angab, war so eigentümlicher Art, daß ich mich nicht berechtigt fühlte, ihm davon abzuraten. Er war, wie er mir sagte, in Anbetracht des ungewöhnlichen Charakters der Krankheit seiner Schwester sowie gewisser zudringlicher Fragen der Ärzte zu diesem Entschluß gekommen, den der Umstand, daß die Familiengruft sehr entfernt und schutzlos läge, nur bestärkt habe. Ich muß gestehen, daß die Erinnerung an das wenig vertrauenerweckende Aussehen des Arztes, dem ich am Tage meiner Ankunft auf der Treppe begegnet, jeden Einwand, der mir vielleicht gekommen wäre, noch besonders zurückwies. Überdies handelte es sich ja auch nur um eine harmlose und keineswegs unnatürliche Vorsichtsmaßregel.

Auf Ushers Bitte war ich ihm bei der vorläufigen Bestattung behilflich. Nachdem wir den Körper in den Sarg gelegt, brachten wir ihn allein an seine Ruhestätte. Das Gewölbe, in dem wir ihn niedersetzten, war eng, feucht und so lange nicht geöffnet worden, daß unsere Fackeln in der dicken Atmosphäre fast verloschen und uns nur geringe Möglichkeiten boten, eine weitere Untersuchung vorzunehmen. Dieses Gewölbe lag in ziemlicher Tiefe unmittelbar unter dem Teil des Gebäudes, der auch mein Schlafzimmer enthielt. Augenscheinlich hatte es in den lange vergangenen Zeiten der Feudalherrschaft zu den schlimmsten Zwecken als Burgverlies und in späteren Tagen wahrscheinlich als Bewahrungsort für Pulver und andere feuergefährliche Stoffe gedient, denn ein Teil des Fußbodens und das ganze Innere eines langen Ganges, der in dies Verlies führte, war sorgfältig mit Kupferplatten belegt. Die Tür bestand aus massivem Eisen und war ebenfalls mit Kupfer verkleidet. Als wir sie öffneten, verursachte ihr schweres Gewicht ein ganz ungewöhnlich lautes, schrilles Gekreisch in den Angeln.

Nachdem wir unsere traurige Bürde an diesem Orte des Grauens auf ein Gestell niedergesetzt hatten, schoben wir den noch nicht zugeschraubten Deckel des Sarges zur Seite und betrachteten das Angesicht der Toten. Was mir zuerst auffiel, war eine überraschende Ähnlichkeit zwischen den beiden Geschwistern. Usher, der meine Gedanken zu erraten schien, murmelte einige Worte, aus denen ich entnahm, daß er und die Verstorbene Zwillinge gewesen, und daß von jeher eine beinahe rätselhafte Sympathie zwischen ihnen bestanden habe. Doch ruhten unsere Blicke nicht lange auf den Zügen der Toten, denn ihr merkwürdiger Anblick erfüllte uns mit einer sonderbaren, unbekannten Scheu. Die Krankheit, welche die Lady in der Blüte der Jugend aufs Totenbett dahingestreckt, hatte, wie alle Krankheiten von ausgesprochen kataleptischer Natur, gleichsam zum Hohne auf Brust und Antlitz eine zarte Röte zurückgelassen; und um den Mund der Verschiedenen spielte jenes tückisch zögernde Lächeln, welches den Tod doppelt schauerlich macht. Wir schoben den Deckel des Sarges wieder zurecht, schlossen die eiserne Tür und kehrten auf beschwerlichem Wege in die kaum weniger düsteren Gemächer der oberen Stockwerke zurück.

Und jetzt, nachdem einige Tage bitteren Schmerzes vorübergegangen waren, trat in den äußeren Anzeichen der geistigen Störung meines Freundes eine bemerkenswerte Veränderung ein. Seine gewohnten Beschäftigungen vernachlässigte er oder gab sie ganz auf. Mit hastigen, ungleichen, ziellosen Schritten durchirrte er die lange Reihe der Gemächer. Die Blässe seines Antlitzes war noch geisterhafter geworden – das frühere Leuchten seiner Augen erloschen. Die Heiserkeit, die vorher seine Stimme oft verschleierte, war verschwunden, doch wurden seine Worte jetzt stets von jenem Beben getragen, das nur der höchste Schrecken verursachen kann. Es gab Zeiten, in denen ich annahm, sein erregter Geist ringe nach Mut, irgendein quälendes Geheimnis auszusprechen – dann wieder schob ich alles auf die Launen des beginnenden Wahnsinns. Stundenlang sah ich ihn oft mit dem Ausdruck tiefster Aufmerksamkeit ins Leere starren, als lausche er auf irgendeinen eingebildeten Ton. Es war kein Wunder, daß ein solcher Zustand mich erschreckte – ja, ansteckte. Schon fühlte ich, wie seine phantastischen und doch ergreifenden Wahngebilde sich langsam und sicher auch den Weg zu meinem Hirn bahnten.

In der Nacht des siebenten oder achten Tages nach der Beisetzung der Lady Magdalena in dem Burgverlies mußte ich die schreckliche Gewalt, die diese Hirngespinste bereits über mich gewonnen hatten, sehr grauenvoll erfahren. Stunde um Stunde verrann, kein Schlaf wollte sich meinem Lager nahen. Ich bot alle nur möglichen Vernunftgründe auf, um meine immer heftiger werdende nervöse Aufregung zu meistern. Ich wollte mich zu dem Glauben zwingen, daß vieles, wenn nicht alles von dem, was ich empfand, nur dem verwirrenden Eindruck, der düsteren Ausstattung des Gemaches zuzuschreiben sei – den dunklen, schadhaften Wandverkleidungen, die der Lufthauch eines aufziehenden Sturmes zuckend hin und her bewegte, oder dem unheimlichen Rascheln der gelockerten Verzierungen an der Bettstatt. Doch waren alle meine Bemühungen vergeblich. Ein Zittern durchrann meinen Körper, und wie ein Alp lastete quälend wildes Entsetzen auf meiner Brust. Mit einem gewaltsamen Ruck und einem tiefen Atemzug schüttelte ich endlich die Beklemmung von mir ab und setzte mich aufrecht in die Kissen. Meine Blicke starrten unbewegt in die schwarze Finsternis des Zimmers, während ich, ohne zu wissen weshalb, angestrengt auf gewisse leise, unbestimmte Töne lauschte, die, wenn der Sturm einen Augenblick schwieg – ich weiß nicht recht, woher – an mein Ohr schlugen. Dann, plötzlich, von dem unerklärlichen Entsetzen überwältigt, warf ich mich hastig in meine Kleider. Ich fühlte, daß ich in dieser Nacht keinen Schlaf mehr finden sollte, und versuchte durch rasches Auf- und Abgehen im Gemach der jämmerlichen Verfassung, in die ich geraten, wieder zu entgehen.

Kaum war ich ein paarmal auf- und niedergeschritten, als ich leichte Tritte auf der anstoßenden Treppe vernahm und sogleich Ushers Schritt erkannte. Im nächsten Augenblicke pochte er auch schon leise an meine Türe und trat mit einer Lampe ein. Sein Gesicht war wie gewöhnlich von leichenhafter Blässe – doch leuchteten seine Augen wie in irrsinniger Heiterkeit, eine mühsam gebändigte hysterische Erregung schien sein ganzes Wesen zu durchzucken. Ich schauderte bei seinem Anblick, und doch war alles andere eher zu ertragen als die Einsamkeit, so daß ich selbst seine Gegenwart als eine Erleichterung empfand.

„Und du hast es nicht gesehen?" fragte er plötzlich, nachdem er einige Minuten lang schweigend umhergestiert. – „Du hast es also nicht gesehen? Aber warte nur! Du wirst es bald sehen!" Dann eilte er, indem er die Lampe vorsichtig mit der Hand schützte, ans Fenster, riß beide Flügel auf und gewährte dem Sturm freien Einlaß.

Die wütende Gewalt des Orkans riß uns fast vom Boden empor. Es war eine wüste, furchtbar schöne, grausige Nacht. Dicht bei dem Haus schien ein Wirbelwind aufgefahren zu sein, denn in der Richtung des Luftstromes trat fast jeden Augenblick ein heftiger Umschwung ein. Die schweren Wolken hingen so tief herab, daß sie auf die Türme des Hauses zu drücken schienen, und wir sahen, von seltsamer Furcht erfüllt, wie sie gleich beseelten Wesen von allen Seiten gegeneinander stürmten, ohne sich in der Ferne zu verlieren. Wir sahen dies alles, obwohl kein Schimmer vom Mond oder von den Sternen, kein aufzuckender Blitzstrahl das Schlachtgetümmel erhellte. Denn die untere Fläche der ungeheueren Massen wogenden Dunstes und alle Dinge auf der Erde in unserer Umgebung glühten in dem unnatürlichen Glanze, den ihnen eine mattleuchtende, doch deutlich sichtbare gasartige Ausstrahlung verlieh, die wogend wie ein Leichentuch um das ganze Haus zusammenschlug.

„Du darfst – du sollst dies nicht sehen!" sagte ich schaudernd zu Usher und führte ihn mit sanfter Gewalt vom Fenster weg zu einem Sessel. „Diese Erscheinungen, die dich in Aufregung versetzen, sind weiter nichts als ganz bekannte elektrische Prozesse – vielleicht auch verdanken sie ihr spukhaftes Dasein nur den giftigen Ausdünstungen des Teiches. Wir wollen das Fenster schließen – die Luft ist schneidend und könnte dir in deinem Zustand gefährlich werden. Da liegt ja eins deiner Lieblingsbücher! Ich will dir vorlesen, und so wollen wir diese schreckliche Nacht zusammen verbringen."

Der altertümliche Band, den ich eben ergriffen hatte, war „Mad Trist" von Sir Launcelot Canning, doch hatte ich ihn mehr in trübem Scherz als im Ernst Ushers Lieblingsbuch genannt, da seine wunderliche, phantasielose Weitschweifigkeit dem kühnen Geist meines Freundes wenig Interessantes bieten konnte. Aber es war das einzige Buch, das ich zur Hand hatte, und ich nährte die schwache Hoffnung, daß die Erregung meines Freundes in der Überfülle von Torheiten, die es enthielt, Erleichterung finden werde. Die Geschichte der Geisteskranken ist ja voll von solchen oder ähnlichen Anomalien. Nach der leidenschaftlich gespannten Aufmerksamkeit zu urteilen, mit der er meinen Worten lauschte oder zu lauschen schien, hätte ich mir zu dem Erfolg Glück wünschen dürfen.

Ich war bis zu jener wohlbekannten Stelle gekommen, wo Ethelred, der Held des Trist, nach seinen vergeblichen Versuchen, sich in Güte Einlaß in die Behausung des Eremiten zu verschaffen, mit Gewalt die Tür aufbricht. Die Worte an dieser Stelle lauten etwa folgendermaßen:

„Und Ethelred, der von Natur ein tapferes Herz besaß und sich nach dem Genuß des kräftigen Weines doppelt stark fühlte, wollte mit dem boshaften Eremiten nun nicht länger zwecklos Zwiesprach führen, sondern erhob, da er den Regen schon auf seinen Schultern fühlte und das Unwetter immer näher heranziehen sah, seine Keule und schaffte sich durch kräftige Stöße gegen die starken Bretter der Tür bald soviel Raum wie nötig war, um seine gepanzerte Hand hindurchstecken zu können. Dann gebrauchte er sie kräftig, zerbrach, zerstieß und riß alles auseinander, so daß der Lärm von dem trockenen, krachenden Holz im ganzen Wald widerhallte."

Am Schluß dieses Satzes fuhr ich erschreckt empor und hielt einige Augenblicke lang mit dem Lesen inne. Obschon ich eine Sekunde später alles nur für eine Vorspiegelung meiner Phantasie hielt, glaubte ich doch ganz deutlich gehört zu haben, wie von einem sehr entlegenen Teile des Hauses her ein Ton an mein Ohr drang, der ein genaues, wenn auch dumpfes und unterdrücktes Echo von jenem ächzenden, krachenden Geräusch zu sein schien, das Sir Launcelot eben beschrieben hatte. Doch war es sicherlich nur dies Zusammentreffen des Geräusches mit meinen Worten, was meine Aufmerksamkeit erregte, denn mitten in dem Rasseln der Fensterläden und dem Toben, das der stetig wachsende Sturm vollführte, wären diese Töne an sich wohl unbemerkt vorübergegangen, ohne mir aufzufallen oder mich zu beunruhigen. Ich las also weiter:

„Aber als der wackere Kämpe Ethelred jetzt eintrat, erstaunte er und geriet in Zorn, als er von dem boshaften Eremiten keine Spur entdeckte, sondern an seiner Stelle einen schuppigen Drachen von fürchterlichem Aussehen erblickte, der feuersprühend vor einem goldenen Palast mit silbernem Fußboden auf der Lauer lag. An der Wand hing ein Schild von schimmerndem Erz, in das folgende Inschrift eingegraben war:

,Wer hier eindringt, ein Sieger ist!
Wer den Drachen bezwingt,
Auch den Schild sich erringt.'

Und Ethelred schwang seine Keule und schlug sie dem Drachen auf das Haupt, daß er vor ihm zu Boden stürzte und seinen giftigen Atem mit so mißtönendem, scheußlichem Geheul von sich gab, daß Etheired sich gern seine Ohren gegen dies gräßliche Getöse, wie es ähnlich nie zuvor vernommen wurde, verstopft hätte."

Wieder hörte ich plötzlich auf zu lesen, und zwar diesmal mit einem Gefühl starrer Bestürzung – denn es unterlag keinem Zweifel mehr, daß ich in diesem Augenblick tatsächlich einen leisen und anscheinend fernen, langgezogenen, seltsam kreischenden Laut gehört hatte: die genaue Wiederholung des unnatürlichen Drachengeheuls, das ich eine Sekunde vorher, von des Dichters Beschreibung heraufbeschworen, schon in meiner Phantasie vernommen hatte.

Von tausend widerstreitenden Gefühlen, von Staunen und höchstem Schreck gefaßt, hatte ich doch die Geistesgegenwart, durch keine Bemerkung über meine Beobachtungen die Nervosität meines Gefährten zu steigern. Ich war nicht sicher, ob er die fraglichen Töne auch gehört hatte, wiewohl während der letzten paar Minuten eine sonderbare Veränderung in seinem Wesen vor sich gegangen war. Anfangs saß er mir gerade gegenüber, nun hatte er seinen Stuhl so herumgedreht, daß er mit dem Gesicht gerade der Zimmertür zugewandt war. Seine Züge konnte ich nur teilweise erblicken, doch bemerkte ich, daß sich seine Lippen zitternd bewegten, als murmelte er leise vor sich hin. Sein Kopf war auf die Brust gesunken, aber ich erkannte aus einem flüchtigen Blick auf sein Profil an seinen starr aufgerissenen Augen, daß er keineswegs schlief. Außerdem war sein Körper in beständiger

Bewegung, er wiegte sich unablässig sanft und gleichmäßig von einer Seite auf die andere. Mit einem raschen Blick hatte ich dies alles bemerkt und fuhr in der Erzählung Sir Launcelots fort:

„Und jetzt, da der Kämpe der furchtbaren Wut des Drachens entronnen war, erinnerte er sich an den metallenen Schild und seine mächtige Zauberkraft. Er schaffte den Kadaver des Drachens aus dem Wege und schritt auf dem silbernen Boden des Palastes mutig auf die Stelle zu, wo der Schild hing. Dieser aber wartete nicht, bis der Held ganz herangekommen war, sondern stürzte mit gewaltigem Schmettern auf den silbernen Fußboden hinab."

Kaum waren meinen Lippen die letzten Worte entflohen, da drang – als sei wirklich eben ein eherner Schild auf einen silbernen Fußboden gefallen – ganz deutlich ein hohler, metallisch dröhnender, aber offenbar gedämpfter Widerhall an mein Ohr. Außer mir vor Entsetzen sprang ich auf; doch Usher verharrte ungestört bei seinem wiegenden Schaukeln. Ich stürzte auf ihn zu. Seine Augen waren starr auf einen Punkt gerichtet, und auf seinen Zügen lag eine steinerne Ruhe. Doch als ich meine Hand auf seine Schulter legte, durchzuckte ein heftiger Schauder seinen ganzen Körper, ein wahnsinniges Lächeln irrte um seine Lippen, und ich bemerkte, daß er, als sei er sich meiner Gegenwart nicht bewußt, hastig unverständliche Worte vor sich hin murmelte. Ich beugte mich dicht über ihn, und es gelang mir endlich, den grausigen Inhalt seiner Rede zu verstehen.

„Es nicht hören? – O ja! Ich höre es wohl und habe es gehört! Lange – lange – lange – viele Minuten – viele Stunden – viele Tage lang schon habe ich es gehört! Und ich wagte nicht – o beklage mich jammervoll Elenden! – ich wagte nicht – ich wagte nicht, zu reden! Wir haben sie lebendig ins Grab gelegt! Sagte ich nicht, daß meine Sinne scharf sind? Jetzt sage ich dir, daß ich in der tiefen Gruft ihre ersten, schwachen Regungen hörte. Ich hörte sie – es ist schon manchen, manchen Tag her – aber ich wagte nicht – ich wagte nicht zu reden! Und jetzt – in dieser Nacht – Ethelred – ha –! ha –! Das Einreißen von des Eremiten Tür, und das Sterbegeheul des Drachens, und der dröhnende Klang des Schildes! – sage besser: Sie sprengte ihren Sarg, die eisernen Angeln der Grabtür kreischten – qualvoll tastete sie sich durch die kupfernen Bogengänge des Gewölbes! Oh, wohin soll ich fliehen? Wird sie nicht gleich bei uns erscheinen? Eilt sie nicht schon herbei, um mir meine Hast vorzuwerfen? Höre ich nicht schon ihre Tritte auf der Treppe? Vernehme ich nicht schon das schwere, fürchterliche Pochen ihres Herzens? Wahnsinniger!" – Hier sprang er wie wütend von seinem Stuhl auf und schrie, als wolle er sich mit den Worten seine Seele ausschreien:

„Wahnsinniger! Ich sage dir, daß sie in diesem Augenblick draußen vor der Türe steht!"

Zu gleicher Zeit schob sich – als läge in der übermenschlichen Kraft seiner Worte eine Zaubergewalt – die schwere, altertümlich getäfelte Ebenholztür, auf die er mit der Hand wies, wie ein dunkler Rachen auf. Es war nur eine Wirkung der Zugluft gewesen, doch hinter diesen Türflügeln erschien die hohe, in ihre Leichentücher gehüllte Gestalt der Lady Magdalena Usher. Ihre weißen Gewänder waren mit Blut befleckt, und an ihrem abgezehrten Körper waren überall die Spuren eines zähen Kampfes zu erkennen. Einen Augenblick blieb sie wankend auf der Schwelle stehen, dann taumelte sie, tief aufstöhnend, auf die Gestalt ihres Bruders zu und zog ihn in ihrem Todeskampfe, als Opfer der Schrecken, die er vorher empfunden hatte, entseelt mit sich zu Boden.

Entsetzt, angstgehetzt, floh ich aus jenem Zimmer, aus jenem Haus. Der Sturm toste noch mit voller Wut, als ich auf der Landstraße war und wieder zu mir selbst kam. Plötzlich schoß ein greller Schein über meinen Weg. Ich wandte mich zurück, um zu sehen, woher dies sonderbare Aufglühen kommen könne, denn das Schloß lag tief im Schatten hinter mir. Der Glanz strahlte von dem blutrot untergehenden Vollmond her, der in diesem Augenblick mit wildem Leuchten den sonst kaum merklichen

Riß beschien, der, wie ich bereits früher erzählte, im Zickzack das ganze Gebäude vom Dach bis zum Fundament hinunterlief. Während ich noch staunend hinblickte, erweiterte sich der Spalt mit jäher Schnelligkeit – ein heftiger Wirbelwind sprang plötzlich hoch – die volle Scheibe des Mondes überflutete auf einmal die ganze Landschaft mit blutiger Helle – mir schwindelte, als ich die mächtigen Mauern wanken und auseinanderbersten sah. Ein langes, verworrenes Getöse, wie von tausend Wasserstürzen – und der tiefe, dunkle Teich zu meinen Füßen schloß sich finster und schweigend über den Trümmern des Hauses Usher.

## *Der Teufel im Glockenstuhl*

*Wieviel Uhr ist es?*
Alte Redensart

JEDERMANN WEISS, daß der holländische Marktflecken Spießburgh der schönste Ort der Welt ist – oder ach! – war.

Da er abseits der gewöhnlichen Heerstraße in einer sozusagen außergewöhnlichen Gegend liegt, hat ihn wohl nur ein kleiner Teil meiner Leser jemals besucht. Um auch denen, die ihn nicht kennen, eine Vorstellung von dem eigenartigen Orte zu geben, halte ich es für angemessen, einiges Nähere über ihn zu erzählen. Es ist dies um so nötiger, als ich in der Hoffnung, seinen Einwohnern die allgemeinste Sympathie zuzuwenden, eine Darstellung der folgenschweren Unglücksfälle geben will, die sich dort kürzlich zugetragen haben. Niemand, der mich kennt, wird zweifeln, daß ich die Pflicht, die ich mir selbst auferlegt, nach bestem Können erfül-

## Der Teufel im Glockenstuhl

len werde und nach gewissenhafter Prüfung der Tatsachen und fleißiger Vergleichung der authentischen Berichte die Ereignisse mit jener Unparteilichkeit darstellen werde, die jeden, der, wie ich, Anspruch auf den Titel „Geschichtsforscher" macht, auszeichnen muß.

Nach eingehendem Studium von Medaillen, Urkunden und Inschriften bin ich imstande, auf das Bestimmteste zu behaupten, daß der Flecken Spießburgh von seinem ersten Entstehen an genau an derselben Stelle gestanden hat, an der er heute noch steht. Von dem Zeitpunkte der Gründung jedoch kann ich leider Gottes nur mit einer gewissen unbestimmten Bestimmtheit reden. Dieser Zeitpunkt nämlich, so darf ich wohl in Anbetracht seiner außerordentlichen Entferntheit sagen, kann – wie ich vermute – nicht weiter zurückliegen als genau der Endpunkt der größten von uns ausmeßbaren Zeitspanne.

Was die Abstammung des Wortes Spießburgh betrifft – ja, da muß ich zu meinem größten Bedauern erklären, ebenfalls keine vollständig ausreichende Auskunft geben zu können. Von einer ganzen Anzahl Meinungen über diesen wichtigen Punkt, von denen manche sehr spitzfindig, scharfsinnig, sehr gelehrt –, manche jedoch das Gegenteil von alledem waren, habe ich keine einzige für genügend begründet zu befinden vermocht. Vielleicht, aber auch nur vielleicht, könnte man der Annahme des deutschen Gelehrten Rindt zustimmen, die sich fast mit der des englischen Forschers Beef deckt. Es ist die folgende: Spieß = Spieß, Burgh = Burg. Eine derartige Abstammung wird in der Tat noch wahrscheinlicher gemacht durch die Spuren eines Blitzes, der wie ein Spieß in die Spitze des Rathausturmes gefahren sein muß – des einzigen Gebäudes in Spießburgh, das etwas „Burg"-ähnliches hat. Doch möchte ich es auf jeden Fall vermeiden, mich in einer so wichtigen Frage zu kompromittieren, und verweise deshalb den Leser, der sich noch besser informieren will, auf die „Oratiunculae de Rebus Praeteritis" des bekannten holländischen Professors Hoolkoopf. Siehe auch Van der Domheet: „De Derevationibus", Seiten 27 bis 5010, gotische Ausgabe in Folio, rote und schwarze Schriftzeichen mit Stichwörtern und ohne Bogenzahlen. Beachte hier ebenfalls die eigenhändigen Randbemerkungen des bekannten chinesischen Privatgelehrten Schtumf-Sin – des erklärten Lieblingsschülers von van der Domheet. Beachte auch die untenstehenden Kommentare vom Dozenten Doehsig.

Trotz der Dunkelheit, die den Zeitpunkt der Gründung von Spießburgh und die Abstammung des Namens umhüllt, ist es doch, wie ich schon sagte, ganz unzweifelhaft, daß der Ort immer so gewesen ist, wie wir ihn heute noch sehen. Der älteste

## Der Teufel im Glockenstuhl

Mann im Flecken kann sich nicht der geringsten Veränderung entsinnen; und in der Tat, die bloße Vermutung einer solchen Möglichkeit würde dort als Beleidigung empfunden werden. Das Dorf liegt in einem vollständig kreisförmigen Tale von dem Umfang einer Viertelmeile, und ist auf allen Seiten von anmutigen Hügeln umgrenzt, deren Gipfel noch keiner der Einwohner zu überschreiten gewagt hat. Sie führen übrigens einen ausgezeichneten Grund für ihre Seßhaftigkeit an, indem sie sagen: sie glaubten nicht, daß auf der anderen Seite der Hügel „überhaupt etwas sei".

Rundherum, an der äußeren Umrißlinie des Tales, das vollständig eben und in seiner ganzen Ausdehnung mit platten Ziegeln gepflastert ist, liegen die sechzig kleinen Häuser des Dorfes. Sie lehnen sich also an die Hügel an und blicken alle in den Mittelpunkt der Ebene, der gerade sechzig Ellen von der Haustür jeder Wohnung entfernt ist. Vor jedem Hause liegt ein kleiner Garten mit einem kreisrunden Wege, einer runden Sonnenuhr und vierundzwanzig runden Krautköpfen, die Gebäude selbst ähneln einander so vollständig, daß sie durch nichts unterschieden werden können. Ihre Bauart ist ein wenig wunderlich, doch außerordentlich malerisch. Sie sind aus kleinen, hartgebrannten, roten Ziegelsteinen hergestellt, die schwarze Ecken haben, so daß die Mauern wie ein riesiges Schachbrett aussehen. Die Giebel sind zur Front gewandt, das Dach und die Haupttüren tragen Gesimse, die so groß sind wie das ganze übrige Haus, die Fenster sind eng und tief, in zahlreiche Vierecke geteilt und vielfach verrahmt. Das Dach ist mit Ziegeln gedeckt, die lange, geschweifte Ohren haben. Das Holzwerk ist allenthalben von dunkler Farbe und überall mit einer ziemlich eintönigen Schnitzerei verziert, denn seit unvordenklichen Zeiten verfügen die Holzschnitzer von Spießburgh nur über zwei Vorwürfe – eine Uhr und einen Krautkopf. Diese beiden jedoch führen sie höchst vorzüglich aus und schnitzen sie überall hin, wo sie nur Platz für ihr Schnitzmesser finden können.

Im Inneren gleichen sich die Wohnungen genauso wie außen; die Möbel sind alle nach einem Vorbild gemacht. Der Boden ist mit viereckigen Ziegelsteinen belegt, die Tische und Stühle sind aus schwärzlichem Holze und haben gedrehte Beine mit schmal zulaufenden Füßen. Die Kamine sind breit und hoch, an der Vorderseite sind Uhren und Kohlköpfe eingeschnitzt; und eine wirkliche Uhr, die stets ein bewunderungswertes Ticken vollführt, steht in der Mitte ihres Simses, und an jedem Ende desselben prangt ein Blumentopf, in dem ein Krautkopf wächst. Zwischen jedem Blumentopf und der Standuhr hinwiederum steht ein kleiner Chinese mit einem dicken Bauch und einem Loch in dessen

Mitte, durch welches man das Zifferblatt einer Taschenuhr erblickt.

Die Feuerherde sind groß und tief; die Feuerböcke sehen wild und gefährlich aus. Im Kamin brennt fortwährend ein lustiges Feuer. Über demselben hängt ein riesiger Kessel voll Sauerkraut und Schweinefleisch, den die gute Frau des Hauses immer geschäftig beachtet. Sie ist eine kleine, alte Dame mit blauen Augen und rotem Gesicht und trägt eine ungeheure zuckerhutförmige Mütze, die mit purpurnen und gelben Bändern geschmückt ist. Ihr Kleid ist aus orangegelbem Wollstoff, hinten sehr reichlich gemacht und in der Taille sehr kurz – ja, überhaupt sehr kurz, denn es reicht nicht über die Mitte des Beines. Dies letztere ist etwas sehr rundlich, von den Knöcheln muß man das gleiche behaupten; doch trägt sie ein prächtiges Paar grüner Strümpfe. Ihre Schuhe aus rosa Leder sind mit einem Knoten von gelbem Bande befestigt, das in der Gestalt eines Krautkopfes gebunden ist. In der linken Hand trägt sie eine kleine, schwere holländische Uhr; mit der rechten schwingt sie einen großen Kochlöffel über das Sauerkraut und das Schweinefleisch. An ihrer Seite steht eine fette, gesprenkelte Katze, an deren Schwanz „die Jongens" eine vergoldete, kleine Repetieruhr befestigt haben, um „Spaß zu machen".

„Die Jongens" selbst sind alle drei im Garten und hüten das Schwein. Sie sind jeder zwei Fuß hoch, haben Dreimaster auf, tragen purpurne Westen, die ihnen fast bis an die Schenkel gehen, Kniehosen aus Buckskin, rotwollene Strümpfe, schwere Schuhe mit großen Silberschnallen und lange Röcke mit großen Perlmutterknöpfen. Jeder hat eine Pfeife im Munde und eine kleine, bauchige Uhr in der rechten Hand. Sie blasen eine Rauchwolke von sich, dann blicken sie nach der Uhr – sie blicken nach der Uhr und blasen eine Rauchwolke von sich – und so geht es immer weiter. Das Schwein, das sehr dick und faul ist, beschäftigt sich damit, die Kohlblätter, die von dem Kohl abgefallen sind, aufzulesen und hin und wieder nach der vergoldeten Repetieruhr auszuschlagen, die die Bengels auch ihm, damit es ebenso schön aussehe wie die Katze, an den Schwanz gebunden haben.

Rechts an der Tür des Hauses, in einem hochlehnigen, ledernen Sessel mit gedrehten, schmalzulaufenden Beinen, wie sie auch die Tische haben, sitzt der Hausherr selbst. Er ist ein außerordentlich pausbäckiger, alter Herr mit kugelrunden Augen und riesigem Doppelkinn. Sein Anzug ähnelt vollständig dem der Jungen, und ich brauche also weiter nichts über denselben zu sagen. Der ganze Unterschied zwischen ihm und den Sprößlingen besteht darin, daß seine Pfeife etwas größer ist als die ihrige, und daß er infolgedessen mehr Dampf machen kann. Wie sie, hat auch er eine Uhr, doch trägt

## Der Teufel im Glockenstuhl

er sie in seiner Tasche. Er hat nämlich etwas Wichtigeres zu tun, als nach der Uhr zu sehen, und worin dies Wichtigere besteht, werde ich gleich erklären. Er sitzt ruhig, hat das rechte Bein über das linke Knie geschlagen, macht ein ernsthaftes Gesicht und hält immer wenigstens eins seiner Augen fest auf ein Etwas im Mittelpunkte der Luft gerichtet.

Dies Etwas befindet sich an dem Turme des Rathauses. Die Stadträte sind alle sehr kleine, runde, fette, kluge Männer, mit Augen wie Räder und mächtigem Doppelkinn. Ihre Röcke sind viel länger und ihre Schuhschnallen dicker als die der gesamten übrigen Einwohner von Spießburgh. Seitdem ich im Flecken wohne, haben sie schon drei außerordentliche Sitzungen abgehalten und die folgenden drei wichtigen Resolutionen gefaßt:

1. „Es ist ein Unrecht, den guten alten Lauf der guten alten Dinge ändern zu wollen."
2. „Es gibt nichts Erträgliches außerhalb von Spießburgh."
3. „Wir schwören unseren Uhren und unseren Krautköpfen ewige Treue."

Über dem Sitzungszimmer im Rathause liegt der Turm, und im Turm ist der Glockenstuhl, in dem seit unvordenklichen Zeiten der Stolz und das Wunder des Dorfes beruht: die große Uhr von Spießburgh.

## Der Teufel im Glockenstuhl

Und die ist denn auch der Gegenstand, auf den die Augen des alten Herrn, der in dem ledernen Sessel sitzt, gerichtet sind.

Die große Uhr hat sieben Zifferblätter, an jeder der sieben Seiten des Turmes – so daß man sie von jeder Richtung genau betrachten kann. Die Zifferblätter sind groß und weiß, die Zeiger schwer und schwarz. Die Stadtväter haben einen Glockenstuhlmann angestellt, dessen einzige Pflicht es ist, die Uhr zu hüten. Diese Stelle war die prächtigste aller Sinekuren, denn die Uhr hatte fast keine Bedienung nötig. Bis vor kurzem wäre auch die bloße Annahme einer solchen Möglichkeit als Ketzerei betrachtet worden. Seit den ältesten Zeiten, von denen die Archive sprechen, hatte die große Glocke stets richtig die Stunden angeschlagen. Und das war auch bei sämtlichen anderen Stand- und Taschenuhren im Flecken der Fall. Nirgends gab es einen Ort, in dem man es so genau wußte, „was es geschlagen hatte", wie in Spießburgh. Wenn die große Uhr es an der Zeit hielt zu sagen „Mittag", dann öffnete ihr gesamtes kleines Gefolge den Mund und antwortete wie ein Echo: „Mittag." Kurz, die guten Bürger waren ihrem Sauerkraut gewiß sehr zugetan – aber auf ihre Uhren waren sie geradezu stolz.

Alle Inhaber von Sinekuren werden immer mehr oder weniger mit Respekt behandelt, und da der Glockenstuhlmann von Spießburgh die prächtigste

## Der Teufel im Glockenstuhl

Sinekure innehat, ist er natürlich auch der am meisten respektierte Mann der Welt. Er ist der Hauptwürdenträger des Fleckens, und sogar seine Schweine sehen mit einem Gefühl von Ehrfurcht zu ihm empor. Die Schöße seines Rockes sind bedeutend länger, seine Pfeife, seine Schuhschnallen, seine Augen, sein Bauch bedeutend dicker als die irgendeines anderen Herrn im Dorfe, und was sein Kinn anbetrifft, so ist es kein Doppelkinn, sondern eine regelrechte Dreifaltigkeit.

Ich habe jetzt den glücklichen Zustand von Spießburgh beschrieben: ach! daß ein so friedevolles Gemeinwesen jemals eine bittere Störung erfahren mußte!

Seit langem gebrauchten die weisesten der Einwohner ein Sprichwort, welches den Sinn hatte, daß „nichts Gutes von außen über die Hügel kommen könne", und es schien wirklich, als sollten diese Worte etwas wie eine Prophezeiung enthalten.

Es war vorgestern – noch fünf Minuten fehlten bis Mittag –, als ein wunderlich aussehender Gegenstand auf der Spitze eines gegen Osten liegenden Hügels erschien. Ein solches Ereignis zog natürlich die allgemeine Aufmerksamkeit auf sich, und jeder alte, kleine Herr in seinem Ledersessel wandte eines seiner Augen voll Verwunderung und Unheil ahnend auf das Phänomen, während das andere auf die Uhr im Turm gerichtet blieb.

## Der Teufel im Glockenstuhl

Als nur noch drei Minuten bis Mittag fehlten, bemerkte man, daß das sonderbar aussehende fragliche Wesen ein sehr kleiner Mann und offenbar ein Fremder war. Er stieg mit großer Schnelligkeit den Hügel hinab, so daß man ihn bald sehr gut in Augenschein nehmen konnte. Es war die albernste Persönlichkeit, die man je in Spießburgh gesehen. Sein Gesicht war von tabakschwarzer Farbe, er hatte eine riesenlange Hakennase, Augen wie große gelbe Erbsen, einen weiten Mund und darin ein prächtiges Gebiß, das er gern zu zeigen schien, denn er grinste unablässig von einem Ohr zum anderen. Außer dem Schnurrbart und Backenbart war weiter nichts an seinem Gesichte zu sehen. Er war barhäuptig und trug sein Haar sauber auf Papilloten gewickelt. Sein schwarzer, eng anliegender Rock hatte lange Schwalbenschwänze, aus einer seiner Taschen hing ein mächtiges weißes Taschentuch heraus. Seine Beinkleider waren von schwarzem Kaschmir, er trug schwarze Strümpfe und an den Füßen ein Mittelding zwischen Stiefeln und Tanzschuhen mit riesigen Büscheln schwarzer Seidenschleifen als Schuhbänder. Unter einem Arme hielt er einen Chapeau claque und unter dem anderen eine Fiedel, die fast fünfmal so groß war wie er selbst. In seiner Linken ruhte eine goldene Tabakdose, aus welcher er, während er mit den sonderbarsten Kapriolen den Berg hinuntersprang, unauf-

## Der Teufel im Glockenstuhl

hörlich mit dem Ausdruck größter Selbstzufriedenheit schnupfte. Du lieber Himmel! War das ein Anblick für die biederen Einwohner von Spießburgh!

Genau gesagt hatte der Bursche trotz seines Grinsens einen verwegenen und unheilvollen Ausdruck im Gesicht; und während er nun geradenwegs auf das Dorf zulief, erregte die besagte bizarre Form seiner Schuhe sofort Verdacht.

Mancher, der ihn sah, hätte gern etwas darum gegeben, einen Blick hinter das weiße Taschentuch werfen zu können, das so aufreizend aus der Tasche seines Schwalbenschwanzrockes hing. Was jedoch hauptsächlich gerechten Unwillen gegen ihn erregte, war der Umstand, daß der elende Harlekin, während er hier einen Fandangosprung, dort eine Pirouette machte, gar keine Ahnung zu haben schien, was es heißt, das Zeitmaß richtig einzuhalten.

Die guten Leute des Städtchens hatten jedoch kaum Zeit, die Augen weit zu öffnen, als, wie ich schon sagte, es war mittlerweile gerade eine halbe Minute vor Mittag geworden, der Lump mitten zwischen sie eilte, hier ein *chassez*, dort ein *balancez* machte, und dann nach einer Pirouette und einem *pas-de-zéphyr* sich wie auf Taubenflügeln in den Glockenstuhl des Rathausturmes schwang, in dem der jetzt vor Verwunderung und Schreck erstarrte Glockenstuhlmann voll Würde rauchend gesessen hatte. Doch der Galgenstrick packte ihn bei der

## Der Teufel im Glockenstuhl

Nase, schüttelte ihn und zog an derselben, stülpte ihm seinen riesigen Chapeau claque über den Kopf und zog ihm denselben bis über die Augen und den Mund herab; dann erhob er seine große Geige und schlug ihn damit so lange und so kräftig, daß man, da der Glockenstuhlmann sehr dick und die Geige hohl war, geschworen hätte, ein ganzes Regiment Paukenschläger spiele im Glockenstuhl des Spießburgher Turmes des Teufels Höllenwirbel.

Es läßt sich nicht ausdenken, zu welch verzweifeltem Racheakt dieser aufreizende Angriff die Bewohner von Spießburgh getrieben haben würde, wenn sie nicht der wichtige Umstand, daß nur noch eine halbe Sekunde bis zu Mittag fehlte, bei Besinnung gehalten hätte. Die große Uhr mußte gleich schlagen, und dann gab es für jeden Bürger von Spießburgh auf der ganzen Welt nichts Wichtigeres, als dabei seine Taschenuhr aufs genaueste zu beobachten. Allerdings sah jeder vernünftige Mensch, daß der Bursche sich gerade in diesem Augenblick an der Uhr irgend etwas zu schaffen machte, wozu er kein Recht hatte. Doch als sie jetzt zu schlagen anfing, hatte niemand mehr Zeit, auf seine Manöver acht zu geben, denn jeder mußte jetzt die Schläge der Glocke zählen.

„Eins!" sagte die Uhr.

„Eens!" echote jeder kleine, dicke Herr in jedem Ledersessel in Spießburgh. „Eens!" sagte auch seine

## Der Teufel im Glockenstuhl

Taschenuhr; "eens!" sagte die Uhr von Mevrouw, und "eens!" sagten die Uhren der Jongens und die kleinen, vergoldeten Repetieruhren an den Schwänzen der Katze und des Schweines.

"Zwei!" fuhr die große Uhr fort.

"Twee!" wiederholten alle übrigen.

"Drei! Vier! Fünf! Sechs! Sieben! Acht! Neun! Zehn!" sagte die Turmuhr.

"Dree! Vier! Fif! Seß! Seeven! Acht! Negen! Tien!" antworteten die anderen.

"Elf!" sagte die große.

"Elfen!" stimmten die kleinen bei.

"Zwölf!" sagte die große Uhr.

"Twölf!" antworteten alle, vollkommen befriedigt und ließen die Stimme sinken.

"Twölf is et!" sagten alle die alten Herren und steckten ihre Uhren ein. Doch die große Uhr war noch nicht zu Ende.

"Dreizehn!" sagte sie.

"O Gott!" stöhnten die alten Herren und schnappten nach Luft, wurden bleich, ließen die Pfeifen aus dem Munde und ihr rechtes Bein von dem linken Knie fallen.

"O Gott!" jammerten sie alle, "Dörteen! Dörteen! Mein Gott, et is dörteen Uhr!!"

Es wäre unnütz, die schreckliche Szene, die nun folgte, beschreiben zu wollen. Mit einem Wort: Ganz Spießburgh war in Aufruhr!

„Was ist denn mit meiner Zwiebel passiert?" brüllten alle die Bengels. „Ich bin schon seit einer ganzen Stunde hungrig."

„Was ist denn mit meinem Kraut passiert?" schrien alle Mevrouws. „Seit einer Stunde ist es schon zerkocht!"

„Was ist denn mit meiner Pfeife passiert?" fluchten alle die alten, kleinen Herren. „Donner und Blitz, seit einer Stunde muß sie schon ausgeraucht sein." Sie füllten ihre Pfeifen von neuem in großer Wut, lehnten sich in ihre Armsessel zurück und stießen so schnell und wild Rauchwolken von sich, daß das ganze Dorf alsbald in undurchdringlichen Dampf gehüllt ward.

Mittlerweile wurden alle Kohlköpfe ganz rot im Gesicht, und es schien, als habe der Bösewicht von Anbeginn selbst von allem, was eine Standuhr war, Besitz genommen. Die in die Möbel geschnitzten Uhren fingen wie verhext zu tanzen an, während die auf den Kaminsimsen sich vor Wut kaum noch halten konnten und so hartnäckig fortwährend dreizehn schlugen und mit ihren Pendeln so wild herumfuhrwerkten und herumtollten, daß es wirklich schrecklich anzusehen war. Doch das schlimmste von allem war, daß weder die Katzen noch die Schweine länger mit dem Betragen der Taschenuhren an ihren Schwänzen einverstanden zu sein schienen und dies deutlich zeigten, indem sie alle

## Der Teufel im Glockenstuhl

auf dem Platz Reißaus nahmen, dort herumkratzten und herumstöberten, quiekten und schrien, brummten und grunzten, den Leuten ins Gesicht sprangen, sich in ihre Röcke verwickelten, kurz, die greulichste Verwirrung anstellten, die sich ein vernünftiger Mensch nur denken kann. Und der elende, kleine Taugenichts im Turme tat offenbar noch sein möglichstes, um den Tumult zu steigern. Hin und wieder konnte man den Schurken durch den Rauch einen Augenblick lang wahrnehmen. Er saß im Glockenstuhl auf dem Glöckner, der flach auf dem Rücken lag. In seinen Zähnen hielt der Schuft das Glocken seil, an dem er heftig zog, während er seinen Kopf bald nach rechts, bald nach links bewegte, und machte einen solchen Lärm, daß es mir noch jetzt in den Ohren saust, wenn ich nur daran denke. Auf seinem Schoße lag die große Geige, auf der er ohne jedes Zeitmaß und ohne Harmonie – der Hanswurst! – mit beiden Händen das schöne Lied „Komm' herab, o Madonna Theresa" spielte.

Ich brachte es nicht übers Herz, noch länger Zeuge solcher Greuel zu sein, verließ den Ort mit Abscheu und rufe nun alle, denen was an richtiger Zeit und gutem Sauerkraut liegt, zu Hilfe. Laßt uns eine feste Schar nach Spießburgh ziehen, um dort die Ordnung dadurch wiederherzustellen, daß wir den Burschen von dem Turme herunterstürzen!

## *Der schwarze Kater*

ICH VERLANGE UND ERWARTE NICHT, daß man die höchst seltsame und doch einfache Geschichte, die ich hier niederschreiben will, glaubt. Es wäre auch töricht, dies zu tun, denn ich selbst vermag dem Zeugnis meiner Sinne kaum zu trauen. Doch bin ich weder wahnsinnig, noch habe ich geträumt. Morgen aber muß ich sterben und möchte darum heute meine Seele entlasten. Zu diesem Zwecke will ich der Welt klar und bündig und ohne weitere Erörterungen eine Reihe rein häuslicher Begebenheiten vor Augen führen. Die Folgen dieser Begebenheiten haben mich dem Entsetzen, haben mich der Qual anheimgegeben und mich schließlich zugrunde gerichtet. Doch will ich nicht versuchen, sie weiter zu erklären. Mir haben sie ein Schaudern verursacht; anderen mögen sie vielleicht weniger schrecklich als sonderbar erscheinen. Später vielleicht wird ein denkender Geist meine Wahngebilde auf Selbstverständlichkeiten zurückführen – er wird, ruhiger, logischer und viel weniger nervös als ich, in all den Umständen, die ich nun mit Grausen erzähle, die gewöhnliche Folge ganz natürlicher Ursachen und Wirkungen erkennen.

Von früher Kindheit an war ich wegen meines gelehrigen, liebevollen Wesens bekannt. Die Zärtlichkeit meines Herzens war so ungewöhnlich, daß sie mich zum Gespött meiner Kameraden machte. Ich war ein großer Tierfreund, und meine Eltern gestatteten mir gütigst, eine ganze Anzahl solcher Lieblinge zu halten. Mit ihnen verbrachte ich den größten Teil meiner Zeit und fühlte mich nie so glücklich, als wenn ich sie fütterte und liebkoste. Diese Eigenheit meines Wesens wuchs mit den Jahren und war später im Mannesalter der Quell meiner größten Vergnügungen. Denen, die jemals Neigung für einen treuen und gelehrigen Hund gehabt haben, brauche ich wohl die Natur und die innige Befriedigung, die aus solch einer Liebhaberei entstehen kann, nicht weiter zu erklären. In der selbstlosen und aufopferungsfähigen Anhänglichkeit eines Tieres liegt etwas, das unmittelbar zum Herzen dessen spricht, der oft Gelegenheit gehabt hat, die Armseligkeit und Unbeständigkeit der Menschen – was Freundschaft und Treue angeht – zu erproben.

Ich heiratete früh und war glücklich, bei meiner Frau eine meinem Wesen entsprechende Gemütsart zu finden. Als sie meine Vorliebe für Haustiere be-

## Der schwarze Kater

merkte, ließ sie keine Gelegenheit vorübergehen, mir die gefälligsten zu verschaffen. Und so besaßen wir denn Vögel, Goldfische, einen schönen Hund, Kaninchen, einen kleinen Affen und einen – Kater.

Er war ein auffallend großes und schönes Tier, vollständig schwarz und erstaunlich klug. Meine Frau, die ein wenig abergläubisch war, machte oft, wenn sie von dieser Klugheit sprach, Anspielungen auf den volkstümlichen Aberglauben, nach dem alle schwarzen Katzen verkappte Hexen sind. Ich will nicht sagen, daß sie jemals ernsthaft daran glaubte, und ich erwähne es überhaupt nur, weil ich mich zufällig wieder erinnere. Pluto – so hieß der Kater – war mein bevorzugter Liebling und Spielgenosse. Ich allein fütterte ihn, und er begleitete mich auf Schritt und Tritt im ganzen Hause herum. Ich konnte ihm nur mit Mühe verwehren, mir auch auf die Straße zu folgen.

Unsere Freundschaft hatte nun schon mehrere Jahre bestanden – Jahre, in denen mein Temperament und mein Charakter, wie ich mit Beschämung gestehen muß, durch den Dämon Unmäßigkeit allmählich eine vollständige Wandlung zum Schlimmen erfuhr. Ich wurde von Tag zu Tag trübsinniger, reizbarer, rücksichtsloser. Selbst meiner Frau gegenüber gestattete ich mir eine brutale Sprache und vergriff mich schließlich sogar tätlich an ihr. Meine Lieblinge mußten natürlich ebenfalls unter dieser

Veränderung meiner Gemütsart leiden. Ich vernachlässigte sie nicht nur, sondern mißhandelte sie. Für Pluto jedoch empfand ich noch immer soviel Neigung, daß ich ihn wenigstens nicht quälte, trotzdem ich mir kein Gewissen daraus machte, die Kaninchen, den Affen und selbst den Hund, wenn sie mir aus Zufall oder Anhänglichkeit in den Weg liefen, zu peinigen, wie ich nur konnte. Aber meine Krankheit gewann immer mehr Macht über mich – denn welche Krankheit ist an Hartnäckigkeit dem Hang zum Alkohol zu vergleichen? Und zum Schluß mußte selbst Pluto, der anfing alt und infolgedessen etwas mürrisch zu werden, die Wirkungen meiner Verdüsterung an sich erfahren.

Eines Nachts, spät, als ich vollständig betrunken aus einer meiner geliebten Kneipen in der Stadt nach Hause zurückkehrte, bildete ich mir ein, der Kater meide meine Gegenwart. Ich fing ihn ein, raffte ihn hoch, wobei er mir, wahrscheinlich aus Angst vor meiner Heftigkeit, mit den Zähnen eine kleine Wunde an der Hand beibrachte. In demselben Augenblicke ergriff mich eine wilde Wut, ich kannte mich selbst nicht mehr, es war, als sei meine Seele aus dem Körper entwichen; eine mehr als teuflische, vom Schnaps noch angefeuerte Bosheit zuckte in jeder Fiber meines Leibes. Ich zog ein Federmesser aus meiner Tasche, öffnete es, packte das arme Tier an der Gurgel und stach ihm ganz bedächtig eins seiner Augen aus der Höhle heraus. Oh! – Es überläuft mich abwechselnd ein glühender und eisiger Schauder, da ich diese fluchwürdige Scheußlichkeit hier niederschreibe.

Als ich am anderen Morgen den Dunst meiner nächtlichen Ausschweifung verschlafen hatte und wieder zu Verstand kam, empfand ich über mein Verbrechen ein aus Abscheu und Gewissensbissen gemischtes Gefühl; doch war es nur eine schwache Empfindung und in ihrer Tiefe blieb meine Seele von derselben unberührt. Ich überließ mich aufs neue meinen Unmäßigkeiten, und jede Erinnerung an die Tat ertränkte ich im Branntweine. Der Kater genas mittlerweile langsam. Seine leere Augenhöhle bot allerdings einen schauerlichen Anblick, doch schien er keine Schmerzen mehr zu leiden. Wie früher strich er im Haus umher, floh aber, wie leicht erklärlich, entsetzt davon, sobald ich in seine Nähe kam. Ich hatte mir noch so viel Gefühl bewahrt, daß mich die offenbare Abneigung eines Geschöpfes, das mir früher so zugetan, betrübte. Doch wich diese Empfindung bald einer tückischen Erbitterung. Und dann kam auch, um meinen endgültigen, unwiderruflichen Untergang zu besiegeln, der Geist der Perversität über mich. Die Philosophie hat sich noch nie mit diesem Dämon befaßt. Doch so wahr meine Seele lebt, ich glaube, daß die Perversität einer der Grundtriebe des menschlichen Herzens ist,

## Der schwarze Kater

eine der unteilbaren Urfähigkeiten oder Gefühle, die dem Charakter des Menschen seine Richtungslinie geben. Wem wäre es nicht hundertmal begegnet, daß er sich bei einer niedrigen oder törichten Handlung überraschte, die er nur deshalb beging, weil er wußte, daß sie verboten war? Haben wir nicht beständig die Neigung, die Gesetze zu verletzen, bloß weil wir sie als solche anerkennen müssen? Dieser Geist der Perversität kam also, wie ich schon sagte, über mich, um meinen Untergang zu vollenden. Jener unergründliche Drang der Seele, sich selbst zu quälen, ihrer eigenen Natur Gewalt anzutun und das Unrecht nur um des Unrechts willen zu begehen, trieb mich an, das unschuldige Tier, das ich schon so gräßlich mißhandelt, noch weiter zu quälen. Eines Morgens legte ich kaltblütig eine Schlinge um seinen Hals und hängte es an dem Ast eines Baumes auf; hängte es auf, während mir die Tränen aus den Augen strömten und Gewissensbisse mein Herz folterten; hängte es auf, weil ich wußte, daß es mich geliebt hatte, und weil ich fühlte, daß es mir nie eine Ursache zu dieser Mißhandlung gegeben; hängte es auf, weil ich fühlte, daß ich mit der Tat eine Sünde beging, eine Todsünde, die das Heil meiner Seele vernichten konnte, sie, wenn es noch möglich gewesen wäre, dem Bereich der Gnade des allgerechten und allbarmherzigen Gottes hätte entziehen müssen.

## Der schwarze Kater

In der Nacht, die dem Tag folgte, an dem ich die grausame Tat vollführt, wurde ich durch Feuerlärm aus dem Schlafe geweckt. Die Vorhänge meines Bettes brannten schon, das ganze Haus stand in Flammen. Unter großen Gefahren entrannen meine Frau, unser Dienstbote und ich der Feuersbrunst. Alles wurde zerstört, mein ganzer Besitz an irdischen Gütern war dahin. Und ich selbst überließ mich von nun ab nur noch widerstandsloser dem Trunk.

Ich bin längst über die Schwäche hinaus, ein Verhältnis von Ursache und Wirkung zwischen diesem Unglück und der vorhergegangenen Schändlichkeit zu erblicken. Ich stelle nur eine Kette von Tatsachen fest und möchte dabei kein Glied unerwähnt lassen. Am Tag nach dem Brand besichtigte ich die Trümmer. Die Mauern waren bis auf eine zusammengestürzt: und zwar war die nicht sehr dicke Scheidewand in der Mitte des Hauses, gegen die das Kopfende meines Bettes gestanden hatte, stehengeblieben. Die Wandverkleidung hatte dem Feuer ganz auffallend gut widerstanden – ich führte dies auf den Umstand zurück, daß sie erst vor kurzem neu beworfen worden war. Um diese Mauer herum hatte sich eine dichte Menschenmenge versammelt und schien einen bestimmten Teil derselben einer eingehenden, eifrigen Prüfung zu unterziehen. Worte wie „seltsam!" und „sonderbar!" und ähnliche Ausrufe erregten meine Neugierde. Ich näherte mich und erblickte auf der weißen Oberfläche, wie im Bas-Relief eingegraben, die Gestalt eines riesigen Katers. Die Konturen waren mit wunderbarer Sorgfalt ausgeführt. Um den Hals des Tieres lag ein Strick.

Als ich diesen Spuk – für etwas anderes konnte ich es kaum halten – erblickte, geriet ich vor Staunen und Grausen außer mir. Schließlich erinnerte ich mich, daß ich den Kater in einem Garten erhängt hatte, der dicht an mein Haus anstieß. Bei dem Feuerlärm hatte sich der Garten sofort mit Menschen gefüllt. Einer von ihnen mußte das Tier abgeschnitten und durch ein offenes Fenster – wahrscheinlich in der Absicht, mich aus dem Schlaf zu wecken – in mein Zimmer geschleudert haben. Beim Einsturz der anderen Mauer mußte irgendein Zufall das Opfer meiner Grausamkeit in die frisch aufgetragene Masse des Mauerbewurfs fest eingedrückt haben. Das Feuer hatte dann in Verbindung mit dem tierischen Alkali des Kadavers seine Umrisse fest in den Kalk eingebrannt.

Obgleich ich, was diese aufregende, rasch erzählte Tatsache angeht, meiner Vernunft, wenn nicht meinem Gewissen Genüge tat, machte sie nichtsdestoweniger einen tiefen Eindruck auf meine Phantasie. Monatelang konnte ich mich von der Spukgestalt des Katers nicht befreien, und eine unbestimmte Empfindung, die wie Ruhe erschien, es aber doch nicht war, kehrte in mein Gemüt ein. Ich fing sogar an, den Verlust des Tieres aufrichtig zu bedauern und begann, mich in den niedrigen Schenken, die ich meist besuchte, nach einem anderen Tier derselben Art und einigermaßen ähnlichem Aussehen umzusehen, das den Platz Plutos wieder ausfüllen konnte.

Eines Nachts, als ich, schon halb stumpfsinnig, in einer der allerniedrigsten Lasterhöhlen saß, lenkte sich meine Aufmerksamkeit plötzlich auf einen schwarzen Gegenstand, der oben auf einem riesigen Oxhoft voll Branntwein oder Rum lag, das ein Hauptstück der Ausstattung des Lokales bildete. Einige Minuten lang blickte ich fest nach dem in die Höhe gerichteten Boden des Fasses, und es setzte mich in Erstaunen, daß ich den betreffenden Gegenstand nicht eher bemerkt hatte. Ich ging darauf zu und berührte ihn mit der Hand. Es war ein schwarzer Kater – ein sehr großer schwarzer Kater – ganz so groß wie Pluto und ihm, mit Ausnahme einer einzigen Abweichung, vollständig ähnlich. Pluto hatte an seinem ganzen Körper kein einziges weißes Haar, dieser Kater hatte dagegen einen großen, wenn auch undeutlich gezeichneten weißen Flekken, der beinahe die ganze Brust bedeckte.

Als ich das Tier berührte, erhob es sich sofort, begann laut zu schnurren, rieb sich an meiner Hand und schien über die ihm gespendete Aufmerksamkeit höchst erfreut. Dies war also wohl gerade das Tier, das ich suchte! Ich machte dem Wirte sofort ein Angebot, um es zu kaufen, aber der machte überhaupt keinen Anspruch darauf, sagte, er kenne es nicht und habe es nie zuvor gesehen.

Ich fuhr in meinen Liebkosungen fort, und als ich mich auf den Heimweg machte, schien das Tier mir folgen zu wollen. Ich gestattete es und stand unterwegs hin und wieder still, um es zu streicheln. Zu Hause angekommen, gewöhnte es sich gleich ein und wurde sofort der Liebling meiner Frau. In mir fühlte ich bald eine Abneigung gegen das Tier entstehen. Das war gerade das Gegenteil von dem, was ich erwartet hatte, aber – ich weiß nicht wie und weshalb – seine augenscheinliche Anhänglichkeit an mich widerte mich an. Nach und nach verwandelte sich dies Gefühl des Widerwillens in erbitterten Haß. Ich mied die Katze; ein gewisses Gefühl der Beschämung und die Erinnerung an meine frühere Grausamkeit verhinderten jedoch, daß ich sie mißhandelte. Einige Wochen vergingen, ohne daß ich sie schlug oder sonst quälte. Aber allmählich – ganz allmählich – fing ich an, sie mit unaussprechlichem Abscheu zu betrachten und vor ihrer verhaßten Gegenwart wie vor dem giftigen Hauch der Pest schweigend zu entfliehen. Was ohne Zweifel meinen Haß gegen das Tier noch verschärfte, war die Entdeckung, die ich gleich am ersten Morgen machte: daß das Tier, gerade wie Pluto, des einen Auges beraubt war. Dieser Umstand machte es meiner Frau nur noch lieber, die, wie ich schon sagte, in hohem Maße jene Zärtlichkeit des Herzens besaß, die einst auch mein hervorstechendster Charakterzug und die Quelle einfachster und reinster Freuden gewesen war. Doch schien mit meinem Widerwillen gegen den Kater dessen Vorliebe für mich nur noch zu wachsen. Er folgte mir stets auf dem Fuße, mit einer Beharrlichkeit, die ich nur schwer beschreiben kann. Setzte ich mich nieder, so kauerte er sich unter meinen Stuhl oder sprang mir auf die Knie und überhäufte mich mit den häßlichsten Liebkosungen. Stand ich auf, um wegzugehen, so zwängte er sich zwischen meine Füße und warf mich fast zu Boden, oder er klammerte sich mit seinen langen, scharfen Krallen in meine Kleider und kletterte an mir fast bis zur Brust herauf. Und obgleich mich bei solchen Gelegenheiten das Verlangen packte, ihn mit einem Hieb totzuschlagen, hielt mich immer wieder irgend etwas davon zurück, teils die Erinnerung an mein früheres Verbrechen, jedoch hauptsächlich – ich will es nur gleich gestehen – eine wirkliche Angst vor dem Tier.

Ich fürchtete mich nicht gerade vor einer körperlichen Verletzung durch den Kater – und doch wüßte ich nicht, wie ich sonst dies Gefühl erklären sollte!? Ich gestehe mit Beschämung, selbst in dieser Verbre-

## Der schwarze Kater

cherzelle mit Beschämung, daß der Schreck und der Abscheu, den das Tier mir einflößte, durch ein nichtiges Hirngespinst – so nichtig, wie man sich nur eins vorstellen mag – noch gesteigert wurde. Meine Frau hatte mich verschiedentlich auf die Form des weißen Fleckens hingewiesen, von dem ich schon gesprochen, und der den einzigen sichtbaren Unterschied zwischen diesem seltsamen Tier und dem von mir getöteten ausmachte. Der Leser wird sich erinnern, daß dieser Fleck, obgleich er groß war, nur sehr undeutliche Umrisse aufwies. Aber in ganz allmählichen, kaum wahrnehmbaren Steigerungen, die meine Vernunft sich vergeblich als Einbildungen einreden wollte, erlangten dieselben eine fürchterliche Deutlichkeit. Sie stellten jetzt einen Gegenstand dar, den ich zu nennen schaudere – und wegen dessen allein ich das Ungeheuer verabscheute und fürchtete und mich von ihm befreit haben würde – hätte ich es nur gewagt. Es war das Abbild eines scheußlichen Gegenstandes – ich spreche es aus: es war die Zeichnung eines Galgens. O trauriges und furchtbares Mahnbild der Schande und der Sühne niedrigsten Verbrechens – voll Todesqual und Tod!

Und nun war ich elend – elend über alle Grenzen menschlichen Elends hinaus. Und ein unvernünftiges Tier – von dessen Geschlecht ich eines verächtlich getötet – ein vernunftloses Tier bereitete mir, einem Menschen nach dem Ebenbild Gottes,

## Der schwarze Kater

eine solche unerträgliche Qual! Ach! Weder bei Tag noch bei Nacht empfand ich mehr die Wohltat der Ruhe. Tagsüber ließ mich das Tier keinen Augenblick allein, und des Nachts fuhr ich stündlich aus Träumen voll unaussprechlichsten Grausens auf, fühlte seinen Atem über meinem Gesicht und sein schweres Gewicht – wie einen körperlich gewordenen Nachtspuk, den ich abzuschütteln nicht die Kraft hatte – unablässig auf meiner Brust!

Unter dem Druck solcher Qualen schwand der schwache Rest dahin, der noch von Gutem in mir war. Schlimme Gedanken wurden meine einzigen Begleiter, schlimmste, finsterste Gedanken! Mein ungewöhnlicher Trübsinn artete aus in Haß gegen alles in der Welt, ja, gegen die ganze Menschheit: meist war es meine still duldende Frau, die unter den plötzlichen zügellosen Wutausbrüchen, denen ich mich jetzt oft blindlings überließ, bitter zu leiden hatte.

Eines Tages begleitete sie mich wegen irgendeiner häuslichen Angelegenheit in den Keller des alten Gebäudes, das uns unsere Armut zu bewohnen nötigte. Die Katze folgte mir die steilen Treppen hinunter und veranlaßte, daß ich stolperte und fast kopfüber hinuntergestürzt wäre. Dies erboste mich sehr. Ich ergriff eine Axt, vergaß in meiner kindischen Wut die Angst, die bis jetzt meine Hand zurückgehalten und führte einen Streich gegen das

Tier, der sicher tödlich gewesen wäre, wenn er so getroffen, wie ich es wünschte. Meine Frau jedoch hielt den Schlag auf. Dies versetzte mich in eine mehr als teuflische Raserei, ich riß meinen Arm aus den Händen meiner Frau los und hieb ihr die Axt in den Schädel. Ohne den geringsten Laut brach sie sofort tot zusammen.

Kaum war dieser grauenvolle Mord geschehen, als ich mich auch schon daran machte, den Leichnam mit aller Überlegung zu verbergen. Ich sah ein, daß ich ihn weder bei Tag noch bei Nacht aus dem Haus schaffen konnte, ohne Gefahr zu laufen, von den Nachbarn bemerkt zu werden. Mancherlei Pläne kamen mir in den Sinn. Einmal dachte ich daran, den Körper in lauter kleine Teile zu zerschneiden und zu verbrennen, dann beschloß ich, ihn im Boden des Kellers zu vergraben, dann überlegte ich, ob ich ihn nicht in den Brunnen, der sich auf unserem Hofe befand, werfen solle – ja, ich dachte sogar daran, ihn wie eine Ware in eine Kiste zu verpacken und diese von einem Gepäckträger aus dem Haus wegschaffen zu lassen. Endlich blieb ich bei einer Idee, die mir bei weitem die beste schien. Ich beschloß, ihn im Keller einzumauern, wie es nach verschiedenen Überlieferungen die Mönche des Mittelalters mit ihren Opfern gemacht haben sollen. Der Keller schien mir für einen solchen Zweck wohl geeignet. Die Mauern waren leicht gebaut und erst kürzlich mit grobem Mörtel beworfen worden, der in der feuchten Kellerluft noch nicht vollständig verhärtet war. Überdies befand sich an einer der Mauern ein Vorsprung, hinter dem sich ein falscher Kamin befand, den man ausgefüllt hatte, worauf die Stelle den übrigen Wänden gleich gemacht war.

Ich zweifelte nicht, die Ziegel an dieser Stelle leicht herausbrechen, den Leichnam in der Höhlung verbergen und das Ganze wieder so zumauern zu können, daß kein Auge irgend etwas Verdächtiges entdecken würde. Und diese Annahme täuschte mich nicht. Ich entfernte mittels eines Brecheisens mit leichter Mühe die Steine, lehnte den Körper gegen die innere Wand, befestigte ihn etwas in dieser Stellung und stellte die Mauern, genau so, wie sie ursprünglich gewesen, wieder her. Da ich mir mit Verbrecherschlauheit Mörtel, Sand und Stroh verschafft hatte, bereitete ich einen Bewurf, der von dem vorigen nicht zu unterscheiden war, und verstrich die neugemauerte Stelle auf das sorgfältigste. Als ich fertig war, empfand ich eine große Befriedigung darüber, daß nun alles in Ordnung sei. An der Wand war nicht das geringste zu bemerken, den Fußboden säuberte ich mit peinlichster Sorgfalt von dem übriggebliebenen Schutt. Dann blickte ich mit triumphierenden Blicken umher und sagte zu mir: „Hier ist meine Arbeit wenigstens keine vergebliche gewesen."

## DER SCHWARZE KATER

Mein nächster Gang galt dem Kater, der all dies Elend verschuldet hatte, und den ich nun mit Bestimmtheit töten wollte. Hätte ich ihn in dem Augenblick gefunden, so wäre sein Schicksal besiegelt gewesen, doch es schien, als habe das schlaue Tier noch Furcht vor meinem wilden Zorn und vermeide es, sich vor mir in meiner augenblicklichen Stimmung blicken zu lassen. Es ist unmöglich, das tiefe, selige Gefühl der Erleichterung, mit welchem mich die Abwesenheit des verhaßten Wesens erfüllte, zu beschreiben oder gar sich vorzustellen. Auch am Abend kam es nicht wieder zum Vorschein, und so verbrachte ich die erste Nacht, seit es ins Haus gekommen war, in gesundem, tiefem Schlaf; ja, ich schlief, trotzdem ein Mord meine Seele belastete! Der zweite und dritte Tag verging – mein Peiniger kam nicht wieder. Noch einmal atmete ich in Freiheit auf. Das Untier war vor Schrecken aus meinem Haus entflohen! Ich würde es nicht mehr sehen! Mein Glück war unbeschreiblich. Das Andenken an meine schwarze Tat beunruhigte mich so gut wie gar nicht. Man hatte einige Nachforschungen angestellt, doch hatte ich sie bald zu erledigen gewußt. Sogar eine Haussuchung hatte stattgefunden, die natürlich ergebnislos verlaufen war. Ich fühlte mich vollständig ruhig und sicher.

Am vierten Tage nach dem Mord erschienen jedoch ganz unerwartet noch einige Abgesandte der

## Der schwarze Kater

Polizei und nahmen von neuem eine sorgfältige Haussuchung vor. Da ich jedoch vollkommen überzeugt war, daß man das verhängnisvolle Versteck nicht auffinden würde, blieb ich ganz kaltblütig. Die Beamten forderten mich auf, sie bei der Durchsuchung zu begleiten. Sie ließen keinen Winkel, keine Ecke außer acht. Endlich stiegen sie zum dritten- oder viertenmal in den Keller hinab. Ich zuckte mit keiner Wimper, und mein Herz schlug so ruhig wie das eines Menschen, der in Unschuld schläft. Ich durchschritt den Keller von einem Ende zum andern, kreuzte die Arme über der Brust und ging seelenvergnügt auf und ab. Die Beamten schienen befriedigt und schickten sich an, wieder hinaufzugehen. Die Freude meines Herzens war zu groß, als daß ich sie ganz hätte verbergen können. Es stachelte mich förmlich, meinem Triumph, wenn auch nur durch ein Wort, Ausdruck zu verleihen und sie in ihrer Überzeugung von meiner Unschuld zu bestärken.

„Meine Herren", sagte ich endlich, als die Gesellschaft schon die Stufen hinaufschritt, „ich freue mich, daß sich Ihr Verdacht als unbegründet erwiesen hat. Ich wünsche Ihnen ein herzliches Lebewohl und für die Zukunft etwas mehr Höflichkeit. Im übrigen, meine Herren, ist dies ein sehr solide gebautes Haus!" (In dem wahnsinnigen Verlangen irgend etwas Anzügliches leicht hinzuwerfen, wußte ich kaum selbst mehr, was ich sprach.) „Man könnte es fast ein außerordentlich solide gebautes Haus nennen! Diese Mauern – Sie gehen schon, meine Herren? – diese Mauern sind fest gefügt." Und hier klopfte ich aus purer Prahlerei mit einem Stocke, den ich in der Hand hielt, heftig gerade gegen den Teil der Mauer, hinter dem der Leichnam jener Frau verborgen war, die ich von Herzen geliebt hatte.

Aber möge Gott mir gnädig sein und mich aus den Klauen des Erzfeindes befreien! Kaum war der Nachklang der Schläge in der Stille verklungen, als eine Stimme aus dem Innern des Grabes antwortete. Es war ein Geschrei, anfangs gebrochen und halb erstickt, wie das Schluchzen eines Kindes, ein Geschrei, das dann zu einem langen, anhaltenden Laut anschwoll, der übernatürlich und unmenschlich klang – einem Geheul, einem kreischenden Wehklagen, in dem sich Schreck und Frohlocken zu mischen schienen, wie es sich nur den Kehlen der Verdammten in ihren Qualen und der Brust triumphierender Teufel entringen kann. Es wäre unnütz, von meinen Empfindungen sprechen zu wollen. Einer Ohnmacht nahe, taumelte ich gegen die Rückwand des Kellers. Einen Augenblick standen die Polizisten im Übermaß des Entsetzens und Grausens regungslos und starr, im nächsten jedoch arbeiteten bereits ein Dutzend kräftige Arme an der Mauer.

## Der schwarze Kater

Sie war bald niedergerissen, und der schon stark in Verwesung übergegangene, mit geronnenem Blute bedeckte Leichnam meiner Frau stand aufrecht vor ihren Augen da. Auf dem Kopfe mit aufgerissenem rotem Maul und seinem einzigen glühenden Auge hockte das scheußliche Tier, dessen Gebaren mich zum Morde verleitet hatte und dessen verräterische Stimme mich jetzt dem Henker überlieferte. Ich hatte das Ungeheuer mit in das Grab eingemauert.

## *Der Mord in der Spitalgasse*

> *Sie ist zwar etwas verblüffend, die Frage:
> welches Lied die Sirenen gesungen oder welchen
> Namen Achilles angenommen, als er sich bei
> den Frauen verbarg, – doch liegt ihre Beantwortung
> nicht außerhalb des Bereiches der Möglichkeit.*
> Sir Thomas Browne.

Die geistigen Fähigkeiten, welche man gewöhnlich die analytischen nennt, sind selbst, ihrem ganzen Wesen nach, der Analyse sehr schwer zugänglich. Wir beurteilen sie nur nach ihren Wirkungen. Unter anderem wissen wir von ihnen, daß sie, wenn sie in ungewöhnlich hohem Grade vorhanden sind, ihrem Besitzer ein Born außerordentlicher Genüsse sein können. Wie ein starker Mann sich an seiner physischen Tüchtigkeit berauscht und Übungen, die seine Muskeln in Tätigkeit setzen, vor allem liebt, so hat der Analytiker seine höchste Freude an jener geistigen Tätigkeit, die entwirrt und löst.

Selbst die trivialsten Beschäftigungen, sofern sie ihm nur Gelegenheit geben, sein Talent zu entfalten, bereiten ihm Vergnügen. Er ist ein Freund von Rätseln, Hieroglyphen und Geheimnissen und zeigt bei der Lösung derselben einen Grad von Scharfsinn, der dem gewöhnlichen Verstand übernatürlich erscheint. Und seine Resultate, zu denen er doch durch rein methodisches Vorgehen gelangt ist, haben in der Tat den Anschein von Intuition. Die Fähigkeit zur Auflösung wird unter Umständen durch mathematische Studien noch bedeutend geschärft; besonders durch das Studium jener höchsten Mathematik, die man ungerechterweise und nur wegen ihrer rückwärts schließenden Tätigkeit Analysis, gleichsam Analyse par excellence genannt hat. Aber bloßes Rechnen heißt noch nicht analysieren. Ein Schachspieler zum Beispiel tut das eine, ohne das andere auch nur zu versuchen. Daraus folgt, daß das Schachspiel in seinen Wirkungen auf den Geist vollkommen falsch beurteilt wird. Doch will ich hier keine Abhandlung schreiben, sondern lediglich eine etwas sonderbare Erzählung durch ein paar aufs Geratewohl hingeworfene Bemerkungen einleiten. Ich möchte an dieser Stelle nur noch bemerken, daß die höheren Kräfte des überlegenden Geistes durch das bescheidene Damespiel viel lebhafter und nutzbringender angestrengt werden, als durch die anspruchsvollen

## Der Mord in der Spitalgasse

Nichtigkeiten des Schachspiels. Bei diesem Spiel, in dem die Figuren verschiedene und absonderliche Bewegungen von verschiedenem und veränderlichem Wert ausführen können, hält man sehr oft für tief, was nur kompliziert ist. Hier wird die Aufmerksamkeit auf das lebhafteste angespannt. Wenn sie einen Augenblick erlahmt, unterläuft einem ein Versehen, das zu Verlust oder gar zur Niederlage führt. Da die möglichen Züge nicht allein sehr zahlreich, sondern auch von ungleichem Wert sind, liegt die Möglichkeit eines solchen Versehens sehr nahe, und in neun Fällen von zehn wird der aufmerksamere Spieler über den geschickteren den Sieg davontragen. Beim Damespiel dagegen, bei dem es nur eine Art von Zügen mit wenig Veränderungen gibt, ist die Wahrscheinlichkeit eines Versehens geringer; und da die bloße Aufmerksamkeit verhältnismäßig wenig in Frage kommt, kann man die Vorteile, die sich eine Partei vor der anderen verschafft, nur ihrem größeren Scharfsinn zuschreiben.

Um weniger abstrakt zu sein: Stellen wir uns ein Damespiel vor, dessen Steine bis auf vier Könige zusammengeschrumpft sind, so daß kein Versehen mehr stattfinden kann. Es liegt auf der Hand, daß hier der Sieg, vorausgesetzt, daß die Spieler gleich tüchtig sind, nur durch einen ganz geschickten Zug, der das Ergebnis einer starken Anstrengung des Verstandes ist, herbeigeführt werden kann. Seiner gewöhnlichen Hilfsquellen beraubt, versetzt sich der Analytiker in den Geist seines Gegners, identifiziert sich mit demselben und erkennt nicht selten auf den ersten Blick die einzige Möglichkeit – sie ist oft ganz absurd einfach –, durch die er seinen Partner irreführen und zu falscher Berechnung verleiten kann.

Lange Zeit war das Whist wegen seines Einflusses auf die Fähigkeit der Berechnung berühmt; und man kennt Männer von höchster Intelligenz, die ein anscheinend unerklärliches Vergnügen an diesem Spiel fanden, während sie das Schachspiel als kleinlich verschmähten.

Ohne Zweifel gab es nichts Ähnliches in der Art, was die analytischen Fähigkeiten so gründlich übte. Der beste Schachspieler der Christenheit braucht nichts weiter zu sein als eben der beste Schachspieler, aber die Tüchtigkeit im Whistspiel läßt in allen anderen und wichtigeren Unternehmungen, in denen der Geist mit dem Geist kämpft, auf Tüchtigkeit und Erfolge schließen. Ich meine mit dem Wort „Tüchtigkeit" jene vollkommene Beherrschung des Spiels, die alle Quellen, aus denen rechtmäßiger Vorteil gezogen werden kann, kennt. Sie sind nicht allein zahlreich, sondern auch vielartig und entspringen häufig in Gedankenklüften, die einer durchschnittlichen Begabung vollständig unzugänglich sind.

## Der Mord in der Spitalgasse

Aufmerksam beobachten heißt: sich bestimmter Dinge gut erinnern können; deshalb wird sich ein Schachspieler, der an Konzentration gewöhnt ist, sehr gut zum Whist eignen, zumal die Regeln des Hoyle – die selbst nur auf dem bloßen Mechanismus des Spiels basieren – allgemein verständlich und ausreichend sind.

Ein gutes Gedächtnis haben und regelrecht nach dem Buch spielen, hält man in den meisten Fällen für die Summe aller Erfordernisse zu gutem Spiel. Doch die Kunst des Analytikers zeigt sich in den Dingen, die außerhalb der Regel liegen. Stillschweigend macht er eine Menge Beobachtungen, aus denen er seine Schlüsse zieht. Die Mitspielenden tun vielleicht desgleichen, und der Unterschied in der Tragweite der erhaltenen Kenntnis liegt nicht so sehr in der Gültigkeit des Schlusses, als in dem Wert der Beobachtung. Das Wichtigste ist, zu wissen, was man zu beobachten hat. Der Spieler, den ich hier im Sinn habe, beschränkt sich nicht auf das Spiel allein und verwirft keine Schlüsse, die außerhalb desselben liegen, aus dem bloßen Grund, weil das Spiel der hauptsächliche Gegenstand seiner Aufmerksamkeit ist. Er studiert den Gesichtsausdruck seines Partners und vergleicht ihn sorgfältig mit dem der Gegner. Er beachtet die Art und Weise, in der die Karten in der Hand geordnet werden, und zählt oft Trumpf auf Trumpf, Honneurs auf

## Der Mord in der Spitalgasse

Honneurs an den Blicken nach, mit denen ihr Besitzer sie betrachtet. Während das Spiel seinen Lauf nimmt, beobachtet er jede Veränderung des Gesichtes und sammelt aus dem verschiedenen Ausdruck von Sicherheit, Überraschung, Triumph oder Ärger eine Fülle von Gedanken über das jeweilige Spiel. Aus der Art und Weise, wie jemand einen Stich aufnimmt, schließt er, ob die betreffende Person noch einen anderen in derselben Farbe machen kann. Er erkennt an der Miene, mit der jemand die Karte auf den Tisch wirft, ob er mogelt. Ein gelegentliches und unbedachtes Wort, das zufällige Fallen oder Umwenden einer Karte, die Ängstlichkeit oder Sorglosigkeit, die diesen Vorgang begleitet, das Zählen der Stiche, ihre Anordnung, ferner Verwirrung, Zögern, Hast, Bestürzung, alles dient seiner scheinbar intuitiven Erfassung vom Stand der Dinge als Symptom und Erkennungszeichen. Wenn die zwei oder drei ersten Runden gespielt worden sind, kennt er die Karten von jedem der Mitspielenden und gibt von da ab seine eigenen mit so unfehlbar sicherer Berechnung aus, als spiele die übrige Gesellschaft offen.

Die Fähigkeit zur Analyse darf nicht mit bloßer Klugheit verwechselt werden; denn während der Analytiker unbedingt klug ist, hat der kluge Mann oft auffallend wenig Begabung für Analyse. Die aufbauende und berechnende Kraft, durch welche sich die Klugheit gewöhnlich äußert – und der die Phrenologen, ich glaube irrtümlicherweise, ein besonderes Organ zugeschrieben haben, da sie dieselbe für eine angeborene Fähigkeit hielten – ist so oft bei Menschen, deren Verstand im übrigen an Blödsinn grenzte, beobachtet worden, daß diese Tatsache unter Moralschriftstellern Aufsehen erregte. Zwischen Klugheit und analytischer Fähigkeit besteht ein viel größerer Unterschied als zwischen Phantasie und Einbildungskraft, obwohl er von vollständig analogem Charakter ist. Man wird in der Tat immer finden, daß die klugen Menschen phantasiereich und die mit wirklicher Einbildungskraft begabten stets Analytiker sind.

Die folgende Erzählung wird dem Leser vielleicht in mancher Beziehung eine Erläuterung zu den eben aufgestellten Behauptungen sein.

Während meines Aufenthaltes in Paris im Frühling und Sommer des Jahres 18... machte ich die Bekanntschaft eines Herrn August Dupin. Der junge Mann stammte aus einer guten, ja, aristokratischen Familie, doch war er durch verschiedene widrige Ereignisse in solche Armut geraten, daß seine ganze Willenskraft in ihr unterging, und er gar keine Anstrengung mehr machte, sich wieder in glücklichere

Verhältnisse hinaufzuarbeiten. Seine Gläubiger ließen aus Anständigkeit einen kleinen Teil seines väterlichen Erbteils in seinen Händen, von dessen Zinsen er gerade sparsam leben konnte. Bücher waren der einzige Luxus, den er sich erlaubte; und in Paris kann man sich diesen leicht gestatten. Wir trafen uns zum ersten Mal in einer kleinen Buchhandlung in der Rue Montmartre, wo uns ein Zufall – wir suchten beide dasselbe sehr seltene und merkwürdige Buch – in nähere Beziehung brachte. Wir sahen uns des öfteren wieder. Ich interessierte mich lebhaft für die kleine Familiengeschichte, die er mir mit der ganzen Aufrichtigkeit, mit welcher der Franzose von seinem eigenen Ich spricht, erzählte. Auch war ich über seine große Belesenheit erstaunt, und vor allem fühlte ich, wie meine Seele von der urwüchsigen Kraft und seltenen Üppigkeit seiner Phantasie mit entflammt wurde. Ich verfolgte damals ganz bestimmte Ziele in Paris und sagte mir, daß die Gesellschaft eines solchen Mannes zur Erreichung derselben von unermeßlichem Nutzen sein mußte. Ich teilte ihm dies auch offenherzig mit. Schließlich kamen wir überein, während meines Aufenthaltes in Paris zusammen zu wohnen; und da meine Verhältnisse weniger beschränkt waren als die seinen, war es mir möglich, ein wetterzerstörtes, grotesk anzuschauendes Haus, das wegen eines Aberglaubens, dem wir jedoch nicht weiter nachforschten, verödet stand und in einem abgelegenen, einsamen Teil des Faubourg St. Germain seinem Verfall entgegenging, zu mieten und in einem Stil zu möblieren, welcher der phantastischen Düsterkeit unserer beider Gemütsart wohl entsprach.

Wäre die Lebensweise, die wir in dieser Wohnung führten, der Welt bekannt geworden, man hätte uns für Wahnsinnige gehalten – wenn auch für harmlose. Besucher ließen wir jedoch niemals ein. Unseren Zufluchtsort hatte ich vor all meinen früheren Bekannten sorgfältig geheimgehalten. Dupin hatte schon seit Jahren jeglichen Verkehr in Paris aufgegeben. So lebten wir nur für uns allein. Mein Freund hatte die wunderliche Grille – wie sollte ich es anders nennen? –, in die Nacht um ihrer selbst willen verliebt zu sein; bald teilte ich diese Sonderbarkeit wie alle seine übrigen und überließ mich rückhaltlos solchen seltsamen Eigenarten. Die schwarze Gottheit wollte zwar nicht immer bei uns wohnen, doch schafften wir uns Ersatz für ihre Gegenwart. Beim ersten Morgendämmern schlossen wir alle die schweren Fensterläden des alten Hauses und zündeten ein paar stark parfümierte Kerzen an, die nur einen gespenstisch schwachen Schimmer um sich verbreiteten. Bei ihrem Licht versenkten wir unsere Seelen in Träume, lasen, schrieben, unterhielten uns, bis die Uhr den Anbruch der wahren Dunkelheit ankündigte. Dann eilten wir Arm in Arm hinaus in die Straßen, fuhren in den Gesprächen des Tages fort oder streiften bis spät in die Nacht umher und genossen in den seltsamen Licht- und Schattenseiten, wie sie jede volkreiche Stadt aufweist, jene Unendlichkeit von geistigen Anregungen, die sie dem ruhigen Beobachter allzeit gewähren. Bei solchen Gelegenheiten mußte ich immer wieder und wieder Dupins hervorragende Fähigkeiten zu analysieren, auf die mich sein reiches Geistesleben schon vorbereitet hatte, bemerken und bewundern. Die Ausübung derselben schien ihm – selbst wenn niemand Kenntnis davon nahm – lebhaftes Vergnügen zu bereiten, und er gestand dies auch offen ein. Mit leisem, kicherndem Lachen rühmte er sich einstmals mir gegenüber, daß die meisten Menschen für ihn Fenster in der Brust hätten, und oft unterstützte er derartige Behauptungen durch sofortige und erschreckend deutliche Beweise, die mir zeigten, daß er mich selbst und meine Gedanken auf das genaueste erriet.

In solchen Augenblicken war sein Wesen kalt und wie zerstreut, seine Augen blickten ausdruckslos vor sich hin, seine Stimme, die sonst einen Tenorklang hatte, schraubte sich zu einem Diskant herauf, den man für Ausgelassenheit gehalten haben könnte, wenn einem nicht die Bedachtsamkeit und Deutlichkeit der Aussprache aufgefallen wäre.

## Der Mord in der Spitalgasse

Wenn ich ihn in solchen Stimmungen sah, mußte ich immer an die alte Philosophie von dem Zweiseelensystem denken und amüsierte mich mit der Vorstellung eines doppelten Dupin, eines schöpferischen und eines auflösenden.

Es wäre jedoch falsch, wenn man hieraus schließen wollte, daß ich beabsichtigte, ein Geheimnis zu entschleiern oder einen Roman zu schreiben. Was ich von dem Franzosen erzählte, war nur einfache Tatsache und als solche das Ergebnis einer übererregten, vielleicht krankhaften Intelligenz. Die beste Vorstellung von der Art seiner Beobachtungen in jener Zeit wird folgendes Beispiel geben.

Eines Abends schlenderten wir eine lange, schmutzige Straße in der Nähe des Palais Royal hinunter. Da wir beide tief in Gedanken waren, hatten wir wohl eine Viertelstunde lang kein Wort miteinander gesprochen, bis Dupin ganz plötzlich ausrief: „Er ist wirklich ein sehr kleiner Kerl und würde besser aufs Varietétheater passen." – „Zweifellos", erwiderte ich unwillkürlich und bemerkte zuerst gar nicht (so tief war ich in Nachdenken versunken gewesen), auf welch sonderbare Art diese Worte meine Träumereien fortsetzten.

Gleich darauf besann ich mich und geriet natürlich in Erstaunen. „Dupin", sagte ich ernst, „das geht über meine Begriffe. Ich sage Ihnen offen, daß ich sehr überrascht bin und meinen Sinnen kaum trauen kann. Wie konnten Sie wissen, daß meine Gedanken gerade bei ..." Ich hielt inne, um mich ganz und gar zu überzeugen, ob er wisse, an wen ich gedacht hatte. „... bei Chantilly waren", vollendete er. „Weshalb hielten Sie inne? Sie dachten doch vorhin darüber nach, daß ihn seine kleine Statur zum Tragöden untauglich mache!?"

Über diesen Punkt hatte ich allerdings soeben nachgesonnen. Chantilly war ein ehemaliger Schuhflicker aus der Rue St. Denis, der in einem Anfall von Theaterwut versucht hatte, die Rolle des Xerxes in Crébillons gleichnamiger Tragödie zu spielen und für seine Mühe nur bittern Hohn geerntet hatte.

„Erklären Sie mir um Himmels willen," rief ich aus, „die Methode – wenn Sie methodisch vorgegangen sind –, mit der Sie meine Seele derart erforschen konnten." Ich war in Wirklichkeit noch verblüffter, als ich zeigen wollte. „Der Obsthändler", versetzte mein Freund, „veranlaßte Sie zu dem Schluß, der Sohlenflicker sei nicht groß genug für einen Xerxes und die ganze Reihe ähnlicher Rollen."

„Der Obsthändler? Wieso? Ich kenne gar keinen."

„Ich meine den Mann, der Sie beim Einbiegen in die Straße anrempelte. Es ist vielleicht eine Viertelstunde her." Jetzt erinnerte ich mich, daß ich in der Tat von einem Obsthändler, der einen großen Korb

## Der Mord in der Spitalgasse

Äpfel auf dem Kopf getragen, fast umgerannt worden wäre, als wir aus der Rue C. in den Durchgang einbogen, in dem wir jetzt standen. Aber was dies mit Chantilly zu tun hatte, war mir nicht klar.

Dupin war jedoch so wenig Scharlatan, wie nur irgend jemand. „Ich will Ihnen die Sache erklären", sagte er, „und damit Sie alles recht verstehen, wollen wir den Lauf Ihrer Gedanken zurückverfolgen, von dem Augenblick an, da ich Ihre Betrachtungen unterbrach, bis zu dem Zusammenstoß mit dem Obsthändler. Die Hauptglieder der Kette sind folgende: Chantilly, Orion, Dr. Nichols, Epikur, Stereotomie, das Straßenpflaster, der Obsthändler."

Es gibt wenig Leute, die sich nicht zuweilen damit amüsiert hätten, die Schritte zurückzuverfolgen, durch die ihr Verstand zu irgendwelchen Schlüssen gekommen ist. Die Beschäftigung kann sehr interessant sein; und mancher, der sich zum erstenmal in ihr versucht, ist höchst erstaunt über die scheinbar unendliche Entfernung zwischen dem Ausgangspunkt und dem Endpunkt seiner Gedanken und die Unzusammengehörigkeit beider. Groß war auch mein Erstaunen, als ich nun die Ausführungen des Franzosen vernahm und zugeben mußte, daß er die Wahrheit sprach.

Er fuhr fort: „Wir hatten, wenn ich mich recht erinnere, kurz ehe wir die Rue C. verließen, von Pferden geredet. Das war unser letzter Gesprächsstoff.

## Der Mord in der Spitalgasse

Als wir in diese Straße einbogen, eilte ein Obsthändler mit einem großen Korb Äpfel auf dem Kopf rasch an uns vorüber und drängte Sie dabei auf einen Haufen Pflastersteine, die an einer Stelle, wo der Fußsteig ausgebessert wird, aufgeschüttet lagen. Sie traten auf einen der losen Steine, glitten aus, verstauchten sich ganz leicht den Fuß, schienen verärgert oder verstimmt, murmelten ein paar Worte, blickten sich nach dem Steinhaufen um und gingen dann schweigend weiter. Ich schenkte Ihnen keine weitere Aufmerksamkeit, nur ist mir seit einiger Zeit das Beobachten zur Notwendigkeit geworden: Ich nahm also wahr, daß Sie Ihre Blicke zu Boden gesenkt hielten, mit unmutigem Ausdruck die Löcher und Spalten im Pflaster betrachteten, woraus ich schließen mußte, daß Sie noch an die Steine dachten, bis wir die kleine Lamartinestraße erreichten, die versuchsweise mit gerippten, fest übereinandergreifenden Steinen gepflastert ist. Hier hellte sich Ihr Gesicht wieder auf, und als ich sah, daß Sie die Lippen bewegten, konnte ich nicht zweifeln, daß Sie das Wort „Stereotomie" flüsterten, übrigens ein ziemlich anspruchsvoller Name für diese einfache Art von Pflasterung. Ich wußte, daß Sie das Wort nicht aussprechen konnten ohne an Atome und weiter an die Lehre Epikurs denken zu müssen, und da ich Ihnen gegenüber, als wir vor kurzem über diesen Gegenstand redeten, bemerkt hatte, wie wunderbar die vagen Vermutungen dieses edlen Griechen von den neueren Entdeckungen der Nebular-Kosmogonie bestätigt worden seien, erwartete ich mit Gewißheit, daß Sie zu dem großen Nebel im Orion aufblicken würden. Sie taten es, und ich war sicher, Ihrem Gedankengang richtig gefolgt zu sein. In dem bitteren Spottartikel über Chantilly, der gestern im *Musée* erschien, machte der Satiriker einige verächtliche Anspielungen auf die Namensveränderung, die der Schuhflicker beim Besteigen des Kothurn vorgenommen, und führte einen lateinischen Vers an, über den wir oft gesprochen hatten, nämlich: „Perdidit antiquum litera prima sonum." Ich sagte Ihnen, daß sich dies auf den Orion bezöge, den man früher Urion schrieb, und war sicher, daß Sie die Erklärung wegen gewisser Einzelheiten, die mit ihr verbunden waren, nicht vergessen hatten. Ich konnte also mit Sicherheit schließen, daß Sie die beiden Begriffe Orion und Chantilly unwillkürlich miteinander verbinden würden. Daß dies auch wirklich der Fall war, erkannte ich an der Art des Lächelns, das jetzt um Ihre Lippen zuckte. Sie dachten an die Abschlachtung des armen Schusters. Bis dahin waren Sie ein wenig gebückt einhergegangen, nun sah ich, daß Sie sich zu Ihrer vollen Höhe aufrichteten. Ich war überzeugt, daß Sie an die kleine Statur Chantillys dachten. An dieser Stelle unterbrach ich Ihren

Gedankengang mit der Bemerkung, daß er wirklich ein kleines Kerlchen sei und besser täte, zum Varieté zu gehen."

Kurze Zeit später lasen wir zusammen die *Gazette des Tribunaux* durch und wurden auf folgende Notiz aufmerksam: „Sensationeller Mord!!! Heute morgen gegen drei Uhr wurden die Bewohner des Quartiers St. Roch durch anhaltendes gräßliches Geschrei aus dem Schlaf geschreckt. Die Hilferufe drangen anscheinend aus dem vierten Stockwerk eines Hauses in der Spitalgasse hervor, welches, wie man wußte, nur von einer Madame L'Espanaye und ihrer Tochter, Mademoiselle L'Espanaye, bewohnt war. Nach einigen Verzögerungen, die dadurch entstanden waren, daß man versucht hatte, sich auf gewöhnlichem Weg Eingang zu verschaffen, wurde die Haustür mit einer Eisenstange aufgebrochen, und acht oder zehn Nachbarn traten, von zwei Gendarmen begleitet, ein. Mittlerweile waren die Schreie verstummt, aber als die Leute die ersten Treppen hinaufstürzten, unterschieden sie zwei oder mehr rauhe Stimmen, die sich ärgerlich stritten und aus dem oberen Teile des Hauses hervorzudringen schienen. Als man den zweiten Treppenabsatz erreichte, hörten auch die Töne auf, und alles blieb totenstill. Die Leute verteilten sich und eilten von einem Zimmer ins andere. Ein großes Hinterzimmer im vierten Stock fanden sie von innen verschlossen und brachen die Türe auf. Da bot sich ein Anblick dar, der die Anwesenden mit Grauen und nicht geringem Erstaunen erfüllte.

Das Zimmer war in der wildesten Unordnung: die Möbel zertrümmert und nach allen Seiten umhergeworfen. Aus einer Bettstelle waren die Betten herausgerissen und in die Mitte des Zimmers geschleppt worden. Auf einem Stuhl lag ein mit Blut beflecktes Rasiermesser. Auf dem Kamin fand man zwei oder drei lange, dicke Flechten von grauem Menschenhaar, die auch mit Blut besudelt waren und mit den Wurzeln herausgerissen zu sein schienen. Auf dem Boden lagen vier Napoleons, ein Ohrring mit einem Topas, drei große silberne Löffel, drei kleinere aus Métal d'Alger und zwei Beutel, die beinahe viertausend Francs in Gold enthielten. Die Schubfächer eines Schreibtisches standen offen und waren ohne Zweifel geplündert worden, obgleich sie noch eine Menge Gegenstände enthielten. Eine kleine eiserne Geldkiste wurde unter den Betten (nicht unter der Bettstelle) gefunden. Sie stand ebenfalls offen, der Schlüssel steckte noch im Schloß. Ihr Inhalt bestand aus alten Briefen und einigen anderen unwichtigen Papieren.

Von Madame L'Espanaye war keine Spur zu entdecken. Da man auf dem Kamin eine ungewöhnliche Menge Ruß bemerkte, forschte man im Kaminrohr nach und zog – es ist grauenhaft, nur daran zu denken – den Leichnam der Tochter aus ihm hervor, der mit dem Kopf nach unten ziemlich hoch in den engen Schlot hinaufgezwängt worden war. Der Körper war noch ganz warm. Bei der Untersuchung entdeckte man zahlreiche Hautabschürfungen, die ohne Zweifel durch die Heftigkeit, mit welcher man den Leichnam hinaufgeschoben und wieder herausgezogen hatte, verursacht worden waren. Das Gesicht wies viele schwere Kratzwunden auf, und an der Kehle waren tiefe Fingerabdrücke und dunkle Quetschungen zu sehen, als sei die Tote erwürgt worden.

Nachdem man alle Teile des Hauses auf das gründlichste untersucht hatte, ohne Näheres zu entdecken, begaben sich die Leute in einen gepflasterten Hof an der Rückseite des Hauses. Hier fand man den Körper der alten Dame mit so vollständig durchschnittenem Hals, daß der Kopf, bei dem Versuche die Leiche aufzurichten, abfiel. Der Körper sowohl wie der Kopf waren auf das gräßlichste verstümmelt, letzterer in einer Weise, daß er kaum noch etwas Menschlichem ähnlich sah. Man hat unseres Wissens bis jetzt noch nicht den geringsten Anhalt zu einer Aufklärung dieser entsetzlichen Mordtat gefunden."

Am nächsten Morgen brachte die Zeitung weitere Einzelheiten über den grausamen Fall: Das Trauerspiel in der Spitalgasse!!! – Man hat viele Personen über dies außergewöhnliche, fürchterliche Ereignis verhört, ohne das Geringste zu entdecken, das Licht in die Sache bringen könnte. Wir geben untenstehend die Aussagen der Zeugen wieder: Pauline Dubourg, Wäscherin, sagt aus, daß sie die beiden Verstorbenen seit drei Jahren kenne, da sie während dieser Zeit für dieselben gewaschen habe. Die alte Dame und ihre Tochter schienen in gutem Einvernehmen miteinander zu leben und behandelten sich gegenseitig liebenswürdig und rücksichtsvoll. Sie bezahlten ausgezeichnet. Sie könne nicht sagen, wie oder wovon sie lebten. Sie glaube, daß Madame L'Espanaye von Beruf Wahrsagerin gewesen sei. Dieselbe habe im Ruf gestanden, sich ein Vermögen erspart zu haben. Sie, die Zeugin, habe nie einen Menschen dort getroffen, wenn sie die Wäsche dort abgeholt oder hingebracht hätte. Sie sei sicher, daß die Damen keinen Dienstboten gehalten hätten. Anscheinend sei kein Teil des Hauses außer dem vierten Stockwerk ausmöbliert gewesen.

Pierre Moreau, Tabakhändler, sagt aus, daß er seit beinahe vier Jahren kleine Partien Rauch- und Schnupftabak an Madame L'Espanaye verkauft habe. Er sei in der Nachbarschaft geboren und immer dort ansässig gewesen. Die Verstorbene und ihre Tochter bewohnten das Haus, in dem man die Leichen gefunden, schon mehr als sechs Jahre. Früher habe es ein Juwelier innegehabt, der die oberen Zimmer an verschiedene Personen vermietet hatte. Das Haus war das Eigentum der Madame L'Espanaye. Sie war unzufrieden über den Mißbrauch, den die Mieter mit den Räumlichkeiten trieben, zog selbst hinein und weigerte sich, die nicht von ihr bewohnten Teile anderweitig zu vermieten. Die alte Dame war kindisch. Der Zeuge hat die Tochter im Laufe von sechs Jahren etwa fünf- bis sechsmal gesehen. Die beiden Damen führten ein außerordentlich zurückgezogenes Leben, man hielt sie für wohlhabend. Er habe von Nachbarn gehört, Madame L'Espanaye sei Wahrsagerin, habe es aber nicht geglaubt. Er habe niemals jemand anderen in das Haus eintreten sehen, als die alte Dame und ihre Tochter, ein- oder zweimal einen Portier und acht- oder zehnmal einen Arzt.

Das Zeugnis mehrerer anderer Personen aus der Nachbarschaft lief auf dasselbe hinaus. Man kannte niemanden, der das Haus selbst betreten hatte, und wußte nicht, ob Madame L'Espanaye und ihre Tochter lebende Verwandte hatten. Die Läden der vorderen Fenster wurden selten geöffnet. Die nach dem Hof hinaus gingen, waren immer geschlossen, mit Ausnahme derer des großen Hinterzimmers im vierten Stock. Das Haus war gut gebaut und noch nicht alt.

Isidore Muset, Gendarm, sagt aus, daß er gegen drei Uhr des Morgens nach dem Hause gerufen worden sei und einige zwanzig oder dreißig Personen vor der Haustür angetroffen habe, die sich bemühten, sich Eingang zu verschaffen. Er öffnete schließlich die Tür mit einem Bajonett, nicht mit einer Eisenstange. Es habe nur wenig Mühe gekostet, da es eine Doppel- oder Flügeltür gewesen, die weder nach oben noch nach unten zugeriegelt worden war. Das Geschrei ertönte fort, bis die Tür aufgebrochen war, und verstummte dann plötzlich. Es schien von einer Person oder von mehreren in größter Todesangst ausgestoßen zu werden, war laut und langgezogen, nicht kurz und rasch. Der Zeuge führte den Zug die Treppe hinauf. Als er den ersten Treppenabsatz erreicht, vernahm er zwei Stimmen, offenbar in lautem, ärgerlichem Wortwechsel – die eine rauh und barsch, die andere eine ganz sonderbare Stimme, kreischend und schrill. Er konnte ein paar Worte der ersten Stimme, die offenbar einem Franzosen angehörte, verstehen. Er behauptet mit Bestimmtheit, daß es keine Frauenstimme war. Er unterschied die Worte „sacre" und „diable"; die schrille Stimme war die eines Fremden. Er könne nicht gewiß sagen, ob es die Stimme eines Mannes oder einer Frau gewesen sei. Auch habe er nicht zu unterscheiden vermocht, was gesprochen wurde, meinte jedoch, es sei Spanisch gewesen. Der Zustand des Zimmers und der Leichen wurde von dem Zeugen so beschrieben, wie wir gestern berichtet haben.

## Der Mord in der Spitalgasse

Henri Duval, ein Nachbar, von Beruf Silberschmied, sagt aus, daß er unter den ersten war, die das Haus betraten. Bestätigt in der Hauptsache das Zeugnis Musets. Sobald die Leute sich den Eintritt erzwungen hatten, schlossen sie das Haus wieder, um die Menge, die sich trotz der späten Stunde schnell ansammelte, abzuhalten. Der Zeuge hält die schrille Stimme für die eines Italieners. Er erklärt mit Bestimmtheit, daß der Sprecher kein Franzose gewesen sein könne, wisse jedoch nicht bestimmt, ob die Stimme eine Männerstimme gewesen, hält es nicht für ausgeschlossen, daß es eine Frauenstimme war. Er versteht kein Italienisch und konnte deshalb keine Worte unterscheiden, glaubt jedoch nach dem Klang schließen zu dürfen, daß es wohl Italienisch gewesen sei. Der Zeuge kannte Frau L'Espanaye und ihre Tochter. Hat häufig mit ihnen gesprochen. Ist sicher, daß die schrille Stimme keiner der beiden Verstorbenen angehört hat.

Odenheimer, Restaurateur. – Der Zeuge war nicht geladen und gab sein Zeugnis freiwillig ab. Da er nicht Französisch sprach, wurde er durch einen Dolmetscher vernommen. Er ist aus Amsterdam gebürtig. Kam während des Geschreis am Haus vorüber. Das Schreien dauerte mehrere – vielleicht zehn – Minuten lang. Es klang langgezogen und laut, grauenhaft, nervenerschütternd. War unter denen, die das Haus betraten. Bestätigte alle vorhergegangenen Aussagen, eine einzige ausgenommen. Er sei sicher, daß die schrille Stimme die eines Mannes, und zwar die eines Franzosen gewesen sei. Konnte die einzelnen Worte nicht unterscheiden. Die Stimme habe laut und schnell geklungen, ungleichmäßig, anscheinend sowohl von Furcht als auch von Ärger in die Höhe getrieben. Er könne sie eigentlich nicht schrill nennen. Die barsche Stimme habe wiederholt „sacre, diable" und einmal „Mon Dieu" gesagt.

Jules Mignaud, Bankier, Inhaber der Firma Mignaud & Söhne, Rue Deloraine, – er ist der ältere Mignaud – sagt aus, Frau L'Espanaye habe etwas Vermögen besessen und vor acht Jahren ihr Kapital bei ihm angelegt. Sie habe auch häufig kleinere Summen bei ihm niedergelegt, doch nie Kapital zurückgezogen, außer am dritten Tag vor ihrem Tode, an dem sie persönlich die Summe von 4000 Francs abgehoben. Das Geld wurde in Gold ausbezahlt, und ein Kassenbote mit demselben in ihr Haus geschickt.

Adolphe Lebon, Kassenbote bei Mignaud & Söhne, sagt aus, daß er an dem fraglichen Tag gegen Mittag Frau L'Espanaye mit den in zwei Beuteln verteilten 4000 Francs in ihre Wohnung begleitet habe. Als die Tür geöffnet wurde, sei Fräulein L'Espanaye erschienen und habe einen Beutel in Empfang genommen, während er der alten Dame den anderen aushändigte. Darauf habe er sich verabschiedet und sei gegangen. Auf der Straße habe er niemanden bemerkt. Die Spitalgasse ist eine Nebenstraße und fast immer menschenleer.

William Bird, Schneider, sagt aus, daß er unter denen gewesen sei, die das Haus betraten. Er ist Engländer. Lebt seit zwei Jahren in Paris. War einer der ersten, welche die Treppe hinaufstiegen. Hörte die Stimmen der Streitenden. Hält die barsche Stimme für die eines Franzosen. Hat mehrere Worte verstanden, jedoch nicht alle behalten. Vernahm deutlich nur „sacre" und „Mon Dieu". Es habe einen Augenblick so geklungen, als kämpften mehrere Personen miteinander; er habe scharrendes, schlürfendes Geräusch vernommen. Die schrille Stimme klang sehr laut, lauter als die barsche. Er sei sicher, daß es nicht die Stimme eines Engländers gewesen sei. Schien ihm von einem Deutschen herzurühren. Könnte auch eine Frauenstimme gewesen sein. Er verstehe kein Deutsch.

Vier der genannten Zeugen, die man wieder vorgeladen hatte, sagten aus, daß die Tür des Zimmers, in welchem man den Körper des Fräuleins L'Espanaye gefunden habe, von innen abgeschlossen gewesen sei, als der Trupp Leute dieselbe erreichte. Alles war vollständig ruhig – kein Stöhnen noch sonst ein Geräusch mehr zu hören. Als man die Tür aufbrach, war niemand zu sehen. Die Fenster, sowohl die nach hinten als auch die nach vorn heraus, waren geschlossen und von innen fest verriegelt. Eine Tür zwischen den beiden Zimmern war zugeschlagen, doch nicht verschlossen. Die Tür, die aus dem Vorderzimmer auf den Korridor führte, war geschlossen, der Schlüssel steckte inwendig. Ein kleines, auf dem vierten Stock nach vorn heraus gelegenes Zimmer am Ende des Korridors war offen. Die Tür stand weit auf. Dies Zimmer war mit alten Betten, Koffern etc. vollgestopft. Man räumte es sorgfältig aus und untersuchte es aufs genaueste. Nicht ein Zoll im ganzen Haus blieb undurchforscht. Selbst die Kamine ließ man auf das gründlichste kehren. Das Haus war vierstöckig und enthielt Mansarden. Eine Falltür auf das Dach hinaus war sehr fest zugenagelt und schien seit Jahren nicht geöffnet worden zu sein. Die Angaben über die Länge der Zeit von dem Augenblick an, in welchem man die streitenden Stimmen vernahm, bis zu dem, in welchem man die Zimmertür aufbrach, schwankten. Einige Zeugen nahmen an, es seien drei Minuten gewesen, andere behaupteten, es seien wenigstens fünf verflossen. Die Tür konnte nur schwer geöffnet werden.

Alfonso García, Leichenbestatter, sagt aus, daß er in der Spitalgasse wohne. Ist aus Spanien gebürtig. War unter denen, die das Haus betraten. Stieg jedoch die Treppe nicht hinauf. Ist nervös und fürchtete die Folgen der Aufregung. Hörte die streitenden Stimmen. Die barsche Stimme sei die eines Franzosen gewesen. Konnte nicht unterscheiden, was sie sprach. Die schrille Stimme gehörte einem Engländer, das sei gewiß. Versteht kein Englisch, urteilt nach dem Tonfall.

Alberto Montani, Konditor, sagt aus, daß er mit unter den ersten war, die die Treppe hinaufstiegen. Hörte die fraglichen Stimmen. Die barsche Stimme sei die eines Franzosen gewesen. Unterschied mehrere Worte. Der Sprecher schien Vorstellungen zu machen. Die Worte der schrillen Stimme waren unverständlich. Sie sprach rasch und ungleichmäßig. Er halte sie für die eines Russen. Bestätigte das allgemeine Zeugnis. Er sei Italiener und habe nie mit einem geborenen Russen gesprochen.

Mehrere Zeugen, die man wieder vorlud, sagten aus, daß die Kamine aller Zimmer der vierten Etage zu eng seien, um einen Menschen durchzulassen. Doch fegte man jeden Rauchfang im Haus mit zylinderförmigen Bürsten, wie sie Kaminkehrer benutzen, gründlich aus. Es gibt im Hause keine Hintertreppe, über die jemand hätte entfliehen können, während der Trupp Leute die Treppe hinaufstieg. Der Körper des Fräulein L'Espanaye war so fest in den Kamin eingezwängt, daß es nur den vereinten Kräften von vier oder fünf Männern gelang, ihn wieder herauszuziehen.

## Der Mord in der Spitalgasse

Paul Dumas, Arzt, sagt aus, daß er bei Tagesanbruch zur Besichtigung der Leichen herbeigerufen worden sei. Sie lagen beide auf der Matratze der Bettstelle, die in dem Zimmer stand, in welchem Fräulein L'Espanaye gefunden worden war. Der Leichnam des jungen Mädchens war schrecklich zerquetscht und zerschunden. Der Umstand, daß er in den Kamin hinaufgestoßen worden, erklärte diese Erscheinung genügend. Die Kehle war vollständig zusammengepreßt. Dicht unter dem Kinn befanden sich mehrere tiefe Kratzwunden sowie eine Reihe bläulicher Flecken, die offenbar von dem Druck der Finger herrührten. Das Gesicht war gräßlich angelaufen und die Augen aus den Höhlen hervorgetreten. Die Zunge war zum Teil durchgebissen. In der Magengrube entdeckte man eine große Quetschung, die anscheinend von dem Drucke eines Knies herrührte. Dem Gutachten des Herrn Dumas zufolge war Fräulein L'Espanaye von einer oder mehreren unbekannten Personen erwürgt worden. Der Leichnam der Mutter war ebenfalls schrecklich verstümmelt. Alle Knochen des rechten Armes und des rechten Beines waren mehr oder weniger gebrochen. Das linke Schienbein und die Rippen der linken Seite waren zersplittert. Der ganze Körper war in grauenerregender Weise zerquetscht und blutunterlaufen. Es war ganz unmöglich, festzustellen, auf welche Art und Weise die Verletzungen herbeigeführt worden waren. Eine schwere Holzkeule oder eine breite Eisenstange, ein Stuhl oder irgendeine große, schwere, stumpfe Waffe, von der Hand eines überaus kräftigen Mannes geschwungen, könnte solche Verletzungen hervorbringen. Keine Frauensperson hätte mit irgendwelcher Waffe derartige Schläge austeilen können. Der Kopf der Toten war bei der Besichtigung durch den Zeugen ganz vom Körper abgetrennt und auch vollständig zerschmettert. Die Kehle war augenscheinlich mit einem sehr scharfen Instrument, wahrscheinlich mit einem Rasiermesser, durchschnitten worden.

Alexandre Etienne, Wundarzt, war mit Herrn Dumas zur Besichtigung der Leiche gerufen worden. Er bestätigte das Zeugnis und das Gutachten des Herrn Dumas.

Es ließ sich nichts weiter von Bedeutung feststellen, obwohl noch eine ganze Reihe von Personen verhört wurde. Noch nie ist in Paris ein so geheimnisvoller, in allen Einzelheiten so unerklärlicher Mord ausgeführt worden – wenn man hier überhaupt von einem Morde reden kann. Die Polizei hat nicht den allergeringsten Anhaltspunkt – etwas ganz Ungewöhnliches in solchen Fällen. Es ist auch nicht der Schatten einer Erklärung der schreckensvollen Begebenheit vorhanden."

Die Abendausgabe des Blattes berichtete, daß im Quartier St. Roch noch immer die größte Aufregung herrsche, daß der Tatort noch einmal auf das sorgfältigste untersucht und neue Verhöre angestellt worden seien – aber leider ergebnislos. Ein Postscriptum teilte noch mit, daß Adolphe Lebon verhaftet und ins Untersuchungsgefängnis abgeführt worden sei, obgleich ihn außer den oben erwähnten Einzelheiten nichts belaste.

Dupin schien sich merkwürdig für den Verlauf dieser Affäre zu interessieren – ich schloß es wenigstens aus seinem Benehmen: er erwähnte sie mit keinem Wort. Erst nachdem er die Nachricht von der Verhaftung des Lebon gelesen, fragte er mich, was ich von der Angelegenheit halte.

Ich konnte mich nur der Meinung von ganz Paris anschließen, daß hier ein unauflösliches Geheimnis walte, und sah kein Mittel, die verborgene Spur des Mörders aufzudecken.

„Wir dürfen die Mittel nicht nach diesem oberflächlichen Verhör beurteilen", sagte Dupin. „Der vielgerühmte Scharfsinn der Pariser Polizei ist nur Schlauheit, weiter nichts. Sie folgt bei ihrem Vorgehen keiner anderen Methode als der, welche der Augenblick ihr eben eingibt. Sie handelt nach einer bestimmten Auswahl von Regeln, die nicht selten ihrem Zweck so schlecht entsprechen, daß man unwillkürlich an jenen Herrn erinnert wird, der seinen Schlafrock verlangte, um die Musik besser hören zu können. Die erreichten Erfolge sind ja zuweilen überraschend groß, doch verdankt sie dieselben meist nur ihrem Fleiß und ihrer Rührigkeit. Wo diese beiden Eigenschaften nicht ausreichen, mißlingen alle ihre Anstrengungen. Vidocq zum Beispiel war äußerst geschickt im Erraten, beharrlich und ausdauernd. Aber da sein Denken nicht geschult war, geriet er in einem fort in Irrtümer, in denen er dann seiner Natur gemäß noch hartnäckig verharrte. Er hielt sich seine Gegenstände so nahe vor das Auge, daß er vielleicht ein oder zwei Punkte mit außergewöhnlicher Schärfe wahrnahm, dafür aber naturgemäß keinen Überblick über das Ganze gewinnen konnte. So geht es immer, wenn man allzutief sein will. Die Wahrheit ist nicht immer in einem Brunnen versteckt. Ich glaube im Gegenteil, daß sie, was wichtigere Erkenntnisse anbelangt, meistens auf der Oberfläche liegt. Die Wahrheit liegt nicht in den Tälern, in denen wir sie suchen, sondern auf den Berggipfeln, auf denen wir sie suchen sollten. Die Betrachtung der Himmelskörper versinnbildlicht uns ausgezeichnet die Art und den Ursprung dieses Irrtums. Blickt man einen Stern flüchtig oder von seitwärts an, so daß man ihm die äußeren Partien der Netzhaut zuwendet, die für schwache Lichteindrücke empfindlicher sind als die inneren, so erblickt man den Stern und seinen Glanz am deutlichsten. Das Licht wird im gleichen Verhältnis trüber werden, in welchem wir unseren Blick voll auf ihn richten. Im letzteren Fall nimmt das Auge zwar eine größere Menge Strahlen auf, im ersteren jedoch besitzt es eine verfeinerte Aufnahmefähigkeit. Durch übertriebene Tiefsinnigkeit schwächen und verwirren wir den Gedanken; und man kann die Venus selbst vom Firmament verschwinden lassen durch zu anhaltendes, zu scharfes oder zu unmittelbares Anstarren.

Was den Mord anbetrifft, so wollen wir, ehe wir uns eine Meinung bilden, erst für uns ganz allein Nachforschungen anstellen. Sie werden uns sicherlich viel Vergnügen bereiten." Ich fand den Ausdruck an dieser Stelle ziemlich sonderbar, sagte aber nichts. „Außerdem", fuhr Dupin fort, „hat mir Lebon einmal einen Dienst erwiesen, für den ich ihm nicht undankbar sein werde. Wir wollen uns den Tatort mit eigenen Augen ansehen. Ich kenne den Polizeipräfekten G. und werde ohne Schwierigkeit die hierzu nötige Erlaubnis erhalten können."

Er erhielt sie auch wirklich, und wir begaben uns sogleich nach der Spitalgasse. Sie ist eine der elenden Querstraßen, die die Richelieustraße mit der Rue St. Roch verbinden. Wir erreichten sie spät am Nachmittag, da das Quartier St. Roch von unserem Stadtviertel ziemlich weit entfernt liegt. Das Haus wurde leicht gefunden, denn auf dem gegenüberliegenden Trottoir stand eine Menge Menschen, die in gegenstandsloser Neugierde auf die geschlossenen Fensterläden starrte. Es war ein richtiges Pariser Haus mit einem Torweg, dem zur Seite ein Schiebefensterchen angebracht war, das die Portierloge anzeigte. Ehe wir eintraten, gingen wir die Straße hinauf, bogen in eine Seitengasse ein, wandten uns wieder zurück und gingen auch an der Hinterseite des Hauses vorbei, während Dupin sowohl die ganze Nachbarschaft als auch das Haus mit einer gründlichen Aufmerksamkeit betrachtete, die ich für ziemlich überflüssig hielt. Dann wandten wir unsere Schritte wieder der Front des Hauses zu, klingelten, zeigten unsere Erlaubnisscheine vor und wurden von dem wachhabenden Beamten eingelassen. Wir begaben uns nach oben und traten in das Zimmer, in dem man den Leichnam des Fräulein L'Espanaye gefunden, und in dem die beiden Verstorbenen noch lagen. An der Unordnung im Zimmer war, wie in solchen Fällen immer, nichts geändert worden. Ich bemerkte nichts weiter als das, was in der *Gazette des Tribunaux* schon erwähnt worden war. Dupin untersuchte alles aufs gründlichste, selbst die Körper der Opfer. Wir durchschritten die übrigen Zimmer und traten in den Hof; ein Gendarm begleitete uns auf Schritt und Tritt. Die Untersuchungen nahmen uns bis zum Anbruch der Dunkelheit in Anspruch, dann verabschiedeten wir uns. Auf unserem Heimweg trat mein Gefährte einen Augenblick in die Expedition eines der Tagesblätter ein. Ich habe schon gesagt, daß Dupin voll der bizarrsten Launen war, und daß ich ihn so viel wie möglich seine eigenen Wege gehen ließ. Heute hatte er sich in den Kopf gesetzt, bis Mittag des nächsten Tages jeder Unterhaltung über das Mordthema auszuweichen. Dann jedoch fragte er mich plötzlich, ob ich nicht irgend etwas Besonderes an der Stätte des Greuels wahrgenommen habe.

In der Art und Weise, wie er das Wort „Besonderes" hervorhob, lag etwas, das mich schaudern machte, ohne daß ich wußte, weshalb. „Nein", antwortete ich, „nichts Besonderes, wenigstens nichts mehr, als schon in der Zeitung gestanden hat." – „Die *Gazette*", meinte er, „hat, wie ich fürchte, das ungewöhnlich Grauenhafte der Sache nicht recht begriffen. Aber sehen wir von den müßigen Ansichten dieser Zeitung ab. Mir scheint es, daß das Geheimnis gerade aus dem Grunde leicht zu enthüllen ist, aus dem es für unerklärlich gehalten wird; ich meine, daß die Umstände, unter denen die Tat geschehen ist, nur ein kleines, deutlich begrenztes Feld für Vermutungen zulassen. Die Polizei ist verwirrt, weil anscheinend jedes Motiv, wenn nicht zum Mord selbst, so doch zu der Scheußlichkeit des Mordes fehlt. Sie steht verblüfft vor der scheinbaren Unmöglichkeit, die vielfach gehörten streitenden Stimmen mit der Tatsache in Einklang zu bringen, daß man oben im Haus außer der Ermordeten niemanden entdeckte, und doch keiner das Haus verlassen konnte, ohne an den heraufeilenden Leuten vorüberzukommen. Die wilde Unordnung im Zimmer, der mit dem Kopf nach unten in den Schornstein hinaufgezwängte Leichnam, die gräßlichen Verstümmelungen am Körper der alten Dame sowie noch einige weitere Tatsachen, die ich nicht zu erwähnen brauche, haben genügt, um die geistigen Kräfte der Polizeibeamten lahmzulegen, indem sie ihren gerühmten Scharfsinn irreführten. Sie sind in den groben, aber häufig vorkommenden Irrtum verfallen, das Ungewöhnliche mit dem Geheimnisvollen zu verwechseln. Aber gerade dies Abweichen vom Weg des Gewöhnlichen ist für die Vernunft ein Fingerzeig, der sie auf die Straße zur Wahrheit weist. Bei Nachforschungen von der Art der unsrigen sollte man nicht so sehr fragen: ‚Was ist geschehen?', sondern vielmehr: ‚Was ist geschehen, was noch niemals vorher geschehen ist?' In der Tat steht die Leichtigkeit, mit der ich zu der Lösung des Rätsels gelangen werde oder schon gelangt bin, in gleichem Verhältnis zu seiner scheinbaren Unauflösbarkeit in den Augen der Polizei."

In sprachlosem Erstaunen starrte ich den Sprecher an. „Ich erwarte jetzt", fuhr er, nach der Tür blickend, fort, „eine Person, die, wenn auch vielleicht nicht gerade der Täter, so doch an der Ausübung der Metzeleien in gewissem Grade beteiligt gewesen sein muß. An dem schlimmsten Teile der begangenen Verbrechen ist er höchstwahrscheinlich unschuldig. Ich hoffe, daß ich mit dieser Voraussetzung recht habe, denn ich habe meine ganze Hoffnung, das Rätsel vollständig lösen zu können, darauf aufgebaut. Ich erwarte diesen Mann hier, er kann jeden Augenblick eintreten. Es ist möglich, daß er nicht kommt, wahrscheinlicher, daß er es tun wird. Sollte dies der Fall sein, so müssen wir versuchen, ihn zurückzuhalten. Hier sind Pistolen; wir beide wissen ja damit umzugehen, falls die Gelegenheit es erfordern sollte."

Ich nahm die Pistolen, ohne recht zu wissen, was ich tat oder das, was ich hörte, zu glauben, während Dupin wie im Selbstgespräch fortfuhr. Ich habe schon von seinem zerstreuten Wesen zu solchen Zeiten gesprochen. Seine Worte waren an mich gerichtet, aber seine Stimme hatte, obgleich er sie nicht laut erhob, jene deutliche Intonation, derer man sich bedient, wenn man zu einer weit entfernten Person spricht. Seine Augen blickten vollständig ohne Ausdruck regungslos die Wand an. „Daß die von den Leuten auf der Treppe gehörten streitenden Stimmen nicht von den beiden Frauen herrührten, ist durch die Zeugenaussagen wohl bewiesen. Dies macht die Frage, ob nicht die alte Dame zuerst die Tochter und darauf sich selbst durch Selbstmord umgebracht habe, überflüssig.

Ich erwähne diesen Punkt nur um des methodischen Vorgehens willen; denn die Körperkräfte der Frau L'Espanaye wären völlig unzureichend gewesen, den Leichnam der Tochter in den Kamin hinaufzuzwängen, und die Art der Verwundungen ihrer eigenen Person schließen jeden Gedanken an Selbstmord aus. Der Mord ist also von einer dritten Partei begangen worden. Und die Stimmen, die man gehört hat, waren die Stimmen dieser Partei. Lesen wir die Aussagen über diese Stimmen noch einmal durch, und zwar nicht das gesamte Zeugenmaterial, sondern nur das, was an denselben auffallend ist. Bemerkten Sie etwas Auffallendes?"

Ich antwortete, es sei wohl bemerkenswert, daß, während alle Zeugen die barsche Stimme übereinstimmend als von einem Franzosen herrührend erklärten, über die schrille oder, wie ein Zeuge meinte, die kreischende Stimme vollständig verschiedene Meinungen geäußert worden seien.

„Was sie sagten, betrifft das Zeugnis selbst, nicht das Auffallende daran. Sie haben also nichts Besonderes bemerkt, und doch war etwas zu bemerken. Wie Sie schon sagten, stimmten die Zeugen in ihren Aussagen über die barsche Stimme überein, und das Besondere in betreff der schrillen Stimme ist nicht, daß hier die Meinungen auseinandergehen, sondern daß, als ein Italiener, ein Engländer, ein Spanier, ein Holländer und ein Franzose sie zu beschreiben versuchten, alle darin einig waren, es sei die Stimme eines Fremden gewesen. Jeder ist sicher, daß es nicht die Stimme eines seiner Landsleute war. Niemand vergleicht sie mit der Stimme eines Landsmannes – der Franzose hält sie für die Stimme eines Spaniers und hätte wohl einige Worte unterscheiden können, wenn er spanisch verstünde. Der Holländer behauptet, es sei die eines Franzosen gewesen, aber es wird bemerkt, daß dieser Zeuge, da er kein Französisch versteht, durch einen Dolmetscher vernommen wurde. Der Engländer hält sie für die Stimme eines Deutschen, doch versteht er selbst kein Deutsch. Der Spanier ist gewiß, daß es die Stimme eines Engländers war, schließt dies jedoch nur aus dem Tonfall, da er selbst nicht Englisch spricht. Der Italiener ist der Meinung, es sei Russisch gewesen, hat jedoch niemals mit einem geborenen Russen gesprochen. Ein anderer Franzose behauptet, im Gegensatz zu dem ersten mit Gewißheit, die Stimme habe italienisch geklungen, doch ist er selbst dieser Sprache nicht kundig und schließt, wie der Spanier, nur nach dem Tonfall.

Wie sonderbar und ungewöhnlich muß diese Stimme gewesen sein, daß die Aussagen über dieselbe derart auseinandergehen konnten! Daß kein Vertreter der Hauptnationen Europas in ihren Tönen etwas Bekanntes wiedererkannte! Sie werden sagen, es könnte die Stimme eines Asiaten oder eines Afrikaners gewesen sein. Wir haben ihrer in Paris zwar nicht allzuviele, doch möchte ich Sie, ohne Ihren Einwurf übergehen zu wollen, auf drei Punkte aufmerksam machen. Ein Zeuge hält die Stimme eher für kreischend als schrill. Zwei andere behaupten, sie habe schnell und ungleichmäßig gesprochen. Kein Zeuge aber konnte Worte oder wortähnliche Laute unterscheiden."

„Ich weiß nicht", fuhr Dupin fort, „welchen Eindruck ich bis jetzt auf Ihr Begriffsvermögen gemacht habe; aber ich scheue mich nicht, zu behaupten, daß man aus dem Teil der Zeugenaussagen, der sich auf die Stimmen bezieht, Schlüsse folgern kann, die hinreichend sind, einen Argwohn zu erregen, der allen weiteren Nachforschungen die Richtung angeben sollte. Ich behaupte, daß meine Schlüsse die einzig richtigen sind und als unausbleibliches Resultat einen bestimmten Argwohn bedingen. Welcher Art derselbe ist, will ich jetzt noch nicht sagen. Ich möchte Sie nur davon überzeugen, daß er für mich dringend genug war, meinen Nachforschungen im Zimmer eine ganz besondere Richtung zu geben.

Versetzen wir uns also im Geiste in dies Zimmer. Was werden wir zuerst darin suchen? Die Mittel und Wege, welche die Mörder zur Flucht benutzt haben. Ich darf doch ohne Zögern behaupten, daß keiner von uns beiden an übernatürliche Ereignisse glaubt. Frau und Fräulein L'Espanaye wurden nicht von Geistern ermordet. Die Täter waren von Fleisch und Blut und entwichen auf natürliche Art. Aber wie?

Prüfen wir der Reihe nach die verschiedenen Möglichkeiten der Flucht. Es ist klar, daß sich die Mörder zur Zeit, als der Trupp Leute die Treppe hinaufstieg, in dem Zimmer befanden, in dem der Leichnam des Fräulein L'Espanaye gefunden wurde, vielleicht auch in dem angrenzenden. Wir brauchen also nur nach Ausgängen von diesen beiden Zimmern aus zu suchen. Die Polizei hat die Dielen, Wände und die Zimmerdecke nach jeder Richtung hin untersucht und bloßgelegt. Kein geheimer Ausgang hätte ihrem Scharfsinn verborgen bleiben können. Da ich aber ihren Augen nicht traute, prüfte ich mit meinen eigenen. Beide Türen, die von den Zimmern auf den Korridor führten, waren fest verschlossen, die Schlüssel steckten innen. Betrachten wir die Kamine. Diese haben zwar bis zur Höhe von acht oder zehn Fuß über dem Rost die gewöhnliche Weite, verengen sich später jedoch so, daß sich nicht einmal eine größere Katze hindurchwinden könnte. Da also auf den bis jetzt genannten Wegen jedes Entweichen unmöglich war, so bleiben nur noch die Fenster. Durch die im Vorderzimmer hätte niemand entwischen können, ohne von der Menge auf der Straße bemerkt zu werden. Die Mörder müssen also durch das Fenster des Hinterzimmers entflohen sein. Da wir nun auf so zwingende Weise zu diesem Schluß gekommen sind, dürfen wir, als vernünftige Wesen, ihn nicht, wegen der anscheinenden Unmöglichkeit eines solchen Entweichens, verwerfen. Es gilt jetzt nur, zu beweisen, daß diese scheinbaren ‚Unmöglichkeiten' in Wirklichkeit keine sind.

Das Zimmer hat zwei Fenster. In der Nähe des einen stehen keine Möbelstücke. Es ist vollständig sichtbar. Der untere Teil des anderen wird dem Auge ganz durch das Kopfende der schwerfälligen Bettstelle entzogen. Das erste Fenster wurde von innen fest verschlossen vorgefunden. Es widerstand allen Anstrengungen der Personen, die es in die Höhe schieben wollten. Auf der linken Seite des Rahmens fand man ein großes Loch eingebohrt und in dasselbe einen Nagel fast bis zum Kopfe eingeschlagen. Als man das andere Fenster untersuchte, entdeckte man einen ähnlichen Nagel, und zwar auf ähnliche Weise befestigt, und ein kräftiger Versuch, diese Scheibe hochzuschieben, mißlang ebenfalls. Die Polizei war nun vollständig befriedigt, glaubte, daß die Flucht der Täter nicht durch die Fenster bewerkstelligt worden sei und hielt es deshalb für überflüssig, die Nägel herauszuziehen und die Fenster zu öffnen.

## Der Mord in der Spitalgasse

Ich selbst forsche eingehender nach, und zwar aus dem eben angeführten Grund, denn hier war, wie ich wußte, der Ort, an dem sich alle scheinbaren Unmöglichkeiten als nicht wirklich bestehend erweisen mußten.

A posteriori schloß ich weiter: Die Mörder entkamen durch eines dieser Fenster. Dies angenommen, konnten sie den Schieber nicht wieder innen so befestigen, wie man ihn vorgefunden. Die Unbestreitbarkeit dieser Annahme setzte den weiteren Nachforschungen der Polizei in dieser Richtung ein Ende. Aber die Schieber waren befestigt. Sie mußten sich also auf irgendeine Weise selbst wieder geschlossen haben. Dieser Annahme konnte man sich auf keine Weise entziehen. Ich begab mich an das ganz freiliegende Fenster, zog den Nagel mit einiger Schwierigkeit heraus und versuchte, die Scheibe in die Höhe zu schieben. Wie ich vorausgesehen, widerstand sie allen meinen Anstrengungen. Ich wußte nun bestimmt, daß irgendwo eine Feder verborgen sein mußte; und diese Bestätigung meiner Voraussetzungen überzeugte mich, daß diese richtig gewesen, wie geheimnisvoll auch der Umstand mit den Nägeln noch erscheinen mußte. Bald entdeckte ich durch sorgfältiges Suchen die verborgene Feder. Ich drückte auf sie, und, von der Entdeckung befriedigt, unterließ ich es einstweilen, die Scheiben zu heben.

## Der Mord in der Spitalgasse

Ich steckte den Nagel wieder hinein und betrachtete ihn aufmerksam. Wenn eine Person aus dem Fenster sprang, konnte sie dasselbe wohl zuschlagen, so daß die Feder wieder einschnappte, den Nagel jedoch konnte sie nicht wieder hineinstecken. Dieser Schluß war einfach und verengerte wiederum das Feld meiner Untersuchungen. Die Mörder mußten durch das andere Fenster entkommen sein. Angenommen, die Feder war – wie sehr wahrscheinlich – an beiden Fenstern gleich, so mußten die Nägel oder wenigstens die Art ihrer Befestigung verschieden sein. Ich stieg auf die Matratze der Bettstelle und betrachtete über das Kopfende des Bettes hinweg aufmerksam das zweite Fenster. Als ich mit der Hand hinter die Bettstelle faßte, entdeckte ich die Feder sogleich und drückte auf dieselbe. Sie war vollständig so beschaffen wie ihr Gegenstück. Ich betrachtete jetzt den Nagel. Er war so dick wie der andere und offenbar in derselben Weise befestigt und auch bis zum Kopfe eingeschlagen.

Sie werden nun vielleicht glauben, daß mich das verwirrte, und hätten in diesem Falle die Natur meiner Schlüsse ganz mißverstanden. Um einen Jagdausdruck zu gebrauchen: ich war nicht einmal auf falscher Fährte gewesen und hatte die Spur auch nicht einen Augenblick lang verloren. Kein Glied der Kette war fehlerhaft. Ich hatte das Geheimnis bis zum letzten Ergebnis verfolgt: das war der Nagel.

Er sah, wie ich schon sagte, dem Gegenstück im anderen Fenster vollständig ähnlich; aber diese Tatsache schien mir ganz wertlos gegenüber der Erwägung, daß an dieser Stelle meine Spur aufhörte. Ich sagte mir, mit dem Nagel muß etwas nicht richtig sein. Ich faßte ihn an, und der Kopf mit etwa einem Viertel Zoll vom Stiel fiel mir in die Hand. Der übrige Teil des Stiels blieb in dem Bohrloch stecken. Der Bruch war alt, denn die Ränder waren mit Rost überzogen, und offenbar auf den Schlag eines Hammers zurückzuführen, der auch den oberen Teil des Nagels selbst teilweise in den Rahmen der untersten Scheibe eingetrieben hatte. Ich steckte nun das Kopfstück des Nagels sorgfältig wieder in das Loch zurück, wie ich ihn gefunden, und er glich vollständig einem unbeschädigten Nagel, da die Bruchstelle nicht zu sehen war. Ich drückte auf die Feder und hob die Scheibe ein paar Zoll in die Höhe. Der Nagelkopf ging mit, denn er steckte fest in seiner Höhlung. Ich schloß das Fenster, und die Ähnlichkeit des Nagels mit einem unzerbrochenen war vollständig wieder hergestellt. Soweit war das Rätsel also gelöst. Der Mörder war durch das Fenster, an welchem die Bettstelle stand, entkommen. Nach seinem Entweichen war dasselbe von selbst wieder zugefallen oder vielleicht auch zugeworfen und von der einschnappenden Feder wieder festgehalten worden. Dies Festhalten schrieb die Polizei irrtümlicherweise dem Nagel zu und sah von allen weiteren Nachforschungen als überflüssig ab.

Die nächste Frage ist nun, auf welche Weise der Mörder hinabstieg. Über diesen Punkt hatte ich mich bei unserem Gang um das Haus herum unterrichtet. Etwa fünf und einen halben Fuß von dem betreffenden Fenster entfernt läuft eine Blitzableitungsstange nach unten.

Es war jedoch absolut unmöglich, von dieser Stange aus das Fenster zu erreichen, geschweige denn einzusteigen. Ich bemerkte jedoch, daß die Läden des vierten Stockes sogenannte ‚Ferrades' waren. Diese Art Fensterläden sind jetzt fast ganz außer Gebrauch gekommen, man findet sie aber noch häufig an sehr alten Häusern in Lyon oder Bordeaux. Sie haben die Gestalt einer gewöhnlichen Tür (einer einfachen, keiner Flügeltür), deren untere Hälfte aus Latten besteht oder als offenes Gitterwerk gearbeitet ist, das den Händen einen ausgezeichneten Halt gewährt. Die Läden der betreffenden Fenster sind gut drei und einen halben Fuß breit. Als wir sie von der Rückseite des Hauses ansahen, standen sie beide halb offen, das heißt, im rechten Winkel zu der Mauer. Wahrscheinlich hatte die Polizei ebenfalls die Hinterseite des Hauses untersucht; in diesem Fall muß sie die große Breite der

‚Ferrades' nicht bemerkt oder ihr nicht die nötige Beachtung geschenkt haben. Da sie sich nun einmal überzeugt hatte, daß an dieser Stelle niemand entsprungen sein könne, stellte sie hier nur sehr oberflächliche Untersuchungen an. Mir war jedoch klar, daß der Laden, welcher zu dem Fenster am Kopfende des Bettes gehörte, falls er ganz nach der Wand zurückgeschlagen wurde, den Blitzableiter auf zwei Fuß erreichte. Es war ebenfalls einleuchtend, daß sich jemand mit Aufwand eines allerdings höchst ungewöhnlichen Grades von Behendigkeit und Mut vom Blitzableiter aus Eintritt in das Fenster verschaffen konnte. Der Eindringling konnte sich, war er dem Laden, den wir uns jetzt zurückgeschlagen denken, erst auf zwei und einen halben Fuß nahe gekommen, fest an das Gitterwerk anklammern. Ließ er dann den Blitzableiter los, stemmte den Fuß fest gegen die Mauer und stieß sich mutig ab, so konnte es ihm gelingen, den Laden zu schließen und sich selbst, wenn das Fenster offen stand, ins Zimmer zu schwingen. Ich möchte Sie bitten, vor allem meine Bemerkung zu beachten, daß ein höchst ungewöhnlicher Grad von Behendigkeit erforderlich war, um ein solches Wagnis mit Erfolg auszuführen. Meine Absicht ist, Ihnen in erster Linie zu zeigen, daß es nicht unmöglich war, einen solchen Sprung zu tun; aber zweitens und hauptsächlich, daß eine ganz außergewöhnliche

Behendigkeit dazu gehörte. Sie werden mir ohne Zweifel mit dem Ausdruck des Gesetzes entgegenhalten, daß ich, ‚um meinen Fall durchzuführen', die zu diesem Sprung erforderliche Behendigkeit eher geringer veranschlagen müsse, als immer wieder zu betonen, wie außerordentlich und erstaunlich sie gewesen sei. Kriminalisten würden auch zweifellos von diesem Standpunkt ausgehen – aber er bezeichnet nicht den Weg, den die Vernunft geht. Mein Endzweck ist nur die Wahrheit. Augenblicklich habe ich die Absicht, Sie dahin zu führen, daß Sie diese außergewöhnliche Behendigkeit, von der ich eben gesprochen, mit jener sonderbaren, schrillen (oder kreischenden) und ungleichmäßigen Stimme in Zusammenhang bringen, über deren Sprache nicht zwei Zeugen übereinstimmend aussagten und bei der niemand Silbenbildung unterscheiden konnte." Bei diesen Worten begann ich unbestimmt und halb zu begreifen, worauf Dupin hinaus wollte. Ich war auf dem Punkt, ihn zu verstehen, ohne es jedoch vollständig zu können; wie man zuweilen ganz, ganz nahe daran ist, sich auf etwas zu besinnen, und sich schließlich doch nicht erinnern kann. Mein Freund argumentierte weiter: „Sie sehen", sagte er, „daß ich die Frage nach der Art der Flucht in die Erforschung der Möglichkeit des Überfalls umgewandelt habe. Meine Absicht war, darzutun, daß beides auf dieselbe Art und

## Der Mord in der Spitalgasse

Weise an derselben Stelle vor sich gegangen ist. Betrachten wir nun das Innere des Zimmers. Man sagt, die Schubladen des Sekretärs seien geplündert worden, obwohl sie noch eine Menge Kleidungsstücke enthielten. Das ist eine sehr sonderbare und sehr törichte Vermutung, weiter nichts. Woher will man wissen, daß die in den Schubläden gefundenen Kleidungsstücke nicht alles waren, was diese überhaupt enthielten? Frau L'Espanaye und ihre Tochter lebten sehr zurückgezogen, empfingen keine Gäste bei sich, gingen selten aus und hatten wenig Verwendung für viele Kleider. Die gefundenen waren von so gutem Stoff, wie man sie überhaupt im Besitz der beiden Frauen vermuten konnte. Wenn der Dieb sich Kleider aneignete, warum nahm er nicht die besten, warum nicht alle? Kurz, weshalb ließ er die 4000 Francs in Gold zurück, um sich mit einem Bündel alter Kleider zu beladen? Das Gold ist doch zurückgeblieben. Fast die ganze von dem Bankier Mignaud erwähnte Summe lag in Beuteln auf der Erde. Ich möchte daher, daß Sie in Ihren Gedanken die irrtümliche Vorstellung von dem eventuellen Motiv zur Tat fallen lassen, wie sie sich im Gehirn der Polizei durch die Zeugenaussagen, die sich auf die Ablieferung des Geldes beziehen, festgesetzt hat. Es erlebt doch jeder von uns zuweilen eine seltsame Aufeinanderfolge von Ereignissen, die zehnmal merkwürdiger ist als diese

(Ablieferung von Geld und drei Tage darauf Mord an der Person des Empfängers) – ohne daß wir uns einen Augenblick mit ihr beschäftigten. Zufälle sind im allgemeinen große Steine des Anstoßes auf dem Wege jener Klasse von schlecht geschulten Denkern, die nichts von der Theorie der Wahrscheinlichkeiten wissen, jener Theorie, der die wichtigsten Zweige der menschlichen Wissenschaft manche ruhmvolle Entdeckung verdanken.

Wäre das Geld verschwunden, so würde in unserem Falle die Tatsache, daß es drei Tage vorher abgeliefert worden, etwas mehr als ein bloßer Zufall sein. Sie würde uns in dem Gedanken, daß hier das Motiv zu suchen wäre, bestärken. Wenn wir aber unter den bestehenden Umständen das Gold als Motiv zu der Schandtat gelten lassen wollen, dann müssen wir auch zugleich annehmen, daß der Täter unentschlossen und blöde genug war, um Motiv und Gold zugleich im Stich zu lassen.

Wir wollen die Punkte, auf die ich eben Ihre Aufmerksamkeit lenkte, fest im Gedächtnis behalten: die sonderbare Stimme, die außergewöhnliche Behendigkeit und die Tatsache, daß ein Motiv zu einem so entsetzlich grauenhaften Morde fehlt, und uns die Metzelei selbst betrachten.

Eine Frau ist mit bloßen Händen zu Tode gewürgt und mit dem Kopf nach unten in den Kamin hinaufgezwängt worden. Gewöhnliche Mörder morden nicht in dieser Weise. Am allerwenigsten suchen sie ihr Opfer auf diese Weise zu verbergen. Sie werden zugeben, daß in der Art, in der der Leichnam in den Kamin gestopft wurde, etwas so unerhört Scheußliches liegt, daß es sich mit unseren gewöhnlichen Begriffen von menschlicher Handlungsweise absolut nicht vereinbaren läßt, selbst wenn wir annehmen, daß die Täter ganz entmenschte Bösewichter waren. Bedenken Sie auch, wie groß die Kraft gewesen sein muß, die einen Körper gewaltsam in eine solch kleine Öffnung so hinaufzwängen konnte, daß die vereinte Kraft mehrerer Personen gerade genügte, um ihn wieder herabzuziehen!

Wir haben noch weitere Beweise von dieser übermenschlichen Kraft. Auf dem Herd lagen dicke Flechten – sehr dicke Flechten – von grauem Menschenhaar, die mit den Wurzeln ausgerissen worden waren. Sie wissen wohl, welch große Kraft dazu gehört, um nur zwanzig bis dreißig Haare zusammen so aus dem Kopfe zu reißen. Sie haben die Flechten so gut gesehen wie ich. Ihre Wurzeln – ein scheußlicher Anblick – klebten noch mit Stükken der Kopfhaut zusammen, ein sicheres Zeichen der übermenschlichen Kraft, die angewendet worden war, um vielleicht ein paar tausend Haare auf einmal auszureißen. Die Kehle der alten Dame war nicht allein durchgeschnitten, sondern der Kopf vollständig vom Rumpf getrennt; das Instrument war ein bloßes Rasiermesser. Beachten Sie die tierische Roheit, die aus dieser Handlungsweise spricht. Von den Quetschungen am Körper der Frau L'Espanaye will ich nicht reden. Herr Dumas und sein Assistent, Herr Etienne, sagten aus, daß dieselben mit einem stumpfen Instrument hervorgebracht sein müßten, und soweit haben die Herren recht.

Das ‚stumpfe Instrument' war nämlich offenbar das Steinpflaster des Hofes, auf den das Opfer aus dem Fenster hinuntergeschleudert worden war. Dieser Gedanke, der uns jetzt so selbstverständlich vorkommt, entging der Polizei aus demselben Grund, aus dem sie die Breite der Fensterläden nicht bemerkt hatte; der Umstand, daß die Nägel anscheinend fest saßen und unverletzt waren, hatte ihr Begriffsvermögen wie hermetisch gegen die Annahme verschlossen, daß die Fenster überhaupt geöffnet worden seien.

Wenn wir uns zu all diesem noch an die seltsame Unordnung im Zimmer erinnern, haben wir folgende Fakten: erstaunliche Behendigkeit, übermenschliche Kraft, tierische Roheit, eine grundlose Verwüstung, eine mit dem Begriff Menschlichkeit nicht zu vereinbarende Bizarrerie in der Scheußlichkeit und eine Stimme, die den Ohren vieler Leute aus den verschiedensten Nationen fremd klang und keine deutlichen oder verständlichen Silben äußerte. Welcher Schluß ist daraus zu ziehen? Welcher Gedanke drängt sich Ihnen auf?"

Ich fühlte, wie mir, als Dupin diese Frage stellte, Schaudern durch Mark und Bein ging. „Ein Wahnsinniger", sagte ich, „hat die Tat begangen, ein Tobsüchtiger, der aus dem benachbarten Irrenhaus entsprungen ist." – „In mancher Beziehung", antwortete er, „wäre Ihr Verdacht annehmbar; aber die Stimmen von Wahnsinnigen haben selbst im wildesten Paroxysmus nicht jene Eigentümlichkeiten, die man an der fraglichen schrillen Stimme wahrgenommen hat. Wahnsinnige gehören doch irgendeiner Nation an, und ihre Sprache, so unzusammenhängend die Worte auch immer sein mögen, bildet Silben. Überdies haben Wahnsinnige nicht solches Haar, wie ich es hier in der Hand habe. Ich löste dieses kleine Büschel aus den im Todeskampfe zusammengekrampften Fingern der Frau L'Espanaye. Sagen Sie mir, was Sie von demselben halten?"

„Dupin", rief ich entsetzt, „dies Haar ist ein ganz ungewöhnliches – es ist kein Menschenhaar." – „Das habe ich auch nicht behauptet", gab er zur Antwort, „aber ehe wir diesen Punkt entscheiden, möchte ich Sie bitten, einen Blick auf die Skizze zu werfen, die ich auf dies Papier gezeichnet habe. Es ist ein genaues Faksimile von dem, was in einem Teil der Zeugenaussagen als dunkle Quetschungen beschrieben wurde, als tiefe Eindrücke von Fingernägeln am Halse des Fräuleins L'Espanaye, und was von Herrn Dumas und Herrn Etienne eine Reihe von blutunterlaufenen Flecken, die augenscheinlich Eindrücke von Fingern seien, genannt wurde."

„Sie sehen", fuhr mein Freund fort, indem er das Papier auf dem Tisch ausbreitete, „daß die Zeichnung auf einen festen, eisernen Griff hinweist. Es ist nichts von einem Abgleiten zu bemerken. Jeder Finger hat wahrscheinlich bis zum Tod des Opfers den furchtbaren Griff beibehalten, mit dem er sich von Anfang an einkrallte. Versuchen Sie nun Ihre Finger zu gleicher Zeit in die analogen Abdrücke auf dem Papier zu legen."

Ich versuchte es, jedoch vergebens. „Vielleicht fangen wir die Sache noch nicht richtig an", sagte er. „Das Papier liegt augenscheinlich auf einer ebenen Fläche und der menschliche Hals hat die Form eines Zylinders. Hier ist ein rundes Scheit Holz, das ungefähr den Umfang eines Halses hat. Umwickeln Sie es mit dem Papier und versuchen Sie es von neuem."

Ich tat es; aber meine Hand erwies sich wieder als bedeutend zu klein. „Das ist nicht der Abdruck einer Menschenhand", sagte ich endlich.

„Lesen Sie jetzt", fuhr Dupin fort, „diese Stelle von Cuvier." Er reichte mir einen ausführlichen anatomischen und beschreibenden Bericht über den schwarz-braunen Orang-Utan der ostindischen Inseln. Die riesige Gestalt, die wunderbare Kraft und Behendigkeit, die fürchterliche Wildheit und der starke Nachahmungstrieb dieser Tiere wurde in demselben besonders hervorgehoben. Sofort verstand ich die ganze Gräßlichkeit des Mordes.

„Die Beschreibung der Zehen", sagte ich, als ich ausgelesen, „stimmt genau mit dieser Zeichnung überein. Ich sehe, daß kein anderes Tier als der Orang-Utan der hier erwähnten Gattung solche Fingerabdrücke, wie die hier gezeichneten, hinterlassen konnte. Dies Büschel gelbbrauner Haare entspricht ebenfalls nach Cuvier dem Haar der Bestie. Doch kann ich die Einzelheiten dieses geheimnisvollen, grausigen Ereignisses noch nicht verstehen. Außerdem hörte man doch zwei streitende Stimmen, und die eine gehörte zweifellos einem Franzosen."

„Das ist richtig. Sie erinnern sich auch jedenfalls eines Ausdruckes, den die Zeugen nach ihren übereinstimmenden Aussagen von dieser Stimme gehört haben – ich meine den Ausruf *Mon Dieu*. Dieser ist von einem der Zeugen (dem Konditor Montani) sehr richtig als ein Ausdruck des Vorwurfs, des Verweises, beschrieben worden. Auf diese beiden Worte habe ich denn auch meine Hoffnung, das Rätsel vollständig zu lösen, aufgebaut. Ein Franzose wußte um den Mord. Es ist möglich, ja, sogar wahrscheinlich, daß er an all den Einzelheiten des blutigen Dramas keine Schuld hat. Der Orang-Utan ist ihm vielleicht entflohen. Er hat ihn bis zu jenem Zimmer verfolgt, konnte ihn aber während der gräßlichen Szene, die nun folgte, nicht wieder einfangen. Mithin treibt sich das Tier noch frei umher. Ich will aus diesen Vermutungen – anders kann ich sie mit Recht nicht nennen – nichts weiter folgern, denn sie sind so schwach begründet, daß selbst mein eigener Verstand sie kaum als glaubhaft anerkennen will und ich nicht verlangen kann, daß jemand anderer ihnen Bedeutung beilegt. Nennen wir sie also immerhin Vermutungen und behandeln wir sie auch als solche. Wenn der betreffende Franzose, wie ich annehme, wirklich unschuldig an der Greueltat ist, wird ihn diese Anzeige, die ich gestern abend bei unserer Rückkehr in der Redaktion der Zeitung *Le Monde*, dem Organ der Seefahrer, das viel von Matrosen gelesen wird, aufgab, bald hierher in unsere Wohnung führen".

Er reichte mir eine Zeitung und ich las: „Eingefangen im Bois de Boulogne, am Morgen des ... (am Morgen nach dem Mord), ein sehr großer, gelbbrauner Orang-Utan, wahrscheinlich aus Borneo stammend. Der Eigentümer, wie ermittelt ein Matrose auf einem Malteser Schiff, kann das Tier, nach genügender Beschreibung und Erstattung der Kosten für Einfangen und Verpflegung, in Empfang nehmen.

Zu erfragen No…, …, Faubourg St. Germain, dritter Stock."

„Wie konnten Sie wissen", fragte ich, „daß der Mann ein Matrose ist und auf einem Malteser Schiff in Dienst steht?" „Ich weiß es auch nicht", entgegnete Dupin, „jedenfalls weiß ich es nicht gewiß. Hier ist jedoch ein kleines Stück Band, das seiner Form und seinem fettigen Aussehen nach zum Binden des bei Matrosen so beliebten langen Zopfes gebraucht worden ist. Es ist in einen Knoten geschlungen, den fast nur Matrosen, und hauptsächlich Malteser zu binden verstehen. Ich hob das Band am Fuß der Blitzableiterstange auf. Es kann keiner der Ermordeten gehört haben. Sollte es aber ein Irrtum gewesen sein, aus dem Band zu schließen, daß der für unseren Fall in Frage kommende Franzose ein Matrose auf einem Malteser Schiff ist – nun, so habe ich doch niemandem mit meiner Anzeige geschadet. Sind meine Annahmen falsch, dann wird der Mann nur annehmen, daß ich durch irgendwelche Umstände, die zu erfahren er sich nicht erst bemühen wird, irregeführt worden bin. Habe ich aber recht, so ist viel gewonnen. Da er, wenn auch selbst unschuldig, mit in den Mord verwickelt ist, wird er erklärlicherweise zögern, auf die Anzeige zu antworten und den Orang-Utan abzuholen.

Er wird etwa folgendermaßen mit sich zu Rate gehen: ‚Ich bin unschuldig; ich bin arm; mein

Orang-Utan ist ein wertvolles Tier, für jemanden in meinen Verhältnissen bedeutet er ein ganzes Vermögen. Weshalb sollte ich ihn aus törichter Angst vor Gefahr verlieren? Ich kann ihn zurückbekommen, es steht bei mir. Er wurde im Bois de Boulogne eingefangen – weit entfernt vom Schauplatz der Morde. Wie könnte einer auf den Gedanken kommen, daß ein vernunftloses Tier die Tat begangen hat? Die Polizei weiß nicht aus noch ein, da sie nicht den geringsten Anhalt gefunden hat. Selbst wenn man auf die Spur des Tieres käme, wäre es nicht möglich, mir zu beweisen, daß ich von dem Mord weiß oder mich auf Grund der Mitwisserschaft zu verurteilen. Vor allem jedoch, man kennt mich. Der Inserent bezeichnet mich als den Besitzer des Tieres. Ich weiß nicht, wie weit seine Kenntnisse bezüglich meiner Person noch reichen. Wenn ich es unterlasse, ein so wertvolles Eigentum, das als mir zugehörend bekannt ist, zurückzufordern, mache ich das Tier zumindest verdächtig. Es wäre unklug gehandelt, auf das Tier oder auf mich irgendwelche Aufmerksamkeit zu lenken. Ich werde auf die Anzeige hin den Orang-Utan holen und sicher einsperren, bis Gras über die Sache gewachsen ist.'"

In diesem Augenblick vernahmen wir Schritte auf der Treppe. „Halten Sie die Pistolen bereit", sagte Dupin, „doch zeigen und gebrauchen Sie dieselben nicht eher, bis ich Ihnen ein Zeichen gebe."

## Der Mord in der Spitalgasse

Die Vordertür des Hauses war offengeblieben, der Besucher ohne zu läuten eingetreten und mehrere Treppenstufen hinaufgestiegen. Jetzt schien er jedoch zu zögern, plötzlich hörten wir ihn wieder hinabsteigen. Dupin eilte rasch nach der Tür, und wir hörten ihn wieder heraufkommen. Er wandte sich nicht wieder zurück, sondern stieg mit entschiedenen Tritten bis zur Tür unseres Zimmers herauf und klopfte an.

„Herein!" rief Dupin mit heiterem, herzlichem Tone. Ein Mann trat ein, augenscheinlich ein Matrose, eine große, kräftige, muskulös aussehende Persönlichkeit mit einem so verwegenen, jedoch keineswegs unangenehmen Gesichtsausdruck, als nähme er es mit allen Teufeln auf. Sein sonnenverbranntes Gesicht wurde durch den Backen- und Schnurrbart fast über die Hälfte verdeckt. Er trug einen großen Eichenknüppel bei sich, war aber sonst unbewaffnet. Er verbeugte sich linkisch und wünschte uns mit einem Akzent, der unfehlbar auf Pariser Abstammung hindeutete, guten Abend.

„Nehmen Sie Platz, mein Freund", sagte Dupin. „Ich vermute, Sie kommen wegen des Orang-Utans. Ich beneide Sie wahrhaftig um das Tier; es ist ein auffallend schönes und ohne Zweifel sehr wertvolles Exemplar. Für wie alt halten Sie es wohl?"

Der Matrose atmete auf, mit der Miene eines

Menschen, dem eine unerträgliche Last vom Herzen fällt, und erwiderte in beruhigtem Ton:

„Ich weiß es nicht genau, aber er kann nicht mehr als vier oder fünf Jahre alt sein. Haben Sie ihn hier?" – „O nein; wir hatten hier keine passende Unterkunft für ihn! Er ist in einem Mietstall in der Dubourgstraße, gleich nebenan. Sie können ihn morgen früh haben. Sie sind doch natürlich auch imstande, sich genügend zu legitimieren?"

„Gewiß, Herr!" – „Es tut mir leid, das Tier wegzugeben", sagte Dupin. „Sie werden Ihre Mühe natürlich nicht umsonst gehabt haben, Herr", sagte der Mann. „Das verlange ich gar nicht. Ich zahle sehr gern eine Belohnung, das heißt, alles was recht ist."

„Gut", versetzte mein Freund, „das ist ja recht schön. Lassen Sie mich nachdenken. Was soll ich wohl beanspruchen? Oh, ich will Ihnen sagen, was ich als Belohnung fordere. Sie sollen mir alles mitteilen, was Sie über die Mordtaten in der Spitalgasse wissen."

Die letzten Worte sagte Dupin in ganz leisem, ruhigem Ton. Dann schritt er mit größter Ruhe zur Tür, schloß sie zu und steckte den Schlüssel in seine Tasche. Hierauf zog er eine Pistole aus der Brusttasche und legte sie, ohne die geringste Aufregung zu verraten, auf den Tisch.

Das Gesicht des Matrosen wurde dunkelrot, als sei er dem Ertrinken nahe. Er sprang auf und griff

## Der Mord in der Spitalgasse

nach seinem Knüppel; im nächsten Augenblick jedoch fiel er heftig zitternd und mit leichenblassem Gesicht in den Stuhl zurück. Er sprach kein Wort; ich bemitleidete ihn aus tiefstem Herzen.

„Guter Mann", sagte Dupin mit gütiger Stimme, „Sie regen sich ganz unnötig auf, wahrhaftig! Wir gedenken Ihnen absolut nichts Böses zuzufügen. Ich gebe Ihnen mein Ehrenwort als Mann und als Franzose, daß wir Ihnen in keiner Weise zu nahe treten wollen. Ich weiß ganz bestimmt, daß Sie an den scheußlichen Verbrechen in der Spitalgasse unschuldig sind. Trotzdem wäre es unnütz, abzuleugnen, daß Sie im gewissen Sinne an denselben beteiligt gewesen sind. Aus dem, was ich Ihnen gesagt habe, können Sie erkennen, daß ich Mittel habe, mich in unserer Angelegenheit zu informieren. Nun steht die Sache so: Sie haben nichts getan, was Sie hätten vermeiden können, ganz gewiß nichts, was Sie schuldig macht. Sie haben nicht einmal da einen Diebstahl ausgeführt, wo Sie ungestraft hätten stehlen können. Sie haben nichts zu verbergen und keinen Grund zu irgendwelcher Heimlichkeit. Andererseits sind Sie aber als ehrenhafter Mensch verpflichtet, alles, was Sie wissen, zu gestehen; denn man hat einen Unschuldigen für das Verbrechen, dessen Täter Sie nennen können, eingekerkert."

Während Dupin sprach, hatte der Matrose seine Geistesgegenwart zum großen Teil wiedererlangt, die urspüngliche Zuversichtlichkeit seines Wesens war jedoch dahin.

„So wahr mir Gott helfe", sagte er nach einer kurzen Pause, „ich will Ihnen alles erzählen, was ich von der Sache weiß – ich erwarte jedoch nicht, daß Sie mir auch nur die Hälfte glauben – ich selbst müßte mich einen Narren nennen, wenn ich es täte. Und doch bin ich unschuldig und will alles sagen, was ich weiß, und sollte es mein Leben kosten."

Was er erzählte, war im wesentlichen folgendes: Er hatte vor kurzer Zeit eine Reise nach dem Indischen Archipel gemacht. Eine Anzahl Matrosen landete in Borneo und machte eine Vergnügungstour ins Innere. Er hatte mit einem Gefährten den Orang-Utan gefangen. Der Gefährte starb, und das Tier fiel ihm als ausschließliches Besitztum zu. Nach großen Schwierigkeiten, die die unbezähmbare Wildheit der Bestie während der Heimreise verursachte, gelang es ihm endlich, den Orang-Utan sicher in seiner eigenen Wohnung in Paris unterzubringen, wo er ihn, um ihn der lästigen Neugierde der Nachbarn zu entziehen, sorgfältig einschloß, bis er von einer Fußwunde, die er sich durch einen Splitter auf dem Schiff zugezogen, geheilt sein würde und das Tier verkaufen könnte.

Als er in der Nacht oder vielmehr am Morgen des Mordes von einem Matrosenfeste nach Hause zurückkehrte, fand er das Tier in seinem Schlafzim-

## Der Mord in der Spitalgasse

mer. Es war aus einer angrenzenden Kammer, in der er es sicher eingeschlossen glaubte, entflohen. Mit dem Rasiermesser in der Hand und vollständig eingeseift saß die Bestie vor dem Spiegel und versuchte, sich zu rasieren. Wahrscheinlich hatte sie vorher einmal ihren Herrn durch das Schlüsselloch bei dieser Tätigkeit beobachtet.

Entsetzt, die gefährliche Waffe im Besitze eines so wilden Tieres zu sehen, das vielleicht den fürchterlichsten Gebrauch von ihr machen konnte, wußte der Mann einige Augenblicke lang nicht, was er tun solle. Es war ihm jedoch bis jetzt stets gelungen, das Tier, selbst wenn es wütend geworden, mit der Peitsche zur Ruhe zu bringen, und er nahm auch heute seine Zuflucht zu diesem Mittel. Kaum aber erblickte der Orang-Utan die Peitsche, so sprang er sofort durch die Zimmertür, die Treppe hinunter und von da durch ein unglücklicherweise offenstehendes Fenster auf die Straße.

Der Franzose folgte voller Verzweiflung. Der Affe hielt das Rasiermesser noch immer in der Hand und stand gelegentlich still, um sich nach seinem Verfolger umzusehen und auf ihn loszugestikulieren, bis ihn derselbe fast erreicht hatte. Dann machte er sich wieder davon. Die gefährliche Jagd dauerte eine ganze Weile. Die Straßen lagen vollständig menschenleer, da es erst drei Uhr morgens war. Als sie durch ein Gäßchen an der Rückseite der Spitalgasse jagten, wurde die Aufmerksamkeit des Flüchtlings durch ein Licht erregt, das aus dem offenen Fenster von Frau L'Espanayes Zimmer, im vierten Stock des Hauses, hervorschien. Der Affe stürzte auf das Haus zu, bemerkte den Blitzableiter, kletterte mit der seiner Gattung eigenen Behendigkeit an demselben hinauf, klammerte sich an den Fensterladen, der gegen die Mauer zurückgeschlagen war, und schwang sich mit dessen Hilfe direkt auf das Kopfende des Bettes.

Dies alles dauerte keine Minute. Den Fensterladen stieß der Orang-Utan, als er das Zimmer betreten, wieder auf. Der Matrose war sowohl erfreut als beunruhigt. Er hatte jetzt Hoffnung, das Tier wieder einzufangen, denn es konnte auf keine andere Weise als vermittels des Blitzableiters die Falle, in die es sich begeben, wieder verlassen, so daß er es beim Herunterklettern leicht auffangen konnte. Andererseits war aber Grund zu der Befürchtung vorhanden, es werde in dem Hause Unheil anstiften. Dieser Gedanke bestimmte den Mann zur weiteren Verfolgung des Flüchtlings. An einem Blitzableiter kann man ohne große Schwierigkeiten hinaufklettern, vor allem, wenn man Matrose ist; doch als er bis zur Höhe des Fensters angekommen war, konnte er nicht weiter; das Fenster lag weit nach links, und er vermochte sich nur so weit vorzubeugen, um einen Blick in das Innere des Zimmers zu werfen. Bei dem Anblick, der sich ihm jetzt darbot, stürzte er vor Entsetzen fast von seinem schwachen Halt herab. Nun ertönte jenes gräßliche Geschrei durch die Nacht, das die Bewohner der Spitalgasse aus dem Schlaf aufgeschreckt hatte. Frau L'Espanaye und ihre Tochter waren, in ihre Nachtkleider gehüllt, anscheinend damit beschäftigt gewesen, irgendwelche Papiere in der schon erwähnten eisernen Kiste zu ordnen, die sie zu dem Zweck in die Mitte des Zimmers geschoben hatten. Sie war offen und ihr Inhalt lag auf dem Boden. Die Unglücklichen müssen mit dem Rücken gegen das Fenster gesessen haben, und nach der Zeit zu schließen, die zwischen dem Einstieg des Untiers und dem ersten Schrei verstrich, haben sie dasselbe nicht sogleich bemerkt. Das Zurückschlagen des Fensterladens hatten sie vielleicht dem Wind zugeschrieben. Als der Matrose in das Zimmer blickte, hatte das riesige Tier Frau L'Espanaye, deren Flechten lose herabhingen, da sie wohl eben mit Kämmen fertig geworden war, an den Haaren gepackt und schwenkte das Rasiermesser vor dem Gesicht auf und ab, als wolle es die Bewegungen eines Barbiers nachahmen. Die Tochter lag bewegungslos auf dem Boden, sie war offenbar ohnmächtig. Das Geschrei und die Befreiungsversuche der alten Dame, während derer ihr das Haar aus dem Kopfe gerissen wurde, verwandelten die wahrscheinlich ganz friedliche Absicht des Orang-Utans in wildeste Wut. Mit einem kräftigen Schwung seines muskulösen Armes trennte er den Kopf fast vollständig vom Rumpf. Der Anblick des Blutes steigerte seine Wut noch: zähnefletschend stürzte er sich mit funkelnden Augen auf den Körper des Mädchens und grub seine entsetzlichen Krallen in dessen Kehle, bis es tot war. In diesem Augenblick fielen seine wilden, rollenden Augen auf das Kopfende des Bettes, über dem das schreckensbleiche Gesicht seines Herrn eben sichtbar wurde. Die Wut des Tieres, das ohne Zweifel noch die gefürchtete Peitsche im Sinne hatte, verwandelte sich sofort in Furcht. Im Bewußtsein, Strafe verdient zu haben, schien es seine blutige Tat verbergen zu wollen, sprang in Todesangst und voller Aufregung im Zimmer hin und her, zerbrach Möbel oder warf sie um und riß die Betten aus der Bettstelle. Schließlich ergriff es den Leichnam der Tochter, um ihn so, wie man ihn gefunden, den Kamin hinaufzuzwängen – darauf den der alten Dame, den es eiligst kopfüber zum Fenster hinausschleuderte.

Als sich der Affe mit seiner verstümmelten Last dem Fenster näherte, fuhr der Matrose zu Tode erschrocken nach der Stange zurück, glitt mehr, als daß er kletterte, hinunter, eilte nach Hause und gab voll Entsetzen jede Bemühung um das Schicksal des Orang-Utans auf. Die Worte, welche die Leute auf der Treppe hörten, waren die Schreckens- und

Entsetzensausbrüche des Franzosen, untermischt mit dem teuflischen Gekreisch der Bestie.

Ich habe kaum noch etwas hinzuzufügen. Der Orang-Utan muß gerade vor dem Aufbrechen der Zimmertür entflohen sein, und das Fenster, nachdem er hindurchgeklettert, hinter sich zugeschlagen haben. Schließlich wurde er von dem Eigentümer selbst wieder eingefangen und für eine hohe Summe an den Jardin des Plantes verkauft.

Lebon ließ man natürlich sofort frei, als wir unsere Erzählung, mit einigen Erklärungen Dupins versehen, im Büro des Polizeipräfekten schriftlich fixiert niedergelegt hatten. Dieser Beamte konnte, trotzdem er meinen Freund hochschätzte, seine Unzufriedenheit über die Wendung der Dinge nicht verbergen und erging sich in sarkastischen Bemerkungen wie: daß sich jeder Mensch am besten um seine eigenen Sachen bekümmerte.

„Laß ihn reden", sagte Dupin, der es nicht der Mühe wert fand zu antworten. „Laß ihn reden! Er will nur sein Gewissen beruhigen! Mir genügt es, daß ich ihn auf seinem eigentlichsten Gebiet besiegt habe. Übrigens darf man sich auch nicht wundern, daß mein Freund das Rätsel nicht selbst löste. Er ist zu schlau, um tief sein zu können. Seine Weisheit ist ganz Kopf und ohne Leib oder höchstens hat sie Kopf und Schultern wie ein Stockfisch. Aber im großen und ganzen ist er doch ein tüchtiger Kerl. Und ich schätze ihn besonders wegen der Neigung, der er seinen Ruf, ein Genie an Scharfsinn zu sein, verdankt – ich meine seine Vorliebe ‚de nier ce qui est, et d'expliquer ce qui n'est pas', wie es in Rousseaus ‚Nouvelle Héloise' einmal heißt."

## Der Goldkäfer

*Schau her! Schau her! Der Kerl dort tanzt wie toll!*
*Von der Tarantel gift'gem Biß getrieben.*
All in the Wrong.

VOR VIELEN JAHREN UNTERHIELT ich mit einem gewissen Herrn William Legrand intimere Beziehungen. Er stammte aus einer alten Hugenottenfamilie und war früher sehr reich gewesen, doch hatte eine Reihe von Unglücksfällen ihn zum bedürftigen Mann gemacht. Um all den Unannehmlichkeiten, die ein solch plötzliches Verarmen nach sich zieht, zu entgehen, verließ er New Orleans, die Stadt seiner Vorfahren, und schlug seinen Wohnsitz auf der Sullivans-Insel bei Charleston in Süd-Carolina auf.

Diese Insel ist ein sehr merkwürdiges Stück Land. Sie besteht fast nur aus Seesand und ist ungefähr drei Meilen lang und an keiner Stelle über eine Viertelmeile breit. Vom Festland ist sie durch eine kaum wahrnehmbare Bucht getrennt, die sich durch eine Wildnis von Ried und Sumpfboden hindurchwindet und zahllosen Marschhühnern ausgezeichnete Schlupfwinkel bietet. Die Vegetation ist, wie aus dem Vorhergesagten leicht erklärlich, höchst dürftig und verkrüppelt. Größere Bäume sieht man nirgendwo. Zwar gedeiht hin und wieder am Westende der Insel, in der Nähe der wenigen elenden Holzhäuser, die sich ein paar Leute erbaut haben, um im Sommer den Fiebern und dem Staube der Stadt zu entfliehen, der stachlige Palmetto. Der Boden der ganzen Insel, mit Ausnahme jenes westlichen Teiles und des weißen harten Streifens um die Küste, ist mit der wuchernden, süßduftenden Myrte bedeckt, die von den englischen Gärtnern so sehr geschätzt wird. Das Myrtengestrüpp erreicht oft eine Höhe von fünfzehn bis zwanzig Fuß und bildet ein fast undurchdringliches Dickicht, das die Luft mit schwerem Wohlgeruch erfüllt.

In dem innersten Schlupfwinkel eines solchen Dickichts am östlichen Ende des Eilandes hatte sich Legrand eine kleine Hütte erbaut, die er, als ich durch Zufall mit ihm bekannt wurde, im Sommer und Winter bewohnte. Unsere Beziehungen vertieften sich bald zu einer Freundschaft, denn viele Züge im Wesen des Einsiedlers erweckten mein Interesse und erfüllten mich mit Hochachtung für ihn. Ich fand in ihm einen gebildeten Mann von ganz ungewöhnlichen Geistesgaben; doch litt er an

## DER GOLDKÄFER

Misanthropie und war abwechselnd krankhaften Ausbrüchen von Begeisterung und Trübsinn ausgesetzt. Er besaß eine große Menge Bücher, las jedoch nur sehr selten in ihnen. Sein Hauptvergnügen bestand im Jagen und Fischen, oder in ziellosem Umherstreifen durch das Myrtengestrüpp und am Ufer entlang, wo er Muscheln und Insekten für seine höchst reichhaltige Sammlung suchte. Bei diesen Ausflügen begleitete ihn gewöhnlich ein alter Neger namens Jupiter, der, bevor die Familie verarmte, seine Freiheit erhalten hatte, jedoch weder durch Drohungen noch durch Versprechungen zu bewegen gewesen war, sein Recht aufzugeben, über jeden Schritt seines jungen „Massa Will" zu wachen. Es ist nicht unwahrscheinlich, daß die Verwandten Legrands die Hartnäckigkeit Jupiters noch bestärkten, damit sein Herr, den sie für nicht ganz zurechnungsfähig hielten, keinen Augenblick ohne Aufsicht und Schutz sei.

Der Winter ist auf der Sullivans-Insel gewöhnlich sehr mild, und selbst im tiefen Herbste kommt es nur sehr selten vor, daß man heizen muß. Mitte Oktober 18... jedoch hatte man auf der Insel einen ungewöhnlich kalten Tag. Kurz vor Sonnenuntergang bahnte ich mir mühsam meinen Weg durch das Immergrün zu der Hütte meines Freundes, den ich seit mehreren Wochen nicht besucht hatte. Ich wohnte zu jener Zeit in Charleston, also etwa neun Meilen

## Der Goldkäfer

von der Insel entfernt, und die Gelegenheiten, vom Festland auf die Insel und wieder zurückzukommen, waren weit weniger häufig als heutzutage. Als ich an der Hütte angelangt war, klopfte ich wie gewöhnlich an, und als ich keine Antwort bekam, holte ich den Schlüssel aus seinem mir bekannten Versteck und schloß auf. Im Kamin brannte ein lustiges Feuer. Das war etwas Neues, aber durchaus nichts Unangenehmes. Ich legte meinen Überrock ab, warf mich recht nahe bei den knisternden Holzblöcken in einen Sessel und erwartete die Ankunft meines Wirtes.

Es war eben dunkel geworden, als er mit seinem Diener zurückkam und mich herzlichst willkommen hieß. Jupiter grinste von einem Ohr zum anderen und beeilte sich, ein paar Marschhühner zum Abendessen zurechtzumachen. Legrand litt wieder unter einem Anfall – anders kann man die Sache wohl kaum benennen – von Begeisterung. Er hatte ein ihm bisher unbekanntes zweischaliges Tier gefunden und außerdem mit Jupiters Hilfe einen Käfer gefangen, den er für noch absolut unentdeckt hielt, und über den ich ihm am nächsten Morgen meine Meinung sagen sollte.

„Weshalb nicht schon heute abend?" fragte ich, während ich meine Hände über dem hellbrennenden Feuer rieb und das ganze Geschlecht der Käfer zum Teufel wünschte. „Ach, wenn ich nur gewußt hätte, daß Sie hier sind!" sagte Legrand, "aber es ist so lange her, daß ich Sie zum letzten Mal gesehen habe, und wie konnte ich denn ahnen, daß Sie mich gerade heute abend besuchen würden? Auf dem Heimweg begegnete mir Leutnant G., und ich habe ihm, Tor, der ich bin, den Käfer geliehen. Ich kann Ihnen meinen Fund also unmöglich vor morgen früh zeigen. Bleiben Sie die Nacht über hier, ich werde ihn durch Jupiter sofort nach Sonnenaufgang holen lassen. Er ist das reizendste Ding auf der Erde."

„Was? – Der Sonnenaufgang?" – „Unsinn! Der Käfer. Er ist von glänzend goldener Farbe – etwa so groß wie eine Walnuß – und hat an dem einen Ende des Rückens zwei schwarze Flecken und an dem anderen einen einzelnen, etwas längeren. Die Fühlhörner sind ..." – „Hat kein Horn, Massa Will, hab' es schon oft gesagt", fiel ihm hier Jupiter ins Wort, „der Käfer ist Goldkäfer, alles, alles Gold, inwendig und alles, Flügel auch Gold, hab' noch nie so schweren Käfer getragen in mein Leben."

„Nun, wie du willst, Jupiter", erwiderte Legrand, wie mir schien in ernsterem Ton als die Sache erforderte, „aber das ist doch kein Grund, um die Hühner anbrennen zu lassen? Die Farbe" – hier wandte er sich wieder an mich – „ist allerdings dazu angetan, um Jupiter auf solche Gedanken zu bringen. Man hat gewiß nie einen prächtigeren Metallglanz als den seiner Flügel gesehen; doch ich vergesse, daß Sie darüber erst morgen zu urteilen vermögen. Einstweilen kann ich Ihnen nur eine Vorstellung von seiner Gestalt geben. Mit diesen Worten setzte er sich an einen kleinen Tisch, auf dem ich Tinte und Feder, jedoch kein Papier erblickte. Er suchte in einer Schublade herum, fand jedoch auch dort keins.

„Das schadet nichts!" meinte er endlich. „Dies genügt auch." Dabei zog er einen Fetzen aus seiner Westentasche, den ich für schmutziges Propatriapapier hielt, und zeichnete mit der Feder flüchtig etwas darauf. Während er dies tat, blieb ich noch immer in meinem Sessel beim Feuer sitzen, denn mich fröstelte noch. Als die Zeichnung fertig war, überreichte er sie mir, ohne von seinem Stuhl aufzustehen. Ich nahm sie entgegen und hörte zu gleicher Zeit ein Knurren an der Tür, dem bald ein heftiges Kratzen folgte.

Jupiter öffnete, und ein großer Neufundländer, Legrands Eigentum, stürzte herein, sprang an mir empor und überhäufte mich mit Liebkosungen. Ich hatte mich bei meinen früheren Besuchen sehr viel mit dem Tiere beschäftigt, und es schien mich nun voller Freuden wiederzuerkennen. Als sich seine frohen Sprünge etwas mäßigten, betrachtete ich das Papier und muß gestehen, daß ich aus dem, was mein Freund da gezeichnet hatte, nicht recht klug zu werden vermochte.

"Allerdings", sagte ich nach ein paar Minuten, "das muß ein sonderbarer Käfer sein. Ich habe wahrhaftig nie etwas Ähnliches gesehen – vielleicht Schädel oder Totenköpfe ausgenommen, denn denen sieht meiner Ansicht nach Ihr Käfer ähnlicher als sonst einem Ding auf Gottes Welt." – "Ein Totenkopf", wiederholte Legrand. "O – ja – allerdings – auf dem Papier gleicht er einem solchen ein klein wenig. Die zwei oberen schwarzen Punkte könnten wohl die Augen sein – und der längere unten der Mund – das Ganze ist ja auch oval."

"Vielleicht ja", sagte ich, "doch ich fürchte, Legrand, Sie sind kein großer Künstler. Wenn ich mir eine Vorstellung von dem Aussehen des Käfers machen soll, muß ich wohl warten, bis ich ihn selbst sehe."

"Das weiß ich nicht!" entgegnete er ein wenig pikiert, "ich zeichne doch eigentlich erträglich, wenigstens sollte ich es tun, denn ich habe gute Lehrer gehabt und schmeichle mir, kein direkter Dummkopf zu sein." – "Aber lieber Kerl, dann wollen Sie wohl scherzen", antwortete ich ihm. "Das ist ein recht passabler, ja, sogar ein ausgezeichneter Schädel, wenigstens nach den Anforderungen, die das große Publikum an dergleichen anatomische Abbildungen stellt – und Ihr Käfer muß der sonderbarste Käfer von der Welt sein, wenn er ihm ähnlich sieht. Wir können ja ein recht schönes, aufregendes Stück

Aberglauben auf ihn aufbauen. Nennen Sie den Käfer doch Scarabaeus caput hominis oder so ähnlich, die Naturgeschichte ist ja reich an solchen Titeln. Doch wo sind die Fühlhörner, von denen Sie eben sprachen?" – "Die Fühlhörner müssen Sie doch gesehen haben. Ich habe Sie so deutlich hingezeichnet, wie sie an dem Tier selbst zu sehen sind, und ich glaube, das genügt."

„Nun", sagte ich, „vielleicht haben Sie dieselben hingezeichnet, doch sehe ich sie nicht", und reichte ihm das Papier ohne weitere Bemerkung zurück, da ich ihn nicht in üble Laune bringen wollte. Doch war ich über die Wendung der Sache sehr verwundert; die Aufregung meines Freundes war mir absolut unerklärlich, und was die Zeichnung anbetraf, so waren keine Fühlhörner auf ihr zu sehen, doch glich sie bis ins kleinste der bekannten Abbildung eines Totenkopfes. Mürrisch nahm Legrand das Papier entgegen, wollte es schon zerknittern und wahrscheinlich ins Feuer werfen, als ein zufälliger Blick auf die Zeichnung seine Aufmerksamkeit zu fesseln schien. Im selben Augenblick wurde sein Gesicht von glühendem Rot übergossen, gleich darauf wurde er totenbleich. Während einiger Augenblicke betrachtete er die Zeichnung auf das genaueste, dann nahm er eine Kerze vom Tisch und ließ sich auf einer Kiste nieder, die in der entferntesten Ecke des Zimmers stand. Hier betrachte-

## DER GOLDKÄFER

te er das Papier noch einmal mit angstvoller Aufmerksamkeit von allen Seiten. Dabei sprach er kein Wort, und obwohl mich sein Betragen aufs höchste überraschte, hielt ich es doch nicht für ratsam, seine wachsende Verstimmung durch irgendeine Bemerkung zu erhöhen. Endlich zog er ein kleines Schreibheft aus seiner Rocktasche, legte das Papier sorgfältig hinein und verschloß beides in seinem Schreibpult. Nun wurde er allmählich ruhiger, doch war seine anfängliche Begeisterung ganz geschwunden. Er schien weniger verdrießlich, als vollständig in Gedanken versunken zu sein. Je mehr der Abend vorschritt, desto tiefer vergrub er sich in seine Träumereien, aus denen ihn auch scherzhafte Bemerkungen nicht aufzurütteln vermochten. Ich hatte die Absicht gehabt, wie schon oft vorher, die Nacht in der Hütte zuzubringen, doch da ich meinen Wirt in dieser Stimmung fand, hielt ich es für angebracht, mich zu verabschieden. Er drängte mich auch nicht zum Bleiben, doch schüttelte er mir beim Abschied die Hand mit ungewöhnlicher Herzlichkeit.

Einen Monat später – ich hatte Legrand während der ganzen Zeit nicht mehr besucht – suchte mich sein Diener Jupiter in Charleston auf. Ich hatte den guten alten Neger noch nie so niedergeschlagen gesehen und fürchtete, daß seinem Herrn ein ernstliches Unglück zugestoßen sei.

„Nun, Jup?" fragte ich, „was gibt's? Was macht dein Herr?" – „Soll ich sagen die Wahrheit, Massa, er nicht so wohl als er sollte." – „Dein Herr befindet sich nicht wohl? Das tut mir wahrhaftig leid; worüber klagt er denn?" – „Ja, das ist es – er klagen nie – aber sein doch sehr krank!" „Sehr krank, Jupiter? Warum hast du das nicht gleich gesagt? Liegt er zu Bett?" – „Nein, er nicht liegen – er nicht wissen, wo der Schuh drückt; mein Herz schwer sein, für arme Massa Will." – „Ich bitte dich, Jupiter, drücke dich deutlicher aus. Du sagst, dein Herr sei krank; hat er dir denn nie gesagt, was ihm fehlt?" – „Nun, Massa nicht brauchen sich aufregen darüber. Massa Will sagen, daß ihm gar nichts fehlen; aber was denn machen ihn so den Kopf hängen lassen und dann wieder dastehen steif wie ein Soldat und weiß im Gesicht wie eine Gans? Und was machen ihn immer die Figuren ansehen auf die Tafel – die tollsten Figuren, die ich gesehen in mein Leben? Muß jetzt immer ein scharfes Auge haben auf ihn. Vor ein paar Tagen er fortgelaufen, ehe die Sonne aufgegangen, und nicht zurückgekehren den ganzen lieben Tag. Ich einen dicken Stock geschnitten, um ihm verdammte Schläge zu geben, wenn er kommen zurück, ich doch nicht getan haben, weil er aussehen so elend und krank."

„Wie –? Was? Aber ja, du hast recht, sei nur nicht streng mit dem armen Mann; schlag ihn ja nicht; er

## Der Goldkäfer

kann Schläge nicht ertragen. Aber kannst du dir denn gar nicht denken, was diese Krankheit oder vielmehr diese Veränderung in seinem Benehmen verursacht hat? Ist ihm denn, seit ich ihn zuletzt gesehen, irgend etwas Mißliches zugestoßen?"

„Nein, Massa, nichts Schlimmes seit damals – ich fürchten, es vor damals – es war am selben Abend, an dem Sie bei uns gewesen sein."

„Wie? Was meinst du?" – „Nun, Massa, ich meinen den Käfer – das ist's. Den Käfer! Ich sicher wissen, daß Massa Will gebissen worden an Kopf von dem Goldkäfer." – „Und woher willst du das wissen?" – „Krallen genug, Massa, und Maul auch. Ich nie gesehen solch verdammten Käfer; er kratzen und beißen alles, was zu ihm hinkommen. Massa Will ihn rasch gefangen und mächtig rasch ihn wieder laufen lassen; da muß Massa Will Biß bekommen haben. Ich nicht mochte Käfer anfassen mit mein Finger, hab' ihn gefangen mit ein Stück Papier, das ich hab' gefunden. Ich ihn hab' gewickelt in das Papier und ihm davon gesteckt ein Stück in das Maul – das war recht." – „Und du glaubst also, dein Herr sei wirklich von dem Käfer gebissen und infolge des Bisses krank geworden?" – „Ich gar nix glauben, ich es wissen. Warum träumen er so viel von Gold, wenn ihn nicht gebissen der Goldkäfer? Ich schon oft gehört von Goldkäfer!" „Wie weißt du denn, daß er von Gold träumt?" – „Wie ich es wissen? Er immer sprechen davon in sein Schlaf. So ich es wissen." – „Nun, Jup, vielleicht hast du recht, aber welch glücklichem Umstand verdanke ich die Ehre deines Besuches?" – „Was Massa meinen?" – „Hast du mir von Herrn Legrand irgend etwas auszurichten?" – „Nein, Massa, ich bringen bloß diesen Brief." Hier überreichte mir Jupiter ein Billet folgenden Inhalts:

*Mein Lieber!*
*Wie kommt es, daß wir uns so lange nicht mehr gesehen haben? Hoffentlich haben Sie mir mein zerstreutes Wesen bei unserem letzten Zusammensein nicht übelgenommen. Ich glaube es wenigstens nicht. Seit Ihrem letzten Hiersein hatte ich oftmals Grund, unruhig zu sein. Ich habe Ihnen etwas zu sagen und weiß doch kaum wie, ja, ob ich es überhaupt sagen soll.*

*Ich befinde mich schon seit ein paar Tagen nicht ganz wohl, und der arme alte Jupiter plagt mich ganz unerträglich mit seiner wohlgemeinten Beaufsichtigung. Würden Sie es für möglich halten – er hatte sich neulich einen dicken Stock geschnitten, mit dem er mich züchtigen wollte, weil ich ohne ihn den ganzen Tag allein auf dem Festland in den Bergen umhergestreift war. Ich glaube, nur meinem jämmerlichen Aussehen habe ich es zu verdanken, daß ich ohne Prügel davonkam.*

*Meine Sammlung hat sich seit unserem letzten Zusammensein nicht vergrößert.*

## DER GOLDKÄFER

*Wenn es Ihnen irgendwie möglich ist, so kommen Sie mit Jupiter herüber. Bitte, kommen Sie doch! Ich möchte Sie noch heute abend in einer wichtigen Angelegenheit sprechen. Ich versichere Sie, daß das, was ich Ihnen mitteilen will, von außerordentlicher Wichtigkeit ist.*

*Ganz der Ihrige*
*William Legrand.*

In dem Ton dieses Briefes lag etwas, das mich unruhig machte. Ich erkannte Legrands gewohnten Stil absolut nicht wieder. Worüber mochte er nur wieder nachgrübeln? Welche neue Grille spukte in seinem leicht erregbaren Hirn? Was konnte das für eine „außerordentlich wichtige" Angelegenheit sein, die er mit mir besprechen wollte? Jupiters Bericht ließ auf nichts Gutes schließen. Ich fürchtete schon, das andauernde Mißgeschick hätte meinen Freund um den letzten Rest seines Verstandes gebracht. Ohne einen Augenblick zu zögern, machte ich mich bereit, dem Neger zu folgen.

Als wir das Ufer erreichten, bemerkte ich auf dem Boden des Kahnes, den wir besteigen mußten, eine Sense und drei Spaten, alles dem Anschein nach ganz neu. „Was soll das, Jup?" fragte ich. „Die Sense, Massa, und die Spaten?" – „Ja, was tun die hier?" – „Die Sense und die Spaten ich haben gekauft in der Stadt für Massa Will und haben geben müssen dafür verteufelt viel Geld."

## DER GOLDKÄFER

„Aber so sag mir doch im Namen alles Geheimnisvollen, was denn dein Massa Will mit den Spaten und der Sense vorhat?"

„Das sein mehr, als ich weiß, und der Teufel soll mich holen, wenn Massa Will es selbst wissen. Aber alles gekommen von dem Käfer."

Da ich sah, daß aus dem Alten nichts herauszubringen war, stieg ich ins Boot und zog das Segel auf. Mit günstigem, starkem Wind liefen wir bald in die kleine Bucht nördlich vom Fort Moultrie ein und erreichten von dort zu Fuß in zwei Meilen Entfernung die Hütte. Es war ungefähr drei Uhr nachmittags, als wir ankamen. Legrand hatte uns mit verzehrender Ungeduld erwartet. Er ergriff meine Hand mit einem nervösen Eifer, der mich beunruhigte und meine Meinung über seinen Gesundheitszustand nur bestärkte. Eine geisterhafte Blässe lag über seinen Zügen, und seine tiefliegenden Augen sprühten in unnatürlichem Glanz. Nachdem ich mich nach seinem Befinden erkundigt hatte, fragte ich, da ich nichts Besseres zu sagen wußte, ob er den Käfer schon von Leutnant G. zurückerhalten habe.

„O ja", antwortete er, und ein heftiges Rot stieg in sein Gesicht. „Ich bekam ihn am folgenden Morgen zurück. Von diesem Käfer würde ich mich niemals wieder trennen. Wissen Sie auch, daß Jupiter mit seiner Ansicht vollkommen recht hatte?"

## Der Goldkäfer

„Mit welcher Ansicht?" fragte ich, von traurigen Ahnungen erfüllt. „Daß der Käfer von wirklichem Gold sei", entgegnete er mir mit solch tiefem, ernstem Ton, daß mir unaussprechlich bange dabei wurde. „Dieser Käfer wird mich zum reichen Mann machen", fuhr er mit triumphierendem Lächeln fort, „er wird mir wieder zu den Besitzungen meiner Familie verhelfen. Ist es also zu verwundern, daß ich ihn so hoch schätze? Ich brauche ihn bloß richtig anzuwenden, um all das Gold, das er andeutet, zu bekommen. Jupiter, geh und hole den Käfer."

„Was? Den Käfer, Massa? Will nix haben zu tun mit dem Käfer, Massa müssen ihn holen selbst." Darauf stand Legrand ernst und würdevoll auf und brachte den Käfer, den er in einen Glasbehälter eingeschlossen gehalten hatte. Es war ein wundervolles Insekt, zu jener Zeit in der Naturgeschichte noch unbekannt und deshalb vom wissenschaftlichen Standpunkt aus von hohem Werte. An dem einen Ende des Rückens befanden sich zwei runde Flecken, am entgegengesetzten ein länglicher. Die Flügeldecken waren ungemein hart und glänzend und glichen brüniertem Gold. Das Insekt hatte ein ganz beträchtliches Gewicht, und als ich alle diese Umstände erwog, mußte ich mir sagen, daß Jupiters Ansicht nur zu erklärlich sei; wie jedoch Legrand dazu kam, dieselbe zu teilen, war mir absolut unverständlich. „Ich habe zu Ihnen geschickt", fuhr er, als ich den Käfer genügend betrachtet, in stolzer Beredsamkeit fort, „um Sie um Ihren Rat und Beistand zu bitten, wenn ich dem Wink des Schicksals und dem des Käfers folge ..."

„Mein lieber Legrand", unterbrach ich ihn rasch, „Sie fühlen sich gewiß unwohl und täten besser daran, sich ein wenig zu schonen. Legen Sie sich zu Bett; ich werde ein paar Tage bei Ihnen bleiben, bis Sie wieder hergestellt sind. Sie fiebern ja und ..."

„Fühlen Sie mir doch nur einmal den Puls", sagte er. Ich tat es und fand wirklich keine Spur von Fieber. „Aber Sie können auch ohne Fieber krank sein. Erlauben Sie mir doch, Ihnen etwas zu verschreiben. Fürs erste, legen Sie sich zu Bett. Dann wollen wir ..."

„Sie irren sich", fiel er mir ins Wort. „Ich befinde mich so wohl, wie es bei der Aufregung, unter der ich leide, nur möglich ist. Wenn Sie mir wirklich wohlwollen, so befreien Sie mich von der Aufregung."

„Und wodurch könnte ich es?" – „Durch eine Kleinigkeit. Jupiter und ich wollen einen Ausflug in die Berge auf dem Festland unternehmen und bedürfen dabei der Hilfe einer Person, der wir vertrauen können. Sie sind der einzige, zu dem ich Zutrauen habe. Und ob unsere Bemühungen erfolgreich sein werden oder nicht, jedenfalls würde sich die Aufregung, die Sie jetzt an mir bemerken, legen."

## Der Goldkäfer

„Es soll mir eine Freude sein, Ihnen jeden Gefallen zu erweisen" erwiderte ich, „aber wollen Sie vielleicht sagen, daß jener unglückselige Käfer mit dem Ausflug in die Berge in irgendeiner Verbindung steht?"

„Allerdings!" – „Dann muß ich Ihnen leider erklären, Legrand, daß ich mit einer solch absurden Geschichte nichts zu tun haben will!" – „Das tut mir leid – sehr leid, denn so müssen wir die Sache allein ausführen." – „Allein ausführen!" dachte ich, „der Mann ist ganz von Sinnen." – „Wie lange wird wohl Ihre Abwesenheit dauern?" fragte ich dann. „Wahrscheinlich die ganze Nacht. Wir werden sogleich aufbrechen und unter allen Umständen bei Sonnenaufgang wieder zurück sein." – „Und wollen Sie mir auf Ihr Ehrenwort versprechen, daß Sie, wenn Sie diese Grille befriedigt und die ganze Käferaffäre erledigt haben, nach Hause zurückkehren und meinem Rat als dem eines Arztes unbedingt Folge leisten werden?"

„Ja, ich verspreche es; aber nun wollen wir aufbrechen und keine Minute Zeit verlieren." Mit schwerem Herzen entschloß ich mich, meinen Freund zu begleiten. Es mochte gegen vier Uhr sein, als wir uns auf den Weg machten, Legrand, Jupiter, der Hund und ich. Jupiter führte die Sense und die beiden Spaten mit und bestand darauf, alles allein zu tragen, allerdings, wie mir schien, mehr aus

Furcht, sein Herr könne mit den Werkzeugen irgendein Unheil anrichten, als aus einem Übermaß von Fleiß und Gefälligkeit. Er sah im höchsten Grade bissig aus, und auf dem ganzen Wege kam kein anderes Wort über seine Lippen als hin und wieder der Fluch: „Der verdammte Käfer!" Ich selbst trug ein paar Blendlaternen, während sich Legrand nur mit dem Käfer beschäftigte, den er an das Ende einer Peitschenschnur gebunden hatte und mit der Miene eines Beschwörers hin und her drehte. Als ich diesen letzten klaren Beweis von der Geistesverwirrung meines Freundes erhielt, konnte ich mich der Tränen fast nicht mehr erwehren.

Ich hielt es jedoch für das beste, einstweilen auf seine Ideen einzugehen, bis sich mir Gelegenheit bot, energischere Maßregeln anzuwenden. Mittlerweile versuchte ich, jedoch vergebens, ihm den Zweck dieses Ausfluges zu entlocken. Nachdem es ihm einmal gelungen war, mich zum Mitgehen zu bewegen, schien er nicht geneigt, über irgendeinen unwichtigeren Gegenstand zu reden und antwortete auf alle meine Fragen nur mit den Worten: „Werden schon sehen."

Am oberen Ende der Insel setzten wir in einem Kahne über die Bucht, erkletterten das hohe Ufer des Festlandes und schritten in nordwestlicher Richtung durch eine ungemein wilde und öde Gegend weiter, in der auch nicht eine einzige menschliche Fußspur zu entdecken war. Legrand führte uns mit Sicherheit und blieb nur dann und wann einen Augenblick stehen, um nach Wegzeichen zu spähen, die er offenbar selbst bei einem seiner früheren Ausflüge gemacht hatte.

Wir waren ungefähr zwei Stunden vorangeschritten, und die Sonne neigte sich schon dem Untergang zu, als wir in eine Gegend gelangten, wie ich sie trauriger und trüber noch nie gesehen hatte. Es war eine Art Tafelland, nahe dem Gipfel eines anscheinend unzugänglichen Berges, der vom Fuß bis zur Spitze bewaldet und mit riesigen Felsblöcken dicht besät war, die lose umherzuliegen schienen und manchmal nur deshalb nicht in die Tiefe hinabrollten, weil sie zufälligerweise gegen einen Baum lehnten. Wilde Schluchten, die den Berg nach allen Seiten hin durchfurchten, erhöhten noch die starre Feierlichkeit der Landschaft.

Die natürliche Plattform, die wir mit vieler Mühe erklommen, war so dicht mit Brombeergebüsch bewachsen, daß wir uns nur mit Hilfe der Sense einen Weg hindurch bahnen konnten. Jupiter ging voran und ebnete uns nach Anweisung seines Herrn den Pfad zu einem ungeheuer hohen Tulpenbaum, der mit acht oder zehn Eichen auf einer ebenen Fläche stand und sie alle, sowie alle anderen Bäume, die ich je in meinem Leben gesehen, an Schönheit seines Laubwerks, Majestät der Form und Ausdehnung seiner Zweige bei weitem übertraf. Als wir an diesem Baum angekommen, wandte sich Legrand an Jupiter und fragte, ob er sich traue hinaufzuklimmen? Den alten Mann schien diese Frage etwas zu befremden, denn es verstrichen einige Augenblicke, ehe er antwortete. Endlich näherte er sich dem ungeheueren Stamm, ging langsam um ihn herum und prüfte ihn aufs eingehendste. Als er damit fertig war, sagte er bloß:

„Ja, Massa, Jup klettern auf jeden Baum, den er sehen in sein Leben." – „Dann hinauf mit dir, so schnell wie möglich; es wird sowieso bald zu dunkel sein für unsere Angelegenheit." – „Wie weit ich müssen herauf?" fragte Jup. „Klettere zuerst den Hauptstamm hinauf, dann will ich dir sagen, welche Richtung du einschlagen sollst und hier – warte – nimm den Käfer mit!"

„Den Käfer, Massa Will? – Den Goldkäfer?" rief der Neger und wich entsetzt zurück. „Warum müssen der Käfer auf den Baum? Will sein verdammt, wenn ich das tuen!"

„Wenn Du zu bange bist, Jup, Du großer, starker Neger, einen harmlosen, toten, kleinen Käfer in die Hand zu nehmen, dann kannst du ihn ja an der Schnur halten. Wenn du ihn aber auch dann nicht mitnehmen willst, bleibt mir nichts anderes übrig, als dir mit dieser Schaufel den Schädel einzuschlagen."

## DER GOLDKÄFER

„Was denn zornig, Massa?" sagte nun Jupiter, offenbar beschämt und willens, zu gehorchen. „Massa immer müssen zanken mit alten Neger. Jup haben gemacht Spaß. Jup nicht fürchten Käfer. Jup nicht scheren um Käfer." Und vorsichtig nahm er das äußerste Ende der Schnur in die Hand, hielt das Insekt, soweit es nur die Umstände gestatteten, von seinem Körper entfernt, und machte sich bereit, den Baum zu erklettern.

Der Tulpenbaum, Liriodendron tulipiferum, der schönste aller amerikanischen Bäume, hat, wenn er noch jung ist, einen eigentümlich glatten Stamm, von dem sich die Seitenäste erst in ziemlicher Höhe abzweigen. Wird er älter, so wird seine Rinde uneben und rauh, und viele kleine Ästchen schießen aus dem Stamm hervor. Seine Ersteigung bietet dann eigentlich eine mehr scheinbare als wirkliche Schwierigkeit. Jupiter klammerte sich mit seinen Armen und Knien möglichst fest an den ungeheueren Zylinder, ergriff mit den Händen die Vorsprünge, ließ dann und wann seine nackten Zehen auf einigen anderen ausruhen, zog sich so bis zur ersten Gabel hinauf und schien nun seine Aufgabe in der Hauptsache für vollendet zu halten. Das Gefährlichste hatte er in der Tat auch überstanden, obschon der Kletterer einige sechzig oder siebzig Fuß über dem Boden schwebte.

„Welchen Weg müssen ich gehen, Massa Will?"

fragte er. „Den größten Ast hinauf, an dieser Seite!" rief ihm Legrand zu. Der Neger vollführte den Befehl anscheinend ohne allzu große Anstrengung. Er stieg höher und höher, bis man keinen Zoll seiner zusammengekauerten Gestalt durch das dichte Laubwerk mehr erblicken konnte. Nach einer kurzen Zeit vernahmen wir ein kurzes „Hallo!" von ihm.

„Wie weit müssen ich noch gehen?" – „Wie hoch bist du?" fragte Legrand zurück. „Ganz, ganz hoch!" rief der Neger herunter, „kann sehen die Himmel von die Spitze von der Baum." – „Laß den Himmel zufrieden und tue, was ich dir sage. Blicke einmal den Baum entlang nach unten und zähle die Äste, die du unter dir hast. Über wie viele bist du geklettert?"

„Eins, zwei, drei, vier, fünf – ich geklettert über fünf große Äste an diese Seite." – „So klettere noch einen Ast höher." Nach einigen Minuten hörten wir die Stimme abermals, die uns meldete, daß der siebente Ast erreicht sei. „Und nun, Jup", schrie Legrand, offenbar in höchster Erregung, „mußt du auf diesen Ast hinausklettern so weit du nur kannst, und sobald du etwas Seltsames siehst, laß es mich wissen."

Hatte ich bis jetzt noch etwa gezweifelt, daß mein armer Freund wirklich wahnsinnig sei, so mußte mich sein Benehmen in diesen letzten Augen-

## Der Goldkäfer

blicken vollständig davon überzeugen. Ich dachte mit Schrecken daran, was ich anfangen sollte, um ihn in seine Hütte zurückzuführen, als ich Jupiters Stimme von neuem vernahm.

„Jup fürchten, weit herauszuklettern auf diesen Ast, ist tot, ganz tot." – „Sagtest du, der Ast ist tot?" fragte Legrand mit zitternder Stimme. „Ja, Massa tot wie ein Türnagel, ganz tot, nie mehr wachsen in sein Leben!" – „Was um Himmels willen soll ich tun?" fragte Legrand, anscheinend in größter Verlegenheit. „Was Sie tun sollen?" rief ich, froh darüber, endlich einen Rat anzubringen. „Lassen Sie uns nach Hause gehen, damit Sie sich zu Bett legen können. Kommen Sie, Sie sind doch ein vernünftiger Mensch! Es wird spät, und überdies erinnern Sie sich an Ihr Versprechen."

„Jupiter", schrie er, ohne sich im geringsten um meine Worte zu kümmern, „verstehst du mich?" – „Ja, Massa, ich verstehen ganz deutlich." – „So prüfe das Holz mit deinem Messer genau und sieh zu, ob es sehr verfault ist." – „Holz verfault, Massa, gewiß verfault", erwiderte der Neger nach einigen Augenblicken, „aber doch nicht ganz verfault – will allein hinausklettern auf den Ast."

„Allein? Was soll das heißen?" – „Nun, Jup meinen den Käfer, den schweren Käfer. Will ihn herunterfallen lassen, dann wird Ast nicht brechen mit alten Neger." – „Du höllischer Schurke", schrie

Legrand, augenscheinlich höchst erleichtert, „was soll dieser Unsinn bedeuten? Wenn du den Käfer fallenläßt, breche ich dir das Genick. Schau her, Jupiter, hörst du mich?"

„Ja, Massa brauchen nicht so zu schreien über armen Neger." – „Also hör zu. Wenn du auf den Ast hinauskletterst, soweit du eben glaubst, daß er dich trägt, so schenke ich dir einen Silberdollar, sobald du wieder herunterkommst."

„Ich tun es, Massa Will", antwortete der Neger prompt – „bin jetzt ganz am Ende." – „Ganz am Ende?" schrie hier Legrand aus Leibeskräften. „Sagst du die Wahrheit? Bist du ganz am Ende?" – „Jetzt am Ende, Massa – o – o – o – o – meine Güte, was ist das da auf dem Baum?" – „Nun", rief Legrand, wie freudig erschrocken, „was ist es?" – „Nix als ein Schädel, Massa, hat einer Kopf gelassen auf dem Baum, haben Krähen alles Fleisch abgebissen von." – „Ein Schädel, sagst du? Sehr gut, wie ist er an dem Zweige befestigt? Was hält ihn fest?" – „Jupiter müssen nachsehen – das sein aber kurios, sehr kurios, wahrhaftig! Großer Nagel sein in Schädel und halten es fest an die Ast."

„Nun paß auf, Jupiter, und tue alles genau so, wie ich es dir sage. Hörst du?" – „Jawohl, Massa." – „Also, such das linke Auge des Schädels." – „Hu hu! Das sein gut! Aber da sein nicht mehr Auge." – „Verfluchter Dummkopf, weißt du denn nicht, was rechts und links ist?" – "Ja, Jupiter das wissen – wissen das alles – Jupiter hauen Holz mit seine linke Hand." "Ganz recht, du arbeitest linkshändig; dein linkes Auge ist auf derselben Seite, wie deine linke Hand. Nun wirst du auch das linke Auge des Schädels finden oder wenigstens die Stelle, wo es gewesen ist. Hast du es gefunden?" Hier trat eine lange Pause ein. Endlich fragte der Neger: "Ist linkes Auge auf die Seite wie linke Hand von Schädel? Jupiter fragen, weil Schädel hat kein Stück von einer Hand. Aber tut nix, hab jetzt gefunden linkes Auge; hier ist linkes Auge; was müssen Jupiter tun damit?"

"Laß den Käfer durch die Höhlung hinabfallen, so weit die Schnur reicht – aber gib Obacht und laß nicht etwa die Schnur selbst fallen."

"Alles getan, Massa Will. Mächtig leichtes Ding, Käfer durch das Loch stecken. Sehen ihn schon unten!" Während dieses Zwiegespräches war von Jupiters Person nicht das Geringste zu sehen gewesen; doch der Käfer, den er an der Schnur herabgelassen hatte, wurde nun sichtbar und schimmerte in den letzten Strahlen der untergehenden Sonne wie eine kleine Kugel brünierten Goldes. Er hing ganz frei und wäre, wenn man losgelassen hätte, dicht vor unseren Füßen niedergefallen.

Legrand ergriff nun unverzüglich die Sense und mähte damit einen Kreis von drei bis vier Ellen im Durchmesser, gerade unter dem Insekt, frei. Dann befahl er dem Neger, die Schnur fallenzulassen und von dem Baum herabzukommen.

Mein Freund schlug nun mit großer Sorgfalt, genau an der Stelle, auf welche der Käfer niedergefallen war, einen Pflock in den Boden und zog ein Maß aus Zwirnband aus seiner Tasche. Eines der Enden des Maßes befestigte er an dem Punkt des Stammes, der dem Pflock am nächsten war und entfaltete es dann so lange, bis es an den Pflock reichte, und vom Pflock ab in der durch Baum und Pflock nun einmal angezeichneten Richtung noch etwa fünfzig Fuß weiter – Jupiter mußte das dabei im Wege stehende Brombeergebüsch abmähen. An dem so erreichten Ort wurde ein zweiter Pflock in die Erde geschlagen, und um diesen als Mittelpunkt ein roher Kreis von ungefähr vier Fuß Durchmesser gezogen. Legrand ergriff nun selbst einen Spaten, gab Jupiter und mir ebenfalls einen in die Hand und bat uns, so rasch wie nur möglich zu graben.

Ich habe nie in meinem Leben Vergnügen an dergleichen Arbeiten gehabt, und hätte in diesem Augenblick ganz besonders gern auf sie verzichtet, denn die Nacht kam heran, und ich war von den voraufgegangenen Anstrengungen ziemlich müde geworden. Doch fand ich keine Ausrede und fürchtete, meinen armen Freund durch eine einfache Weigerung in unnötige Aufregung zu versetzen. Hätte ich mich auf Jupiter verlassen können, so hät-

## Der Goldkäfer

te ich keinen Augenblick gezögert, den Irrsinnigen mit Gewalt nach Hause zu bringen, doch kannte ich den alten Neger zu gut, um hoffen zu dürfen, daß er mir unter irgendwelchen Umständen gegen seinen Herrn beistehen werde. Ich zweifelte keinen Augenblick mehr, daß Legrand, wie so viele Südländer, dem Aberglauben an vergrabenes Gold zum Opfer gefallen, und daß er durch den gefundenen unbekannten Käfer oder vielleicht durch Jupiters hartnäckige Behauptung, derselbe sei von wirklichem Gold, in seiner fixen Idee bestärkt worden war. Ein an sich schon zu Phantastereien neigender Mensch konnte durch solche Vorstellungen nur zu leicht noch mehr verwirrt werden, besonders, wenn diese Vorstellungen mit seinen früheren Lieblingsideen in Einklang standen. Überdies erinnerte ich mich der Worte des armen Kerls, der Käfer bedeute großen Reichtum. Im großen Ganzen war ich sehr verstimmt und ärgerlich, doch beschloß ich zum Schluß, aus der Not eine Tugend zu machen und aus vollen Kräften zu graben, um dem Irren recht bald durch den Augenschein zu beweisen, wie töricht seine Hoffnungen gewesen. Wir zündeten die Laternen an und begannen mit einem Eifer zu arbeiten, der einer vernünftigeren Sache wert gewesen wäre. Als der Schimmer der Laternen auf uns und unsere Werkzeuge fiel, drängte sich mir der Gedanke auf, welch malerische Gruppe wir bildeten und wie seltsam und verdächtig unsere Arbeit jedem Menschen erscheinen mußte, der uns vielleicht zufällig gewahrte.

Wir gruben ohne Unterbrechung zwei Stunden lang; gesprochen wurde wenig, denn wir hatten genug zu tun, um dem Gebell des Hundes, den unsere Arbeit außerordentlich zu interessieren schien, durch häufige Zurufe ein Ende zu machen. Zum Schluß bellte das aufgeregte Tier jedoch so ungestüm, daß wir fürchten mußten, die Aufmerksamkeit etwaiger später Wanderer zu erregen oder vielmehr Legrand fürchtete es; *mir* wäre jede Störung nur angenehm gewesen. Endlich machte Jupiter dem Lärm ein Ende, indem er mit verbissener Entschlossenheit aus der Grube herausstieg, dem Tier mit einem seiner Hosenträger das Maul zuband und mit zufriedenem Grinsen wieder an seine Arbeit ging.

Nach Verlauf von zwei Stunden hatten wir eine Tiefe von fünf Fuß erreicht, ohne daß das geringste Anzeichen eines vergrabenen Schatzes zutage gekommen wäre. Wir machten alle eine Pause, und schon gab ich der Hoffnung Raum, daß sich die Komödie ihrem Ende nähere.

Legrand jedoch wischte sich, obgleich ein wenig irre gemacht, die Stirn ab und begann von neuem zu graben. Wir hatten den ganzen, vier Fuß im Durchmesser großen Kreis ausgegraben und gruben nun ein wenig über die Grenze hinaus und noch zwei

Fuß tiefer. Der Goldsucher, den ich eigentlich herzlich bemitleidete, kletterte endlich aus der Grube heraus. Bitterste Enttäuschung malte sich in all seinen Zügen, und zögernd und widerwillig zog er seinen Überrock, den er zur Arbeit ausgezogen hatte, wieder an. Ich enthielt mich aller Bemerkungen, Jupiter aber begann auf ein Zeichen seines Herrn die Gerätschaften zusammenzupacken. Als dies geschehen und der Hund seiner Fesseln entledigt worden war, machten wir uns in tiefer Stille auf, nach Hause zugehen. Wir hatten etwa zwölf Schritte gemacht, als Legrand mit einem lauten Fluch auf Jupiter zustürzte und ihn am Kragen packte. Der erstaunte Neger riß Augen und Mund auf, so weit er nur konnte, ließ die Spaten fallen und sank auf die Knie.

„Du Schuft", schrie Legrand und zischte die Silben zwischen den zusammengepreßten Zähnen hervor – „Du infernalischer schwarzer Hund – sprich, sage ich Dir, antworte mir im Augenblick und ohne Umschweife, welches – welches ist Dein linkes Auge?" – „O lieb gut Massa Will, sein nicht dies gewiß mein linkes Auge?" brüllte der bebende Neger, legte seine Hand auf sein rechtes Sehorgan und ließ sie mit solch verzweifelter Hartnäckigkeit auf demselben liegen, als fürchte er, sein Herr werde es ihm im Augenblick ausreißen.

„Dacht' ich's doch! Wußt' ich's doch – hurra!" schrie Legrand, ließ den Neger los und führte zum

## Der Goldkäfer

Erstaunen des Dieners eine Reihe von Courbetten und Pirouetten aus, während Jupiter sich von seinen Knien erhob und stumm von seinem Herrn auf mich und von mir auf seinen Herrn blickte.

„Kommen Sie, wir müssen zurückgehen", sagte dieser endlich, „das Spiel ist noch nicht aus", und schritt wieder auf den Tulpenbaum zu. „Jupiter", rief er, als wir an seinem Fuß angekommen, „komm her. War der Schädel mit dem Gesicht nach außen oder in das Laubwerk hinein angenagelt?"

„Gesicht nach außen, Massa, daß Krähen konnten ohne Mühe an die Augen." – „Gut! Hast du nun den Käfer durch dieses oder dieses Auge herabfallen lassen?" Hier berührte Legrand jedes von Jupiters Augen. „Durch dies Auge, das linke Auge, genau wie Massa haben gesagt", beeilte sich Jupiter zu antworten und legte die Hand auf sein rechtes Auge.

Jetzt entfernte mein Freund, in dessen Irrsinn ich nun eine Methode zu entdecken glaubte, den Pflock, der die Stelle bezeichnete, an welcher der Käfer heruntergefallen war und schlug ihn etwa drei Zoll weiter westlich wieder ein. Dann führte er das Maßband vom nächsten Punkt des Stammes wieder an den Pflock, und von dort in gerader Richtung fünfzig Fuß weiter bis an einen Punkt, der von dem ersten, an dem wir gegraben hatten, mehrere Ellen entfernt war.

## DER GOLDKÄFER

Um diesen Punkt beschrieb er nun einen etwas größeren Kreis als den vorherigen und ermunterte uns, von neuem tapfer zu graben. Ich war entsetzlich müde, und dennoch fühlte ich zu meinem eigenen Erstaunen keinen Widerwillen mehr gegen die mir aufgedrängte Arbeit.

Unerklärlicherweise hatte ich plötzlich Interesse für die Sache bekommen, ja, ich fühlte mich von einer mir selbst unerklärlichen Aufregung ergriffen. Vielleicht lag in dem extravaganten Wesen Legrands etwas, das Eindruck auf mich machte. Ich grub mit Eifer darauf los und ertappte mich hin und wieder dabei, wie ich mit einem Gefühl, das der Erwartung sehr ähnlich sah, nach dem eingebildeten Schatz spähte, der meinem Freund den Verstand geraubt hatte. Als wir ungefähr anderthalb Stunden gegraben hatten und mich solch unbestimmte Gedanken gerade besonders stark beschäftigten, wurden wir durch das heftige Heulen unseres Hundes in unserem Schweigen unterbrochen. Seine frühere Lebhaftigkeit war offenbar nur Übermut und Tollheit gewesen, diesmal jedoch klang sein Gebell aufgeregt und wütend. Als Jupiter abermals den Versuch machte, ihm das Maul zu verbinden, leistete er verzweifelten Widerstand, sprang in das Loch und kratzte mit größter Heftigkeit die Erde zur Seite. In wenigen Sekunden hatte er eine Menge menschlicher Gebeine bloßgelegt, die sich zu zwei vollständigen Skeletten zusammensetzen ließen, und zwischen denen verschiedene Metallknöpfe, sowie Flocken, die wie vermoderte Wolle aussahen, verstreut lagen. Ein oder zwei Spatenstiche förderten die Klinge eines großen spanischen Messers zutage, ein paar weitere drei oder vier Gold- und Silbermünzen.

Beim Anblick derselben bemächtigte sich Jupiters eine kaum zu bezähmende Freude, während sich in den Zügen seines Herrn äußerste Enttäuschung malte. Dennoch drängte er uns, mit der Arbeit fortzufahren, und hatte kaum ausgeredet, als ich stolperte und nach vorwärts fiel, weil ich mit meiner Stiefelspitze in einen großen Eisenring geraten war, der noch halb begraben im Boden lag. Nun arbeiteten wir mit verdoppeltem Eifer weiter – niemals in meinem Leben durchlebte ich aufregendere zehn Minuten. Nach Verlauf dieser Zeit war es uns gelungen, eine längliche hölzerne Kiste freizumachen, die nach ihrer vollkommenen Erhaltung und wunderbaren Härte zu schließen, einem chemischen Prozeß, vielleicht einer Behandlung durch Bichlorid und Quecksilber, unterworfen worden war. Die Kiste war drei und einen halben Fuß lang, drei Fuß breit und zwei und einen halben Fuß hoch. Sie war durch Bänder aus Schmiedeeisen, die sie wie ein Gitter ganz umgaben, wohl verschlossen. An jeder Seite der Kiste, ziemlich hoch oben, befanden sich drei Ringe – im ganzen sechs –, so daß sechs Personen sie mit Leichtigkeit aus der Grube herausheben konnten. Unseren vereinigten äußersten Anstrengungen gelang es jedoch nur, die Kiste ein ganz klein wenig von der Stelle zu rücken, und wir sahen ein, daß es ganz unmöglich sei, eine so ungeheure Last weiterzubewegen.

Glücklicherweise bemerkten wir jedoch, daß der Deckel nur durch zwei verschiebbare Bolzen befestigt war. Vor Aufregung bebend und keuchend schoben wir sie zurück. Einen Augenblick später glitzerte uns ein Schatz von unberechenbarem Werte entgegen. Als die Strahlen der Laterne in die Grube fielen, blitzte und glühte es von Gold und Juwelen, so daß wir vollständig geblendet wurden.

Ich will nicht versuchen, die Gefühle, mit denen ich den Schatz anstarrte, zu beschreiben. Zuerst wurde ich mir eines endlosen Erstaunens bewußt. Legrand schien vor Erregung ganz erschöpft und sprach nur sehr wenig. Jupiter war so bleich geworden, wie es einem Neger überhaupt nur möglich ist. Er stand ganz entgeistert da wie vom Donner gerührt. Dann sank er in der Grube auf die Knie, begrub seine beiden Arme bis an die Ellbogen in dem Gold und ließ sie darin ruhen, als wolle er die Wollust eines solchen Bades ganz auskosten. Endlich rief er, tief aufseufzend, als rede er nur mit sich selbst:

## Der Goldkäfer

„Und alles sein gekommen von Goldkäfer! Der hübschen Goldkäfer! Der armen, kleinen Goldkäfer! Ich sein gewesen grausam zu armen, kleinen Goldkäfer. Schämen du dich nicht vor dich selbst, Nigger? Sag mich das!" Da kam mir plötzlich der Gedanke, daß ich Herrn und Diener antreiben müsse, an die Bergung des Schatzes zu denken. Es wurde spät, und wir mußten alles aufbieten, um die Kostbarkeiten vor Tagesanbruch auf die Insel zu schaffen. Wie dies jedoch zu bewerkstelligen sei, war schwer zu sagen, und wir verloren mit dem Überlegen viel Zeit, denn wir waren alle ziemlich aufgeregt und verwirrt. Endlich erleichterten wir die Kiste, indem wir zwei Drittel ihres Inhaltes herausnahmen und konnten sie nun mit einiger Mühe aus dem Loch herausheben. Die herausgenommenen Gegenstände verbargen wir unter den Brombeersträuchern und ließen sie unter der Obhut des Hundes zurück, dem Jupiter strengsten Befehl gegeben hatte, sich nicht von der Stelle zu rühren, noch einen Laut von sich zu geben. Nun hasteten wir mit der Kiste nach Hause und kamen nach unsäglichen Mühen dort gegen ein Uhr morgens an. Wir waren jedoch zu erschöpft, um sogleich wieder an die Arbeit zu gehen, ruhten uns bis zwei Uhr aus, stärkten uns an einem kleinen Abendessen und brachen dann wieder nach dem Festland hin auf. Drei starke Säcke, die wir zum Glück in der

Vorratskammer vorgefunden hatten, nahmen wir mit. Ein paar Minuten vor vier Uhr langten wir an der Grube an, teilten den Rest des Fundes gleichmäßig unter uns, füllten die Löcher erst gar nicht wieder auf, sondern traten den Heimweg nach der Hütte an, in der wir unsere goldene Bürde gerade in dem Augenblick niederlegten, als die ersten schwachen Morgenschimmer durch die Baumwipfel drangen.

Jetzt waren wir vollständig erschöpft; doch ließ uns die heftige Aufregung nicht lange ruhen. Nach einem unruhigen drei- oder vierstündigen Schlaf erhoben wir uns wie auf Verabredung wieder und begannen, den Schatz zu untersuchen.

Die Kiste war bis zum Rand gefüllt gewesen, und wir brachten den ganzen Tag und auch den größten Teil des folgenden noch damit zu, ihren Inhalt in Augenschein zu nehmen. Es lag alles bunt durcheinander; von Ordnung oder System beim Einpacken war keine Rede gewesen.

Nachdem wir alles sorgfältig sortiert hatten, sahen wir erst, daß wir im Besitz eines viel größeren Reichtums waren, als wir bisher vermutet. An Münzen waren, wenn wir die Stücke nach dem jetzigen Kurs berechneten, etwa vierhundertfünfzigtausend Dollar vorhanden. Es war nur altes, in den verschiedensten Ländern kursierendes Gold – von französischem, spanischem und deutschem Gepräge, doch fanden wir auch ein paar englische Guineen und ein paar Spielmarken, die wir nie zuvor gesehen. Einige der Münzen waren sehr groß und schwer, jedoch so abgenutzt, daß wir ihre Inschrift nicht mehr erkennen konnten. Amerikanisches Geld war keins vorhanden.

Der Wert der Juwelen war nicht so leicht abzuschätzen. Wir fanden im ganzen einhundertundzehn Diamanten, von denen mancher außerordentlich groß und schön, und keiner unter Mittelgröße war; ferner achtzehn Rubine von bemerkenswertem Feuer, dreihundertundzehn Smaragde von besonderer Schönheit und einundzwanzig Saphire sowie einen Opal. Diese Steine hatte man aus ihren Fassungen gebrochen und lose in die Kiste verstreut. Die Fassungen selbst, die wir unter dem anderen Gold fanden, schienen mit Hämmern zusammengeschlagen worden zu sein, um jedes Wiedererkanntwerden unmöglich zu machen. Überdies fanden wir eine große Menge gut erhaltener Schmucksachen, fast zweihundert massive Ohr- und Fingerringe – wenn ich mich recht erinnere, dreißig schwere Ketten, dreiundachtzig große, durch und durch echte Kruzifixe, fünf goldene Weihrauchfässer von großem Werte – eine riesige goldene Punschbowle, mit prachtvollem getriebenem Rebenlaub und Figuren aus einem Bacchuszug geschmückt, dann zwei wundervoll gearbeitete Degengriffe und noch eine Unzahl kleinerer Gegenstände, deren ich mich nicht mehr recht entsinne. Diese Dinge wogen im ganzen über dreihundertundfünfzig Pfund, ohne eine große Anzahl prächtiger goldener Uhren – es waren hundertsiebenundneunzig, von denen drei wohl jede ihre fünfhundert Dollar wert war. Viele von ihnen waren sehr alt und als Chronometer wohl wertlos, doch waren sie alle reichlich mit Juwelen besetzt und saßen in wertvollen Gehäusen. Wir schätzten den Gesamtinhalt der Kiste in jener Nacht auf ein und eine halbe Million Dollar, doch stellte sich beim späteren Verkauf der Schmucksachen und Juwelen – wir behielten nur einige wenige für uns – heraus, daß wir ihren Wert bedeutend unterschätzt hatten.

Als wir endlich mit unserer Prüfung zu Ende waren und unsere heftige Aufregung sich zu beruhigen begann, bemerkte Legrand wohl, mit welcher Spannung ich der Lösung des ganzen Geheimnisses entgegensah, und begann, mich in alle Einzelheiten desselben einzuweihen. „Sie erinnern sich wohl noch an jenen Abend", sagte er, „an welchem ich Ihnen die flüchtige Skizze des Käfers zeigte, und an meinen Ärger, als Sie fortwährend behaupteten, meine Zeichnung sähe einem Totenkopf ähnlich. Als Sie es zum ersten Male sagten, glaubte ich, Sie wollten einen Scherz machen. Doch erinnerte ich mich bald der sonderbaren Flecken auf dem Rükken des Insekts und mußte zugeben, daß Ihre Bemerkung ein wenig begründet sein konnte. Dennoch kränkte mich der Hohn über meine Fähigkeiten, denn ich gelte im allgemeinen als tüchtiger Zeichner; ich wollte deshalb das Stück Pergament zerknittern und zornig ins Feuer werfen ..."

„Sie meinen das Papierstückchen?" fragte ich. „Nein", fuhr er fort, „der Schnitzel sah nur aus wie Papier und anfänglich hielt ich ihn selbst dafür. Doch als ich auf ihm zeichnete, entdeckte ich, daß er ein Stück außerordentlich dünnen Pergamentes war. Er war, wie Sie sich erinnern werden, ziemlich beschmutzt. In dem Augenblick nun, in dem ich ihn zusammenknitterte, fiel mein Blick auf die Skizze, die Sie eben betrachtet hatten, und Sie können sich mein Staunen vorstellen, als ich die Figur eines Totenkopfes wirklich gerade da erblickte, wo ich, wie mir schien, den Käfer hingezeichnet hatte; Einen Augenblick lang war ich zu bestürzt, um ernstlich nachdenken zu können. Ich wußte, daß meine Zeichnung im Detail von dieser hier merklich abwich – obgleich im allgemeinen Umriß eine Ähnlichkeit nicht zu verkennen war. Ich ergriff darauf eine Kerze, setzte mich in die andere Ecke des Zimmers und begann, das Pergamentstück genauer zu untersuchen. Als ich es umdrehte, bemerkte ich auf der Rückseite meine Skizze, sie war noch genau so, wie ich sie gemacht hatte. Meine erste Empfindung war nur ein Staunen über die wirklich bemerkenswerte Ähnlichkeit des Umrisses – über das sonderbare Zusammentreffen, daß, ohne daß ich es gewußt, auf der anderen Seite des Pergamentes ein Totenschädel stand, der nicht nur im Umriß, sondern auch in der Größe mit meiner Käferzeichnung vollständig übereinstimmte. Also, wie gesagt, das Sonderbare dieses Zusammentreffens verwirrte mich ein paar Minuten lang. So geht es einem ja gewöhnlich in derlei Fällen. Der Geist müht sich ab, einen Zusammenhang, eine Folge von Ursache und Wirkung herauszufinden, und da ihm dies nicht gelingt, erleidet er eine Art vorübergehender Lähmung. Doch als ich mich von meiner Verblüffung langsam wieder erholte, dämmerte in meinem Geist eine Überzeugung auf, die noch viel überraschender war als dies Zusammentreffen. Ich erinnerte mich plötzlich deutlich und gewiß, daß auf dem Pergament, als ich meinen Käfer hinskizzierte, keine Zeichnung gestanden hatte. Dessen war ich vollständig gewiß, denn ich wußte, daß ich das Blatt auf beiden Seiten betrachtet hatte, um die reinste Stelle ausfindig zu machen. Wäre die Zeichnung des Totenkopfes damals schon vorhanden gewesen, ich hätte sie unbedingt sehen müssen. Ich stand also vor einem Geheimnis, das ich mir vergebens zu erklären suchte; aber selbst damals schon glomm in den untersten, verborgensten Kammern meines

Geistes glühwurmgleich eine Erkenntnis jener Wahrheit auf, die das Ereignis der letzten Nacht so glorreich bewiesen hat. Ich stand auf, verschloß das Pergament in ein sicheres Fach und gab alles Nachdenken auf, bis ich allein war.

Als Sie sich verabschiedet hatten und Jupiter fest schlief, fing ich an, die Sache etwas methodischer zu untersuchen. Zuerst sann ich nach, auf welche Weise das Pergamentstück in meinen Besitz gekommen war. Die Stelle, an der wir den Käfer entdeckt hatten, befand sich am Ufer des Festlandes, etwa eine Meile östlich von der Insel und nur wenig über dem Merkzeichen für den höchsten Wasserstand zur Flutzeit. Als ich ihn fing, versetzte er mir einen ziemlich heftigen Biß, so daß ich ihn wieder fallen ließ. Jupiter jedoch suchte mit seiner gewohnten Vorsicht nach einem Blatt oder irgend etwas Ähnlichem, um das Tier, das auf ihn zugeflogen war, damit zu fangen. In dem Augenblick bemerkten wir gleichzeitig jenen Pergamentschnitzel, den ich für ein Stück Papier hielt. Er lag halb im Sand vergraben, nur eine Ecke ragte heraus. An demselben Ort, an dem wir ihn fanden, erblickte ich auch die Überreste eines Schiffsrumpfes, wahrscheinlich eines Langbootes. Jedenfalls hatten sie schon lange Zeit hier gelegen, denn sie waren eigentlich kaum noch als Schiffsholz zu erkennen.

Jupiter hob also das Pergamentstück auf, wickelte den Käfer hinein und überreichte ihn mir in seiner Umhüllung. Bald darauf traten wir den Heimweg an und trafen unterwegs Leutnant G., dem ich den Käfer zeigte. Er bat mich, ihm das Insekt zu leihen, ich willigte ein, und er steckte den Käfer in seine Westentasche, während ich das Stück Pergament in der Hand hielt. Vielleicht fürchtete der Leutnant, ich würde anderen Sinnes werden, und wartete gar nicht ab, bis ich die Beute wieder eingepackt hatte – Sie wissen ja, wie sehr er sich für alles, was Naturgeschichte angeht, interessiert. Mittlerweile muß ich wohl, ganz unbewußt, das Pergamentstückchen wieder eingesteckt haben.

Sie erinnern sich, daß ich, um den Käfer zu zeichnen, auf dem Tisch nach Papier suchte, jedoch keines fand. Ich forschte dann in meinen Taschen nach, in der Hoffnung, einen alten Brief zu finden, und entdeckte das Pergament. Ich erzähle Ihnen dies alles absichtlich so genau, weil mich die sonderbaren Umstände, unter denen ich in den Besitz desselben gelangte, besonders frappierten.

Sie werden mich sicher für einen stark phantastischen Menschen halten, wenn ich Ihnen sage, daß ich mir schon damals eine Art Zusammenhang ausgedacht hatte. Ich hatte zwei wichtige Glieder einer großen Kette miteinander verbunden: an der Seeküste lagen die Überreste eines Bootes und nicht weit von dem Boot ein Stück Pergament – kein Papier –, auf dem ein Schädel gezeichnet war. Sie werden nun natürlich fragen: ‚Wo ist da der Zusammenhang?' Ich antworte Ihnen, daß ein Schädel oder Totenkopf das wohlbekannte Sinnbild der Piraten ist. Sobald es zum Kampf kommt, hissen die Seeräuber die Flagge mit dem Totenkopf.

Ich betonte schon, daß der gefundene Fetzen kein Papier, sondern Pergament war, das dauerhaft, ja, fast unzerstörbar ist. Unwichtige Dinge schreibt man selten auf Pergament, denn es ist zum Schreiben und Zeichnen absolut nicht so gut geeignet wie Papier. Dieser Gedanke ließ mich in dem Totenkopf irgend etwas Bedeutsames erblicken und veranlaßte mich, die Form des ganzen Pergamentstückes näher ins Auge zu fassen. Obgleich eine der Ecken durch irgendeinen Zufall abgerissen worden war, konnte man doch leicht erkennen, daß die ursprüngliche Form des Pergamentes eine längliche gewesen. Ein solcher Streifen mochte sehr wohl gewählt worden sein, um irgendeine merkwürdige Tatsache aufzuzeichnen – oder um zu verhindern, daß irgendein Umstand der Vergessenheit anheimfalle."

„Aber Sie sagen doch", warf ich ein, „daß sich der Schädel nicht auf dem Pergament befand, als Sie den Käfer zeichneten. Wie können Sie dann nur einen Zusammenhang zwischen dem Boot und dem Schädel sehen, da Ihrer eigenen Ansicht nach dieser doch – weiß Gott durch wen – später als der Käfer aufgezeichnet wurde?" – „Ach, sehen Sie, hierum dreht sich eben das ganze Geheimnis, obgleich gerade dieser Punkt nicht schwer zu lösen ist. Ich schloß also: Als ich den Käfer zeichnete, war auf dem Pergament kein Schädel zu sehen. Als ich mit meiner Zeichnung fertig war, überreichte ich Ihnen dieselbe und beobachtete Sie genau, bis Sie mir dieselbe zurückgaben. Sie zeichneten den Schädel auch nicht, und außer uns war niemand zugegen, der es hätte tun können. Die Zeichnung war also nicht von Menschenhänden gemacht und dennoch war sie da. Als ich mit meinen Gedanken so weit gekommen, suchte ich mich, und zwar mit Erfolg, jeder Kleinigkeit genau zu erinnern, die um die betreffende Zeit vorgefallen war. Das Wetter war sehr kalt gewesen (ein ebenso seltenes wie für mich glückliches Ereignis im Oktober), auf dem Herd brannte ein Feuer. Ich war durch die Bewegung warm geworden und hatte mich an den Tisch gesetzt; Sie hatten sich den Sessel ganz nah ans Feuer gerückt. In dem Augenblick, als ich Ihnen meine Zeichnung überreichte, kam Wolf, der Neufundländer, hereingestürmt und sprang an Ihnen empor. Mit Ihrer linken Hand liebkosten Sie ihn und suchten ihn abzuwehren, während Ihre Rechte, die das Pergament hielt, achtlos zwischen den Knien hinabsank und in unmittelbare Nähe des Feuers geriet. Einen Augenblick lang fürchtete ich schon, die Zeichnung würde in Brand geraten, und wollte Sie warnen; im nächsten Moment jedoch hatten Sie sich des Hundes erwehrt und begannen das Bild zu betrachten. Als ich mich an all dies erinnerte, wurde mir plötzlich klar, daß die Hitze die Ursache war, welche den Schädel auf dem Pergamentstück zum Vorschein gebracht hatte. Es ist Ihnen jedenfalls bekannt, daß es chemische Präparate gibt und schon immer gegeben hat, vermittels derer man auf Papier oder Pergament so schreiben kann, daß die Schriftzüge erst dann sichtbar werden, wenn man sie der Wirkung des Feuers aussetzt. Ist das beschriebene Material kalt geworden, so verschwinden sie und kommen erst bei erneuter Erwärmung wieder zum Vorschein. Nun unterwarf ich den Totenkopf einer sorgfältigen Betrachtung. Seine äußeren Ränder, das heißt diejenigen, welche dem Rande des Pergaments zunächst lagen, waren deutlicher als die anderen. Offenbar war die Wirkung der Wärme unvollkommen und ungleich gewesen. Ich zündete sofort ein Feuer an und setzte jeden Teil des Pergamentstückes einer Gluthitze aus. Dies hatte anfänglich keine andere Wirkung, als die schwachen Linien des Schädels zu verstärken, doch als ich längere Zeit bei dem Experiment verharrte, erschien in einer Ecke des Fetzens, dem Totenkopfe schräg gegenüber, eine Figur, die ich anfänglich für eine Geiß hielt. Bei näherer Prüfung erkannte ich jedoch, daß es ein junger Bock sein sollte."

„Haha!" lachte ich auf, „ich habe gewiß kein Recht, Sie auszulachen – ein und eine halbe Million Gold ist gewiß eine zu bedeutende Sache, als daß man seinen Spott damit treiben sollte – doch wie wollen Sie nun ein drittes Glied in Ihrer Kette nachweisen, wie wollen Sie den Zusammenhang zwischen den Piraten und der Geiß herstellen? Seeräuber haben doch eigentlich mit diesen Tieren nichts zu tun; für die interessiert sich doch höchstens ein Landmann."

„Aber ich habe Ihnen doch schon gesagt, daß das Bild keine Geiß vorstellte."

„Also meinetwegen einen jungen Bock, das ist doch fast dasselbe."

„Fast dasselbe, aber doch nicht ganz", antwortete Legrand. „Sie haben sicher schon von einem Kapitän Kidd* gehört; jedenfalls sah ich das Abbild dieses Tieres als eine Art Wortspiel oder vielmehr ein hieroglyphisches Zeichen für diesen Namen an, denn seine Stellung auf dem Papier legte einen solchen Gedanken sehr nahe. Der Totenkopf in der schräg gegenüberliegenden Ecke sah aus, wie ein Gepräge oder Siegel. Doch erklärte dies alles gar nichts, und mit den paar Anhaltspunkten konnte ich eigentlich nichts weiter anfangen."

„Ich glaube, Sie erwarteten, zwischen dem Siegel

---

* „Kid" ist ein englischer Ausdruck für „junger Bock"

und dem hieroglyphischen Zeichen einen Brief zu finden?" – "Ja, oder wenigstens etwas Ähnliches. Jedenfalls verfolgte mich die Ahnung, es stände mir irgendein großes Glück bevor. Weshalb, vermag ich nicht recht zu sagen. Vielleicht war es zum Schluß auch mehr nur ein Wunsch als eine wirkliche Vorahnung, aber Sie werden sich jedenfalls erinnern, daß Jupiters törichte Worte, der Käfer bestehe ganz aus Gold, einen merkwürdigen Eindruck auf meine Phantasie gemacht hatten. Und dann jene merkwürdige Folge von Zufällen und Zusammentreffen – bedenken Sie doch nur, welch sonderbarer Zufall es war, daß ich das Pergament an jenem einzigen kalten Tag fand, an dem ein Feuer im Kamin brannte, und daß ich es Ihnen in dem Augenblick überreichte, in dem der Hund hereingestürzt kam und Sie, um ihn abzuwehren, Ihre rechte Hand mit der Zeichnung den Flammen nahe brachten! Daß ich ohne diesen Umstand den Totenkopf niemals erblickt und den Schatz niemals gefunden haben würde!"

"Erzählen Sie nur weiter, ich bin ganz Ohr!" – "Also, Sie haben ohne Zweifel die vielen Geschichten und unbestimmten Gerüchte gehört, nach denen Kidd und dessen Spießgesellen irgendwo an der Küste des Atlantischen Ozeans eine Unmasse Gold vergraben haben sollen. In dergleichen Gerüchten ist gewöhnlich ein Körnchen Wahrheit verborgen, und daß sich diese Geschichte vom Kapitän Kidd so lange erhalten, hatte meines Erachtens seinen Grund nur in dem Umstand, daß der vergrabene Schatz noch irgendwo unaufgefunden lag. Hätte Kapitän Kidd seine Schätze eine Zeitlang verborgen und später wieder in Besitz genommen, so würden die Gerüchte diese letzte Tatsache gewiß nicht verschwiegen haben. Sie wären in der Folge als nicht mehr interessant aus dem Gedächtnis des Volkes geschwunden. Sie haben wahrscheinlich schon bemerkt, daß man überall von Goldsuchern, fast nie jedoch von Goldfindern erzählt. Mir kam nun der Gedanke, daß irgendein Zufall – nehmen wir an der Verlust des Schriftstückes, das die Lage des vergrabenen Schatzes ankündigte – dem Kapitän die Möglichkeit genommen habe, sich wieder in Besitz seines Eigentums zu bringen. Dieser Zufall wurde seinen Genossen bekannt und gab Anlaß zu all den Gerüchten, die jetzt so allgemein geworden sind. Haben Sie jemals gehört, daß man früher einmal an der Küste einen Schatz gehoben habe?"

„Niemals!" – „Doch ist es bekannt, daß Kidd ungeheure Schätze aufgespeichert hat. Ich hielt es deshalb für gewiß, daß sie noch immer in der Erde verborgen lägen; und Sie werden kaum noch überrascht sein, wenn ich Ihnen sage, daß ich die Hoffnung, ja, fast die Gewißheit in mir aufsteigen fühlte, das unter so sonderbaren Umständen gefundene

## Der Goldkäfer

Pergament enthalte die verlorene Nachricht über den Ort, an dem der Schatz vergraben lag.

Ich hielt das Pergament nochmals über ein noch stärkeres Feuer, doch kam nichts weiter zum Vorschein. Da fiel mir ein, daß die dicke Lage von Schmutz vielleicht Schuld daran sei, und ich reinigte das Pergamentstück sorgfältig mittels warmen Wassers. Dann legte ich es, den Schädel nach unten, in eine zinnerne Pfanne über ein Steinkohlenfeuer. Schon nach einigen Minuten war die Pfanne heiß, ich ergriff das Pergament und fand es zu meiner unaussprechlichen Freude mit Zahlen bedeckt, die in Linien geordnet zu sein schienen. Darauf legte ich es noch eine Minute lang in die Pfanne zurück und nahm es in dem Zustand heraus, in dem Sie es jetzt hier erblicken."

Hier zeigte mir Legrand das Pergamentstück, das er eben wieder erwärmt hatte. Zwischen dem Totenkopf und dem jungen Bock erblickte ich folgende, anscheinend von ungeübter Hand geschriebene Zeichen:

53‡‡†305))6*;4826)4‡.)4‡);806*48†8¶60))
85;]8*:‡*8†83(88)5*†;46(;88*96*?;8)*‡(;485);
5*†2:*‡(;4956*2(5*−4)8¶8*;4069285);)6†8)4‡
‡;1(‡9;48081;8:8¶1;48†85;4)485†528806*81(
‡9;48;(88;4(‡?34;48)4‡;161;:188;‡?;

„Ich bin allerdings noch gerade so im Unklaren wie früher", antwortete ich und gab Legrand das Blatt zurück. „Und verspräche mir jemand für die Lösung des Rätsels alle Edelsteine von Golconda, ich könnte sie nicht verdienen."

„Und doch ist sie keineswegs so schwierig", meinte Legrand, „wie diese Zeichen auf den ersten Blick vermuten lassen. Sie bilden, wie leicht zu erraten ist, eine Chiffre, das heißt, sie drücken einen Sinn aus. Alles, was ich jedoch von Kapitän Kidd gehört hatte, ließ darauf schließen, daß er kein allzu gewandter Kryptograph gewesen ist. Ich nahm also an, daß diese Chiffre ziemlich einfach sein müsse und nur dem ungebildeten Seemann, solange ihm der Schlüssel fehlte, unverständlich bleiben konnte."

„Und Sie haben den Sinn vollständig erraten?" – „Ohne allzu große Mühe! Habe ich doch Geheimschriften gelesen, die tausendmal schwieriger waren. Es reizte mich immer sehr, solche Rätsel zu lösen, und außerdem ist es sehr zu bezweifeln, ob der menschliche Scharfsinn ein Rätsel ersinnen könnte, das menschlicher Scharfsinn bei gehörigem Fleiß nicht wieder zu lösen vermöchte! Und in der Tat dachte ich, nachdem ich dem Pergament die Zeichen einmal entlockt, kaum mehr daran, es könnte irgendwie schwierig sein, ihren Sinn zu enträtseln.

In meinem Fall, ja, wohl in allen Fällen, in denen es sich um Geheimschrift handelt, ist die erste Frage die, in welcher Sprache die Chiffre geschrieben ist, denn die Prinzipien der Lösung hängen, besonders, wenn es sich um einfachere Chiffren handelt, fast alle von dem Geist der betreffenden Sprache ab. Im allgemeinen bleibt jemandem, der eine solche Geheimschrift lesen will, nichts übrig, als mit allen ihm bekannten Sprachen die Experimente anzustellen, die ihm am ehesten Erfolg zu versprechen scheinen, bis er endlich das Richtige gefunden hat. Doch die Unterschrift unserer Chiffre enthob mich jeder Schwierigkeit. Das Wortspiel „Kidd" wies mich klar und deutlich auf die englische Sprache. Wäre dies nicht der Fall gewesen, so hätte ich mit der spanischen oder französischen Sprache begonnen, da sich die Piraten aus den spanischen Gewässern derselben wohl am ehesten bedient haben würden. So jedoch mußte ich annehmen, die Chiffre beziehe sich auf die englische Sprache. Sie sehen, daß die Wörter nicht voneinander getrennt sind; in diesem Falle wäre meine Arbeit bedeutend leichter gewesen. Ich hätte dann damit begonnen, die kürzeren Wörter zu analysieren und miteinander zu vergleichen, und hätte ich ein aus einem einzigen Buchstaben bestehendes Wort gefunden – ein „a" oder „J" zum Beispiel – so hätte ich die Lösung als gelungen ansehen können. Doch da die Wörter

## DER GOLDKÄFER

eben nicht abgeteilt waren, beschränkte ich mich darauf, die am häufigsten sowie die am seltensten vorkommenden Buchstaben ausfindig zu machen. Als ich alle gezählt, fertigte ich folgende Tabelle an:

Die Chiffre 8 kommt 33 mal vor.
" " ; " 26 "
" " 4 " 19 "
" " ‡) " 16 "
" " * " 13 "
" " 5 " 12 "
" " 6 " 11 "
" " †1 " 8 "
" " 0 " 6 "
" " 92 " 5 "
" " :3 " 4 "
" " ? " 3 "
" " ¶ " 2 "
" " ]– " 1 "

Nun kommt in der englischen Sprache der Vokal *e* am häufigsten vor. Dann folgen *a, o, i, d, h, n, r, s, t, u, y, c, f, g, l, m, w, b, k, p, q, x, z*. Der Buchstabe *e* jedoch herrscht so auffallend vor, daß man kaum einen längeren Satz trifft, in dem er nicht bedeutend öfter als alle übrigen Buchstaben enthalten ist.

Wir haben also hier gleich am Anfang die Grundlage zu einer sicheren Vermutung. Wie nützlich im allgemeinen eine Tabelle wie die unsrige ist, liegt auf der Hand, bei unserer Geheimschrift jedoch werden wir sie nur teilweise nötig haben. Unsere vorherrschende Chiffre ist 8, und wir wollen damit beginnen, sie als das *e* des natürlichen Alphabets anzusehen. Um uns von der Richtigkeit unserer Vermutung zu überzeugen, forschen wir noch nach, ob die Zahl 8 oft paarweise vorkommt – ein doppeltes *e* findet man im Englischen sehr häufig, man denke nur an ‚meet', ‚fleet', ‚speed', ‚seen', ‚been', ‚agree' usw. Wir finden denn auch die Zahl nicht weniger als fünfmal doppelt vor, obwohl die ganze Mitteilung nur sehr kurz ist.

Nehmen wir also an, 8 bedeute e. Nun aber kommt von allen englischen Wörtern der Artikel „the" am häufigsten vor; wir müssen also nachforschen, ob wir nicht Wiederholungen von drei Zahlen in derselben Reihenfolge finden, deren letzte eine 8 ist. Gelingt uns dies, so können wir mit ziemlicher Sicherheit annehmen, daß sie das Wort „the" bedeuten. Bei genauer Untersuchung finden wir nicht weniger als sieben solcher Zeichenstellungen, und zwar die Chiffren ; 48. Wir können also annehmen, daß ; *t* bedeutet, 4 das Zeichen für *h* und 8 das Zeichen für *e* ist, und hätten damit schon einen großen Schritt nach vorn getan. Nachdem wir dies eine Wort gefunden haben, können wir einen anderen unendlich wichtigen Punkt feststellen, nämlich verschiedene Wortan-

## DER GOLDKÄFER

fänge und Endungen. Sehen wir uns die Stelle an, wo die Kombination ;48 zum vorletztenmal vorkommt – nicht weit vom Ende der ganzen Schrift. Wir wissen, daß das, welches unmittelbar darauf folgt, den Anfang eines neuen Wortes bildet und von den sechs Zeichen, die auf dieses „the" folgen, sind uns nicht weniger als fünf bekannt. Diese Zeichen wollen wir in die Buchstaben des gewöhnlichen Alphabets übersetzen und für die uns noch unbekannten einen leeren Raum lassen – t eeth. Das „th" können wir bald fallenlassen, weil es kein Teil des mit *t* anfangenden Wortes sein kann; denn wenn wir das ganze Alphabet nach einem passenden Buchstaben durchsuchen, so würde sich doch keiner finden, der mit den vorhandenen ein Wort bildete. So sind wir also auf t ee beschränkt, und wenn wir noch einmal wie zuvor das Alphabet durchsuchen, finden wir einzig und allein den Buchstaben *r*, der in Verbindung mit t ee einen Sinn, das Wort ‚tree' nämlich ergibt. So haben wir einen neuen Buchstaben erkannt, der durch das Zeichen ( dargestellt ist, und zwei nebeneinander stehende Wörter „the tree". Sehen wir etwas weiter, so finden wir bald wieder die Kombination ;48 und wollen sie diesmal als Endung für das, was unmittelbar voransteht, gebrauchen. Wir haben dann folgende Anordnung:

the tree;(‡?34 the, oder, in die uns bekannten Buchstaben übersetzt: the tree thr‡?3h the.

Lassen wir nun für die unbekannten Schriftzeichen freien Raum oder setzen wir Pünktchen, so erhalten wir folgende Lesart:

the tree thr...h the und denken sofort unwillkürlich an das Wort through. Diese Entdeckung jedoch verschafft uns drei neue Buchstaben, *o*, *u* und *g*, die sich unter den Zeichen ‡? und 3 verbargen.

Durchsuchen wir nun die Chiffre von neuem, um Verbindungen bekannter Zeichen herauszufinden, so entdecken wir ziemlich am Anfang die Anordnung:

83(88 oder egree, was offenbar den Schluß des Wortes ‚degree' bildet. Auf diese Weise haben wir wieder einen neuen Buchstaben gefunden, nämlich *d* unter dem Zeichen t.

Vier Zeichen hinter dem Wort ‚degree' sehen wir die Kombination ;46(;88\* Übersetzen wir die bekannten Zeichen in Buchstaben und stellen die unbekannten durch Pünktchen dar, so lesen wir th. rtee. und werden unbedingt an das Wort „thirteen" erinnert und mit zwei neuen Buchstaben – *i* und *n* unter den Zeichen 6 und \* – bekannt gemacht. Betrachten wir nun den Anfang des Kryptogramms, so finden wir die Verbindung:

53‡‡†

Übersetzen wir dies nach unserem vorherigen Schema, so erhalten wir .good und kommen leicht

## DER GOLDKÄFER

zu der Überzeugung, daß das erste Zeichen *A* bedeutet, der Anfang der Chiffre also lautet: A good.

Doch müssen wir nun unseren Schlüssel, soweit wir ihn gefunden, in eine Tabelle ordnen, um größere Klarheit zu erhalten. Wir wissen, daß

5 = a
† = d
8 = e
3 = g
4 = h
6 = i
* = n
‡ = o
( = r
; = t ist.

Wir kennen also bis jetzt nicht weniger als zehn der wichtigsten Buchstaben, und es ist unnötig, auf die Details der Lösung noch weiter einzugehen. Ich habe Ihnen hinreichend gezeigt, daß Chiffren dieser Art sehr leicht lösbar sind, und auf welche Prinzipien man ihre Lösung aufbaut. Doch glauben Sie mir, daß die vorliegende Geheimschrift wohl die einfachste ist, die ich je kennengelernt habe.

Ich will Ihnen nun eine vollständige Übersetzung der Zeichen geben, die das Pergament enthielt:

‚*A good glass in the bishop's hostel in the devil's seat twenty-one degrees and thirteen minutes northeast and by north main branch seventh limb east side shoot from the left eye of the death's-head a bee line from the tree through the shot fifty feet out:*

Ein gutes Glas im Bischofshotel in des Teufels Sitz einundzwanzig Grad und dreizehn Minuten nordöstlich und nördlich Hauptast siebenter Ast Ostseite schieß von dem linken Auge des Totenkopfes eine kerzengerade Linie von dem Baum durch den Schuß fünfzig Fuß hinaus.'"

„Aber", warf ich ein, „das Rätsel erscheint mir noch immer so unlösbar wie vorher. Wie konnten Sie nur aus dem Kauderwelsch von ‚Teufelssitz', ‚Totenkopf' und ‚Bischofshotel' einen Sinn entnehmen?"

„Ich gestehe gern", erwiderte Legrand, „daß die Sache noch immer schwierig aussieht, wenn man sie nur oberflächlich betrachtet. Ich bemühte mich also weiter, den Satz so einzuteilen, wie er im Sinne des Kryptographen eingeteilt gewesen ist."

„Sie haben ihn mit Interpunktion versehen?" – „Ja, wenigstens tat ich ähnliches." – „Aber wie war dies zu bewerkstelligen?" – „Ich war zu der Ansicht gekommen, daß der Schreiber die Wörter absichtlich ineinander geschoben hatte, um ihr Verständnis zu erschweren. Nun wird jeder nicht allzu scharfsichtige Mann – und für einen solchen halte ich den Verfasser dieser Chiffre – bei solcher Gelegenheit leicht übertreiben, das heißt in unserem Falle, dort, wo ein Abschnitt im Satze stehen müßte, die Zeichen auffallend dicht zusammendrängen. Tatsächlich ist dies bei unserer Chiffre an fünf Stellen geschehen, an denen ich dann den Satz wie folgt abteilte:

,*A good glass in the bishop's hostel in the devil's seat – twenty-one degrees and thirteen minutes – northeast and by north – main branch seventh limb east side – shoot from the left eye of the death's-head – a bee-line from the tree through the shot fifty feet out:*

Ein gutes Glas im Bischofshotel in des Teufels Sitz einundzwanzig Grad und dreizehn Minuten – nordöstlich und nördlich – Hauptast, siebenter Ast Ostseite – schieße von dem linken Auge des Totenkopfes – eine kerzengerade Linie von dem Baume durch den Schuß fünfzig Fuß hinaus.'"

„Aber selbst dies Abteilen", warf ich ein, „hat mich um nichts klüger gemacht." – „Auch ich tappte einige Tage noch ganz im dunkeln", erwiderte Legrand. „Zunächst erkundigte ich mich eifrig in der Umgegend der Sullivans-Insel, ob vielleicht irgendein Haus den Namen Bischofshofel führte. Als ich jedoch nicht das Geringste erfahren konnte, wollte ich den Kreis meiner Nachforschungen schon erweitern und systematischer vorgehen, da fiel mir plötzlich ein, dies „Bischofshotel" könnte seinen Namen vielleicht von einer alten Familie Bessop herleiten, die vor langen, langen Jahren etwa vier Meilen nördlich von der Insel einmal ein großes Farmhaus besessen hatte. Ich ging also auf diese Plantage hinüber und setzte meine Erkundigungen unter den älteren Negern fort. Endlich hörte ich von einem uralten Weib, daß sie das Bischofs- oder Bessopskastell wohl kenne und mich dahinführen könne, doch sei es weder ein Schloß noch ein Wirtshaus, sondern ein hoher Felsen.

Ich versprach ihr eine gute Bezahlung für ihre Mühe, worauf sie sich nach einigem Besinnen bereit erklärte, mich an den betreffenden Ort zu bringen. Wir fanden ihn ohne weitere Schwierigkeit; ich entließ meine Führerin und begann meine Untersuchungen anzustellen.

Das ‚Kastell' bestand aus unregelmäßig aufeinandergetürmten Klippen und Felsen, von denen einer sowohl durch seine Höhe, wie durch seine isolierte, fast künstliche Stellung auffiel. Ich kletterte auf seine höchste Spitze und wußte dann nicht recht, was ich nun weiter anfangen sollte.

Als ich noch darüber nachsann, fielen meine Blicke auf einen schmalen Vorsprung an der Ostseite des Felsens, vielleicht eine Elle unter dem Gipfel, auf dem ich stand. Dieser Vorsprung stand etwa achtzehn Zoll von dem Felsen ab und war nicht mehr als ein Fuß breit; eine Nische im Felsen gerade über dem Vorsprung gab demselben eine ungefähre Ähnlichkeit mit einem jener Stühle mit gewölbtem Rücken, derer sich unsere Vorväter bedienten. Ich zweifelte nun nicht mehr, daß dies der Teufelssitz sei, von dem das Pergament sprach, und glaubte nun, die ganze Lösung des Rätsels in der Hand zu haben. Das ‚gute Glas' konnte sich meines Erachtens auf nichts anderes als auf ein Teleskop beziehen, da das Wort ‚Glas' bei Seeleuten selten in anderem Sinne gebraucht wird. Ich mußte mir also ein Teleskop verschaffen, sowie einen Standpunkt aufsuchen, der nicht der geringsten Veränderung unterlag, während ich meine Beobachtungen anstellte. Auch nahm ich sofort als sicher an, daß die Worte: ‚einundzwanzig Grad und dreizehn Minuten' und ‚nordöstlich und nördlich' die Richtung beim Einstellen des Glases angeben sollten. Ziemlich erregt über diese Entdeckungen, eilte ich nach Hause, verschaffte mir ein Teleskop, und kehrte in kürzester Zeit zu dem Felsen zurück. Vorsichtig glitt ich auf den Vorsprung hinab und fand, daß man nur in einer einzigen Stellung einen sicheren Sitz auf ihm einnehmen konnte. Diese Tatsache bestärkte mich nur noch in meiner vorgefaßten Meinung, und ich schickte mich an, das Glas zu gebrauchen. Die Worte ‚einundzwanzig Grad und dreizehn Minuten' konnten natürlich keinen anderen Sinn haben, als die Höhe über dem sichtbaren Horizont anzugeben, da die horizontale Richtung durch die Worte ‚nordöstlich' und ‚nördlich' deutlich genug bezeichnet worden war. Diese Richtung stellte ich mittels meines Taschenkompasses fest und bewegte dann das Teleskop, nachdem ich es, so genau ich nur konnte, auf einen Winkel von einundzwanzig Grad Höhe eingestellt hatte, behutsam auf und ab, bis meine Aufmerksamkeit durch die kreisrunde Öffnung im Laubwerk eines Baumes erregt wurde, der über alle seine Nachbarn weit hervorragte. Im Mittelpunkt dieser Öffnung gewahrte ich einen weißen Punkt, konnte aber anfänglich nicht erkennen, was es war. Ich verschärfte das Teleskop, schaute abermals angestrengt hin und erkannte einen Totenschädel.

Nach dieser Entdeckung hielt ich höchst erfreut das Rätsel schon für gänzlich gelöst, denn der Satz: ‚Hauptast, siebenter Ast, Ostseite' konnte sich nur auf die Lage des Schädels auf dem Baum beziehen und die weitere Bemerkung: ‚Schieß von dem linken Auge des Totenkopfes' ließ ebenfalls nur eine Auslegung betreffs des Verstecks des Schatzes zu. Ich verstand die Worte so, daß aus dem linken Auge des Schädels eine Kugel hinabgelassen oder geschossen werden sollte, und eine ‚kerzengerade Linie' von dem nächsten Punkt des Stammes durch den ‚Schuß' oder den Punkt, auf den die Kugel fiel, gezogen und bis auf fünfzig Schritt verlängert werden müsse, um den Platz anzuzeigen, unter dem meiner Meinung nach Gegenstände von Wert verborgen liegen konnten."

„Alles dies", sagte ich, „ist ungemein klar, sinnreich und dabei doch einfach. Jedoch was taten Sie, als Sie das Bischofskastell verließen?"

„Nun, ich merkte mir den Baum genau und trat den Heimweg an. In dem Augenblick jedoch, in dem ich den ‚Teufelssitz' verließ, verschwand auch die kreisförmige Öffnung und ich konnte sie, wie ich auch das Teleskop drehen und wenden mochte, nicht mehr erblicken.

Wiederholte Versuche haben mich überzeugt, daß sie tatsächlich einzig und allein nur von dem erwähnten Felsvorsprung aus sichtbar ist.

Auf der Expedition zum Bischofskastell hatte mich Jupiter begleitet. Wahrscheinlich war ihm schon seit ein paar Wochen mein tiefsinniges Wesen aufgefallen, denn er ließ mich keinen Augenblick allein. Am folgenden Morgen jedoch stand ich sehr früh auf, entwischte ihm und begab mich in die Berge, um den Baum aufzusuchen. Ich fand ihn nach langem Wandern. Als ich spät des Abends zurückkam, wollte mein Diener mich durchprügeln, und mit dem Rest des Abenteuers sind Sie, wie ich glaube, selbst so gut bekannt wie ich."

„Sie trafen vermutlich beim ersten Nachgraben die rechte Stelle nicht", warf ich ein, „weil Jupiter in seiner Dummheit den Käfer durch das rechte statt durch das linke Auge des Schädels fallen ließt?"

„So ist es. Dieser Irrtum verlegte den Schuß zwei und einen halben Zoll von der richtigen Stelle weg. Hätte der Schatz unter dem ,Schuß' gelegen, so hätte dies nicht viel zu bedeuten gehabt, aber der ,Schuß' und der nächstliegende Punkt des Baumes waren nur die Angaben für eine weitere Richtungslinie, bei deren Verlängerung wir natürlich immer weiter von der richtigen Stelle abkamen, bis wir in der Entfernung von fünfzig Fuß die Spur ganz und gar verloren hatten. Wäre ich nicht so felsenfest überzeugt gewesen, es müsse in der Nähe ein Schatz vergraben sein, so hätten wir all die Arbeit wohl umsonst verrichtet."

„Aber Ihr stolz beredetes Benehmen und die merkwürdigen Manipulationen mit dem Käfer – wie höchst seltsam! Ich dachte bestimmt, Sie hätten den Verstand verloren. Und weshalb bestanden Sie darauf, statt einer Kugel den Käfer durch das Auge des Totenkopfes fallen zu lassen?"

„Nun, um die Wahrheit zu gestehen, ich ärgerte mich etwas darüber, daß Sie an meiner Zurechnungsfähigkeit zweifelten, und beschloß deshalb, Sie unmerklich auf meine Weise zu strafen, indem ich Sie ein wenig mystifizierte. Nur deshalb schwang ich den Käfer hin und her und ließ ihn vom Baume herabgleiten. Übrigens hat mich erst

## Der Goldkäfer

Ihre Bemerkung, wie auffallend schwer er sei, auf diesen letzten Gedanken gebracht."

„Nun habe ich nur noch eine Frage zu stellen: Was sollen wir mit den Skeletten anfangen, die wir in der Grube gefunden haben?" – „Das weiß ich ebensowenig, wie Sie selbst. Ich kann mir überhaupt kaum erklären, wie dieselben an diesen Ort gekommen sind. Die einzige Möglichkeit weist auf ein scheußliches Verbrechen hin, an das zu glauben schwer ist. Wenn es wirklich Kidd war, der den Schatz vergraben hat – und ich zweifle keinen Augenblick, daß er es gewesen ist – so muß er Helfershelfer bei der Arbeit gehabt haben. Nachdem sie vollbracht war, hielt er es vielleicht für angemessen, sich der Mitwisser dieses Geheimnisses zu entledigen. Vielleicht genügten ein paar Schläge mit einer Hacke auf die ahnungslos Arbeitenden – vielleicht waren auch ein Dutzend nötig – wer kann das wissen!"

## *Froschhüpfer*

ICH HABE NIE JEMANDEN GEKANNT, der ein größeres Vergnügen an Scherzen gehabt hätte als der König. Er schien zum Scherzen geboren zu sein. Eine recht spaßhafte Geschichte zu erzählen, sie gut zu erzählen, war der sicherste Weg zu seiner Gunst. So war es denn erklärlich, daß seine sieben Minister wegen ihrer Talente als Spaßmacher berühmt waren. Sie ahmten in allem dem Könige nach und waren, wie er, nicht nur unübertreffliche Spaßmacher, sondern auch ebenso wohlbeleibt und fett. Ob nun die Leute vom Spaßmachen dick werden, oder ob umgekehrt die Wohlbeleibtheit eine Neigung zum Scherzen mit sich bringt, ist mir noch nie klar geworden. Jedenfalls ist ein magerer Spaßmacher eine *rara avis in terris*.

Um feine Anspielungen oder, wie er sich ausdrückte, um die „Geister" eines Witzes kümmerte sich der König herzlich wenig. Er hatte eine besondere Vorliebe für derbe Späße. Spintisierereien er-

## FROSCHHÜPFER

müdeten ihn. Er würde Rabelais „Gargantua" vor Voltaires „Zadig" den Vorzug gegeben haben, und im allgemeinen waren spaßhafte Taten mehr nach seinem Geschmack als witzige Reden.

In der Zeit, da meine Erzählung spielt, war es noch Mode, an Höfen professionelle Spaßmacher zu halten. Mehrere der großen Höfe des Kontinents hielten sich noch ihren Hofnarren, der in buntscheckigen Kleidern mit Narrenkappe und Schellen umherlief und für die Brosamen, die von des Königs Tafel für ihn abfielen, jeden Augenblick ein passendes, scharfes Witzwort bereit haben mußte.

Es versteht sich von selbst, daß auch unser König sich einen „Narren" hielt. Es war ihm sozusagen ein Bedürfnis, stets irgend etwas aus dem Reich der Narrheit in seiner Nähe zu haben, sei es auch nur als Gegengewicht gegen die schwerfällige Weisheit der sieben Männer, die seine Minister waren – von ihm selbst gar nicht zu reden.

Sein Narr oder berufsmäßiger Spaßmacher war jedoch nicht nur ein Narr. Sein Wert wurde in den Augen des Königs durch den Umstand verdreifacht, daß er zugleich ein Zwerg und ein Krüppel war. Man fand damals an Höfen Zwerge ebenso häufig vor wie Narren; viele Monarchen hätten nicht gewußt, womit sie ihre Tage ausfüllen sollten – an Höfen sind die Tage länger als anderswo – ohne einen Narren, mit dem sie, und einen Zwerg, über den sie lachen konnten. Aber wie ich schon bemerkte, sind die Spaßmacher in neunundneunzig von hundert Fällen fett, rund und unbeholfen, so daß unser König wahrhaftig nicht geringe Ursache hatte, sich zu gratulieren, daß er in Froschhüpfer – so hieß der Narr – einen dreifachen Schatz in einer Person besaß.

Ich glaube, den Namen „Froschhüpfer" hatte der Zwerg nicht bei der Taufe von einem seiner Paten erhalten, er war ihm vielmehr nach gemeinsamen Übereinkommen der sieben Minister wegen seiner Unfähigkeit, sich wie andere Menschen fortzubewegen, verliehen worden. Froschhüpfer konnte nämlich nur durch eine Art ruckweisen Hüpfens vorwärtskommen – eine Bewegung, die ein Mittelding zwischen Springen und Rutschen war und dem König ein unbegrenztes Vergnügen und große Genugtuung gewährte, da er selbst, obwohl er an einem Hängebauch und einer chronischen Anschwellung des Kopfes litt, bei Hofe als eine prächtige Erscheinung galt.

Doch obwohl Froschhüpfer sich zu ebener Erde nur mit großer Mühe und Schwierigkeit fortbewegen konnte, befähigte ihn die wunderbare Muskelkraft, mit der die Natur, gleichsam als Entschädigung für die Gebrechlichkeit seiner unteren Gliedmaßen, seine Arme ausgestattet hatte, wahre Wunderwerke der Geschicklichkeit zu vollbringen, sobald es sich darum handelte, einen Baum oder dergleichen zu erklimmen oder sich an einem Seil hinaufzuziehen. Bei solchen Übungen glich er viel eher einem Eichhörnchen oder einem kleinen Affen als einem Frosch.

Ich kann nicht mit Bestimmtheit sagen, aus welchem Land Froschhüpfer eigentlich gekommen war. Jedenfalls jedoch stammte er aus einer wilden Gegend, von der niemand etwas wußte – weit weg von des Königs Hof. Man hatte Froschhüpfer und ein junges Mädchen, das von erlesenem Körperbau und eine wundervolle Tänzerin war, mit Gewalt aus ihrer Heimat fortgeschleppt; einer der immer siegreichen Generale des Königs hatte beide als Geschenk an den Hof gebracht.

So ist es denn nicht verwunderlich, daß zwischen den beiden kleinen Gefangenen eine innige Freundschaft entstand, daß sie unzertrennliche Kameraden wurden. Froschhüpfer war am Hofe, obwohl er so viel zur Belustigung beitrug, nichts weniger als beliebt, und es stand nicht in seiner Macht, der Trippetta größere Dienste zu leisten; sie jedoch wurde wegen ihrer Anmut und seltenen Schönheit trotz ihrer zwergenhaften Erscheinung von allen bewundert und verhätschelt, so daß sie einen großen Einfluß erlangte, von dem sie, wo sie nur immer konnte, zugunsten ihres Freundes Froschhüpfer Gebrauch machte.

## FROSCHHÜPFER

Zur Feier irgendeiner großen Staatsaktion – ich vergaß welcher – beschloß der König, einmal wieder einen Maskenball zu veranstalten. Bei jedem Kostümfest oder ähnlichem Anlaß mußten Froschhüpfer und Trippetta ihre Talente zeigen. Froschhüpfer besonders war so erfinderisch im Anordnen von Aufzügen, in der Zusammenstellung von neuen Kostümen und dergleichen, daß sein Beistand unentbehrlich war. Der Abend, an dem das Fest gefeiert werden sollte, kam heran. Eine weite Halle war unter Trippettas Augen mit allem, was einer Maskerade Glanz verleihen kann, ausgeschmückt worden. Der ganze Hof befand sich in einem Fieber der Erwartung. Es läßt sich denken, daß sich alle ihr Kostüm und ihre Rolle längst ausgesucht hatten. Manche hatten schon seit Wochen, ja seit Monaten darüber nachgedacht, welchen Charakter sie an dem Abend darstellen wollten. Alle waren mit ihren Vorbereitungen fertig – nur nicht der König und seine sieben Minister. Warum sie sich noch nicht entschlossen hatten, kann ich nicht sagen; vielleicht handelte es sich auch hier um einen Scherz. Wahrscheinlicher jedoch ist, daß sie wegen ihrer Beleibtheit zu keinem Entschluß kommen konnten. Doch die Zeit verging, und in letzter Stunde schickten sie zu Trippetta und Froschhüpfer.

Als die beiden kleinen Freunde dem Befehl des Königs nachkamen, fanden sie ihn mit seinen Bera-

## FROSCHHÜPFER

tern beim Wein sitzen; doch schien er in sehr schlechter Laune zu sein. Er wußte, daß Froschhüpfer Wein nicht vertrug, denn sein Genuß brachte den armen Krüppel stets in eine Aufregung, die an Wahnsinn grenzte. Aber der König liebte, wie gesagt, spaßhafte Taten, und es machte ihm Vergnügen, Froschhüpfer zum Trinken zu zwingen, damit er, wie er sich ausdrückte, „lustig werde".

„Komm her, Froschhüpfer", sagte er, als der Spaßmacher und seine Freundin das Gemach betreten hatten, „trinke diesen Humpen auf das Wohl deiner fernen Freunde (hier seufzte Froschhüpfer), und laß uns dann deine Erfindungsgabe zugute kommen. Wir brauchen Charaktermasken, mein Sohn, irgend etwas Neues – Außergewöhnliches. Wir sind der ewigen Wiederholungen müde. Komm und trink! Der Wein wird deinen Witz anstacheln."

Froschhüpfer bemühte sich, die Aufforderung des Königs mit einem Witz zu beantworten, doch ging es diesmal über seine Kräfte. Der arme Zwerg hatte zufällig an jenem Tag Geburtstag, er hatte viel an sein Heimatland gedacht, und der Befehl, auf seine fernen Freunde zu trinken, trieb ihm Tränen in die Augen. Viele schwere, bittere Tropfen fielen in den Becher, als er ihn demütig aus der Hand des Tyrannen entgegennahm.

„Ha ha haha!" brüllte der König vergnügt auf, als der Zwerg den Wein mit Widerstreben hinuntergoß, "seht doch einmal an, was ein Glas guten Weins nicht alles fertig bringt! Wahrhaftig, deine Augen glänzen schon."

Armer Kerl! Seine großen Augen glühten mehr, als daß sie leuchteten; der Wein wirkte auf sein erregbares Gehirn ebenso schnell wie heftig. Er stellte den Becher zitternd auf den Tisch zurück und blickte mit halb irrsinnigem Stieren im Kreise umher. Die Minister schienen sich alle höchlichst über diesen „Scherz" des Königs zu amüsieren.

„Und nun das Geschäftliche", sagte der Premierminister, ein sehr dicker Herr.

„Ja", meinte der König, „komm, Froschhüpfer, hilf! Also Charaktermasken, mein edler Bursche – Charaktermasken müssen wir haben – wir alle – hahahaha!" Da er seine Worte für einen Witz hielt, lachte er, und die sieben lachten im Chore mit.

Froschhüpfer lachte auch, obwohl nur schwach und wie unbewußt.

„Komm, komm!" rief nun der König mit Ungeduld, „ist dir noch nichts eingefallen?"

„Ich bemühe mich, etwas ganz Neues zu erdenken", stammelte der Zwerg, den der Wein schon ganz verwirrt hatte.

„Bemühen!" schrie der Tyrann wütend, „was willst du damit sagen? Ah, ich sehe schon, du bist noch nicht in Stimmung und mußt mehr Wein haben. Hier, trink!" Und er goß noch einen Becher voll

## FROSCHHÜPFER

und bot ihn dem Krüppel dar, der, nach Atem ringend, ihn angstvoll anstarrte.

„Trink, sag' ich dir!" schrie das Ungeheuer, „oder der Teufel ..."

Der Zwerg zögerte. Der König wurde purpurrot vor Wut. Die Höflinge lächelten albern. Trippetta, bleich wie eine Leiche, ging auf den König zu, fiel vor ihm auf die Knie und bat um Gnade für ihren Freund.

Der Tyrann betrachtete sie einige Minuten lang; offenbar wunderte er sich über ihre Kühnheit. Er schien nicht recht zu wissen, was er tun oder sagen sollte, wie er seine Entrüstung am schicklichsten zum Ausdruck brächte. Endlich stieß er sie, ohne eine Silbe zu reden, von sich fort und goß ihr den Inhalt des übervollen Bechers ins Gesicht. Das arme Mädchen erhob sich zitternd, und ohne einen Seufzer zu wagen, nahm es seinen Platz am unteren Ende der Tafel wieder ein.

Während einer halben Minute war es so totenstill, daß man eine Feder oder ein Blatt hätte fallen hören können. Da wurde die Stille durch ein leises, aber scharfes, andauerndes Geräusch unterbrochen, das zu gleicher Zeit aus jeder Ecke des Zimmers zu kommen schien.

„Wa-wa-warum machst du den Lärm da?" wandte sich der König wütend an den Zwerg.

Der schien sich jedoch von seiner jähen Betrunkenheit vollständig erholt zu haben, und den Tyrannen fest, doch ruhig anblickend, sagte er bloß:

„Ich? – Ich? Wie könnte ich das getan haben?"

„Mir schien es", bemerkte einer der Höflinge, „als käme der Ton von außen. Ich glaube, es war der Papagei dort am Fenster, der seinen Schnabel an den Käfigstäben wetzte."

„Mag sein", erwiderte der Monarch, als fühle er sich durch diese Erklärung beruhigt, „aber ich hätte auf meine Ritterehre geschworen, daß jener Vagabund mit den Zähnen geknirscht habe."

Bei diesen Worten lachte der Zwerg laut auf (der König war zu sehr für Späße eingenommen, um etwas dagegen zu haben, wenn jemand in seiner Gegenwart lachte) und entblößte dabei eine Reihe beängstigend großer, starker Zähne. Überdies erklärte er sich bereit, so viel Wein zu trinken, wie man nur von ihm verlange. Der Monarch war besänftigt, und nachdem Froschhüpfer noch einen Humpen Wein ohne äußerlich schlimme Wirkung hinuntergestürzt hatte, setzte er mit viel Laune seine Pläne betreffs der Maskerade auseinander.

„Ich weiß nicht, welche Ideenverbindung mich darauf gebracht hat", begann er ganz ruhig, als habe er in seinem ganzen Leben noch keinen Tropfen Wein gekostet, „aber gleich nachdem Majestät das Mädchen geschlagen und ihm den Wein ins Gesicht gegossen hatten – also gleich nachdem Majestät das getan, und während der Papagei jenes wunderliche Geräusch am Fenster machte, erinnerte ich mich plötzlich eines prächtigen Maskenscherzes, den man oft in meiner Heimat aufführte. Hier wird er jedoch ganz neu sein. Unglücklichweise sind jedoch acht Personen zu demselben nötig und ..."

„Wir sind ja gerade acht!" rief der König lachend über seine scharfsinnige Entdeckung – „genau acht, ich und meine sieben Minister – also los, was ist das für ein Scherz?"

„Wir nennen es", erwiderte der Krüppel, „die acht aneinandergeketteten Orang-Utans. Es ist wirklich ein ausgezeichneter Scherz, wenn er gut durchgeführt wird."

„Wir werden ihn schon durchführen", sagte der König, indem er aufstand und die Augenlider senkte.

„Der Hauptspaß dabei", fuhr der Froschhüpfer fort, „ist der Schreck, den er den Damen verursacht."

„Vorzüglich", brüllten der König und seine sieben Minister im Chor.

„Ich werde Sie als Orang-Utans ausstaffieren", fuhr der Zwerg fort. „Sie können mir alles überlassen. Die Ähnlichkeit wird so vollkommen, daß die ganze Gesellschaft Sie für wirkliche Bestien halten wird – man wird sicherlich ebenso erschrocken wie überrascht sein."

## FROSCHHÜPFER

„Das ist ja wirklich famos!" rief der König. „Froschhüpfer, ich will noch mal was Ordentliches aus dir machen!"

„Die Ketten haben den Zweck, durch ihr Klirren die Angst und die Verwirrung zu erhöhen. Man wird glauben, Sie seien *en masse* Ihren Wärtern entflohen. Was für einen Effekt es macht, wenn bei einer Maskerade plötzlich acht aneinandergefesselte Orang-Utans erscheinen, die die ganze Gesellschaft für wirkliche Tiere hält; wenn sie so mit wildem Geschrei unter die Menge der vornehm und prächtig gekleideten Damen und Herren stürzen! Der Gegensatz ist unvergleichlich!"

„Das wird gemacht", sagte der König, und die Gesellschaft erhob sich eilig, denn es war höchste Zeit, um zur Ausführung des Planes zu schreiten.

Froschhüpfers Mittel, die Gesellschaft als Orang-Utans zu verkleiden, waren äußerst einfach und entsprachen seinen Absichten bestens. Die fraglichen Tiere waren zur Zeit, in der meine Geschichte spielt, noch sehr selten und nur an wenigen Orten der zivilisierten Welt gesehen worden. Da die von dem Zwerg hergestellten Kostüme den Trägern ein ziemlich bestialisches, ja mehr als fürchterliches Aussehen verliehen, glaubte man von ihrer Naturwahrheit wohl überzeugt sein zu dürfen. Der König und die Minister wurden zuerst in enganliegende Hemden und Hosen aus halbwollenem Zeug eingenäht. Dies wurde mit Teer getränkt. Als die Sache bis zu diesem Stadium gediehen war, machte einer der Gesellschaft den Vorschlag, jetzt Federn aufzukleben. Diesem Gedanken trat jedoch der Zwerg entgegen und überzeugte die acht bald durch augenscheinliche Erläuterungen, daß das Haar des Orang-Utans viel täuschender durch Flachs nachgebildet werde. So wurde denn eine dichte Lage Flachs auf die geteerte Unterlage aufgeklebt, und dann eine lange Kette herbeigeschafft und zuerst um die Taille des Königs geschlungen und befestigt und hierauf um die Taille jedes der Minister und jedesmal fest verhakt. Als man damit fertig war, und die Gesellschaft so weit wie möglich voneinander Abstand nahm, bildeten sie einen Kreis; um den Anschein der Natürlichkeit noch zu erhöhen, zog Froschhüpfer das noch übrige Ende der Kette als zwei rechtwinklig zueinander stehende Durchmesser durch den Kreis, wie es heute noch von Affenjägern auf Borneo gemacht wird.

Der große Saal, in dem das Maskenfest stattfinden sollte, war kreisrund, sehr hoch und empfing das Licht nur durch ein einziges Fenster von oben her.

Abends jedoch – der Raum wurde eigentlich nur zu nächtlichen Festen benutzt – wurde er von einem großen Kronleuchter beleuchtet, der an einer Kette von dem Mittelpunkt des gewölbten Fensters herabhing und wie gewöhnlich mittels eines Gegengewichtes hinauf- und heruntergezogen werden konnte. Diese Kette hing jedoch des besseren Aussehens wegen nicht im Innern, sondern außerhalb der Kuppel über das Dach herab.

Der Raum war nach Trippettas Angaben ausgeschmückt worden; doch schien sie sich in einigen Besonderheiten der klügeren Einsicht ihres Freundes, des Zwergen, unterworfen zu haben. Auf seinen Vorschlag hatte sie den Kronleuchter entfernen lassen. Das Abtröpfeln des Wachses, das unmöglich zu vermeiden gewesen wäre, hätte den prächtigen Gewändern der Gäste leicht verderblich werden können, denn bei der Überfülle im Saale war es unmöglich, seine Mitte, das heißt die Stelle unter dem Kronleuchter, freizuhalten. Dagegen wurden Wandleuchter angebracht und jeder der Karyatiden, die die Mauer stützen – es waren fünfzig oder sechzig – eine Fackel, die lieblichen Duft ausströmte, in die rechte Hand gegeben.

Die acht Orang-Utans befolgten Froschhüpfers Rat und warteten mit ihrem Erscheinen geduldig bis Mitternacht, da der Saal vollständig mit Masken gefüllt war. Doch kaum war der zwölfte Glockenschlag verhallt, als sie alle zusammen hereinstürzten oder vielmehr sich hereinwälzten, denn die schwere Kette machte, daß die meisten hinfielen und alle stolperten.

## Froschhüpfer

Die Aufregung unter den Masken war außerordentlich groß und erfüllte des Königs Herz mit unbändiger Heiterkeit. Wie man es erwartet hatte, gab es nicht wenige unter den Gästen, welche die wild aussehenden Wesen, wenn auch nicht gerade für Orang-Utans, so doch für wirkliche Bestien hielten. Viele Damen wurden vor Entsetzen ohnmächtig, und hätte der König nicht vorsichtshalber das Waffentragen im Saal verboten, so hätte es leicht geschehen können, daß er und seine Gesellschaft ihren Scherz mit ihrem Blut bezahlt hätten. Es entstand ein allgemeiner Andrang nach den Türen; der König hatte jedoch anbefohlen, daß dieselben unmittelbar nach seinem Eintritt geschlossen werden sollten; und auf des Zwergen Vorschlag waren diesem die Schlüssel übergeben worden.

Als der Tumult aufs höchste gestiegen war, und jeder nur daran dachte, sich in Sicherheit zu bringen – es war durch das Gedränge nämlich eine Gefahr entstanden – hätte man bemerken können, daß die Kette, an der gewöhnlich der Kronleuchter hing, und die man nach seiner Entfernung aufgezogen hatte, nach und nach herabgelassen wurde, bis ihr mit einem Haken versehenes Ende nur noch drei Fuß von der Erde entfernt war.

Bald darauf befanden sich der König und seine sieben Minister, nachdem sie die Halle in jeder Richtung durchstolpert hatten, in ihrem Mittelpunkt und

## Froschhüpfer

in fast unmittelbarer Berührung mit der Kronleuchterkette. Als sie hier standen, stachelte sie der Zwerg, der ihnen stets auf dem Fuße folgte, an, den Tumult aufrechtzuerhalten, und ergriff dabei die Kette an ihrem Kreuzungspunkte in der Mitte des Kreises; mit der Schnelligkeit eines Gedankens hatte er dieselbe in den Haken eingehakt, an dem sonst der Kronleuchter hing. Durch irgendeine unsichtbare Macht wurde nun die Kronleuchterkette so hoch hinaufgezogen, daß der Haken von unten her nicht mehr zu erreichen war und die Orang-Utans, Gesicht an Gesicht, schwebend in der Luft hingen.

Die Maskengesellschaft hatte sich mittlerweile einigermaßen von ihrem Schrecken erholt und betrachtete die ganze Sache als einen gut erfundenen Scherz. Ein lautes Gelächter über die hilflose Lage der Affen durchscholl den Saal.

„Überlaßt sie mir!" schrie Froschhüpfer mit seiner schrillen Stimme, die all den Lärm durchdrang und leicht verständlich war. „Überlaßt sie mir. Ich glaube, ich kenne sie. Wenn ich sie nur erst recht betrachten könnte, würde ich schon sagen können, wer sie sind."

Bei diesen Worten drängte er sich durch die Menge bis an die Wand, nahm einer der Karyatiden die Fackel weg und kehrte, wie er gekommen, in die Mitte des Raumes zurück, schwang sich mit affenartiger Geschwindigkeit auf den Kopf des Königs, kletterte noch ein paar Fuß an der Kette empor und senkte die Fackel, um die Orang-Utans zu beleuchten, und schrie wiederum: „Ich werde bald herausfinden, wer sie sind!"

Und während nun die ganze Gesellschaft, die Affen mit einbegriffen, von Lachen durchschüttelt wurde, ließ der Spaßmacher einen schrillen Pfiff hören, worauf die Kette mit Heftigkeit ungefähr dreißig Fuß in die Höhe schnellte, die geängstigten zappelnden Orang-Utans mit sich zog und in der Mitte zwischen Gewölbefenster und dem Fußboden hängenließ. Froschhüpfer, der sich an der Kette, als sie aufgezogen wurde, festgehalten hatte, hing also ein gut Stück über den acht Masken und hielt seine Fackel noch immer gesenkt, als sei nichts vorgefallen, als sei er noch immer bemüht, herauszubringen, wer sich hinter den Masken verstecke. Die Gesellschaft war über das Hinaufziehen der Kette so erstaunt, daß ein minutenlanges Stillschweigen entstand. Es wurde endlich durch ein leises, scharfes, knirschendes Geräusch unterbrochen, welches dem, das die Aufmerksamkeit des Königs und seiner Räte auf sich gezogen hatte, als der Tyrann der Trippetta den Wein ins Gesicht gegossen, vollständig ähnlich war. Doch konnte jetzt kein Zweifel mehr darüber herrschen, woher der Ton kam. Er kam von den fangartigen Zähnen des Zwergen, der schäumenden Mundes mit ihnen knirschte und mit einem Ausdruck wahnsinniger Wut in die aufwärtsgewandten Gesichter des Königs und seiner sieben Minister starrte.

„Aha!" sagte endlich der wutentbrannte Narr, „jetzt wird mir allmählich klar, wer diese Leute sind."

Bei diesen Worten hielt er, als wolle er den König noch genauer betrachten, seine Fackel an die Flachshülle, die denselben umgab. Im Augenblick ging sie in Flammen auf, und in weniger als einer halben Minute standen alle Orang-Utans in hellem Brande. Die Menge unten schrie wild auf und blickte voll Entsetzen hinauf, ohne auch nur die geringste Hilfe leisten zu können.

Die Flammen, die immer heftiger wurden, nötigten den Narren bald, die Kette noch weiter hinaufzuklettern, um ihrem Bereich zu entfliehen. Während er dies ausführte, trat in der Menge ein erneutes, kurzes Schweigen ein, das der Zwerg benutzte, um zu reden.

„Ich sehe jetzt deutlich", sagte er, „was für Menschen sich hinter diesen Masken verbergen. Es ist ein großer König und seine sieben geheimen Kabinettsräte – ein König, der es wagte, ein hilfloses Mädchen zu mißhandeln, und seine sieben Räte, die zu allem, was er Schimpfliches tat, ja sagten. Und ich, ich bin nur Froschhüpfer, der Narr, und dies hier ist mein letzter Scherz."

Bei der leichten Brennbarkeit der beiden Stoffe, aus denen die Kostüme der Orang-Utans bestanden, war das Werk der Rache schon vollbracht, als der Zwerg seine kurze Ansprache eben beendet hatte. Die acht Körper hingen nur noch als eine rauchende, übelriechende Masse in ihren Ketten. Der Krüppel schleuderte seine Fackel auf sie herab, kletterte gelassen zur Decke empor und verschwand durch das Gewölbefenster.

Man nimmt an, daß Trippetta, die oben auf dem Dach stand, die Mitschuldige bei diesem feurigen Rachewerk ihres Freundes gewesen ist, und daß beide zusammen in ihre Heimat geflohen sind. Denn man hat keinen von beiden jemals wiedergesehen.

## *Der verlorene Atem*

*O hauche nicht …! etc.*
Moores Melodien

DAS SCHLIMMSTE UNGLÜCK muß schließlich doch vor dem beharrlichen Mute der Philosophie weichen, wie sich eine jede Stadt, mag sie noch so hartnäckig verteidigt werden, zum Schluß den rastlosen Anstrengungen ihrer Feinde ergeben muß. Salmanassar lag, wie uns die Heilige Schrift erzählt, drei Jahre vor Samaria: die Feste fiel. Sardanapal – siehe Diodorus – behauptete sich sieben Jahre lang in Ninive: es war zwecklos. Troja wurde am Ende des zweiten Lustrums der Belagerung genommen; und Azoth öffnete – wie uns Aristaeus ehrenwörtlich versichert – dem Psammetich die Tore, nachdem es dieselben den ganzen fünften Teil eines Jahrhunderts lang verschlossen gehalten.

„Du Elende! – Du Zankteufel! – Du Quälgeist!" sagte ich am Morgen nach unserer Hochzeit zu mei-

## Der verlorene Atem

ner Frau – "Du Hexe! – Du Satan! – Du Schlunze! – Du Kulminationspunkt der Schlechtigkeit! – Du furienbefratzte Quintessenz aller Abscheulichkeit! – Du – oh, Du …" Ich stand jetzt auf den Zehenspitzen, ergriff sie bei der Kehle, näherte meinen Mund ihrem Ohr und wollte gerade ein neues Schimpfwort loslassen, das sie ganz, aber auch ganz unzweideutig von ihrem Unwert überzeugen sollte – da bemerkte ich mit maßlosem Schreck und Erstaunen, daß ich meinen Atem verloren.

Die Redensarten "Ich bin außer Atem" – "Ich habe den Atem verloren" werden in unseren Unterhaltungen oft genug wiederholt, doch wußte ich nicht, daß sich ein solch schreckliches Unglück auch wirklich ereignen könne. Stellen Sie sich einmal – das heißt, nur wenn Sie über eine entsprechend kräftige Phantasie verfügen – meine Verwunderung – meine Bestürzung – meine Verzweiflung vor!

Ich erfreue mich jedoch der Gunst eines Schutzengels, der nie von mir gewichen ist. Selbst in den schrecklichsten Gemütsstimmungen verließ mich nämlich das Gefühl für das Vernünftige nicht *et le chemin des passions me conduit* – wie seinerzeit Lord Eduard in seiner "Julie" – *à la philosophie veritable*.

Obwohl ich nicht gleich wissen konnte, wie tief mich der Unfall geschädigt hatte, beschloß ich doch sofort, die Sache meiner Frau zu verheimlichen, bis mir aufmerksame Forschungen die Größe meines Unglücks klar gemacht haben würden. Ich änderte deshalb im Augenblick meinen Gesichtsausdruck, zwang meine Züge zu einer koketten Liebenswürdigkeit, gab meiner Gattin einen Klaps auf die eine Wange und einen Kuß auf die andere und ließ sie, ohne ein Wort zu sagen – Teufel, ich konnte ja nicht anders – erstaunt im Zimmer stehen und machte mich mit einem graziösen Tanzschritt hinaus.

Dann verschanzte ich mich in mein Privatgemach – ein fürchterliches Beispiel der bösen Folgen des Zorns – lebendig mit aller Befähigung zum Tode – tot mit all den Neigungen eines Lebendigen – eine Anomalie auf dem Angesichte der Erde – sehr ruhig – doch ohne Atem.

Ja! – ohne Atem! Ich bemerke ganz ausdrücklich, daß es mit meinem Atem vollständig vorbei war. Und hätte ich mein Leben ausgehaucht, ich hätte keine Feder bewegen noch die Reinheit eines Spiegels trüben können. Hartes Los! – Doch fand ich, nachdem ich den ersten Paroxismus der Verzweiflung überstanden, einige Erleichterung, als ich nach langen Experimenten herausbekam, daß mein Äußerungsvermögen, das ich nach der Unfähigkeit, in der Unterhaltung mit meiner Frau fortzufahren, schon ganz verloren geglaubt, nur zum Teil gestört war; und ich entdeckte bald, daß ich ihr auch während der Krisis meine Gefühle weiter mitteilen gekonnt haben würde, hätte ich meine Stimme nur bis zu einem eigentümlich tiefen, gutturalen Tone sinken lassen; denn dieser Ton hing nicht von dem Atemstrom ab, sondern von einer gewissen krampfhaften Bewegung der Gurgelmuskeln.

Ich warf mich auf einen Stuhl und blieb eine Zeitlang in Nachdenken versunken. Meine Betrachtungen waren, wie man sich leicht denken kann, durchaus noch nicht tröstlicher Natur. Tausend unbestimmte, tränenvolle Vorstellungen drängten sich in meine Seele, und selbst der Gedanke an Selbstmord ging einen Augenblick durch mein Gehirn; doch es ist ja nun einmal ein Zug der verderbten menschlichen Natur, das Unabweisliche, Unzweifelhafte um des Fernen, Unsicheren willen von der Hand zu weisen. So schauderte ich also bei dem Gedanken an Selbstmord, während die Katze aus Leibeskräften auf dem Kaminvorleger schnurrte, und sogar der Pudel unterm Tisch beharrlich schnaufte; jedes der beiden Biester schien sich auf die Kraft seiner Lungen etwas zugute zu tun und mich wegen meiner Unfähigkeit auch noch aushöhnen zu wollen.

Von den unbestimmtesten Hoffnungen und Befürchtungen gequält, hörte ich endlich, daß meine Frau die Treppe hinuntereilte. Sicher, daß sie nun ausgegangen, suchte ich mit klopfendem Herzen den Schauplatz des Unfalles wieder auf.

## Der verlorene Atem

Nachdem ich die Tür von innen sorgfältig verschlossen hatte, begann ich, das Zimmer peinlich zu durchsuchen. Es wäre ja möglich, dachte ich, daß ich den verlorenen Gegenstand in irgendeiner dunklen Ecke, in irgendeinem Schranke oder Schubfache wiederfände. Er konnte sich in luftförmiger, vielleicht sogar greifbarer Form irgendwo versteckt halten. Viele Weise denken in verschiedenen Punkten der Philosophie höchst unphilosophisch. William Godwin jedoch sagt in seinem „Mandeville": „Die unsichtbaren Dinge sind die einzigen Realitäten", und dies ist, wie jeder wahrhaft Wissende zugestehen wird, eine Behauptung, die Beachtung verlangen darf. Ich möchte an das Gerechtigkeitsgefühl meiner Leser appellieren, ehe sie eine solche Anschauung einfach für absurd erklären. Bekanntlich behauptete Anaxagoras, Schnee sei schwarz, und ich habe gefunden, daß dies wirklich der Fall ist.

Lange und ernstlich suchte ich, doch wurde mein Fleiß und meine Beharrlichkeit nur mit folgenden verächtlichen Funden belohnt: ein Gebiß falscher Zähne, zwei Paar künstliche Hüften, ein Glasauge und ein Bündel Billetsdoux von Herrn Windgenug an meine Gattin. Ich möchte hier gleich bemerken, daß diese Bestätigung der Vorliebe meiner Frau für Herrn Windgenug kaum unangenehme Gefühle in mir weckte. Daß Frau Ohneluft einen Herrn, der von mir in jeder Beziehung verschieden war, verehrte, war ja nur ein natürliches, notwendiges Übel. Ich bin, wie man weiß, eine robuste, korpulente Erscheinung und dabei trotzdem im Wuchs etwas zurückgeblieben. Da ist es denn nicht zu verwundern, daß die lattengleiche Dünne und Länge meines Freundes in den Augen der Frau Ohneluft gebührende Bewunderung erweckten. Doch kehren wir zur Hauptsache zurück.

Meine Bemühungen blieben, wie gesagt, fruchtlos. Keine Ecke, kein Winkel, kein Schubfach, kein Schrank, den ich nicht durchsucht hätte! Einmal glaubte ich schon den Gegenstand meiner Nachforschungen gefunden zu haben, als ich beim Herumstöbern in einem Essenzen-Schränkchen zufällig eine Flasche Menthol zertrümmerte – das ich übrigens als ein höchst erfrischendes Parfüm empfehlen kann.

Mit schwerem Herzen kehrte ich in mein Zimmer zurück, um dort darüber nachzugrübeln, wie ich den Unfall vor meiner scharfsinnigen Frau verbergen könne, bis ich meine Vorbereitungen zu einer langen Reise außer Landes beendet haben würde; denn ich hatte sofort beschlossen, dem Schauplatz des Unglücksfalles möglichst bald und auf immer zu entfliehen. In einem fremden Lande, in dem ich ganz unbekannt war, konnte es mir immerhin gelingen, mein Gebrechen zu verbergen – ein Gebrechen, das noch mehr wie Bettelei dazu angetan war, mir die Neigung der Menge zu entfremden und die Verachtung aller Glücklichen auf mich Elenden zu entladen. Doch brauchte ich nicht allzulange nachzudenken. Von Natur aus geistig hoch veranlagt, lernte ich schnell die ganze Tragödie „Metamora" auswendig, denn ich erinnerte mich glücklicherweise, daß in dem Drama oder wenigstens in der Partie des Helden die Töne, deren ich beraubt war, vollständig unnötig waren und das Ganze durchweg mit tiefer, monotoner, gutturaler Stimme zu sprechen war.

Ich übte meine Rolle eine Zeitlang am Rande eines froschbewohnten Sumpfes ein, doch stand meine Absicht in durchaus keiner Beziehung zu der eines gewissen Demosthenes; ich verfolgte vielmehr meine eigenen, ganz besonderen Pläne. Als ich alles gelernt hatte, was zu lernen war, machte ich meine Gattin glauben, daß mich urplötzlich eine wilde Leidenschaft für die Bühne ergriffen habe. Es gelang mir wundervoll gut, und auf jede Frage, auf jeden Vorschlag konnte ich in meinen froschähnlichen Tönen mit irgendeiner Passage aus meinem Drama antworten, da ich zu meinem größten Vergnügen bemerkt hatte, daß jede beliebige Stelle bei jeder Gelegenheit paßte. Ich muß noch erwähnen, daß ich durchaus imstande war, zu schielen, die Zähne zu fletschen, mit den Knien zu schlottern, mit den Füßen zu scharren, kurz, alle jene unaussprechlich anmutigen Bewegungen zu vollführen, die man sehr richtig als das Charakteristikum eines guten Schauspielers ansieht. Man sprach allerdings eine Zeitlang davon, mich in die Zwangsjacke zu stecken, doch – und das war die Hauptsache – niemand ahnte, daß ich meinen Atem verloren hatte.

Als ich endlich meine Angelegenheiten in Ordnung gebracht, nahm ich mir eines schönen Morgens sehr früh einen Platz in der Postkutsche nach Brooklyn, nachdem ich meinen Bekannten gesagt, daß eine dringliche Angelegenheit in jener Stadt meine Anwesenheit dort unbedingt nötig mache.

Die Kutsche war pickevoll; doch konnte ich in dem ungewissen Zwielicht die Züge meiner Gefährten nicht unterscheiden. Ohne Widerspruch zu leisten, ließ ich mich zwischen zwei Herren von kolossalen Dimensionen plazieren, während ein dritter, der noch etwas dicker war, um Verzeihung bat, daß er sich der Länge nach über mich warf und im selben Augenblick einschlief, wobei er meine gutturalen Hilferufe mit einem Schnarchen übertönte, das die glühenden Stiere des Phalaris vor Neid zu noch röterem Erröten gebracht haben würde. Glücklicherweise schloß der gegenwärtige Zustand meiner Atmungsorgane einen Erstickungstod ja einfach aus.

Als der Tag anbrach, und wir uns dem Ziele der Reise näherten, erhob sich mein Peiniger, richtete seinen Hemdkragen zurecht und dankte mir vielmals und freundlichst für die ihm erwiesene Höflichkeit.

Als er bemerkte, daß ich regungslos sitzen blieb (meine Glieder waren nämlich alle ausgerenkt und mein Kopf nach einer Seite verdreht), stieg eine gewisse Befürchtung in ihm auf. Er rüttelte die übrigen Passagiere wach und teilte ihnen in bestimmtem Tone mit, daß man ihnen in der Nacht statt eines lebendigen, verantwortlichen Reisenden einen toten Mann untergeschoben habe; dabei puffte er mich kräftig auf das rechte Auge, um alle von der Wahrheit seiner Behauptung zu überzeugen.

Nun hielt es jeder im Wagen – wir waren zu neun – für seine Pflicht, mich an den Ohren zu ziehen. Ein junger Arzt hielt mir einen Taschenspiegel vor den Mund, fand, daß ich nicht atmete und es also mit der Behauptung meines Quälers seine Richtigkeit habe. Hierauf sprach die ganze Gesellschaft ihren Entschluß aus, eine solche Belästigung nicht länger zu dulden und nicht eine Minute mit dem Leichnam weiterzufahren.

Ich wurde also mit vereinten Kräften gerade unter dem Schild der „Krähe" – wir kamen nämlich gerade an dieser Kneipe vorbei – aus dem Wagen herausgeworfen, ohne dabei weiteren Schaden zu nehmen, als unter dem linken Hinterrad des Vehikels beide Arme zu brechen. Dem Kutscher muß ich überdies die Gerechtigkeit widerfahren lassen und konstatieren, daß er mir meinen größten Koffer nachwarf, der mir nur unglücklicherweise auf den Kopf fiel und mir dabei in äußerst liebenswürdiger Weise den Schädel brach.

Der „Krähenwirt" war ein sehr gastfreundlicher Herr, der, nachdem er gefunden, daß mein Koffer eine genügende Entschädigung für seine Mühe garantierte, einen Arzt aus seiner Bekanntschaft holen ließ, dessen Sorge er mich samt einer Rechnung von zehn Dollar überließ.

Man brachte mich in ein Zimmer und begann sofort mit den Operationen. Nachdem der Arzt mir meine Ohren abgeschnitten hatte, entdeckte er noch Lebenszeichen. Er klingelte nun und schickte nach dem benachbarten Apotheker, weil er mit diesem über den Fall konferieren wollte. Um sich von meiner Lebensfähigkeit wirklich zu überzeugen, den letzten Rest von Bedenken zu beseitigen, machte er einen Einschnitt in meinen Magen und nahm mir ein paar Eingeweide heraus, um privatim an ihnen weiter zu studieren.

Der Apotheker hielt mich jedoch für endgültig tot. Ich bemühte mich, diese Ansicht zu bekämpfen, indem ich mit den Füßen ausschlug und die tollsten Verrenkungen ausführte, denn die Operationen des Arztes hatten mir bis zu einem gewissen Grade wieder Gewalt über meine Glieder verliehen. Man schrieb alle diese Bewegungen jedoch der Wirkung einer elektrischen Batterie zu, mit welcher der Apotheker, ein sehr, sehr gelehrter Mann, verschiedene sonderbare Experimente ausführte, die mich, zumal ich ja äußerst persönlich beteiligt war, in hohem Grade interessierten. Es bereitete mir nur viel Verdruß, daß ich, trotz wiederholter Versuche, mich zu unterhalten, kein Wort hervorbringen, nicht einmal den Mund öffnen konnte, obwohl mir viel daran lag, auf seine geistreiche, wenn auch höchst phantastische Theorie das Nötige zu antworten. Meine genaue Kenntnis der hippokratischen Pathologie hätte mich nämlich unter anderen Verhältnissen in den Stand gesetzt, ihn gründlich zu widerlegen.

Da die beiden Medizinmänner zu keiner rechten Entscheidung kommen konnten, beschlossen sie, mich zu weiteren Untersuchungen aufzubewahren. Ich wurde auf eine Dachkammer gebracht, die Gattin des Arztes versah mich mit Hosen und Strümpfen, der Arzt selbst band meine Kinnladen zusammen – schloß dann die Tür von außen, ging zum Mittagessen und überließ mich der Stille und dem Nachdenken.

Mit außerordentlicher Freude entdeckte ich, daß ich hätte sprechen können, wenn nicht mein Kinn, wie gesagt, zusammengebunden gewesen wäre. Dieser Gedanke tröstete mich sehr, und ich begann schon, in Gedanken einige Stellen aus der „Allgegenwart Gottes" zu wiederholen, wie es meine Gewohnheit ist, ehe ich einschlafe, als zwei Katzen von gieriger, höchst tadelnswerter Gemütsart durch ein Loch in der Wand hereinspazierten, sich einander gegenüber auf mein Gesicht setzten und sich mit ungebührlichem Eifer mit meiner Nase beschäftigten.

Doch wie der Verlust seiner Ohren dem Meder auf den Thron des Cyrus verhalf, und die abgeschnittene Nase Babylon in die Hand des Zopyrus gab, so verdankte ich dem Verlust einiger Unzen meines Gesichtsfleisches die Rettung meines ganzes Körpers. Von Schmerz gepeinigt und von Unwillen erfaßt, zerriß ich mit einem einzigen Ruck meine Fesseln und die Kinnladenbandage. Dann durchschritt ich das Zimmer, warf einen verächtlichen Blick auf meine Gegner, riß das Fenster auf und stürzte mich zu ihrer großen Wut und Enttäuschung sehr geschickt hinaus.

Der Straßenräuber Wegelag, mit dem ich eine sonderbare Ähnlichkeit hatte, wurde in diesem Augenblicke aus dem Stadtgefängnis zum Schaffot gebracht, das man in der Vorstadt für ihn errichtet hatte. Da er äußerst gebrechlich und seit langem krank war, hatte man ihn nicht gefesselt. In sein Galgenkostüm gekleidet, das meinem augenblicklichen Anzug, in etwa wenigstens, glich, lag er auf dem Boden der Henkerskarre, die, wie gesagt, gerade in dem Augenblick meines Sturzes unter den Fenstern des Hauses vorüberkam, lang ausgestreckt, ohne andere Bewachung als den Kutscher, der schlief, und zwei Polizisten, die betrunken waren.

Das Unglück wollte es, daß ich mit meinen Füßen mitten in den Wagen fiel. Wegelag, ein scharfsinniger Bursche, nahm seinen Vorteil wahr. Er sprang sofort auf, vom Wagen herunter und war im Handumdrehen in einer langen Allee verschwunden. Die Polizisten erwachten von dem Geräusch, erkannten jedoch den Sinn der Veränderung, die da vor sich gegangen, nicht gleich. Da sie einen Mann, das genaue Gegenstück des Schurken, aufrecht im Wagen stehen sahen, glaubten sie, daß der Schuft – sie meinten natürlich Wegelag – sich auf die Socken machen wolle (so drückten sie sich aus); nachdem sie diese ihre Meinung einander mitgeteilt hatten, nahmen sie jeder erst einen Schluck und schlugen mich dann mit den Kolben ihrer Flinten zu Boden. Es dauerte nicht lange, bis wir den Ort unserer Bestimmung erreichten. Natürlich konnte ich zu meiner Verteidigung nicht das Geringste anführen. Gehangen zu werden, war mein unausweichliches Schicksal.

Halb gleichgültig, halb bitter gestimmt ergab ich mich darin. Da ich ziemlich zynisch veranlagt bin, war es mir, wie man verstehen wird, hundemäßig zu Mute. Der Henker jedoch legte mir kühl den Strick um den Hals, und man zog mir das Brett unter den Füßen fort.

Ich sehe davon ab, meine Gefühle am Galgen näher zu beschreiben, obgleich ich hier wahrheitsgetreu reden könnte und noch niemand über dies psycho-physiologische Thema ausführlich geschrieben hat. Denn, um wirklich glaubwürdig berichten zu können, muß man eben gehangen worden sein. Jeder Autor sollte sich, das ist meine ästhetische Überzeugung, auf Erzählungen aus seiner Erfahrung beschränken; weshalb Mark Antonius denn auch eine Abhandlung über das Betrunkenwerden verfaßte.

Doch möchte ich erwähnen, daß ich nicht starb. Mein Körper hing, aber ich hatte ja keinen Atem, dessen man mich hätte berauben können – und außer dem Druck des Knotens unter meinem gewesenen linken Ohr empfand ich keinerlei Unbequemlichkeit. Was den Ruck anbetrifft, den mein Nacken beim Fallen des Brettes empfand – nun, wenn ich an die Kopfverrenkungen denke, die mir der dicke Herr in der Postkutsche beigebracht hatte, so muß ich sagen, daß er beinahe schon die Wirkung eines Heilmittels ausübte.

Aus gewissen Gründen jedoch tat ich mein Bestes, um die Schaulust der Menge nicht zu kurz kommen zu lassen. Man sagte, daß meine Kon-

## Der verlorene Atem

vulsionen außerordentlich eindrucksvoll, meine Krämpfe kaum zu übertreffen gewesen wären. Man rief da capo. Verschiedenen Herren wurde es übel, eine ganze Anzahl von Damen mußte in hysterischen Anfällen nach Hause gebracht werden. Herr Pinxit machte sich die Gelegenheit zunutze und arbeitete sein wundervolles Bild „Der lebendig geschundene Marsyas" nach einer auf der Stelle angefertigten Skizze um.

Als ich in solcher Weise genügend Pläsier bereitet hatte, hielt man es für angemessen, meinen Körper vom Galgen zu entfernen – ganz besonders, weil der wahre Verbrecher mittlerweile erkannt und eingefangen worden war.

Man hatte, wie leicht erklärlich, jetzt lebhaft Sympathie mit mir, und da niemand Anspruch auf meinen Körper erhob, beschloß man, mich in einer öffentlichen Gruft zu bestatten.

Nachdem die gebührende Frist verstrichen war, setzte man mich also bei. Der Totengräber schloß hinter meinem Sarge ab, ging von dannen und ließ mich allein; so daß mich die Stelle aus Marstons „Malcontent":

> *„Der Tod ist ein lustiger Kerl*
> *Und hält ein offnes Haus"*

in dem Augenblick wie eine Lüge anmutete.

## Der verlorene Atem

Doch schlug ich den Deckel meines Sarges entzwei und stieg aus demselben heraus. Der Ort war trübe und feucht. Da ich mich langweilte, tastete ich mich, der Abwechslung halber, ein wenig durch die schön in Reihe und Glied aufgestellten Särge hindurch. Ich warf einen nach dem anderen zu Boden, riß ihre Deckel auf und erging mich in Betrachtungen über die Toten, die darinnen lagen.

„Dieser hier", monologisierte ich vor mich hin und stolperte dabei über einen aufgeschwemmten, aufgedunsenen, kugelrunden Kadaver, „ist im wahrsten Sinne des Wortes ein unglückseliger Mann gewesen. Ihn traf das schreckliche Los, nicht gehen, sondern nur watscheln zu können, durch das menschliche Leben nicht wie ein menschliches Wesen, sondern wie ein Elefant – nicht wie ein Mann, sondern wie ein Rhinozeros tapsen zu müssen. Seine Anstrengungen, vorwärtszukommen, waren nur so etwas wie Fehlgeburten; denn wollte er einen Schritt vorwärts tun, so mußte er gleichzeitig zwei nach rechts und drei nach links gehen. Seine Studien blieben auf die Lektüre der alten Griechen beschränkt; Knigges ‚Umgang mit Menschen' war für ihn ein Mysterium. Von den Wundern einer Pirouette kann er keine Vorstellung gehabt haben, und ein Walzer blieb ein Abstraktum für ihn. Er ist nie den Gipfel eines Berges hinangestiegen. Niemals hat er von einem Turme herab die Herrlichkeiten einer Großstadt besichtigen können. Die Hitze war sein Todfeind. In den Hundstagen lebte er ein Hundeleben. Er träumte dann von Feuerbränden und Erstickung – von Bergen auf Bergen – daß man den Pelion auf den Ossa getürmt. Mit einem Wort – er war kurzatmig – er war kurzatmig! Er hielt es für extravagant, Blasinstrumente zu spielen. Er war der Erfinder von selbsttätigen Fächern, Windsegeln und Ventilatoren. Er protegierte Herrn Puste, den Blasebalgverfertiger, und kam bei dem Versuch, eine Zigarre zu rauchen, elend ums Leben. Sein Fall interessiert mich aufs höchste – und ich bin von wahrem Mitgefühl für sein schreckliches Los erfüllt."

„Doch hier", fuhr ich fort, und zog mit boshaftem Lachen eine dürre, lange, sonderbar aussehende Persönlichkeit aus ihrem Futteral, deren bemerkenswertes Aussehen mich eigentümlich bekannt anmutete, „hier ist ein Elender, der auf kein Mitleid Anspruch erheben darf." Während ich so sprach, setzte ich meinen Daumen und Zeigefinger an seine Nase, ließ ihn auf dem Boden eine sitzende Stellung einnehmen, hielt ihn so mit ausgestrecktem Arme fest und fuhr in meinem Selbstgespräche fort: „– der auf kein Mitleid Anspruch erheben darf. Wer hätte auch Lust, einen Schatten zu bemitleiden? Und hat er nicht sein Teil von den Freuden der Erde reichlich erhalten? Er war der Schöpfer von hohen Monumenten – von Schießtürmen – von Blitzableitern – seine Abhandlung über ‚Schatten und Gespenster' hat ihn unsterblich gemacht. Mit bewunderungswerter Geschicklichkeit veranstaltete er die letzte Ausgabe von ‚Luftschloß und Windhose'. Er besuchte früh die Universität und studierte Pneumatik. Dann kam er nach Hause, schwätze unaufhörlich und blies das Waldhorn. Er schwärmte für Dudelsäcke. Pastor Wandein-Rennen, der gegen die Zeit anging, wäre sicher gegen ihn nicht angegangen. Windhaben und Vielatem waren seine Lieblingsschriftsteller – sein Lieblingsmaler war Atmosferi. Er starb glorreich beim Einatmen von Gas *levique flatu corrumpitur* – wie die *fama pudicitiae* bei Hieronymus. Er war zweifellos ein –"

„Wie können Sie nur – wie – können Sie nur –", unterbrach mich hier der Gegenstand meiner tadelnden Rede, schnappte nach Luft und riß mit verzweifelter Anstrengung die Bandage von seinem Kinn herunter, „– wie können Sie, Herr Ohneluft, so grausam sein und mich fortgesetzt in die Nase kneifen? Sahen Sie denn nicht, wie fest man mir den Mund zugebunden hat? Und Sie müssen doch wissen – wenn Sie überhaupt was wissen – über welch einen Überfluß an Atem ich verfüge! Wenn Sie es jedoch nicht wissen, so setzen Sie sich neben mich und Sie werden sehen. In meiner Lage ist es wahrhaftig eine Erleichterung, den Mund nur aufmachen zu können – sich mal auszusprechen – mit jemandem zu plaudern, der, wie Sie, nicht jeden Augenblick abberufen werden kann, wodurch die schönste Unterhaltung in die Binsen geht. Unterbrechungen sind lästig und sollten abgeschafft werden – meinen Sie nicht auch? Keine Antwort, wenn ich bitten darf – es ist vollständig genug, wenn eine Person auf einmal spricht. Ich bin bald fertig, und dann können Sie wieder anfangen. – Wie, zum Teufel, Herr, kamen Sie hierhin? Kein Wort, bitte – bin selbst schon einige Zeit hier – gräßliches Unglück! – hörte davon! schauerliche Kalamität! – ging unter Ihren Fenstern spazieren – ist schon einige Zeit her – als Sie zur Bühne gehen wollten – fürchterliches Ereignis – hörte von ‚Atem wieder einfangen' – he? – halten Sie nur den Mund, sage ich Ihnen – ich fing einen ein – hatte immer schon zuviel an meinem eigenen – traf Herrn Schwätzer an der Straßenecke – ließ mich nicht zu einem einzigen Worte kommen – verfiel natürlich in Epilepsie – Schwätzer lief weg – verfluche alle Narren! – Man hob mich für tot auf und brachte mich hier hin – nette Burschen, die das taten – hörte alles, was man von mir sagte – jedes Wort war eine Lüge – gräßlich wundervoll – zum Rasendwerden – scheußlich – unverständlich! – et cetera – et cetera – et cetera – et cetera! –"

Mein Erstaunen bei dieser unerwarteten Rede läßt sich kaum schildern, ebensowenig die Freude,

## Der verlorene Atem

mit welcher ich mich nach und nach überzeugte, daß der Atem, den der Mensch – ich erkannte in ihm alsbald meinen Nachbarn, Herrn Windgenug – aufgefangen hatte, unzweifelhaft die Ausatmung war, die ich in der Unterhaltung mit meiner Frau verlegt hatte. Zeit, Ort und Umstände benahmen auch den geringsten Zweifel darüber. Doch ließ ich den Gesichtsvorbau des Herrn Windgenug nicht los, wenigstens nicht während der langen Zeit, in welcher der Blitzableitererfinder mich seiner eingehenden Erklärungen würdigte.

Mich veranlaßte dazu eine gewisse, gewohnheitsmäßige Vorsicht, die von jeher ein eigentümlicher Charakterzug von mir gewesen. Ich dachte daran, wieviel Schwierigkeiten noch auf dem Wege meiner Neubelebung lägen, und daß ich sie nur mit allergrößter Kraftanstrengung würde überwinden können. Viele Leute, so dachte ich, sind nur zu geneigt, Dinge, die sich in ihrem Besitze befinden – wie wertlos, ja, wie lästig und unangenehm dieselben auch für sie selbst sein mögen – nach den Vorteilen zu schätzen, die andere von ihrem Besitz, nicht sie von ihrem Abhandenkommen haben würden. Konnte dies nicht bei Herrn Windgenug der Fall sein? Wenn ich so großes Verlangen nach dem Atem bezeigte, den er jetzt noch gern los sein wollte, setzte ich mich da nicht der Gefahr aus, sein Geiz werde ihn mir verweigern? Es gibt ja Schurken in der Welt, erinnerte ich mich seufzend, die sich kein Gewissen daraus machen, selbst mit ihrem nächsten Türnachbar unfair zu verfahren, und – dies ist eine Bemerkung des Epictet – gerade, wenn sie selbst verlangen, eine Bürde abzuwerfen, am wenigsten geneigt sind, die der anderen zu erleichtern.

Ich ließ also Herrn Windgenugs Nase noch immer nicht los und hielt es nach diesen und anderen Betrachtungen für angemessen, meine Antwort folgendermaßen in Worte zu kleiden –:

„Ungeheuer!" begann ich gutturaliter und im Ton tiefsten Abscheues, „Ungeheuer und doppelatmiger Idiot – bist du es – du, den der Himmel für seine Schändlichkeiten mit zweifacher Atmung strafte, bist du es, frage ich, der es wagt, mich mit den vertraulichen Tönen eines alten Bekannten anzureden? Und ich soll meinen Mund halten? Das ist allerdings eine hübsche Art und Weise, mit einem Herrn, der Gott sei Dank nur einen Atem hat, zu verkehren! – und das alles noch obendrein, da es in meiner Macht steht, die Unbequemlichkeit, unter der du gerechterweise leidest, von dir zu nehmen, und dich von deiner verruchten Doppelatmung zu befreien."

Ich wartete nun wie Brutus auf eine Antwort, mit der mich Herr Windgenug auch alsbald überschüttete. Entschuldigung folgte auf Entschuldigung, Abbitte auf Abbitte. Es gibt keine Ausdrücke des

## Der verlorene Atem

Bedauerns, die er nicht brauchte, und ich zog aus jedem seiner Worte den größtmöglichsten Vorteil.

Als die Präliminarien endlich erledigt waren, übergab mir mein Bekannter meinen Atem wieder, und ich stellte ihm nach genauer Prüfung desselben eine Quittung darüber aus.

Ich weiß, daß mich viele tadeln werden, weil ich in oberflächlicher Art und Weise von einer so seltenen, eigentlich unbegreiflichen Übertragung rede. Man wird sich wundern, daß ich nicht eingehender von den Einzelheiten eines Ereignisses rede, das – es ist nur zu wahr – ein neues Licht auf einen hochinteressanten Teil der physischen Philosophie hätte werfen können.

Auf all dies kann ich leider nicht antworten. Eine Andeutung ist die einzige Erwiderung, die ich zu machen imstande bin. Es spielten da gewisse Umstände mit – doch halte ich es wirklich für sicherer, möglichst wenig von einer Angelegenheit zu erzählen, die so delikat ist und zu gleicher Zeit die Interessen einer dritten Person angeht, deren schwefelige Rache ich mir zuzuziehen durchaus keine Lust habe.

Kurz nachdem wir die nötigen Anordnungen getroffen hatten, setzten wir unsere Flucht aus der Grabhöhle ins Werk. Es zeigte sich, daß die vereinte Kraft unserer wiederauferstandenen Stimmen genügte, die Aufmerksamkeit auf uns zu lenken: Der konservative Herr Redakteur Schere veröffentlichte zunächst einen Essay über „Natur und Ursprung unterirdischer Geräusche". In den Spalten der demokratischen Zeitung folgte dann eine Antwort – wieder eine Replik – eine neue Widerlegung – eine Berichtigung. Erst als man das Grab öffnete, bewies mein und Herrn Windgenugs Erscheinen, daß beide Parteien im Unrecht gewesen waren.

Ich kann die Erzählung der Einzelheiten dieser sehr merkwürdigen Epoche meines Lebens, das übrigens zu jeder Zeit ein ereignisreiches gewesen, nicht schliessen, ohne die Aufmerksamkeit des Lesers auf die Verdienste jener Philosophie zu lenken, die ein sicherer Schild gegen die Pfeile des Mißgeschickes ist, welche man weder sehen, fühlen, noch vollständig verstehen kann. Es lag im Geiste jener Weisheit, daß die alten Hebräer glaubten, die Tore des Himmels öffneten sich jedem, ob Sünder oder Heiliger, der nur mit voller Lungenkraft und absolutem Vertrauen das Wort „Amen" ausrufen konnte. Im Geiste jener Weisheit riet Epimenides während der großen Pest in Athen, nachdem man erfolglos alle Mittel zu ihrer Bekämpfung angewandt, „dem dafür geeigneten Gotte" einen Tempel zu errichten. So erzählt uns wenigstens Laertius.

## *Der künstliche Mann*

*Eine Erzählung aus dem letzten Kriege
gegen die Bugaboos und Kikapoos*

*Pleurez, pleurez, mes yeux, et fondez-vous en eau!
La moitié de ma vie a mis l'autre au tombeau.*
Corneille

ICH WEISS NICHT MEHR GENAU, wann oder wo ich zuerst die Bekanntschaft des schneidigsten aller Brigade-Generale, des Herrn John A.B.C. Smith, machte. Irgend jemand stellte mich ihm vor – soviel weiß ich bestimmt – bei irgendeiner öffentlichen Zusammenkunft – das ist mir vollständig klar – die zu einem wichtigen Zwecke abgehalten wurde – erinnere ich mich ganz deutlich – an irgendeinem Orte – ganz zweifellos – dessen Namen ich nur leider vergessen habe. Und um die Wahrheit zu gestehen: ich sah der Vorstellung mit einer Art Angst entgegen, die verhinderte, daß die Zeit oder der Ort, da sie stattfand, sich meinem Gedächtnisse einprägte. Ich bin von Natur ein wenig nervös – es ist ein Erbfehler, ich kann nichts dafür. Die geringste Andeutung von Geheimnis, die kleinste Kleinigkeit, die ich nicht ganz genau verstehen kann, versetzt mich sofort in einen bedauernswerten Zustand der Aufregung.

Über der ganzen Person des in Frage stehenden Mannes nun lag etwas Merkwürdiges, ja, ein höchst unerklärliches Etwas, und auch dieser Ausdruck erschöpft das, was ich sagen will, noch nicht vollkommen.

Er war vielleicht sechs Fuß hoch und von machtvollem, gebietendem Äußern. Ein gewisser Zug von Vornehmheit, der überall zum Vorschein kam, ließ auf beste Erziehung, ja, auf hohe Geburt schließen. Es gewährt mir eine gewisse melancholische Genugtuung, sehr ausführlich zu sein, wenn ich von seiner Erscheinung, seinem ganzen ‚äußeren Menschen' spreche. Sein Haar hätte einem Brutus Ehre gemacht. Man konnte sich einfach nichts Reicheres, Weicheres, nichts schöner Glänzendes vorstellen. Es war von schwarzer Färbung oder vielmehr Nicht-Färbung, wie seine unbeschreiblich schönen Koteletten. Wie Sie mir anmerken, kann ich von diesen letzteren nicht ohne einen gewissen Enthusiasmus sprechen; sie waren aber auch in der Tat das Vollkommenste, was man sich in der Art denken konnte. Zudem umkränzten und überschatte-

## DER KÜNSTLICHE MANN

ten sie teilweise einen Mund, der nie seinesgleichen hatte und haben wird. Er umschloß Zähne, deren Gleichmäßigkeit und Glanz an die Grenzen des Erdenklichen reichten. Und bei jeder geeigneten Gelegenheit drang zwischen ihnen eine Stimme hervor, die von größter Klarheit, voller Wohlklang und Kraft war. Auch seine Augen waren prächtig und dabei gut: jedes einzelne von ihnen wog ein ganzes Paar gewöhnlicher Sehorgane auf. Sie waren von tiefem Haselbraun, außerordentlich groß und glänzend und hatten stets jenen interessanten, etwas schiefen Blick, der dem Ausdruck Prägnanz und Kraft verleiht.

Die Büste des Generals war ohne Zweifel die imponierendste, die ich je gesehen. Und stünden hunderttausend Dollars zur Wette – Sie würden in ihrer wundervollen Proportion keinen Fehler entdecken können. Und diese ihre seltene Schönheit wurde noch durch ein Paar Schultern, die jeden marmornen Apollo vor Neid zum Erröten gebracht hätten, aufs Beste zum Abschluß gebracht. Ich habe eine wahre Leidenschaft für schöne Schultern und gestehe, daß ich vorher nie welche gesehen, die ganz und gar tadellos waren. Auch die Arme schienen wunderbar modelliert und die unteren Gliedmaßen nicht weniger vollkommen. Er besaß in der Tat das Nonplusultra schöner Beine. Jeder Kenner auf diesem Gebiete war der Bewunderung voll. Sie waren weder zu fleischig noch zu dünn, weder zu muskulös noch zu zart. Man konnte sich keine graziösere Biegung als die des *os femoris* vorstellen, und in der Gegend der *fibula* befand sich jener sanfte Vorsprung, der uns bei einem gut proportionierten Kalbe so gefällt. Ich wünsche bei Gott, mein junger, talentvoller Freund Chiponchipino, der Bildhauer, hätte die Beine des Brigade-Generals John A.B.C. Smith sehen können!

Doch obgleich so prächtig ausgestattete Menschen durchaus nicht wohlfeil sind, wie Gründe oder Brombeeren, konnte ich mich nicht zu dem Glauben bekehren, daß das merkwürdige Etwas – jenes eigentümliche *je ne sais quoi*, das meinen neuen Bekannten auszeichnete, einzig und allein in der erhabenen Vollkommenheit seiner Körperschönheit seinen Grund habe. Es mochte seinen Ursprung aus seinem Wesen herleiten, doch konnte ich auch dies nicht bestimmt behaupten. Es lag da eine gewisse Geradheit, um nicht zu sagen, Steifheit, in seiner Haltung, eine Art gemessener und, wenn der Ausdruck gestattet ist, rechtwinkeliger Präzision in jeder Bewegung, die einem bei einer kleineren Figur den Eindruck des Gekünstelten und Gezwungenen gemacht haben würde, bei einem Herrn von so großartigen Dimensionen jedoch nur als Reserve, Hoheit, Beherrschung ausgelegt werden konnte.

Der liebenswürdige Freund, der mich dem General John A.B.C. Smith vorstellte, flüsterte mir vorher einige orientierende Worte ins Ohr: „Er ist ein merkwürdiger Mann – ein sehr merkwürdiger Mann – ja, wahrhaftig einer der merkwürdigsten Männer der Zeit. Er ist ein besonderer Günstling der Damen, und zwar hauptsächlich, weil ihm der Ruf hohen Mutes vorangeht. In puncto Tapferkeit steht er vollständig ohne Rivalen da, er ist ein vollkommener Desperado, ein richtiger Feuerfresser, zweifellos –", sagte also mein Freund und ließ die Stimme bis zu einem leisen Flüstern sinken, wobei mir das Geheimnisvolle seines Tones durch Mark und Bein ging.

„Ein richtiger Feuerfresser – zweifellos. Und zwar zeigte er das in dem letzten fürchterlichen Kriege in den Sümpfen des Südens mit den Bugaboo- und Kikapoo-Indianern." Hier öffnete mein Freund seine Augen zu beträchtlicher Weite. „Hol mich der Teufel! – Blut und Kanonen! – Wunder der Tapferkeit! – Sie haben natürlich schon von ihm gehört – Sie wissen; er ist der Mann –"

„Herr du meines Lebens, wie geht's, wie steht's – bin sehr erfreut, Sie zu sehen", unterbrach ihn hier der General selbst, ergriff die Hand meines Freundes und verbeugte sich, als ich ihm vorgestellt wurde, steif, doch liebenswürdig. Ich glaubte damals und bin auch heute noch der Meinung, daß ich nie eine klarere, stärkere Stimme hörte, noch ein prachtvolleres Gebiß sah; doch muß ich gestehen, daß mir die Unterbrechung gerade in diesem Augenblicke ein wenig ungelegen kam, denn das eben erwähnte Geflüster hatte mein Interesse für den Helden des Bugaboo- und Kikapoo-Krieges im höchsten Grade rege gemacht.

Die wundervoll sprühende Unterhaltung des Brigade-Generals John A.B.C. Smith versöhnte mich jedoch bald wieder. Da mein Freund uns gleich darauf verließ, hatten wir ein langes tête-a-tête, und wir führten ein nicht nur entzückendes, sondern auch belehrendes Zwiegespräch. Ich habe niemals einen glänzenderen Redner, einen Menschen von umfassenderer Bildung gehört. Mit vornehmer Bescheidenheit vermied er jedoch das Thema, das mir am meisten auf dem Herzen lag – ich meine die geheimnisvollen Einzelheiten aus dem Bugaboo- und Kikapoo-Kriege, und mir verbot ein gewisses Gefühl von Delikatesse, diesen Gegenstand anzuschneiden, obgleich ich oft versucht war, es zu tun. Ich bemerkte bald, daß der tapfere Soldat philosophische Themata vorzog und mit besonderem Interesse bei dem rapiden Fortschritt der Erfindungen auf dem Gebiete der Mechanik verweilte. Ich konnte die Unterhaltung leiten, wohin ich wollte, immer wieder kam er auf diesen Punkt zurück.

„Es gibt nichts Wunderbareres", wiederholte er ein paarmal. „Wir sind ein wunderbares Volk und

## Der künstliche Mann

leben in einer wunderbaren Zeit: Fallschirme und Lokomotiven, elektrische Bahnen und Torpedos. Unsere Dampfer kreuzen auf allen Meeren, und der internationale Paket-Ballon verkehrt in allernächster Zeit regelmäßig zwischen London und Timbuktu. Der Fahrpreis für die ganze Tour beträgt nur 20 Pfund Sterling. Und wer kann den ungeheuren Einfluß berechnen, den die jüngst erkannten, großartigen Prinzipien des Elektro-Magnetismus auf unser soziales Leben, auf die Künste, den Handel, die Literatur haben werden? Und das ist noch lange nicht alles, versichere ich Ihnen. Die wundervollsten, die scharfsinnigsten und, gestatten Sie mir es zu behaupten, Herr – Herr – Thompson ist Ihr Name, nicht wahr? – die nützlichsten, die allernützlichsten mechanischen Erfindungen schießen täglich noch wie die Pilze um uns auf, wenn der Ausdruck gestattet ist oder wie die Heuschrecken, Herr Thompson, die im Sommer auf der Wiese nur so um uns herumspringen."

Thompson ist nun allerdings keineswegs mein Name; doch ist es wohl überflüssig zu sagen, daß ich, als ich den General verließ, von noch größerem Interesse für ihn erfüllt war, die beste Meinung von seinen gesellschaftlichen Talenten und zugleich ein tiefes Glücksgefühl mit nach Hause nahm, in dem Zeitalter der mechanischen Erfindungen zu leben. Doch war meine Neugierde nicht befriedigt worden, und ich beschloß, mit meinen Nachforschungen bei meinen Bekannten fortzufahren und mich besonders über die vielen entsetzlichen Einzelheiten aus jenem Feldzuge gegen die Bugaboos und Kikapoos informieren zu lassen.

Ich machte mir kein Gewissen daraus, die erste Gelegenheit, die sich bot, zu ergreifen, und zwar ergriff ich sie *(horresco referens)* in der Kirche des ehrwürdigen Pastors Drummummupp, in der ich mich eines Sonntags während der Predigt und an der Seite meiner wohlachtbaren und mitteilsamen kleinen Freundin Tabitha befand. Ich gratulierte mir zu diesem angenehmen Platze und überhaupt zum Stand der Dinge, denn wenn irgend jemand etwas über den Brigade-General John A.B.C. Smith wußte, so war es ohne Zweifel Tabitha. Wir telegraphierten uns ein paar Zeichen zu und begannen dann *sotto voce* eine lebhafte Unterhaltung.

„Smith?" fragte sie als Antwort auf meine sehr dringliche Frage. „Smith! – Sie meinen den General John A.B.C.? Du lieber Himmel, ich dachte, Sie wüßten längst alles über ihn! Wir leben wirklich in einem wunderbar erfindungsreichen Zeitalter! Das war übrigens 'ne gräßliche Sache! – ja, eine blutrünstige Sorte, die Kikapoos! – kämpfte wie ein Held – Wunder der Tapferkeit – unsterblicher Ruhm, Smith! Brigade-General John A.B.C. Smith! – Sie wissen, er ist der Mensch –"

## Der künstliche Mann

„– der Mensch!" rief hier Pastor Drummummupp aus Leibeskräften und schlug auf den Predigtstuhl, daß ich dachte, er würde ihn vor unseren Augen zusammenhauen. „Der Mensch, vom Weibe geboren, lebt kurze Zeit und ist voll Unruhe, gehet auf wie eine Blume und fällt ab, fliehet wie ein Schatten –"

Ich flog in die äußerste Ecke meines Kirchenstuhls zurück und erkannte aus den flammenden Blicken des Geistlichen, daß mein Geflüster mit der Dame diesen heiligen Zorn erregt hatte, der beinahe dem Predigtstuhl verhängnisvoll geworden wäre. Jedenfalls war jetzt nichts mehr zu erfahren, und ich ergab mich mit Grazie in mein Schicksal, in würdigem Schweigen die fromme Predigt zu Ende hören zu müssen. –

Der nächste Abend sah mich als einen verspäteten Gast in das Ouest-Theater eintreten, und ich wußte sofort, daß ich nun meine Neugierde befriedigen konnte, wenn ich die Loge aufsuchte, in der ich zwei Exempel von Liebenswürdigkeit und Allwissenheit sitzen sah, die Schwestern Arabella und Miranda Cognoscenti. Der berühmte Tragöde Climax spielte vor vollbesetztem Hause den Jago, und ich hatte einige Schwierigkeiten zu überwinden, ehe ich mich verständlich machen konnte, denn unsere Loge befand sich ganz vorn an der Bühne.

„Smith?" fragte Miß Arabella, nachdem sie endlich den Sinn meiner Frage verstanden hatte. „Smith! – Sie meinen den General John A.B.C.?"

„Smith?" fragte Miranda aus tiefem Sinnen heraus mechanisch, wie wenn sie gar nicht auf mich gehört hätte. „Smith – sahen Sie jemals eine schönere Figur?"

„Niemals, meine Gnädigste, aber bitte, sagen Sie mir –"

„Oder solch unnachahmliche Grazie?"

„Niemals, auf mein Wort! – aber bitte, sagen Sie mir –"

„Oder eine gerechtere Würdigung von Bühneneffekten?"

„Meine Gnädigste –"

„Oder ein feineres Gefühl für die wahren Schönheiten Shakespeares?"

„Zum Teufel!" – und ich wandte mich zu ihrer Schwester.

„Smith?" sagte sie. „Sie meinen den General John A.B.C.? Scheußliche Sache war das! Diese Halunken von Bugaboos – entmenschtes Pack! Aber wir leben in einer erfindungsreichen Zeit! Smith! – O ja, ein großer Mann – ein vollkommener Desperado – unsterblicher Ruhm – Wunder der Tapferkeit – früher nie von ihm gehört?" (Dies letztere wurde geschrien.)

„Herr du meines Lebens, er ist doch der Man–" –

„– Mandragora,
Noch alle Schlummersäfte von der Welt
Verschaffen je den süßen Schlaf dir wieder,
Den du noch gestern schliefst",

brüllte mir in diesem Augenblicke Climax in die Ohren und ballte die Faust so deutlich gegen mich, daß alles zu mir hinsah. Ich verließ die Damen Cognoscenti so schnell wie möglich, stürzte hinaus und gab dabei einem bettelnden Schurken einen Stoß, an den er, wie ich zuversichtlich hoffe, bis an sein Lebensende denken wird. –

Ich besuchte darauf die Soiree der famosen Frau Auftrumpf und hoffte, dort endlich meinem Wissensdurst genügen zu können. Kaum saß ich also meiner entzückenden Wirtin am Kartentische gegenüber, so tat ich auch schon die Frage, deren Beantwortung von größter Wichtigkeit für meinen Seelenfrieden war.

„Smith!" sagte meine Partnerin, „Sie meinen General John A.B.C.? Schauderhafte Begebenheit, nicht wahr! Verruchte Teufel – diese Kikapoos! Aber immerhin, wir leben im Zeitalter der Erfindungen, in dem Zeitalter, dem Zeitalter par excellence – ein wirklicher Held, ein richtiger Desperado! Unsterblicher Ruhm – Wunder der Tapferkeit – nie früher von ihm gehört?! Du lieber Himmel. Er ist doch der Mann –"

„– Mahn? Kapitän Mahn?" quiekte hier plötzlich eine schmächtige Frauenstimme aus der entferntesten Ecke des Zimmers. „Sprechen Sie von Kapitän Mahn und dem Duell? Oh – das muß ich hören! Fahren Sie fort, liebste Frau Auftrumpf – bitte, fahren Sie fort."

Und Frau Auftrumpf fuhr fort, alles Mögliche von einem gewissen Kapitän Mahn zu erzählen, der entweder erschossen oder erhängt werden sollte. Frau Auftrumpf fuhr also fort, und ich – ich lief fort. Denn es war absolut keine Aussicht vorhanden, daß ich an diesem Abende noch das Geringste über den Brigade-General John A.B.C. Smith erfahren würde.

Doch tröstete ich mich damit, daß die Flutzeit meiner Mißerfolge nicht ewig dauern könne, und beschloß, einen neuen Versuch zu wagen. Und zwar bei dem *thé dansant* des bezaubernden kleinen Engels, des süßen Fräuleins Pirouette.

„Smith?" sagte sie, als wir im anmutigsten *pas de zéphir* dahinschwebten – „Smith! Sie meinen den General John A.B.C.? Furchtbares Erlebnis mit den Bugaboos, nicht wahr? Grauenhafte Geschöpfe, diese Indianer – aber setzen Sie doch um Gottes willen Ihre Füße richtig – ich erröte fast für Sie – übrigens unglaublich mutiger Mann – und doch eigentlich armer Kerl jetzt – aber wir leben im Zeitalter der Erfindungen – ach, ich bin ganz außer Atem –

## Der künstliche Mann

ein wirklicher Desperado – Wunder der Tapferkeit – nie von ihm weiteres gehört?! – kann ich kaum glauben – wir wollen uns setzen, ich will Ihnen erzählen – Smith ist der Mann –"

„– Man*fred*, sage ich Ihnen", schrillte mir Fräulein Bas-Bleu zu, als ich Fräulein Pirouette zu ihrem Sitze geleitete. „Hörte man je so etwas? Ich sage, es heißt Man*fred* und durchaus nicht Man*fritz*."

Hier winkte mir Fräulein Bas-Bleu in durchaus nicht mißzuverstehender Weise, und ich mußte Fräulein Pirouette nolens volens verlassen, um einen Streit über den Titel eines gewissen dramatischen Gedichtes von Byron zu entscheiden. Obgleich ich prompt behauptete, dasselbe heiße Man*fritz*, konnte ich doch Fräulein Pirouette, auf die ich mich sofort wieder zustürzen wollte, nicht mehr entdecken – sie hatte sich wohl zu einem traulichen *tête a tête* zurückgezogen – und verließ das Haus voll bitterer Feindseligkeit gegen das ganze verdammte Geschlecht der Blaustrümpfe. –

Die Dinge bekamen also ein immer ernsthafteres Gesicht, und ich beschloß, geradewegs meinen Freund, den Herrn Theodor Sinivate, aufzusuchen, denn ich wußte, daß mir hier unbedingt etwas Ähnliches wie eine Aufklärung werden würde.

„Sm-i-i-i-th?" fragte er in seiner eigentümlichen Art und Weise, die Silben zu dehnen. „Sm-i-i-i-th? Sie meinen den General John A.B.C.? Verfluchte

Sache das mit den Kikapo-o-o-o-o-os, was? Meinen Sie nicht auch? – Der richtige Despera-a-a-a-do – furchtbar leid getan, auf Ehre – wundervoll erfinderisches Zeitalter! – A propos: hörten Sie jemals was von dem Kapitän Ma-a-a-an?"

„Kapitän Mann soll der Teufel holen!" sagte ich, „Fahren Sie lieber in Ihrer Erzählung fort."

„Gerne – 's ist übrigens ganz *la même chose*, wie man in Frankreich sagt. Smith? Brigade-General John A.B.C.? Ich hoffe doch –" (hier hielt es Herr S. für angezeigt, den Finger an die Nase zu legen) „ich hoffe doch, daß Sie nicht so tun wollen, als wüßten Sie über Smith nicht alles ebensogut wie ich selbst? Sm-i-th? John A.B.C.? Er ist doch der Ma-a-a-an –"

„Herr Sinivate!" rief ich flehentlich, „ist er der Mann mit der eisernen Maske?"

„Nei-ei-ein", entgegnete er, sehr weise aussehend, „noch der Mann im Mo-o-o-onde." Diese Antwort faßte ich direkt als eine Beleidigung auf und verließ das Haus in höchstem Groll und mit der festen Absicht, meinen Freund für dies ungentlemenlike Benehmen gelegentlich zur Rechenschaft zu ziehen. –

Mittlerweile war ich aber die Hindernisse, die sich meinem Erkenntnisdrange in den Weg legten, herzlich leid geworden, und mir blieb nur noch ein Ausweg übrig: Ich mußte direkt vom Fasse schöpfen. Und so beschloß ich denn, den General selbst

## Der künstliche Mann

aufzusuchen und von ihm klar und deutlich die Lösung dieses verfluchten Geheimnisses zu verlangen. Bei ihm würde sich keine Gelegenheit zur Ablenkung bieten. Ich wollte frei von der Leber, gerade heraus, unmißverständlich reden, kurz wie ein Bürstenhaar, knapp wie Tacitus oder Montesquieu.

Es war noch sehr früh, als ich bei ihm vorsprach, und er selbst noch bei der Toilette. Ich schützte jedoch ein dringendes Geschäft vor und wurde von dem Kammerdiener, einem alten Neger, in das Schlafzimmer geführt. Als ich dort eintrat, sah ich mich natürlich zuerst nach seinem Bewohner um, bemerkte ihn jedoch nicht. Dagegen sah ich nahe an der Tür und mir zu Füßen ein sonderbar genug aussehendes Bündel liegen, und da ich nicht in guter Laune war, gab ich ihm einen Tritt, daß es aus dem Wege flog.

„Nanu! Das ist ziemlich unhöflich!" sagte da das Bündel mit einer Stimme, die halb Quieken, halb Flüstern, und jedenfalls das Sonderbarste war, was meine Ohren in ihrem Leben gehört.

„Wahrhaftig, ziemlich unhöflich!"

Ich schrie vor Schreck auf und schoß in die äußerste Ecke des Zimmers.

„Du lieber Gott! Was ist denn los?" quiekte das Bündel von neuem. „Ich glaube fast, Sie kennen mich gar nicht!"

Was konnte ich dazu machen, was sollte ich sagen? Ich wankte in einen Sessel, saß da mit aufgerissenen Augen und Munde und wartete auf die Erklärung dieses Spuks.

„Doch müßte es auch mit seltsamen Dingen zugehen, wenn Sie mich so kennen sollten", quiekte das unbegreifliche Etwas wieder los, das jetzt am Boden eine mir unerklärliche Bewegung vollführte, die dem Strumpfanziehen ähnlich war. Doch sah ich nur ein einem Menschenbeine entsprechendes Ding.

„Das sollte wirklich mit seltsamen Dingen zugehen, wenn Sie mich so kennten, was? Pompejus, bring mir das Bein!" Der Neger kam gesprungen und brachte dem Bündel ein ausgezeichnetes Korkbein, das, schon bestrumpft, im Nu angeschnallt wurde. Darauf stand das Bündel vor meinen Augen vom Boden auf.

„'ne blutige Geschichte war es schon", fuhr das Ding wie im Selbstgespräch fort, „aber wenn man bloß mit einer Beule davonkommen will, muß man nicht mit den Kikapoos und Bugaboos kämpfen. Du würdest mich sehr verbinden, Pompejus, wenn du mir den Arm da reichen wolltest. Bei Thomas" (hier wandte es sich zu mir) „kriegen Sie ohne Zweifel das beste Korkbein; wenn Sie aber jemals einen Arm nötig haben sollten, verehrter Herr, so kann ich Ihnen Bischoff auf das Beste empfehlen." Mittlerweile hatte ihm Pompejus den Arm angeschraubt.

„Wir haben uns da famos herumgebalgt, das kann ich Ihnen sagen! – Nun, du Hund, zieh mir mal meine Schultern und die Büste an! Petit macht die besten Schultern, aber eine Büste verschafft man sich sehr gut bei Ducrow."

„Büste?" stammelte ich.

„Pompejus, wirst du denn endlich mit der Perücke kommen? Es ist eigentlich 'ne einigermaßen unzarte Behandlung, einen zu skalpieren; übrigens kann man sich bei de l'Orme ganz vorzüglich neue Wolle kaufen."

„Neue Wolle?"

„Na, Neger, meine Zähne! Ein gutes Gebiß verschaffen Sie sich am besten bei Parmly; hohe Preise, doch ausgezeichnete Arbeit. Ich habe die großartigsten Zähne verschluckt, als mich der dicke Bugaboo mit seinem Gewehrkolben in die Erde rammen wollte!"

„Gewehrkolben? In die Erde rammen? Bei meinem Auge –"

„Ach ja, apropos, Auge – hier, Pompejus, du Schuft, schraube es ein –, die Kikapoos sind mit dem Ausschlagen rascher bei der Hand. Der Doktor Williams ist übrigens ein genialer Kerl; Sie können sich nicht vorstellen, wie gut ich mit den Augen, die er macht, sehen kann." Ich fing nun allmählich an,

## Der künstliche Mann

zu bemerken, daß das Ding vor mir nicht mehr und nicht weniger war als mein neuer Bekannter, der Brigade-General John A.B.C. Smith. Die Handleistungen des Pompejus hatten nämlich das Äußere des Bündels in die nicht zu verkennende Persönlichkeit des Generals umgewandelt. Nur die Stimme war nicht die seinige, doch löste sich auch dies Geheimnis bald.

„Pompejus, schwarzer Hund!" quiekte der General, „ich glaube wirklich, du willst mich heute ohne Gaumen ausgehen lassen!"

Der Neger murrte eine Entschuldigung, kam auf seinen Herrn zu, öffnete dessen Mund mit der kundigen Hand eines Jockeys und befestigte in demselben einen sonderbar aussehenden Apparat. Augenblicklich änderte sich der Ausdruck in den Gesichtszügen des Generals, und als er sprach, hatte seine Stimme wieder den ganzen Wohlklang, der mir bei unserer ersten Vorstellung so aufgefallen war.

„Verdammte Halunken", sagte er so tönend und deutlich, daß ich vor Verwunderung fast außer mir geriet. „Verdammte Halunken! Sie schlugen mir nicht nur das Dach meines Mundes ein, sondern machten sich auch noch die Mühe, wenigstens sieben Achtel meiner Zunge abzuschneiden. Aber ich sage Ihnen, in ganz Amerika hat Bonfanti nicht seinesgleichen, was derartige Artikel anbetrifft. Ich kann Ihnen den Mann mit dem besten Gewissen

## Der künstliche Mann

empfehlen" (hier verbeugte sich der General) „und tue es auch mit dem größten Vergnügen."

Ich dankte ihm so gut ich konnte für diese Liebenswürdigkeit und verabschiedete mich bald. Ich wußte ja jetzt, wie die Sachen standen, und kannte das Geheimnis, das mich so lange Zeit gepeinigt hatte: Brigade-General John A.B.C. Smith war der Mann – war der Mann, der künstlich gemacht worden war.

## *Die Scheintoten*

Es GIBT GEWISSE THEMEN, die stets das größte Interesse erregen, aber zu schaurig sind, als daß man sie zum Gegenstand einer Erzählung machen dürfte. Der bloße Romancier darf sie nicht zu seinem Stoff wählen, wenn er nicht Gefahr laufen will, zu beleidigen oder abzuschrecken. Man kann sie schicklicherweise nur behandeln, wenn ihnen die ernste Majestät der Wahrheit heiligend und schützend beisteht. Wir schaudern zum Beispiel in schmerzlichster Wollust, wenn wir Berichte lesen über den Übergang über die Beresina, über das Erdbeben von Lissabon, über die Pest in London, über das Blutbad in der Bartholomäusnacht, über den Erstickungstod der hundertunddreiundzwanzig Gefangenen in dem schwarzen Loch zu Kalkutta. Doch immer ist es die Tatsache an sich – die Wirklichkeit – die Geschichte, die unser Interesse weckt. Wären diese Begebenheiten Erfindungen, sie würden nur unseren Abscheu erregen.

## Die Scheintoten

Ich habe einige wenige große und in ihrer Art teilweise großartige Schrecklichkeiten aus der Geschichte erwähnt; und es ist sowohl die Tragweite wie die besondere Art der betreffenden Begebenheiten, die unsere Phantasie so lebhaft erregt. Ich brauche den Leser wohl nicht zu versichern, daß ich aus der langen, schaurigen Liste menschlichen Elends Einzelfälle hätte herausgreifen können, bei denen die Leiden noch qualvoller waren, als bei irgendeinem dieser ungeheuren, beklagenswerten Ereignisse, die so zahlreiche Opfer forderten. In der Tat: die tiefste Tiefe von Elend, das Äußerste an Qual trifft immer den einzelnen, nicht eine Anzahl von Menschen. Das unheimliche Schmerzensübermaß des Todeskampfes muß der Mensch einzeln ertragen, nie wird es der Masse der Menschen zuteil; und dafür wollen wir einem gnädigen Gott danken.

Lebendig begraben zu werden ist ohne Zweifel die gräßlichste unter den Qualen, die das Schicksal einem Sterblichen zuteilen kann. Und daß dies oft, sehr oft geschieht, wird kein Nachdenkender leugnen können. Die Grenzlinien, die das Leben vom Tode trennen, sind immer schattenhaft und unbestimmt. Wer vermag zu sagen, wo das eine endet und das andere beginnt? Wir wissen, daß es Krankheiten gibt, bei denen ein vollkommener Stillstand jeder sichtbaren Lebensfunktion eintreten und bei denen dieser Stillstand doch nur eine Unterbrechung genannt werden kann. Es sind lediglich Pausen, in denen der unbegreifbare Mechanismus seine Tätigkeit einmal aussetzt. Eine gewisse Zeit verläuft, und irgendein geheimnisvolles Prinzip, das wir nicht kennen, setzt das magische Getriebe wieder in Bewegung. Die silberne Saite hatte ihre Spannkraft noch nicht verloren, noch war der goldene Bogen auf immer untauglich! Aber wo war indessen die Seele?

Abgesehen von dem aprioristischen Schluß, daß solche Ursachen solche Wirkungen hervorbringen müssen, daß in den nicht abzuleugnenden Fällen pausierender Lebensfunktion natürlicherweise dann und wann verfrühte Begräbnisse stattfinden müssen, abgesehen davon, haben Ärzte und Erfahrungen bewiesen, daß solche Beerdigungen in der Tat stattgefunden haben. Wäre es nötig, so könnte ich auf der Stelle wohl hundert erwiesene Fälle anführen.

Ein ganz besonders bemerkenswerter, dessen Einzelheiten manchem meiner Leser noch frisch im Gedächtnis sein werden, ereignete sich vor nicht allzulanger Zeit in Baltimore und erregte ein peinliches, heftiges und weitgehendes Aufsehen. Die Frau eines hochgeachteten Bürgers – eines namhaften Advokaten, der auch Mitglied des Kongresses war – wurde von einer plötzlichen, unerklärlichen Krankheit befallen, bei der die geschicktesten Ärzte

## Die Scheintoten

nicht aus noch ein wußten. Nach vielem Leiden starb sie oder wurde vielmehr für tot erklärt. Niemand ahnte oder hatte auch nur den geringsten Grund zu der Annahme, daß sie nicht wirklich tot sei. Ihr Körper wies alle Kennzeichen des Todes auf. Das Gesicht verfiel und schrumpfte zusammen, die Lippen zeigten die gewöhnliche Marmorblässe, die Augen waren glanzlos. Keine Spur von Wärme war mehr wahrnehmbar, der Herzschlag hatte vollständig ausgesetzt. Drei Tage lag der Körper aufgebahrt, und eine steinerne Leichenstarre war eingetreten. Dann nahm man eiligst die Beerdigung vor, weil das, was man für Verwesung hielt, rasche Fortschritte machte.

Die Tote wurde in der Familiengruft beigesetzt, die nun drei Jahre unberührt blieb. Nach Ablauf dieser Zeit wurde sie wieder geöffnet, um einen anderen Sarg aufzunehmen – doch ach! welch gräßlicher Schlag harrte des Gatten, der selbst die Grabstätte öffnete! Als er den Riegel der Tür, die sich nach außen öffnete, zurückschob, sank ihm klappernd ein weiß umhülltes Ding in die Arme. Es war das Skelett seiner Frau in ihrem noch nicht verfaulten Leichentuch.

Bei der nun folgenden sorgfältigen Untersuchung stellte sich heraus, daß sie zwei Tage nach dem Begräbnis wieder zu Bewußtsein gekommen sein mußte, daß ihre verzweifelten Anstrengungen im Sarg wohl bewirkt hatten, daß er von seinem Ständer auf den Fußboden gefallen und zerbrochen war, so daß sie selbst aus ihm heraussteigen konnte. Eine Lampe, die man zufällig mit Öl gefüllt in der Gruft gelassen hatte, wurde leer vorgefunden, doch konnte dies auch die Folge von Verdunstung sein. Auf der obersten Stufe, die in das Totengemach führte, lag ein Stück von dem Sarg, mit dem sie, in der Hoffnung gehört zu werden, gegen die eiserne Tür geschlagen haben mochte. Wahrscheinlich wurde sie alsbald ohnmächtig oder starb vor Schrecken: als sie niedersank, hakte sich dann ihr Leichentuch in einigen nach innen stehenden Eisenstücken fest. So blieb sie und verweste stehend.

Im Jahre 1810 ereignete sich in Frankreich ein Fall von vorzeitigem Begräbnis, dessen nähere Umstände die Richtigkeit der Behauptung, daß die Wahrheit seltsamer als alle Dichtung ist, von neuem beweisen. Die Heldin dieser Geschichte ist ein Fräulein Victorine Lafourcade, ein junges Mädchen aus reicher, vornehmer Familie und von großer Schönheit.

Unter ihren zahlreichen Anbetern befand sich auch ein gewisser Julien Bossuet, ein armer Literat oder Journalist, der in Paris lebte. Seine Talente und seine Liebenswürdigkeit schienen die Aufmerksamkeit der Erbin auf ihn gelenkt und ihm ihre Liebe erworben zu haben. Ihr Standesbewußtsein bestimmte sie aber endlich doch, ihn abzuweisen und einen Herrn Rénelle, einen Bankier und geschickteren Literaten, zu heiraten. Nach der Hochzeit wurde sie von ihrem Gatten vernachlässigt, ja, vielleicht sogar mißhandelt. Nachdem sie einige elende Jahre an seiner Seite dahingelebt, starb sie, wenigstens glich ihr Zustand so sehr dem Tode, daß er jeden, der sie sah, täuschte. Sie wurde begraben nicht in der Gruft, sondern in einem gewöhnlichen Grab auf dem Kirchhof ihres Heimatdorfes.

Verzweifelt und noch voll von der Erinnerung an seine ehemalige tiefe Zuneigung, reist der erste Liebhaber aus der Hauptstadt in die entfernte Provinz, in der das Dorf liegt, mit dem romantischen Vorsatz, den Leichnam auszugraben und sich die üppigen Locken der Toten anzueignen. Er findet das Grab, gräbt um Mitternacht den Sarg aus, öffnet ihn, und will gerade das Haar abschneiden, als sich die geliebten Augen öffnen: Man hatte die Dame lebendig begraben! Das Leben war noch nicht vollständig entwichen, und die Zärtlichkeiten ihres ehemaligen Geliebten hatten sie wohl aus der Lethargie, die man fälschlich für den Tod gehalten, erweckt. Er brachte sie in wahnsinniger Freude in seine Wohnung im Dorf und wandte alle Stärkungsmittel an, die ihm – er war in der Medizin ziemlich bewandert – nützlich erschienen. Kurz und gut, die Totgeglaubte kam wieder vollständig zum Leben. Sie erkannte ihren Retter und blieb so lange bei ihm, bis sie ihre frühere Gesundheit vollständig wiedererlangt hatte. Sie hatte kein Herz von Stein, und dieser letzte Beweis von Liebe genügte, um es zu erweichen. So schenkte sie es dem Bossuet. Zu ihrem Gatten kehrte sie nicht wieder zurück, sie hielt ihre Wiederauferstehung geheim und floh mit ihrem Geliebten nach Amerika.

Nach zwanzig Jahren kehrten beide nach Frankreich zurück, überzeugt, daß die Zeit das Aussehen der Dame so verändert habe, daß ihre Freunde sie nicht wiedererkennen würden. Doch täuschten sie sich; Herr Rénelle erkannte bei dem ersten Zusammentreffen seine Frau wieder und machte seine Ansprüche geltend. Sie weigerte sich, dieselben anzuerkennen; die Gerichte sprachen sich zu ihren Gunsten aus, indem sie erklärten, daß die eigentümlichen Umstände, sowie die lange, inzwischen verflossene Zeit die Ansprüche des Mannes ungültig gemacht hätten – nicht nur moralisch, sondern auch juristisch.

Das Leipziger Journal für Chirurgie – eine Autorität auf seinem Gebiet – brachte einmal einen Bericht über einen höchst betrüblichen, ähnlichen Vorfall.

Ein Offizier der Artillerie, ein Mann von mächtigem Körperbau und bester Gesundheit, wurde von einem scheuenden Pferde abgeworfen und erlitt eine schwere Kopfwunde, die ihn sofort bewußtlos machte. Doch schien direkte Gefahr nicht vorhanden, da der Schädelbruch nur ein unbedeutender war. Der Verletzte wurde mit Erfolg trepaniert. Man ließ ihn zur Ader und wandte auch sonst alle Erleichterungsmittel an. Allmählich jedoch verschlimmerte sich sein Zustand, er sank in Bewußtlosigkeit und anhaltende Erstarrung, so daß man ihn zuletzt für tot ansah.

Das Wetter war warm, und vielleicht war dies der Grund, daß er mit eigentlich unschicklicher Hast auf einem der öffentlichen Kirchhöfe begraben wurde. Das Begräbnis fand am Donnerstag statt. An dem darauffolgenden Sonntag wurde der Kirchhof wie gewöhnlich von einer zahlreichen Volksmenge besucht, und gegen Mittag entstand unter den Leuten eine ungeheure Aufregung, weil ein Bauer erklärte, er habe, als er auf dem Grab des Offiziers gesessen, ganz deutlich eine Erschütterung des Bodens gefühlt, als kämpfe unten jemand, um herauszugelangen.

Anfänglich schenkte man den Behauptungen des Mannes wenig Glauben, aber das offenbare Entsetzen und die Hartnäckigkeit, mit der er dieselben wiederholte, übten endlich ihre Wirkung auf die Menge aus. Man verschaffte sich schleunigst Spaten, und das oberflächlich bereitete, gar nicht tiefe Grab war bald so weit geöffnet, daß der Kopf seines

Bewohners zutage kam. Er war scheinbar tot, doch saß er fast aufrecht in dem Sarg, dessen Deckel er bei seinen wütenden Befreiungsversuchen zum Teil aufgestoßen hatte.

Er wurde sofort in das nächste Spital gebracht, wo man ihn als noch lebend, obgleich in asphyktischem Zustand befindlich, erklärte. Nach einigen Stunden kam er langsam zu sich, erkannte Personen aus seiner Bekanntschaft und erzählte in abgerissenen Sätzen von seiner Todesangst und Qual im Grab.

Aus dem, was er sagte, ging hervor, daß er nach dem Begräbnis noch länger als eine Stunde das Bewußtsein gehabt hatte, er lebe noch, und dann erst in den Zustand der Empfindungslosigkeit versank. Das Grab war nachlässig und mit besonders poröser Erde zugeworfen worden, so daß immerhin ein wenig Luft hindurchdrang. Er hörte die Tritte der Menge über sich und wollte sich ebenfalls bemerkbar machen. Es schien ihm, sagte er, als habe ihn der Trubel auf dem Kirchhof aus einem tiefen Schlaf geweckt, doch kaum war er vollständig erwacht, als ihm auch das Bewußtsein seiner gräßlichen Lage aufging.

Der Patient befand sich also, wie gesagt, in relativ günstigem Zustand, und es war die beste Hoffnung vorhanden, daß er sich vollständig wieder erholen würde; da wurde er das Opfer quacksalberischer Experimente. Man wandte nämlich die Voltasche

## Die Scheintoten

Säule bei ihm an, und er verschied in einem jener ekstatischen Paroxismen, welche die Anwendung der Elektrizität manchmal herbeiführt.

Da ich gerade von der Voltaschen Säule spreche, kommt mir ein wohlbekannter außerordentlicher Fall ins Gedächtnis, wo sich ihre Wirkung als ausgezeichnetes Mittel bei den Wiederbelebungsversuchen erwies, die man mit einem jungen Londoner Advokaten anstellte, der schon zwei Tage im Grab gelegen hatte. Auch dieser Fall – er geschah im Jahre 1831 – erregte überall, wo er besprochen wurde, das außerordentlichste Aufsehen.

Ein Herr Edward Stapleton war anscheinend an einem typhösen Fieber gestorben, das von einigen abnormen Symptomen begleitet gewesen war, die die Neugier der Ärzte erregt hatten. Nach seinem scheinbaren Tod wurden die Freunde ersucht, ihn sezieren zu lassen, doch willigten sie nicht ein. Wie es nun bei solchen Weigerungen öfters geschieht, beschlossen die Ärzte, den Körper heimlich auszugraben und die Sezierung im verborgenen und in aller Muße vorzunehmen. Man setzte sich mit leichter Mühe mit ein paar Leichenräubern in Verbindung, von denen London damals wimmelte, und in der dritten Nacht nach dem Begräbnis wurde der scheinbare Leichnam aus einem acht Fuß tiefen Grab wieder ausgegraben und in das Operationszimmer eines Privathospitals gebracht.

## Die Scheintoten

Als bei einem ziemlich großen Schnitt in den Unterleib das frische, unverweste Aussehen des Körpers auffiel, beschloß man, Gebrauch von der galvanischen Batterie zu machen. Ein Experiment folgte dem anderen, und die gewohnten Wirkungen traten ein, ohne daß etwas Auffälliges zu bemerken gewesen wäre, außer daß die Konvulsionen ein paar Mal in ganz außerordentlich hohem Grade an das wirkliche Leben erinnerten.

Es war schon spät in der Nacht, der Tag begann zu dämmern, und man entschloß sich, zur Sektion selbst überzugehen. Ein Student jedoch wollte noch eine von ihm aufgestellte Theorie erproben und bestand darauf, den elektrischen Strom noch einmal auf die Brustmuskeln wirken zu lassen. Man machte einen tiefen Schnitt und führte schnell einen Draht in die Wunde.

Da stieg der Patient mit einer eiligen, aber absolut nicht krampfhaften Bewegung vom Tisch, trat in die Mitte des Zimmers, blickte ein paar Sekunden unbehaglich umher – und sprach. Was er sagte, war nicht verständlich, doch sprach er jedenfalls Worte aus, da man deutliche Silbenbildung vernahm. Dann fiel er schwer zu Boden.

Einige Sekunden lang standen die Anwesenden ganz schreckerstarrt – doch bald brachte die Dringlichkeit des Falles sie in den Besitz der vollen Geistesgegenwart zurück. Es war offenbar, daß Herr

## DIE SCHEINTOTEN

Stapleton noch am Leben, wenn jetzt auch ohnmächtig war. Durch Anwendung von Äther wurde er vollständig zu sich gebracht und erlangte bald seine Gesundheit wieder. Seinen Angehörigen gab man ihn jedoch erst dann zurück, als keine Gefahr für einen Rückfall mehr zu befürchten war. Ihr Erstaunen, ihre Freude und ihr Entzücken kann man sich kaum vorstellen!

Das schaudererregend Merkwürdige dieses Falles ist jedoch das, was Herr Stapleton selbst erzählt. Er erklärt, daß er keinen Augenblick vollständig gefühllos gewesen sei, daß er, wenn auch nur dumpf und verworren, von allem Bewußtsein gehabt habe, was man mit ihm vorgenommen, von dem Augenblick an, in dem ihn die Ärzte für tot erklärten, bis zu dem, wo er im Spital ohnmächtig zu Boden gesunken. „Ich lebe noch", das waren die unverständlichen Worte, welche er, als er den Seziersaal erkannte, im Übermaß des Entsetzens hatte aussprechen wollen.

Es wäre mir ein Leichtes, noch viele solcher Geschichten hier anzuführen, aber ich sehe davon ab, da wir ihrer, wie gesagt, nicht bedürfen, um die Tatsache festzustellen, daß verfrühte Begräbnisse stattfinden. Und wenn wir uns daran erinnern, wie selten es in unserer Macht steht – die Natur der Sache macht dies ja leicht begreiflich –, dergleichen Ereignisse zu entdekken, dann müssen wir sogar anneh-

## Die Scheintoten

men, daß sie häufig vorkommen. Man kann in der Tat kaum einen Kirchhof umgraben, ohne Skelette in Stellungen zu finden, die zu den grauenvollsten Mutmaßungen führen müssen.

Wahrhaftig grauenvoll ist solch eine Mutmaßung, noch grauenvoller aber das Schicksal eines Lebendigbegrabenen. Man kann wohl ohne weiteres behaupten, daß kein Unfall ein solches Übermaß körperlicher und seelischer Qualen mit sich bringt als das Lebendig-Begrabenwerden. Der unerträgliche Druck auf die Lungen – die erstickenden Ausdünstungen der feuchten Erde – die peinigende Enge der Totenkleider – die rauhe Umarmung der schmalen Ruhestätte – die schwarze, undurchdringliche Nacht – die Stille, die wie ein Meer über dem Unglückseligen zusammenschlägt – die unsichtbare, aber gefühlte Gegenwart des ewigen Siegers Tod – alles dies und dazu die Erinnerung an die freie Luft und das Gras über einem – an treue Freunde, die uns zu retten eilen würden, wüßten sie bloß von unserem Schicksal – und die Gewißheit, daß sie es nie, nie wissen werden, daß der wirkliche Tod hoffnungslos unser Teil geworden ist. Alles dies muß das noch klopfende Herz mit solch gräßlichem, unerträglichem Grausen erfüllen, daß auch die kühnste Phantasie vor seiner Ausmalung zurückschaudert. Wir kennen auf Erden nichts Fürchterlicheres – und können uns nichts Scheußlicheres ausdenken; und so wecken denn alle Erzählungen, die an dieses Thema anknüpfen, ein tiefes Interesse – ein Interesse, das bei der heiligen Furchtbarkeit des Themas ganz besonders durch die Überzeugung verstärkt wird, daß die Wahrheit berichtet wird.

Was ich nun zu erzählen habe, weiß ich wirklich und gewiß – weiß ich aus eigener Erfahrung.

Seit mehreren Jahren war ich Anfällen jener merkwürdigen Krankheit unterworfen, die die Ärzte, mangels eines bezeichnenden Namens, Katalepsie genannt haben. Obgleich die unmittelbaren und mittelbaren Ursachen, ja, sogar die Diagnose des Übels noch immer nicht festgestellt, noch immer Geheimnis sind, so kennt man doch seine äußeren wesentlichen Erscheinungen zur Genüge. Variationen scheinen nur bezüglich der Heftigkeit der Erkrankung vorzukommen. Zuweilen liegt der Patient nur einen Tag lang, ja, oft auch noch kürzere Zeit in einem lethargischen Zustand. Er ist ohne Empfindung und äußerlich vollständig bewegungslos, doch ist noch ein schwacher Herzschlag bemerkbar; eine ganz geringe Wärme bleibt sowie ein leichter Anflug von Farbe auf den Wangen; und bringt man einen Spiegel an die Lippen, so kann man eine langsame, schwache, ungleiche Lungentätigkeit wahrnehmen. Andererseits kann die Erstarrung aber auch wochen-, ja, monatelang

## Die Scheintoten

anhalten, und selbst die genaueste Untersuchung und die stärksten medizinischen Mittel können keinen materiellen Unterschied zwischen dem Zustand des Leidenden und dem, was wir Tod nennen, konstatieren. Gewöhnlich wird ein solcher Unglücklicher nur dadurch vor dem Lebendig-Begrabenwerden gerettet, daß seine Freunde wissen, daß er öfter dergleichen Anfällen unterworfen ist, und deshalb mit Recht mutmaßen, der Tod sei noch nicht eingetreten – oder dadurch, daß man beobachtet, wie die Verwesung allzu ersichtlich nicht eintritt. Glücklicherweise macht die Krankheit nur gradweise Fortschritte. Schon die ersten Anzeichen sind charakteristisch und unzweideutig. Die Anfälle werden allmählich ausgeprägter, und jeder folgende dauert länger als der vorhergehende. Dies bewahrt die Kranken hauptsächlich vor dem Lebendig-Begrabenwerden. Der Unglückselige, dessen erster Anfall schon die Heftigkeit eines seiner späteren hätte, würde diesem Schicksal wohl kaum entgehen.

Mein Krankheitsfall wich in keinem wesentlichen Punkt von denen ab, die man in medizinischen Schriften erwähnt findet. Zuweilen versank ich ohne ersichtliche Ursache allmählich in eine halbe Ohnmacht, und in diesem schmerzlosen Zustand, in dem ich mich nicht bewegen, noch sprechen, noch denken konnte, aber immerhin noch ein dun-

## Die Scheintoten

kles Bewußtsein vom Leben und von der Gegenwart der Personen, die mein Bett umstanden, hatte, blieb ich, bis die Krisis der Krankheit mir ganz plötzlich den Gebrauch meiner Sinne wiedergab.

Zu anderen Zeiten ergriff mich die Krankheit jäh und unerwartet. Mir wurde übel, eine Taubheit legte sich auf meine Glieder, ich fröstelte. Dann ergriff mich ein Schwindel und warf mich plötzlich nieder. Und nun war wochenlang alles schwarz, leer und stumm – die ganze Welt sank mir in ein Nichts. Die vollständigste Vernichtung kann nicht mehr sein als dieser Zustand. Aus solchen Anfällen erwachte ich jedoch im Vergleich zu der Plötzlichkeit, mit der sie kamen, nur sehr langsam. Und so langsam wie dem freund- und heimatlosen Bettler, der die lange, öde Winternacht hindurch die Straßen durchirrt, so langsam, so zögernd, so befreiend strahlte auch mir das Licht der rückkehrenden Seele wieder zu.

Abgesehen von diesen Krampfanfällen schien mein allgemeiner Gesundheitszustand ein guter; ich bemerkte nie, daß meine Krankheit ihn in irgendeiner Weise beeinflußte, wenn man nicht eine Idiosynkrasie in meinem gewöhnlichen Schlaf aus ihr herleiten will. Wenn ich aus dem Schlummer erwachte, konnte ich nie auf einmal wieder die Herrschaft über meine Sinne antreten, sondern blieb stets noch mehrere Minuten lang verwirrt und verlegen, da mich meine gedanklichen Fähigkeiten, besonders das Erinnerungsvermögen, verlassen zu haben schienen.

Körperliche Leiden hatte ich nicht zu erdulden, dagegen eine Unendlichkeit an Seelenqualen. Meine Phantasie beschäftigte sich nur noch mit Leichen. Ich sprach nur noch von Würmern, von Gräbern und Grabinschriften. Ich verlor mich in Grübeleien über den Tod, und der Gedanke, zu früh begraben zu werden, setzte sich fast als Gewißheit in meinem Kopf fest. Das Gespenst der Gefahr, die mich bedrohte, verfolgte mich Tag und Nacht. Am Tag war die Qual solcher Vorstellungen schon groß, in der Nacht fast übermenschlich. Wenn die Dunkelheit ihre grauen Fittiche über die Erde breitete, ließ mich das Grausen über meine Gedanken erbeben – wie die Trauerwedel auf einem Leichenwagen zittern. Konnte meine Natur das Wachen nicht länger ertragen, so überließ ich mich nur nach hartem Kampf dem Schlaf, denn mich schauderte bei dem Gedanken, mich erwachend vielleicht in einem Grab wiederzufinden. Und fiel ich endlich in Schlaf, so versank ich in eine Welt gespenstischer Traumgestalten, die meine Grabesidee mit riesigen, schwarzen Fittichen beschattete.

Von den unzähligen Greuelszenen, die ich im Traum schauen mußte, will ich nur eine einzige erzählen. Es war mir, als sei ich in einen Starrkrampfanfall von ungewöhnlich langer Dauer und Heftigkeit versunken. Plötzlich berührte eine eisige Hand meine Stirn, und eine ungeduldige, kaum verständliche Stimme flüsterte die Worte „Steh auf!" in mein Ohr.

Ich setzte mich aufrecht. Die Dunkelheit war undurchdringlich. Ich konnte die Gestalt dessen, der mich geweckt, nicht erkennen. Ich konnte mich weder der Zeit erinnern, zu der ich in die Erstarrung versunken, noch hatte ich eine Vorstellung von dem Ort, an dem ich mich befand. Und während ich noch regungslos saß und mich bemühte, meine Gedanken zu sammeln, ergriff die kalte Hand zornig die meine, schüttelte sie heftig, und die Stimme sagte wieder:

„Steh auf! Befahl ich dir nicht, aufzustehen?"

„Und wer", fragte ich, „bist du?"

„Ich habe keinen Namen in den Regionen, die ich jetzt bewohne", antwortete die Stimme trauervoll. „Ich war sterblich, nun bin ich zum Leben eines Dämons erwacht; ich war unbarmherzig, nun bin ich barmherzig; du fühlst, daß ich schaudere. Meine Zähne klappern, während ich rede, doch nicht weil die Nacht kalt ist – diese Nacht ohne Ende. Aber die Gräßlichkeiten sind unerträglich. Wie kannst du ruhig schlafen? Ich finde keine Ruhe vor dem Schrei dieser großen Todesqualen. Diese Seufzer sind mehr, als ich ertragen kann. Auf! Auf! Komm mit mir in die äußere Nacht, ich will dir die Gräber enthüllen. Ist dies nicht ein Schauspiel voll Weh? Sieh hin!"

Ich sah hin; die unsichtbare Gestalt, die noch immer mein Handgelenk umklammert hielt, hatte die Gräber der ganzen Menschheit sich öffnen heißen, und aus jedem kam der schwache phosphoreszierende Glanz der Verwesung hervor, so daß ich in die verborgensten Höhlen schauen und die leichentuchumhüllten Körper in ihrem trüben, feierlichen Schlaf bei den Würmern erblicken konnte. Aber ach! Die wirklichen Schläfer waren millionenfach seltener als die, die nicht schlummerten; ein schwaches Kämpfen ging durch ihre Reihen; eine irre, matte Rastlosigkeit; und aus den Tiefen zahlloser Gruben kam ein trauervolles Rascheln der Gewänder der Begrabenen; und ich sah, daß eine ungeheure Zahl derer, die regungslos zu ruhen schienen, die starre, steife Lage, in der man sie begraben, verändert hatte. Und während ich noch schaute, sagte die Stimme wieder zu mir:

„Ist das nicht – o Gott, ist das nicht ein erbarmungswürdiger Anblick?" Doch ehe ich noch ein Wort der Erwiderung finden konnte, hatte die Gestalt meine Hand losgelassen, der Lichtschein verlosch; die Gräber schlossen sich mit plötzlicher Gewalt, während verzweifelte Schreie aus ihnen hervorströmten: „Ist das nicht – o Gott, ist das nicht ein erbarmungswürdiger Anblick?"

## Die Scheintoten

Solche schrecklichen nächtlichen Phantasien dehnten ihren unheilvollen Einfluß auch auf meine wachen Stunden aus. Meine Nerven wurden zerrüttet, ich lebte in beständigem Entsetzen. Nicht mehr reiten wollte ich, nicht spazierengehen, noch überhaupt das Haus verlassen. Zum Schluß wagte ich überhaupt nicht mehr, mich aus der unmittelbaren Gegenwart derer zu entfernen, die um meine Zufälle wußten, nur, damit ich nicht, sollte sich wieder ein Anfall einstellen, begraben werden würde, ehe man meinen wirklichen Zustand erkannt hätte. Ich mißtraute der Pflege, der Treue meiner liebsten Freunde und fürchtete, daß sie mich bei einer Erstarrung von vielleicht ungewöhnlich langer Dauer doch für tot ansehen würden. Ich ging sogar so weit, anzunehmen, daß sie einen längeren Anfall mit Freuden als Gelegenheit begrüßen würden, mich und damit die Mühe, die ich ihnen bereitete, endgültig loszuwerden. Vergeblich bemühten sie sich, mich durch die feierlichsten Versprechungen zu beruhigen. Sie mußten mir mit den heiligsten Eiden schwören, daß sie mich unter keinen Umständen begraben lassen würden, bis die Zersetzung so weit vorgeschritten sei, daß jede Erhaltung ausgeschlossen war. Und selbst dann noch ließ sich meine Todesangst durch keine Vernunftsgründe, keinen Trost beschwichtigen. Ich traf zahlreiche Vorsichtsmaßregeln. Unter anderem ließ ich die

Familiengruft so umändern, daß sie von innen leicht zu öffnen war. Der leiseste Druck auf einen langen Hebel, der weit in das Grab hineinragte, verursachte, daß die Eisentüren weit aufflogen. Außerdem waren Vorkehrungen getroffen, daß Luft und Licht freien Zutritt hatten, und im übrigen waren in unmittelbarer Nähe des Sarges, der mich einst beherbergen sollte, passende Gefäße zur Aufnahme von Speise und Trank befestigt worden. Der Sarg selbst war warm und weich gefüttert und mit einem Deckel geschlossen, der nach demselben Prinzip wie die Grufttür gebaut und mit Sprungfedern versehen war, die ihn bei der schwächsten Bewegung im Sarg aufspringen ließen und die eingeschlossene Person in Freiheit setzten. Überdies war an der Decke des Gewölbes eine große Glocke aufgehängt, deren Seil, wie abgemacht wurde, durch ein Loch in den Sarg geführt und an der Hand des Leichnams befestigt werden sollte. Doch ach! Was vermag alle Vorsicht gegen das Schicksal? Nicht einmal diese so wohl erdachten Sicherheitsregeln genügten, einen Bedauernswürdigen, zu diesem Los Vorherbestimmten, von den Höllenqualen des Lebendig-Begrabenwerdens zu retten.

Es kam wieder einmal eine Zeit, in der ich – wie es schon oft geschehen war – fühlte, daß ich aus vollständiger Bewußtlosigkeit zu einem ersten, schwachen Gefühl des Daseins zurückkehrte. Langsam – mit schildkrötenhafter Langsamkeit kam das schwache, graue Dämmern meines geistigen Tages herauf. Eine starre Unbehaglichkeit. Ein apathisches Ertragen dumpfen Schmerzes. Keine Furcht, keine Hoffnung – keine Bewegung. Dann nach langer Pause ein Sausen in den Ohren; dann nach längerer Zeit eine prickelnde oder stechende Empfindung in den Extremitäten; dann eine scheinbar endlose Zeit genußreicher Ruhe, während welcher die erwachenden Gefühle sich zu Gedanken formen wollten; dann ein kurzes Zurücksinken ins Nichtsein; dann ein plötzliches Zusichkommen. Endlich ein leichtes Zucken des Augenlides und gleich darauf der elektrische Schlag eines tödlichen, endlosen Schreckens, der das Blut aus den Schläfen zum Herzen peitschte. Und nun der erste Versuch, wirklich zu denken. Und dann die erste Anstrengung, sich zu erinnern. Ein teilweiser, vorübergehender Erfolg. Bis schließlich das Erinnerungsvermögen so weit wiederhergestellt war, daß ich mir meines Zustandes bewußt wurde. Jedenfalls fühlte ich, daß ich nicht aus einem gewöhnlichen Schlaf erwachte. Und es ward mir klar, daß ich wieder einen meiner Anfälle gehabt hatte. Da aber schlägt wie ein Ozean das Bewußtsein einer grauenvollen Gefahr über mir zusammen, die geisterhafte Idee beherrscht mich wieder.

Einige Minuten blieb ich regungslos. Warum? Ich

konnte den Mut nicht finden, auch nur eine einzige Bewegung zu machen. Ich wagte es nicht, mich von meinem Schicksal zu überzeugen, und doch flüsterte irgend etwas in meinem Herzen mir die Gewißheit zu. Eine Verzweiflung, wie sie keine andere Art menschlichen Elendes hervorbringen kann, trieb mich endlich dazu, ein Augenlid zu öffnen. Es war dunkel – undurchdringlich dunkel um mich. Ich wußte, daß die Krisis längst vorbei war. Ich wußte, daß ich den Gebrauch meines Sehvermögens vollständig wiedererlangt hatte, und doch war alles dunkel, undurchdringlich dunkel, die äußerste, lichtloseste, undurchdringlichste Nacht!

Ich versuchte zu schreien, meine Lippen und meine trockene Zunge bewegten sich mit krampfhafter Anstrengung; doch kein Ton entrang sich meinen Lungen, die wie von einer Bergeslast bedrückt nach Luft schnappten und zu zerreißen drohten.

Als ich bei dem Versuch zu schreien, die Kinnbacken bewegen wollte, hatte ich gefühlt, daß man sie, wie bei Toten üblich, umbunden hatte. Ich fühlte ferner, daß ich auf etwas Hartem lag und etwas Ähnliches mich auch an den Seiten drückte. Bis jetzt hatte ich noch nicht gewagt, ein Glied zu rühren, nun aber warf ich meine Arme, die ausgestreckt mit gekreuztem Handgelenk dagelegen, heftig in die Höhe. Sie stießen sich an einen festen, hölzernen

## Die Scheintoten

Gegenstand, der sich über meinem ganzen Körper, vielleicht in der Höhe von sechs Zoll, ausdehnte. Nun konnte ich nicht länger zweifeln, daß ich in einem Sarg war.

Aber da erschien mir in all dem grenzenlosen Elend ein süßer Hoffnungsengel – ich dachte an meine Vorsichtsmaßregeln. Ich wand mich und machte krampfhafte Anstrengungen, den Deckel zu öffnen – er war nicht zu bewegen. Ich suchte an meinen Handgelenken nach dem Glockenseil – es war nicht zu finden. Da entfloh mein Tröster für immer, und gräßliche Verzweiflung fiel mich an: ich bemerkte, daß die Polster fehlten, die ich für meinen Sarg hatte herrichten lassen, und dann drang plötzlich der starke, eigentümliche Geruch feuchter Erde in meine Nase. Nein, ich konnte mich nicht mehr betrügen – ich lag nicht in der Gruft. Ich war während einer Abwesenheit von zu Hause bei Fremden in Starrkrampf verfallen, wann oder wie? Dessen entsann ich mich nicht mehr; und sie hatten mich wie einen Hund begraben, in einen gewöhnlichen Sarg eingenagelt und tief, tief und auf ewig in ein gewöhnliches, unbekanntes Grab verscharrt.

Als diese fürchterliche Überzeugung über mich gekommen, versuchte ich noch eins: zu schreien; und es gelang mir. Ein langer, wilder, anhaltender Schrei oder vielmehr ein tierisches Gebrüll der Todesangst durchdrang die Reiche der unterirdischen Nacht.

„Hallo, hallo, was soll das?" antwortete mir eine unwillige Stimme.

„Zum Teufel, was ist denn los?" hörte ich eine zweite.

„Heraus mit ihm!" meinte eine dritte.

„Was fällt Ihnen ein, hier wie eine wilde Katze zu heulen?" fragte eine vierte; und dann fühlte ich mich gepackt und ohne weitere Umstände ein paar Minuten lang von ein paar ziemlich rauhbeinig aussehenden Gesellen derb hin und her geschüttelt. Sie weckten mich nicht aus dem Schlaf, denn ich war, als ich schrie, schon völlig erwacht, sie gaben mir nur den vollen Besitz meines Gedächtnisses wieder.

Das Abenteuer ereignete sich in Virginia, bei Richmond.

In Begleitung eines Freundes hatte ich einen kleinen Jagdausflug den James River hinab unternommen.

Eines Nachts hatte uns ein Sturm überrascht; die Kajüte einer kleinen Schaluppe, die mit Mutterboden beladen im Fluß vor Anker lag, gewährte uns Schutz und Obdach. Wir richteten uns, so gut es ging, ein und übernachteten auf dem Boot. Ich schlief in einer der beiden Kojen – und das Aussehen einer solchen auf einer Schaluppe von sechzig bis siebzig Tonnen Größe brauche ich wohl nicht weiter zu beschreiben. In meinem Schlupfwinkel befand sich nicht das geringste Bettzeug. Sie maß an der breitesten Stelle achtzehn Zoll, und die Entfernung zwischen Boden und Decke betrug auch nicht mehr. Nur mit großer Schwierigkeit hatte ich mich in diesen Raum hineingezwängt. Dennoch war ich in einen gesunden Schlaf gesunken; und meine ganze Vision – sie war weder ein Traum noch ein Alp – war nur die natürliche Folge meiner Lage, meines gewöhnlichen Ideenganges und der Schwierigkeit, die es mir, wie schon bemerkt, bereitete, beim Erwachen sofort meine Sinne beherrschen und mein Gedächtnis befragen zu können. Die Männer, die mich schüttelten, gehörten zur Mannschaft des Schiffes. Der Erdgeruch kam von dessen Ladung her, und die Bandage um mein Kinn bestand aus einem seidenen Taschentuch, das ich mir, mangels einer gewohnten Nachtmütze, um den Kopf gebunden hatte.

Die Qualen jedoch, die ich erlitten, kamen denen eines Lebendig-Begrabenen vollständig gleich – sie waren gräßlich – grauenvoll gewesen. Doch aus ihnen erwuchs mir unsagbar viel Gutes, denn gerade ihr Übermaß hatte den wohltätigsten Einfluß auf meinen Seelenzustand. Ich gewann mehr Herrschaft über mich, überließ mich nicht mehr so sehr meinen Gedanken und mehr meinem gesunden Gefühl. Ging viel aus und machte reichlich körperliche

## Die Scheintoten

Übungen. Atmete aus vollem Herzen die freie Himmelsluft und begann an anderes als nur an den Tod zu denken. Meine medizinischen Bücher schaffte ich ab, „Buchan" verbrannte ich und las keine „Nachtgedanken" mehr, keine Kirchhofs- noch Gespenstergeschichten, keine extravaganten Erzählungen – wie diese hier! Kurz, ich wurde ein neuer Mensch und begann, wie ein Mensch zu leben. Von dieser denkwürdigen Nacht an verabschiedete ich auf immer meine Grabesphantasien, und mit ihnen verschwand auch meine Katalepsie, die vielleicht mehr ihre Wirkung als ihre Ursache war.

Es gibt Augenblicke, in denen diese Welt selbst dem Auge des nüchternsten Betrachters eine Hölle scheinen muß; doch die Phantasie des Menschen führt ihn zu keiner Katharsis, mit der er es wagen darf, all ihre Abgründe zu erforschen. Ach! Die unheimliche Schar der Todesschrecken sind doch nicht bloß Phantasien, aber wir müssen sie, wie die Dämonen, die den Afrasiab den Oxus hinab begleiteten, schlafen lassen, wenn sie uns nicht verschlingen sollen – wir müssen sie schlafen lassen, wenn wir nicht zugrunde gehen wollen!

## *Der Fall Valdemar*

𝐸s darf nicht Wunder nehmen, daß der Fall Valdemar lebhaftes Aufsehen erregt hat – man hätte es vielmehr ein Wunder nennen müssen, wäre es anders gewesen. Der Wunsch aller bei der Angelegenheit beteiligten Personen, diese so lange wenigstens geheimzuhalten, bis neue Nachforschungen ihnen noch weitere Beweise an die Hand gegeben hätten, veranlaßte, daß ein tendenziöser und übertriebener Bericht ins Publikum gelangte, der die ganze Angelegenheit in falschem Licht erscheinen ließ und natürlicherweise Unglauben hervorrief.

Es ist deshalb nötig, eine Darstellung der Tatsachen dieses Falles zu geben, soweit sie mir selbst schon verständlich sind.

In den letzten drei Jahren beschäftigte ich mich lebhaft mit dem Studium des Magnetismus. Vor ungefähr neun Monaten kam mir nun plötzlich der Gedanke, daß die bisher gemachten zahlreichen Experimente eine bemerkenswerte und fast unerklärliche Lücke aufwiesen: bis jetzt war nämlich noch niemand *in articulo mortis* magnetisiert worden. Es war noch nicht festgestellt, ob der Patient in diesem Zustand überhaupt für magnetische Beeinflussung empfänglich sei und, wenn ja, ob sein Zustand dieselbe verstärke oder vermindere, fernerhin, inwieweit und auf wie lange die Äußerungen des Todes durch ein solches Vorgehen aufgehalten werden könnten. Noch manch anderer Punkt war aufzuklären, aber diese drei reizten meine Neugierde am meisten. Besonders wichtig wegen seiner unberechenbaren Folgen schien mir der letzte.

Als ich nun in meiner Umgebung nach einer Persönlichkeit Umschau hielt, mittels derer ich mir die gewünschte Klarheit verschaffen könne, mußte ich sofort an meinen Freund, Herrn Ernst Valdemar, denken, den bekannten Kompilator der „Bibliotheca Forensica" und den Autor der polnischen Übersetzungen des „Wallenstein" und des „Gargantua". Herr Valdemar, der seit dem Jahr 1839 gewöhnlich in Harlem bei New York wohnte, ist oder war vielmehr von ganz auffallender Magerkeit und von einem ausgesprochen nervösen Temperament, das ihn zu magnetischen Experimenten höchst geeignet erscheinen ließ. Zwei- oder dreimal hatte ich ihn ohne Schwierigkeit in Schlaf versetzt, doch erzielte ich keineswegs die Resultate, die ich von seiner Konstitution erwarten zu dürfen glaubte. Sein Wille stand niemals ganz unter meiner Herrschaft, und in puncto Hellsehen erlangte ich auch nicht den geringsten Anhalt, der mir zu weiteren Forschungen dienlich gewesen wäre. Den Grund dieser Mißerfolge hatte ich immer in seiner zerstörten Gesundheit gesucht. Einige Monate bevor wir uns kennenlernten, war nämlich von den Ärzten hochgradige Schwindsucht bei ihm festgestellt worden, von der er selbst übrigens, geradeso wie von seinem nahenden Ende, mit größter Kaltblütigkeit sprach, als handle es sich um eine Sache, die weder zu vermeiden noch zu bedauern sei.

Als mir die Ideen kamen, von denen ich eben sprach, dachte ich also ganz natürlicherweise gleich an Herrn Valdemar. Ich kannte die streng philosophische Denkweise dieses Mannes zu gut, um seinerseits Bedenken zu erwarten; auch besaß er in Amerika keine Verwandten, deren Einspruch ich hätte fürchten müssen. Ich wandte mich deshalb frei und offen an ihn, und zu meiner großen Überraschung äußerte er sogar ein lebhaftes Interesse an meinem Vorhaben. Ich sage „zu meiner großen Überraschung"; denn obwohl er sich stets bereitwilligst zu meinen Experimenten hergegeben hatte, bezeigte er doch nie die geringste Sympathie für meine Studien. Der Charakter seiner Krankheit ließ mit Sicherheit vorausberechnen, wann sie mit dem Tod ihren Abschluß finden würde – und so kamen wir denn überein, daß er mich vierundzwanzig Stunden vor seiner ihm von den Ärzten angezeigten Auflösung rufen lassen würde.

Vor nun mehr als sieben Monaten erhielt ich von Herrn Valdemar selbst folgende Benachrichtigung:

*Mein lieber P...!*
*Sie tun gut daran, sofort zu kommen. D. und F. erklären beide, daß ich die Mitternacht des morgigen Tages nicht überleben werde; und ich selbst denke auch, daß sie den Zeitpunkt so ziemlich richtig angegeben haben.*
*Ihr Valdemar*

Ich erhielt diese Zeilen eine halbe Stunde später, als sie geschrieben worden waren, und nach einer weiteren Viertelstunde befand ich mich in dem Sterbezimmer. Ich hatte meinen Freund seit zehn Tagen nicht gesehen und war entsetzt über die schreckliche Veränderung, die in dieser kurzen Zeit mit ihm vorgegangen war. Sein Gesicht war von bleigrauer Farbe, die Augen vollkommen glanzlos, und die Abmagerung so vorgeschritten, daß es mir vorkam, als müßten die Backenknochen die Haut durchstoßen. Er hatte außerordentlich starken Auswurf, sein Puls schlug kaum vernehmlich. Trotzdem hatten sich seine geistigen und bis zu einem gewissen Grade auch seine Körperkräfte in merkwürdiger Weise erhalten. Er sprach vollkommen deutlich und

## Der Fall Valdemar

konnte ohne fremde Hilfe einige lindernde Medikamente einnehmen. Als ich eintrat, war er gerade damit beschäftigt, mit Bleistift einige Bemerkungen in sein Taschenbuch zu schreiben. Er saß, von Kissen gestützt, aufrecht im Bett. Die Ärzte D. und F. beobachteten ihn.

Nachdem ich meinen Freund mit einem Händedruck begrüßt hatte, nahm ich die Herren beiseite und erhielt von ihnen einen genauen Bericht über das Befinden des Patienten. Der linke Lungenflügel war seit achtzehn Monaten in einem halbverknöcherten, knorpelartigen Zustand und in keiner Weise mehr fähig, die Lebensfähigkeit zu erhalten. Der rechte Lungenflügel war in seinem oberen Teil ebenfalls, wenn nicht gänzlich, so doch zum größten Teil verknöchert, während der untere Teil nur noch aus einer Masse eiternder Tuberkeln bestand, die durcheinanderrannen. Verschiedene Durchlöcherungen mußten vorhanden sein, und an einer Stelle war eine bleibende Anlegung an die Rippen eingetreten. Die Erscheinungen im rechten Flügel schienen von verhältnismäßig neuem Datum. Die Verknöcherung war mit ganz ungewöhnlicher Schnelligkeit vor sich gegangen – vor einem Monat hatte man noch nicht das geringste Anzeichen davon entdeckt; und die Anlegung hatte man überhaupt erst seit den letzten drei Tagen bemerkt. Außerdem befürchtete man bei dem Patienten noch eine Pulsadergeschwulst, doch konnte man sich darüber wegen der Verknöcherung keine genaue Aufklärung verschaffen. Beide Ärzte waren der Ansicht, daß Herr Valdemar um Mitternacht des folgenden Tages, eines Sonntags, sterben werde; als sie mir das sagten, war es Sonnabendabend sieben Uhr.

Während ich mit mir selbst zu Rate ging und abseits von dem Bett des Sterbenden stand, sagten ihm Doktor D. und Doktor F. ein letztes Lebewohl. Sie beabsichtigten, nicht mehr wiederzukommen; aber auf meinen Wunsch entschlossen sie sich, am Abend gegen zehn Uhr noch einmal bei dem Kranken vorzusprechen.

Als sie gegangen waren, unterhielt ich mich mit Herrn Valdemar ganz ungezwungen von seiner nahen Auflösung und noch eingehender von unserem beabsichtigten Experiment. Er erklärte sich nochmals bereit, seine Person herzugeben, er schien sogar ein gewisses Verlangen zu empfinden und drängte mich, doch gleich zu beginnen. Da jedoch augenblicklich nur ein Diener und eine Dienerin zur Krankenpflege anwesend waren, fühlte ich mich nicht sicher genug, eine so wichtige Aufgabe zu übernehmen, ohne im Fall eines plötzlichen Unglücks andere, zuverlässigere Augenzeugen als diese beiden Leute zu haben. Ich verschob deshalb das Experiment bis zum folgenden Abend gegen acht Uhr, als das Erscheinen eines Studenten der Medizin, Herrn Theodor L...e, mit dem ich flüchtig bekannt war, meinen Bedenken ein Ende machte. Anfänglich hatte ich beabsichtigt, bis zur Ankunft der Ärzte zu warten, doch sah ich jetzt auf die immer dringenderen Bitten des Herrn Valdemar davon ab, und überdies sagte mir meine eigene Überzeugung, daß ich keine Minute zu verlieren habe, da es mit dem Kranken zusehends zu Ende ging.

Herr L...e hatte die Liebenswürdigkeit, alles was sich zutrug, aufzunotieren, und das, was ich jetzt mitteile, ist seinen Aufzeichnungen teils auszugsweise, teils wörtlich entnommen.

Ungefähr fünf Minuten vor acht Uhr ergriff ich die Hand des Kranken und richtete die Bitte an ihn, Herrn L...e, so laut und deutlich wie er könne, seinen ausdrücklichen Wunsch zu äußern, von mir in seinem jetzigen Zustand magnetisiert zu werden.

Er erwiderte mit schwacher, doch vollkommen vernehmbarer Stimme: „Ja, ich wünsche magnetisiert zu werden" – und fügte unmittelbar darauf hinzu, „ich fürchte, Sie haben es schon zu lange hinausgeschoben."

Noch während er dies sagte, begann ich, die Striche zu machen, welche sich bei ihm stets am wirksamsten gezeigt hatten; und augenscheinlich übte schon der erste Strich – ich führte ihn seitlich über seine Stirn – einen Einfluß aus. Aber obwohl ich meine ganze Kraft aufbot, gelang es mir nicht, weitere bemerkbare Wirkungen zu erzielen, bis einige Minuten nach zehn Uhr die beiden Ärzte, ihrem Versprechen gemäß, wieder im Krankenzimmer erschienen. Ich erklärte ihnen mit kurzen Worten, was ich vorhatte, und da sie keinen Einspruch erhoben, weil der Patient schon im Todeskampf liege, fuhr ich ohne Zögern mit den Strichen fort, wählte jedoch statt der waagerechten senkrechte und hielt meinen Blick unverwandt auf das rechte Auge des Leidenden gerichtet.

Der Pulsschlag war mittlerweile ganz unbemerkbar geworden und das Atmen nur noch ein Röcheln, das sich in Zwischenräumen von einer halben Minute über seine Lippen mühte.

In diesem Zustand verblieb Valdemar fast eine Viertelstunde lang. Nach Ablauf der Zeit jedoch entrang sich dem Sterbenden ein natürlicher, wenn auch ungewöhnlich tiefer Seufzer, das röchelnde Atmen hörte auf – das heißt, es war kein Röcheln mehr vernehmbar, die Pausen zwischen den einzelnen Atemzügen blieben unvermindert. Hände und Füße des Patienten waren von eisiger Kälte.

Fünf Minuten vor elf bemerkte ich unzweifelhafte Anzeichen einer magnetischen Beeinflussung. Das gläserne Rollen des Auges war jenem Ausdruck unruhigen Nach-Innen-Sehens gewichen, der nur bei

## Der Fall Valdemar

Somnambulen vorkommt und nicht zu verkennen ist. Durch ein paar rasche, seitlich laufende Striche machte ich die Augenlider wie beim Einschlummern leicht erzittern, und mit ein paar weiteren gelang es mir, dieselben ganz zu schließen. Ich war jedoch damit noch nicht zufrieden, sondern setzte meine Manipulationen mit Aufbietung all meines Willens fort, bis ich die Glieder des Schlafenden, nachdem ich dieselben in eine bequeme Lage gebracht, nach Belieben betten konnte. Die Beine waren in voller Länge ausgestreckt, die Arme fast ebenso und ruhten in einiger Entfernung von den Hüften auf dem Bettpolster. Der Kopf lag wenig erhöht.

Inzwischen war es Mitternacht geworden, und ich forderte die anwesenden Herren auf, den Zustand Valdemars zu untersuchen. Sie taten es und konstatierten nach einiger Zeit, daß er in einem außergewöhnlich tiefen magnetischen Schlaf läge. Die Wißbegierde der beiden Ärzte war natürlich hoch erregt. Dr. D. beschloß sofort, die ganze Nacht bei dem Kranken zuzubringen, während Dr. F. sich mit dem Versprechen verabschiedete, gegen Tagesanbruch wiederzukommen. Herr L...e und die beiden Krankenwärter blieben zurück.

Wir ließen Herrn Valdemar bis gegen drei Uhr morgens ungestört. Als ich ihn um diese Zeit wieder genauer betrachtete, fand ich ihn in derselben Stellung, in der er gewesen, als Dr. F. ihn verließ, das heißt, er lag noch in derselben Lage, der Puls war nicht fühlbar, der Atem so schwach, daß man ihn durch einen vor die Lippen gehaltenen Spiegel kaum feststellen konnte, die Augen natürlich geschlossen und die Glieder steif und kalt wie von Marmor. Doch machte mein Freund keineswegs den Eindruck eines Toten.

Nun versuchte ich, den rechten Arm Valdemars zu beeinflussen, ihn zu zwingen, den Bewegungen des meinigen zu folgen, indem ich ihn über seinem Körper sanft hin- und herbewegte. Dergleichen Versuche waren früher bei dem Patienten stets erfolglos geblieben; und auch jetzt hatte ich selbst eigentlich nicht geglaubt, daß ich die beabsichtigte Wirkung erzielen würde. Aber zu meinem größten Erstaunen folgte diesmal Valdemars Arm dem meinen bereitwilligst wenn auch mit einer matten Bewegung, so doch nach jeder Richtung hin, die ich vorschrieb.

Ich beschloß, nunmehr ein Gespräch zu versuchen.

„Herr Valdemar", fragte ich, „schlafen Sie?" Er antwortete nicht, aber ich bemerkte ein leises Zittern seiner Lippen, das mich ermutigte, die Frage noch einige Male zu wiederholen. Beim dritten Male wurde sein ganzer Körper von einem leisen Schauder überlaufen. Die Augenlider öffneten sich so weit, daß ein schmaler, weißer Strich vom Augapfel sichtbar wurde. Die Lippen bewegten sich schlaff und flüsterten kaum hörbar die Worte: „Ja – ich schlafe jetzt – wecken Sie mich nicht auf – lassen Sie mich so sterben."

Ich untersuchte die Glieder und fand sie so steif wie zuvor. Der rechte Arm gehorchte wie vorher den Bewegungen meiner Hand. Dann fragte ich den Schlafenden aufs neue: „Haben Sie noch Schmerzen in der Brust, Herr Valdemar?"

Die Antwort erfolgte jetzt sofort, war aber noch weniger hörbar als zuvor: „Keinen Schmerz – ich liege im Sterben."

Ich hielt es nicht für ratsam, ihn jetzt noch weiter zu stören. Bis zur Ankunft des Doktor F. wurde nichts weiter getan und gefragt. Herr F. erschien gegen Sonnenaufgang und war außerordentlich erstaunt, den Patienten noch am Leben zu finden. Nachdem er ihm den Puls gefühlt und seinen Lippen einen Spiegel vorgehalten hatte, forderte er mich auf, den Schlafwachen wieder anzureden. Ich tat es und fragte: „Herr Valdemar, schlafen Sie noch immer?"

Diesmal vergingen wieder einige Minuten, ehe er antwortete, und es schien, als raffe der Sterbende während dieser Zeit all seine Energie zusammen, um reden zu können. Als ich ihn zum vierten Mal fragte, antwortete er sehr schwach, fast unhörbar: „Ja – schlafe noch immer – sterbe."

Die Ärzte äußerten jetzt den Wunsch, Herr Valdemar möge in seinem gegenwärtigen, anscheinend ruhigen Zustand ungestört belassen werden, bis sein Tod eintrete, was nach ihrer übereinstimmenden Meinung innerhalb einiger Minuten erfolgen werde. Ich beschloß jedoch, den Sterbenden noch einmal anzusprechen, und wiederholte einfach meine frühere Frage.

Während ich sprach, vollzog sich in den Zügen des Magnetisierten eine deutlich sichtbare Veränderung. Die Augendeckel öffneten sich langsam, die Pupillen verschwanden nach oben, die Hautfarbe wurde leichenhaft und war noch eher weißem Papier als Pergament zu vergleichen; und die runden hektischen Flecken, welche sich bisher auf jeder Wange so scharf abgezeichnet hatten, verloschen plötzlich. Ich gebrauche diesen Ausdruck absichtlich, weil ihr rasches Verschwinden an nichts so sehr erinnerte, als an das plötzliche Verlöschen einer Kerze, wenn man sie mit einem starken Atemzuge ausbläst. Zu gleicher Zeit zog sich die Unterlippe von den Zähnen, die sie bisher vollständig bedeckt hatte, zurück, und die untere Kinnlade klappte mit einem hörbaren Ruck nach unten, so daß sich der Mund weit öffnete und die geschwollene, schwarz angelaufene Zunge sichtbar wurde. Ich darf vermuten, daß alle damals Anwesenden mit den Schrecken eines Sterbebettes vertraut waren; doch der Anblick des Toten war in diesem Augenblicke so über alle Begriffe scheußlich, daß wir entsetzt aus der Nähe des Bettes zurückwichen.

Ich fühle selbst, daß ich jetzt bei einem Punkt meiner Erzählung angekommen bin, über den hinaus mir die Leser keinen Glauben mehr schenken werden. Doch es ist meine Pflicht, fortzufahren.

Es war auch nicht das geringste Zeichen von Lebenstätigkeit mehr in dem Körper Valdemars zu entdecken. Wir mußten ihn für tot erklären und wollten die Leiche schon der weiteren Sorge seiner Wärter überlassen, als die Zunge plötzlich in eine zitternde Bewegung geriet, die etwa eine Minute lang anhielt. Nach Ablauf dieser Zeit tönte zwischen den auseinandergesperrten regungslosen Kiefern eine Stimme hervor – eine Stimme, die beschreiben zu wollen Wahnsinn wäre. Doch gibt es zwei oder drei Eigenschaftswörter, die man vielleicht auf dieselbe anwenden könnte. Der Klang war rauh, gebrochen und hohl; aber der ganze furchtbare Eindruck läßt sich aus dem einfachen Grund nicht beschreiben, weil noch kein menschliches Ohr ähnlich schnarrende Töne vernommen hat. Doch hörte ich damals gleich heraus und glaube auch noch heute, daß zwei Eigentümlichkeiten die Farbe des Tones kennzeichneten und so gestatten, wenigstens einigermaßen einen Begriff von seiner sonderbaren Unnatürlichkeit zu geben. Erstens schien es, als käme die Stimme aus weiter Ferne her oder aus irgendeiner tiefen Höhle in der Erde. Zweitens empfing mein Gehörsinn von ihr den Eindruck (ich fürchte wirklich, daß es mir unmöglich ist, mich verständlich zu machen), den der Tastsinn bei der Berührung von etwas Gallertartigem oder klebrig Dickflüssigem empfindet.

Ich habe sowohl von „Ton" wie von einer „Stimme" gesprochen. Ich will damit sagen, daß der Ton deutliche, ja, erschreckend deutliche Silben bildete. Herr Valdemar sprach – offenbar, um die Frage zu beantworten, die ich ihm einige Minuten zuvor gestellt hatte: ob er noch immer schlafe.

Nun antwortete er: „Ja – nein – ich habe geschlafen und jetzt – jetzt bin ich tot."

Keiner der Anwesenden versuchte auch nur, das haarsträubende Entsetzen zu unterdrücken oder gar zu verleugnen, das diese Worte hervorbrachten. Herr L...e, der Student, wurde ohnmächtig. Der Krankenwärter und die Pflegerin verließen sofort das Zimmer und waren nicht zu bewegen, dasselbe nochmals zu betreten. Meine eigenen Empfindungen spotten jeder Beschreibung. Ungefähr eine ganze Stunde lang bemühten wir uns schweigend, wortlos, Herrn L...e wieder zum Bewußtsein zu bringen. Als er endlich zu sich gekommen, begannen wir von neuem, Herrn Valdemars Zustand zu untersuchen.

## Der Fall Valdemar

Er war ganz unverändert; nur, daß der Atem auf dem vorgehaltenen Spiegel jetzt keine Spur mehr zurückließ. Ein Aderlaß, den wir am Arm versuchten, blieb erfolglos, auch war derselbe meinem Willen nicht mehr unterworfen; ich bemühte mich vergeblich, ihn den Bewegungen meines Armes folgen zu lassen. Das einzige wirkliche Anzeichen von magnetischem Einfluß war nur noch in der vibrierenden Bewegung der Zunge zu entdecken, so oft ich eine Frage an Herrn Valdemar richtete. Er schien Anstrengungen zu machen, mir zu antworten, besaß aber nicht mehr die genügende Willenskraft. Gegen Fragen anderer Personen schien er vollkommen unempfindlich, obschon ich mich bemühte, jeden der Anwesenden in magnetischen Rapport mit ihm zu setzen.

Ich glaube, daß ich nun alles berichtet habe, was zum Verständnis des somnambulen Zustandes in diesem Stadium erforderlich ist. Wir ließen zwei andere Wärter kommen, und ich verließ mit den beiden Ärzten und Herrn L...e das Haus gegen zehn Uhr.

Am Nachmittag fanden wir uns alle wieder bei dem Magnetisierten ein. Sein Zustand war vollständig unverändert. Wir hatten zunächst eine lebhafte Debatte über die Zweckmäßigkeit und Möglichkeit einer Erweckung, kamen aber bald überein, daß dieselbe von keinem Nutzen sein könne, weil der

Tod – oder das, was man gewöhnlich als Tod bezeichnet – durch das magnetische Verfahren nur aufgehalten worden war. Auch teilten wir die Überzeugung, daß wir, wenn wir Herrn Valdemar aufweckten, nur seine augenblickliche oder wenigstens seine raschere Auflösung bewirken würden.

Von dieser Zeit an bis gegen Ende der verflossenen Woche – also fast sieben Monate hindurch – setzten wir unsere Besuche in Herrn Valdemars Hause täglich fort, dann und wann in Begleitung von Ärzten oder Freunden. Während der ganzen Zeit verblieb der Schlafwache genau in dem Zustand, den ich oben beschrieben habe. Er war dabei beständig von Wärtern bewacht.

Am vergangenen Freitag entschlossen wir uns endlich dazu, das Experiment der Erweckung Valdemars vorzunehmen oder wenigstens zu versuchen; und vielleicht ist der unglückliche Ausgang dieses Experimentes die Ursache jener Erörterungen in Privatkreisen, die ich nur als die Folge einer ungerechtfertigten allgemeinen Leichtgläubigkeit ansehen kann.

Um Herrn Valdemar dem magnetischen Schlafe zu entreißen, machte ich die dazu erforderlichen Striche. Eine Zeitlang blieben dieselben erfolglos. Das erste Symptom des Erwachens war ein teilweises Senken des Augapfels. Ganz besonders merkwürdig bei dieser Senkung war der Umstand, daß eine gelbliche, eitrige Flüssigkeit von höchst scharfem, widrigem Geruch unter den Lidern hervorquoll.

Man bestimmte mich, noch einmal den Versuch zu machen, den Arm des Schlafenden wie früher zu beeinflussen. Ich versuchte es, doch ohne Erfolg. Doktor F. äußerte den Wunsch, ich möchte nochmals eine Frage stellen. Ich tat es mit folgenden Worten: „Herr Valdemar, können Sie uns mitteilen, was Sie empfinden oder welche Wünsche Sie jetzt haben?"

Kaum hatte ich gesprochen, da traten die hektischen Flecken auf den Wangen wieder hervor, die Zunge begann zu vibrieren oder rollte vielmehr im Mund hin und her, obwohl die Kinnladen und der Mund so steif blieben wie vorher; und endlich brach wieder jene gräßliche Stimme hervor, die ich schon beschrieben habe: „Um Gottes willen! Schnell! schnell! – versetzen Sie mich wieder in Schlaf! – oder schnell! – erwecken Sie mich – schnell! – Ich sage Ihnen, daß ich tot bin."

Ich war einen Augenblick wie starr und wußte nicht, was ich tun solle. Zunächst bemühte ich mich, den Halbtoten zu beruhigen, aber als meine Willenskraft versagte, suchte ich ihn mit allen Kräften aufzuwecken. Ich bemerkte bald, daß mir dies gelingen werde, oder glaubte wenigstens, einen Erfolg erzielen zu können, und bin über-

## Der Fall Valdemar

zeugt, daß auch jeder der Anwesenden der Meinung war, er würde den Patienten bald aufwachen sehen.

Es ist ganz unmöglich, daß ein menschliches Wesen auf das, was wirklich folgte, hätte vorbereitet sein können.

Als ich während der Ausrufe „schnell! – tot!", die von der Zunge, nicht von den Lippen des Leidenden zu kommen schienen, die erforderlichen magnetischen Striche führte, brach plötzlich, in weniger als einer einzigen Minute, sein ganzer Körper zusammen, zerbröckelte – verweste vollständig unter meinen Händen. Und auf dem Bett, vor den Augen der Anwesenden, lag eine fast flüssige, in ekelhafte Fäulnis übergegangene Masse.

## *Der Geist des Bösen*

Bei der Erforschung der Neigungen und Triebe, der *prima mobilia* der Menschenseele, haben die Phrenologen stets einen Hang übergangen, der, obwohl er sichtbar und deutlich als erstes, ursprüngliches, nur auf sich selbst zurückzuführendes Gefühl vorhanden ist, auch von den Moralisten, ihren Vorgängern, übersehen wurde. Wir alle haben ihn, durch die törichte Anmaßung unseres Verstandes unaufmerksam gemacht, nie beachtet, ja, selbst der Möglichkeitsgedanke ist uns nie gekommen, weil wir das Bedürfnis nicht fühlten, die Tatsache jener Neigung, jenes Hanges festzustellen. Wir sahen nicht ein, daß dies notwendig sei. Wir verstanden nicht, das heißt, wir würden nie verstanden haben (selbst wenn sich das Bewußtsein von der Existenz dieses *primum mobile* unserer Erkenntnis aufgedrängt hätte), welche Rolle es in der Ökonomie aller menschlichen Dinge, der zeitlichen und der ewigen, spielt. Es läßt sich nicht leugnen, daß die Phrenologie und zum großen

Teil alle Metaphysik auf aprioristischen Behauptungen aufgebaut ist. Der intellektuelle und streng logisch denkende Mensch glaubt noch mehr als der bloße Verstandesmensch und der Beobachter, die Pläne Gottes zu verstehen, seine Absichten zu kennen. Und wenn er diese Absichten zu seiner Zufriedenheit ergründet hat, baut er nach ihnen seine zahllosen kapriziösen Systeme auf. In der Phrenologie zum Beispiel stellten wir, natürlich genug, zuerst fest, es sei die Absicht Gottes, daß der Mensch esse. Daraufhin gaben wir dem Menschen den Nahrungsinstinkt, und dieser ist nun die Geißel, mit der Gott den Menschen zum Essen zwingt, er mag wollen oder nicht. Wir behaupteten, es sei Gottes Absicht, daß der Mensch seine Spezies fortpflanze, und entdeckten infolgedessen den Zeugungsinstinkt – und so machten wir es mit dem Selbsterhaltungstrieb, dem Kausalitäts- wie dem Konstruktionssinne, kurz, mit jedem Organ, das irgendeiner Neigung, einem moralischen Gefühl oder einer Fähigkeit der reinen Intelligenz zum Ausdruck verhilft. Und in dieser Anordnung der Prinzipien des menschlichen Handelns sind die Anhänger Spurzheims, mit Recht oder mit Unrecht, zum Teil oder ganz, im Prinzip den Spuren ihrer Vorgänger gefolgt, indem sie alles aus der einmal mit Gewißheit erkannten Bestimmung des Menschen herleiteten und auf der Basis einer Absicht seines Schöpfers aufbauten.

## Der Geist des Bösen

Es wäre weiser und sicherer gewesen, unsere Klassifizierung (wenn wir nun schon einmal klassifizieren müssen) auf den Handlungen aufzubauen, die der Mensch gewohnheitsmäßig sowie jenen, die er nur gelegentlich begeht, statt auf der Hypothese zu basieren, daß die Gottheit selbst ihn antreibt, sie zu vollbringen. Da wir Gott nicht in seinen sichtbaren Werken verstehen, wie könnten wir seine unbegreiflichen Gedanken erfassen, die jene Werke ins Leben rufen? Da wir ihn in seinen mittelbaren Schöpfungen nicht begreifen, wie könnten wir ihn in seinem nicht bedingten, unmittelbaren Walten, in den Phasen des Schaffens selbst erfassen?

Eine Induktion *a posteriori* würde die Phrenologen zu der Einsicht gebracht haben, daß sie als ein primitives Prinzip menschlichen Handelns ein paradoxes Etwas annehmen müßten, das wir in Ermangelung eines charakteristischeren Ausdruckes mit dem Bösen, Krankhaften, kurz – mit Perversität bezeichnen wollen. In meinem Sinne ist sie in der Tat ein Mobile ohne Motiv, ein nicht motiviertes Motiv. Unter ihrem Einfluß handeln wir ohne verständlichen Zweck, oder, sollte man dies für einen Widerspruch im Ausdruck halten, wir handeln aus dem Grunde, weil wir nicht handeln sollten. In der Theorie kann kein Grund unvernünftiger sein, aber in der Praxis gibt es keinen stärkeren. Für Menschen von bestimmter Veranlagung wird er bei gewissen Gelegenheiten absolut unwiderstehlich. Ich bin meines Lebens nicht sicherer als der Richtigkeit der Behauptung, daß das Böse, das Sündhafte oder Schädliche in irgendeiner Handlung oft die unwiderstehliche Macht ist, die uns zwingt, allein zwingt, dieselbe zu begehen. Und dieser zügellose Hang, das Böse um des Bösen willen zu tun, spottet jeder Analyse, jeder Auflösung in tiefer liegende Elemente. Er ist ein radikaler, primärer, elementarer Beweggrund. Man wird mir wahrscheinlich entgegenhalten, daß, wenn wir auf einer gewissen Handlung bestehen, weil wir sie nicht begehen sollten, unser Betragen nur eine Modifikation dessen ist, wozu uns gewöhnlich der Selbsterhaltungstrieb verleitet. Doch wird ein einziger Hinweis genügen, um die Unrichtigkeit dieser Annahme klarzulegen. Dem Selbsterhaltungstrieb liegt als Entstehungsgrund die Notwendigkeit persönlicher Verteidigung zugrunde. Er ist unser Schutz gegen Ungerechtigkeit; sein Prinzip zielt auf unser Wohlbefinden, denn wir fühlen, sobald er sich zeigt, zugleich den Wunsch nach Wohlbefinden in uns erregt. Daraus folgt, daß der Wunsch nach Wohlbefinden sich zugleich mit jedem Prinzip einstellen muß, daß nur eine Modifikation des Selbsterhaltungstriebes ist. Doch in dem Falle des gewissen Etwas, das ich Perversität nenne, ist dieser Wunsch nicht nur nicht erregt, sondern ein sonderbares geradezu entgegengesetztes Gefühl tritt ins Dasein.

Jeder, der einmal mit sich zu Rate geht, wird die beste Antwort auf diesen Sophismus finden, und niemand, der seine Seele sorgfältig durchforscht, wird zu leugnen wagen, daß die fragliche Neigung eine primäre ist. Sie ist ebenso ausgesprochen, wie unerklärlich.

Es wird wohl kaum einen Menschen geben, der nicht in einem gewissen Augenblick von dem heißen Wunsch ergriffen wurde, seinen Zuhörer durch Umschreibungen zu quälen. Der Sprecher – der die allerbeste Absicht hat zu gefallen – weiß sehr wohl, daß er damit Mißfallen erregt. Er spricht sonst gewöhnlich kurz, genau und klar, fühlt auch jetzt, wie sich ihm die Worte in lakonischer Deutlichkeit auf die Zunge drängen und wie er sie nur mit Mühe zurückhält. Er fürchtet den Zorn des Zuhörers geradezu, und doch durchzuckt ihn der Gedanke, daß er mit ein paar Einschiebungen und Parenthesen diesen Zorn erregen kann. Und dieser einfache Gedanke genügt – die Anwandlung wird zur Anfechtung – die Anfechtung zur Begierde – die Begierde steigert sich zum unwiderstehlichen Bedürfnis – und das Bedürfnis befriedigt sich: zum tiefen Bedauern und quälenden Unbehagen des Sprechers, unbeachtet all der Folgen, deren Möglichkeit, ja, Wahrscheinlichkeit ihm wohl bewußt ist.

Wir haben eine Aufgabe vor, die schnellstens vollendet werden muß; wir wissen, daß Aufschub unseren Untergang nach sich ziehen kann. Die wichtigste Krise unseres Lebens verlangt mit lauter Stimme sofortiges energisches Handeln. Wir glühen, Eifer verzehrt uns, das Werk zu beginnen, und die Vorahnung eines ruhmreichen Resultates setzt unsere Seele in Flammen – wir müssen die Arbeit heute noch beginnen: und doch verschieben wir sie auf morgen. Warum? Es gibt keine Erklärung dafür, außer der, daß wir fühlen: es ist ein krankhafter, ein – „perverser" Grund. Bedienen wir uns nun dieses Wortes, auch ohne das Prinzip zu verstehen! Der morgige Tag erscheint und mit ihm ein noch ungeduldigerer Wunsch, unsere Pflicht zu erfüllen; und mit dem Wunsche eine unerklärliche, furchtbare, weil unergründliche Begierde, wieder aufzuschieben. Je mehr Zeit verloren geht, desto unwiderstehlicher wird diese Begierde. Nur noch eine Stunde bleibt uns zum Handeln. Wir erbeben ob der Heftigkeit des Zwiespaltes, der sich in uns erhebt, über den wilden Kampf des Bestimmten mit dem Unbestimmten, des Greifbaren mit dem Schatten. Aber wenn der Kampf bis zu diesem Punkte vorgeschritten ist, so siegt der Schatten – alles Auflehnen ist vergebens. Die Uhr schlägt – die Todesstunde unseres Glückes und zugleich die erste Frühstunde für den Nachtalp, der uns bedrückte. Er entweicht – er verschwindet – wir sind frei. Die alte Willenskraft

## Der Geist des Bösen

kehrt zurück. Jetzt können wir zur Arbeit schreiten. Aber – ach: Es ist zu spät!!!

Wir stehen am Rande eines Abgrundes. Wir starren in den Schlund, es wird uns übel und schwindlig. Unsere erste Bewegung war, vor der Gefahr zurückzuweichen. Unerklärlicherweise bleiben wir. Allmählich verschmilzt unser Übelbefinden, unser Schwindel, unsere Angst in ein nebelhaftes, nicht zu benennendes Gefühl. Nach und nach und unbemerkbar nimmt der Nebel Gestalt an, so wie sich aus dem Wölkchen aus der bekannten Flasche in „Tausendundeine Nacht" der Geist bildete. Aber aus unserer Wolke am Rande des Abgrundes bildet sich und wird immer greifbarer eine Gestalt, die hundertmal schreckhafter ist als irgendein Dämon oder Geist der Fabel; und doch ist es nur ein Gedanke, der das Mark in unseren Gebeinen gefrieren macht und mit wüsten Entzückungen schüttelt. Es ist die einfache Vorstellung: welcher Art wären wohl unsere Gefühle, wenn wir aus solcher Höhe hinabstürzten? Und dieser Sturz, der uns zerschmettern müßte – wir wünschen ihn mit heißer Begier geradezu, und zwar aus dem einfachen Grunde, weil er uns das gräßlichste, schaudervollste Bild von Tod und Qual zeigen würde, das unser Hirn sich je hat vorstellen können. Und weil uns unser Verstand mit Heftigkeit von dem gefährlichen Rand entfernen will, eben deshalb nähern wir uns ihm nur ungestümer. Keine Leidenschaft ist ungeduldiger als die eines Menschen, der am Rande eines Abgrundes schaudernd steht und sinnt, sich hineinzustürzen. Auch nur einen Augenblick lang nachzudenken, bedeutete unausbleiblich Untergang: denn das Nachdenken drängt uns, von dem Plan abzustehen. Eben deshalb, sage ich, können wir nicht. Wenn kein Freundesarm in der Nähe ist, um uns zurückzuhalten, oder ein krampfhafter Entschluß, uns zu entfernen, erfolglos bleibt, stürzen wir hinunter in die Vernichtung.

Prüfen wir solche und ähnliche Handlungsweisen, so finden wir, daß sie einzig und allein dem Geist der Perversität entstammen. Wir begehen dieselben nur, weil wir fühlen, daß wir sie nicht begehen sollten. Darüber hinaus oder dahinter fehlt jeder Beweggrund, und wir müßten in der Tat die Perversität für eine Einflüsterung des Erzfeindes halten, diente sie nicht auch zuweilen zur Förderung des Guten.

Ich habe so lange über dies alles geredet, um Ihre Fragen in gewissen Beziehungen zu beantworten – um Ihnen zu erklären, weshalb ich hier bin – um Ihnen etwas zu zeigen, das wenigstens wie der blasse Schatten der Ursache aussehen, Ihnen erklären kann, warum ich Ketten trage und diese enge Zelle bewohne. Wäre ich nicht so weitläufig gewesen, so würden Sie mich gar nicht verstehen und wie die

Menge für einen Irren halten. Jetzt werden Sie einsehen, daß ich eins der zahllosen Opfer jenes Dämons der Perversität bin.

Niemals ist eine Tat mit vollkommenerer Überlegung ausgeführt worden. Wochenlang, monatelang brütete ich über dem Mordanschlage. Ich verwarf tausend Pläne, weil sie eine Möglichkeit der Entdeckung enthielten. Da las ich einmal in alten Memoiren die Geschichte einer Frau, die durch eine zufällig vergiftete Kerze in eine tödliche Krankheit verfiel. Der Gedanke schlug wie ein Blitz in meine Seele. Ich wußte, daß mein Opfer die Gewohnheit hatte, im Bett zu lesen. Ich wußte, daß sein Zimmer klein war und kaum einem Luftzug Eintritt gewährte. Doch ich will Sie nicht mit müßigen Details ermüden. Ich will Ihnen nichts von der billigen List erzählen, mit der ich eine selbst verfertigte Kerze in einen Leuchter stecken ließ. Am nächsten Morgen fand man ihn tot in seinem Bett. Der Spruch des Leichenbeschauers lautete: „Tod durch Gottes Gegenwart"*.

Ich erbte sein Vermögen, und alles ging ein paar Jahre lang gut. Der Gedanke, meine Tat könne entdeckt werden, kam mir nie. Die Überbleibsel der gefährlichen Kerze hatte ich sorgfältig vernichtet. Nichts war da, das mich hätte verraten, ja, auch nur

---

*Englischer Ausdruck für den plötzlichen Tod

verdächtigen können. Ein unbeschreibliches, ein überströmendes, großes Empfinden von Genugtuung schwoll jedesmal in meiner Brust auf, wenn ich mich dem Gefühle meiner vollständigen Sicherheit hingab. Eine lange Zeit schwelgte ich so in der Wollust dieses Gefühles. Und sein Genuß gewährte mir weit mehr wirkliches Glück als die materiellen Vorteile, die mir mein Verbrechen gebracht. Doch kam einmal ein Tag, von dem ab sich dies Gefühl allmählich und unmerklich in einen Gedanken verwandelte, der mich vollständig gefangennahm, mich nicht mehr verließ. Keinen Augenblick lang konnte ich mich von ihm befreien. Es ist eine ganz bekannte Sache, daß einem zuweilen die Ohren bis zur Ermattung vom Refrain irgendeines gewöhnlichen Liedes oder einiger unbedeutender Takte aus einer Oper klingen können. Und die Qual ist keine geringere, wenn das Lied an sich gut oder die Opernmelodie schön ist. So überraschte ich mich dabei, daß ich, während ich so in meiner Sicherheit schwelgend ging, mit leiser Stimme immer den Satz wiederholte: „Ich bin sicher."

Eines Tages, als ich durch die Straßen schlenderte, hörte ich mich plötzlich die gewohnten Worte mit fast lauter Stimme sprechen. Und in einem Anfall von Heftigkeit fügte ich noch hinzu: „Ich bin sicher – ich bin sicher, wenn ich nicht närrisch genug bin, mich selbst zu verraten."

## Der Geist des Bösen

Kaum hatte ich diese Worte ausgesprochen, so fühlte ich einen eisigen Schauder bis in mein Herz kriechen. Ich hatte einige diesbezügliche Erfahrung, wußte schon von den Anfällen jener Perversität, die ich Ihnen ebenso unzureichend zu erklären gesucht habe, und erinnerte mich wohl, daß ich ihr noch in keinem Falle hatte widerstehen können. Und nun trat plötzlich meine eigene zufällige Annahme, ich könne Narr genug sein, mich selbst zu verraten, wie der Schatten des Gemordeten vor mich hin und winkte mir. Anfangs machte ich alle Anstrengungen, den Alp abzuschütteln. Ich ging ungestüm, schneller und schneller, und endlich lief ich. Ich fühlte eine wahnwitzige Begierde, laut zu schreien. Jede neue Gedankenwelle wälzte neues Entsetzen über mich. Ich wußte nur zu gut, daß Denken jetzt meinen Untergang bedeutete. Ich beschleunigte meine Schritte noch mehr, ich stürzte wie ein Rasender durch die menschengedrängten Straßen. Schließlich wurden die Leute unruhig und verfolgten mich. Da fühlte ich mein Schicksal besiegelt. Hätte ich mir die Zunge ausreißen können, ich hätte es getan, doch schon klang eine rauhe Stimme in meinem Ohr, packte mich eine rauhe Hand an der Schulter. Ich wandte mich um – ich rang nach Atem. Einen Augenblick lang fühlte ich alle Qualen der Erstickung. Ich wurde taub, blind, schwindelig, und dann warf mich ein unsichtbarer Feind mit seiner mächtigen Hand zu Boden. Das lang eingekerkerte Geheimnis brach aus meiner Seele.

Man sagt, daß ich sehr deutlich, mit vielem Kraftaufwand und leidenschaftlicher Eile sprach, als hätte ich Furcht, daß man mich unterbreche, ehe ich jene kurzen verhängnisvollen Sätze beendet, die mich dem Henker und der Hölle überlieferten.

Als ich alles erzählt hatte, was meine Richter überzeugen konnte, sank ich ohnmächtig nieder. Was soll ich noch hinzufügen? Heute trage ich Ketten und bin hier! Morgen bin ich fessellos, doch wo?

## *Das verräterische Herz*

Es ist wahr! Nervös, schrecklich nervös war ich und bin ich noch; aber weshalb soll ich wahnsinnig sein? Mein Übel hatte meine Sinne nur geschärft, nicht zerstört oder abgestumpft. Vor allem war mein Gehörsinn außerordentlich empfindlich geworden. Ich hörte alle Dinge, die im Himmel und auf der Erde vor sich gingen, und auch vieles, was in der Hölle geschah. Wie könnte ich also wahnsinnig sein? Hören Sie nur zu, wie vernünftig und ruhig ich Ihnen die ganze Geschichte erzählen werde.

Ich kann nicht mehr genau sagen, wie mir zuerst der Gedanke kam, doch als er einmal gekommen, quälte er mich Tag und Nacht. Einen Zweck verfolgte ich nicht, auch trieb mich kein Haß. Ich hatte den alten Mann lieb. Er hatte mir nie etwas Übles getan, er hatte mich nie beleidigt. Ich trachtete auch nicht nach seinem Gold. Nur – sein eines Auge reizte mich. Ja, sein Auge muß es gewesen sein! Es glich dem eines Geiers – war blaßblau und von einem dünnen Häutchen bedeckt. Wenn sein Blick auf mich fiel, war es mir stets, als gerinne das Blut in meinen Adern, und so entschloß ich mich denn allmählich, dem alten Manne das Leben zu nehmen, um mich auf diese Weise für immer von seinem Auge zu befreien.

Und deshalb hält man mich für wahnsinnig! Wahnsinnige wissen nicht, was sie tun. Aber Sie sollten mich gesehen haben! Sollten gesehen haben, mit welcher Klugheit, mit welcher Überlegung und Vorsicht, mit welcher Verstellung ich zu Werke ging! Ich war niemals liebenswürdiger gegen den alten Mann, als während der Woche, die der Nacht voranging, in der ich ihn tötete. Jede Nacht, um Mitternacht, drückte ich die Klinke seiner Tür nieder und öffnete sie – o, wie leise! Und wenn ich sie weit genug geöffnet hatte, um meinen Kopf durch den Spalt stecken zu können, zog ich eine dunkle Laterne hervor, die ringsherum verschlossen war, so daß kein Lichtschimmer nach außen dringen konnte und streckte meinen Kopf ins Zimmer. Hätte jemand gesehen, wie schlau ich das anfing, sicher hätte er gelacht. Ich streckte ihn ganz langsam, ganz, ganz langsam vor, damit ich den alten Mann nicht im Schlafe störe. Eine volle Stunde nahm ich mir Zeit, um meinen Kopf so weit durch die Öffnung zu zwängen, daß ich ihn auf seinem Bette erblicken konnte. Ha! Würde ein Wahnsinniger so viel Geduld gehabt haben? Und dann, wenn mein Kopf glücklich im Zimmer war, öffnete ich die Laterne so vorsichtig – oh, so vorsichtig (ihre kleinen Angeln hätten ja knarren können!) und nur so weit, daß ein einziger Lichtstreif auf das Geierauge fiel. Und dies tat ich sieben Nächte hindurch, jede Nacht genau um die Mitternachtsstunde. Aber ich fand das Auge immer geschlossen, und deshalb war es unmöglich, die Tat zu vollbringen; denn nicht der alte Mann ärgerte mich, sondern nur sein böses Auge. Und jeden Morgen bei Tagesanbruch ging ich ganz unbefangen in sein Zimmer, sprach mit ihm, redete ihn in herzlichem Ton mit seinem Namen an und fragte ihn, wie er die Nacht verbracht habe. Er hätte also ein ganz besonders argwöhnischer alter Mann sein müssen, wenn ihm jemals der Gedanke gekommen wäre, daß ich ihn jede Nacht um zwölf Uhr, während er schlief, aufmerksam und mit der fürchterlichsten Absicht betrachtete.

In der achten Nacht öffnete ich die Tür noch vorsichtiger als gewöhnlich. Der Minutenzeiger an der Uhr bewegte sich rascher, als ich meine Hand bewegte. Noch niemals vorher hatte ich den hohen Grad meiner Selbstbeherrschung und meiner Klugheit so gefühlt wie heute. Ich konnte mein Triumphgefühl kaum bändigen. Zu denken, daß ich hier allmählich die Tür öffnete und er auch im

Traum nicht die geringste Ahnung von meinem geheimen Tun und Wollen hatte! Bei dieser Vorstellung konnte ich mich nicht enthalten, leise in mich hineinzukichern. Vielleicht hörte er es, denn in diesem Augenblick bewegte er sich in seinem Bett, als fahre er plötzlich aus dem Schlafe auf. Man wird nun vielleicht denken, ich wäre geflohen? O – nein! Sein Zimmer war stockfinster, denn aus Furcht vor Räubern hatte er die Läden fest geschlossen. Ich wußte also, daß er nicht sehen konnte, daß die Tür ein wenig offen stand, und mit zäher Beständigkeit öffnete ich sie langsam weiter ... und weiter.

Meinen Kopf hatte ich schon ins Zimmer gestreckt und wollte gerade die Laterne öffnen, als mein Daumen von dem zinnernen Verschluß abglitt und der alte Mann in seinem Bett aufsprang und rief: „Wer ist da?"

Ich verhielt mich ganz ruhig und sagte nichts. Eine Stunde lang zuckte ich auch nicht mit einer Wimper, und während dieser ganzen Zeit hörte ich nicht, daß er sich wieder niederlegte. Er saß also im Bett aufrecht und horchte, geradeso, wie ich es selbst Nacht für Nacht getan, auf das Ticken des Totenwurmes in der Wand.

Dann hörte ich ein leises Stöhnen der Todesangst. Es war kein Schmerzensseufzer, kein Seufzer aus Kummer – es war der leise, erstickte Ton, der sich aus der Tiefe einer von maßlosem Entsetzen gequälten Seele losringt. Ich kannte diesen Ton wohl. Manche Nacht, um Mitternacht, wenn alle Welt schlief, war er aus meinem Herzen aufgestiegen, und sein schreckensvolles Echo hatte das Grauen, das mich von Sinnen brachte, noch erhöht. Ich sage, ich kannte ihn wohl. Was der alte Mann empfand, wußte ich und bedauerte ihn, obwohl ich mich im Innern vor Vergnügen wand. Ich war überzeugt, daß er seit jenem ersten leisen Geräusch, das ihn im Bett auffahren ließ, wach lag, und sagte mir, daß seine Angst von Minute zu Minute gewachsen, daß er vergeblich versucht, sie sich grundlos darzustellen, daß er sich eingeredet, es sei nichts – der Wind im Kamin – nur eine Maus über den Boden gelaufen – oder ein Heimchen, das einmal kurz gezirpt habe. Ja, sicher hatte der alte Mann versucht, sich mit solchen Vorstellungen zu trösten; doch – es wollte ihm nicht gelingen. Es war vergebens, weil der Tod herannahte, und der schwarze Schatten, der ihm vorauseilt, schon um das Opfer war. Und dieser schauerliche, unbemerkbare Schatten bewirkte, daß der alte Mann, obwohl er nichts sah, noch hörte, meine Gegenwart im Zimmer fühlte.

Als ich lange Zeit geduldig gewartet hatte, ohne zu hören, daß er sich wieder niedergelegt, beschloß ich, die Laterne ein ganz, ganz klein wenig zu öffnen. Ich tat es, man kann sich nicht vorstellen, wie behutsam! wie leise! bis endlich ein einziger dünner

Strahl, schwach wie der Faden eines Spinngewebes, aus dem Spalt drang und auf das Geierauge fiel.

Es stand offen, weit, weit offen; und als ich es sah, stieg eine wilde Wut in mir auf. Ich erkannte es mit vollkommener Deutlichkeit – ein trübes Blau mit einem scheußlichen Schleier darüber, dessen Anblick das Mark in meinen Knochen gerinnen ließ. Doch weiter sah ich nichts von dem Gesicht oder der Gestalt des alten Mannes, denn ich hatte den Strahl unwillkürlich genau auf die eine verdammte Stelle gerichtet.

Ich hatte ja schon angedeutet, daß das, was man fälschlich für Wahnsinn bei mir hält, nur eine verschärfte Empfindlichkeit der Sinne ist. So vernahmen meine Ohren jetzt ein leises, dumpfes, bewegliches Geräusch, wie es vielleicht eine in Wolle gewickelte Uhr hervorbringen wird. Auch diesen Ton kannte ich. Es war das Herzklopfen des alten Mannes. Und es stachelte meine Wut an, wie der Trommelwirbel den Mut der Soldaten.

Doch auch jetzt noch bezwang ich mich und verhielt mich ruhig. Kaum, daß ich atmete! Die Laterne hielt ich regungslos in der Hand und versuchte, wie sicher ich den Strahl auf das Auge des alten Mannes gerichtet halten könne?! Mittlerweile nahm das höllische Pochen seines Herzens immer mehr zu. Es wurde jeden Augenblick schneller und schneller, lauter und lauter. Das Entsetzen des alten Mannes

## Das verräterische Herz

mußte den Höhepunkt erreicht haben. Es wurde lauter, sage ich, jeden Augenblick lauter. Wird man mich gut verstehen? Ich sagte schon, daß ich nervös sei: ich bin es. Und dieses seltsame Geräusch in der toten, fürchterlichen Stille, die in dem alten Haus zu dieser Nachtstunde herrschte, wirbelte mich in wilden Schrecken. Noch einige weitere Minuten hielt ich an mich, stand ganz still. Aber das Klopfen wurde lauter und lauter. Ich dachte, es müsse das Herz zersprengen. Und nun packte mich eine neue Angst: die Nachbarschaft würde es ebenfalls hören. Da aber war die Stunde des alten Mannes gekommen! Mit einem gellenden Schrei riß ich die Blenden der Laterne auf und sprang ins Zimmer. Er schrie auf – einmal nur! In einem Augenblick hatte ich ihn aus dem Bette auf den Boden gerissen und das schwere Bettzeug über ihn gezogen. Dann lächelte ich vergnügt, daß ich die Tat so weit vollbracht hatte. Aber das Herz schlug noch ein paar Minuten lang mit dumpfem Ton fort. Doch das ärgerte mich nicht mehr. Durch die Wand würde man es doch nicht hören. Ich räumte das Bettzeug beiseite und untersuchte den Körper. Ja, er war tot – tot! Ich legte meine Hand auf das Herz und ließ sie mehrere Minuten lang liegen. Es klopfte nicht mehr. Er war bestimmt tot. Sein Auge würde mich nicht mehr quälen.

Wer mich auch jetzt noch für wahnsinnig hält,

wird den Gedanken endgültig aufgeben müssen, wenn ich ihm erzähle, mit welch weiser Vorsicht ich den Körper verbarg. Die Nacht begann zu schwinden, und ich arbeitete in schweigender Hast.

Zunächst riß ich drei Dielen aus dem Boden des Zimmers und verbarg den Toten zwischen der Füllung, dann setzte ich dieselben so geschickt, so schlau wieder ein, daß kein menschliches Auge – nicht einmal das seinige – die geringste Veränderung hätte wahrnehmen können. Da war ja nichts abzuwaschen – kein Blutfleck, nicht die kleinste Spur von einem einzigen Tropfen. Dazu war ich viel, oh, viel zu vorsichtig gewesen. Als ich diese Arbeit vollendet hatte, war es vier Uhr und noch so dunkel wie um Mitternacht. Gerade als die Uhr schlug, wurde an die Haustür gepocht. Ich öffnete leichten Herzens, denn was hatte ich jetzt noch zu fürchten? Drei Männer traten ein, die sich als Polizeibeamte vorstellten. Während der Nacht hatte man in der Nachbarschaft einen Schrei gehört, der den Argwohn erregt hatte, es sei irgendein Verbrechen verübt worden. Man hatte die Polizei benachrichtigt, und diese hatte die Beamten losgeschickt, um sofort Untersuchungen vorzunehmen.

Ich lächelte – denn was hatte ich zu fürchten? – und hieß die Herren willkommen. Den Schrei behauptete ich selbst im Traum ausgestoßen zu haben – und der alte Herr sei aufs Land gereist. Ich führte die Besucher durch das ganze Haus und forderte sie auf, nur gut zu suchen. Zum Schluß führte ich sie in sein Zimmer und zeigte ihnen, daß sein Geld und seine Wertgegenstände sicher und wohlverwahrt dalagen. Im Übermaß des Gefühles meiner Sicherheit, brachte ich Stühle in das Zimmer und nötigte sie, hier von ihren Anstrengungen auszuruhen, während ich in toller Vermessenheit, so vollauf überzeugt, die Tat sei gelungen, meinen Stuhl gerade auf die Dielen stellte, unter denen der Leichnam meines Opfers lag. Die Polizisten waren zufriedengestellt. Mein Auftreten hatte jeden Verdacht zunichte gemacht. Ich war in ausgezeichneter Stimmung. Während ich heiter auf ihre Fragen antwortete, plauderten sie dazwischen von gleichgültigen Dingen. Aber es dauerte nicht lange, da fühlte ich, wie ich erbleichte, und wünschte, sie möchten gehen. Der Kopf tat mir weh, und es sauste mir in den Ohren; aber sie blieben sitzen und plauderten weiter. Das Sausen in meinen Ohren schwoll an, es blieb und wurde immer deutlicher. Ich sprach lebhafter, um das schreckliche Gefühl loszuwerden. Doch es dauerte fort und wurde immer bestimmter, bis ich deutlich spürte, daß es nicht mehr in meinen Ohren war.

Jedenfalls war ich jetzt sehr bleich geworden, aber ich sprach schneller und immer schneller, mit lauterer Stimme darauf los. Allein auch der Ton wurde stärker, was sollte ich anfangen? Es war ein leiser, dumpfer, rascher Ton – wie ihn eine Taschenuhr, die man in Wolle gewickelt hat, hervorbringen mag. Ich rang nach Atem, doch die Beamten hörten das Geräusch immer noch nicht. Ich sprach noch schneller, noch heftiger; doch das Geräusch nahm immer noch zu. Ich stand auf und stritt mit gewaltsam angestrengter Stimme und heftigen Gebärden über Kleinigkeiten; aber auch das Geräusch wurde noch lauter. Weshalb gingen sie denn immer noch nicht? Ich eilte mit schweren Schritten auf und ab, als ob mich die Beamten durch ihr Beobachten bis zur Wut gereizt hätten. Vergeblich! Das Geräusch schwoll an. Mein Gott! Was konnte ich noch tun? Ich schäumte vor Wut – ich raste, ich fluchte! Ich ergriff den Stuhl, auf dem ich gesessen, und scharrte mit ihm auf der Diele umher – das Geräusch übertönte alles und wuchs und wuchs! Es wurde lauter – lauter – lauter! Und noch immer plauderten die Männer vergnügt und lächelten dazu. War es möglich, daß sie es nicht hörten? Allmächtiger Gott! Nein! Nein! Sie hörten es! Sie schöpften schon Verdacht! Sie wußten alles! Sie trieben nur Spott mit meinem Entsetzen! Dies dachte ich (und denke es noch). Aber alles andere war erträglicher als meine Todesangst, war besser als ihr Hohn! Ich konnte ihr heuchlerisches Lächeln nicht länger ertragen. Ich fühlte, daß ich schreien müsse – oder sterben! Und nun – horch – wieder – lauter! Lauter!! Lauter!!! Lauter!!!!

„Schurken!" schrie ich heraus, „verstellt Euch nicht länger! Ich gestehe die Tat! Reißt die Dielen auf! Hier! Hier! Es ist das grauenhafte Klopfen seines Herzens!"

## *Der Mann der Menge*

> *Ce grand malheur, de ne pouvoir être seul.*
> La Bruyère

VON EINEM GEWISSEN DEUTSCHEN BUCH* hat man sehr richtig gesagt: „daß es sich nicht lesen läßt". So gibt es auch geheimnisvolle Dinge, die sich nicht erzählen lassen. Menschen sterben des Nachts in ihren Betten, während sie gespenstischen Beichtigern die Hände drücken und ihnen flehend in die Augen sehen – sterben mit verzweifeltem Herzen und angstzerpreßter Kehle, weil sie das Entsetzen von Geheimnissen durchkosten, die sich nicht enthüllen lassen. Und manchmal, ach! ist das Gewissen des Menschen mit so greuelvoller Last beladen, daß sie nur im Grabe abgeworfen werden kann. So bleibt der Kern allen Verbrechens unenthüllt, alles Bösen verborgen.

---

*Hortulus Animae cum Oratiunculis Aliquibus Superadditis von Güninger. E.A.P.

## Der Mann der Menge

Vor nicht langer Zeit, an einem Herbstabend, saß ich an dem Bogenfenster des vielbesuchten Café D. in London. Ich war einige Monate krank gewesen, befand mich jetzt jedoch auf dem Weg der Besserung. Das Gefühl der wiederkehrenden Kräfte hatte mich in jene glückliche Stimmung gebracht, die das Gegenteil von Langeweile ist, alle Sinne schärft, aufnahmefähiger macht und den Schleier vor der Anschauung des inneren Auges hinwegzieht, so daß der Geist über den Bereich seiner alltäglichen Fähigkeiten hinauswachsen kann. Es bereitete mir schon einen Genuß, zu atmen; und Dinge, die sonst sogar Schmerz verursacht hätten, wurden mir ein Anlaß zur Freude. Alles, selbst Unbedeutendes, nötigte mir eine ruhige, forschende Teilnahme ab. Die Zigarre im Munde, die Zeitung in der Hand, hatte ich mich den größten Teil des Nachmittags damit unterhalten, bald die zahlreichen Annoncen durchzusehen, bald die bunte Gesellschaft im Kaffeehaus zu beobachten, bald durch die dunstbeschlagenen Scheiben auf die Straße hinauszuspähen.

Gerade die Straße, auf die mein Fenster ging, ist eine der Hauptverkehrsadern der Metropole und war infolgedessen den ganzen Tag über stark belebt. Als es dunkel wurde, nahm das Gedränge mit jedem Augenblick noch zu und im Licht der Straßenlaternen strömte die Menge in zwei dichten, un-

unterbrochenen Reihen am Fenster vorbei, herauf und herab. Zu dieser Abendstunde hatte ich mich noch nie in ähnlicher Umgebung befunden, und das unruhige Auf- und Abwogen der tausendköpfigen Menge brachte mich in eine ganz neue, köstliche Aufregung. Schließlich schenkte ich denn auch den im Lokal Anwesenden nicht mehr die geringste Aufmerksamkeit und vertiefte mich ganz in die Betrachtung der Szenen, die sich da auf der Straße vor mir abspielten. Zuerst betrachtete ich nur so im allgemeinen. Ich überschaute die verschiedenen Gruppen der Vorübergehenden und stellte mir ihre Beziehungen zueinander vor. Bald jedoch ging ich mehr auf Einzelheiten ein und studierte mit sorgfältigstem Interesse die unzähligen Verschiedenheiten an den Gestalten, in der Kleidung, der Haltung, den Gesichtern und dem besonderen Ausdruck der Züge.

Die meisten der Passanten hatten ein zufriedenes, geschäftiges Aussehen und schienen nur daran zu denken, sich einen Weg durch das Gedränge zu bahnen. Ihre Brauen waren zusammengezogen, und ihre Augen gingen lebhaft hin und her; wurden sie von den Vorübergehenden angestoßen, so richteten sie ohne das geringste Zeichen von Unmut ihre Kleider wieder zurecht und eilten weiter. Andere fielen mir durch ihre unruhigen Bewegungen auf. Sie hatten gerötete Gesichter und sprachen und

## Der Mann der Menge

gestikulierten mit sich selbst, als verleihe ihnen gerade der dichte Menschenschwall um sie herum das Gefühl des Alleinseins. Wenn sie irgendwie aufgehalten wurden, so stellten sie plötzlich ihr Murmeln ein, verdoppelten jedoch die Gestikulationen und warteten mit abwesendem Lächeln, bis sich die Stauung wieder behob. Wurden diese Leute von jemand angestoßen, so verbeugten sie sich entschuldigend ein über das andere Mal und schienen vor lauter Verlegenheit ganz verwirrt. An beiden Klassen war jedoch außer dem eben Erwähnten nichts Besonderes zu bemerken. Ihre Kleidung läßt sich mit dem Wort „anständig" bezeichnen. Es waren zweifellos Leute der besseren Stände, Kaufherren, Notare, Börsenspekulanten und sonstige Geschäftsleute, Müßiggänger und andere, die fleißig ihren Privatangelegenheiten nachgingen und ihre Geschäfte auf eigene Verantwortung führten. Sie fesselten meine Aufmerksamkeit nicht allzusehr.

Der Stand der Kommis war natürlich reichlich vertreten und leicht zu erkennen. Ich unterschied zwei besondere Klassen. Da waren die Kommis der großen Reklamefirmen, junge Herrchen in eng anliegenden Überröcken, blanken Stiefeln, pomadisiertem Haar und hochmütig aufgeworfener Lippe. Abgesehen von einer gewissen Behendigkeit in ihren Bewegungen, die ich in Ermangelung eines besseren Wortes „Ladentischallüren" nennen möchte, schienen die Manieren dieser Leute ein vollständiges Konterfei dessen zu sein, was vor einem oder anderthalb Jahren als Muster des guten Tones gegolten hatte. Sie trugen gewissermaßen die abgelegten Manieren der großen Welt – und damit ist, glaube ich, die treffendste Schilderung dieser Klasse gegeben.

Jene andere Klasse, die Angestellten alter, solider Häuser, schaute ganz anders aus. Man erkannte diese „bewährten alten Knaben" leicht an ihren schwarzen oder braunen Röcken und Beinkleidern von bequemem Schnitt, an ihren weißen Krawatten und Westen, an den breiten, festen Schuhen, den dicken Strümpfen oder starken Gamaschen. Sie hatten alle schon gelichtetes Haar, und ihr rechtes Ohr, das so lange Jahre hindurch den Federhalter getragen, hatte sich angewöhnt, etwas vom Kopfe abzustehen. Ich bemerkte, daß sie ihre Hüte immer mit beiden Händen zurechtrückten und kurze goldene Uhrketten von unmodernen Mustern trugen. Sie bemühten sich, recht respektabel auszusehen, wenn man überhaupt bei ihrem ehrenhaften Auftreten von „bemühen" noch reden darf.

Dann tauchte auch eine Anzahl herausgeputzter Individuen auf, in denen ich leicht jene feinere Sorte von Taschendieben erkannte, mit der wohl jede große Stadt reichlich gesegnet ist. Ich beobachtete diese Herren sehr genau und konnte kaum verstehen, wie es möglich war, daß sie jemals von wirklichen Gentlemen für ihresgleichen angesehen wurden. Ihre um das Handgelenk auffallend weiten Hemdsärmel und ihr übertrieben offener Gesichtsausdruck mußten sie ja sofort verraten!

Die Gewohnheitsspieler, von denen ich ebenfalls nicht wenige entdeckte, waren noch leichter zu erkennen. Sie trugen die verschiedenartigsten Anzüge: von der Kleidung eines Bauernfängers niedrigster Sorte an bis zu der eines mit schlichter Sorgfalt gekleideten Geistlichen, so daß dann auch nicht mehr das Geringste an ihm verdächtig war. Doch zeichneten sie sich alle durch ihr aufgedunsenes und dabei wieder wie sonnenverbranntes Gesicht aus, durch ihre verschwommenen, trüben Augen und ihre farblosen, zusammengepreßten Lippen. Außerdem erkannte ich sie noch an zwei anderen Merkmalen: an einem in der Unterhaltung stets sorgfältig beibehaltenen, leisen Ton und an der seltsamen Angewohnheit, ihren Daumen in fast rechtem Winkel zu den übrigen Fingern ausgestreckt zu halten. Sehr häufig bemerkte ich in Gesellschaft dieser Gauner eine Sorte Menschen, die etwas andere Manieren hatten, aber doch Kinder ein und desselben Vaters waren. Man könnte sie vielleicht als die Klasse von Herren bezeichnen, die von ihrem „Witz" leben, doch muß man auch da einen Unterschied machen, muß die Stutzer in Zivil von denen

in Uniform trennen – und zwar ist die erste Gruppe
durch häufiges Lächeln, die zweite durch schneidige Blicke gekennzeichnet.

Ich stieg die Stufenleiter der Gesellschaft immer
tiefer hinab und beschäftigte mich mit der Betrachtung der düstersten, niedrigsten Typen. Jüdische
Hausierer sah ich, aus deren Augen gieriges Lauern
glühte, während ihre Mienen das Gepräge hündischer Demut trugen. Dann die gewohnheitsmäßigen Straßenbettler, die die anderen, die verschämten Bettler, die wohl die Not allein in die Nacht hinausgetrieben hatte, mit bösen Blicken maßen. Abgezehrte Krüppel sah ich, auf die der Tod schon seine
Hand gelegt, und die sich mühsam durch die Menge schleppten und jedem flehend ins Gesicht blickten, als suchten sie nach einem tröstlichen Zufall, einer letzten Hoffnung. Schüchterne junge Mädchen,
die nach langer später Arbeit in ihr freudloses Heim
zurückkehrten und mehr traurig und mit inneren
Tränen, als entrüstet, vor den Blicken roher Gesellen zurückschreckten, deren Berührung im Gedränge ja nicht zu vermeiden war. Dann Frauen – Weiber, von jeder Art und jedem Alter: tadellose Schönheiten in der Blüte weiblicher Reize, die mich an
jene Statue des Lucian gemahnten, die äußerlich
von parischem Marmor und im Innern mit Kot gefüllt war – die ganz verkommene Aussätzige in
Lumpen – die verrunzelte, geschminkte, mit Edel-

steinen beladene alte Vettel, die sich mit krampfhafter Anstrengung ein jugendliches Aussehen zu verleihen sucht – das halbentwickelte Kind mit unreifen Formen, aber durch die Gesellschaft ihrer Genossinnen in allen abscheulichen Künsten ihres Gewerbes wohl erfahren und brennend vor Begierden, mit ihren älteren Kolleginnen nur ja auf einer Stufe der Verkommenheit zu stehen. Ferner zahllose Trunkenbolde von unbeschreiblichem Äußeren – einige in Fetzen und Lumpen, schwankend und unverständliche Worte lallend, mit zerschundenen Gesichtern und verglasten Augen – andere in ganzen, doch beschmutzten Kleidern; diese schwankten nur leicht, hatten dicke Lippen und sehr zuversichtliche rote Gesichter, wieder andere gingen in Stoffe gekleidet, die einstmals gut gewesen und auch jetzt noch sorgfältig gebürstet waren: Männer, die sich bemühten, mit erkünstelt festem und elastischem Schritt einherzugehen, aus deren schwammig-fahlen Gesichtern jedoch gerötete Augen mit unstetem Blick hervorsahen, und die mit zittriger Hand nach allem griffen, was ihnen in den Weg kam. Außer all diesen Menschen sah ich noch Kuchenverkäufer, Gepäckträger, Kaminfeger, Kohlenträger, Orgeldreher, Affenführer, Bänkelsänger, ärmliche, fast zerlumpte Künstler, erschöpfte Arbeiter. Diese alle strömten mit einer lärmenden Geschäftigkeit vorüber, die mit wirren Mißtönen in meinem Ohr summte und von der mich mein Auge bald schmerzte.

Doch steigerte sich mit zunehmender Dunkelheit mein Interesse an all diesen Szenen immer mehr. Nicht nur der allgemeine Charakter der Menge nahm alsbald eine andere Gestalt an, weil der bessere Teil der Bevölkerung sich langsam in die Wohnungen zurückzog und nun der rohere noch kühner hervortrat, sich zu dieser vorgerückten Stunde jedes Laster aus seiner Höhle hervorwagte – auch die Strahlen der Gaslaternen, die matt erschienen waren, als sie sich zuerst noch mit dem sterbenden Tageslicht vermischten, gaben jetzt dem Bild ein anderes, neues Aussehen und überfluteten die Straße mit blendendem Licht, so daß alles dunkel und doch von Strahlen wie übergossen war.

Diese phantastische Beleuchtung regte mich wieder zur Betrachtung der einzelnen Gesichter an, und wenn die Geschwindigkeit, mit der die Personen an dem Lichtschein meines Fensters vorüberglitten, es auch unmöglich machte, mehr als einen flüchtigen Blick auf einen Vorübergehenden zu werfen, so war es mir doch, als könne ich in meinem seltsam hellseherisch gesteigerten Zustand auch in diesem kurzen Augenblick die Geschichte langer, langer Jahre lesen.

So studierte ich also, die Stirn an die dunstige Fensterscheibe gedrückt, die vorüberhastende

## Der Mann der Menge

Menge, als mich plötzlich ein Gesicht bannte, das da draußen auftauchte – ein Gesicht von sonderbar stark ausgeprägtem, vielfältigem Ausdruck – ein Gesicht, das einem alten, hinfälligen Mann von fünfundsechzig oder siebzig Jahren angehörte.

Ich habe in meinem ganzen Leben kein zweites gesehen, das ihm auch nur im entferntesten glich. Aber ich erinnere mich sehr wohl, daß gleich mein erster Gedanke bei seinem Anblick war, daß jeder Maler, der auch immer den Teufel gemalt, dies Gesicht allen künstlerischen Darstellungen des Satans vorgezogen haben würde.

Ich bemühte mich sofort, noch während der ersten flüchtigen Prüfung, den Eindruck, den ich da empfing, in etwas zu zergliedern: und es erhoben sich in meinem Kopf die verwirrten und sich widersprechenden Vorstellungen von großer geistiger Kraft, von Vorsicht, Armut, Geiz, von Kälte, Bosheit, Blutdurst, von Hohn, ausgelassenster Lustigkeit und tiefstem Schrecken, rasendster Verzweiflung. Ich fühlte mich sonderbar gefesselt, ergriffen, aufgeregt. „Welch eine seltsame Geschichte", sagte ich mir, „muß in dem Buch dieses Herzens geschrieben stehen." Und plötzlich faßte mich das unwiderstehliche Verlangen, den Mann im Auge zu behalten, mehr von ihm zu erfahren.

Ich zog eiligst meinen Überrock an, ergriff Stock und Hut, bahnte mir einen Weg auf die Straße hin-

## DER MANN DER MENGE

aus und drang in der Richtung, die der Mann genommen, durch die Menge vor; denn er selbst war inzwischen meinen Blicken natürlich entschwunden. Doch bald schon erblickte ich ihn wieder, näherte mich und folgte ihm aber so vorsichtig, daß er mich nicht bemerkte. Ich hatte nun die beste Gelegenheit, seine ganze Erscheinung zu mustern. Er war von sehr kleiner Statur, sehr mager und äußerst schwächlich. Seine Kleider schienen im allgemeinen schmutzig und zerlumpt, jedoch bemerkte ich, als er zufällig unter das Licht einer Gaslaterne kam, daß seine Wäsche, wenn auch gleichfalls unsauber, doch von gutem Gewebe war; auch glaubte ich durch einen Schlitz seines sonst fest zugeknöpften und wahrscheinlich aus zweiter Hand erstandenen Regenmantels einen Diamanten und einen Dolch aufschimmern zu sehen. Dies erhöhte noch meine Neugierde, und ich beschloß, dem Unbekannten zu folgen, wohin er auch gehen würde.

Es war mittlerweile vollständig Nacht geworden, und über der Stadt lag ein dichter, feuchter Nebel, der bald als heftiger Regen niederschlug. Die Veränderung des Wetters hatte eine seltsame Wirkung auf die Menge, die plötzlich in eine ganz neue Bewegung geriet und von einem Wald von Regenschirmen überdacht wurde. Das Schwanken, das Stoßen und Gesumme schien noch zehnmal stärker zu werden. Ich selbst machte mir nicht viel aus dem

## Der Mann der Menge

Regen, mein überstandenes Fieber brannte mir noch im Körper und ließ mich die kühle Feuchtigkeit verlockend und angenehm empfinden. Und so schützte ich mir denn den Mund mit einem Taschentuch und hielt tapfer aus. Eine halbe Stunde bahnte sich der alte Mann mühsam seinen Weg durch die belebte Hauptstraße, und aus Furcht, ihn zu verlieren, folgte ich ihm fast auf dem Fuße. Doch er bemerkte mich nicht, da er sich nicht ein einziges Mal umwandte.

Endlich bog er in eine Querstraße ein, die obwohl auch noch sehr belebt, doch nicht so überfüllt war, wie die Hauptstraße, die wir eben verlassen. Und alsbald bemerkte ich, daß sich in dem Benehmen meines Mannes eine Änderung vollzog: Er ging langsamer, unbestimmter, unschlüssiger, als habe er kein rechtes Ziel. Ohne ersichtlichen Zweck schritt er ein paarmal von der linken Straßenseite zur anderen hinüber und wieder zurück und wieder hinüber und wieder zurück. Das Gedränge war auch hier noch immer so groß, daß ich mich dabei immer ganz dicht hinter ihm halten mußte. Die Straße war sehr eng und lang, und bis wir an ihr Ende kamen, verging fast eine Stunde. Doch nahm die Menge der Passanten jetzt nach und nach ab. Eine Biegung der Straße führte uns über einen hellerleuchteten Platz, auf dem ein verhältnismäßig regeres Leben auf und nieder wogte. Und gleich nahm der Unbekannte wieder seine anfängliche Haltung an. Das Kinn sank tiefer auf die Brust herab, während seine Augen unter den zusammengezogenen Brauen nach allen Richtungen hin wilde Blicke auf die schleuderten, die ihm hemmend in den Weg kamen. Den Weg selbst aber verfolgte er mit unerschütterlicher Beharrlichkeit. Als er jedoch die Runde um den Platz gemacht hatte, sah ich mit Erstaunen, daß er den Kreislauf von neuem begann und dann wieder und immer wieder von neuem, wobei er mich einmal bei einer raschen Wendung fast entdeckt hätte.

So kreiste er eine ganze zweite Stunde herum, gegen deren Ende wir immer weniger von Passanten gehindert wurden, als am Anfang. Der Regen fiel in Strömen, es wurde kalt, und die Menschen zogen sich mehr und mehr in ihre Häuser zurück. Mit einer ungeduldigen Gebärde trat der Wanderer schließlich in eine verhältnismäßig leere Seitenstraße ein. Eine Viertelstunde lang eilte er durch diese mit einer Schnelligkeit vorwärts, die ich einem so bejahrten Mann niemals zugetraut hätte, und die mir meine Verfolgung sehr erschwerte. Nach kurzer Zeit erreichten wir ein großes, noch stark besuchtes Kaufhaus, mit dessen Lokalitäten der Fremde sehr bekannt zu sein schien. Er nahm seine ursprüngliche Haltung wieder an und bahnte sich durch den Schwarm der Käufer und Verkäufer seine ziellosen Kreuz- und Querwege.

## Der Mann der Menge

Wir verbrachten ungefähr anderthalb Stunden an diesem Ort, und es erforderte meinerseits die größte Vorsicht, mich, ohne von ihm bemerkt zu werden, in seiner Nähe zu halten. Glücklicherweise trug ich ein paar Gummiüberschuhe und trat daher ganz geräuschlos auf, so daß dem Unbekannten nicht einen Augenblick zum Bewußtsein kam, daß er verfolgt wurde. Er ging von einer Verkaufsstelle zur anderen, kaufte nichts, sprach kein Wort und starrte die Dinge mit seltsam abwesenden Blicken an. Sein Benehmen setzte mich in immer höheres Erstaunen, und ich beschloß bei mir, ihn jetzt erst recht nicht aus den Augen zu lassen, bis ich wenigstens irgend etwas über ihn in Erfahrung gebracht hätte.

Von einem Turm schlug es laut elf, und die Menge beeilte sich, den Bazar zu verlassen. Einer der Kommis, der die Läden vor den Schaufenstern herunterließ, stieß den alten Mann zufällig an, und ich sah, wie ein heftiger Schauder seinen ganzen Körper durchfuhr. Er eilte wieder auf die Straße hinaus, blickte angstvoll umher und lief dann mit unglaublicher Schnelligkeit durch viele winkelige und öde Gassen, bis wir wieder auf die Hauptstraße gelangten, von der aus wir unsere Wanderung unternommen hatten. Sie bot indessen nicht mehr denselben Anblick, war zwar immer noch hell erleuchtet, aber bei dem strömenden Regen waren nur noch wenige

Menschen zu sehen. Der Unbekannte wurde blaß, mit düsterer Miene schritt er ein paar Schritte auf der sonst so volkreichen Straße herauf, dann wandte er sich mit schwerem Seufzer in die Richtung nach dem Fluß hin. Er eilte durch verschiedene Straßen und langte endlich vor einem der Haupttheater an. Die Vorstellung war gerade zu Ende, und das Publikum drängte sich durch die Eingangstüren hinaus. Ich sah, wie der alte Mann tief aufatmete, während er sich in das dichteste Gewühl stürzte; auch schien der angstvolle Ausdruck in etwa von seinem Gesicht gewichen zu sein. Sein Kopf fiel wieder auf die Brust herab, und er zeigte auch sonst ganz sein altes Benehmen. Ich bemerkte, daß er den Weg einschlug, den der größere Teil des Publikums nahm; im übrigen wurde mir der Zweck seines ruhelosen Umherwanderns immer noch nicht klarer.

Je weiter wir schritten, desto mehr zerstreuten sich die Leute, und desto mehr fiel der alte Mann wieder in seine frühere Rastlosigkeit und Unstetigkeit zurück. Eine Zeitlang folgte er einer Gesellschaft von zehn oder zwölf lärmenden Nachtschwärmern, aber auch diese verloren sich nach und nach, bis in einer engen, düsteren, verlassenen Straße bloß noch drei beisammen waren. Der Unbekannte stand still und schien einen Augenblick in Gedanken verloren, dann lenkte er mit allen Anzeichen innerer Aufregung seine Schritte einer Straße zu, die bis an die äußerste Grenze der Stadt führte und in Gegenden, die von denen, die wir bis jetzt durchschritten, weit verschieden waren: in das widerwärtigste Viertel Londons, wo alle Dinge den häßlichen Stempel trostlosester Armut und abscheulichster Verkommenheit tragen. In dem trüben Licht einer vereinzelten Laterne bemerkte man alte, hohle, wurmstichige, hölzerne Behausungen, die dem Einsturz nahe schienen und so unordentlich und willkürlich umherstanden, daß es einen Weg, der den Namen Straße verdient hätte, gar nicht gab. Die Pflastersteine waren durch das wuchernde Gras aus ihren Fugen gedrängt. Unrat verfaulte in den verstopften Rinnen. Die ganze Atmosphäre schien von dieser Verwahrlosung vergiftet. Jedoch je weiter wir schritten, desto lauter vernahmen wir die Stimmen des Lebens, und schließlich sahen wir ganze Rotten des verkommensten Pöbels einhertaumeln. Die Lebensgeister des alten Mannes flammten noch einmal auf – wie eine Lampe, die dem Erlöschen nahe ist, und noch einmal wurden seine Schritte schneller. Als wir um eine Ecke bogen, drang plötzlich ein lebhafter Lichtschein auf uns ein. Wir standen vor einem der vorstädtischen Tempel der Unmäßigkeit – einem der Paläste des Dämons Alkohol.

Es hatte schon zu dämmern begonnen, doch

drängten sich noch immer neue Scharen elender Trunkenbolde durch die großen Türen aus und ein. Mit einem halb unterdrückten, heiseren Freudengeschrei bahnte sich der alte Mann seinen Weg und ging in seiner ursprünglichen Haltung wieder ziel- und zwecklos unter der Menge auf und ab. Dies dauerte jedoch nicht allzulange, da sich bald ein allgemeines Drängen nach den Ausgängen bemerkbar machte: der Wirt wollte für diese Nacht sein Lokal schließen. Was sich jetzt auf dem Angesicht des sonderbaren Wesens, das ich so hartnäckig verfolgte, widerspiegelte, war mehr als Verzweiflung. Doch hielt der Greis nicht einen Augenblick in seinem Wandern inne, sondern wandte seine Schritte mit krankhafter Ausdauer wieder dem Herzen des großen London zu. Rasch, in stets gleichem Tempo schritt er dahin, während ich ihm in immer wachsender, seltsamer Verwunderung folgte. Die Sonne ging auf, wie wir so dahinschritten, und als wir in dem belebtesten Teil der volkreichen Stadt anlangten und durch die Hauptstraße mit dem großen Café D. kamen, herrschte dort bereits wieder Menschengewühl und ein Verkehr, der dem Treiben am vorhergehenden Abend nichts nachgab. Und auch hier, während das erwachte Leben wuchs und an Fülle immer noch zunahm, setzte ich meine Verfolgung beharrlich fort. Seiner Gewohnheit nach ging der Unbekannte hin und her und kam, solange es

## Der Mann der Menge

Tag war, nicht mehr aus dem Getümmel jener Straße heraus. Doch als sich die Schatten des zweiten Abends niedersenkten, fühlte ich mich zu Tode erschöpft. Ich trat dem Wanderer fest entgegen und blickte ihm unverwandt ins Gesicht. Aber er bemerkte mich nicht, sondern setzte seine feierliche Wanderung ruhig fort. Jetzt folgte ich ihm nicht weiter. Und blieb stehen in tiefem Nachdenken. „Dieser alte Mann", sagte ich endlich zu mir selbst, „ist die Verkörperung, ist der Geist des Verbrechens. Er kann nicht allein sein. Er ist der Mann der Menge. Es wäre vergebens, ihm noch weiter nachzugehen, denn ich würde doch nichts von ihm, nichts von seinen Taten erfahren. Das schlechteste Herz der Welt ist ein abschreckenderes Buch, als das *Hortulus Animae*; und vielleicht ist es eine der großen Barmherzigkeiten Gottes, ‚daß es sich nicht lesen läßt'!?"

## Das Faß Amontillado

DIE TAUSEND UNGERECHTIGKEITEN Fortunatos hatte ich, so gut es ging, ertragen, doch als er mich zu beleidigen wagte, da schwor ich Rache. Sie kennen mich und werden mir deshalb glauben, daß ich auch nicht eine einzige Drohung gegen ihn ausstieß. Eines schönen Tages würde ich mich schon rächen – das stand felsenfest; und meine Rache sollte so vollkommen sein, daß ich selbst nicht das mindeste dabei zu wagen hatte. Ich wollte nicht nur strafen, sondern ungestraft strafen. Ein Unrecht ist nicht gesühnt, wenn den Rächer wiederum Strafe ereilt – der Beleidiger büßt nicht, wenn er den Rächer nicht kennt.

Sie können sich denken, daß ich dem Fortunato mit keinem Wort, mit keiner Handlung Anlaß gegeben, an meinem Wohlwollen zu zweifeln. Ich lächelte ihm freundlich zu, wie immer, und er ahnte nicht, daß ich nur lächelte, weil ich seinen Untergang plante.

## Das Fass Amontillado

Er hatte seine schwache Seite, dieser Fortunato, obwohl er im übrigen ein Mann war, den man achten, ja fürchten mußte. Er hielt sich nämlich etwas darauf zugute, ein Weinkenner zu sein. Nur wenige Italiener sind wirkliche Kenner. Gemälde und Edelsteine beurteilte Fortunato gleich den meisten seiner Landsleute wie ein Scharlatan; doch was alte Weine anging, da war er, wie gesagt, wirklich ein Kenner. Ich selbst kannte mich ebenfalls sehr gut aus in den Erzeugnissen der italienischen Weinberge und kaufte reichlich ein, wo sich nur Gelegenheit bot.

Eines Abends in der Dämmerung, gerade während der tollsten Faschingszeit, traf ich meinen Freund auf der Straße. Er redete mich mit vergnügter Herzlichkeit an, denn er hatte viel getrunken. Der Gute sah buntscheckig genug aus in seinem enganliegenden Gewand, dessen Hälften verschieden gefärbt waren, und seiner kegelförmigen, mit Schellen behangenen Kappe. Ich war so erfreut, ihn zu sehen, daß ich schier nicht aufhören konnte, seine Hand zu schütteln.

„Mein lieber Fortunato!" sagte ich zu ihm, „das trifft sich gelegen! Nein – wie ausgezeichnet Sie heute aussehen! – Aber denken Sie: Ich habe ein Faß Amontillado bekommen – oder vielmehr einen Wein, den man dafür ausgibt ... Ja, ja! ich habe meine Zweifel ..."

## Das Fass Amontillado

„Wie?" fragte er, „Amontillado? Ein Faß? – Ein ganzes Faß? – Nicht möglich; Und jetzt mitten im Karneval!"

„Ich habe ja auch meine Zweifel", erwiderte ich ihm. „Ich war töricht genug, den vollen Preis für Amontillado zu zahlen, ohne vorher Ihr Urteil einzuholen. Aber Sie waren nirgendwo aufzutreiben, und ich wollte die Kaufgelegenheit nicht vorübergehen lassen …"

„Amontillado!? …"

„Ich habe meine Zweifel, wie gesagt …"

„Amontillado!?"

„Und möchte gern Gewißheit haben …"

„Amontillado!!??"

„Da Sie wohl heute abend nicht mehr frei sind, will ich Luchresi aufsuchen. Wenn irgend jemand ein Urteil hat, so ist er es. Er wird mir schon sagen …"

„Luchresi kann Amontillado nicht von Sherry unterscheiden …"

„Und doch gibt es Dummköpfe, die behaupten, daß er sich ebensogut auf Wein verstünde wie Sie!"

„Kommen Sie!"

„Wohin?"

„In Ihre Keller!"

„Nein, mein Freund! Die Einladung wäre ja auch noch das wenigste! Aber die strenge Kälte verbietet, daß wir den Versuch machen. Die Gewölbe sind

## Das Fass Amontillado

feucht, unerträglich feucht, die Wände ganz von Salpeter bedeckt."

„Oh, kommen Sie nur! Die Kälte ... das macht nichts! Amontillado? Wer weiß, was man Ihnen aufgeschwätzt hat! Und – Luchresi, der kann wirklich keinen Sherry von Amontillado unterscheiden – kann er nicht!"

Damit schob Fortunato seinen Arm unter den meinen, ich nahm eine schwarze Seidenmaske vor, hüllte mich fest in meinen weiten Mantel und ließ mich von ihm zu meinem Palast führen.

Von der Dienerschaft war kein Mensch im Hause. Sie hatten sich alle davongemacht, um auch ihren Teil von der allgemeinen Karnevalsfreude abzubekommen. Ich hatte ihnen gesagt, daß ich vor dem frühen Morgen nicht zurückkehren werde, und den formellen Befehl gegeben, sich nicht aus dem Haus zu rühren. Dies genügte, wie ich wohl wußte, daß sie alle entwischten, sobald ich den Rücken gekehrt hatte.

Ich nahm zwei Fackeln von ihren Haltern, gab dem Fortunato eine und führte ihn durch eine ganze Zimmerflucht bis an das Tor, das in die Gewölbe führte. Dann ging ich eine lange, gewundene Treppe hinab und bat ihn, mir nur ja recht vorsichtig zu folgen. Wir kamen endlich unten an und standen auf dem feuchten Boden der Katakomben der Montresor.

Der Gang meines Freundes war schwankend, und die Schellen an seiner Kappe klingelten bei jedem Schritte.

„Das Faß?" sagte er.

„Es liegt weiter unten", antwortete ich, „aber sehen Sie nur, wie das giftige weiße Gespinst an den Wänden glänzt!"

Er wandte sich mir zu und blickte mir mit glasigen Augen, denen Tränen der Trunkenheit entrannen, ins Gesicht.

„Salpeter?" fragte er nach einer Weile, nachdem er einen furchtbaren Hustenanfall niedergekämpft hatte.

„Ja ... Salpeter!" antwortete ich. „Aber wie lange haben Sie denn schon diesen schrecklichen Husten?"

Wieder packte es ihn, und während mehrerer Minuten war es meinem armen Freunde unmöglich, zu antworten.

„Es ist nichts", meinte er endlich.

„Kommen Sie", sagte ich mit Entschiedenheit, „wir wollen wieder hinaufgehen. Ihre Gesundheit ist zu kostbar. Sie sind reich, geachtet, werden bewundert, geliebt; Sie sind glücklich, wie ich es einst war. Um mich wäre es weiter nicht schade. Wir wollen wieder hinaufsteigen. Ich könnte es nicht verantworten, wenn Sie krank würden. Überdies kann ich ja Luchresi ..."

„Genug!" antwortete er. „Der Husten hat nichts zu sagen, hehe! Der Husten wird mich nicht umbringen, ich werde schon nicht davon sterben."

„Das hoffe ich auch", gab ich zurück, „ich hatte auch nicht die Absicht, Sie unnötig zu beunruhigen. Aber Sie sollten doch vorsichtig sein. Ein Schluck von diesem Medoc übrigens – der wird vor der Feuchtigkeit schützen."

Ich nahm eine Flasche von dem Lagerbrett und entkorkte sie. „Trinken Sie!" sagte ich und reichte sie ihm.

Er blinzelte mir zu und brachte sie an seine Lippen. Dann machte er eine Pause und blinzelte mir wieder zu, während seine Schellen klingelten.

„Ich trinke auf die Verstorbenen, die unter uns ruhen!" lallte er.

„Und ich auf Ihr langes Leben."

Dann nahm er wieder meinen Arm, und wir schritten weiter.

„Die Gewölbe", meinte er nach einer Weile „... sehr groß ... sehr ..."

„Die Montresors", erwiderte ich, „waren eine zahlreiche Familie."

„Ich habe vergessen ... Ihr Wappen vergessen ..."

„Ein großer goldener Fuß in einem azurnen Feld; der Fuß zertritt eine Schlange, die ihre Zähne in seine Ferse gegraben hat."

„Und ... Devise?"

## Das Fass Amontillado

*"Nemo me impune lacessit."*

„Sehr schön!" sagte er, „schön!"

Der Wein sprühte in seinen Augen, und die Schellen klingelten. Auch meine Phantasie wurde durch den Medoc erhitzt. Wir waren – an ganzen Wällen aufgeschichteten Gebeins, dann wieder an Fässern und Fäßchen vorbei – in das Innerste der Katakomben gelangt. Ich blieb stehen und faßte Fortunato am Arm.

„Sehen Sie doch nur", sagte ich, „wie der Salpeter immer dichter wird. Er hängt wie Moos an den Wänden. Wir befinden uns jetzt gerade unter dem Bett des Flusses. Die Feuchtigkeit sickert in Tropfen durch das Gebein. Kommen Sie, wir wollen zurückgehen, ehe Sie sich schaden. Ihr Husten …"

„Hat nichts zu sagen", entgegnete er lallend, „wir wollen weitergehen! Können ja … noch einen Schluck Medoc …"

Ich brach einer Flasche De Grâve den Hals und reichte sie ihm. Er leerte sie auf einen Zug. Seine Augen funkelten jetzt in dem sonderbarsten Lichte. Er lachte dabei und warf die Flasche mit einer Geste, die ich nicht verstand, in die Luft.

Ich sah ihn etwas erstaunt an. Er wiederholte die Bewegung – sie war sehr grotesk.

„Sie verstehen nicht?" fragte er.

„Nein!" erwiderte ich.

„Sie sind also nicht … in der Loge?"

## Das Fass Amontillado

„Wie?"

„Sie sind ... nicht Maurer?"

„Doch! Doch!" sagte ich. „Doch! Doch!"

„Sie? Unmöglich! Sie – Maurer?"

„Ein Zeichen!" rief er.

„Hier!" gab ich zurück und zog eine Kelle aus den Falten meines Mantels.

„Sie scherzen!" meinte er und trat ein paar Schritte zurück. „Aber kommen Sie ... zu dem Amontillado!"

„Weiter!" sagte ich, versteckte das Werkzeug wieder unter meinem Mantel und bot ihm meinen Arm.

Er stützte sich schwer auf, und wir setzten unseren Weg fort. Zunächst kamen wir durch eine Reihe niedriger Bogengänge, stiegen tiefer hinab, gingen weiter, stiegen noch tiefer hinab und gelangten endlich in eine Wölbung, in deren unreiner Luft unsere Fackeln nur noch glühten und fast kein Licht mehr gaben.

Am Ende der Wölbung befand sich eine zweite, weniger geräumige. An ihren Wänden waren, wie in den großen Katakomben zu Paris, bis zur Decke menschliche Gebeine aufgeschichtet. Drei Seiten dieser inneren Krypta waren in dieser Art geschmückt. Von der vierten war das Gebein herabgefallen, lag verstreut auf dem Boden umher und bildete einen Haufen von ziemlicher Höhe. In der freigelegten Mauer befand sich eine Nische von vielleicht vier Fuß Tiefe, drei Fuß Breite und sechs oder sieben Fuß Höhe. Sie war offenbar zu keinem bestimmten Zwecke errichtet, sondern bildete einfach den Zwischenraum zwischen zwei der ungeheuren Pfeiler, die das Gewölbe stützten. Ihre Rückwand war die massive Granitmauer, die das Ganze umschloß.

Vergebens erhob Fortunato seine trübe Fackel, um in die Nische hineinzuspähen: das schwache Licht ließ die gegenüberliegende Mauer nicht erkennen.

„Treten Sie ein", sagte ich, dort liegt der Amontillado. Was Luchresi anbetrifft …"

„Er ist ein Dummkopf", unterbrach mich mein Freund und tappte vorwärts, während ich ihm auf dem Fuß folgte. Im Augenblick war er am Ende der Nische angelangt, und als er fühlte, daß ihn der Fels hindere, weiter vorzudringen, blieb er verdutzt stehen. Im nächsten Augenblicke schon hatte ich ihn an den Felsen angekettet. In diesen waren nämlich in einer Entfernung von ungefähr zwei Fuß eiserne Ringe eingelassen. In einem derselben hing eine kurze eiserne Kette, in dem anderen ein Vorlegeschloß. Nachdem ich ihm die Kette um den Leib gewunden, war es das Werk einer Sekunde, sie zu schließen. Er war zu verblüfft, um Widerstand zu leisten. Ich nahm den Schlüssel an mich und trat aus der Nische.

## Das Fass Amontillado

„Fahren Sie einmal mit Ihrer Hand über die Mauer", sagte ich, „Sie müssen den Salpeter fühlen können. Es ist in der Tat sehr feucht. Noch einmal lassen Sie mich bitten: Kehren Sie zurück! Nein? Sie wollen nicht? Ja dann muß ich Sie endgültig verlassen. Doch vorher will ich Ihnen all die kleinen Bequemlichkeiten beschaffen, die nur möglich sind."

„Der Amontillado!" rief mein Freund, der sich von seinem Erstaunen noch nicht erholt hatte.

„Natürlich, natürlich!" erwiderte ich, „der Amontillado."

Während ich diese Worte sagte, machte ich mich über den Knochenhaufen her, von dem ich schon gesprochen, und warf ihn beiseite. Bald deckte ich auf dem Boden eine ziemliche Menge Bausteine und Mörtel auf. Mit diesem Material und meiner Kelle begann ich nun eifrig, den Eingang zur Nische zu vermauern.

Ich hatte kaum die erste Lage Steine gelegt, als ich bemerkte, daß die Trunkenheit Fortunatos zum großen Teil verschwunden war. Das erste Zeichen davon war ein dumpfer Schrei, der mir aus der Nische entgegenklang: es war nicht der Schrei eines Betrunkenen! Dann folgte ein längeres Schweigen. Ich mauerte die zweite Lage auf, die dritte, die vierte, dann hörte ich wütendes Kettengerassel. Das Geräusch dauerte mehrere Minuten, und um mit rechter Genugtuung zuhören zu können, unterbrach ich meine Arbeit und ruhte mich auf dem Knochenhaufen ein wenig aus. Als das Gerassel dann endlich aufhörte, ergriff ich meine Kelle wieder und legte die fünfte Lage, dann die sechste und die siebente. Nun ging mir die Mauer schon bis an die Brust. Ich machte wieder eine Pause, erhob die Fackel über meine Mauer und beleuchtete mit schwachen Strahlen den Eingeschlossenen.

Da brach ein anhaltendes, lautes, schrilles Geschrei aus der Kehle des Angefesselten; es war, als wolle er mich mit ihm zurückschleudern. Einen Augenblick lang zögerte ich – zitterte ich. Ich zog meinen Degen und begann in die Nische hineinzustechen, doch ein weiterer Augenblick des Nachdenkens beruhigte mich wieder. Ich legte meine Hand auf die festen Mauern des Gewölbes und fühlte mich höchst befriedigt. Ich näherte mich meinem Bauwerk von neuem und antwortete auf das Geschrei des Heulenden. Ich half ihm, ich wurde sein Echo, ich schrie noch lauter als er und noch kräftiger. Das tat ich – und der Schreier verstummte.

Es war unterdes Mitternacht geworden, und meine Arbeit näherte sich ihrem Ende. Ich hatte die achte, neunte und zehnte Lage vollendet und noch einen Teil der elften und letzten. Es blieb nur noch ein Stein zu mauern. Ich erhob ihn mit Schwierigkeit und brachte ihn ungefähr in die richtige Stelle. Aber da erscholl aus der Nische ein leises Lachen,

## Das Fass Amontillado

das mir die Haare auf dem Kopf hoch sträubte. Dann hörte ich eine traurige Stimme, die ich kaum als die des edlen Fortunato wiedererkannte. Die Stimme sagte: „Hehehe ... he ... he ... hehehe ... he ... Das ist wirklich ein guter Spaß! – Ein ausgezeichneter Spaß! Wir werden im Palast noch herzlich darüber lachen – he! he! – über unseren Wein! – he! he!"

„Über den Amontillado?" fragte ich.

„He! he! – He! he! – Ja, über den Amontillado. Aber wird es nicht spät? Wird uns die Signora Fortunato nicht im Palast erwarten? Und die anderen alle? Wir wollen gehen."

„Ja", sagte ich, „wir wollen gehen".

„Um Gottes willen, Montresor!"

„Ja", sagte ich, „um Gottes Willen!"

Auf diese Worte erhielt ich keine Antwort mehr. Ich horchte hin. Vergebens. Ich wurde ungeduldig und rief laut: „Fortunato!"

Keine Antwort. Ich rief nochmals: „Fortunato!"

Wieder keine Antwort. Ich zwängte eine Fackel durch die kleine Öffnung, die noch geblieben war, und ließ sie hineinfallen. Was ich vernahm, war Schellengeklingel. Mir wurde übel, ohne Zweifel von der Feuchtigkeit des Gewölbes. Ich beeilte mich, meine Arbeit zu Ende zu bringen, rückte den letzten Stein in die richtige Lage und schloß die Fugen mit Mörtel. Dann errichtete ich vor dem neuen

## Das Fass Amontillado

Mauerwerk den alten Wall von Gebeinen. Seit einem halben Jahrhundert hat sie niemand mehr in ihrer Ruhe gestört. *In pace requiescat!*

## *In den Bergen*

Gegen Ende des Jahres 1827 wohnte ich in Virginia in der Nähe von Charlottesville und machte dort zufällig die Bekanntschaft eines Herrn August Bedloe. Die Persönlichkeit dieses jungen Mannes war in jeder Beziehung merkwürdig und erregte meine Neugierde und mein tiefstes Interesse. Sowohl sein körperliches wie sein geistiges Wesen war mir ein Rätsel; auch konnte ich nicht die geringste Auskunft über seine Familie erhalten, noch mit Sicherheit feststellen, woher er gekommen war. Ich nannte ihn einen jungen Mann, doch gab es ein Etwas in seiner Person, das mich auch sein Alter eigentlich nicht einmal annähernd bestimmen ließ. Allem Anschein nach war er noch jung, auch betonte er oft seine Jugend; und doch hatte er Augenblicke, in denen er mir hundert Jahre alt zu sein schien. Das Eigentümlichste an ihm war jedoch seine Erscheinung. Er war auffallend groß und hager und hielt sich sehr gebeugt, seine Gliedmaßen waren außerordentlich lang und abgemagert, die Stirn breit und niedrig, die Hautfarbe vollkommen blutlos, der Mund groß und von stets wechselndem Ausdruck. Seine Zähne standen, obgleich sie vollkommen gesund waren, so weit auseinander und waren so unregelmäßig, wie ich es bei keinem anderen Menschen mehr gesehen habe. Doch war sein Lächeln durchaus nicht unangenehm, nur blieb der Ausdruck stets unverändert derselbe. Es war das Lächeln einer tiefen Melancholie – einer stets gleichmäßigen, endlosen Traurigkeit. Seine Augen waren ungewöhnlich groß und rund wie die einer Katze, auch erweiterten und verengten sich seine Pupillen in schwächerem oder stärkerem Licht, geradeso wie es bei den Tieren aus dem Katzengeschlecht der Fall ist. Manchmal, bei besonderer Erregung, steigerte sich der Glanz dieser Augen so sehr, daß sie, wie die Sonne, leuchtende Strahlen nicht eines empfangenen, sondern eigenen Lichtes zu entsenden schienen. Im allgemeinen jedoch waren sie so trüb, blickten so unklar und glasig, daß sie einen an die Augen eines Leichnams erinnerten, der lange begraben gewesen ist.

Dies sonderbare Aussehen schien Herrn Bedloe vielen Verdruß zu bereiten, er spielte – halb, als wolle er es erklären, halb entschuldigend – wiederholt darauf an, was mich, als ich es zum ersten Mal hörte, in peinliche Verlegenheit brachte. Ich ge-

## In den Bergen

wöhnte mich jedoch daran und machte mir bald nichts mehr daraus. Offenbar wollte er durch die Anspielungen andeuten, daß er nicht immer so ausgesehen habe wie jetzt, daß eine lange Reihe nervöser Zufälle aus seiner früheren äußeren Schönheit das gemacht habe, als was man ihn nun sehe. Viele Jahre hatte er sich von einem Arzt namens Templeton begleiten lassen. Es war ein alter Herr von vielleicht siebzig Jahren, den er in Saratoga kennengelernt, und dessen Behandlung ihm dort, wie er glaubte, außerordentlich wohlgetan habe. Schließlich hatte er – seine Mittel gestatteten es ihm – mit dem Doktor ein Übereinkommen getroffen, wonach derselbe gegen ein reichliches Jahresgehalt seine Zeit und ärztliche Erfahrung ausschließlich der Pflege des Kranken zu widmen hatte.

Doktor Templeton war in seinen jungen Jahren viel gereist, hatte in Paris die Lehren des Mesmerismus kennengelernt und sich lebhaft für dieselben interessiert. Durch magnetische Kuren war es ihm gelungen, die heftigen Schmerzen seines Patienten zu lindern, und dieser Erfolg hatte denselben erklärlicherweise mit Vertrauen zu den Ansichten erfüllt, denen man die Erkenntnis dieser Heilmittel verdankte. Der Doktor hatte sich, wie alle Enthusiasten, eifrig bemüht, aus seinem Pflegling einen vollständigen Anhänger der Lehren zu machen; und es war ihm zum Schluß denn auch gelungen, den Leidenden zu bewegen, sich zahlreichen Experimenten zu unterziehen, deren häufige Wiederholung ein Ergebnis hatte, das in der letzten Zeit so häufig vorkommt, daß man ihm wenig oder gar keine Aufmerksamkeit mehr schenkt. Zu der Zeit jedoch, die hier in Frage steht, kannte man es in Amerika kaum. Zwischen dem Doktor Templeton und Bedloe war nämlich nach und nach ein starker Rapport, eine deutlich merkbare Beziehung eingetreten. Ich kann freilich nicht mit Sicherheit behaupten, ob dieser Rapport über die einfache Fähigkeit der Einschläferung hinausging. Diese hatte sich jedoch nach und nach unglaublich gesteigert, obwohl dem Magnetiseur der erste Versuch, den Kranken einzuschläfern, vollständig mißlungen war. Erst beim fünften oder sechsten Male hatte er nach längerer Bemühung einigen Erfolg, beim zwölften Male jedoch gelang die Einschläferung vollkommen. Nun erlag der Wille des Patienten sehr rasch dem seines Arztes, so daß derselbe zur Zeit, als ich mit den beiden Herren bekannt wurde, den Patienten, selbst wenn sich derselbe seiner Gegenwart nicht bewußt war, durch einen bloßen Willensakt in Schlaf versetzen konnte. Erst jetzt, da sich täglich ähnliche Wunder vor zahlreichen Augenzeugen vollziehen, wage ich es, diese scheinbare Unmöglichkeit als eine wirkliche Tatsache mitzuteilen.

## In den Bergen

Bedloe besaß ein höchst reizbares, empfindliches, begeisterungsfähiges Gemüt, eine starke, schöpferische Phantasie, die jedenfalls durch den gewohnheitsmäßigen Genuß von Morphium noch gesteigert wurde. Er genoß das Gift in großen Mengen und hatte sich so sehr an seine Wirkungen gewöhnt, daß er ohne dasselbe nicht mehr leben zu können glaubte. Er nahm gewöhnlich jeden Morgen eine ziemlich starke Dosis – gleich nach dem Frühstück, oder vielmehr gleich nachdem er eine Tasse starken Kaffee getrunken, denn er aß am Vormittag nichts. Dann begab er sich, allein oder von einem Hund begleitet, auf lange Streifzüge durch die wilden, öden Hügel, die sich von Charlottesville nach Süden und Westen hinziehen und den Namen „Ragged Mountains" tragen.

An einem warmen, doch trüben und nebligen Tag gegen Ende November, in der seltsamen Übergangszeit also, die man in Amerika den indischen Sommer nennt, unternahm Herr Bedloe morgens wie gewöhnlich einen Spaziergang in die Berge. Der Tag verging, ohne daß er zurückgekehrt wäre.

Über sein langes Ausbleiben ernstlich beunruhigt, wollten wir uns um acht Uhr abends aufmachen, um ihn zu suchen, als er plötzlich wieder erschien. Er befand sich nicht schlechter als immer, ja! seine Stimmung schien sogar eine etwas bessere als gewöhnlich zu sein. Was er uns dann von seinem

## In den Bergen

Ausflug und von den Ereignissen, die ihn so lange aufgehalten hatten, erzählte, erfüllte mich mit höchstem Erstaunen:

„Wie Sie wissen", sagte er zu mir, „verließ ich die Stadt heute morgen gegen neun Uhr. Ich schlug den nächsten Weg in die Berge ein und befand mich gegen zehn Uhr in einer Schlucht, die mir gänzlich unbekannt war. Ich folgte den Windungen des Engpasses mit viel Interesse. Die Landschaft auf beiden Seiten war, obwohl sie kaum großartig genannt werden konnte, von einer unbeschreiblichen, trostlosen Düsterkeit, die mich geradezu entzückte; noch nie schien ein menschlicher Fuß ihre Einsamkeit gestört zu haben. Ich konnte mich des Gedankens nicht erwehren, daß noch nie jemand vor mir den grünen Rasen und die grauen Felsen betreten habe. Der Eingang zu der Schlucht ist vollständig verborgen, allerlei Zufälligkeiten versperren den Weg zu ihr so gründlich, daß es durchaus nicht ausgeschlossen ist, daß ich der erste und der einzige Wanderer bin, der je in ihre Verborgenheit eingedrungen ist.

Der im indischen Sommer so häufig aufsteigende dichte Nebel oder vielmehr Dunst lastete schwer auf allen Dingen und trug offenbar nicht wenig dazu bei, den Eindruck des Unbestimmten, den sie mir machten, noch zu vertiefen. Die Luft war von den reizvollen Schleiern so dicht durchweht, daß

## In den Bergen

ich meinen Pfad nie weiter als etwa auf zwölf Ellen erkennen konnte. Er war vielfach gewunden, und da die Nebel die Sonne vollständig verbargen, wußte ich bald nicht mehr, in welcher Richtung ich vorwärtsschritt. Mittlerweile begann auch das Morphium in gewohnter Weise zu wirken – es erfüllte mich mit einem überlebhaften Interesse für alle Dinge der äußeren Welt. In dem Zittern eines Blattes – im Farbentone eines Grashalmes – in dem Hauch des Windes – in dem Summen einer Biene – in dem Funkeln eines Tautropfens – in dem flüchtigen Duft, der vom Wald herüberwehte, barg sich mir eine ganze Welt von Ahnungen und Vorstellungen, eine heitere, bunte Schar abgerissener, angenehm verworrener Gedanken.

Auf diese Weise wunderbar gut unterhalten, setzte ich meine Wanderung mehrere Stunden lang fort. Der Nebel verdichtete sich allmählich so stark, daß ich mich nur noch vorwärtstasten konnte. Dabei ergriff mich eine unerklärliche Unruhe – eine Art nervöser Unentschlossenheit – ein ängstliches Zittern –, so daß ich kaum vorwärtszuschreiten wagte, aus Furcht, in irgendeinen Abgrund zu stürzen. Ich erinnerte mich plötzlich an allerlei seltsame Geschichten, die man sich von den Ragged Mountains und einem rohen, wilden Menschenschlag erzählte, der in ihren Höhlen und Schluchten hausen sollte. Tausend unbestimmte Vorstellungen schwirrten

## In den Bergen

mir durch den Sinn und bedrückten mich, und gerade ihre Unbestimmtheit machte sie nur noch beängstigender. Da vernahm ich plötzlich einen lauten Trommelwirbel.

Es wäre vergebliche Mühe, wollte ich Ihnen mein Erstaunen beschreiben. In der Einsamkeit dieser Berge war eine Trommel gewiß ein unerwartetes Ding. Der Posaunenstoß des Erzengels hätte mich nicht mehr überraschen können. Doch gleich darauf geschah etwas, das meine Überraschung und Verwirrung noch steigerte. Ich vernahm ein rasselndes, klirrendes Geräusch, wie von einem Bund größerer Schlüssel, und im selben Augenblick stürzte ein dunkelfarbiger, halbnackter Mann mit einem gellenden Schrei an mir vorüber und streifte mich so dicht, daß ich seinen heißen Atem auf meiner Wange fühlte. In der einen Hand trug er ein Werkzeug, das aus einer Menge stählerner Ringe zusammengesetzt war, die er während seines Laufens heftig schüttelte. Kaum war er im Nebel verschwunden, so stürzte keuchend, mit offenem Rachen und glühenden Augen, ein großes Tier hinter ihm her. Ich konnte mich unmöglich täuschen: es war eine Hyäne!

Sonderbarerweise befreite mich der Anblick dieses Ungeheuers eher von meiner Angst, als daß er sie verstärkte – denn es wurde mir klar, daß ich träumte. Ich bemühte mich nun, mich zu einem kla-

## In den Bergen

ren Bewußtsein meines Zustandes aufzuraffen. Ich schritt kühn und lebhaft vorwärts. Ich rieb meine Augen, rief Worte laut vor mich hin und zwickte mich in die Glieder. Als ich bald darauf an eine Quelle kam, beugte ich mich hinab und wusch mir Hände, Haupt und Hals. Das kalte Wasser schien die unbestimmten Erregungen, die mich bis jetzt gequält hatten, zu verscheuchen. Ich fühlte mich plötzlich wie neugeboren und schritt auf dem unbekannten Wege nun sicher und wohlgemut weiter.

Von der langen Wanderung und der drückenden Schwüle der Luft ermüdet, ließ ich mich schließlich unter einem Baum nieder. Ein schwacher Sonnenstrahl drang durch das Gewölk und zeichnete vor mir auf den Rasen in zarten, aber bestimmten Umrissen die Schatten der Blätter. Staunend starrte ich diese Zeichnungen mehrere Minuten lang an und blickte darauf zu dem Baum empor: Es war eine Palme.

Ich erhob mich hastig und in grenzenloser Aufregung, denn die Annahme, daß ich träume, hielt nicht länger stand. Ich sah – ich fühlte, daß ich meiner Sinne vollkommen mächtig war; und diese Sinne überfluteten nun meine Seele mit einer ganzen Welt neuer und seltsamer Eindrücke. Die Hitze wurde plötzlich unerträglich, die Luft war mit unbekannten Wohlgerüchen erfüllt. Ein leises, anhaltendes Murmeln wie von einem tiefen, sanft dahingleitenden Strom drang mit einem Gesumme gleichsam von vielen tausend Menschenstimmen an mein Ohr.

Während ich mit unsäglichem Erstaunen hinhorchte, trug ein kurzer, starker Windstoß wie mit Zauberkraft die dichte Nebelhülle hinweg.

Ich befand mich am Fuß eines hohen Berges und blickte in ein ausgedehntes Tal hinab, durch welches sich ein mächtiger Strom hinwälzte. Am Ufer dieses Flusses erhob sich eine Stadt von morgenländischem Aussehen, wie man sie in arabischen Erzählungen oft geschildert findet. Ich stand ziemlich hoch, so daß ich sie mit all ihren Winkeln und Ecken überschauen konnte, als läge sie auf einer Karte gezeichnet vor mir. Zahllose Straßen kreuzten sich unregelmäßig nach allen Richtungen – man hätte sie eigentlich eher verschlungene Alleen als Straßen nennen können – und waren von Menschen überflutet. Die Häuser zeigten eine phantastisch malerische Bauart, und das Auge verlor sich in eine Wildnis von Balkonen, Veranden, Minaretts, Tempelchen und reichverzierten Erkern. In zahllosen Bazaren wurden kostbare Waren in verschwenderischer Auswahl zur Schau gestellt – Seidenzeug, Musselin, blitzende Stahlwaren, schimmernde Juwelen und Edelsteine. Fahnen flatterten, Sänften mit prächtig gekleideten verschleierten Damen wurden vorübergetragen, seltsame Götterbilder, Banner, metal-

## In den Bergen

lene Gongs, Speere, silberne und goldene Keulen blitzten in der Sonne auf. Und mitten in dem Gewühle, dem Geschrei, dem allgemeinen Wirrwarr und Drängen – mitten in der unzähligen Schar bärtiger, schwarzer und brauner Menschen in Turban und Feierkleid trieben sich ganze Scharen geschmückter heiliger Stiere umher, während an den Leisten und Gesimsen der Moscheen und Tempelchen eine Unzahl der schmutzigen heiligen Affen mit Lärmen und Schreien ihr Wesen trieben. Aus den überfüllten Straßen führten allenthalben Treppen an das Ufer zu den Badeplätzen hinab, während der Fluß selbst sich nur mühsam zwischen den schwerbeladenen Schiffen, die seine Oberfläche weithin bedeckten, hindurchzuwinden schien. Außerhalb der Stadt erhoben sich hier und da majestätische Palmenhaine und Gruppen anderer, riesiger Bäume von fremdem Aussehen und hohem Alter. Hin und wieder erblickte man auch ein Reisfeld, die strohgedeckte Hütte eines Landmannes, einen Teich, einen kleinen Tempel, ein Zigeunerlager oder die anmutige Gestalt eines einsam dahinwandelnden Mädchens, das mit einem Krug auf dem Kopf in dem prächtigen Strom Wasser schöpfen ging.

Sie werden mir sicher sagen, daß ich dies alles nur geträumt habe. Doch nein: alles, was ich sah – was ich hörte – was ich fühlte und dachte, hatte

## In den Bergen

nichts mit den unverkennbaren, dumpfen Empfindungen des Traumes gemein. Ich empfand ganz klar, daß alles wirklich da sei. Als ich selbst noch zweifelte, ob ich vollständig wach sei, stellte ich Proben an, die mir bewiesen, daß ich tatsächlich durchaus bei Sinnen war. Wenn jemand träumt und während des Traumes vermutet, daß er nur träume, wird sich der Argwohn sofort bestätigen, und der Schläfer unmittelbar darauf erwachen. Novalis hat vollständig recht, wenn er sagt, daß wir dem Erwachen nahe sind, sobald uns träumt, daß wir träumen. Hätte ich die geschilderte Vision gehabt, ohne zu argwöhnen, daß sie nur ein Traum sei, so wäre es immerhin möglich, daß sie auch nichts anderes gewesen wäre. Da ich jedoch selbst eine Zeitlang glaubte, daß ich sie nur im Traum sähe, muß ich sie einer anderen Art von Erscheinungen einreihen."

„Ich bin mir noch nicht ganz klar, ob Sie unrecht haben", unterbrach ihn Doktor Templeton. „Doch fahren Sie fort. Sie standen also auf und gingen in die Stadt hinunter?"

„Ich stand also auf", fuhr Bedloe fort und sah den Doktor mit tiefstem Erstaunen an – „ich stand auf, wie Sie sagten, und ging in die Stadt hinunter. Auf dem Wege dahin geriet ich unter eine Volksmenge, die mit allen Zeichen der Erregung nach einer bestimmten Richtung hindrängte. Plötzlich fühlte ich mich – durch einen mir selbst unerklärlichen An-

## In den Bergen

trieb – von persönlicher Teilnahme für das, was da vor sich gehen sollte, durchdrungen. Es kam mir vor, als habe ich eine wichtige Rolle zu spielen, und wußte doch nicht, worin sie bestand. Gegen die Menge selbst, die mich umgab, empfand ich eine lebhafte Abneigung. Ich bahnte mir einen Weg, erreichte auf einem Umweg die Stadt und ging hinein. Hier war alles in wildestem Aufruhr. Eine kleine Schar halb indisch, halb europäisch gekleideter Männer, die von Anführern in einer zum Teil britischen Uniform befehligt wurden, befand sich im Kampf gegen den an Zahl bei weitem überlegenen Pöbel, der sich durch die Straßen drängte. Ich vereinigte mich mit der schwächeren Partei, raffte die Waffen eines gefallenen Offiziers auf und kämpfte – ich weiß nicht gegen wen – mit wildem Mut. Wir wurden bald in die Flucht geschlagen und mußten uns in eine Art von Kiosk flüchten. Hier verbarrikadierten wir uns und waren für den Augenblick in Sicherheit. Durch eine Spalte in der Kuppel des Kiosk sah ich, wie die Menge mit wüstem Ungestüm einen Palast, der halb in den Fluß hineingebaut war, umzingelte und angriff. Plötzlich ließ sich aus einem der oberen Fenster des Palastes eine weibisch aussehende Gestalt an einem aus den zusammengeknüpften Turbanen der Diener hergestellten Seile herab und entkam in einem bereitgehaltenen Boot an das gegenüberliegende Ufer.

## In den Bergen

Und nun bemächtigte sich meiner Seele eine neue Empfindung. Ich richtete ein paar energische Worte an meine Gefährten, und als ich sie meinem Plan geneigt gestimmt hatte, machten wir einen erbitterten Ausfall aus dem Kiosk. Wir stürzten mitten unter die Menge, die sich vor demselben zusammengerottet hatte. Anfangs wich sie vor uns zurück, sammelte sich wieder, griff uns wie Wahnsinnige von neuem an und mußte sich zum zweiten Mal zurückziehen. Unterdessen waren wir weit von dem Kiosk fortgedrängt worden und gerieten in ein paar enge Straßen mit hohen, überhängenden Häusern, in die nie ein Sonnenstrahl zu dringen schien. Immer ungestümer kämpfte der Pöbel und schleuderte einen Hagel von Pfeilen auf uns; diese hatten eine eigentümliche Form und glichen in mancher Beziehung den gewundenen Dolchen der Malayen, sie waren dem Körper einer kriechenden Schlange nachgebildet, lang und schwarz und mit vergifteten Widerhaken versehen. Einer derselben traf mich in die rechte Schläfe. Ich taumelte, fiel hin und wurde sofort von einer schrecklichen Übelkeit befallen. Ich versuchte, dagegen anzukämpfen, rang nach Atem – und starb."

„Sie werden jetzt wohl schwerlich noch behaupten wollen", warf ich lächelnd ein, „daß Sie das ganze Erlebnis nicht geträumt hätten – oder wollen Sie vielleicht behaupten, daß Sie nun tot sind?"

## In den Bergen

Ich erwartete irgendeine lebhafte, scherzende Antwort von Bedloe; zu meinem Erstaunen zögerte er jedoch, wurde beängstigend bleich und begann zu zittern. Ich blickte zu Templeton hinüber, er saß starr und aufrecht auf dem Stuhl – seine Zähne schlugen wie im Frost aufeinander, seine Augen schienen aus ihren Höhlen treten zu wollen.

„Weiter!" rief er endlich Bedloe mit heiserer Stimme zu.

„Mehrere Minuten lang", fuhr dieser fort, „hatte ich keine andere Empfindung als die großer Finsternis und war mir bewußt, tot zu sein. Endlich war es mir, als ob eine heftige Erschütterung, ähnlich wie ein elektrischer Schlag, meine Seele durchfahre. Sie stellte in mir ein Gefühl von Bewegung und Licht wieder her. Ich sah jedoch die Helligkeit nicht, sondern fühlte sie. Dann schien es mir, als erhöbe ich mich vom Boden. Doch empfand ich noch kein körperliches, kein hörbares, sichtbares oder fühlbares Leben. Die Menge hatte sich verlaufen, das Getümmel hatte sich gelegt, und in der Stadt war es ruhig geworden. Unter mir lag mein Körper, der Pfeil steckte noch in der Schläfe, der Kopf war unförmig aufgeschwollen und entstellt. Alle diese Dinge sah ich jedoch nicht, sondern fühlte sie. Ich hatte für nichts mehr Interesse. Sogar der Leichnam kam mir vor wie etwas, das mich nicht im geringsten anging. Willen fühlte ich nicht, empfand jedoch einen

Zwang, mich zu bewegen, und flatterte gleichsam auf dem Umweg, auf dem ich gekommen, wieder zur Stadt hinaus. Als ich in der Bergschlucht jene Stelle erreichte, an welcher ich die Hyäne gesehen, empfand ich wieder einen Schlag wie von einer galvanischen Batterie; das Gefühl der Schwere, der Willenskraft, der körperlichen Wesenheit stellte sich wieder ein. Ich fand mich plötzlich als mein ursprüngliches Selbst wieder und lenkte eifrigst meine Schritte heimwärts. Doch hatte das Erlebnis nichts von der Lebendigkeit eines wirklichen Vorfalles verloren – und auch jetzt vermag ich meine Vorstellung nicht einen Augenblick lang zu zwingen, das Ganze für einen Traum zu halten."

„Das war es auch nicht!" antwortete ihm Doktor Templeton mit feierlichem Ernst, „es ist aber schwer, eine andere Bezeichnung dafür zu finden. Ich möchte Sie jedoch daran erinnern, daß der menschliche Geist in unseren Tagen bis dicht an die Entdeckung staunenerregender Kräfte der Physis gelangt ist. Mit dieser Annahme wollen wir uns begnügen. Im übrigen habe ich noch eine Erklärung zu machen. Sehen Sie hier dies kleine Aquarellbild – ich hatte schon oft vor, es Ihnen zu zeigen, doch hielt mich eine unerklärliche Furcht bis jetzt davon zurück."

Wir betrachteten das Bild, das er uns darbot. Ich bemerkte nichts Außergewöhnliches daran, Bedloe

## In den Bergen

jedoch wurde fast ohnmächtig, als er es erblickte. Es war ein Miniaturporträt – und wies eine allerdings verblüffende Ähnlichkeit mit seinen eigenen, wie man weiß, sehr eigentümlichen Zügen auf. Wenigstens schien es mir so, als ich es betrachtete.

„Lesen Sie das Datum hier auf dem Bild", fuhr Templeton fort, „sehen Sie, hier steht es in der Ecke: 1780. In diesem Jahre wurde das Porträt gemacht. Es ist das Bildnis eines verstorbenen Freundes – eines Herrn Oldeb, mit dem ich in Kalkutta während der Statthalterschaft Warren Hastings sehr befreundet war. Ich zählte damals erst zwanzig Jahre. Als ich Sie, Herr Bedloe, zum ersten Mal sah, bewog mich die wunderbare Ähnlichkeit zwischen Ihnen und dem Bild, Sie anzureden, Ihre Freundschaft zu suchen und jenes Übereinkommen zu treffen, nach dem ich Ihr ständiger Begleiter wurde. Teilweise, ja, vielleicht hauptsächlich verleitete mich eine wehmütige Erinnerung an den Verstorbenen dazu, doch war auch eine quälende, fast an Entsetzen grenzende Neugierde bezüglich Ihrer Person dabei im Spiel.

In der Erzählung der Vision, die Sie in den Bergen gehabt haben, schildern Sie bis in alle Einzelheiten genau die indische Stadt Benares am Ufer des heiligen Stromes. Der Aufruhr, die Kämpfe, die Metzelei, alles dies ereignete sich wirklich beim Aufstand Cheyte Sings im Jahre 1780, bei der Hastings in

## In den Bergen

große Lebensgefahr geriet. Die Partei in dem Kiosk waren die unter des Statthalters Anführung stehenden eingeborenen Soldaten und britischen Offiziere. Ich selbst war einer von ihnen und tat mein möglichstes, um den voreiligen, unglücklichen Ausfall des Offiziers zu verhindern, der in dem Straßengedränge von dem vergifteten Pfeil eines Bengalen getroffen wurde. Dieser Offizier war mein Freund, Herr Oldeb. Aus diesen Schriftstücken werden Sie ersehen," – hier überreichte er uns ein Heft, in dem mehrere Seiten frisch geschrieben zu sein schienen –, „daß ich, gerade um die Zeit, da Sie diese Vorgänge in den Bergen zu erleben glaubten, damit beschäftigt war, dieselben hier zu Hause zu Papier zu bringen."

Etwa acht Tage nach dieser Unterhaltung erschien in einem Blatt zu Charlottesville folgende Anzeige:

„Es liegt uns die schmerzliche Pflicht ob, das Hinscheiden des Herrn August Bedlo bekanntzumachen. Sein liebenswürdiges Wesen und seine trefflichen Eigenschaften sichern ihm bei den Bürgern von Charlottesville ein ehrendes Andenken.

Herr Bedlo litt seit mehreren Jahren an einem Nervenleiden, das schon verschiedentlich das Schlimmste für ihn befürchten ließ. Diese Krankheit kann jedoch nur als die mittelbare Ursache seines unerwarteten Todes angesehen werden. Bei einem

## In den Bergen

Ausflug, den er vor einigen Tagen in die Ragged Mountains unternahm, zog er sich ein leichtes Erkältungsfieber zu, das mit einem heftigen Blutandrang zum Kopf verbunden war. Um dem Kranken Linderung zu verschaffen, verordnete Dr. Templeton örtliche Blutentziehung durch Ansetzen von Blutegeln an die Schläfen. Der Patient starb in erschreckend kurzer Zeit, und es stellte sich heraus, daß in das Gefäß, welches die Blutegel enthielt, zufällig einer der giftigen, wurmartigen Blutegel hineingeraten war, die man hin und wieder in den benachbarten Teichen findet. Das Tier hatte sich an einer kleinen Ader in der rechten Schläfe festgesetzt. Seine große Ähnlichkeit mit dem medizinischen Blutegel war die Ursache zu dem unglückseligen Irrtum.

N.B. Die giftigen Blutegel von Charlottesville sind von den medizinischen stets durch ihre schwarze Farbe sowie auch durch ihre wurmartigen Bewegungen, die denen der Schlangen sehr ähnlich sind, zu unterscheiden."

Ich sprach mit dem Redakteur des betreffenden Blattes über diesen Unglücksfall und fragte ihn zufällig, wie es komme, daß der Name des Verstorbenen „Bedlo", also ohne „e" am Ende, gedruckt worden sei.

„Sie sind wahrscheinlich beauftragt worden", sagte ich, „den Namen so drucken zu lassen. Ich habe allerdings immer geglaubt, er werde am Ende mit ‚e' geschrieben."

„Beauftragt? – nein!" gab er mir zurück, „es kann nur ein Druckfehler sein. Der Name wird in der ganzen Welt mit ‚e' geschrieben, ich wenigstens habe ihn nie anders gelesen."

„So ist hier", murmelte ich vor mich hin und wandte mich zum Gehen, „die Wahrheit wieder einmal seltsamer als alle Erdichtung. Denn Bedloe ohne ‚e' ist nichts anderes als die Umkehrung des Namens Oldeb. Und da sagt der Mann, daß es nur ein Druckfehler sei!"

## *Metzengerstein*

*Pestis eram vivus – moriens tua mors ero.*
Martin Luther

ENTSETZEN UND UNGLÜCK rasen in ungezügeltem Lauf durch alle Jahrhunderte. Wozu also ist es nötig, die Zeit, in der sich meine Geschichte ereignete, näher anzugeben? Es genügt mir zu erwähnen, daß es jene Epoche war, in der die Lehre von der Seelenwanderung viele geheime Anhänger hatte.

Die Familien Berlifitzing und Metzengerstein lagen seit Jahrhunderten in Zwietracht miteinander. Niemals sah man zwei so erlauchte Häuser in tödlicherer Feindschaft; und zwar war dieser gegenseitige Haß der alten Prophezeiung entsprungen: „Ein großer Name wird auf das schrecklichste untergehen, wenn die Sterblichkeit von Metzengerstein, wie der Reiter auf seinem Roß, über die Unsterblichkeit von Berlifitzing triumphiert."

Dieser Ausspruch hatte gewiß wenig oder gar

keinen Sinn; doch haben schon oft unbedeutendere Ursachen große Wirkungen hervorgerufen. Im übrigen hatten die beiden benachbarten Häuser lange Zeit um den größeren Einfluß auf die schwachen Herrscher des Landes gekämpft, und dann – Nachbarn, die so nah beieinander wohnen, sind ja nur sehr selten Freunde. Von der Höhe ihres festgegründeten Söllers aus konnten die Bewohner des Schlosses Berlifitzing in die Fenster des Palastes Metzengerstein sehen. Auch war die Entfaltung einer mehr als lehnsherrlichen Pracht von seiten der Metzengerstein wenig dazu angetan, die leicht erregten Gefühle der Berlifitzing, die weniger Ahnen und weniger Reichtum aufweisen konnten, zu beruhigen. Ist es also verwunderlich, daß diese an sich widersinnige Weissagung die Feindschaft zwischen den beiden Häusern, die immer wieder durch alle Stachel ererbter Eifersucht angetrieben wurde, stets wach erhielt? Die Prophezeiung schien anzudeuten – wenn sie überhaupt irgendeinen Sinn hatte –, daß das jetzt schon mächtigere Haus einen endgültigen Triumph davontragen werde, und lebte deshalb in der Erinnerung der schwächeren Familie fort und reizte sie stets zu neuen Feindseligkeiten.

Wilhelm, Graf von Berlifitzing, der einstmals so Tapfere, war zur Zeit dieser Erzählung nur noch ein alter, unfähiger Wortfechter. Nichts Bemerkenswertes hatte er an sich, als eben jene eingewurzelte, schon an Albernheit grenzende Abneigung gegen die Familie seines Nebenbuhlers, und dann allerdings eine noch so lebhafte Leidenschaft für Jagd und Pferde, daß nichts – weder sein hohes Alter, noch seine körperliche Schwäche, noch das Schwinden seiner Geisteskräfte – ihn hindern konnte, täglich dies Vergnügen und seine Gefahren aufzusuchen.

Friedrich, Baron von Metzengerstein, war noch nicht mündig. Sein Vater war jung gestorben, und dessen Frau, Maria, war ihm bald gefolgt. Friedrich stand damals in seinem achtzehnten Lebensjahr. In der Stadt bedeuten achtzehn Jahre keine lange Zeit, aber in der Einsamkeit, und noch dazu in einer so wundervollen Einsamkeit, wie der des alten Herrensitzes, wandern die Stunden mit tiefer, bedeutsamer Feierlichkeit.

Infolge gewisser Umstände und persönlicher Bestimmungen des Vaters war der junge Baron sofort nach dessen Tode in den Besitz der ausgedehnten Güter gelangt. Selten trat ein Edelmann eine ähnliche Erbschaft an! Seine Schlösser waren unzählig, das prächtigste und größte war der Palast Metzengerstein. Die Grenzlinie seiner Besitzungen ist niemals klar bestimmt worden; sein größter Park hatte allein einen Umkreis von fünfzig Meilen.

Man kannte den Charakter des neuen, jungen Besitzers dieser unvergleichlichen Güter ziemlich genau, so daß es nicht allzuschwer war, Schlüsse auf sein künftiges Betragen zu ziehen. Und richtig, schon nach drei Tagen stellten die Taten des Erben selbst die eines Herodes in den Schatten und übertrafen die kühnsten Hoffnungen seiner Bewunderer. Schmachvolle Ausschweifungen, offenbare Niederträchtigkeiten, unerhörte Grausamkeiten machten seinen angsterfüllten Untergebenen klar, daß nichts – weder demütige Unterwerfung ihrerseits noch Gewissensbedenken seinerseits – ihnen in Zukunft Sicherheit vor den ruchlosen Händen dieses zweiten Caligula verleihen konnte. In der Nacht des vierten Tages schon ergriff eine wütende Feuersbrunst die Stallungen des Schlosses Berlifitzing; und einstimmig schrieb die zitternde Nachbarschaft das Verbrechen der Brandstiftung auf die schreckensvolle Liste der Untaten und Grausamkeiten des Barons.

Der junge Edelmann befand sich während des Tumultes, den das Feuer hervorrief, in einem großen, einsamen Zimmer, hoch oben im Palast, und war anscheinend in tiefe Betrachtung versunken. Auf der reichen, obwohl ein wenig verblaßten Wandbekleidung, die melancholisch die Mauern bedeckte, befanden sich Abbildungen der majestätischen Gestalten vieler seiner erlauchten Ahnen. Hier Priester, reich in Hermelin gekleidet, hohe, geistliche Würdenträger, die durch ihr „Veto" den Launen manches weltlichen Königs ein Ziel gesetzt

## Metzengerstein

und durch das „Fiat" der päpstlichen Allmacht den aufrührerischen Geist des Erzfeindes im Zaume gehalten hatten. Da die hohen, düsteren Gestalten der Ritter von Metzengerstein auf ihren muskelstarken Kriegsrossen, die die Leichname gefallener Feinde zu Boden stampfen und durch ihren wilden Ausdruck den Stärksten erschrecken konnten. Dort üppige, schwanenweiße Damen aus längst vergangenen Tagen, Frauen, die sich, wie zu den Klängen einer Melodie, in den seltsamen Windungen eines phantastischen Tanzes drehten.

Während der Baron auf den immer lauter werdenden Tumult, der aus den Stallungen von Berlifitzing herüberscholl, lauschte oder zu lauschen schien – und vielleicht auf irgendeine neue, kühne Untat sann, richteten sich seine Blicke unwillkürlich auf das Bild eines riesigen Pferdes von ganz unnatürlicher Farbe, das auf einem Wandteppich als Streitroß eines Ritters aus der Familie seines Rivalen abgebildet war. Das Tier stand im Vordergrund des Bildes, unbeweglich und steinern, während ein wenig hinter ihm sein besiegter Reiter durch den Dolch eines Metzengerstein getötet wurde.

Um Friedrichs Lippen zog sich ein teuflischer Ausdruck, als er bemerkte, welche Richtung sein Blick unfreiwilligerweise genommen hatte. Er wandte die Augen nicht ab, obwohl ganz plötzlich eine unerklärliche, würgende Angst wie ein kaltes

Leichentuch um ihn zusammenschlug. Er fühlte sich vollständig wach, versuchte aber, diese unerklärlichen Gefühle als Traumempfindungen hinzustellen. Doch je länger er das Bild betrachtete, desto mehr geriet er in seinen Bann, desto unmöglicher wurde es ihm, seine Blicke von den Gestalten loszureißen, deren Anblick ihn zu lähmen schien. Aber als das Getöse draußen plötzlich ganz besonders heftig ward, machte er, fast mit Bedauern, eine gewaltsame Anstrengung und wandte seine Aufmerksamkeit einer roten Lichtgarbe zu, die aus den brennenden Stallungen in sein Fenster fiel.

Doch nur für einen Augenblick; dann richteten sich seine Augen fast unwillkürlich wieder auf das Wandbild. Mit Entsetzen bemerkte er, daß der Kopf des Schlachtrosses seine Lage verändert hatte. Der Hals des Tieres, der vorher wie voll Mitleid starr nach seinem am Boden liegenden Herrn gewandt war, hatte sich jetzt in seiner ganzen Länge auf den Baron zu ausgestreckt. Die Augen, die eben noch unsichtbar gewesen, blickten nun mit einem wilden, fast menschlichen Ausdruck vor sich hin und leuchteten in seltsamem, glühendem Rot, während die auseinandergezerrten Lippen des offenbar wütenden Tieres widerwärtige Totenzähne sehen ließen.

Erfaßt von jähem Schreck wankte der junge Fürst der Tür zu. Als er sie öffnen wollte, sprühte ein

Strahl roten Lichtes in den Saal und zeichnete seinen grellen Widerschein auf die schwankende Wandverkleidung. Der Baron zögerte einen Augenblick auf der Schwelle und sah mit Schaudern, daß der Strahl gerade auf das Bild des triumphierenden Mörders des Ritters von Berlifitzing fiel und sich ganz genau mit den Umrissen der Gestalt des Siegers deckte.

Um seines Schreckens Herr zu werden, eilte der Baron ins Freie. Am Haupteingang des Palastes traf er drei seiner Stallknechte, die mit großer Mühe und Lebensgefahr versuchten, die wilden Sprünge eines riesigen, feuerroten Rosses zu bändigen.

„Wem gehört das Pferd? Wo habt ihr es her?" keuchte der junge Metzengerstein mit entsetzter, heiserer Stimme, denn er hatte das wütende Tier sofort als das vollkommene Gegenstück zu dem geheimnisvollen Streitroß auf dem Wandteppich erkannt. „Es gehört Ihnen, Herr Baron", antwortete einer der Knechte, „wenigstens macht kein anderer Anspruch auf das Tier. Wir haben es eingefangen, als es, vor Wut schnaubend und feuersprühend, aus den brennenden Stallungen von Berlifitzing entfloh, und da wir annahmen, daß es zum Gestüt der ausländischen Pferde des alten Grafen gehöre, brachten wir es ihm zurück. Aber die Dienerschaft behauptet, sie hätten kein Recht auf das Tier, was um so sonderbarer ist, da es noch Spuren an sich trägt, die beweisen, daß es nur mit Mühe den Flammen entkommen ist."

„Auf der Stirn sind ihm auch ganz deutlich die Buchstaben W. v. B. eingebrannt", bemerkte ein anderer Knecht, „und obwohl ich sagte, daß es nur die Anfangsbuchstaben von ‚Wilhelm von Berlifitzing' sein können, behaupteten doch alle auf dem Schloß, sie hätten das Pferd nie gesehen."

„Äußerst sonderbar", erwiderte der junge Baron in tiefem Sinnen und hörte offenbar selbst nicht, was er sagte, – „es ist wirklich ein sonderbares Tier – ein wunderbares Tier, trotz seines bösartigen, unbezähmbaren Wesens! Ich will es behalten", fügte er nach einer Pause hinzu, „vielleicht kann ein Reiter wie Friedrich von Metzengerstein selbst den Teufel aus dem Stall des Berlifitzing bändigen."

„Sie täuschen sich, Herr Baron! Das Pferd stammt nicht aus den Ställen des Grafen. Wir kennen unsere Pflicht zu gut und hätten es in diesem Fall nicht vor eine so hohe Persönlichkeit der Familie Metzengerstein gebracht."

„Das glaube ich allerdings auch", bemerkte der Baron trocken.

In diesem Augenblick stürzte der Kammerdiener Friedrichs mit hochgerötetem Antlitz eilends herbei. Er flüsterte seinem Herrn ins Ohr, eben sei plötzlich in einem Zimmer, das er genau bezeichnete, ein Stück Wandverkleidung verschwunden.

Er erzählte den Vorfall umständlich, aber so leise, daß keiner der neugierigen Stallknechte ein Wort erhaschen konnte.

Den jungen Friedrich schien dieser Bericht in seltsamer Weise zu erregen. Doch erlangte er bald wieder vollständige Herrschaft über sich und gab mit einem Ausdruck entschlossener Bosheit kurz den Befehl, das fragliche Zimmer zu verschließen und ihm den Schlüssel zu überbringen.

„Haben Sie schon von dem schrecklichen Tod des alten Berlifitzing gehört?" fragte ihn einer seiner Vasallen, nachdem der Diener ihn verlassen, und das wilde Untier, das er sich eben angeeignet, in verdoppelter Wut mit wilden Sprüngen die Allee hinunterjagte, die zu seinen Stallungen führte.

„Nein", antwortete der Baron und wandte sich brüsk zu dem Sprecher um; „tot, sagst du?"

„Ja, so ist es, Herr Baron; und ich glaube, einem Edlen Ihres Namens kann diese Nachricht nicht gar zu unangenehm sein."

Ein rasches Lächeln schoß über das Gesicht des Barons: „Wie starb er?"

„Bei seinen unvernünftigen Bemühungen, einen Teil seiner geliebten Pferde zu retten, kam er elend in den Flammen um."

„Wahr-haf-tig?" rief der Baron, als würde ihm langsam irgend etwas Geheimnisvolles klar.

„Wahrhaftig!" wiederholte der Vasall.

„Schrecklich!" sagte der junge Mann ruhig und ging gelassen zum Palast zurück.

Von dieser Zeit ab vollzog sich in dem Benehmen des ausschweifenden Barons eine auffallende Veränderung. Er machte jede Erwartung zunichte und durchkreuzte die Pläne mancher schlauen Mutter. Seine Lebensgewohnheiten wichen noch mehr als früher von denen der benachbarten Aristokratie ab. Man sah ihn nie außerhalb der Grenzen seines eigenen Besitztums, nie mit einem Gefährten – wenn man dem unnatürlichen, wilden, feuerfarbenen Roß, das er von jetzt ab täglich ritt, nicht ein geheimnisvolles Recht auf diesen Titel zugestehen will.

Die Nachbarschaft schickte noch lange Zeit hindurch zahlreiche Einladungen. „Wird der Baron unser Fest mit seiner Gegenwart beehren?" – „Wird der Baron mit uns auf die Eberjagd gehen?" – „Metzengerstein kommt nicht!" – „Metzengerstein jagt nicht!" waren seine kurzen hochmütigen Antworten.

Diese wiederholten Beleidigungen konnte sich der stolze Adel nicht gefallen lassen. Die Einladungen wurden weniger herzlich, weniger häufig – zuletzt blieben sie ganz aus. Die Witwe des unglücklichen Grafen Berlifitzing sprach sogar einmal den Wunsch aus, „der Baron möge verdammt sein, zu Hause zu weilen, wenn er nicht wolle, da er die Gesellschaft von seinesgleichen verschmähe; und reiten zu müssen, wenn er keine Lust habe, da er ihnen allen ein Pferd vorzöge". Diese Verwünschung war ohne Zweifel nichts als der alberne Ausbruch einer ererbten, langjährigen Abneigung und beweist nur, wie seltsam unsinnig unsere Worte oft werden, wenn wir sie besonders nachdrücklich wirken lassen wollen.

Die Gutmütigen schrieben diese Veränderung im Betragen des jungen Edelmannes dem nur zu natürlichen Kummer über den vorzeitigen Tod seiner Eltern zu und schienen die wüsten, ausschweifenden Tage, die diesem Verlust unmittelbar gefolgt waren, ganz zu vergessen. Andere erklärten die Veränderung jedoch aus einer übertriebenen Auffassung seiner Wichtigkeit und Würde. Wieder andere, unter ihnen der Hausarzt, sprachen offen von morbider Melancholie und erblicher Belastung, während im Volk noch schlimmere, zweideutigere Vermutungen laut wurden.

In der Tat: die krankhafte Zuneigung des Barons zu seinem neuerworbenen Reitpferd, die nach jedem Beweis von der wilden, dämonischen Gemütsart des Tieres nur zu wachsen schien, mußte bald allen vernünftigen Menschen unnatürlich und gräßlich erscheinen.

Am hellen Mittag, in toter Nachtstunde – gesund oder krank – bei ruhigem Wetter oder im Sturm –

saß der junge Metzengerstein wie angewachsen im Sattel des ungeheueren Pferdes, dessen unzähmbare Wildheit so gut mit seinem eigenen Wesen übereinstimmte.

Noch manch anderer Umstand gab in Anbetracht der jüngstvergangenen Ereignisse der Manie des Reiters für sein fürchterliches Roß einen geisterhaften, unheimlichen Charakter. Man hatte den Raum, den das Tier in einem einzigen Sprunge zurückgelegt, nachgemessen und gefunden, daß er die tollsten Vermutungen um ein Erstaunliches übertraf. Der Baron hatte dem Tier auch keinen Namen gegeben, obgleich alle übrigen Pferde seines Stalles durch charakteristische Benennungen unterschieden waren. Sein Stall war von den übrigen getrennt, und kein Stallknecht, nur der Eigentümer selbst, wagte sich hinein. Es wurde auch bekannt, daß die drei Knechte, die das Untier nach seiner Flucht vor der Feuersbrunst mit Schlingen eingefangen hatten, nicht behaupten konnten, während dieses gefährlichen Kampfes oder nachher den Körper des Tieres mit der Hand berührt zu haben. Beweise besonderer Intelligenz bei einem edlen, heißblütigen Pferde sind nichts Seltenes und Aufregendes; doch hier ereignete sich mancherlei, das selbst die skeptischsten und phlegmatischsten Geister zum Nachdenken gebracht hätte. Man erzählte, daß manchmal ein ganzer mutiger Volkshaufen schreckensvoll vor seinem bedeutsamen, wilden Stampfen zurückgewichen sei; daß der junge Metzengerstein einst totenblaß vor dem scharfen, forschenden Ausdruck seines ernsten, menschlichen Auges geflohen sei.

Unter der gesamten Dienerschaft des Barons befand sich nicht einer, der die ungewöhnliche Zuneigung, die der Herr seinem feurigen Pferd zugewendet, angezweifelt hätte: nicht einer – außer seinem mißgestalteten kleinen Pagen, dessen Häßlichkeit jedermann belästigte und dessen Worte so wenig beachtenswert waren wie nur möglich. Er war unverfroren genug zu behaupten – eigentlich ist es kaum der Mühe wert, seine Worte zu wiederholen –, sein Herr stiege nie ohne einen unerklärlichen, kaum unterdrückbaren Schauder in den Sattel und komme nie von den gewohnten langen Ritten zurück, ohne daß ein Ausdruck triumphierender Bosheit jeden Muskel seines Gesichtes anspanne.

In einer stürmischen Nacht erwachte Metzengerstein aus einem schweren Schlaf, stürzte wie ein Wahnsinniger aus seinem Zimmer, bestieg das Pferd und sprengte in wildem Lauf in den nahen, unwegsamen Wald.

Man war an dergleichen Ereignisse gewöhnt und schenkte ihnen an sich weiter keine Aufmerksamkeit; doch erwartete die Dienerschaft den Herrn mit großer Angst zurück, als nach einigen Stunden die festgegründeten, wundervollen Gebäude des Palastes Metzengerstein unter der Glut einer dichten, bleichen, unermeßlichen Feuermasse zu krachen und zu wanken begannen.

Die Feuersbrunst hatte, als man sie bemerkte, schon so vollständig Besitz von den Gebäuden ergriffen, daß man alle Löschversuche aufgeben mußte. Die erschreckte Volksmenge stand müßig, ja in fast stumpfsinniges Staunen versunken, umher, als ein neues, schreckliches Ereignis ihre Aufmerksamkeit erregte. Auf der langen Allee uralter Eichen, die vom Haupteingang des Schlosses bis an den Waldrand reichte, erschien ein Roß, das wilder als der Dämon des Sturmes selbst heranraste und einen Reiter trug, dessen Kleider in Fetzen, vom Unwetter zerrissen, herabhingen.

Er konnte offenbar das Tier in seinem Rasen nicht mehr aufhalten. Die Todesangst, die sein Gesicht verzerrte, die krampfhaften, letzten Anstrengungen seines ganzen Körpers gaben Zeugnis von einem übermenschlichen Kampf; aber außer einem einzigen Schrei kam kein Ton über seine verzerrten Lippen, die er im Übermaß des Entsetzens blutig zernagt hatte. Einen Augenblick lang klangen die Hufschläge scharf und schrill durch das Zischen der Flammen und das Heulen des Windes – dann setzte das Tier mit einem einzigen Sprung über das große Tor und den Graben, raste die wankende

Treppe des Palastes empor und verschwand mit seinem Reiter in dem wüsten Wirbelsturm der Flammen.

Die Wut des Sturmes legte sich sofort, und eine Totenstille folgte. Eine weiße Flamme umhüllte das Schloß wie ein Leichentuch. Und weit hinten, am Horizont, schoß ein Streif übernatürlichen Lichtes jäh hinweg, während eine Rauchwolke sich über der zerstörten Stätte bildete und über den rauchenden Ruinen lag, in der deutlichen Gestalt eines riesigen – Pferdes.

## *Die längliche Kiste*

Als ich vor einigen Jahren von Charleston nach New York reisen mußte, mietete ich mir auf dem schönen Paketboot „Independence", dem Schiff des Kapitäns Hardy, eine Kajüte. Die Abreise war auf den 15. Juni festgelegt, und am 14. begab ich mich an Bord, um in meiner Kajüte noch verschiedenes zu ordnen.

Ich bemerkte, daß wir eine große Anzahl Passagiere, unter denen sich ungewöhnlich viele Damen befanden, bekommen sollten. Mehrere meiner Bekannten standen schon auf der Liste, und ich las mit großer Freude unter anderen den Namen des Herrn Cornelius Wyatt, eines jungen Künstlers, mit dem mich eine warme Freundschaft verband. Er hatte gleichzeitig mit mir studiert. Wir waren oft und viel zusammengewesen. Er hatte das richtige Temperament eines Genies: es war aus Melancholie, Sensibilität und Enthusiasmus seltsam gemischt. Mit diesen Eigenschaften vereinigte er das ehrlichste und wärmste Herz, das je in der Brust eines Menschen geschlagen hatte.

Ich bemerkte, daß seine Karte sich an drei Kajütentüren befand; als ich auf der Passagierliste nachsuchte, fand ich, daß er für sich, seine Frau und seine beiden Schwestern Plätze genommen hatte. Die Kajüten waren ziemlich geräumig und jede enthielt zwei übereinander befindliche Betten, die allerdings nur für eine Person Raum boten; doch konnte ich nicht verstehen, weshalb mein Freund für diese vier Personen drei Kajüten gemietet hatte.

Ich befand mich damals gerade in einer jener verdrießlichen Stimmungen, in denen man oft von krankhafter Neugierde ergriffen wird, und ich muß beschämt gestehen, daß ich über diese überflüssige Kajüte eine Menge alberner und boshafter Vermutungen anstellte. Die ganze Sache ging mich ja gar nichts an, nichtsdestoweniger machte ich die hartnäckigsten Versuche, das Rätsel zu lösen.

Endlich kam ich zu einem Schluß, bei dem ich mich nur verwundert fragte, weshalb ich nicht gleich zu ihm gekommen war. „Sie werden natürlich einen Diener oder eine Dienerin mitnehmen", sagte ich mir. „Welch ein Tor ich bin, daß mir dies nicht schon früher eingefallen ist!" Noch einmal suchte ich auf der Liste nach – und fand die ausdrückliche Bemerkung, daß kein Diener und keine Dienerin mitgenommen werden sollte, obgleich man offenbar anfangs die Absicht gehabt hatte, Dienerschaft mitzunehmen, denn die Worte „samt Dienerschaft", die anfänglich dagestanden hatten, waren wieder durchstrichen worden. Vielleicht hat er Extragepäck bei sich, dachte ich darauf, etwas, das er nicht in den Schiffsraum bringen lassen will – etwas, das er nicht aus den Augen verlieren will – nun hab' ich es: ein Gemälde oder etwas Ähnliches – sah ich ihn doch neulich mit Niccolini, dem italienischen Juden, verhandeln. Ich war nun ganz befriedigt und schickte meine Neugierde zum Kuckuck.

Wyatts beide Schwestern kannte ich sehr gut, es waren liebenswürdige, gescheite Mädchen. Seine Gattin hatte er erst vor kurzem heimgeführt, ich hatte sie noch nie gesehen. Doch hatte er mir mit dem ihm eigenen Enthusiasmus viel von ihr erzählt. Nach seinen Beschreibungen mußte sie von hervorragendster Schönheit, Klugheit und Anmut sein. Ich konnte es kaum erwarten, sie kennenzulernen.

An dem Tag, an dem ich das Schiff aufsuchte, am 14. also, erwartete man, wie mir der Kapitän mitteilte, auch Wyatt und seine Damen. Ich verblieb eine Stunde länger an Bord als ich beabsichtigte, um die Gelegenheit, der jungen Frau vorgestellt zu werden, nur ja nicht zu versäumen. Ich wartete vergeblich. Die Herrschaften ließen sich mit den

## Die längliche Kiste

Worten entschuldigen: Frau Wyatt befände sich nicht ganz wohl und werde erst morgen, kurz vor Abfahrt, das Schiff besteigen.

Am folgenden Morgen, als ich mich auf die Werft begab, begegnete ich zufällig dem Kapitän Hardy, welcher mir sagte, daß die „Independence" eingetretener Umstände halber (wie die stupide, aber bequeme Phrase lautet) wohl noch ein oder zwei Tage im Hafen liegen werde, und daß er mir, sobald alles bereit sei, Nachricht zukommen lassen wolle. Ich fand diesen Aufschub recht sonderbar, da aus dem Süden eine schöne, steife Brise wehte. Trotz hartnäckiger Nachforschungen wollte es mir nicht gelingen, mit den „eingetretenen Umständen" nähere Bekanntschaft zu machen. So blieb mir also nichts anderes übrig, als in mein Hotel zurückzukehren und meinen Ärger hinunterzuschlucken.

Eine ganze Woche lang wartete ich auf die ersehnte Nachricht von dem Kapitän; als sie endlich eintraf, begab ich mich unverzüglich an Bord. Die Passagiere gingen lebhaft hin und her, und auf Deck herrschte jene geräuschvolle Geschäftigkeit, die der baldigen Abfahrt eines Schiffes stets voranzugehen pflegt.

Wyatt und seine Damen erschienen etwa zehn Minuten später als ich. Der Künstler schien von einem seiner gewohnten Melancholieanfälle heimgesucht zu sein; er war in sich versunken und wortkarg, so wortkarg, daß er mich nicht einmal seiner Frau vorstellte. Seine Schwester Marianne, ein reizendes, intelligentes Mädchen, nahm ihm diese Pflicht der Artigkeit ab und machte uns durch ein paar rasche Worte miteinander bekannt.

Bei dieser flüchtigen Vorstellung war Frau Wyatt dicht verschleiert gewesen, und ich muß gestehen, daß ich, als sie den Schleier zurückschlug, aufs höchste erstaunt war. Ich wäre es noch viel mehr gewesen, hätte mich nicht eine lange Erfahrung gelehrt, den enthusiastischen Beschreibungen meines Freundes, sobald er über Frauenschönheit sprach, nur mäßigen Glauben zu schenken. Ich wußte nur zu wohl, daß er sich da leicht zu Übertreibungen verleiten ließ.

Nein, beim besten Willen konnte ich nicht behaupten, daß Frau Wyatt schön sei; zwar war sie nicht ausgesprochen häßlich – doch auch nicht weit entfernt davon. Jedenfalls sah sie höchst alltäglich aus. Nur war sie mit ausgesuchtestem Geschmack gekleidet; und ich zweifelte nicht, daß sie wohl das Herz meines Freundes durch ihren Geist und ihr Gemüt gefesselt habe. Wir wechselten nur sehr wenige Worte; dann begab sie sich sogleich mit Herrn Wyatt in ihre Kajüte.

Jetzt ergriff mich wieder meine alte Neugierde. Dienerschaft hatten sie also nicht mitgebracht, das stand fest. So sah ich mich denn nach dem Extra-

## Die längliche Kiste

gepäck um. Nach einiger Zeit langte auf der Werft ein Karren mit einer länglichen Kiste aus Tannenholz an, auf die man noch gewartet zu haben schien. Sobald sie an Bord war, lichteten wir den Anker und steuerten aufs Meer hinaus.

Die Kiste war, wie ich schon sagte, länglich und mochte vielleicht sechs Fuß lang und zweieinhalb Fuß breit sein. Ich kann dies mit solcher Bestimmtheit behaupten, weil mir ihre eigentümliche Form gleich auffiel. Kaum hatte ich sie gesehen, so gratulierte ich mir zu meiner Geschicklichkeit im Raten. Ich war, wie man sich erinnern wird, zu dem Schluß gekommen, daß das Extragepäck meines Freundes, des Künstlers, wohl ein Gemälde sein werde, da ich wußte, daß er in den letzten Wochen mit Niccolini in Verhandlung gestanden hatte; und jetzt sah ich hier eine Kiste, die, nach ihrer Form zu urteilen, eigentlich nichts anderes enthalten konnte, als eine Kopie von Leonardos „Abendmahl". Da ich außerdem noch wußte, daß sich seit einiger Zeit eine in Florenz von dem jüngeren Rubini gefertigte Kopie dieses Meisterwerks im Besitz Niccolinis befunden hatte, durfte ich meine Vermutung als bestätigt ansehen. Vergnügt lachte ich über diesen neuen Beweis meines Scharfsinnes. Soviel ich wußte, war es das erste Mal, daß Wyatt seine künstlerischen Geheimnisse mir vorenthielt; er hatte wohl offenbar vor, mich zu nasführen und unter meinen Augen

## DIE LÄNGLICHE KISTE

ein schönes Kunstwerk einzuschmuggeln. Dafür wollte ich ihn ein andermal zu gelegener Zeit gehörig aufziehen.

Ein Umstand befremdete mich ein wenig. Die Kiste wurde nicht in der Extrakajüte, sondern in der Wyatts untergebracht; dort blieb sie, obwohl sie fast den ganzen Raum einnahm, was doch dem Künstler und seiner Frau äußerst unangenehm sein mußte, da der Teer oder die Farbe, womit mehrere weit auseinanderstehende Buchstaben auf den Deckel hingemalt waren, einen starken, höchst unangenehmen, ja, meinem Empfinden nach ekelhaften Geruch von sich gab. Die Worte auf dem Deckel lauteten: „An Frau Adelheid Curtis, Albany, New York. Aufgegeben von Cornelius Wyatt, Esq. Diese Seite oben. Vorsicht!"

Ich wußte, daß Frau Adelheid Curtis aus Albeny die Schwiegermutter des Künstlers war, und nahm die ganze Adresse als eine auf mich gemünzte Mystifikation. Denn ich redete mir ein, daß die Kiste samt ihrem Inhalt im Atelier meines misanthropischen Freundes in der Chamberstreet in New York bleiben und niemals weiter nördlich wandern werde.

Die ersten drei oder vier Tage hatten wir schönes Wetter, obgleich uns der Wind direkt entgegenblies, denn er war, sobald die Küste außer Sicht gekommen, nach Norden umgesprungen. Die Passagiere waren alle in bester Laune und zu fröhlicher Geselligkeit aufgelegt, alle, das heißt mit Ausnahme Wyatts und seiner Schwestern, die sich gegen die übrigen Passagiere nicht allein steif, sondern, wie mir schien, ziemlich unhöflich benahmen. Bei Wyatt fiel mir dies nicht so sehr auf, denn wenn er auch außerordentlich melancholisch, ja, sogar mürrisch erschien, so war ich doch dergleichen von ihm längst gewohnt. Für seine Schwestern jedoch suchte ich vergeblich nach einer Entschuldigung. Sie schlossen sich fast den ganzen Tag über in ihre Kajüten ein und waren trotz meiner wiederholten Vorstellungen nicht zu bewegen, mit jemandem an Bord zu verkehren. Frau Wyatt dagegen war viel angenehmer: sie plauderte gern und viel, und jeder, der eine längere Seereise gemacht hat, weiß, welch angenehme Eigenschaft dies auf See ist. Sie wurde mit den meisten Damen ungemein vertraut und legte zu meinem höchsten Erstaunen eine unverkennbare Neigung, mit den Männern zu kokettieren, an den Tag. Jedenfalls amüsierte sie uns außerordentlich. Ich sage „amüsierte" – und weiß kaum, wie ich das, was ich darunter verstehe, näher bezeichnen soll. Ich möchte nur erwähnen, daß mir bald auffiel, daß man weit öfter über Frau Wyatt als mit ihr lachte; die Herren sagten wenig über sie; doch die Damen behaupteten nach kurzer Zeit, sie sei ein gutmütiges ziemlich alltäglich aussehendes, gänzlich unerzogenes, ungebildetes Ding.

Alle Welt fand es unerklärlich, daß Wyatt sich ein solches Wesen als Lebensgefährtin gewählt hatte. Man suchte sich diese absonderliche Verbindung als eine Geldheirat zu erklären. Ich wußte jedoch bestimmt, daß diese Annahme absolut unbegründet war, denn Wyatt hatte mir einmal gesagt, daß seine Frau nicht einen Dollar als Heiratsgut und in ihrem Leben auch nie eine Erbschaft zu erwarten habe. „Nur aus Liebe, einzig und allein aus Liebe", sagte er, „heirate er sie, und seine Braut sei seiner Liebe mehr als würdig."

Ich muß gestehen, daß ich, als ich mich an diese Worte erinnerte, gar nicht wußte, was ich von ihm halten sollte. Hatte er denn keine Augen, um zu sehen, hatte er den Verstand verloren, er, ein so hochgebildeter, geistvoller, zart empfindender Mann mit seiner außerordentlichen Empfindlichkeit gegenüber allem Unfeinen und Unkünstlerischen, seinem heißen Drang nach Schönheit! Jedenfalls schien die Dame ihn recht gern zu haben – besonders in seiner Abwesenheit – denn sie machte sich dann in einem fort dadurch lächerlich, daß sie immer und ewig wiederholte, was ihr „vielgeliebter Gatte" da oder dort gesagt habe; das Wort „Gatte" besonders schien ihr – um mich eines ihrer zarten Ausdrücke zu bedienen – immer „auf der Zunge zu sein".

Mittlerweile war es schon allen Passagieren aufgefallen, daß Wyatt selbst seine Gattin, wo es nur ging, mied und sich den größten Teil des Tages in seine Kajüte einschloß und es seiner Frau überließ, sich nach Gutdünken mit der in der großen Kajüte versammelten Gesellschaft zu „amüsieren".

Aus allem, was ich sah und hörte, mußte ich schließen, daß der Künstler einer der ganz unberechenbaren Launen des Schicksals zum Opfer gefallen sei, oder daß er in einem Anflug grillenhafter Leidenschaft sich mit einer tief unter ihm stehenden Person verbunden habe, und daß das natürliche Resultat, baldige und vollkommene Abneigung, nun schon eingetroffen sei. Ich bedauerte ihn aus Herzensgrund, doch konnte ich ihm seine Geheimnistuerei mit dem „Abendmahl" nicht vergeben: dafür wollte ich mich noch einmal an ihm rächen.

Eines Tages erschien er auf dem Verdeck, und ich nahm, wie wir es gewohnt waren, seinen Arm und schlenderte mit ihm eine Zeitlang auf und ab. Seine Melancholie, die mir jetzt erklärlich vorkam, schien ihn noch immer vollständig zu beherrschen. Er sprach wenig, dies Wenige nur mürrisch und gezwungen. Ich versuchte ein paar Scherze zu machen und sah, daß er sich zu einem krampfhaften Lächeln quälte. Armer Kerl! Wenn ich an seine Frau dachte, wunderte ich mich fast noch, daß er sich so heiter stellen konnte.

Dann beschloß ich, an die Ausführung meines Racheplanes zu gehen. Ich machte eine Menge versteckter Anspielungen auf die längliche Kiste, um ihm zu zeigen, daß ich wenigstens schon Argwohn schöpfte. Ich spielte auf ihre eigentümliche Form an, lächelte verständnisinnig, blinzelte ihm zu und klopfte ihm sanft mit dem Zeigefinger auf die Schulter.

Die Art und Weise, mit der Wyatt diesen harmlosen Scherz aufnahm, brachte mich zu der Überzeugung, daß ich es mit einem Wahnsinnigen zu tun habe. Zuerst starrte er mich an, als sei es ihm unmöglich, meinen Witz zu verstehen. In dem Maße aber, wie ihm allmählich das Verständnis aufzugehen schien, rissen sich seine Augen auf und schienen aus ihren Höhlen springen zu wollen. Dann schoß ihm glühende Röte ins Gesicht – gleich darauf wurde er erschreckend bleich und brach endlich, als hätten ihn meine Worte aufs höchste belustigt, in ein langes, tolles Lachen aus, das wohl zehn Minuten andauerte und sich fortwährend steigerte – dann stürzte er der Länge nach auf das Verdeck hin und schien, als ich ihn aufheben wollte, tot. Ich rief um Hilfe; nur mit vieler Mühe gelang es uns, ihn wieder zu sich zu bringen. Er murmelte unzusammenhängende Worte, man ließ ihn zur Ader und brachte ihn zu Bett. Am anderen Morgen war er jedoch, wenigstens körperlich, vollkommen wiederhergestellt; von seinem Verstande will ich nicht reden. Auf Anraten des Kapitäns, der auch von

## Die längliche Kiste

seinem Wahnsinn zu wissen schien, mied ich von nun ab seine Gegenwart. Auch teilte ich niemandem an Bord etwas von meinen Vermutungen mit.

Bald nach diesem Anfall ereigneten sich aber mehrere Dinge, die meine Neugierde nur noch steigern mußten. Ich hatte eines Tages, als ich nervös war, zu viel grünen Tee getrunken und schlief in der Nacht sehr schlecht – ja, eigentlich schlief ich ein paar Nächte überhaupt nicht. Meine Kajüte ging, wie die aller Junggesellen an Bord, auf die große Kajüte oder den Speisesaal hinaus. Wyatts Kajüten liefen sämtlich in die zweite, kleinere Kajüte aus, die sich unmittelbar hinter der ersten, großen befand und von derselben nur durch eine Schiebetür getrennt war, die nie, selbst des Nachts nicht, verschlossen wurde. Da wir fast immer dicht beim Wind lagen, hielt das Schiff ziemlich bedeutend leewärts, und so oft es mit dem Steuerbord auf die Leeseite geworfen wurde, schob sich die Schiebetür zwischen den beiden Kajüten auf, und da sich niemand die Mühe gab, sie wieder zu schließen, blieb sie auch offen.

Mein Bett war nun aber so angebracht, daß ich von ihm aus, wenn die Schiebetür und meine Kajütentür offen standen (und die letztere war bei der großen Hitze fast nie geschlossen), deutlich in die zweite, hintere Kajüte hineinsehen konnte, und zwar gerade in den Teil, in welchen die drei Kajüten

## Die längliche Kiste

Wyatts sich öffneten. Als ich nun einmal, wie erwähnt, ein paar Nächte lang nicht schlafen konnte und geradeaus vor mich hinstarrte, sah ich deutlich, daß Frau Wyatt jede Nacht gegen elf Uhr abends aus der Kajüte ihres Gatten herausschlich und sich in die Extrakajüte begab, wo sie bis zum Morgen verblieb. Erst wenn ihr Gatte sie gerufen, betrat sie dessen Kajüte wieder. Daß die beiden nicht wie Eheleute zusammen lebten, unterlag also keinem Zweifel. Sie hatten getrennte Zimmer inne – vielleicht nur als Vorbereitung für ein baldiges endgültiges Auseinandergehen. Und ich glaubte zum zweitenmal, dem Geheimnis der Extrakajüte auf die Spur gekommen zu sein.

Doch zog noch ein anderer Umstand mein Interesse an. Während der schlaflosen Nächte vernahm ich, unmittelbar nachdem Frau Wyatt die Kajüte ihres Gatten verlassen hatte, in derselben ein sonderbares, vorsichtiges, gedämpftes Geräusch. Ich lauschte eine Zeitlang aufmerksam hin, bis es mir gelang, die merkwürdigen Töne zu deuten. Ohne Zweifel versuchte der Künstler mittels eines Meißels und Hammers die längliche Kiste zu öffnen – der Kopf des Hammers mußte, seinem dumpfen Aufschlagen nach zu urteilen, mit einem wollenen oder baumwollenen Stoff umhüllt sein; nur auf diese Weise ließ sich sein eigentümlich gedämpftes Klopfen erklären. Ich lauschte immer gespannter, so

## Die längliche Kiste

daß ich ganz genau den Augenblick zu erkennen glaubte, in dem der Deckel völlig losgelöst sein mußte und der Künstler ihn ganz abhob und auf die untere Bettstatt seiner Kajüte legte. Dies letztere schloß ich aus gewissen leichten Stößen des Deckels an die hölzernen Bettkanten, und überdies war ja auf dem Boden gar kein Platz. Dann folgte eine Totenstille, und ich hörte nichts mehr bis zum Tagesanbruch, abgesehen von einem leisen Schluchzen oder Murmeln, das jedoch beinahe unhörbar an mein Ohr drang, so leise und schwach, daß ich es fast als eine Vorspiegelung meiner allzu wachen Phantasie ansehen mußte. Es hätte ein Schluchzen und Murmeln sein können; und auch wieder nicht – wahrscheinlich klangen mir nur die Ohren. Jedenfalls jedoch ließ Wyatt einmal wieder irgendeiner phantastischen Laune die Zügel schießen, überließ sich wieder allzusehr seinem künstlerischen Enthusiasmus. Wahrscheinlich hatte er die längliche Kiste geöffnet, um seine Augen ungestört an dem Schatze, den sie verbarg, zu weiden. Aber darin lag doch gewiß nichts, was ihn zum Schluchzen hätte bringen können. Ich wiederhole deshalb noch einmal, daß mich wohl meine, durch Kapitän Hardys grünen Tee allzu erregte Phantasie mit falschen Vorspiegelungen quälte. In jeder der schlaflosen Nächte hörte ich kurz vor Tagesanbruch deutlich, wie Herr Wyatt den Deckel wieder auf die längliche

## Die längliche Kiste

Kiste legte und mit dem umwickelten Hammer die Nägel in ihre alten Löcher schlug. War dies geschehen, so trat er, vollständig angekleidet, aus seiner Kajüte heraus und rief Frau Wyatt aus der ihrigen.

Sieben Tage waren wir schon auf See und befanden uns eben auf der Höhe von Kap Hatteras, als plötzlich aus Südwest ein furchtbarer Sturm losbrach. Von verschiedenen Anzeichen benachrichtigt, waren wir auf Unwetter vorbereitet, und in einem Augenblick war oben und unten auf dem Schiff alles wohlverwahrt und festgemacht; doch da der Sturm an Heftigkeit stetig zunahm, legten wir endlich, unter doppelt gerefftem Flitter- und Vormarssegel, bei.

Achtundvierzig Stunden blieb das Schiff in diesem Zustand, ohne sonderlichen Schaden zu nehmen, es erwies sich im Gegenteil als äußerst seetüchtig und schöpfte fast gar kein Wasser. Nach Verlauf dieser Zeit jedoch steigerte sich der Sturm zum Orkan, unser Hintersegel zerriß in Fetzen, und wir gerieten bald so sehr zwischen die Wogen, daß wir unmittelbar nacheinander mehrere Sturzwellen bekamen. Bei dieser Gelegenheit wurden drei Personen über Bord gerissen, die Kombüse und fast die ganze äußere Plankenbekleidung am Backbord wurde von den Wellen weggespült. Kaum waren wir wieder zu uns gekommen, so zerriß auch unser Vormarssegel in tausend Stücke. Wir setzten ein

Sturmstagsegel aus, worauf es einige Zeitlang leidlich gut ging.

Der Sturm jedoch hielt immer noch an, und nichts ließ erwarten, daß er sich bald legen würde. Wir bemerkten, daß unser Takelwerk arg mitgenommen war, und am dritten Tage des Unwetters brach unser Besanmast, und wir wurden mit größter Heftigkeit hin und her geschleudert. Der gebrochene Mast lag auf dem Bord, und bei dem fürchterlichen Schlingern des Schiffes bemühten wir uns vergeblich, seiner los zu werden. Gegen fünf Uhr nachmittags teilte der Schiffszimmermann die keineswegs ermutigende Tatsache mit, daß im Schiffsraum das Wasser vier Fuß hoch stehe, und um all das Unheil zu krönen, stellte es sich bald heraus, daß die Pumpen nicht funktionierten.

Nun geriet alles in Verwirrung und wilde Angst, und man schritt zu dem verzweifelten Versuch, das Schiff durch Abwerfen aller erreichbaren Ladung und Abhauen der beiden letzten Masten zu erleichtern. Mit vieler Mühe gelang uns dies endlich, doch da die Pumpen nach wie vor unbrauchbar blieben, füllte sich das Schiff immer mehr mit Wasser.

Gegen Sonnenuntergang ließ der Sturm merklich nach, und da auch die See minder heftig ging, schöpften wir die schwache Hoffnung, uns in die Boote retten zu können. Um acht Uhr abends zerteilten sich die Wolken, leuchtend brach das Licht des Vollmondes durch sie hindurch, erhellte unsere düstere Angst und richtete unseren gesunkenen Mut durch sein trostverheißendes Glänzen wieder auf.

Nach unsäglichen Anstrengungen gelang es uns, das große Boot unbeschädigt ins Wasser zu bringen. Die ganze Schiffsmannschaft sowie der größte Teil der Passagiere nahm in ihm Platz und gelangte nach drei schreckensvollen Tagen endlich in die Okrakoke-Bay.

Vierzehn Passagiere und der Kapitän waren auf dem Wrack geblieben, da sie der Jolle am Hinterteil des Schiffes ihr Leben anvertrauen wollten. Wir brachten diese auch ohne Schwierigkeit ins Wasser, doch verhinderte nur ein Wunder, daß sie im Augenblicke, da sie in die Wellen tauchte, nicht umschlug. Kapitän Hardy und Frau, Wyatt mit seinen Damen, ein mexikanischer Offizier mit Frau und Kindern, ich selbst mit einem Neger, der Bedientendienste versah, hatten als letzte in dem schwachen Fahrzeuge Zuflucht genommen.

In demselben war natürlich für nichts weiter als für ein paar Lebensmittel und die notwendigsten Instrumente Platz, es war auch niemand auf die Idee gekommen, auch nur die geringste Kleinigkeit zu retten und die Jolle zu überlasten. Wie groß war daher unser aller Erstaunen, als Herr Wyatt, nachdem wir einige Klafter vom Schiff entfernt waren,

## Die längliche Kiste

plötzlich aufstand und ganz kaltblütig von dem Kapitän verlangte, er solle das Boot nochmals beim Schiffe anlegen lassen, weil er die längliche Kiste mitnehmen wolle.

„Setzen Sie sich doch, Herr Wyatt!" antwortete ihm der Kapitän in etwas strengem Tone. „Wenn Sie nicht ganz stille sitzen, wird das Boot umschlagen! Schon jetzt ist unser Dahlbord im Wasser!"

„Die Kiste! Die Kiste!" schrie Wyatt, noch immer stehend – „ich muß die Kiste haben! Kapitän, Sie können, Sie werden mir die Kiste nicht verweigern! Sie wiegt ja nur eine Kleinigkeit – fast gar nichts! Wahrhaftig, gar nichts! Bei der Mutter, die Sie geboren – beim Himmel selbst – bei Ihrem Seelenheil bitte ich Sie, beschwöre ich Sie, fahren Sie zurück, lassen Sie mich die Kiste holen!"

Einen Augenblick schien der Kapitän von dem inständigen Flehen des Künstlers erweicht zu werden, doch bald gewann er seine ernste Ruhe wieder und sagte einfach:

„Herr Wyatt, Sie sind von Sinnen! Ich darf Ihrer Bitte kein Gehör schenken! Setzen Sie sich, sage ich noch einmal, oder Sie bringen das Boot zum Umschlagen. Bleiben Sie doch – halten Sie ihn! Packen Sie ihn! Er will über Bord springen! – Da! – Wußt' ich's doch! Nun ist's um ihn geschehen!" Wyatt war in der Tat in diesem Augenblicke über Bord gesprungen. Da wir noch in der Nähe des Wracks waren, gelang es ihm, ein Tau zu erfassen, das am Vorderdeck herabhing. Einen Augenblick später stand er an Bord und stürzte wie ein Wahnsinniger die Treppe zur großen Kajüte hinab. Wir waren inzwischen hinter das Schiff getrieben worden und, da wir uns ganz außer seiner Lee befanden, der grausamen Wucht der Wogen ausgesetzt. Wir versuchten, nach dem Wrack zurückzufahren, doch unser kleines Boot war unlenkbar wie eine Feder im Wind. Ein einziger Blick sagte uns, daß das Schicksal des unglücklichen Künstlers besiegelt sei.

Während wir uns nun ziemlich rasch von dem Wrack entfernten, sahen wir den Wahnsinnigen (nur als solchen konnten wir ihn noch ansehen) die Kajütentreppe wieder heraufkommen, die längliche Kiste mit einem übermenschlichen Kraftaufwand nach sich schleppend. Während wir noch zu ihm hinüberstarrten, wand er ein dreizölliges Tau mehrmals um die Kiste und dann um seinen Leib. Im nächsten Augenblick stürzte er sich mit seiner Last ins Meer, in dem er sofort und auf immer verschwand.

Mit schweigendem Entsetzen hatten wir diesem Schauspiel zugesehen und schreckerfüllt die Ruder sinken lassen. Endlich aber gebot uns die Gefahr, so rasch wie möglich fortzusteuern. Wohl eine Stunde verging, ehe jemand ein Wort zu sprechen wagte.

„Haben Sie auch bemerkt, Herr Kapitän," fragte

ich nach einer langen Weile, "wie rasch er mit der Kiste gesunken ist? War das nicht recht sonderbar? Ich gestehe, daß ich immer noch einige Hoffnung hegte, ihn gerettet zu sehen, als er sich an die Kiste anband und ins Meer warf."

"Mit dieser Kiste mußte er natürlich sinken", erwiderte der Kapitän, "und zwar so schnell wie eine Bleikugel. Sie werden jedoch wieder an die Oberfläche kommen – allerdings nicht eher, als bis das Salz aufgelöst ist."

"Das Salz?!" rief ich aus. "Still!" meinte der Kapitän mit einem Seitenblick auf die Gattin und die Schwestern des Verstorbenen. "Wir werden zu gelegenerer Zeit von diesen Dingen sprechen."

Nach vielen Mühsalen retteten wir mit knapper Not unser Leben. Mehr tot als lebendig landeten wir nach vier Tagen bitterster Leiden in der Bucht, welche Roanoke-Island gegenüberliegt. Hier blieben wir eine Woche, wurden von den Strandräubern leidlich behandelt und fanden endlich Gelegenheit zur Überfahrt nach New York.

Etwa einen Monat nach dem Untergang der "Independence" begegnete ich dem Kapitän Hardy auf dem Broadway. Wie nur zu erklärlich, kamen wir bald auf unser Unglück und auf das traurige Schicksal des armen Wyatt zu sprechen. So erfuhr ich denn folgendes:

## Die längliche Kiste

„Der Künstler hatte für sich, seine Gattin, seine beiden Schwestern und eine Dienerin Plätze auf dem Schiff genommen. Seine Gattin war in der Tat, wie er sie mir geschildert hatte, eine überaus reizende, liebenswürdige, feingebildete Dame. Am Morgen des vierzehnten Juni, an dem Tag also, an welchem ich die ‚Independence' zum erstenmal betrat, erkrankte Frau Wyatt plötzlich und starb. Der junge Gatte geriet vor Schmerz fast von Sinnen, doch erlaubten gewisse Umstände nicht, die geplante Reise nach New York hinauszuschieben. Er wollte den Leichnam seiner angebeteten Gattin ihrer Mutter zuführen – nur machte ein allgemein verbreitetes Vorurteil die Ausführung dieses Planes fast unmöglich. Neun Zehntel aller Passagiere würden die Plätze lieber abbestellt haben, als mit einem Leichnam auf dem Schiffe die Überfahrt anzutreten.

Da war denn Kapitän Hardy auf den Gedanken gekommen, den Leichnam teilweise einbalsamieren und mit einem großen Quantum Salz in eine Kiste von angemessener Größe packen und als Passagiergut auf das Schiff schmuggeln zu lassen. Das plötzliche Hinscheiden der jungen Frau sollte absolut verborgen bleiben; und da es nun schon einmal bekannt geworden, daß Wyatt für sich und seine Gattin Plätze genommen, mußte man eine Person finden, die für die Dauer der Überfahrt Frau Wyatt darstellen konnte. Das Kammermädchen der Ver-

## Die längliche Kiste

storbenen ließ sich leicht dazu überreden. Die Extrakajüte, die Herr Wyatt anfangs für die Dienerin seiner Frau genommen, behielt er einfach für seine Pseudofrau. Bei Tage spielte sie, so gut sie eben vermochte, die Rolle ihrer Herrin, die, wie man bestimmt wußte, keiner der Passagiere je gesehen hatte."

Ich selbst aber war durch meine allzu lebhafte Neugier und die Neigung, aus allem um jeden Preis meine Schlüsse zu ziehen, irregeführt worden.

In letzter Zeit schlafe ich nur sehr selten ruhig. Ein geisterhaftes Gesicht verfolgt mich, wenn ich mich auf meinem Lager hin und her wälze. Und ein hysterisches Lachen, das ich wohl nie vergessen werde, klingt in meinen Ohren.

## Das Geheimnis von Marie Rogêts Tod

*Es gibt eine Reihe idealischer Begebenheiten, die der Wirklichkeit parallel laufen. Selten fallen sie zusammen. Menschen und Zufälle modifizieren gewöhnlich die idealische Begebenheit, so daß sie unvollkommen erscheint und ihre Folgen gleichfalls unvollkommen sind. So bei der Reformation; statt des Protestantismus kam das Luthertum hervor.*
Novalis

Selbst unter den ruhigsten Denkern finden sich hin und wieder Menschen, die gelegentlich von einem unbestimmten, quälenden Halbglauben an das Übernatürliche ergriffen worden sind – angesichts jener auffällig gleichzeitigen Zufälle, die oft so wunderbar erscheinen, daß der Verstand sie nicht mehr für bloße „Zufälle" halten kann. Solche Gefühle (der Halbglaube, von dem ich rede, hat nie die Kraft wirklicher Gedanken), solche Gefühle also können

## Das Geheimnis von Marie Rogêts Tod

nur sehr schwer unterdrückt werden, wenn man nicht die Lehre vom Zufall oder, was dasselbe ist, von der Wahrscheinlichkeitsberechnung zu Hilfe nimmt. Diese Berechnung ist jedoch ihrem Wesen nach eine rein mathematische, und wir haben hier die Anomalie, daß die allerexakteste Wissenschaft zur Erklärung dessen dienen soll, was auf dem Gebiet der Spekulation noch ungreifbarer Schatten ist.

Die merkwürdigen Einzelheiten, die man mich zu veröffentlichen aufgefordert hat, bilden zeitlich, wie man sehen wird, den primären Zweig einer Reihe kaum verständlicher Zufälle, deren sekundären oder Endzweig man in dem Mord an einer gewissen Mary Cecilia Rogers\*, der jüngst in New York geschah, finden wird.

Als ich, vor etwa Jahresfrist, in meiner Erzählung „Der Mord in der Spitalgasse" einige höchst auffallende, merkwürdige Geisteszüge meines Freundes

---

\* Das Geheimnis, in das das besagte Verbrechen gehüllt war, hatte zur Zeit der Entstehung (und Veröffentlichung) der nun folgenden Erzählung seine Aufdeckung noch nicht gefunden. Und da jetzt mehrere Jahre seit der Begebenheit, auf der diese Erzählung beruht, verflossen sind, dürfte es nötig sein, einige erklärende Worte vorauszuschicken, daran zu erinnern, daß der Verfasser, indem er angeblich von dem tragischen Ende einer jungen Pariserin, Marie Rogêt, berichtet, in Wirklichkeit den Tatsachen des Mordes an der Mary Cecillia Rogers folgt. Alle Einzelheiten, die in der Erzählung erwähnt, alle Folgerungen und Schlüsse, die gezogen werden, treffen infolgedessen auch auf diesen zu.

## Das Geheimnis von Marie Rogêts Tod

August Dupin zu schildern versuchte, hätte ich nicht gedacht, daß ich jemals wieder auf diesen Gegenstand zurückkommen würde. Ich wollte damals eine Charakterschilderung geben und erreichte meine Absicht vollkommen, da mir eine Reihe sehr seltsamer Begebenheiten Belege für Dupins Idiosynkrasie geliefert hatten. Ich hätte noch mehr Beispiele anführen und doch den Beweis nicht schlagender liefern können. Neuere Ereignisse haben mich aber durch ihre überraschende Entwicklung bestimmt, einige weitere Einzelheiten zu erwähnen, die vielleicht wie ein erzwungenes Geständnis aussehen werden. Es wäre jedoch sonderbar, wenn ich nach dem, was ich kürzlich hörte, Stillschweigen über das bewahren sollte, was ich vor langer Zeit schon vernahm.

---

Die Erzählung „Das Geheimnis von Marie Rogêts Tod" wurde fern von dem Schauplatz der Greueltat geschrieben; dem Autor standen keine anderen Auskunftsmittel als die, welche die Zeitungen lieferten, zu Gebote. So mußte ihm notwendig vieles entgehen, was ihm von Nutzen gewesen wäre, wenn er die Lokalitäten persönlich hätte besichtigen können. Es dürfte jedoch nicht unangemessen erscheinen, hier zu erwähnen, daß die Geständnisse zweier Personen (die in der Ezählung vorkommende Madame Deluc ist eine von ihnen) lange nach dieser Veröffentlichung nicht nur die Art der allgemeinen Schlußfolgerung des Autors durchaus bestätigten, sondern alle Einzelheiten, hypothetischen Einzelheiten, alle Annahmen und Voraussetzungen anerkannten, mittels derer er seinen Plan verfolgte und zu einem Endergebnis gelangte.    E.A.P.

## Das Geheimnis von Marie Rogêts Tod

Als die Tragödie des Todes der Frau L'Espanaye und ihrer Tochter zum Schluß gekommen war, widmete ihr Dupin auch nicht einen Gedanken mehr und versank wieder in seine gewohnten düsteren Träumereien. Und da auch ich schon immer sehr zu abstrakten Grübeleien neigte, teilte ich seine Stimmung bald. Wir bewohnten unsere Zimmer im Faubourg St. Germain weiter, schlugen alle Gedanken an die Zukunft in den Wind, schlummerten ruhig auf der Gegenwart, und ein Netz von Träumereien umspann die graue Alltagswelt, die uns umgab.

Doch blieben diese Träume nicht ganz ungestört. Man kann sich leicht denken, daß die Rolle, die mein Freund in der Tragödie der Spitalgasse gespielt, ihren Eindruck auf die Phantasie der Pariser Polizei nicht verfehlt hatte. All ihren Mitgliedern ist Dupins Name bekannt und geläufig. Da er den einfachen Charakter der Induktionen, durch die er das Geheimnis enthüllte, außer mir niemandem, selbst nicht dem Präfekten mitgeteilt hatte, ist es nicht erstaunlich, daß man die ganze Sache fast als ein Wunder ansah, und daß man seine analytischen Fähigkeiten für reine Intuition hielt. Seine Offenheit würde ohne Zweifel veranlaßt haben, all diese Gerüchte über ihn zu dementieren, hätte ihn nicht seine Indolenz abgehalten, noch irgend etwas in einer Sache zu tun, die für ihn von keinem Interesse mehr war. So geschah es, daß er für die Augen der Polizei

## Das Geheimnis von Marie Rogêts Tod

eine Art Leitstern wurde, und bei zahlreichen Gelegenheiten suchte sich die Polizeipräfektur seiner Dienste zu versichern. Eine der merkwürdigsten war die Ermordung jenes jungen Mädchens namens Marie Rogêt.

Dieser Mord ereignete sich etwa zwei Jahre nach den Greueltaten in der Spitalgasse. Marie, deren Tauf- und Familienname jedermann an eine unglückliche junge New Yorker Zigarrenverkäuferin erinnern werden, war die einzige Tochter der Witwe Estelle Rogêt. Als kleines Kind hatte sie ihren Vater verloren und seit seinem Tode bis zu dem achtzehnten Monat vor ihrer Ermordung, die den Gegenstand unserer Erzählung bildet, mit ihrer Mutter zusammen in der Rue Pavée Sainte Andrée gewohnt. Frau Rogêt hielt dort mit Maries Hilfe eine Pension. So verfloß ihr Leben ziemlich gleichförmig, bis die große, außerordentliche Schönheit des nun zweiundzwanzigjährigen Mädchens die Aufmerksamkeit eines Parfümhändlers auf sich zog, der einen der im Erdgeschoß gelegenen Kaufläden im Palais Royal innehatte, und dessen Kundschaft hauptsächlich aus den verwegenen Abenteurern bestand, die in jener Gegend wohnen. Monsieur Le Blanc war sich sehr wohl der Vorteile bewußt, welche die Anwesenheit der schönen Marie seinem Geschäft bringen mußte; das Mädchen ging auf seine ziemlich glänzenden Vorschläge bereitwilligst ein, während die Mutter erst nach längerem Zögern ihre Zustimmung gab.

Die Erwartungen des Kaufmanns gingen durchaus in Erfüllung, und die Reize des munteren Mädels machten sein Geschäft bald sehr bekannt. Marie hatte ihre Stellung vielleicht ein Jahr inne, als ihre Bewunderer plötzlich dadurch in große Unruhe versetzt wurden, daß sie verschwand. Monsieur Le Blanc vermochte keine Aufklärung zu geben, und Frau Rogêt geriet vor Angst und Schrecken fast außer sich. Die Zeitungen nahmen die Sache auf, und schon wollte die Polizei zu ernstlichen Nachforschungen schreiten, als nach Verlauf einer Woche Marie – gesund, nur ein klein wenig bleich und traurig – eines schönen Morgens wieder hinter dem Zahltisch der Parfümerie erschien. Natürlich wurden sofort alle weiteren, nicht privaten Nachforschungen aufgegeben. Der Parfümeur behauptete nach wie vor, nicht das Geringste in der Sache zu wissen. Marie und Frau Rogêt antworteten auf alle Fragen, daß sie die letzte Woche in dem Haus einer Verwandten auf dem Lande zugebracht habe. So geriet die ganze Geschichte in Vergessenheit, zumal das junge Mädchen bald darauf, um der unverschämten Neugierde des Publikums zu entgehen, den Laden des Parfümeurs endgültig verließ und wieder unter dem Schutz der Mutter in der Rue Pavée Sainte Andrée wohnte.

## Das Geheimnis von Marie Rogêts Tod

Ungefähr fünf Monate nach der Rückkehr in das Haus der Mutter wurden ihre Angehörigen plötzlich durch ein neues Verschwinden in Aufregung versetzt. Es vergingen drei Tage, ohne daß man das Geringste von ihr hörte. Am vierten fand man den Leichnam auf der Seine schwimmend, in der Nähe des Ufers, das dem Quartier der Rue Pavée Sainte Andrée gerade gegenüberliegt, nicht weit entfernt von der wenig besuchten Gegend an der Barrière du Roule.

Die Gräßlichkeit dieses Mordes – es stellte sich nur zu bald heraus, daß hier ein Mord vorlag –, die Jugend und Schönheit, sowie vor allem die bekannte Persönlichkeit des Opfers brachte die sensiblen Pariser in gewaltige Aufregung. Ich erinnere mich keines ähnlichen Falles, der so tiefes und allgemeines Aufsehen erregt hätte. Mehrere Wochen vergaß man darüber selbst die wichtigsten politischen Tagesfragen, sprach von nichts anderem mehr als von diesem Kriminalfall. Der Polizeipräfekt machte ganz ungewöhnliche Anstrengungen, um Licht in die Sache zu bringen: die ganze Polizei, bis zum letzten Mann, wurde zu den Nachforschungen aufgeboten.

Als man den Leichnam entdeckte, glaubte man nicht, daß der Mörder den alsbald angestellten Nachforschungen entgehen könne. Erst nach Verlauf einer Woche hielt man es für nötig, eine Belohnung auszusetzen, und beschränkte sie noch auf tausend Francs. Mittlerweile wurden die Nachforschungen mit Energie, wenn auch nicht immer mit Verständnis, fortgesetzt; zahlreiche Personen wurden verhört, ohne daß das geringste Ergebnis zu Tage getreten wäre, während die anscheinende Unerklärlichkeit des Geheimnisses die Erregung der Bevölkerung stetig steigerte. Am Ende des zehnten Tages hielt man es für angemessen, die ursprünglich ausgesetzte Belohnung zu verdoppeln; und endlich, als die zweite Woche ohne das geringste Resultat verflossen und die Bevölkerung von Paris, die stets ein Vorurteil gegen die Polizei genährt hat, zu ziemlich bedrohlichen Zusammenrottungen geschritten war, entschloß sich der Präfekt, demjenigen, „der den Mörder zur Anzeige brächte", oder wenn die Tat von mehreren ausgeführt worden sei, dem, „der einen der Mörder zur Anzeige brächte", eine Belohnung von zwanzigtausend Francs zu versprechen. In dem Aufruf, in welchem der Präfekt diese Belohnung verhieß, war zugleich jedem Mitschuldigen, der gegen seine Genossen aussagte, vollständige Straflosigkeit zugesichert. Dieser amtlichen Bekanntmachung war überall eine Nachschrift beigefügt, in der ein Ausschuß von Bürgern noch weitere zehntausend Francs auf die Entdeckung des Verbrechers aussetzte. Die Belohnung belief sich also insgesamt auf nicht weniger als

## Das Geheimnis von Marie Rogêts Tod

dreißigtausend Francs – eine ganz außerordentliche Summe, wenn man die bescheidene Lebensstellung des Mädchens und die Tatsache in Betracht zieht, daß derartige Greueltaten in großen Städten häufig vorkommen.

Es zweifelte jetzt niemand mehr, daß sich das Dunkel, das diesen Mord einhüllte, bald aufhellen werde. Aber obgleich man ein oder zwei Verhaftungen vornahm, ließ sich doch nichts ermitteln, was die Schuld der Betreffenden bewiesen hätte, und man mußte sie alsbald wieder in Freiheit setzen. Vielen wird es sonderbar erscheinen, daß drei Wochen seit der Auffindung des Leichnams verstrichen, drei Wochen, die nicht den geringsten Anhalt zur Ermittlung des Täters geliefert hatten – ehe auch nur das kleinste Gerücht des Ereignisses zu meinen und Dupins Ohren gelangte. Da wir beide mit Untersuchungen beschäftigt waren, die unsere ganze Aufmerksamkeit in Anspruch nahmen, waren wir seit fast einem Monat nicht mehr ausgegangen, hatten keinen Besucher empfangen und nur die politischen Leitartikel der Zeitungen, und auch diese nur sehr flüchtig, gelesen. Die erste Nachricht von dem Mord brachte uns der Präfekt G. persönlich. Er besuchte uns früh am Nachmittag des 13. Juli 18... und blieb bis spät in die Nacht hinein bei uns. Er schien höchst niedergeschlagen darüber, daß alle seine Bemühungen, den Mörder

## Das Geheimnis von Marie Rogêts Tod

ausfindig zu machen, resultatlos blieben. Sein Ruf, ja, seine Ehre stehe auf dem Spiel, behauptete er mit dem echten Ton des Parisers. Aller Augen seien auf ihn gerichtet, und er würde jedes Opfer gerne bringen, um das Rätsel endlich zu lösen. Er schloß seine etwas konfuse Rede mit einem Kompliment, das er Dupin über seinen sogenannten Takt zu sagen geruhte, und machte ihm einen direkten und gewiß äußerst einträglichen Vorschlag, dessen Natur ich nicht näher bezeichnen darf und will und auch nicht brauche, da er für den eigentlichen Gegenstand meiner Erzählung von keiner Bedeutung ist.

Das Kompliment lehnte mein Freund so bestimmt wie nur möglich ab, den Vorschlag jedoch nahm er an, obgleich die mit ihm verbundenen Vorteile nur bedingte waren. Als sie sich über diesen Punkt geeinigt hatten, erging sich der Präfekt in weitläufigen Auseinandersetzungen seiner eigenen Ansichten, sowie in langen Kommentaren über die Zeugenaussagen, die uns noch vollständig unbekannt waren. Er redete viel und ohne Zweifel sehr gelehrt, bis ich endlich die gelegentliche Bemerkung wagte, daß die Nacht schon vorrücke und schläfrig mache. Dupin saß ruhig in seinem gewohnten Lehnstuhl und schien die Verkörperung achtungsvollster Aufmerksamkeit. Er trug während des ganzen Gesprächs eine Brille, und ein gelegentlicher Blick unter ihre grünen Gläser genügte, um mich zu überzeugen, daß er während der sieben oder acht bleiflüssigen Stunden, die dem Abschied des Präfekten vorausgingen, zwar still, doch nichtsdestoweniger fest schlief.

Am folgenden Morgen verschaffte ich mir auf der Polizeipräfektur eine vollständige Zusammenstellung der bisherigen Zeugenaussagen und auf den verschiedenen Zeitungsexpeditionen ein Exemplar jeder Nummer, in der bis jetzt irgendeine wichtige Nachricht über die traurige Angelegenheit gestanden hatte. Sah man von allem ab, was sich als unwahr herausgestellt hatte, so war das seitherige Ergebnis der Ermittlungen auf folgendes zu beschränken:

Marie Rogêt verließ die Wohnung ihrer Mutter in der Rue Pavée Sainte Andrée am Sonntag, den 22. Juni 18..., um neun Uhr morgens. Beim Weggehen teilte sie einem Herrn Jaques St. Eustache, und zwar diesem allein, die Absicht mit, den Tag bei ihrer Tante zuzubringen, die in der Rue des Drômes wohnte. Diese Rue des Drômes ist eine kurze, schmale, aber sehr besuchte Straße in der Nähe des Flusses, und in gerader Linie etwa zwei Meilen von der Pension der Frau Rogêt entfernt. Saint Eustache war Maries anerkannter Bewerber und wohnte und speiste in der erwähnten Pension. Er sollte seine Verlobte in der Dämmerung abholen und wieder nach Hause zurückbegleiten. Im Laufe des Nachmittags jedoch stellte sich ein heftiger Regen ein, und da er annahm, sie würde die Nacht über, wie sie unter ähnlichen Umständen schon öfters getan, bei der Tante bleiben, hielt er es nicht für notwendig, sein Versprechen zu halten. Als der Abend jedoch vorschritt, hörte man Frau Rogêt, eine alte, gebrechliche, siebzigjährige Dame die Befürchtung aussprechen, sie werde Marie wohl nie wiedersehen. Diese Bemerkung wurde jedoch im Augenblick nicht beachtet.

Am Montag stellte es sich heraus, daß das Mädchen nicht in der Rue des Drômes gewesen war; und als man auch im Laufe des Tages nichts von ihr erfuhr, nahm man noch spät abends in verschiedenen Teilen der Stadt und der Umgegend eine Nachsuchung vor. Doch erst am vierten Tage nach ihrem Verschwinden wußte man oder vielmehr wußten einige, woran sie waren. An diesem Tag – es war also Mittwoch, der 25. Juni – benachrichtigte man einen Herrn Beauvais, der in Gesellschaft eines Freundes bei der Barrière du Roule am Ufer nach Marie gesucht hatte, daß eben einige Fischer einen Leichnam ans Land gezogen, den sie auf dem Fluß schwimmend gefunden hätten. Beauvais erklärte nach einigem Zögern den Leichnam identisch mit der verschwundenen Parfümerieverkäuferin, sein Freund erkannte ihn sofort.

Das ganze Gesicht war von schwarzem Blut überronnen, das zum Teil aus dem Munde hervorgequollen zu sein schien. Man bemerkte keinen Schaum, wie bei Personen, die einfach ertrunken sind. In dem Zellengewebe ließ sich keine Entfärbung wahrnehmen. An der Kehle zeigten sich Quetschungen und Fingereindrücke. Die Arme waren über der Brust zusammengelegt und steif. Die rechte Hand war zusammengeballt, die linke halb offen. Am linken Handgelenk befanden sich zwei kreisrunde, wunde Stellen, die anscheinend von Stricken oder einem einzigen, mehrfach herumgewundenen Strick verursacht worden waren. Auch ein Teil des rechten Handgelenkes war zerschunden, ebenso der ganze Rücken, besonders aber die Schulterblätter. Die Fischer hatten den Leichnam mittels eines Strickes ans Ufer gebracht, doch rührte keine der Hautabschürfungen davon her. Das Fleisch des Halses war dick aufgeschwollen, Schnitte und die Spuren eines Schlages bemerkte man jedoch nicht. Ein Stück Spitze war fest um den Hals gebunden, ganz im Fleisch begraben, und mit einem Knoten gerade unter dem linken Ohr zusammengeschlungen. Dies allein würde genügt haben, den Tod herbeizuführen. Das Zeugnis der Ärzte betonte den tugendhaften Charakter der Verstorbenen und erklärte, daß sie roher Gewalt unterlegen sei. Der Leichnam war, als man ihn fand, in einem

Zustand, daß ihn alle näheren Bekannten ohne Schwierigkeit erkennen mußten.

Die Kleider waren vielfach zerrissen und auch sonst in großer Unordnung. Aus dem obersten Gewand war ein Streifen von ungefähr einem Fuß Breite von dem Saum nach oben hin heraus-, jedoch nicht abgerissen worden. Dieser Streifen war dreimal um die Taille gewunden und auf dem Rücken durch eine Art Schlinge befestigt worden. Der unmittelbar unter dem Kleid liegende Rock bestand aus feinem Mousselin, und aus diesem hatte man einen ungefähr achtzehn Zoll breiten Streifen vollständig, und zwar sehr gleichmäßig und sorgfältig herausgerissen. Man fand ihn lose um den Hals der Toten gewunden und in einem festen Knoten zusammengebunden. Über dem Spitzen- und dem Mousselinstreifen waren noch die Hutbänder, an denen ihr Hut hing, gebunden, und zwar nicht mittels eines Damenknotens, sondern eines sogenannten verlorenen oder Schifferknotens.

Als der Leichnam erkannt war, wurde er nicht, wie gewöhnlich, nach der Morgue transportiert, sondern, da diese Förmlichkeit für überflüssig erachtet wurde, nicht weit von der Stelle, an der man ihn ans Land gebracht hatte, eilig eingescharrt. Beauvais ließ es sich angelegen sein, die Sache soviel wie möglich zu vertuschen, und mehrere Tage vergingen, ehe etwas weiteres in die Öffentlichkeit drang. Da nahm eine Wochenschrift die Sache von neuem auf, der Leichnam wurde ausgegraben und eine neue Obduktion angeordnet, die jedoch außer dem bekannten kein weiteres Ergebnis hatte. Doch wurden die Kleider der Verstorbenen der Mutter und Bekannten vorgezeigt und von ihnen mit Gewißheit als die erkannt, welche die Unglückliche bei ihrem Weggehen von zu Hause getragen hatte.

Unterdessen wuchs die Aufregung von Stunde zu Stunde. Mehrere Personen wurden verhaftet, aber wieder freigelassen. Ganz besonders verdächtig erschien Saint Eustache, da er sich anfänglich nicht genügend über seinen Aufenthalt an dem Sonntag, an dem Marie das mütterliche Haus verlassen, auszuweisen vermochte. Später jedoch brachte er Beweise bei, die über jede Stunde des fraglichen Tages vollständige Rechenschaft ablegten. Da die Zeit verging, ohne daß man eine Spur von den Verbrechern entdeckte, entstanden eine Menge Gerüchte, und die Presse trug das ihrige dazu bei, dieselben zu verbreiten. Die meiste Aufmerksamkeit erregte die Vermutung, daß Marie immer noch lebe, daß der in der Seine gefundene Leichnam der Körper einer anderen Unglücklichen sei. Ich halte es für angezeigt, dem Leser einige Stellen zu unterbreiten, welche die eben angeführte Vermutung zum Ausdruck bringen. Diese Stellen sind wörtliche Übersetzungen aus der „Étoile", einem im übrigen geschickt redigierten Blatt. Es hieß da:

„Fräulein Rogêt verließ die Wohnung ihrer Mutter am Morgen des 22. Juni. Es war ein Sonntag. Sie gab an, eine Tante oder sonst eine Verwandte in der Rue des Drômes besuchen zu wollen. Von dieser Stunde an ist sie nachweislich von niemandem mehr gesehen worden. Man hat weder eine Spur, noch die geringste Nachricht von ihr. Bis jetzt hat noch niemand ausgesagt, daß er sie an diesem Tage, nachdem sie das Haus der Mutter verlassen, überhaupt gesehen habe. Obgleich wir keine Zeugen dafür haben, daß Marie Rogêt sich nach neun Uhr an dem betreffenden Sonntag noch unter den Lebenden befand, sprechen doch gewisse Tatsachen dafür, daß sie bis zu dieser Stunde noch lebte. Am Mittwoch um zwölf Uhr mittags wurde ein weiblicher Leichnam unweit des Ufers der Barrière du Roule im Wasser schwimmend gefunden. Es waren also, selbst wenn wir annehmen, daß Marie in den ersten drei Stunden nach dem Verlassen der mütterlichen Wohnung ins Wasser geworfen wurde, nur drei Tage, auf die Stunde drei Tage, verflossen. Doch wäre es töricht anzunehmen, daß der Mord, wenn überhaupt ein Mord vorliegt, so früh hatte verübt werden können, daß es den Mördern möglich gewesen wäre, den Leichnam noch vor Mitternacht in den Fluß zu werfen. Menschen, die sich solch abscheulicher Verbrechen schuldig machen, handeln meistens unter dem Schutze der Dunkelheit ... War also der im Wasser gefundene Leichnam wirklich der Marie Rogêts, so konnte er nur zwei und einen halben Tag im Wasser oder drei Tage außerhalb desselben gelegen haben. Nun lehrt uns aber alle Erfahrung, daß Ertrunkene oder Körper, die nach erfolgtem gewaltsamen Tod sofort ins Wasser geworfen wurden, sechs bis zehn Tage brauchen, ehe die Verwesung so weit fortgeschritten ist, daß sie wieder an die Oberfläche kommen. Selbst wenn eine Kanone über einen Leichnam hinweg abgefeuert wird und derselbe in die Höhe kommt, ehe er fünf bis sechs Tage im Wasser gelegen hat, sinkt er wieder, sobald er sich selbst überlassen wird. Nun müssen wir uns fragen, was denn im vorliegenden Fall für ein Grund vorhanden gewesen sein könnte, eine Abweichung von dem gewöhnlichen Lauf der Natur zu rechtfertigen? Wäre der Leichnam in seinem verstümmelten Zustand bis Dienstag nacht am Ufer versteckt gehalten worden, so hätte man dort sicherlich eine Spur von den Mördern finden müssen. Außerdem ist es zweifelhaft, daß der Körper so bald wieder an die Oberfläche gekommen wäre, selbst wenn er erst zwei Tage nach seinem Tode in den Fluß geworfen worden. Und endlich ist es höchst unwahrscheinlich, daß die Verbrecher, die einen so schauderhaften Mord verübt, den Leichnam nicht durch ein Gewicht zum Sinken gebracht hätten, da doch dieser wichtigen Vorsichtsmaßregel nichts im Wege stand."

Nun suchte der Redakteur des Blattes weiter zu beweisen, daß der Körper nicht bloß drei Tage, sondern wenigstens fünfmal drei Tage im Wasser gelegen haben müsse, da er schon so weit in Verwesung übergegangen gewesen, daß Beauvais ihn nur mit Schwierigkeit erkannt habe. Die letzte Behauptung erwies sich jedoch als durchaus unrichtig. Ich fahre mit den Worten der „Étoile" fort:

„Welches sind also die Tatsachen, auf die Herr Beauvais seine Behauptung stützt, der Leichnam sei unzweifelhaft der der Marie Rogêt gewesen? Er hat ihren Kleiderärmel aufgeschnitten und will Zeichen gefunden haben, die Beweise genug waren. Das Publikum nahm allgemein an, daß er mit diesen Zeichen irgendwelche Narben oder Male gemeint habe. Er rieb den Arm und fand Haare auf demselben, also etwas, was so wenig von Bedeutung war und die Identität so wenig bewies, wie etwa die Tatsache, daß man einen Arm in dem Ärmel fand. Herr Beauvais ging in jener Nacht nicht nach Hause, sondern ließ Frau Rogêt noch Mittwoch abend sagen, daß die Untersuchung betreffs ihrer Tochter immer noch fortdauere. Selbst, wenn wir zugeben, daß Frau Rogêt durch ihr hohes Alter und ihren Schmerz verhindert wurde, sich an den Ort der Untersuchung zu begeben, so würde doch wohl irgendein anderer Angehöriger es der Mühe wert gehalten haben, der Untersuchung beizuwohnen, wenn man den gefundenen Körper wirklich für den Leichnam Maries gehalten hätte. Es kam aber niemand. Herr Saint Eustache, Maries Bräutigam und zukünftiger Gatte, der im Hause ihrer Mutter lebte, behauptete, daß er von der Auffindung des Leichnams seiner Braut erst am folgenden Morgen Nachricht erhalten habe, und zwar durch Herrn Beauvais, der auf sein Zimmer gekommen sei und ihm davon gesprochen habe. Es ist aber im höchsten Grad erstaunlich, daß eine Nachricht von solcher Wichtigkeit so kühl aufgenommen wurde."

Die Zeitung suchte also in dieser Weise die Nachricht zu verbreiten, als hätten die Angehörigen Maries die Entdeckung des Leichnams mit einer Gleichgültigkeit aufgenommen, die ihren Grund nur darin haben konnte, daß sie nicht an die Identität desselben mit ihrer Tochter glaubten. Die Insinuationen des Blattes laufen darauf hinaus, daß Marie die Stadt mit Zustimmung ihrer Freunde verlassen habe, und zwar aus Gründen, die gegen ihre Ehrenhaftigkeit sprächen, und daß diese Freunde, als man auf der Seine einen Leichnam gefunden, der der Vermißten ähnelte, die Gelegenheit ergriffen hätten, das Publikum glauben zu machen, sie sei tot. Aber die „Étoile" war einmal vorschnell gewesen. Es wurde klar bewiesen, daß von einer Gleichgültigkeit seitens der Verwandten nicht die Rede sein konnte. Die alte Dame war so außerordentlich schwach und erregt, daß sie nicht der geringsten Pflicht nachkommen konnte, und Saint Eustache, weit entfernt, die Nachricht kühl aufzunehmen, geriet ganz außer sich vor Schmerz und gebärdete sich so wahnsinnig, daß Herr Beauvais einen Freund und Verwandten beauftragte, sich seiner anzunehmen und zu verhüten, daß er der Untersuchung beiwohne, die der Wiederausgrabung der Leiche folgen sollte. Obgleich die „Étoile" ferner behauptete, daß der Leichnam auf Stadtkosten begraben worden sei und die Familie einen Vorschlag der Verwaltung, die Unglückliche privatim zu beerdigen, zurückgewiesen, und niemand von den Angehörigen der Zeremonie beigewohnt habe, obgleich die „Étoile" dies alles in der Absicht, ihrer Meinung von der Sache Verbreitung zu verschaffen, behauptete, wurde sie doch genügend widerlegt. In einer folgenden Nummer des Blattes wurden Versuche gemacht, Beauvais selbst zu verdächtigen. Der Redakteur meinte:

„So gewinnt denn nun die Sache ein ganz anderes Aussehen. Man hat uns mitgeteilt, daß Herr Beauvais einmal, als er ausgehen wollte, zu einer Frau B., die zufällig in Frau Rogêts Hause anwesend war, gesagt habe, man erwarte einen Gendarmen, und sie – Frau B. – möge sich mit demselben in keine Unterredung einlassen, sondern alles ihm überlassen. Wie nun die Sachen jetzt liegen, scheint Herr Beauvais doch wohl die beste Auskunft über die ganze Angelegenheit geben zu können. Man kann ohne Herrn Beauvais keinen Schritt weiter mehr machen, denn welchen Weg man auch nehmen mag, man rennt immer wieder gegen ihn an ... Er muß doch wohl seine Gründe haben, zu bestimmen, daß niemand in der Sache aussagen solle. Auch hat er die männlichen Verwandten der Unglücklichen, wie diese selbst sagen, in recht sonderbarer Weise mundtot zu machen versucht. Er scheint auch sehr dagegen gewesen zu sein, daß den Verwandten erlaubt wurde, den Leichnam zu sehen."

Dieser Verdacht gegen Beauvais wurde noch durch folgende Tatsache verstärkt. Ein paar Tage vor dem Verschwinden des Mädchens hatte ein Besucher, der Beauvais in seinem Büro zu sprechen gewünscht, ihn jedoch nicht angetroffen hatte, in dem Schlüsselloch der Bürotür eine Rose stecken sehen und den Namen „Marie" auf einer Schiefertafel gesehen, die neben der Tür hing.

Nach den Zeitungen zu urteilen, sprach sich die öffentliche Meinung dahin aus, daß Marie das Opfer einer Rotte von Bösewichtern geworden, daß sie von denselben über den Fluß geschleppt, mißhandelt und ermordet worden sei. Der „Commercial" jedoch, ein Blatt von weittragendem Einfluß, bekämpfte diese allgemeine Annahme lebhaft. Ich zitiere ein paar Stellen aus seinen Spalten:

„Wir sind überzeugt, daß die Polizei bis jetzt bei ihren Nachforschungen auf ganz falscher Fährte gewesen ist, wenigstens soweit sich dieselben auf die Barrière du Roule erstrecken. Es ist unmöglich, daß eine so wohlbekannte Person wie Marie drei Stadtviertel hat durchschreiten können, ohne von einem einzigen Menschen erkannt zu werden; wäre sie von jemandem gesehen worden, so würde sich die betreffende Person sicher daran erinnern, denn sie interessierte alle, die sie kannten. Fernerhin ging sie zu einer Zeit aus, in der die Straßen am belebtesten sind. Es ist undenkbar, daß sie bis zur Barrière du Roule oder bis zur Rue des Drômes gegangen ist, ohne wenigstens von einem Dutzend Personen erkannt worden zu sein. Und doch ist keine Aussage gemacht worden, derzufolge sie an jenem Morgen außerhalb des Hauses ihrer Mutter gesehen wurde; man hat ja nicht einmal einen Beweis, daß sie überhaupt ausgegangen ist, wenn wir von der Aussage absehen, nach der sie selbst diese Absicht ausgesprochen haben soll. Aus ihrem Kleide war ein Streifen herausgerissen, um den Leib geschlungen und verknotet, so daß man den Leichnam wie einen Packen tragen konnte. Wenn der Mord an der Barrière du Roule stattgefunden hätte, wären doch dergleichen Maßnahmen nicht nötig gewesen. Die Tatsache, daß man den Leichnam in der Nähe der Barrière im Wasser schwimmend gefunden hat, ist kein Beweis, daß er auch dort ins Wasser geworfen wurde … Ein zwei Fuß langer und ein Fuß breiter Streifen war aus einem der Unterröcke des unglücklichen Mädchens herausgerissen, und diesen hatten die Täter ihm fest um den Hals gebunden und hinten am Kopf zusammengeknotet, wahrscheinlich, um es am Schreien zu hindern. Dies konnten nur Burschen getan haben, die keine Taschentücher besaßen."

Ein paar Tage vor dem erwähnten Besuch des Polizeipräfekten bei uns waren der Polizei jedoch einige wichtige Nachrichten zugegangen, welche wenigstens in der Hauptsache die Beweisführung des „Commercial" umzustoßen schienen. Zwei kleine Knaben, die Söhne einer Frau Deluc, waren, als sie in einem Wäldchen in der Nähe der Barrière du Roule herumstreiften, zufällig in ein kleines Dickicht geraten, in welchem sie drei oder vier große Steine fanden, die eine Art Sitz mit Lehne und Fußschemel bildeten. Auf dem oberen Stein lag ein weißer Unterrock, auf dem zweiten ein seidenes Schultertuch. Außerdem fanden die Knaben noch Handschuhe, einen Sonnenschirm und ein Taschentuch, in welches der Name „Marie Rogêt" eingestickt war. An den Brombeerbüschen, die das Plätzchen reichlich umgaben, entdeckten sie verschiedene Fetzen von einem Kleid. Der Boden war zusammengetreten, die Sträucher vielfach geknickt, und alle Spuren eines stattgefundenen Kampfes vorhanden. Einige Zäune zwischen diesem Dickicht und dem Fluß waren durchbrochen, und das Aussehen des Bodens ließ mit Sicherheit darauf schließen, daß man eine schwere Last über ihn hingeschleift habe.

Eine Wochenzeitung, „Le Soleil", brachte über diese Entdeckung folgende Bemerkungen, welche die Stimmung der gesamten Pariser Presse wiedergab:

„Die gefundenen Gegenstände lagen offenbar schon wenigstens drei oder vier Wochen an der Fundstelle, denn sie waren vom Regen ganz verschimmelt, klebten vielfach zusammen und waren vollständig verdorben. Über einige der Gegenstände war schon Gras gewachsen. Die Seide des Sonnenschirms war stark, doch war der obere Teil, der am dichtesten zusammengefaltet war, durch und durch verschimmelt und verfault, so daß er, als man den Schirm öffnete, zerriß. – Die Stücke Zeug, welche die Sträucher aus ihrem Kleide gerissen, waren ungefähr drei Zoll breit und sechs Zoll lang. Eines der Stücke hatte den Saum des Rockes gebildet und war ausgebessert gewesen, ein anderes war mitten aus der Bahn des Rockes gerissen, sie sahen aus wie mit Gewalt losgerissene Streifen und hingen an Dornbüschen, etwa nur einen Fuß vom Boden entfernt. – Es steht also außer allem Zweifel, daß der Schauplatz dieses schauderhaften Verbrechens entdeckt ist."

Diese Entdeckung führte zu neuen Zeugenaussagen. Frau Deluc bekundet, daß sie in der Nähe des Flusses, der Barrière du Roule gerade gegenüber, ein Gasthaus halte. Die Umgegend ist einsam, ganz außerordentlich einsam. Des Sonntags geben sich dort alle Taugenichtse aus der Stadt ein Stelldichein. Sie setzen in Kähnen über den Fluß. An dem fraglichen Sonntag erschien um drei Uhr nachmittags ein junges Mädchen in Begleitung eines jungen Mannes von dunklem Teint in dem Gasthaus. Sie verweilten dort eine Zeitlang und schlugen dann den Weg in ein nahes, dichtes Gehölz ein. Der Frau Deluc war das Kleid des jungen Mädchens aufgefallen, weil es Ähnlichkeit mit einem Gewand hatte, welches eine verstorbene Verwandte von ihr getragen. Das Schultertuch zog ihre Aufmerksamkeit ganz besonders auf sich. Bald nach dem Weggehen des Paares erschien eine Rotte Bösewichter, die sich unter Schreien und Lärmen Essen und Trinken wohlschmecken ließ, das Zahlen jedoch vergaß und denselben Weg einschlug, den der junge Mann mit dem Mädchen genommen hatte. Zur Zeit der Dämmerung erschienen sie wieder im Gasthaus, setzten dann über den Fluß und erweckten den Anschein, als seien sie in großer Eile.

An demselben Abend, bald nachdem es dunkel geworden, vernahmen Frau Deluc sowie ihr ältester Sohn das Geschrei einer weiblichen Stimme, ganz in der Nähe ihres Wirtshauses. Es war laut, doch nicht anhaltend. Außerdem erkannte Frau Deluc nicht nur das Schultertuch wieder, sondern auch das Gewand, mit dem der gefundene Körper bekleidet war. Ein Omnibuskutscher, Valence mit Namen, sagte nun ebenfalls aus, daß Marie Rogêt an dem betreffenden Sonntag mit einem jungen Mann von dunklem Teint in einer Fähre über die Seine gefahren sei. Er habe Marie sehr gut gekannt und könne sich über ihre Person nicht getäuscht haben. Die in dem Dickicht gefundenen Gegenstände wurden von den Angehörigen der Unglücklichen sofort als von ihr stammend erklärt.

Die ganze Menge der Aussagen und Ergebnisse, die ich mir auf Dupins Anraten aus den Zeitungen gesammelt, enthielt außer dem Angeführten nur noch einen weiteren Punkt, der mir jedoch von äußerster Tragweite zu sein schien. Kurz nach der Entdeckung der eben erwähnten Kleidungsstücke fand man in der Nähe des Ortes, den man jetzt allgemein für den Schauplatz des Verbrechens hielt, den entseelten oder fast entseelten Körper Saint Eustaches, des Verlobten der Marie. Neben ihm lag ein leeres Fläschchen mit der Aufschrift Laudanum. Sein Atem bewies, daß er das Gift genommen hatte. Er starb, ohne ein Wort gesprochen zu haben. Man entdeckte einen Brief bei ihm, in welchem er kurz seiner Liebe zu Marie und der Absicht, sich das Leben zu nehmen, Ausdruck gab.

„Ich brauche Ihnen wohl kaum zu bemerken", sagte Dupin zu mir, nachdem er mein gesammeltes Material durchgelesen hatte, „daß dies eine weit verwickeltere Sache ist als der Fall in der Spitalgasse; sie unterscheidet sich von diesem in einem wesentlichen Punkt. Dies neue Verbrechen ist trotz seiner Scheußlichkeit doch immerhin ein gewöhnliches. Es hat nichts von dem Übermäßigen, gewaltsam Grotesken an sich, das damals die Köpfe so sehr verwirrte. Sie haben wohl schon bemerkt, daß man eben deshalb die Aufklärung des Geheimnisses für leicht gehalten hat, obwohl gerade dieser Umstand die Lösung des Rätsels erschwert. Man hielt es anfänglich für unnötig, eine Belohnung auszusetzen. Die Beamten des Präfekten begriffen auf der Stelle, wie und warum ein solch gräßliches Verbrechen begangen werden konnte. Sie konnten sich eine Art, mehrere Arten der Ausführung, einen Beweggrund, mehrere Beweggründe denken, und da es nicht unmöglich war, daß einer dieser Beweggründe, eine dieser Arten tatsächlich vorlag, hielten sie es bald für eine ausgemachte Sache, daß einer derselben vorliegen müsse. Die Leichtigkeit, mit der man verschiedene Vermutungen aufstellen konnte, und vor allem die Wahrscheinlichkeit, welche jede derselben mit Recht für sich in Anspruch nehmen durfte, hätte man eher als erschwerendes, denn als erleichterndes Moment betrachten sollen. Ich habe schon bemerkt, daß die Vernunft bei ihrem Streben nach Wahrheit sich dadurch ihren Weg zu bahnen versucht, daß sie sich die Dinge, die über das Niveau des Gewohnten hinausgehen, zu Merksteinen nimmt, und daß man sich in Fällen wie dem vorliegenden nicht fragen sollte: ‚Was ist geschehen, das vorher noch nie vorgekommen ist?' Bei den Nachforschungen im Hause der Frau L'Espanaye waren die Leute des Polizeipräfekten gerade durch die ungewöhnlichen Umstände, welche die Tat begleiteten, entmutigt und verwirrt, während sie einem guten Denker als Vorzeichen baldigen Erfolgs erscheinen mußten. Derselbe Denker aber wäre über den gewöhnlichen Charakter aller Einzelheiten in der Angelegenheit der Parfümverkäuferin in Verzweiflung geraten; die Beamten des Präfekten nahmen die Tatsache für eine Bürgschaft leichten Sieges auf.

In dem Falle der Frau L'Espanaye und ihrer Tochter hegten wir vom Beginn unserer Nachforschungen an keinen Zweifel mehr, daß es sich wirklich um einen Mord handele. Es war von vornherein ausgeschlossen, daß Selbstmord vorlag. Auch in diesem Fall brauchen wir nicht mit der Möglichkeit eines Selbstmordes zu rechnen. Der Leichnam war unter Umständen aufgefunden worden, die über diesen wesentlichen Punkt keine Zweifel entstehen ließen. Man hat jedoch die Vermutung zu verbreiten gesucht, der aufgefundene Körper sei nicht der Leichnam der Marie Rogêt, deren Mörder man sucht, auf deren Entdeckung man die Belohnung aussetzte und wegen der allein wir mit dem Präfekten ein Abkommen getroffen haben. Wir beide kennen diesen Herrn sehr gut und wissen, daß ihm gegenüber allzugroßes Vertrauen nicht angebracht ist. Beginnen wir unsere Nachforschungen mit dem gefundenen Körper, finden die Spur des Mörders, entdecken jedoch, daß der Leichnam nicht der Maries, sondern der irgendeiner anderen Person ist, so ist, nach dem Charakter des Präfekten zu schließen, unsere Mühe ebenso vergeblich, als wenn wir von der Voraussetzung ausgehen, Marie lebe noch, und sie auch wirklich noch am Leben auffinden. Wir müssen uns also in unserem eigenen Interesse wie um der Gerechtigkeit willen bemühen, die Identität des Leichnams mit der vermißten Marie Rogêt nachzuweisen.

Die Vermutungen der ‚Étoile' haben im Publikum Glauben gefunden, und das Blatt selbst ist von der Richtigkeit derselben vollständig überzeugt, wie aus dem Anfang eines Artikels über diesen Gegenstand hervorgeht: ‚Mehrere der heute erschienenen Morgenzeitungen', sagt das Blatt, ‚sprechen von dem überzeugenden Artikel, der in der Montagsnummer der ‚Étoile' erschienen ist.' Mich jedoch hat der Artikel von nichts anderem als von dem Eifer seines Verfassers zu überzeugen vermocht. Wir dürfen nie vergessen, daß unseren Zeitungen im allgemeinen mehr daran liegt, Sensation zu machen, Aufsehen zu erregen, als die Sache der Wahrheit zu fördern. Dies letztere tun sie nur, wenn es sich mit dem ersteren, ihrem Hauptzweck, vereinigen läßt. Die Presse, welche die allgemeine Meinung, so berechtigt dieselbe auch immer sein mag, teilt, ist bei der Menge niemals beliebt, denn sie hält nur den für einen tiefen Denker, welcher derselben mit möglichst beißendem Widerspruch begegnet. In der Logik nicht weniger als in der Literatur, findet gerade das Epigramm die schnellste und allgemeinste Anerkennung. Und doch ist es in beiden Fällen – was Verdienstlichkeit angeht – eine niedrigere Art der Ausdrucksweise.

Was ich hiermit sagen will, ist also kurz: daß eine Mischung von Epigramm und Melodrama in der Idee, Marie Rogêt könne noch leben, nicht aber die Wahrscheinlichkeit dieser Annahme die ‚Étoile' bewogen hat, dieser Vermutung, die ihr die Gunst des Publikums gewann, Raum zu geben. Prüfen wir also die hauptsächlichen Punkte der Beweisführung dieses Blattes und hüten wir uns dabei vor dem Mangel an Zusammenhang, der den Ausführungen des genannten Blattes von Anfang an anhaftet.

Der Verfasser sucht uns zuerst durch die Kürze der Zeit zwischen dem Verschwinden Maries und der Entdeckung des schwimmenden Leichnams zu beweisen, daß dieser Leichnam nicht der Maries sein könne. Es liegt in seinem Interesse, diese Zwischenzeit als möglichst kurz dahinzustellen, und um dieses zu erreichen, stellt er ganz willkürlich allerlei bloße Vermutungen auf. ‚Es wäre töricht, anzunehmen', sagt er, ‚daß der Mord, wenn überhaupt ein Mord vorliegt, so früh hätte verübt werden können, daß es den Mördern möglich gewesen wäre, den Leichnam vor Mitternacht in das Wasser zu werfen.' Hier drängt sich uns sofort und ganz natürlich die Frage auf: Warum? Warum soll es eine Torheit sein, anzunehmen, daß der Mord schon in den ersten fünf Minuten, nachdem Marie ihr elterliches Haus verlassen hatte, verübt wurde? Warum soll es eine Torheit sein, anzunehmen, daß der Mord in einer beliebigen Stunde ausgeführt wurde? Zu allen Stunden und Tageszeiten sind schon Morde vorgekommen. Wäre der Mord in irgendeinem Augenblick zwischen neun Uhr morgens und ein Viertel vor zwölf Uhr nachts verübt worden, so hätte der Mörder noch immer Zeit gehabt, den Leichnam noch vor Mitternacht in den Fluß zu werfen. Die ganze Vermutung will also nur besagen, daß der Mord nicht am Sonntag vollführt wurde; und lassen wir die ‚Étoile' bei dieser Annahme, je nun, so erlauben wir ihr eben, alles anzunehmen, was ihr nur immer einfällt. Man kann leicht erraten, daß die Stelle, welche mit den Worten beginnt: ‚Es wäre töricht, etc.', im Kopfe ihres Verfassers wohl folgendermaßen gestanden hat: ‚Es wäre töricht, anzunehmen, daß der Mord, wenn überhaupt ein Mord vorliegt, so früh hätte verübt werden können, daß es den Mördern möglich gewesen wäre, den Leichnam noch vor Mitternacht in den Fluß zu werfen; es ist töricht, sagen wir, alles dieses anzunehmen, und dazu noch (wie wir allerdings entschlossen sind), daß der Leichnam erst nach Mitternacht ins Wasser geworfen' – ein Satz, der, an sich noch inkonsequent genug, nicht so vollständig widersinnig ist wie der gedruckte!"

„Hätte ich nur die Absicht", fuhr Dupin fort, „diese Stelle in der Beweisführung der ‚Étoile' zu widerlegen, so könnte ich mich ruhig auf das eben Gesagte beschränken. Wir haben es hier jedoch nicht mit der ‚Étoile', sondern mit der Wahrheit zu tun. Die angeführte Stelle hat nur einen Sinn, und diesen Sinn habe ich ehrlich wiedergegeben. Es ist jedoch nötig, daß wir noch hinter die Worte dringen, um den Gedanken zu erfassen, den dieselben offenbar aufdrängen wollen, ohne ihn selbst wirklich auszudrücken. Der Berichterstatter wollte sagen, es sei unwahrscheinlich, daß der Mörder, zu welcher Tages- oder Nachtzeit des fraglichen Sonntags er auch den Mord vollbracht, den Leichnam noch vor Mitternacht an das Ufer geschleppt habe. Und hierin liegt die fälschliche Vermutung, die ich nicht zu billigen vermag. Man stellt es als bewiesen hin, daß der Mord an einem Ort und unter Umständen verübt wurde, die es nötig machten, den Leichnam an das Flußufer zu schleppen. Und doch konnte der Mord sehr wohl am Ufer oder auf dem Fluß selbst vollführt worden sein, so daß man den Leichnam zu jeder Stunde des Tages oder der Nacht ins Wasser zu werfen vermochte. Dies war ja das schnellste und nächstliegende Mittel, sich seiner zu entledigen. Sie werden einsehen, daß ich nichts als wahrscheinlich, nichts als mit meiner eigenen Ansicht übereinstimmend hinstelle. Bis jetzt habe ich auf die wirklichen Tatsachen in dieser Angelegenheit noch gar nicht eingehen wollen. Ich wollte Sie nur darauf hinweisen, von welch einseitigem Standpunkt aus die ‚Étoile' von Anfang an ihre Behauptungen gewagt hat.

Nachdem das Blatt die nach seiner vorgefaßten Meinung allein zulässigen Vermutungen scharf umgrenzt und die Annahme ausgedrückt hat, daß der Leichnam, wenn er wirklich der Maries war, nur sehr kurze Zeit im Wasser gelegen haben könne, fährt es fort:

‚Die Erfahrung lehrt uns, daß Ertrunkene oder Körper, die nach erfolgtem gewaltsamen Tod sofort ins Wasser geworfen wurden, sechs bis zehn Tage brauchen, ehe die Verwesung so weit vorgeschritten ist, daß sie wieder an die Oberfläche kommen. Selbst, wenn eine Kanone über einen Leichnam hinweg abgefeuert wird, der fünf bis sechs Tage im Wasser gelegen, und dieser in die Höhe kommt, sinkt er wieder, sobald er sich selbst überlassen wird.' Diese Behauptungen haben sämtliche Pariser Blätter, mit einziger Ausnahme des ‚Moniteur', stillschweigend über sich ergehen lassen. Und der ‚Moniteur' wendet sich auch bloß gegen die Stelle, welche sich auf ‚Körper, die durch Ertrinken den Tod gefunden' bezieht, und führt fünf bis sechs Fälle an, in denen Körper ertrunkener Personen, die nachweislich weniger als sechs Tage im Wasser lagen, schwimmend aufgefunden wurden. Allein, es liegt etwas äußerst Unphilosophisches in dem Versuche des ‚Moniteur', die allgemeine Behauptung der ‚Étoile' durch Anführung einiger Fälle umstoßen zu wollen, die gegen diese Behauptung sprechen. Selbst wenn es dem ‚Moniteur' gelungen wäre, statt der fünf, fünfzig Fälle anzuführen, in denen schon nach zwei bis drei Tagen die Leichen Ertrunkener wieder an der Oberfläche schwimmend gefunden worden sind, so hätten auch diese fünfzig Beispiele immer noch als Ausnahme von der Regel der ‚Étoile' angesehen werden können, bis die Regel einmal selbst umgestoßen werden würde. Läßt man jedoch die Regel bestehen, wie es der ‚Moniteur' tut, indem er ihre Ausnahmen anführt, so bleibt auch der Beweis der ‚Étoile' in voller Kraft bestehen, denn er besagt im Grunde nicht mehr, als daß es nicht wahrscheinlich ist, daß sich ein Leichnam in weniger als drei Tagen wieder an die Oberfläche des Wassers erhebt. Und diese Unwahrscheinlichkeit wird die Annahmen der ‚Étoile' so lange bekräftigen, bis die so kindisch angeführten Beispiele an Zahl so zunehmen, daß sie eine entgegengesetzte Regel begründen.

Sie sehen also, daß wir vor allen Dingen Beweise gegen die Regel selbst beibringen müssen, wenn wir sie mit Erfolg anfechten wollen. Zu diesem Zweck wollen wir die Gesetze, auf denen die Regel basiert, prüfen: Der menschliche Körper ist im allgemeinen weder viel leichter noch viel schwerer als das Wasser der Seine, das heißt, die spezifische Schwere des menschlichen Körpers in seinem natürlichen Zustande kommt so ziemlich der Schwere der Menge süßen Wassers gleich, die er verdrängt. Die Körper dicker, fleischiger, kleinknochiger Personen und der Frauen überhaupt sind leichter als die von mageren, grobknochigen Personen und von Männern überhaupt; auch wird die spezifische Schwere des Wassers eines Flusses durch die Ebbe und Flut des Meeres, die eventuell auf ihn wirken, beeinflußt. Aber wenn wir auch ganz von Ebbe und Flut absehen, so können wir doch behaupten, daß auch in süßem Wasser nur sehr wenige Körper von selbst sinken. Fast jeder, der in einen Fluß fällt, wird schwimmen können, wenn er nur die spezifische Schwere des Wassers mit seiner eigenen völlig ins Gleichgewicht bringt, das heißt, wenn er seinen ganzen Körper soviel wie möglich unter Wasser hält. Die beste Haltung für jedermann, der nicht schwimmen kann, ist die gerade Stellung eines Gehenden. Den Kopf muß er nach hinten überlegen und so tief unter Wasser halten, daß bloß Mund und Nasenlöcher über der Oberfläche bleiben. In einer solchen Lage wird jeder ohne Schwierigkeit und ohne Übung schwimmen können. Es liegt jedoch auf der Hand, daß sich die Schwere des Körpers und die der verdrängten Wassermenge gerade aufwiegen, und daß die geringste Kleinigkeit der einen oder der anderen das Übergewicht verschaffen kann. So verursacht z. B. ein Arm, der aus dem Wasser herausgestreckt und seiner Stütze beraubt wird, ein Überwiegen des Körpers, das hinreicht, den ganzen Kopf zum Sinken zu bringen, während die zufällige Hilfe eines Holzstückchens es ermöglicht, den Kopf so hoch zu halten, daß man umherzuschauen vermag. Man kann jedoch immer beobachten, daß ein des Schwimmens Unkundiger im Wasser das Bestreben hat, die Arme in die Höhe zu strecken und den Kopf in der gewohnten aufrechten Lage zu erhalten. Die Folge ist, daß Mund und Nasenlöcher unter das Wasser geraten und beim Atmen Wasser in die Lunge des Untersinkenden gerät. Auch der Magen füllt sich mit Wasser und der ganze Körper wird um den Unterschied zwischen dem Gewicht der aufgenommenen Flüssigkeit und dem der die Höhlungen ursprünglich ausfüllenden Luft schwerer. In der Regel ist dieser Unterschied groß genug, um den Körper zum Sinken zu bringen, er genügt jedoch nicht bei Personen, die kleine Knochen oder ungewöhnlich fettes oder schlaffes Fleisch haben. Diese schwimmen selbst dann noch, wenn sie ertrunken sind.

Stellen wir uns jedoch vor, der Leichnam liege auf dem Boden des Flusses. Hier wird er so lange liegenbleiben, bis seine spezifische Schwere durch irgendeinen Umstand wieder geringer wird als die der Wassermenge, die er verdrängt. Dies geschieht in der Regel durch die Verwesung. Das Resultat der Verwesung ist eine Gaserzeugung, die das Zellgewebe ausdehnt und dem Leichnam das bekannte aufgedunsene Aussehen verleiht. Ist diese Ausdehnung so weit vorgeschritten, daß der Körper an

Umfang wesentlich zugenommen, ohne jedoch seine Masse und sein Gewicht vergrößert zu haben, so wird seine spezifische Schwere geringer als die des verdrängten Wassers, und er hebt sich wieder an die Oberfläche. Die Art der Verwesung aber wird durch unzählige Umstände bestimmt, wird durch unzählige Einflüsse beschleunigt oder gehemmt; z. B. durch die Hitze oder Kälte der Jahreszeit, durch die Reinheit des Wassers oder durch etwaige mineralische Bestandteile, die es enthält, durch seine Tiefe oder Seichtheit, durch seinen raschen Lauf oder sein Stagnieren, durch die Beschaffenheit des Körpers, durch den Umstand, ob er bei seinem Tode gesund oder mit einer Krankheit behaftet gewesen. Es ist also klar, daß man die Zeit nicht genau bestimmen kann, die ein Leichnam braucht, um infolge eingetretener Verwesung an die Oberfläche zu kommen. Unter gewissen Umständen könnte dies schon nach einer Stunde der Fall sein, unter anderen überhaupt nie. Es gibt chemische Mischungen, welche den menschlichen Körper auf immer vor der Verwesung schützen; ich will hier nur das Quecksilberchlorid anführen. Aber abgesehen von der Verwesung kann sich – und dies ist sehr oft der Fall – im Magen infolge der sauren Gärung vegetabilischer Stoffe in genügender Menge Gas bilden, um eine derartige Ausdehnung des Körpers herbeizuführen, daß er an die Oberfläche kommt. Die durch die Abfeuerung einer Kanone hervorgebrachte Wirkung ist eine einfache schwingende Bewegung. Sie kann den Körper aus dem leichten Schlamm, in den er vielleicht versunken ist, loslösen und auf diese Weise, nachdem andere Einflüsse den Körper darauf vorbereitet haben, dazu beitragen, daß er an die Oberfläche emporsteigt. Oder aber die schwingende Bewegung überwindet die Zähigkeit einiger verwesender Teile des Zellgewebes und macht es ihnen möglich, sich unter dem Einfluß des Gases auszudehnen.

Nachdem wir uns also mit allen physikalischen Lehren bekannt gemacht haben, wird es uns leicht sein, die Behauptungen der ‚Étoile' auf ihre Richtigkeit zu prüfen. ‚Die Erfahrung lehrt uns', sagt das Blatt, ‚daß Ertrunkene oder Körper, die nach erfolgtem gewaltsamen Tode sofort ins Wasser geworfen wurden, sechs bis zehn Tage brauchen, ehe die Verwesung so weit vorgeschritten ist, daß sie wieder an die Oberfläche kommen. Selbst wenn eine Kanone über einen Leichnam hinweg abgefeuert wird, der fünf bis sechs Tage im Wasser gelegen, und dieser wieder in die Höhe kommt, sinkt er wieder, sobald er sich selbst überlassen wird.'

Diese ganze Stelle muß Ihnen jetzt als ein schlechtes Gewebe von lauter Zusammenhanglosigkeit erscheinen. – Die Erfahrung beweist nicht, daß alle Körper bis zehn Tage brauchen, ehe die Verwesung sie wieder an die Oberfläche bringt. Im Gegenteil beweisen Erfahrung und Wissenschaft, daß die Zeit, die sie zum Heraufsteigen nötig haben, unbestimmt ist. Ist ein Körper infolge der Abfeuerung einer Kanone an die Oberfläche gekommen, so wird er auch nicht wieder sinken, ,sobald er sich selbst überlassen wird', bis die Verwesung so weit vorgeschritten ist, daß das erzeugte Gas entweichen kann. Ich möchte Sie auch auf den Unterschied hinweisen, den das Blatt zwischen ,Ertrunkenen' und ,Körpern, die nach erfolgtem gewaltsamen Tode sofort ins Wasser geworfen wurden', macht. Obgleich der Verfasser des Artikels hier eine Unterscheidung trifft, spricht er doch von beiden Arten der Toten als von einer Kategorie. Ich habe eben gezeigt, wie es kommt, daß der Körper eines Ertrinkenden spezifisch schwerer wird als die Wassermenge, die er verdrängt, und daß er gar nicht untersinken würde, wenn er nicht im Kampf um sein Leben die Arme emporstrecken und beim Atmen unter der Oberfläche seine Lungen mit Wasser füllen würde. Bei einem nach erfolgtem gewaltsamen Tode ins Wasser geworfenen Körper kommen diese beiden Umstände jedoch nicht in Frage. Somit würde also in letzterem Fall der Körper in der Regel gar nicht sinken – eine Tatsache, welche der ,Étoile' offenbar ganz unbekannt ist. Erst wenn die Verwesung so weit vorgeschritten wäre, daß sich das Fleisch von den Knochen löste, erst dann würde der Leichnam endgültig versinken.

Was ist uns nun also die Behauptung der ‚Étoile', der gefundene Körper sei nicht der Leichnam der Marie Rogêt, weil man ihn schon drei Tage nach dem Verschwinden des Mädchens oben auf dem Wasser gefunden habe? Wir wissen jetzt, daß Marie Rogêt, falls sie ertrank, möglicherweise gar nicht untersank – denn sie war ja eine Frau – oder, wenn sie sank, in vierundzwanzig Stunden, ja, noch früher, wieder an die Oberfläche kommen konnte. Es vermutet jedoch niemand, daß sie ertrunken sei, und wenn wir annehmen, daß ihr Tod eintrat, bevor sie ins Wasser geworfen wurde, so konnte sie zu jeder beliebigen Zeit nach ihrem Tod im Wasser schwimmend gefunden werden.

‚Aber', meint die ‚Étoile', ‚wäre der Leichnam in seinem verstümmelten Zustand bis Dienstag nacht am Ufer verborgen gehalten worden, so hätte man dort sicherlich eine Spur von den Mördern finden müssen.' – Es ist schwer, hier auf den ersten Blick zu sehen, worauf der Verfasser des Artikels eigentlich hinaus will. Wahrscheinlich will er von vornherein einem Einwande begegnen, der seiner Theorie einen Stoß versetzen würde, – dem Einwand nämlich, daß der Leichnam zwei Tage am Ufer geblieben und rasch in Verwesung übergegangen sei, rascher, als wenn er sich im Wasser befunden hätte.

## Das Geheimnis von Marie Rogêts Tod

Der Verfasser meint offenbar, der Leichnam hätte in diesem Fall schon am Mittwoch wieder an die Oberfläche kommen können, aber eben nur in diesem Fall. Er beeilt sich infolgedessen, zu beweisen, daß der Leichnam nicht am Ufer geblieben; denn in diesem Fall hätte man am Ufer ‚eine Spur von den Mördern finden müssen'. Über eine solche Logik kann man höchstens lächeln. Sie werden ebensowenig wie ich einzusehen vermögen, daß das bloße Verstecken des Leichnams am Ufer die Spuren der Mörder hätte vermehren können.

‚Und weiterhin', fährt unser Blatt fort, ‚ist es höchst unwahrscheinlich, daß die Verbrecher, die einen so schauderhaften Mord verübt, den Leichnam nicht durch ein Gewicht zum Sinken gebracht hätten, da doch dieser wichtigen Vorsichtsmaßregel nichts im Wege stand.' Machen Sie sich nur einmal diese lächerliche Gedankenverwirrung klar! Niemand – nicht einmal die ‚Étoile' selbst – bestreitet, daß an dem gefundenen Körper ein Mord verübt wurde, denn er trug nur zu deutlich die Spuren einer Gewalttat an sich. Der Verfasser will bloß beweisen, daß der Körper nicht der Maries sei, er will seine Leser davon überzeugen, daß Marie nicht ermordet wurde, nicht etwa, daß an dem gefundenen Körper kein Mord verübt wurde. Und doch beweist seine Bemerkung nur das letztere. Es wird ein Leichnam gefunden, der durch kein Gewicht zum

## Das Geheimnis von Marie Rogêts Tod

Sinken gebracht wurde. Hätten ihn Mörder in den Fluß geworfen, so wäre diese Vorsichtsmaßregel angewandt worden. Er wurde also nicht von Mördern dem Wasser übergeben. Das ist alles, was bewiesen wird, wenn hier überhaupt von beweisen die Rede sein kann. Die Frage der Identität läßt das Blatt vollkommen unberührt und gibt sich nur noch Mühe, dem zu widersprechen, was es einen Augenblick vorher zugegeben hat. ‚Wir sind vollkommen überzeugt', heißt es weiter, ‚daß der gefundene Leichnam der einer ermordeten Frauensperson ist.'

Und es ist nicht das einzige Mal, daß sich der Verfasser in diesem einen Artikel widerspricht. Wie ich schon erwähnte, macht er sich zur Aufgabe, die Zeit zwischen dem Verschwinden Maries und der Auffindung des Leichnams als möglichst kurz hinzustellen. Und doch betont er an anderer Stelle immer wieder, daß das Mädchen von dem Augenblick an, da es das mütterliche Haus verließ, von niemandem gesehen worden ist. ‚Wir haben keinen Beweis', sagt er, ‚daß Marie Rogêt sich nach 9 Uhr an dem betreffenden Sonntag noch unter den Lebenden befand.' Da seine ganze Beweisführung von einer absichtlich einseitigen Anschauung der Sache diktiert ist, hätte er wenigstens diesen Punkt ganz unberücksichtigt lassen sollen; denn wäre Marie noch am Montag oder sogar am Dienstag gesehen worden, so wäre die fragliche Zwischenzeit ja noch bedeutend kürzer gewesen und hätte gemäß des Verfassers eigenen Schlüssen die Wahrscheinlichkeit, daß der Leichnam mit der Vermißten identisch sei, bedeutend vermindert. Eigentlich ist es schon erheiternd zu sehen, wie die ‚Étoile' auf diesem Punkt beharrt, in dem guten Glauben, derselbe unterstütze ihre allgemeine Behauptung.

Lesen Sie nun, bitte, jenen Teil des Artikels noch einmal durch, der sich auf die Erkennung des Leichnams durch Beauvais bezieht. Mit dem, was sie über die Haare auf dem Arm sagt, läßt sich die ‚Étoile' eine offenbare Unehrlichkeit zuschulden kommen. Herr Beauvais ist nicht blödsinnig und wird nicht behauptet haben, den Leichnam bloß an dem Haar auf dem Arme erkannt zu haben. Kein Arm ist vollständig ohne Haar. Die ‚Étoile' hat durch diese allgemeine, ungenaue Ausdrucksweise die Aussage des Zeugen verdreht, denn er muß von irgendeiner Besonderheit der Haare, von einer Eigentümlichkeit, ihrer Farbe, ihrer Menge, ihrer Länge oder ihrer Lage gesprochen haben.

‚Ihr Fuß', sagt das Blatt, ‚war klein' – doch haben viele tausend Mädchen kleine Füße. Ihr Strumpfband beweist ebensowenig wie ihr Schuh, denn Schuhe und Strumpfbänder werden packweise verkauft. Das Gleiche gilt von den Blumen auf ihrem Hut. Herr Beauvais betont noch den Umstand, daß die Schnalle am Strumpfband, das anscheinend zu weit gewesen, zurückversetzt worden ist. Aber auch dies will nichts besagen; denn fast alle Frauen probieren ihre neugekauften Strumpfbänder erst zu Hause an und nähen sie passend. Jetzt wird es wirklich schwer, den Verfasser noch ernst zu nehmen. Hätte Herr Beauvais bei seinen Nachforschungen nach Maries Leichnam einen Körper aufgefunden, der an Größe und Aussehen der Vermißten gleich war, so wäre er berechtigt gewesen, an einen Erfolg seiner Bemühungen zu glauben, ohne die Bekleidung des Leichnams zu berücksichtigen. Hätte er dazu noch an dem Arm Haare von einer besonderen Eigentümlichkeit wiedererkannt, so hätte ihn dieser Umstand in seiner Meinung noch bestärken können, und zwar desto mehr, je eigentümlicher und ungewöhnlicher diese Haare gewesen wären. Waren Maries Füße klein wie die des Leichnams, so vergrößert auch dies Zusammentreffen die Wahrscheinlichkeit. Fügt man noch hinzu, daß Marie an dem Tag, an dem sie verschwand, eben solche Schuhe trug, wie man sie an dem Leichnam gefunden, so erhöht diese Tatsache, trotz des Umstandes, daß Schuhe packweise verkauft werden, die Wahrscheinlichkeit fast bis zur Gewißheit. Was an sich die Identität noch nicht beweisen würde, wird so zu einem höheren Beweis. Finden wir nun auch noch auf dem Hut die gleichen Blumen, welche das vermißte Mädchen getragen, so brauchen wir keine weiteren Beweise. Ist auch nur eine Blume vorhanden, so bekräftigt die schon genug, wie aber, wenn es zwei, drei oder noch mehr sind? Jede einzelne Blume vervielfältigt die Kraft des Beweises, und zwar nicht einmal, sondern hundert-, tausendmal. Entdecken wir nun obendrein an der Toten noch Strumpfbänder, wie sie die Lebende trug, so wäre es geradezu Torheit, noch nach weiteren Details der Übereinstimmung zu suchen. Aber diese Strumpfbänder sind obendrein noch in derselben Weise durch das Versetzen einer Schnalle enger gemacht, wie es Marie kurz vor ihrem Weggehen von zu Hause getan hat. Jetzt noch zu zweifeln, ist Wahnsinn oder Heuchelei. Die Behauptung der ‚Étoile', dies Versetzen von Schnallen an Strumpfbändern sei ein äußerst gewöhnliches Vorkommnis, beweist weiter nichts als nur die Hartnäckigkeit, mit welcher das Blatt auf seiner vorgefaßten Meinung beharrt. Die Elastizität eines solchen, mit einer unverrückbaren Schnalle geschlossenen Strumpfbandes beweist von selbst, daß das Verengen etwas Ungewöhnliches ist. Ein Gegenstand, der so eingerichtet worden ist, daß er sich von selbst anpaßt, wird natürlicherweise zu diesem Zwecke nur sehr selten äußerer Beihilfe bedürfen. Es ist also etwas Besonderes, daß Maries Strumpfbänder verengt worden sind, und sie allein würden ihre Identität vollkommen bewiesen haben. Doch trug der gefundene Körper nicht die Strumpfbänder der Vermißten oder ihre Schuhe oder ihren Hut oder die Blumen des Hutes, hatte er nicht die gleichen Füße oder ihr besonderes Zeichen am Arm oder ihre Größe und allgemeine Erscheinung? Man fand bei dem Leichnam alle diese Zeichen zusammen! Würde der Beweis erbracht, daß der Herausgeber der ‚Étoile' wirklich noch zweifelte, so brauchte man nicht erst einen Irrenarzt zu fragen, ob man es mit einem Wahnsinnigen zu tun habe. Er hat es für klug gehalten, das Gerede der Advokaten nachzubeten, die sich großenteils damit begnügen, die primitiven Ansichten der Gerichte immer wieder herzusagen. Ich möchte hier noch bemerken, daß viele Umstände, die das Gericht als Beweise verwirft, dem denkenden Menschen geradezu überzeugende Argumente sind. Denn die Gerichte verfahren stets nach allgemeinen, anerkannten Prinzipien, von deren buchstäblicher Befolgung sie auch in ungewöhnlichen, eigenartigen Fällen nicht absehen wollen. Und dies starre Festhalten an Prinzipien, dies strenge Unberücksichtigtlassen jedes Ausnahmefalles, der eine andere Behandlung als die in ihrem Prinzip vorgesehene verlangt, ist ein sicheres Verfahren, nach längerer Zeit das Maximum aller erreichbaren Wahrheit zu erlangen. Im allgemeinen ist diese gerichtliche Praxis also von

Wert, es läßt sich jedoch nicht leugnen, daß sie in einzelnen Fällen zu Irrtümern führt.

Den gegen Beauvais gerichteten Argwohn werden wir wohl in kürzester Zeit entkräften können. Sie haben den wahren Charakter des guten Mannes bereits erkannt. Er ist ein Mensch, der sich gern in anderer Leute Angelegenheiten mischt, dazu romantisch veranlagt und nicht gerade scharfsinnig. Bei seinem Charakter ist es nur zu natürlich, daß er in einer so aufregenden Angelegenheit bei den Allzuklugen oder Böswilligen Verdacht erregte. Aus dem Artikel der ‚Étoile' geht hervor, daß Herr Beauvais eine persönliche Unterredung mit dem Herausgeber des Blattes hatte und diesen beleidigte, indem er die Behauptung wagte, der gefundene Körper sei trotz aller Gegenversicherungen der Zeitung der Leichnam der vermißten Marie Rogêt. ‚Er bleibt dabei', sagt die Zeitung, ‚der Leichnam ist mit der Vermißten identisch; doch kann er, Herr Beauvais, keine weiteren – als die von uns beredeten – Beweise für seine Behauptung beibringen, die vielleicht irgend jemanden von der Richtigkeit derselben überzeugen könnten.' – Es ist wohl nicht nötig, noch einmal darauf hinzuweisen, daß man stärkere Beweise als die von Beauvais angeführten überhaupt nicht hätte beibringen können, ich möchte hier nur noch darauf aufmerksam machen, daß in einem Fall wie dem vorliegenden, ein Mensch

## Das Geheimnis von Marie Rogêts Tod

selbst fest glauben kann, ohne auch nur einen Grund dafür angeben zu können, der auch für andere bestimmend wäre. Nichts ist schwerer zu bezeichnen, als die Merkmale, die uns von der Identität einer Person überzeugen. Jedermann kennt seinen Nachbarn, und doch könnte man in den wenigsten Fällen den Grund anführen, warum man in dem Mann seinen Nachbarn erkennt. Der Herausgeber der ‚Étoile' tat Unrecht, sich über Herrn Beauvais' nicht durch Worte zu begründenden Glauben zu ärgern.

Die Verdachtsmomente, die ihn belasten, beweisen viel mehr meine Hypothese von seiner Allgeschäftigkeit als seine Schuld. Geben wir seinem Betragen einmal diese gutherzige Auslegung, so können wir uns mit Leichtigkeit die Rose in dem Schlüsselloche, das Wort ‚Marie' auf der Schiefertafel, die Beseitigung des männlichen Verwandten, seine Abneigung, die Verwandten den Leichnam sehen zu lassen, die Aufforderung an Frau B., sie solle mit dem Gendarmen nicht sprechen, bis er, Beauvais, wieder zurückkomme, und zum Schluß auch seinen Ausspruch erklären, daß niemand außer ihm in dem Prozesse mitzusprechen habe. Es scheint mir außer Zweifel, daß Beauvais einer von Maries Verehrern war, daß sie mit ihm kokettierte, und daß es ihm schmeichelte, wenn andere dachten, er stehe mit ihr auf vertrautem Fuß. Ich will über diesen Punkt nicht weiter sprechen, und da die Zeugenaussagen die Behauptungen der ‚Étoile' hinsichtlich der Apathie, welche die Mutter des Mädchens und andere Verwandte an den Tag gelegt haben sollen, und die beweisen sollten, daß sie den gefundenen Leichnam nicht für den der Marie gehalten hätten; da diese Zeugenaussagen die Behauptung der ‚Étoile' Lügen strafen, wollen wir fortfahren, als wäre die Frage der Identität in durchaus befriedigender Weise gelöst."

„Und was sagen Sie", fragte ich hier, „zu den Ansichten des ‚Commercial'?"

„Daß dieselben ihrem geistigen Gehalt nach weit beachtenswerter sind als alle, die bis jetzt über diesen Gegenstand verbreitet wurden. Die Folgerungen aus den Prämissen sind durchaus richtig und scharfsinnig, aber die Prämissen selbst beruhen in wenigstens zwei Fällen auf unvollkommener Beobachtung. Der ‚Commercial' sucht die Ansicht zu verbreiten, daß Marie nicht weit von dem Haus ihrer Mutter von einer Rotte von Bösewichtern angefallen wurde. Er behauptet, ‚es ist unmöglich, daß eine so wohlbekannte Person wie Marie drei Stadtviertel hat durchschreiten können, ohne von irgend jemandem erkannt zu werden'. – Diese Worte verraten den Gedankengang eines Mannes, der lange in Paris gelebt hat, in einem öffentlichen Amt steht und dessen hauptsächliche Gänge sich zwischen den öffentlichen Gebäuden befinden und welcher weiß, daß er aus seinem Büro nicht hundert Schritte weit gehen kann, ohne wenigstens von einem Dutzend von Leuten erkannt und angeredet zu werden. Er vergleicht Maries Bekanntenkreis mit dem seinen, findet, daß derselbe nicht viel kleiner ist als sein eigener, und schließt daraus, daß sie auf ihren Gängen ebenso leicht erkannt werden müsse, wie er auf den seinigen. Dies würde jedoch nur der Fall sein, wenn sich ihre Ausgänge wie die seinen auf ein paar bestimmte Strekken in einem bestimmten Stadtviertel beschränkten. Er bewegt sich zu bestimmten Stunden innerhalb eines fest umgrenzten Kreises, in welchem seine Geschäfte und Ausgänge die Aufmerksamkeit zahlreicher anderer Personen auf sich ziehen müssen, weil sie mit den ihrigen in Beziehung stehen. Wir können jedoch annehmen, daß Maries Gänge im allgemeinen weit verschiedenartiger waren, und im vorliegenden Fall ist es sogar höchst wahrscheinlich, daß sie einen Weg einschlug, der von der Richtung ihrer gewöhnlichen Ausgänge ganz besonders abwich. Die Parallele, welche der Herausgeber des ‚Commercial' zwischen seinem und Maries Bekanntsein gezogen, könnte nur dann auf Richtigkeit Anspruch erheben, wenn die beiden die ganze Stadt durchwanderten. Nur in diesem Fall wären bei gleich großem Bekanntenkreis auch die Chancen gleich, von einer

## Das Geheimnis von Marie Rogêts Tod

gleich großen Anzahl von Personen erkannt zu werden. Ich selbst halte es nicht allein für möglich, sondern sogar für sehr wahrscheinlich, daß Marie zu jeder Zeit einen der vielen Wege von der Wohnung ihrer Mutter zu der ihrer Tante hätte gehen können, ohne auch nur einer einzigen Person zu begegnen, von der sie erkannt wurde. Um überhaupt in diesem Falle richtig zu entscheiden, dürfen wir nie das große Mißverhältnis vergessen, welches zwischen der Zahl der Bekannten auch des meistgekannten Parisers und der ganzen Einwohnerzahl dieser Stadt überhaupt herrscht.

Der letzte Rest von Bedeutung, welche die diesbezügliche Ansicht des ‚Commercial' vielleicht noch haben könnte, wird verschwinden, wenn wir uns der Stunde erinnern, zu welcher das Mädchen ausging. ‚Sie ging gerade zu einer Zeit aus', sagt der ‚Commercial', ‚in der die Straßen am belebtesten sind'. – Dies war nicht der Fall. Marie Rogêt verließ das Haus ihrer Mutter um neun Uhr morgens. Zu dieser Zeit sind die Straßen allerdings bevölkert, jedoch nur an Wochentagen. Sonntags um neun Uhr sind die meisten Leute zu Hause, da sie sich um diese Zeit zum Kirchgang vorbereiten. Keinem Beobachter wird es entgangen sein, wie eigentümlich verödet eine Stadt des Sonntagmorgens zwischen acht und zehn Uhr aussieht. Zwischen zehn und elf sind die Straßen wieder belebt, jedoch, wie gesagt, nicht um die oben bezeichnete Stunde.

Noch ein weiterer Punkt beweist die ungenügende Beobachtungsgabe des ‚Commercial'. An einer Stelle heißt es: ‚Aus einem der Unterröcke des unglücklichen Mädchens war ein zwei Fuß langer und ein Fuß breiter Streifen herausgerissen; den hatten die Täter ihr fest um den Hals gebunden und hinten am Kopf zusammengeknotet, wahrscheinlich, um sie am Schreien zu hindern. Dies konnten nur Burschen getan haben, die keine Taschentücher bei sich hatten.' Ob diese Annahme begründet ist oder nicht, werden wir später sehen; jedenfalls will der Verfasser mit ‚Burschen, die keine Taschentücher bei sich hatten', die niedrigste Klasse von Bösewichtern bezeichnen. Verbrecher dieser Sorte haben jedoch stets Taschentücher, selbst wenn sie so heruntergekommen sind, daß sie kein Hemd mehr besitzen. Sie werden selbst Gelegenheit gehabt haben, zu bemerken, daß diesem Gesindel das Taschentuch neuerdings ein unentbehrliches Handwerkszeug geworden ist."

„Und was sollen wir von dem Artikel des ‚Soleil' halten?", fragte ich.

„Daß es jammerschade ist, daß sein Verfasser nicht als Papagei geboren wurde, er wäre jedenfalls eine Zierde seines Geschlechts geworden. Er hat bloß die bereits bekannten Umstände und Ansichten mit einem allerdings lobenswerten Fleiß aus den übrigen Zeitungen gesammelt und in seinem Blatt wiederholt. Er bemerkt unter anderem: ‚Die gefundenen Gegenstände lagen offenbar schon wenigstens drei bis vier Wochen an der Fundstelle, denn sie waren vom Regen ganz verschimmelt, klebten vielfach zusammen und waren vollständig verdorben. Es kann daher nicht mehr zweifelhaft sein, daß der Schauplatz dieses gräßlichen Verbrechens entdeckt ist.' Diese von dem ‚Soleil' wiederholten Tatsachen haben meine Zweifel jedoch nicht im geringsten zerstreut, und wir werden dieselben mit einem anderen Teil der Angelegenheit noch einer eingehenden Prüfung unterwerfen.

Augenblicklich müßten wir unsere Aufmerksamkeit auf einige andere Punkte richten. Es ist Ihnen ohne Zweifel aufgefallen, daß der Leichnam mit größter Nachlässigkeit untersucht worden ist. Allerdings wurde die Frage der Identität rasch erledigt oder hätte wenigstens rasch erledigt sein sollen; nur hätte man sich auch noch über einige andere Punkte Gewißheit verschaffen müssen: War der Leichnam irgendwie beraubt worden? Trug die Ermordete bei ihrem letzten Ausgang Schmucksachen, und fand man dieselben an dem Leichnam wieder? Dies sind wichtige Fragen, welche die gerichtliche Nachforschung jedoch vollständig unberücksichtigt gelassen hat. Auch über ein paar weitere Momente von Bedeutung hat sie sich nicht die geringste Aufklärung zu verschaffen gesucht. Da müssen wir versuchen, uns selbst Auskunft zu geben. Vorerst wollen wir den Verdacht gegen St. Eustache noch einmal prüfen. Ich selbst hege nicht den geringsten Argwohn gegen ihn, doch wollen wir streng methodisch verfahren und zusehen, ob sein Alibi-Beweis für den verhängnisvollen Sonntag lückenlos und richtig ist. Beweise dieser Art können zu leicht gefälscht sein. Stimmt hier jedoch alles, so können wir bei unseren weiteren Untersuchungen von St. Eustache absehen. Sein Selbstmord ist nur verdächtig, wenn sein Alibi eine Lücke oder eine falsche Angabe aufweisen sollte, im anderen Fall hat er so wenig Ungewöhnliches an sich, daß wir über ihn hinweg ruhig die Linie gewöhnlicher Analyse verfolgen dürfen.

Bei der weiteren Erforschung des Geheimnisses wollen wir für das erste von dem Kern der Tragödie absehen und unsere Aufmerksamkeit auf ihre äußeren Umrisse konzentrieren. Nur zu häufig begeht man bei dergleichen Untersuchungen den Irrtum, lediglich die unmittelbaren Ereignisse zu beachten und die begleitenden und zufälligen nicht zu berücksichtigen. Unsere Gerichte haben die schlechte Gepflogenheit, Zeugenbeweis und Diskussion auf das scheinbar Wesentliche eines Falles zu beschränken. Und doch hat alle Erfahrung gezeigt, und gewissenhafte Beobachtung wird es immer beweisen, daß sich ein großer, ja, vielleicht der größte Teil der Wahrheit in dem scheinbar Unwesentlichen verbirgt. Vom Geist, wenn auch nicht gerade vom Buchstaben dieses Prinzips geleitet, hat sich die moderne Wissenschaft bemüht, auch das Unvorhergesehene berechnen zu lernen. Aber Sie verstehen mich vielleicht nicht. Die Geschichte menschlicher Erkenntnis hat unaufhörlich gezeigt, daß wir begleitenden, zufälligen, beiläufigen Ereignissen zahlreiche, höchst wertvolle Entdeckungen verdanken, so daß es endlich eine Notwendigkeit geworden ist, im Interesse des Fortschritts Erfindungen, die durchaus zufällig und nicht vorherzusehen sind, in unsere Berechnungen mit aufzunehmen. Es ist nicht mehr philosophisch, die Zukunft nur nach der Vergangenheit zu berechnen. Der Zufall spielt bei jeder Entwicklung eine gewaltige Rolle, und wir haben gelernt, ihn einer genauen Berechnung zu unterziehen. Wir schließen das Unvorhergesehene – Umstände, an die wir nicht gedacht – in eine mathematische Formel ein.

Ich wiederhole noch einmal: der größte Teil aller erlangten Wahrheit ist aus der Erforschung ihrer Begleitumstände gewonnen worden. Dies ist eine Tatsache, an der sich nicht rütteln läßt. In Übereinstimmung mit dem Prinzip, welches aus dieser Tatsache zu uns spricht, verlasse ich jetzt den breitgetretenen und bisher unfruchtbaren Boden des Ereignisses selbst und übertrage meine Untersuchung auf die gleichzeitigen Umstände, die dasselbe begleiteten. Während Sie den Alibi-Beweis St. Eustaches einer neuen Prüfung unterziehen, werde ich die Zeitungen noch eingehender, als Sie es getan, durchlesen. Bis jetzt haben wir bloß das Feld der Untersuchung rekognosziert, aber es müßte sonderbar zugehen, wenn ein genaues Durchstudieren der Zeitungen, wie ich es vorhabe, uns nicht einige kleine Anhaltspunkte liefern, uns sagen sollte, wohin wir den Lauf unserer Untersuchungen nun eigentlich zu richten haben."

Ich kam Dupins Aufforderung nach und untersuchte den Alibi-Beweis St. Eustaches mit der denkbar größten Sorgfalt. Er war vollkommen unanfechtbar und stellte die Unschuld des Verdächtigen außer Zweifel. Mein Freund vertiefte sich mittlerweile mit einer Beharrlichkeit, die mir völlig unnütz schien, in die Lektüre der verschiedenen Zeitungen. Nach Verlauf einer Woche legte er mir die folgenden Auszüge vor:

„Vor ungefähr drei und einem halben Jahre erregte das Verschwinden derselben Marie Rogêt aus dem Parfümerieladen des Herrn Leblanc im Palais Royal ähnliches Aufsehen. Nach Verlauf einer Woche erschien sie jedoch wohl und munter wieder hinter ihrem gewohnten Ladentisch, nur bemerkte man an ihr eine leichte, etwas ungewöhnliche Blässe. Herr Leblanc und ihre Mutter erklärten, daß sie die Zeit über bei einer Verwandten auf dem Land zu Besuch gewesen, und bald war die ganze Sache vertuscht. Wir vermuten, daß ihr jetziges Verschwinden auch nur auf einen ähnlichen Streich zurückzuführen ist, daß wir sie nach Verlauf einer Woche oder eines Monats wieder unter uns sehen werden." – „Abendzeitung", Montag, den 23. Juni.

„Eine gestrige Abendzeitung weist auf ein früheres geheimnisvolles Verschwinden von Fräulein Rogêt hin. Es ist jedoch bekannt, daß sie die Zeit, während welcher sie aus dem Parfümerieladen des Herrn Leblanc verschwunden war, bei einem jungen, wegen seiner Ausschweifungen übel berüchtigten Seeoffizier zugebracht hat. Eine gute Vorsehung führte sie jedoch, wahrscheinlich infolge eines Streites, wieder zu ihren Angehörigen zurück. Wir kennen den Namen des fraglichen Lothario, welcher sich augenblicklich in Paris aufhält, unterlassen es jedoch aus leicht begreiflichen Gründen, denselben zu nennen." Der „Merkur", Dienstag morgen, den 24. Juni.

„Vor drei Tagen wurde in der Umgegend der Stadt ein grauenhaftes Verbrechen verübt. Ein Herr, welcher in Gesellschaft seiner Frau und Tochter von einem Spaziergang zurückkehrte, ließ sich in der

Dämmerung von sechs jungen Leuten, welche am Seineufer auf und ab ruderten, über den Fluß setzen. Als sie das andere Ufer erreicht hatten, stiegen die drei Passagiere aus, um ihren Heimweg fortzusetzen. Kaum hatten sie das Boot aus dem Blick verloren, als die Tochter bemerkte, daß sie ihren Sonnenschirm in demselben liegengelassen habe. Sie eilte zurück, um ihn zu holen, wurde jedoch von den Buben ergriffen, in den Strom hinausgefahren, geknebelt, auf das abscheulichste mißhandelt und endlich unweit der Stelle, an welcher sie mit den Eltern in das Boot gestiegen war, wieder ausgesetzt. Die Schurken sind entwichen, doch ist die Polizei auf ihrer Spur und wird hoffentlich bald zu ihrer Verhaftung schreiten können." – „Morgenblatt", Mittwoch, den 25. Juni.

„Man hat uns von mehreren Seiten angedeutet, daß Mennais\* der Urheber des kürzlich begangenen gräßlichen Verbrechens sei; aber da dieser Herr von dem Gericht für unschuldig erklärt worden ist, und unsere Korrespondenten zuweilen mehr Eifer als Gründlichkeit an den Tag legen, halten wir es nicht für ratsam, diese Vermutungen zu veröffentlichen." – „Morgenblatt", Sonnabend, den 28. Juni.

---

\* Mennais war einer von denen, die anfänglich als verdächtig verhaftet, aber dann mangels jeden Beweises wieder in Freiheit gesetzt wurden.             E.A.P.

"Aus verschiedenen Quellen haben wir mehrere überzeugend geschriebene Mitteilungen erhalten, welche es fast als gewiß erscheinen lassen, daß die unglückliche Marie Rogêt einer der zahlreichen Banden roher Bösewichter zum Opfer gefallen ist, die sonntags die Stadt unsicher machen. Wir selbst stimmen dieser Ansicht entschieden zu. Und wir werden die Gelegenheit ergreifen, einige der angeführten Gründe für diese Annahme in unserem Blatt abzudrucken." – „Abendzeitung", Dienstag, den 31. Juni.

„Am Montag hat ein beim Zollamt beschäftigter Schiffer ein leeres Boot die Seine herunterschwimmen sehen. Die Segel lagen auf dem Boden des Bootes. Der Schiffer befestigte das Fahrzeug an der Anlegestelle unter den anderen, zum Zollamt gehörigen Booten. Am folgenden Morgen war es von dort verschwunden, das Ruder liegt noch auf dem Zollamt." – „La Diligence", Donnerstag, den 26. Juni.

Die verschiedenen Auszüge schienen mir nicht allein ganz bedeutungslos, es wurde mir sogar nicht einmal klar, inwiefern sie bei unseren Nachforschungen von Nutzen sein sollten. Ich wartete also auf Aufklärung von seiten Dupins.

„Augenblicklich hat es keinen Zweck für uns", begann er, „bei dem ersten oder zweiten zu verweilen. Ich habe dieselben nur abgeschrieben, um Ihnen einen Begriff von der außerordentlichen

Nachlässigkeit der Polizeibeamten zu geben, die, wenn ich den Präfekten recht verstanden habe, es nicht einmal für nötig erachtet haben, den Marineoffizier, auf welchen eins der Blätter anspielt, einem Verhör zu unterziehen. Und doch wäre es der reine Blödsinn, zu behaupten, daß ein Zusammenhang zwischen dem ersten und zweiten Verschwinden der Marie Rogêt durchaus ausgeschlossen wäre. Wir wollen annehmen, daß Maries erster rätselhafter Aufenthalt mit einem Streit zwischen den Liebenden geendet habe, und daß das junge Mädchen infolge eines solchen, sagen wir, Zerwürfnisses wieder nach Hause zurückgekehrt sei. Nun können wir uns eine zweite Entfernung vom Haus, sobald wir wissen, daß eine solche abermals stattgefunden hat, viel eher als die Folge erneuter Anträge des betreffenden ersten Liebhabers erklären als der irgendeines anderen zweiten. Mit anderen Worten: es ist bei weitem wahrscheinlicher, daß das zweite Verschwinden seinen Grund in der Wiederauffrischung eines alten Liebesverhältnisses als in dem Anfang eines neuen hat; auch ist die Annahme zehnmal vernünftiger, daß ein Mann, welcher der Marie schon einmal einen Fluchtvorschlag gemacht hat, denselben wiederholt, als daß ihr ein zweiter mit ganz demselben Antrage naht. Und hier muß ich Sie auf die Tatsache aufmerksam machen, daß die Zeit zwischen der ersten nachgewiesenen und der zweiten mutmaßlichen Flucht um einige Wochen länger ist als die, während welcher unsere Kriegsschiffe zu kreuzen pflegen. Hatte der Liebhaber seine erste Schurkerei nicht vollenden können, weil er abreisen mußte, und hat er nun den ersten Augenblick nach der Rückkehr dazu benutzt, seine unterbrochenen verbrecherischen Pläne wiederaufzunehmen und zur Ausführung zu bringen? Von alledem wissen wir nichts!

Sie werden jedoch einwenden, daß in dem zweiten Falle, um den es sich hier handelt, keine Entführung stattfand. Gewiß nicht! Aber das schließt nicht aus, daß eine solche Absicht vorgelegen hat und nur vereitelt worden ist. Außer St. Eustache und vielleicht noch Beauvais sehen wir keine anerkannten und ehrenhaften Bewerber um Maries Hand. Nicht das geringste Gerücht spricht von einem dritten. Wer ist nun der heimliche Liebhaber, von dem die Verwandten, die meisten wenigstens, nichts wissen, den Marie am Sonntagmorgen trifft und dem sie so weit traut, daß sie sich den ganzen Tag mit ihm in dem einsamen Wäldchen an der Barrière du Roule ergeht, bis die Abendschatten sich niedersenken? Wer ist dieser geheime Liebhaber, frage ich, von dem die meisten Verwandten nichts wissen? Und was bedeutet die sonderbare Prophezeiung der Frau Rogêt am Abend des Tages, an welchem ihre Tochter sie verlassen: ‚Ich fürchte, ich sehe Marie nicht wieder!'?

Wenn wir nun auch nicht wohl vermuten können, daß Frau Rogêt um den Fluchtplan wußte, so können wir doch annehmen, daß die Tochter einen solchen gehegt habe. Als sie das Haus verließ, sprach sie die Absicht aus, ihre Tante, die in der Rue des Drômes wohnt, zu besuchen, und bat St. Eustache, sie dort in der Dämmerung abzuholen. Auf den ersten Blick widerspricht dieser Umstand meiner Vermutung, doch wollen wir ein wenig darüber nachdenken. Es ist bewiesen worden, daß sie in Gesellschaft eines Mannes über den Fluß setzte und erst gegen drei Uhr nachmittags an der Barrière du Roule ankam. Als sie einwilligte, diese Person zu begleiten (zu welchem Zwecke und ob mit Wissen der Mutter, lassen wir dahingestellt), muß sie an ihre Verabredung mit St. Eustache gedacht haben, sowie an die Überraschung und den Argwohn, der im Herzen ihres Bräutigams entstehen mußte, wenn er zu der vereinbarten Zeit in der Rue des Drômes erschien, dort erfuhr, daß sie nicht bei ihrer Tante gewesen, und bei seiner Rückkehr in die Pension sie auch dort noch nicht vorfand. An all dieses muß sie notwendigerweise gedacht haben. Sie muß die Unruhe St. Eustaches sowie den Argwohn aller Bekannten vorausgesehen haben. Es wäre ein Wagnis gewesen, sich dem Argwohn des

Bräutigams auszusetzen, aber dieser Argwohn wurde vollständig bedeutungslos, wenn sie die Absicht hatte, nicht mehr zurückzukehren.

Sie wird ungefähr folgendermaßen geschlossen haben: ‚Ich muß mit einem Mann zusammentreffen, um mit ihm zu fliehen oder bei ihm sonst etwas, das nur mir bekannt ist, zu beginnen. Ich muß darauf achten, daß dieser Plan nicht durchkreuzt wird. Wir beide müssen genug Zeit haben, um einer Verfolgung zu entgehen. Ich werde die Absicht aussprechen, den Tag bei meiner Tante in der Rue des Drômes zuzubringen und St. Eustache bitten, mich erst bei eintretender Dunkelheit abzuholen. Auf diese Weise kann ich, ohne Verdacht zu erregen, möglichst lange ausbleiben und gewinne mehr Zeit, als wenn ich die Sache irgendwie anders anfange. Wenn ich St. Eustache bitte, mich in der Dämmerung abzuholen, so kommt er sicher nicht früher; bitte ich ihn, überhaupt nicht zu kommen, so bleibt mir nicht so viel Zeit zum Handeln, denn man wird mich eher zurückerwarten und über meine Abwesenheit früher besorgt sein. Wäre es meine Absicht, überhaupt zurückzukehren und nur einen einfachen Spaziergang mit dem fraglichen Individuum zu unternehmen, so handelte ich sehr unklug, St. Eustache zum Abholen aufzufordern, denn er wird bei der Tante bestimmt erfahren, daß ich ihn hintergangen – eine Tatsache, die ihm immer unbekannt bleiben würde, wenn ich das Haus verließe, ohne ihm meine Absicht mitzuteilen und bei meiner Zurückkunft am Abend sagte, ich habe meine Tante in der Rue des Drômes besucht. Aber da ich nicht zurückkehren will – oder nicht vor einigen Wochen – oder bevor es mir gelungen ist, gewisse Sachen zu verbergen, so liegt mir jetzt nur daran, möglichst viel Zeit zu gewinnen.'

Wie Sie aus Ihren Notizen ersehen haben, nimmt und nahm das Publikum gleich anfangs an, daß die Verschwundene das Opfer einer Rotte rohen Gesindels geworden sei. Man soll unter gewissen Umständen eine öffentliche Meinung nicht außer acht lassen; wenn sie sich so ganz spontan, so ganz von selbst bildet, muß man sie vielmehr als ein Analogon jener Intuition nehmen, welche die Idiosynkrasie eines genialen Menschen ist. In hundert Fällen würde ich mich neunundneunzigmal ihrer Entscheidung unterwerfen. Es ist jedoch sehr wichtig, herauszufinden, ob sie wirklich nicht durch äußere Suggestion beeinflußt worden ist. Die öffentliche Meinung muß im strengsten Sinne des Wortes wirklich aus dem Publikum selbst hervorgegangen sein, und oft ist es äußerst schwierig, hier den Unterschied wahrnehmen und festhalten zu können. In unserem Fall nun scheint es mir, als sei die öffentliche Meinung, eine Rotte von Bösewichtern habe den Mord begangen, durch das äußerlich verwandte Ereignis, von welchem mein dritter Auszug handelt, hervorgerufen worden. Ganz Paris ist in Aufregung, weil man Marie Rogêt, die schöne und bekannte Marie Rogêt, ermordet aufgefunden. Der Leichnam trägt die Spuren einer Gewalttat und schwimmt auf dem Fluß. Nun wird bekannt, daß genau oder wenigstens ungefähr um dieselbe Zeit, in der das Mädchen wahrscheinlich ermordet worden, von einer Rotte roher Gesellen an einer zweiten jungen Frauensperson ein Verbrechen verübt wurde, das seiner Natur nach dem Attentat an Marie Rogêt durchaus ähnlich, wenn auch nicht ganz so gräßlich ist. Ist es nun verwunderlich, daß diese eine bekannt gewordene Gewalttat des Publikums Urteil über die unaufgeklärt gebliebene beeinflußt? Das öffentliche Urteil wartete nur auf einen Hinweis, und diesen schien das bekannt gewordene zweite Verbrechen gerade zur rechten Zeit zu geben. Auch Maries Leichnam wurde auf dem Flusse schwimmend gefunden. Ein Zusammenhang bestand da – anscheinend wenigstens – so offenbar, daß es zu verwundern gewesen, wenn das Publikum nicht zu dem Glauben gekommen wäre, er sei wirklich vorhanden. In Wahrheit aber ist der Umstand, daß die eine Freveltat in der bekannt gewordenen Art und Weise verübt wurde, ein sicherer Beweis dafür, daß die andere nicht in derselben Weise geschah. Man müßte es fast ein Wunder nennen, wenn eine Rotte von Buben an einem gegebenen Orte eine unerhörte Freveltat verübt hätte, während zu gleicher Zeit, an einem ähnlichen Orte, in derselben Stadt, unter gleichen Umständen, eine zweite Rotte mit ganz gleichen Mitteln einen ganz ähnlichen Frevel begangen hat! Und doch verlangt die in solcher Weise künstlich hervorgebrachte öffentliche Meinung von uns, daß wir an ein so wunderbares Zusammentreffen glauben sollen.

Ehe wir weiter gehen, wollen wir den mutmaßlichen Schauplatz des Verbrechens in dem Dickicht an der Barrière du Roule näher betrachten. Dies außerordentlich dichte Wäldchen liegt in allernächster Nähe einer Landstraße. In demselben fand man drei oder vier große Steine, die eine Art Sitz mit Rücklehne und Schemel bildeten. Auf dem obersten Steine fand man einen weißen Unterrock, auf dem zweiten ein seidenes Schultertuch. Weiter entdeckte man einen Sonnenschirm, Handschuhe und ein Taschentuch, in welches der Name ‚Marie Rogêt' eingestickt war. An den umstehenden Sträuchern hingen Fetzen von einem Kleide. Der Boden war zusammengetreten, die Sträucher geknickt, und überall sah man die Spuren eines heftigen Kampfes.

Trotz der Freudenrufe, mit denen die Presse die Entdeckung des Dickichts begrüßte, und trotz der Einstimmigkeit, mit der das Publikum glaubte, den wahren Schauplatz des Verbrechens entdeckt zu haben, kann nicht geleugnet werden, daß noch ein triftiger Grund zu zweifeln vorliegt. Daß das Wäldchen der Schauplatz gewesen, kann ich glauben oder nicht, jedenfalls, sage ich, liegen Gründe vor, noch zu zweifeln. Wäre der wirkliche Schauplatz, wie der ‚Commercial' vermutete, in der Nähe der Rue Pavée Sainte Andrée zu suchen, so würden die Verbrecher, vorausgesetzt, daß sie sich noch in Paris aufhalten, natürlich von Schreck darüber erfüllt worden sein, daß die öffentliche Aufmerksamkeit scharfsinnig auf die richtige Spur geleitet worden ist, und gewisse Leute hätten sofort die Notwendigkeit eingesehen, irgendeinen Versuch zu machen, die Aufmerksamkeit von dieser Bahn wieder abzulenken. Und so würde man, da das Dickicht an der Barrière du Roule nun doch einmal etwas Verdächtiges an sich hatte, natürlicherweise auf den Gedanken gekommen sein, die Gegenstände an den Ort zu legen, an welchem sie später dann wirklich gefunden wurden. Es gibt trotz allem, was der ‚Soleil' auch sagen mag, keine stichhaltigen Beweise für die Annahme, daß die Gegenstände länger als ein paar Tage dort gelegen haben, dagegen ist nicht anzunehmen, daß sie, ohne Aufmerksamkeit zu erregen, die zwanzig Tage zwischen dem verhängnisvollen Sonntag und dem Nachmittag, an welchem sie von den Knaben gefunden wurden, dort hätten liegen können, ohne während dieser Zeit von mehr als einer Person bemerkt zu werden. ‚Sie waren vom Regen ganz verschimmelt', sagt der ‚Soleil', indem er der Ansicht der übrigen Blätter beipflichtet, ‚und klebten vielfach zusammen. Über einige der Gegenstände war schon Gras gewachsen. Die Seide des Sonnenschirmes war stark, und doch war der obere Teil, der am dichtesten zusammengefaltet war, durch und durch verschimmelt und verfault, so daß er, als man den Schirm öffnete, zerriß.' – Es liegt auf der Hand, daß man sich bezüglich der Wahrheit der Behauptung: ‚über einige der Gegenstände war schon Gras gewachsen' auf die Aussagen und das Gedächtnis der beiden kleinen Knaben verlassen muß, denn sie hoben die Gegenstände auf und brachten sie nach Hause, ehe eine dritte Person dieselben am Fundort besichtigte. Gras wächst jedoch besonders in so warmem und feuchtem Wetter, wie es zur Zeit des Mordes herrschte, einen, ja, auch zwei und drei Zoll an einem einzigen Tag. Ein Sonnenschirm, der auf einem Boden mit neuem Rasen liegt, kann innerhalb einer Woche durch das neuwachsende Gras den Blicken ganz entzogen werden. Und was den Schimmel anbetrifft (von welchem der Herausgeber der ‚Soleil' so hartnäckig spricht, daß er in seinem angeführten Artikel das Wort nicht weniger als dreimal gebrauchte), da muß ich fragen, ob denn der betreffende Literat so vollständig im unklaren über das Wesen einer Verschimmelung ist? Muß ich ihm erst sagen, daß sie von einer jener zahlreichen Klassen von Schwämmen herrührt, deren bekannte Eigentümlichkeit es ist, daß sie in vierundzwanzig Stunden entstehen und wieder absterben?

So sehen wir also mit einem Mal, daß alles das, was man zur Unterstützung der Annahme beigebracht, die Gegenstände lägen schon wenigstens drei oder vier Wochen in dem Dickicht, nur eine Absurdität ist, die nichts für die ganze Behauptung beweist. Andererseits ist es schwer zu glauben, daß die Gegenstände in dem erwähnten Dickicht unbemerkt länger als von einem Sonntag zum andern hätten liegen können. Alle Leute, die in der Umgegend von Paris bekannt sind, wissen, wie ungemein schwer es ist, dort eine wirklich einsame Stelle zu finden, wenn man nicht weit über die Vorstädte hinausgehen will. Es gibt in den Wäldchen und Gebüschen keine Stellen, die unbekannt sind oder auch nur selten besucht werden. Es möge nur einmal ein Naturfreund, den seine Pflicht vielleicht in der staubigen, heißen Großstadt gefesselt hält, den Versuch machen, selbst an einem Werktag seinen Durst nach Einsamkeit in der unmittelbaren, anmutigen Umgebung der Stadt zu stillen. Bei jedem zweiten Schritt wird sein Entzücken über die Natur durch den Anblick irgendeines rohen Burschen oder eines Haufens betrunkener Taugenichtse gestört werden. Er will unter dem dichtesten Blätterdach Schweigen und Einsamkeit suchen – vergebens! Er findet gerade hier die Schlupfwinkel für allerlei lichtscheues Gesindel und verläßt traurig die entweihten Tempel. Angewidert flieht er in das verdorbene Paris zurück, das er weniger haßt, weil es ein weniger unnatürlicher Sammelplatz der Verderbnis ist. Wenn nun die Umgegend der Stadt schon an Werktagen so sehr belebt ist – wieviel mehr erst an Sonntagen. Da suchen alle Lumpen und Bösewichter der Stadt, frei von jeder Arbeit und der gewohnten Gelegenheit beraubt, ein Verbrechen zu begehen, die Umgegend auf: nicht aus Liebe zur Natur, für die diese Menschen nicht das geringste Empfinden haben, sondern nur, um dem Zwang und den Schranken, welche die Gesellschaft ihnen auferlegt, zu entfliehen. Diese Buben suchen nicht frische Luft und den Anblick grüner Bäume, sondern nur die Ungebundenheit des Landes, um ihren wüsten Launen freien Lauf zu lassen. In den Gasthäusern an der Landstraße oder unter dem dichten Laubwerk der Bäume überlassen sie sich, froh, nur in Gesellschaft von Spießgesellen zu sein, einer maßlosen, unechten Lustigkeit, die falschem Freiheitsgefühl und der Schnapsflasche entspringt. Ich behaupte hier nicht mehr, als was jedem kühlen Beobachter klar sein dürfte, wenn ich wiederhole, daß es als ein Wunder angesehen werden müßte, wenn die fraglichen Fundgegenstände in einem Dickicht in der unmittelbaren Nähe von Paris länger als von einem Sonntag zum anderen hätten liegen können, ohne entdeckt zu werden.

Verschiedene andere Gründe sprechen dafür, daß die betreffenden Gegenstände in das Dickicht gelegt worden sind, um die öffentliche Aufmerksamkeit von dem wirklichen Schauplatz des Verbrechens abzulenken. Gestatten Sie mir vorerst, Sie auf das Datum der Entdeckung hinzuweisen. Vergleichen Sie dasselbe mit dem Datum des fünften Zeitungsauszuges, den ich Ihnen vorgelegt habe. Sie werden finden, daß die Entdeckung fast unmittelbar gemacht wurde. Alle diese Mitteilungen, obgleich ganz verschieden und anscheinend verschiedenartigen Quellen entstammend, zielten auf eins hin, nämlich darauf, daß eine Rotte von Verbrechern den Mord begangen habe und daß der Schauplatz desselben in der Nähe der Barrière du Roule zu suchen sei. Nun kann es uns nicht mehr in Erstaunen setzen, daß die kleinen Knaben nach solchen Mitteilungen, und nachdem man die öffentliche Aufmerksamkeit auf so bestimmte Punkte gelenkt hatte, die Gegenstände in dem Dickicht fanden; aber man muß annehmen, daß die Kinder dieselben nur deshalb nicht eher fanden, weil sie nicht früher dahin gebracht worden waren, weil sie zu einer späteren Zeit, die mit dem Datum der Mit-

## Das Geheimnis von Marie Rogêts Tod

teilungen übereinstimmt, von dem schuldigen Urheber dieser Mitteilungen selbst dahingelegt worden sind.

Das Dickicht war kein gewöhnliches, es hatte verschiedene auffallende Eigentümlichkeiten. Erstens war es, wie erwähnt, ganz außerordentlich dicht; dann fand man im Innern drei sonderbare Steine, die einen Sitz mit Rücklehne und Fußschemel bildeten. Und dieses von der Natur so merkwürdig ausgezeichnete Dickicht befand sich, nur ein paar Ruten entfernt, in der unmittelbaren Nähe des Hauses der Frau Deluc, deren Knaben die Gewohnheit hatten, alle Gebüsche in der Umgegend zu durchsuchen, da sie mit Vorliebe Sassafrasrinde sammelten. Wäre es nun unbesonnen, zu wetten, daß kein Tag vorüberging, ohne daß wenigstens einer der Knaben in die schattige Halle eingedrungen und sich auf den natürlichen Thron gesetzt hätte? Wer zögern würde, diese Wette einzugehen, ist entweder selbst nie ein Knabe gewesen oder hat das Wesen eines Knaben vergessen. Ich wiederhole nochmals, es ist kaum zu begreifen, wie die Gegenstände länger als ein oder zwei Tage in dem Dickicht hätten bleiben können, ohne entdeckt zu werden. Man hat also, trotz der dogmatischen Unwissenheit des ‚Soleil', triftige Gründe, anzunehmen, daß sie erst kurz vor ihrer Auffindung an den betreffenden Ort gebracht wurden.

Doch habe ich noch andere, stärkere Beweise, die diese meine Behauptung begründen. Zuerst muß ich Sie darauf aufmerksam machen, in welch gekünstelter Anordnung die Gegenstände umherlagen. Auf dem oberen Stein lag ein weißer Unterrock; auf dem zweiten ein seidenes Schultertuch und auf dem Boden, wie hingefallen, ein Sonnenschirm, Handschuhe und ein Taschentuch, in welches der Name ‚Marie Rogêt' eingestickt war. Eine solche Anordnung konnte natürlicherweise nur ein sehr wenig scharfsinniger Kopf treffen, der sich bemühte, die fraglichen Sachen in möglichst natürlicher Lage umherzulegen. In Wirklichkeit jedoch ist eine solche Anordnung durchaus nicht natürlich. Sie wäre es weit eher, wenn die Sachen alle auf dem Boden gelegen hätten und zertreten gewesen wären. In dem engen Raume des Dickichts dürfte es wohl kaum möglich gewesen sein, daß der Unterrock und das Schultertuch auf den Steinen liegen blieben, wenn dort ein Kampf von mehreren Personen stattgefunden hätte. ‚Offenbar', sagen die Zeitungen aber, ‚fand ein Kampf statt – der Boden war zusammengetreten, die Sträucher vielfach geknickt.' – Und doch findet man den Unterrock und das Schultertuch so säuberlich aufgehoben, als habe man sie in einen Schrank gelegt. Die Kleiderfetzen, die an den Büschen umherhingen, waren ungefähr drei Zoll breit und sechs Zoll lang. Eines der Stücke hatte den Saum des Rockes gebildet und war ausgebessert gewesen. Die Fetzen sahen aus ‚wie mit Gewalt losgerissene Streifen'. Hier spricht der ‚Soleil', ohne es selbst zu bemerken, einen äußerst verdachterregenden Satz aus. Die Fetzen sehen nach seiner Beschreibung allerdings wie mit Gewalt losgerissene Streifen aus, aber wie Streifen, die absichtlich und mit der Hand losgerissen worden sind. Es kommt höchst selten vor, daß ein Dorn aus einem Kleid, wie das beschriebene, ein ganzes Stück ausreißt. Es liegt in der Beschaffenheit solcher Gewebe, daß ein Dorn oder ein Nagel sie rechtwinkelig zerreißt, das heißt, sie in zwei längliche Risse teilt, die an der Stelle, an welcher der fragliche Gegenstand eingedrungen ist, in einem rechten Winkel zusammenlaufen. Aber es ist kaum denkbar, daß auf diese Weise ein ganzes Stück ausgerissen wird. Mir ist kein solcher Fall bekannt und Ihnen wohl ebensowenig! Um aus solchen Geweben ein Stück auszureißen, sind fast immer zwei verschiedene, in verschiedener Richtung wirkende Kräfte nötig. Hat das Gewebe zwei Kanten, wie zum Beispiel ein Taschentuch, dann, aber auch nur dann, wäre es möglich, daß eine einzige Kraft einen Streifen losreißen könnte. In unserem Falle jedoch handelt es sich um ein Kleid, das nur eine Kante hat. Aus dem inneren, kantenlosen Teil desselben kann nie ein einziger Dorn ein Stück vollständig losreißen, und auch mehrere können es nur durch ein Wunder. Aber selbst da, wo ein Rand ist, werden zwei Dorne nötig sein, von denen der eine in zwei verschiedene Richtungen, der andere aber nur in einer einzigen wirkt, und dies in der Voraussetzung, daß der Rand ungesäumt ist. Ist dies nicht der Fall, so ist die Sache überhaupt nicht möglich. Wir sehen also, wie viele stichhaltige Gründe gegen die Annahme sprechen, daß die an den Sträuchern hängenden Kleiderfetzen wirklich von Dornen abgerissen wurden, und doch verlangt man von uns, zu glauben, daß nicht nur ein Stück, sondern viele auf diese Weise losgerissen wurden. Und weiter: ‚Eines der Stücke hatte den Saum des Rockes gebildet', und ‚ein anderes war mitten aus der Bahn des Rockes gerissen', war also nicht der Saum; das heißt, es war aus dem inneren ungesäumten Teil des Rockes vollständig ausgerissen worden! Ich kann es niemandem übelnehmen, wenn er das nicht glauben will, und doch bieten alle diese Dinge zusammen noch nicht so viel triftigen Grund zum Verdachte, wie der eine auffallende Umstand, daß die Gegenstände in dem Dickicht überhaupt zurückgelassen wurden, da die Mörder doch vorsichtig genug waren, den Leichnam selbst zu entfernen. Sie würden mich jedoch mißverstanden haben, wenn Sie glauben, ich wolle bestreiten, daß das Verbrechen in dem Dickicht selbst begangen worden wäre. Daß da irgend etwas Unrechtes vor sich gegangen, ist schon möglich, wahrscheinlicher aber scheint mir, daß sich im Haus der Frau Deluc ein geheimnisvolles Unglück ereignete. Dies ist jedoch im großen und ganzen ein minder wichtiger Punkt. Es ist ja weniger unsere Absicht, den Schauplatz des Verbrechens, als die Verbrecher selbst zu entdecken. Was ich gesagt habe, hatte trotz seiner Ausführlichkeit nur den Zweck, Ihnen erstens die Albernheit der vorschnellen Behauptungen des ‚Soleil‘ vor Augen zu führen und zweitens und hauptsächlich den, Sie auf dem natürlichsten Weg dahin zu bringen, daß Sie der noch nicht erledigten Frage, ob das Attentat von einer Rotte von Buben ausgeführt wurde oder nicht, Ihre ganze Aufmerksamkeit zuwenden.

Es genügt für unseren Zweck, auf die empörenden Einzelheiten hinzuweisen, welche der mit der Untersuchung des Leichnams betraute Chirurg sie darstellt, es liegt nur kein Grund zu einem solchen Schluß vor. Sollten aber nicht Tatsachen vorhanden sein, die uns notwendig zu anderen Folgerungen zwingen?

Denken wir nun einmal über die ‚Spuren des Kampfes‘ nach, und lassen Sie mich fragen, was man uns durch dieselben beweisen will. Daß eine Rotte das Verbrechen vollführt hat? Beweisen sie uns nicht viel eher, daß dies nicht der Fall war? Kann von einem Kampf die Rede sein zwischen einem schwachen, wehrlosen Mädchen und einer Rotte von Buben, und noch dazu von einem Kampf, der so lange und heftig geführt wurde, daß überall ‚Spuren' von ihm zurückblieben? Ohne daß ein Wort gesprochen worden wäre, hätten sich einige rauhe, feste Arme des Opfers bemächtigt und jeden Kampf unnötig gemacht. Sobald sie nur wollten, mußte ihnen das unglückliche Mädchen ganz und gar zu Willen sein. Sie werden sich daran erinnern, daß unsere Gründe gegen die Annahme, das Dickicht sei der Schauplatz des Verbrechens, nur dann Geltung haben, wenn man annimmt, der Mord sei von mehr als einem einzigen Individuum ausgeführt worden. Stellen wir uns jedoch vor, daß nur eine Person das Mädchen vergewaltigt hat, so können wir uns auch den Kampf so hartnäckig und heftig denken, daß er deutliche Spuren zurückließ.

Doch dienen uns noch weitere Umstände zur Aufklärung. Ich habe schon erwähnt, wie verdächtig es ist, daß die fraglichen Gegenstände in dem Dickicht überhaupt zurückgelassen wurden. Es ist fast unmöglich, daß diese Beweisstücke zufällig an dem Ort, an welchem man sie gefunden, zurückgelassen worden sind. Man hatte Geistesgegenwart genug, so wollen wir wenigstens fürs erste annehmen, den Leichnam fortzuschaffen, und doch läßt man weit belastendere Beweisstücke als den Leichnam selbst, dessen Züge die Verwesung schnell unkenntlich machen konnte, auf dem Schauplatz des Verbrechens liegen – ich meine das Taschentuch mit dem Namen der Ermordeten. Wenn dies ein Zufall war, so ist es kein Zufall, der sich hätte ereignen können, wenn eine ganze Rotte den Mord begangen. Er konnte nur einem einzelnen Individuum begegnen. Sehen wir weiter! Eine einzige Person hat den Mord begangen. Der Betreffende befindet sich mit dem Leichnam der Getöteten allein. Entsetzt sieht er sie als tote, bewegungslose Masse vor sich liegen. Die Wut seiner Leidenschaft ist verraucht und Raum genug in seinem Herzen für den Schrecken, den ihm seine Tat nun einflößt. Er fühlt nichts von jener Ermutigung, welche die Gegenwart anderer Personen immerhin einflößt, er ist ja allein mit der Toten! Er zittert und gerät in namenlose Aufregung. Doch bleibt er sich bewußt, daß er den Leichnam beiseite schaffen muß. Er schleppt ihn also in den Fluß, läßt jedoch die anderen Schuldbeweise zurück, denn es ist schwer, ja, fast unmöglich, alles auf einmal fortzuschaffen, und das Zurückgelassene kann er ja leicht nachher holen. Aber auf dem mühsamen Wege zum Wasser verdoppelt sich seine Angst. Von überall her vernimmt er die Stimmen des Lebens. Wohl zehn-, wohl zwanzigmal hört er Tritte und glaubt sich entdeckt. Selbst die Lichter der Stadt erfüllen ihn mit Entsetzen. Endlich, nachdem er oftmals in Todesangst stillgestanden, erreicht er das

## Das Geheimnis von Marie Rogêts Tod

Flußufer und entledigt sich, vielleicht mittels eines Bootes, seiner gräßlichen Bürde. Aber welche Macht der Erde, welche Drohung, welches Versprechen könnte nun den einsamen Mörder veranlassen, den mühevollen, gefährlichen Weg nach dem unheimlichen Dickicht, das ihn an seine schauderhafte Tat erinnert, zurückzugehen? Er geht nicht zurück, komme, was da wolle. Er kann nicht mehr zurück, selbst wenn er wollte. Er hat nur noch den einen Gedanken: fliehen! Und so wendet er dem unheimlichen, schreckensvollen Gebüsch den Rücken und flieht – flieht.

Wie verhält es sich nun aber, wenn wir eine ganze Rotte als Täter annehmen? Das Bewußtsein, zu so vielen zu sein, hätte sie verwegen gemacht, wenn es in der Brust eines der Erzschurken, aus denen sich solch eine Bande zusammensetzt, je an Verwegenheit fehlte. Ihre Anzahl würde sie vor dem blinden Schrecken bewahrt haben, der in einem solchen Fall ein einzelnes Individuum anfällt. Wenn wir annehmen, daß einer, ja, zwei oder drei bei der Wegschaffung des Leichnams etwas übersehen hätten, so würde ein vierter den Fehler wieder gutgemacht haben. Sie würden nichts zurückgelassen haben, denn es wäre ihnen möglich gewesen, alles auf einmal fortzuschaffen. Sie hätten nicht nötig gehabt, nach dem Dickicht zurückzukehren.

Erinnern Sie sich jetzt des Umstandes, daß aus

dem oberen Rock des gefundenen Leichnams ein etwa fußbreiter Streifen vom unteren Saume bis zur Taille aufgerissen worden war. Dieser Streifen war dreimal um die Taille gewickelt und im Rücken zu einer Art Schlinge zusammengeknotet worden. Es geschah das offenbar, um eine Handhabe herzustellen, mittels derer der Körper fortgetragen werden konnte. Hätte jemals eine Anzahl von Männern zu einem solchen Hilfsmittel gegriffen? Waren es ihrer bloß drei oder vier, so boten die Gliedmaßen des Körpers die besten und bequemsten Handhaben – nur ein einzelner konnte auf den Gedanken kommen, den Körper auf die beschriebene Weise fortzutragen; und dies stimmt zu der Tatsache, daß zwischen dem Dickicht und dem Fluß Zäune niedergebrochen waren, und der Boden Spuren von einer Last aufwies, die über ihn hergezogen, geschleift worden war. Würde sich eine Anzahl von Männern die Mühe gemacht haben, Zäune zu durchbrechen, um einen Körper hindurchzuziehen, den sie in einem Augenblick hinüberheben konnten? Würde überhaupt eine Anzahl Männer einen Leichnam so fortgezogen haben, daß deutliche Spuren davon auf dem Boden zurückblieben?

Hier müssen wir auf eine Bemerkung des ‚Commercial' zurückkommen, auf die ich mich schon einmal bezogen habe. Diese Zeitung sagt: ‚Aus einem der Unterröcke des unglücklichen jungen

## Das Geheimnis von Marie Rogêts Tod

Mädchens war ein Streifen herausgerissen, und diesen hatten die Täter ihm fest um den Hals gebunden und hinten am Kopfe zusammengeknotet, wahrscheinlich, um es am Schreien zu hindern. Dies konnten nur Burschen getan haben, die kein Taschentuch besaßen.' –

Ich habe schon früher darauf hingewiesen, daß die gewohnheitsmäßigen Verbrecher nie ohne Taschentuch ausgehen. Doch wollte ich jetzt Ihre Aufmerksamkeit nicht auf diese Tatsache lenken. Daß der Streifen Zeug nicht mangels eines Taschentuches um den Hals der Unglücklichen gewunden wurde, ersieht man daraus, daß im Dickicht ein solches liegengeblieben war, und daß es nicht in der Absicht geschah, das Opfer am Schreien zu hindern, beweist die Anwendung einer Binde statt eines Gegenstands, der diesem Zweck viel besser entsprochen hätte. Die Zeugenaussagen haben jedoch ergeben, daß die fragliche Binde lose um den Hals geschlungen und durch einen starken Knoten befestigt gewesen ist. Diese Worte sind zwar ziemlich unbestimmt, doch weichen sie wesentlich von der betreffenden Behauptung des ‚Commercial' ab. Der Streifen war achtzehn Zoll breit und konnte deshalb, selbst wenn er auch nur aus Musselin bestand, ein starkes Band bilden, sobald er der Länge nach zusammengefaltet oder zusammengenommen war, wie man ihn in der Tat an dem Leichnam gefunden hat. Ich schließe hieraus folgendes: Nachdem der einsame Mörder den Leichnam (ob vom Dickicht oder von einem anderen Orte aus, lassen wir einstweilen dahingestellt) mittels des um den Leib gewundenen und durch eine Schlinge befestigten Bandes eine Strecke weit getragen, wurde ihm die Bürde zu schwer. Er beschloß, dieselbe auf dem Boden fortzuziehen – und daß dies wirklich geschehen ist, hat die Beweisaufnahme mit Sicherheit ergeben. Zu diesem Zweck jedoch mußte er irgend etwas Seilartiges an einer der Extremitäten festbinden. Der Hals war für diesen Zweck am besten geeignet, denn der Kopf verhinderte das Abgleiten der Schlinge. Nun hat der Mörder zweifellos zuerst daran gedacht, sich des um die Taille gewundenen Streifens zu bedienen. Die feste Schlinge jedoch nahm Zeit zum Lösen in Anspruch, und zugleich fiel ihm ein, daß der Streifen ja aus dem Rocke gerissen worden sei und es leichter sein müsse, als den alten zu lösen, einen neuen aus den Kleidern der Toten zu reißen. Er riß ihn denn auch heraus, befestigte ihn um den Hals des Opfers und zog dasselbe bis an das Flußufer fort. Daß dieses Band, welches er sich nur mit Mühe und Zeitverlust verschaffen konnte, und das seinem Zweck nur unvollkommen entsprach, überhaupt angewandt wurde, beweist klar, daß sich seine Notwendigkeit erst dann herausstellte, als das Taschentuch nicht mehr wiederzuerlangen war, das heißt: als der Mörder mit seiner Last das Dickicht (vorausgesetzt, daß er von dort ausgegangen) schon verlassen und eine längere Strecke nach dem Flußufer zu gegangen war.

Aber Sie werden mir entgegenhalten, daß Frau Deluc deutlich genug von einer Rotte von Bösewichtern gesprochen, die sich genau oder ungefähr um die Zeit der Mordtat in dem Wäldchen umhergetrieben hat. Dies gebe ich zu, halte es sogar für möglich, daß ein Dutzend solcher Banden um die Zeit, als das Verbrechen geschah, in der Nähe der Barrière du Roule ihr Unwesen getrieben haben. Aber diese Rotte, welche sich den Zorn der Frau Deluc und ihre etwas verspätete Verdächtigung zugezogen, ist die einzige Rotte, von der die redselige Dame bemerkt, daß sie ihre Kuchen gegessen und ihren Branntwein getrunken, ohne es der Mühe wert zu finden, die Zeche zu zahlen. *Et hinc illae irae?*

Worauf läuft im Grunde genommen die ganze Aussage der Frau Deluc hinaus? Eine Rotte von Taugenichtsen erschien in ihrem Lokal, sie vollführten einen wüsten Lärm, aßen und tranken, ohne zu zahlen, schlugen denselben Weg ein, den vorhin der junge Mann und das Mädchen genommen, kehrten zur Zeit der Dämmerung noch einmal in dem Gasthaus ein und setzten dann, als seien sie in großer Eile, wieder über den Fluß.

## Das Geheimnis von Marie Rogêts Tod

Diese große Eile erschien der guten Frau Deluc aber wahrscheinlich größer, als sie wirklich war, denn sie jammerte in einem fort über ihren Kuchen und ihren Branntwein, für den sie noch bis zum letzten Moment Zahlung erwartet haben mochte. Warum sollte sie auch sonst gerade die Eile der Burschen so betonen, es war ja schon spät, schon um die Dämmerung, als diese wieder über den Fluß setzten! Es ist doch weiter nicht erstaunlich, daß eine Gesellschaft selbst von Bösewichtern sich eilt, nach Hause zu kommen, wenn sie in kleinen Kähnen einen breiten Fluß zu kreuzen hat, ein Gewitter droht, und die Nacht herankommt.

Ich sage ‚herankommt', denn es war noch nicht Nacht, sondern erst Dämmerung, als die unziemliche Eile der Bösewichter die nüchternen Augen der Frau Deluc beleidigte. Wir haben jedoch auch erfahren, daß an demselben Abend Frau Deluc sowohl wie ihr ältester Sohn ‚in der Nähe ihres Wirtshauses das Geschrei einer weiblichen Stimme' gehört haben. Und mit welchen Worten bezeichnet Frau Deluc die Zeit, um die sie das Schreien vernahm? Es war ‚bald, nachdem es dunkel geworden', sagt sie. Aber ‚bald, nachdem es dunkel geworden', ist es doch so bestimmt dunkel, wie es ‚um die Dämmerung' noch hell ist. Es ist also klar genug, daß die Rotte die Barrière du Roule verlassen hatte, ehe Frau Deluc das Geschrei hörte. Und obgleich in den vielen Zeitungsberichten die Zeugenaussagen genau so angeführt sind, wie ich sie hier zitiert habe, so hat doch bis heute keins der öffentlichen Blätter, keiner der Polizeiagenten auf den groben Widerspruch hingewiesen, den diese beiden Aussagen enthalten.

Ich habe nur noch einen Grund gegen die Annahme, daß eine Rotte die Tat vollführte, hinzuzufügen, aber wenigstens dieser eine muß nach meinem Dafürhalten jedermann vollständig überzeugen. Da man eine so große Belohnung ausgesetzt und jedem Mitschuldigen, falls er alle Täter nennt, volle Begnadigung zugesichert hat, läßt sich nicht annehmen, daß aus einer Bande roher Gesellen oder überhaupt aus einer Anzahl beteiligter Menschen nicht längst einer die anderen verraten hätte. Jeder, der zu einer solchen Rotte gehört, wird sich die Sache gut überlegen; es liegt ihm weniger daran, die Belohnung zu erhalten, als straflos auszugehen. Er muß fürchten, daß ein Verräter unter ihnen sei, und um nicht selbst verraten zu werden, wird er schnell und gern zum Ankläger. Daß das Geheimnis noch nicht aufgeklärt worden ist, beweist am besten, daß hier wirklich ein Geheimnis waltet. Die schaudervollen Einzelheiten dieses gräßlichen Verbrechens sind nur einem, höchstens zwei Menschen und Gott allein bekannt.

Nun wollen wir die spärlichen, aber durchaus richtigen Ergebnisse unserer langen Analyse zusammenfassen. Wir haben festgestellt, daß der Mord entweder im Haus der Frau Deluc oder in dem Dickicht an der Barriere du Roule verübt worden ist, und zwar von einem Liebhaber oder wenigstens von einem geheimen intimen Bekannten der Ermordeten. Dieser Bekannte ist von dunkler Gesichtsfarbe. Sowohl diese als auch die Schlinge an dem um die Taille gewundenen Streifen und der sogenannte Schifferknoten, mit dem die Hutbänder zusammengebunden waren, weisen auf einen Seemann hin. Daß er mit der Verstorbenen, einem lebenslustigen, aber keineswegs verworfenen jungen Geschöpf, so nahe bekannt gewesen, beweist, daß er mehr als ein gemeiner Matrose war. Auch unterstützen die energischen, gut geschriebenen Mitteilungen, welche er an verschiedene Zeitungen gesandt, unsere Annahme. Die erste Flucht von zu Hause, welche der ‚Merkur' erwähnt, legt uns den Gedanken nahe, daß dieser Seemann mit jenem Marineoffizier, welcher die Unglückliche zuerst ins Verderben gelockt, identisch sei.

Und hier drängt sich uns sofort die Frage auf, warum denn der Mann mit der dunklen Gesichtsfarbe nicht längst mit irgendwelchen Aussagen hervorgetreten sei. Ich muß bemerken, daß er von ganz ungewöhnlich dunklem Teint gewesen sein muß, weil dieser Umstand sowohl der Frau Deluc wie auch ihrem Sohn Valence so sehr aufgefallen ist, daß sie sich seiner sofort wieder erinnerten. Weshalb meldet sich dieser Mann nicht? Wurde auch er von der Rotte ermordet? Wenn dies der Fall ist, weshalb findet man nur Spuren von dem jungen Mädchen? Der Schauplatz beider Verbrechen wäre doch derselbe gewesen. Wo blieb sein Leichnam? Die Mörder würden ihn doch höchstwahrscheinlich auf dieselbe Weise wie den des Mädchens fortgeschafft haben. Aber man wird sagen, dieser Mann lebt noch, und nur die Furcht, des Mordes angeklagt zu werden, bestimmt ihn, sich versteckt zu halten. Doch könnte ihn dieser Grund erst jetzt, nachdem es bekannt geworden, daß er mit dem Mädchen gesehen worden, bewegen, im Verborgenen zu bleiben, zur Zeit jedoch, in welcher der Mord verübt wurde, hätte ihn diese Rücksicht noch nicht zum Stillschweigen veranlassen können. Ein Unschuldiger hätte in seinem eigenen Interesse das Verbrechen sofort angezeigt und dazu beigetragen, die Bösewichter zu entdecken. Man hatte ihn mit dem Mädchen gesehen, er war in einer offenen Fähre mit ihr über den Fluß gefahren. Selbst ein Dummkopf hätte eingesehen, daß die Denunziation der Mörder das einzige und sicherste Mittel sei, sich selbst von jedem Verdacht zu reinigen. Wir können nicht annehmen, daß er, falls er selbst unschuldig war, von dem in der verhängnisvollen Sonntagnacht verübten Verbrechen nichts gewußt habe. Und doch könnten wir uns nur unter diesen unmöglichen Umständen erklären, daß er, falls noch am Leben, es unterlassen hat, die Mörder anzuzeigen.

Und welche Mittel haben wir, die Wahrheit festzustellen? Je weiter wir vorgehen, desto zahlreicher und deutlicher werden wir sie erkennen. Erforschen wir einmal die Umstände, unter denen die erste Flucht vor sich ging. Machen wir uns mit der ganzen Geschichte des ‚Offiziers', mit seinen Lebensverhältnissen bekannt und suchen wir herauszubringen, wo er sich am Tag des Mordes aufgehalten hat. Vergleichen wir sorgfältig die einzelnen Mitteilungen an die ‚Abendzeitung', welche den Verdacht auf eine ganze Rotte lenken wollen, und, wenn dies geschehen, die gesamten Zuschriften an die ‚Abendzeitung' in bezug auf Stil und Handschrift mit den früher erschienenen, an das ‚Morgenblatt' gerichteten Briefen, welche Mennais so hartnäckig der Täterschaft beschuldigten. Und ist auch dies geschehen, so wollen wir das gesamte Material wiederum mit einigen Schriftstücken des Offiziers vergleichen. Wir werden Frau Deluc und ihre Knaben sowie den Omnibuskutscher Valence wiederholt verhören lassen, um Näheres über die persönliche Erscheinung, die Haltung und das Benehmen des Mannes mit der dunklen Gesichtsfarbe zu erfahren. Geschickt gestellte Fragen werden sowohl über diesen Punkt wie auch über einige andere allerlei Neues ergeben, von dem die betreffenden Personen jetzt selbst noch nicht wissen, daß es ihnen bekannt ist. Weiterhin wollen wir die Spur des Bootes, das der Schiffer am Montag, den 29. Juni, aufgefunden, und das von der Zollstation ohne Wissen des wachhabenden Beamten und ohne Ruder wieder weggeholt wurde, bis über die Zeit der Auffindung des Leichnams hinaus verfolgen. Wenn wir mit Vorsicht und Beharrlichkeit zu Werke gehen, wird uns dies unfehlbar gelingen, denn wir können nicht nur den Schiffer, der es herrenlos treiben sah, ausforschen, auch das Ruder soll uns Auskunft verschaffen. Ein Mensch mit reinem Gewissen hätte das Ruder eines Segelbootes sicher nicht so ohne weiteres im Stich gelassen. Hier muß ich noch eine Frage stellen. Es wurde nirgends bekanntgemacht, daß ein Boot aufgefunden worden war. Es wurde stillschweigend zur Station der Zollschiffe gebracht und verschwand auch so wieder von dort. Wie konnte nun sein Eigentümer oder sein Mieter schon Dienstag morgens den Ort kennen, an dem das Boot montags geborgen worden war, da doch dem Publikum nicht die geringste Mitteilung von seiner Auffindung zugegangen? Drängt sich uns da nicht die Vermutung auf, der Mann, der es heimlich von der Station wieder fortgeholt, stehe mit der Marine in einer beständigen persönlichen Verbindung, die es ihm ermöglicht, alles, was in ihrem Bereich vorkommt, sofort zu erfahren?

Ich habe schon einmal darauf hingedeutet, daß der einsame Mörder, nachdem er seine Bürde ans Ufer gezogen, sich wahrscheinlich eines Bootes bedient habe. Ja, wir müssen unbedingt zu dem Schluß kommen, daß der Leichnam aus einem Boote in den Fluß geworfen wurde, da er dem seichten Wasser am Ufer nicht anvertraut werden konnte. Die eigentümlichen Spuren, die man auf dem Rücken und den Schultern des Opfers bemerkte, weisen auf heftige Berührung mit den unteren Rippen eines Bootes hin. Auch der Umstand, daß der Körper ohne Gewicht gefunden wurde, bestärkt mich in meiner Annahme. Wäre er vom Ufer aus in das Wasser geschleudert worden, so hätte der Mörder sicher nicht unterlassen, ihn durch irgendein Gewicht zu beschweren. Daß dies nicht geschah, können wir uns nur dann erklären, wenn wir annehmen, er habe es vergessen, einen Stein oder dergleichen mit ins Boot zu nehmen, als er vom Ufer abstieß. Als er den Leichnam nun dem Wasser übergeben wollte, bemerkte er natürlich sein Versehen, aber jetzt war es zu spät, das Versäumte nachzuholen. Lieber setzte er sich jeder kommenden Gefahr aus als der, an das verruchte Ufer zurückzukehren. Kaum jedoch hatte er das Boot seiner grausigen Bürde entledigt, so ruderte er schnell nach der Stadt zurück, wo er an irgendeiner einsamen Landungsstelle ohne Gefahr ans Land springen durfte. Aber konnte er das Boot noch anbinden? Er hatte nicht Zeit genug, an solche Nebensächlichkeiten zu denken. Auch war die Gefahr zu groß, während des Festbindens am Anlegeplatze gesehen zu werden. Das Boot konnte ihn leicht verraten, er mußte es mit allem, was zu dem Verbrechen in Beziehung stand, auf das schnellste und möglichst weit von sich entfernen. Er mußte nicht nur selbst sofort von der Landungsstelle fliehen, auch das Boot durfte dort nicht bleiben. Das einfachste und sicherste war, es der Strömung zu überlassen. Denken wir uns nun weiter in die Lage des Mörders hinein. Am folgenden Morgen bemerkt der Elende mit unsäglichem Entsetzen, daß das Boot aufgefangen worden und an dem Orte aufbewahrt wird, den sein Beruf ihn häufig zu besuchen zwingt. In der folgenden Nacht schafft er das Boot weg, ohne zu wagen, das Ruder zurückzuverlangen. Wo befindet sich jetzt dies Boot, das seines Ruders beraubt ist? Bei dieser Frage muß unsere Tätigkeit einsetzen! Blinkt in dieser Nachforschung ein Schimmer von Erfolg auf, so werden wir bald das ganze Geheimnis aufhellen können. Das Boot wird uns mit einer Schnelligkeit, über die wir selbst erstaunen werden, zu dem Mann führen, der es in jener verhängnisvollen Sonntagnacht benutzt hat. Die Bestätigungen unse-

## Das Geheimnis von Marie Rogêts Tod

rer Annahmen werden sich häufen und uns in Kürze den Mörder zeigen."

*Anmerkung des Herausgebers der Zeitung, in der die vorstehende Erzählung „Das Geheimnis von Marie Rogêts Tod" zuerst erschien:*

*Aus Gründen, die ich hier nicht auseinandersetzen will, die aber viele meiner Leser erraten werden, habe ich es für angemessen erachtet, den Teil des in meine Hand gelangten Manuskriptes nicht mitzuteilen, der die Untersuchung betrifft, die mit Hilfe der von Dupin entdeckten, anscheinend so unbedeutenden Anzeichen alsbald begonnen wurde und das gewünschte Resultat erzielte. Es bleibt mir nur noch zu bemerken übrig, daß der Präfekt pünktlich, wenn auch mit einem gewissen Widerstreben, die Bedingungen des Kontraktes erfüllte, den er mit Dupin eingegangen war. Das Manuskript des Herrn Poe schließt mit folgender allgemeinen Betrachtung:*

„Es ist wohl unnötig, ausdrücklich zu bemerken, daß ich von bloßem Zusammentreffen und von nichts weiter rede. Was ich gesagt habe, muß genügen. Ich selbst glaube nicht im geringsten an übernatürliche Dinge. Daß die Natur und Gott zwei sind, wird kein denkender Mensch ableugnen, und daß Gott die Natur nach ihrer Erschaffung gemäß seinem Willen leiten, regieren und ändern kann, ist ebenfalls unbestreitbar. Denn es handelt sich hier um eine Willens- und nicht um eine Machtfrage, wie eine absurde Logik angenommen hat. Nicht daß die Gottheit ihre Gesetze nicht ändern könnte, aber wir beleidigen sie, wenn wir die Möglichkeit annehmen, daß jemals die Notwendigkeit einer solchen Veränderung an sie herantreten würde. Die Gesetze sind von ihrem Ursprung an so gemacht, daß sie alle Zufälligkeiten, die in der Zukunft beschlossen liegen könnten, in sich faßten. Denn für Gott ist alles gegenwärtig.

Ich wiederhole also, daß ich diese Dinge für nichts weiter als ‚bloß zusammengetroffen' halte. Aus meiner Erzählung wird man ersehen haben, daß zwischen dem Schicksal der unglücklichen Mary Cecilia Rogers, soweit dasselbe bekannt geworden, und der Geschichte einer gewissen Marie Rogêt, soweit man Näheres über sie weiß, eine Parallele besteht, deren absolute Übereinstimmung den Verstand in Verwirrung bringen könnte. Ich bin sicher, daß jedermann darüber staunen muß. Man vermute jedoch nicht, daß ich bei meinem Bemühen, die Geschichte der Marie Rogêt von dem letztbekannten Punkt bis zur Aufklärung des Geheimnisses zu verfolgen, die Absicht gehabt habe, die Parallele noch weiter zu führen und anzudeuten, daß die in Paris angewandten Maßregeln, den Mörder eines Mädchens zu entdecken oder überhaupt irgendwelche, auf dem gleichen logischen

Vorgehen begründete Maßregeln auch stets ein gleiches Resultat herbeiführen würden.

Denn bezüglich des letzten Teiles einer solchen Vermutung muß man bedenken, daß die kleinste Abweichung in den Grundtatsachen dieser beiden Fälle zu den schlimmsten Irrtümern in der Berechnung Anlaß geben könnte, indem sie die Ströme der Ereignisse von vornherein in abweichende Richtung bringt – wie denn auch in der Arithmetik ein an sich geringfügiger Irrtum durch die verschiedenen Multiplikationen zuletzt zu einem Resultat führen kann, das von dem wirklichen Ergebnis erstaunlich weit entfernt ist. Und bezüglich des ersten Teiles dürfen wir nie vergessen, daß gerade die Wahrscheinlichkeitsrechnung, deren ich mich bedient, den Gedanken an eine Weiterführung der Parallele ausschließt, und zwar mit um so größerer Bestimmtheit, da diese Parallele schon von vornherein ungewöhnlich ausgedehnt und exakt gewesen. Diese letztere Behauptung scheint an sich einen Widerspruch zu enthalten, und bis heute haben eigentlich nur die Mathematiker begriffen, daß dem nicht so ist, obgleich sie aus einem ihnen fremden Gebiete hervorgegangen. Nichts ist zum Beispiel schwieriger, als einem Leser, der sich nicht viel mit dergleichen Berechnungen beschäftigt hat, zu beweisen, daß, wenn ein Würfelspieler zweimal hintereinander die Sechs geworfen, diese Tatsache ein genügender Grund ist, zu wetten, daß er zum drittenmal die Sechs nicht werfen wird. Auf den ersten Blick scheint sich diese Annahme nicht mit dem gesunden Menschenverstande vereinigen zu lassen. Man kann nicht einsehen, warum die zwei Würfe, die schon getan sind und nun vollständig der Vergangenheit angehören, auf einen Wurf Einfluß haben können, der noch in der Zukunft liegt. Die Wahrscheinlichkeit, nochmals sechs zu werfen, scheint genau ebenso groß zu sein wie in jedem beliebigen anderen Moment, das heißt: nur dem Einfluß der fünf anderen noch möglichen Würfe zu unterliegen. Dies scheint eine Wahrheit und so offenbar zu sein, daß jeder Versuch, sie zu widerlegen, viel eher mit spöttischem Lächeln als aufmerksamem Interesse aufgenommen wird. Auf diesen hier angedeuteten, oft folgenschweren Irrtum kann ich – da der Raum, der mir zu Gebote steht, es nicht zuläßt – unmöglich weiter eingehen: für den Philosophen wäre es auch gar nicht nötig. Es genügt, hier zu sagen, daß dieser Irrtum zu der unendlichen Reihe von Irrtümern gehört, die sich die Vernunft in ihrem unglückseligen Hange, die Wahrheit in Einzelheiten zu suchen, selbst in den Weg geworfen hat!"

## Die Foltern

> *Impia tortorum longos hic turba furores*
> *Sanguinis innocui, non satiata, aluit.*
> *Sospite nunc patria, fracto nunc funeris antro,*
> *Mors ubi dira fuit vita salusque patent.*
> (Inschrift für das Tor, das zu dem Platz
> führt, auf dem sich das Gebäude des
> Jakobiner-Klubs zu Paris befunden hatte.)

DIE LANGE TODESANGST hatte mich gebrochen, mein Leben bis ins Mark zerstört, und als man meine Fesseln löste und mich sitzenließ, fühlte ich, daß meine Sinne schwanden. Das Urteil, das fürchterliche Todesurteil, war der letzte deutliche Laut, der mein Ohr erreichte, dann schienen die Stimmen meiner Untersuchungsrichter traumhaft in ein unbestimmtes Summen zusammenzuschmelzen, das sich in meiner Seele zu dem Gedanken an eine Umdrehung verdichtete – vielleicht, weil es in meiner Phantasie die Vorstellung eines Mühlrades hervor-

## Die Foltern

rief. Doch währte dies nur sehr kurze Zeit, denn plötzlich vernahm ich nichts mehr. Doch sah ich noch eine Zeitlang – aber in welch gräßlicher Verzerrung – die Lippen der Richter in den schwarzen Talaren, und sie erschienen mir weiß – weißer als das Blatt, auf welches ich diese Worte schreibe, und dünn bis zur Fratzenhaftigkeit, dünn durch ihren grausamen Ausdruck von Härte, unwandelbaren Entschlusses und starrer Verachtung menschlicher Qual! Ich sah, daß der Spruch, der mein Schicksal besiegelte, über ihre Lippen kam. Ich sah, wie sie sich bewegten, um mir den Tod zu verkünden. Ich sah, wie sie die Silben meines Namens bildeten, und schauderte, weil kein Ton auf die Bewegung folgte. Ich sah auch während einiger Augenblicke irren Entsetzens, daß sich die schwarzen Draperien, welche die Wände des Saales bekleideten, leise, fast unmerklich bewegten – und dann fiel mein Blick auf die sieben großen Kerzen auf dem Tisch. Erst schauten sie mich an wie Bilder der Menschenliebe, ich hielt sie für weiße, schlanke Engel, die mich retten wollten. Doch plötzlich goß sich ein grauenhafter Schwindel über meine Seele, wie jede Fiber meines Leibes erschauderte, als hätte ich den Draht einer galvanischen Batterie berührt; die Engelsgestalten wurden seelenlose Gespenster mit brennenden Köpfen, und ich fühlte, daß ich von ihnen keine Hilfe zu erwarten hatte. Und dann glitt, wie ein

## Die Foltern

weicher, musikalischer Ton, der Gedanke in mein Herz, wie köstlich die Ruhe im Grabe sein müsse. Er kam leise, verstohlen, und ich glaube, es dauerte lange, bis er feste Gestalt annahm; doch in dem Augenblick, da mein Geist ihn klar empfand und zu Ende dachte, verschwanden wie durch Zauberkraft die Gestalten der Richter vor meinen Augen, die hohen Kerzen versanken in ein Nichts, ihre Flammen erloschen, schwarze Dunkelheit kam herauf, alle Gefühle wurden von der Empfindung verschlungen, als stürze meine Seele in wahnsinnig rasendem Fall in den Hades hinab. Und dann war alles Nacht, Schweigen und Ruhe.

Ich war ohnmächtig geworden; doch will ich damit nicht sagen, daß ich das Bewußtsein vollständig verloren hatte. Was noch von ihm geblieben, will ich nicht zu bestimmen, nicht einmal zu beschreiben wagen. Sicher ist eben nur, daß mein Bewußtsein nicht ganz geschwunden war. Im tiefsten Schlaf – nein! im Delirium – nein! im Tode – nein! selbst im Grab schwindet es nicht ganz! Sonst wäre der Mensch ja wohl nicht unsterblich!? Wenn wir vom tiefsten Schlaf erwachen, zerreißen wir das Nebelgespinst irgendeines Traumes. Doch erinnern wir uns eine Sekunde später nicht mehr – so zart ist oft das Gewebe –, daß wir geträumt haben. Erwacht man aus einer Ohnmacht wieder zum Leben, so geht man durch zwei Stadien. Im ersten gelangt man wieder zum Bewußtsein seines moralischen oder geistigen, im zweiten zum Gefühl seines körperlichen Daseins zurück. Es ist wahrscheinlich, daß wir, wenn wir ins zweite Stadium zurückgekehrt sind und uns dann noch der im ersten empfangenen Eindrücke entsinnen könnten, diese Eindrücke mit Erinnerungen aus dem Abgrund des Jenseits beladen finden würden. Und dieser Abgrund – was birgt er in seinem Schoß? Wodurch unterscheiden sich seine Schatten von den Schatten des Grabes? Doch wenn wir uns auch die Eindrücke des ersten Stadiums nicht willkürlich zurückrufen können: erscheinen sie nicht vielleicht nach langer Zeit von selbst, unaufgefordert, so daß wir uns verwundert fragen, woher sie wohl kommen mögen? Wer niemals ohnmächtig geworden ist, gehört nicht zu denen, die in einem glühenden Kohlenfeuer seltsame Paläste und sonderbar vertraute Gesichter wiederfinden; – die oft in den Luftgebieten trauervolle Visionen vorüberziehen sehen, die von den Vielzuvielen nie bemerkt werden; – die sich über den Duft einer unbekannten Blume in Grübeleien verlieren können; – deren Gedanke sich plötzlich in dem Geheimnis einer Melodie, die sie bis dahin unbeachtet gelassen, verirren kann.

Bei meinen wiederholten Bemühungen, mich zu erinnern, bei meinen harten Anstrengungen, irgendeine Aufklärung über jenen Zustand scheinbaren Nichtseins, in den ich versunken war, zu erhalten, hatte ich oft Momente, in denen ich auf Erfolg hoffte, hatte ich kurze, sehr kurze Augenblicke, in denen ich eine Erinnerung heraufbeschwor, die sich, wie mir mein klarer gewordener Verstand in späteren Zeiten oft versicherte, nur auf jenen Zustand scheinbaren Nichtseins beziehen konnte. Diese Erinnerungsschatten reden undeutlich von großen Gestalten, die mich aufhoben und nach unten trugen – schweigend nach unten und immer tiefer –, bis mich bei dem Gedanken an den bodenlosen Abgrund, in den ich versank, ein scheußlicher Schwindel ergriff. Sie reden auch von einem unbestimmten Schauder, der mein Herz durchzitterte, weil dies Herz so unnatürlich ruhig geworden war. Dann folgt ein Gefühl, als sei alles, was mich umgab, in jähe Starre versunken – als hätten die, welche mich trugen – ein Zug von Gespenstern! in ihrem Absturz die Grenze des Unbegrenzten erreicht und hielten nun still und ruhten von der Ermüdung ihrer Arbeit aus. Darauf muß ich wohl ein Gefühl von Schalheit und Feuchtigkeit empfunden haben; – und dann ist alles Wahnsinn – der Wahnsinn eines Willens, der sich des Übermenschlichen, Verbotenen entsinnen will.

Ganz plötzlich empfand meine Seele wieder Bewegung und Klang – die stürmische Bewegung meines Herzens und sein Wiederklingen in meinem

## Die Foltern

Ohr. Dann trat eine Pause ein, in der alles wieder in schwarzes Nichts versank – doch spürte ich bald von neuem die Bewegung und den Klang – und gleich darauf ein Zittern, das mein ganzes Wesen durchfuhr. Plötzlich kam mir auch ein bloßes Daseinsbewußtsein zurück, das, ohne von einer anderen Empfindung begleitet zu sein, eine Weile anhielt, bis sich nach langer Zeit und unvermittelt in mir ein Gedanke erhob, den ich mit schauderndem Entsetzen als einen Versuch erkannte, mir über meinen Zustand bewußt zu werden. Dann erfaßte mich plötzlich der heiße Wunsch, wieder in Bewußtlosigkeit zurückzuversinken. Doch nun schien meine Seele plötzlich ganz aufzuwachen, und ich machte eine erfolgreiche Anstrengung, mich zu bewegen. Und ich erinnerte mich deutlich an die Verhandlung, die Richter, die schwarzen Draperien, an das Urteil, an meine Ohnmacht. Und doch vergaß ich noch einmal wieder mich selbst, die Zeit und den Raum, vergaß alles, dessen ich mich in späteren Tagen mit unsäglicher Mühe wieder zu erinnern versuchte.

Bis jetzt hatte ich meine Augen noch nicht geöffnet. Ich fühlte nur, daß ich ohne Fesseln auf dem Rücken lag. Als ich meine Hand ausstreckte, fiel sie schwer auf irgend etwas Feuchtes, Hartes. Mehrere Minuten lang ließ ich sie liegen, während ich zu erraten suchte, wo und in welchem Zustand ich mich befinde. Ich verlangte danach, um mich zu schauen, doch wagte ich es nicht, denn ich fürchtete den ersten Blick auf die Gegenstände, die mich umgeben könnten. Zwar grauste mir im Grunde nicht davor, gräßliche Dinge zu erblicken, ich schauderte vielmehr vor Angst, vielleicht gar nichts zu sehen. Endlich riß ich in wilder Verzweiflung meine Augen auf und fand meinen grauenhaften Gedanken bestätigt. Die Finsternis der ewigen Nacht umschloß mich. Ich rang nach Atem, denn es schien mir, als ob die Undurchdringlichkeit der Dunkelheit mich wie eine schwere Last bedrücke und ersticken wolle. Ich blieb regungslos liegen und machte eine Anstrengung, meinen Verstand zu Rate zu ziehen. Ich erinnerte mich an Einzelheiten der Gerichtsverhandlung, an ihren ganzen Verlauf, und versuchte dann von diesem Punkt aus, meinen wahren Zustand zu erkennen. Ich wußte, daß das Urteil gesprochen worden war, und mir schien, als sei seit diesem Augenblick eine lange Zeit verstrichen. Doch hielt ich mich nicht eine Sekunde lang für tot. Eine solche Vorstellung ist, trotz allem, was darüber geschrieben worden sein mag, bei einem lebendigen Menschen einfach ausgeschlossen – doch wo und in welchem Zustande befand ich mich? Die zum Tode Verurteilten wurden, wie ich wußte, gewöhnlich während der Autodafés umgebracht, und ich hatte gehört, daß in der Nacht nach dem Urteilsspruch ein solches abgehalten werden sollte. Hatte man

## Die Foltern

mich wieder in mein Gefängnis zurückgebracht, um mich für die nächste Opferung, die erst in ein paar Monaten stattfand, aufzusparen? Ich sah sofort ein, daß dies nicht sein könne. Man hatte ja Opfer nötig gehabt. Überdies war meine Zelle, wie in allen Gefängnissen zu Toledo, mit Steinen gepflastert und dem Licht nicht jeder Eintritt verwehrt gewesen.

Plötzlich trieb mir ein gräßlicher Gedanke alles Blut zum Herzen und stieß mich für eine kurze Zeit wieder in Bewußtlosigkeit. Als ich wieder zu mir kam, sprang ich auf meine Füße; jede Fiber in mir bebte. Ich griff mit meinen Armen wild nach allen Richtungen hin. Nichts fühlte ich; doch zitterte ich, einen Schritt zu tun: aus Furcht, an die Wände eines Grabes zu stoßen. Schweiß drang mir aus jeder Pore und stand in dicken kalten Tropfen auf meiner Stirne. Die Angst der Ungewißheit wurde zum Schluß unerträglich, und ich wagte mich vorsichtig vorwärts, streckte die Arme aus und starrte so angestrengt, daß meine Augen fast aus ihren Höhlen springen wollten, vor mich hin, in der Hoffnung, einen, wenn auch noch so schwachen Lichtstrahl zu entdecken. Ich tat mehrere Schritte, doch blieb alles dunkel und leer. Ich atmete etwas freier. Es schien ja, als habe man mich doch nicht dem gräßlichsten aller Tode überliefert.

Und während ich nun vorsichtig vorwärtsschritt, erwachten, überstürzten sich in meinem Geiste

## Die Foltern

tausend Erinnerungen an das, was ich von den Schrecken Toledos gehört hatte. Man hatte schauerliche Dinge von den Gefängnissen erzählt – mir waren sie immer wie Fabeln erschienen – wie Fabeln, die zu gräßlich waren, um wiederholt zu werden. Hatte man mich in dieser unterirdischen Welt dem Hungertod preisgegeben? Oder welches, vielleicht noch gräßlichere Schicksal erwartete mich? Daß der Tod – und zwar ein bitterer, grausamer Tod – das Ende sein werde, daran zweifelte ich, da ich ja meine Richter kannte, nicht einen Augenblick. Ich dachte nur darüber nach, in welcher Gestalt und wann er sich mir nahen werde.

Meine ausgestreckte Hand fand endlich festen Widerstand. Allem Anschein nach war es eine Steinmauer – die mir sehr glatt, feucht und kalt schien. Ich ging an ihr mit jenem angstvollen Mißtrauen, welches mir gewisse alte Geschichten eingeflößt hatten, vorsichtig entlang. Doch gelangte ich auf diese Weise zu keiner Vorstellung von der Größe meines Gefängnisses, denn die Mauer war an allen Stellen so vollkommen gleichmäßig, daß sie sehr wohl auch rund sein konnte, und ich immer im Kreise herumging. Deshalb suchte ich nach dem Messer, das sich in meiner Tasche befunden hatte, als man mich in das Inquisitionszimmer führte. Es war verschwunden, und ich bemerkte, daß man meine Kleider gegen ein grobes Leinengewand vertauscht hat-

## Die Foltern

te. Ich wollte die Messerklinge in eine kleine Ritze der Wand stoßen, um den Punkt, von dem ich ausging, zu bezeichnen. Doch gelang mir dies auch ohne Messer, obgleich ich es anfangs in meiner Gedankenzerrüttung selbst nicht zu hoffen gewagt: ich riß nämlich ein Stück aus meinem Gewande und legte es auf den Boden, in rechtem Winkel zu der Mauer, nieder. War mein Gefängnis wirklich rund, so mußte ich, nachdem ich mich im Kreise herumgetastet, wieder auf den Kleiderfetzen stoßen. So wenigstens hatte ich kalkuliert, doch bei meiner Berechnung die Größe des Gefängnisses und meine vollständige Körperschwäche ganz außer acht gelassen. Der Boden war feucht und glatt, ich wankte ein paar Schritte vorwärts, stolperte und fiel hin. Meine Erschöpfung zwang mich, liegen zu bleiben, und bald überwältigte mich der Schlaf.

Als ich erwachte und einen Arm ausstreckte, fand ich an meiner Seite ein Brot und einen Krug mit Wasser. Ich war zu erschöpft, um mir diese Tatsache irgendwie erklären zu können, sondern aß und trank mit Heißhunger. Bald darauf nahm ich meinen Rundgang um das Gefängnis wieder auf und stieß mit beschwerlichem Vorwärtstasten wieder auf den Kleiderfetzen. Bis zu dem Augenblick, in dem ich niederfiel, hatte ich schon zweiundfünfzig Schritte gezählt, und nun hatte ich von neuem achtundvierzig Schritte gemacht, ehe ich an mein

## Die Foltern

Merkzeichen zurückgelangte. Im ganzen waren es also hundert Schritte, und nahm ich an, daß zwei Schritte eine Elle ausmachten, so mußte mein Gefängnis fünfzig Ellen im Umfang haben. Doch hatte ich eine Menge Winkel in der Mauer gefunden, so daß ich mir keine rechte Vorstellung von der wirklichen Gestalt der Grube machen konnte; irgend etwas, das ich mir nicht näher erklären konnte, bestimmte mich nämlich, anzunehmen, daß ich mich in einer Grube befände.

Die Nachforschungen interessierten mich im übrigen nicht sehr – jedenfalls stellte ich sie nicht an, weil ich irgendwelche Hoffnung schöpfte; eigentlich war es nur eine unbestimmte Neugierde, die mich zwang, dieselben fortzusetzen. Ich wandte mich von der Mauer weg und beschloß, den Raum quer zu durchschreiten. Anfangs tastete ich mich nur mit außerordentlicher Vorsicht weiter, denn der Boden war, obgleich hart und festgefügt, gefährlich glitschig. Dann nahm ich jedoch all meinen Mut zusammen, um fest auszuschreiten, und bemühte mich zugleich, den Raum in möglichst gerader Linie zu durchkreuzen. Ich mochte vielleicht zehn oder zwölf Schritte gemacht haben, als sich meine Füße in den Kleiderfetzen verwickelten. Ich stolperte und fiel heftig aufs Gesicht.

In dem ersten Schrecken über meinen Fall entging mir anfangs ein überraschender Umstand,

## Die Foltern

der jedoch schon nach ein paar Sekunden meine ganze Aufmerksamkeit auf sich zog. Sonderbarerweise ruhte nämlich mein Kinn auf dem Boden des Gefängnisses, aber meine Lippen und der obere Teil meines Kopfes berührten, obwohl sie tiefer lagen als das Kinn, anscheinend nichts. Zu gleicher Zeit fühlte ich meine Stirn wie in einem klebrigen Dampf gebadet, und der nicht zu verkennende Geruch verwester Schwämme drang in meine Nase. Ich streckte meinen Arm aus und fand mit Schaudern, daß ich gerade auf den Rand eines runden Brunnens gefallen war, dessen Ausdehnung ich in diesem Augenblicke natürlich noch nicht ermessen konnte. Ich tastete mit der Hand an dem Mauerwerk gerade unterhalb des Randes entlang, bröckelte einen kleinen Stein los und ließ ihn in den Abgrund fallen. Während mehrerer Sekunden vernahm ich sein wiederholtes Aufschlagen an den Seiten oder Vorsprüngen des Abgrundes, dann sein dumpfes Einschlagen in das Wasser, dem ein lautes, vielfaches Echo folgte. Zugleich vernahm ich einen Laut wie von dem raschen Öffnen und wieder Schließen einer Tür über mir, während ein schwacher Lichtstrahl plötzlich die Dunkelheit durchzuckte und ebenso rasch wieder verschwand.

Nun erkannte ich klar, welches Schicksal man mir zugedacht hatte, und konnte mich zu meinem Fall,

## Die Foltern

der mich vor demselben bewahrt, beglückwünschen. Noch einen Schritt weiter und die Welt hätte mich nie mehr gesehen. Die Todesart, der ich eben entgangen, war so gräßlich, daß sie all jene Gerüchte über die Scheußlichkeiten der Inquisition, die ich für grausige Fabeln gehalten, an Gräßlichkeit übertraf. Die Opfer hatten gewöhnlich die Wahl zwischen einem Tod unter den schauerlichsten körperlichen oder unerhörtesten geistigen Qualen. Mir hatte man die letzteren zugedacht. Das lange und unsägliche Leiden hatte meine Nerven schon so zerrüttet, daß ich bei dem Klang meiner eigenen Stimme zu zittern begann und ein ausgezeichnetes Objekt für die Art Qualen geworden war, die man mir zugedacht hatte.

An allen Gliedern bebend, tappte ich zu der Mauer zurück, entschlossen, lieber dort zu sterben, als mich der Gefahr auszusetzen, in einen der gräßlichen Brunnen zu geraten, die mir meine Phantasie an den verschiedensten Stellen des Gefängnisses vorspiegelte.

Wäre ich in einem anderen Gemütszustand gewesen, so hätte ich den Mut gehabt, meiner Qual durch einen Sprung in einen dieser Abgründe mit einem Male ein Ende zu machen. Doch hatten mich alle die seelischen Leiden, die vorhergegangen waren, zum Feigling gemacht, und außerdem fiel mir wieder ein, was ich von diesen Brunnen gelesen:

## Die Foltern

daß ihre gräßliche Bauart einen schnellen Tod einfach ausschloß.

Meine Aufregung hielt mich lange Stunden wach; endlich schlummerte ich wieder ein. Als ich aus dem Schlaf auffuhr, fand ich, wie das vorige Mal, ein Brot und einen Krug Wasser an meiner Seite. Ein brennender Durst quälte mich, und ich leerte das Gefäß auf einen Zug. Man mußte dem Wasser irgendein Schlafmittel beigemischt haben, denn kaum hatte ich getrunken, so schlossen sich meine Lider von neuem.

Ich schlief wie tot. Als ich meine Augen wieder öffnete, konnte ich die Gegenstände um mich her erkennen. Ein seltsames, schwefelgelbes Licht, dessen Ursprung ich zunächst nicht ausfindig machen konnte, ließ mich die Ausdehnung und Bauart meines Gefängnisses überschauen. Ich hatte mich über seine Größe durchaus getäuscht. Der ganze Umfang der Mauern betrug höchstens fünfundzwanzig Ellen. Diese Tatsache leitete mich für einige Minuten in eine ganze Welt müßiger Verwunderung, die ich mir kaum zu erklären vermochte; denn was konnte mich unter den furchtbaren Umständen, in denen ich mich befand, die Größe meines Gefängnisses kümmern? Doch ergriff mich ein sonderbares Interesse für die unbedeutendsten Kleinigkeiten meiner Umgebung, und ich bemühte mich, die Ursache meines Irrtums herauszufinden. Nach

## Die Foltern

langem Nachdenken kam ich denn auch dahinter: Bei meinem ersten Versuch, das Gefängnis zu umschreiten, hatte ich bis zu dem Augenblick, in dem ich hinfiel, zweiundfünfzig Schritte gezählt und mußte dem Kleiderfetzen bis auf ein oder zwei Schritt nahe gekommen sein. Darauf war ich eingeschlafen und hatte mich beim Erwachen herumgedreht und denselben Weg noch einmal gemacht, ohne in meiner Verwirrung zu bemerken, daß ich beim erstenmal die Mauer zur linken und beim zweitenmal zur rechten Hand hatte.

Auch bezüglich der Form des Gefängnisses hatte ich mich getäuscht. Als ich an den Mauern herumtappte, hatte ich eine Menge Winkel gefunden und mir den Raum deshalb äußerst unregelmäßig gedacht. Die Winkel stellten sich jetzt einfach als unregelmäßig verteilte Einbuchtungen heraus. Im allgemeinen war das Gefängnis viereckig. Was ich für Mauerwerk gehalten hatte, schien Eisen zu sein oder irgendein altes Metall, das in großen Platten die Wand bekleidete. Die ganze Oberfläche dieser erzenen Wände war mit rohen Abbildungen all jener abschreckenden, scheußlichen Szenen besudelt, die dem grobsinnlichen Aberglauben der Mönche ihre Entstehung verdankten. Teufelsfratzen mit drohenden Mienen, Skelette und andere noch gräßlichere Bilder überdeckten die Wände. Ich bemerkte, daß die Konturen dieser Ungeheuer-

## Die Foltern

lichkeiten ziemlich deutlich hervortraten, während die Farben verloschen und verblaßt zu sein schienen, wie es unter dem Einfluß einer feuchten Atmosphäre zu geschehen pflegt. Dann betrachtete ich den Fußboden; er war von Stein, und in seiner Mitte gähnte der ungeheure Schlund, dem ich eben entronnen; doch war er der einzige, der sich im Kerker befand.

Ich erblickte alles dies nur undeutlich und mit vieler Mühe, denn während meines Schlafes war mit meiner Lage eine große Veränderung vor sich gegangen. Man hatte mich jetzt der Länge nach auf eine Art von niedrigem Holzrahmen mit Lattenwerk auf den Rücken hingestreckt. Mit einem langen, einem Sattelgurt ähnlichen Riemen hatte man mich dann dort festgebunden. Diese Fessel umwand meinen Körper und meine Glieder vielfach, so daß nur mein Kopf und mein linker Arm frei blieben, der letztere jedoch nur so weit, daß ich mit vieler Mühe bis zu einer irdenen Schüssel reichen konnte, die mit Nahrung gefüllt, mir zur Seite auf dem Boden stand. Mit Entsetzen bemerkte ich, daß man den Wasserkrug fortgenommen hatte. Ich sage mit Entsetzen, denn ich wurde von einem unerträglichen Durst gequält. Diesen Durst zu erzeugen, schien in der Absicht meiner Quäler zu liegen, denn die in der Schüssel befindliche Nahrung bestand aus einer starkgewürzten Fleischspeise.

## Die Foltern

Ich begann jetzt, die Decke meines Gefängnisses zu betrachten. Sie mochte wohl dreißig oder vierzig Fuß hoch sein und war von ähnlicher Bauart wie die Seitenwände. Auf einem der Felder erblickte ich eine sonderbare Figur, die meine ganze Aufmerksamkeit auf sich zog. Es war das gemalte Symbol der Zeit, wie man sie gewöhnlich darstellt, nur hielt sie statt der Sichel ein Ding in der Hand, das ich auf den ersten Blick hin für die Abbildung eines großen Pendels hielt, wie man es noch an altmodischen Uhren sieht. Doch fiel mir irgend etwas an diesem Instrument auf, das mich veranlaßte, aufmerksam hinzuschauen.

Während ich nun gerade hinaufstarrte – das Pendel war genau über mir angebracht – schien es mir plötzlich, als bewege es sich. Einen Augenblick später fand ich meine Vermutung bestätigt. Seine Schwingungen waren kurz und langsam. Ich beobachtete sie einige Minuten lang mit großem Schrekken, doch noch größerem Erstaunen. Als mich dies endlich ermüdete, richtete ich meine Blicke auf andere in der Zelle befindliche Gegenstände.

Bald darauf vernahm ich ein sonderbares, raschelndes Geräusch und sah mehrere Ratten von ungewöhnlicher Größe über den Boden hinlaufen. Sie waren aus dem Brunnen gekommen, den ich von meinem Platz aus überschauen konnte. Selbst während ich hinsah, kamen sie scharenweise her-

## Die Foltern

auf, und eilten, von dem Geruch des Fleisches angelockt, mit gierigen Augen herbei. Nur mit vieler Mühe und Aufmerksamkeit konnte ich sie von der Schüssel verscheuchen.

Es mochte wohl eine halbe, vielleicht aber auch eine ganze Stunde vergangen sein – ich konnte mir ja nur eine sehr unvollkommene Vorstellung von der Zeit machen –, ehe ich meine Blicke wieder empor zur Decke richtete. Was ich da erblickte, versetzte mich in Verwunderung und Bestürzung. Die Schwingung des Pendels hatte sich fast um eine Elle vergrößert und an Geschwindigkeit ebenfalls zugenommen; was mich jedoch hauptsächlich beunruhigte, war die Tatsache, daß sich das Pendel selbst merklich tiefer gesenkt hatte. Ich bemerkte jetzt auch – es ist überflüssig zu sagen, mit welchem Grausen –, daß sein unteres Ende aus einem Halbmond von blitzendem Stahl bestand, der von einem Horn zum anderen etwa einen Fuß maß. Die Spitzen der Hörner waren nach aufwärts gekehrt, und die untere Kante hatte augenscheinlich die Schärfe eines Rasiermessers. Auch schien das Pendel so massiv und schwer wie ein solches, da es, von der haarscharfen Schneide an allmählich dicker werdend, oben in einen breiten Rücken auslief. Es hing an einem dicken Stab von Messing, und das Ganze zischte ordentlich, wenn es die Luft durchschnitt.

## Die Foltern

Nun konnte ich nicht länger im Zweifel darüber sein, welches Schicksal mir die erfinderische Grausamkeit der Mönche zugedacht hatte. Es war den Dienern der Inquisition nicht entgangen, daß ich die Grube entdeckt hatte; – die Grube, deren Schrecken einem so verstockten Ketzer, wie ich es in ihren Augen war, bestimmt gewesen – die Grube, dies Bild der Hölle, die, wie das Gerücht ging, das Grauenhafteste an Foltern barg, was die teuflische Grausamkeit der Mönche nur ausgeklügelt hatte. Durch einen bloßen Zufall war ich vor dem Sturz in diesen Abgrund bewahrt geblieben, und ich wußte, daß fürchterliche Überraschungen einen wichtigen Bestandteil der Ungeheuerlichkeiten des Foltertodes bildeten. Da ich selbst dem Sturz entgangen war, würde man mich nicht durch fremde Hand in den Abgrund schleudern, und die Grube war ein für allemal aus dem Marterplan ausgeschaltet. Es erwartete mich also eine andere, mildere Art der Vernichtung. Milder! Fast mußte ich in meiner Todesangst auflachen, einen solchen Gedanken unter solchen Umständen gedacht zu haben.

Doch was würde es nützen, von jenen langen, langen Schreckensstunden reden zu wollen, in denen ich die Schwingungen des scharf geschliffenen Stahles zählte! Zoll um Zoll – Linie um Linie – mit kaum erkennbaren, nur nach längeren Zeiträumen, die mir wie Jahrhunderte erschienen, merklichen

## Die Foltern

Senkungen, schwebte das entsetzliche Instrument auf mich herab! Tage vergingen – viele Tage mochten vergangen sein, bis es so dicht über mir hin und her sauste, daß mich die raschen Schwingungen wie ein glühender Atem anfächelten! Schon drang der Geruch des scharfen Stahles in meine Nase. Ich betete – ich schrie zum Himmel empor, daß er die Bewegungen des Pendels beschleunige. Ich wurde wie rasend, wie tollwütig und bäumte mich aufwärts, um mich dem gräßlichen Vernichter schnell anheimzugeben. Dann wurde ich plötzlich sehr ruhig, sank zurück und blickte den glitzernden Tod lächelnd an, wie ein Kind ein seltsames Spielzeug.

Es trat ein Zustand völliger Bewußtlosigkeit ein, der aber nicht lange gedauert haben konnte, denn als ich wieder zu mir kam, war keine wesentliche Senkung des Pendels zu bemerken. Doch bewies dies eigentlich nichts, denn ich mußte mir sagen, daß mich von oben herab meine teuflischen Quäler bewachten und während meiner Ohnmacht die Schwingungen nach Belieben aufgehalten haben konnten. Außerdem fühlte ich mich, als ich wieder zu mir kam, sehr elend – ach! unsagbar elend und matt, als hätte ich schon seit langer Zeit keine Nahrung mehr zu mir genommen. Selbst inmitten all dieser Todesqualen forderte die Natur gebieterisch ihr Recht. Mit schmerzhafter Anstrengung streckte ich meinen linken Arm aus, so weit es meine Fes-

## Die Foltern

seln erlaubten, und bemächtigte mich der geringen Speisereste, welche die Ratten übriggelassen hatten. Als ich ein Stückchen Fleisch zwischen meine Lippen schob, tauchte in meinem Geiste etwas wie ein unbestimmter Gedanke der Freude und Hoffnung auf. Und doch, was hatte ich mit Hoffnung zu tun? Es war, wie ich sagte, nur das unbestimmte Dämmern eines Gedankens, wie es in Menschen so manchmal entsteht und spurlos wieder zerrinnt. Ich fühlte, daß es Freude und Hoffnung bedeutete – aber ich fühlte auch, daß diese Regungen im Entstehen schon wieder in nichts zerflossen. Vergebens bemühte ich mich, sie zu einem bestimmten Gedanken zu verdichten, sie festzuhalten. Die lange Qual hatte meine geistigen Fähigkeiten fast vernichtet. Ich war beinahe zum Blödsinnigen – zum Idioten geworden.

Die Schwingungen des Pendels standen im rechten Winkel zu meiner Körperlänge. Ich sah, daß der Halbmond genau mein Herz durchschneiden müsse. Zuerst würde er den Stoff meines Gewandes schlitzen – bei der Rückschwingung den Einschnitt wiederholen – und dann wieder und wieder. Trotz der entsetzlich weiten Schwingung, die jetzt wohl schon dreißig Fuß betrug, und trotz der sausenden Kraft, mit der das Pendel niederfuhr und die wohl genügt hätte, die eisernen Wände zu spalten, würde sich während einiger Minuten die ganze

## Die Foltern

Wirkung darauf beschränken, mir die Kleider zu zerreißen. Bei diesem Gedanken verweilte ich lange, da ich nicht wagte, weiter darüber hinauszugehen. Ich verharrte bei ihm mit stummer Aufmerksamkeit, als könne ich dadurch den Stahl aufhalten. Ich zwang mich, über das Sausen des Halbmondes, wenn er meine Kleider durchschneiden würde, nachzugrübeln – an das eigentümliche Erschaudern zu denken, das meine Nerven bei dem Zerreißen des Gewandes überlaufen würde. Über all diese unwichtigen Nebensächlichkeiten grübelte ich nach, bis meine Zähne wie im Frost aufeinanderschlugen.

Tiefer – immer tiefer sank das Pendel. Ich fand ein irres Vergnügen daran, die Schnelligkeit der Schwingungen nach oben und nach unten miteinander zu vergleichen. Nach rechts, nach links – auf und ab sauste es, stöhnend, heulend wie ein Verdammter in der Hölle. Auf mein Herz ging es los, mit sicherem, beständigem Schleichtritt wie ein Tiger. Und ich lachte und heulte abwechselnd dazu, je nachdem, ob die eine oder die andere Vorstellung in mir die Oberhand gewann.

Tiefer – immer tiefer, ohne Erbarmen! Nur noch drei Zoll über meinem Herzen sauste das Pendel dahin. Ich machte wilde, wütende Anstrengungen, meinen linken Arm, der bis zum Ellbogen gefesselt war, ganz zu befreien. Wäre es mir gelungen, so

## Die Foltern

hätte ich das Pendel ergriffen und zum Stillstand zu bringen versucht. Doch hätte ich wohl ebensogut wagen können, den Sturz einer Lawine aufzuhalten.

Tiefer sauste es – unaufhörlich – unerbittlich tiefer! Ich rang nach Atem und bot alle Kräfte auf, um mich zu befreien. Bei jeder neuen Schwingung zuckte ich wie von einem Krampf geschüttelt zusammen; meine Blicke folgten dem sausenden Stahl nach oben und nach unten mit dem gierigen Eifer der sinnlosesten Verzweiflung. Wenn er niederfuhr, schlossen sich meine Augen vor irrer Angst, und doch wäre mir der Tod eine Erlösung, eine unaussprechlich heiß ersehnte Erlösung gewesen! Und hinwiederum erschauderte ich bis in meine innersten Fibern bei der Vorstellung, wie wenig sich der fürchterliche Stahl nur noch zu senken brauchte, um meine Brust zu durchschneiden. Was mich so erschauern und meine Nerven erzittern ließ, das war Hoffnung – ja, Hoffnung, die noch in den Kerkern der Inquisition die dem Tode Geweihten umflüstert.

Ich sah, daß nach etwa zehn oder zwölf Schwingungen der Stahl in Berührung mit meinen Kleidern kommen müsse; und mit dieser Überzeugung überkam meinen Geist plötzlich die kalte Ruhe der Verzweiflung. Zum ersten Male seit vielen Stunden, ja seit vielen Tagen dachte ich wieder. Es fiel mir

## Die Foltern

plötzlich auf, daß die Gurte, die mich fesselten, aus einem Stücke bestanden. Ich war an keiner Stelle mit einem einzelnen Riemen festgebunden. Der erste Schnitt des haarscharfen Halbmondes durch irgendeinen Teil meiner Fesseln mußte dieselben so weit lösen, daß es mir gelingen konnte, mich mit meiner freien linken Hand ganz aus ihnen herauszuwickeln. Doch wie fürchterlich war selbst in diesem Falle die nahe Berührung des Stahles! Die geringste Zuckung konnte ja tödlich werden! Überdies war es leicht möglich, daß meine Quäler eine solche Möglichkeit vorausgesehen und ihr vorgebeugt hatten. Wie unwahrscheinlich war es, daß die quer über meine Brust verlaufende Fessel so angebracht war, daß das Pendel sie treffen würde? Voller Furcht, meine letzte, schwache Hoffnung vernichtet zu sehen, reckte ich meinen Kopf, soweit es ging, in die Höhe, um einen Überblick über meine Brust zu erhalten. Meine Glieder und mein Körper waren nach allen Richtungen hin von den Gurten fest umwunden – ausgenommen da, wo der tödliche Halbmond vorüberstreifen mußte!

Kaum war ich in meine frühere Lage zurückgesunken, als in meiner Seele etwas aufblitzte, das ich nicht besser beschreiben kann, als wenn ich es die zweite Hälfte jenes unbestimmten Gedankens an Befreiung nenne, den ich schon vorhin erwähnte, der mir vage und undeutlich vorschwebte, als ich

## Die Foltern

die Speise an meine brennenden Lippen führte. Jetzt stand er vor mir – noch schwach, von der Vernunft kaum gebilligt, doch vollständig und erkennbar. Mit der schaudernden Energie der Verzweiflung machte ich mich sogleich an seine Ausführung.

Seit mehreren Stunden wimmelte es dicht um den hölzernen Rahmen herum, auf dem ich lag, von Ratten. Sie schwärmten mit dreister Zudringlichkeit heran und starrten mich mit ihren rötlich glühenden Augen an, als warteten sie nur darauf, mich, sobald ich regungslos daliegen würde, zu verzehren. „Welcher Art", dachte ich mit Grausen, „mag wohl ihre Nahrung im Brunnen gewesen sein?"

Sie hatten, trotz aller meiner Versuche, sie zu verscheuchen, den Inhalt der Schüssel bis auf einen kleinen Rest verzehrt. Unaufhörlich hatte ich die Hand über dem Speiserest hin und her bewegt, doch zum Schluß war die Bewegung durch ihre fortwährende Gleichmäßigkeit wirkungslos geworden. Das scharfe Gebiß dieser gefräßigen Tiere hatte oft meine Finger berührt. Mit den kleinen Stückchen der fetten, stark gewürzten Speise, die noch vorhanden waren, rieb ich nun meine Fesseln, so weit ich nur reichen konnte, gründlich ein. Dann zog ich meine Hand zurück und blieb regungslos, mit zurückgehaltenem Atem, liegen.

Anfangs schienen die raubgierigen Tiere durch

## Die Foltern

die Veränderung erschreckt, schienen der plötzlichen Bewegungslosigkeit zu mißtrauen. Sie eilten zum Brunnen zurück, und ich fürchtete schon, sie würden sich nicht mehr heranwagen. Doch dauerte ihre Angst nur einen Augenblick lang. Ich hatte nicht umsonst auf ihre Gefräßigkeit gerechnet. Als sie bemerkten, daß ich regungslos liegenblieb, sprangen ein oder zwei der zudringlichsten auf den Holzrahmen und schnüffelten an den Fesseln herum. Dies schien das Zeichen zu einem allgemeinen Sturm zu sein. In immer neuen Scharen schwärmten sie vom Brunnen heran. Sie klammerten sich an das Holz, stürzten auf den Rahmen und trieben sich zu Hunderten auf meinem Körper herum. Die regelmäßige Schwingung des Pendels beunruhigte sie nicht im mindesten. Sie wichen ihm aus und beschäftigten sich angelegentlichst mit den fetten Gurten. Immer größere Schwärme wimmelten heran. Sie krochen über meine Kehle, ihre kalten Schnauzen berührten oft meine Lippen; ich war dem Ersticken nahe; ein Ekel, der sich nicht in Worte fassen läßt, krampfte mir den Magen zusammen und erfüllte mich mit eisiger Übelkeit. Doch hielt ich standhaft aus, da ich fühlte, daß der Kampf nicht mehr lange dauern könne. Deutlich spürte ich schon, wie meine Fesseln sich lockerten, sie mußten schon an mehr als einer Stelle zernagt sein. Mit übermenschlicher Willenskraft hielt ich still.

## DIE FOLTERN

Ich hatte mit meinen Berechnungen nicht geirrt, und meine Standhaftigkeit schien belohnt zu werden. Ich fühlte, daß ich frei war! Der Gurt hing in Fetzen um meinen Körper herum. Doch schon berührte das Pendel, meine Brust. Der Stoff meines Gewandes war schon geschlitzt, selbst das Hemd darunter war schon durchschnitten worden. Noch zweimal schwang das Pendel, und durch jede Fiber meines Leibes zuckte ein schauerlich durchdringendes Schmerzgefühl. Doch der Augenblick der Rettung war gekommen. Auf eine feste Bewegung meiner Hand stürzten meine Befreier erschreckt von dannen. Vorsichtig, langsam, zusammengekrümmt, machte ich eine seitliche Schwenkung und glitt aus meinen Fesseln und dem Bereiche des fürchterlichen Stahles auf die Erde nieder. Für den Augenblick wenigstens war ich frei.

Frei! – In den Klauen der Inquisition sein und von Freiheit reden! Kaum war ich von meinem hölzernen Schreckenslager auf den Steinboden meines Gefängnisses herabgeglitten, als die Bewegung der höllischen Maschinerie aufhörte. Ich sah, wie sie von einer unsichtbaren Kraft zur Decke emporgezogen wurde, und neue Verzweiflung zerriß mir das Herz. Man überwachte also jede meiner Bewegungen! Frei! – Ich war nur einer Art von Todesqual entgangen, um einer schlimmeren überliefert zu werden. Bei diesem Gedanken schweiften meine

## Die Foltern

entsetzten Blicke unwillkürlich an den eisernen Mauern, die mich umschlossen, entlang. Ich bemerkte, daß irgendeine Veränderung, über die ich mir im ersten Augenblick noch nicht recht klar wurde, daß irgend etwas Ungewöhnliches mit ihnen vorgegangen sein mußte. Mehrere Minuten lang quälte ich mich, in einer grausenerfüllten, traumhaften Versunkenheit befangen, mit unmöglichen, irren Vermutungen ab. Dann bemerkte ich zum ersten Mal den Ursprung des schwefeligen Lichtes, das meinen Kerker erfüllte. Es drang aus einem, vielleicht einen halben Zoll breiten Spalt hervor, der am Fuße der Wände den ganzen Kerker entlang lief, so daß sie vollständig vom Fußboden getrennt waren. Ich bemühte mich, durch die Rinne hinunterzuspähen, jedoch vergeblich.

Als ich mich nach diesem Versuch wieder erhob, wurde mir plötzlich klar, worin die geheimnisvolle Veränderung meiner Zelle bestand. Ich sagte schon, daß die Umrisse der an den Wänden befindlichen Abbildungen deutlich hervortraten, die Farben hingegen matt und verblaßt erschienen. Diese Farben begannen jetzt von Augenblick zu Augenblick schreckhafter aufzuleuchten und verliehen den gespensterhaften, teuflischen Fratzen einen Anblick, der stärkere Nerven, als meine zerquälten, mit unerträglichem Grausen erfüllt haben würde. Dämonische Augen mit wilden geisterhaften Blicken starr-

## Die Foltern

ten mich plötzlich aus dunklen Ecken an und glühten mit so düsterem Feuerglanz zu mir her, daß ich mich nicht zwingen konnte, sie nur für eine Vorspiegelung meiner gemarterten Phantasie zu halten.

Vorspiegelung! – Schon drang beim Atemholen der Dunst von glühendem Eisen in meine Nase. Ein erstickender Qualm begann den Kerker zu erfüllen. Mit jeder Sekunde erglühten die Augen, die auf meine Todesqualen niedergrinsten, in wüsterem Feuerschein. Die gemalten blutigen Schauerszenen färbten sich blutiger. Schüttelnd riß ein Grausen an mir! Ich keuchte! Ich erkannte die Absicht meiner Quäler, diese entmenschten Teufel! Ich floh vor dem glühenden Eisen in die Mitte der Zelle. In dem unsagbaren Grauen vor der feurigen Vernichtung, die mich erwartete, kam mir plötzlich wie lindernder Balsam der Gedanke an die Kühle des Brunnens. Ich beugte mich über seinen gefährlichen Rand und spähte scharf hinunter. Ein feuriger Schein fiel von der glühenden Decke und beleuchtete seine verborgensten Winkel. Doch sträubte sich mein Geist einen gräßlichen Augenblick lang, das, was ich sah, für möglich zu halten. Endlich drängte sich die Wahrheit meiner Seele mit unwiderstehlicher Gewalt auf – brannte sich mit unerhörten Zügen in meine schaudernde Vorstellung. Wer könnte aussprechen, was ich gesehen? – Jedes andere Schrecknis – nur nicht dies! Mit einem Schrei stürzte ich

## Die Foltern

von dem Brunnenrand fort, verbarg mein Gesicht in meinen Händen – und weinte bitterlich!

Die Hitze nahm rasch zu, und wie irrsinnig starrte ich noch einmal zur Decke empor. Eine zweite Veränderung hatte sich vollzogen, und zwar diesmal in der Form des Kerkers. Wie früher bemühte ich mich, zuerst vergeblich, ihren Zweck zu erkennen. Doch blieb ich nicht lange im Zweifel. Mein zweimaliges Entkommen hatte die Wut der Inquisitoren zum Äußersten getrieben, und sie zögerten nicht, all ihren Grausamkeiten noch die letzte, fürchterlichste folgen zu lassen.

Der Kerker war ursprünglich rechtwinkelig gewesen, jetzt sah ich, daß zwei seiner eisernen Ecken spitzwinkelig, die beiden anderen also stumpfwinkelig geworden waren. Mit leisem Knarren ging die furchtbare Verschiebung vor sich. Einen Augenblick später hatte der Raum die Gestalt eines verschobenen Quadrats. Doch hielt die Bewegung hier nicht an – ich hatte es auch weder gehofft noch gewünscht. Ich hätte ja die glühenden Wände wie ein Totenhemd, das mir die ewige Ruhe versprach, an meine Brust drücken mögen! „Tod!" rief ich sehnsüchtig aus; denn willkommen war mir jeder Tod – nur nicht der Tod in der Grube! Ich Narr! Begriff ich denn immer noch nicht, daß das glühende Eisen keinen anderen Zweck hatte, als mich in den Brunnen hineinzutreiben? Konnte ich die Glut ertragen? Und wäre dies auch möglich: mußte ich nicht der pressenden Gewalt der wandelnden Wände weichen? – Enger und enger und so schnell, daß mir keine Zeit zum Grübeln blieb, schob sich das Viereck zusammen. Schon stand sein Mittelpunkt, der breiteste Raum zwischen den Eisenwänden, gerade über dem gähnenden Abgrund des Brunnens. Ich schauderte zurück – die Wände drängten mich wieder vor. Endlich war für meinen zuckenden, wunden Körper nur noch ein Zoll Raum auf dem Boden geblieben. Ich kämpfte nicht länger; die Todesangst meiner Seele schrie in einem einzigen lauten Schrei der Verzweiflung zum Himmel auf. Ich fühlte, daß ich auf dem Rande schwankte – ich wandte die Augen ab.

Ich hörte ein verworrenes Geräusch menschlicher Stimmen! Dann ein polterndes Rollen wie von tausend Donnern! Und jetzt ein lautes Signal wie von vielen Trompeten, die durcheinander schmetterten. Es krachte – dröhnte! die feurigen Wände fuhren zurück! Ein ausgestreckter Arm ergriff den meinen, im Augenblick, da ich schon besinnungslos über dem Abgrund wankte. Es war General Lasalle. Die französische Armee war in Toledo eingezogen. Die Inquisition befand sich in den Händen ihrer Feinde.

# *Der entwendete Brief*

> *Nil sapientiae odiosius acumine nimio.*
> Seneca

ICH WAR IM JAHRE 18... in Paris und erfreute mich an einem dunklen, stürmischen Herbstabend mit meinem Freunde August Dupin in dessen kleiner Bibliothek oder Studierzimmer des doppelten Genusses einer Meerschaumpfeife und beschaulichen Nachdenkens. Seit wenigstens einer Stunde waren wir in tiefes Schweigen versunken, und jeder zufällige Beobachter hätte geglaubt, daß wir uns angelegentlichst und ausschließlich mit den Rauchwolken beschäftigten, die das ganze Zimmer einhüllten. Ich erwog jedoch in Gedanken noch einige Punkte der Unterredung, die ich zu Anfang des Abends mit meinem Freund gehabt, und welche sich auf die Begebenheiten in der Spitalgasse und auf den geheimnisvollen Mord an Marie Rogêt bezogen. Ich mußte es deshalb für ein sonderbares Zusammentreffen halten, daß, als sich die Tür unseres Zimmers öffnete, unser alter Bekannter, Herr G., der Pariser Polizeipräfekt, eintrat. Wir begrüßten ihn auf das herzlichste; denn wenn der Mann auch manche verächtliche Eigenschaft besaß, so war er doch sehr unterhaltend, und wir hatten ihn sehr lange nicht gesehen. Da wir bis jetzt im Dunkeln gesessen hatten, erhob sich Dupin, um seine Lampe anzuzünden, doch setzte er sich sogleich wieder, als G. sagte, er sei gekommen, um uns um Rat zu fragen oder vielmehr die Meinung meines Freundes über ein Amtsgeschäft einzuholen, das ihm schon große Unruhe bereitet habe.

„Wenn es sich um einen Fall handelt, der Nachdenken erfordert", warf Dupin ein und hielt mit dem Anzünden inne, „so ist es besser, wir prüfen ihn im Dunkeln."

„Das ist wieder eine Ihrer Sonderbarkeiten", sagte der Präfekt, der geneigt war, alles, was über sein Begriffsvermögen hinausging, „sonderbar" zu nennen, und daher mitten in einer unendlichen Schar von „Sonderbarkeiten" lebte.

„Sehr richtig", antwortete Dupin, während er den Gast mit einer Pfeife versorgte und einen bequemen Sessel für ihn heranschob. „Um was für Schwierigkeiten handelt es sich denn wieder?" fragte ich. „Doch nicht um eine neue Mordsache?" – „O nein, um nichts Derartiges. Eigentlich liegt der

## DER ENTWENDETE BRIEF

Fall sehr einfach, und ich zweifle nicht im geringsten, daß wir auch allein mit ihm fertig werden. Aber ich dachte mir, Dupin würde gern Näheres über die Sache erfahren, weil sie so außerordentlich „sonderbar" ist."

„Einfach und sonderbar!" sagte Dupin.

„Allerdings, und doch ist dieser Ausdruck noch nicht exakt genug. Der Fall hat uns alle vollständig verblüfft, denn, so einfach er ist, es weiß doch keiner von uns recht aus noch ein."

„Vielleicht ist es gerade die Einfachheit, welche Sie auf die falsche Fährte leitet", meinte mein Freund.

„Wie kann man nur solchen Unsinn reden!", antwortete der Präfekt und lachte herzlich.

„Vielleicht ist das Geheimnis zu leicht zu durchschauen", sagte Dupin.

„Du lieber Himmel, hat man je so etwas gehört?"

„Vielleicht ist die ganze Sache zu durchsichtig."

„Ha! Ha! Ha! – Ho! Ho! Ho!" lachte unser Gast vor Vergnügen laut auf. „Dupin, ich werde nochmal an Ihren Witzen sterben."

„Um was handelt es sich denn eigentlich?" fragte ich.

„Das sollen Sie gleich hören", antwortete der Präfekt, blies eine dicke, beschauliche Rauchwolke von sich und lehnte sich bequem in seinen Sessel zurück. „Ich will es Ihnen in ein paar Worten sagen; doch

## Der entwendete Brief

muß ich vorausschicken, daß meine Angelegenheit die größte Diskretion erfordert. Ich könnte meine Stellung einbüßen, wenn es bekannt würde, daß ich dieselbe irgend jemandem anvertraut hätte."

„Nur weiter", sagte ich.

„Oder auch nicht", sagte Dupin.

„Nun gut also. Ich habe persönlich von höchster Stelle die Nachricht erhalten, daß aus den königlichen Gemächern ein äußerst wichtiges Dokument entwendet worden ist. Die Person, die es sich angeeignet hat, ist bekannt; daß man sie unberechtigterweise verdächtigt, ist ausgeschlossen, denn man hat sie bei der Tat beobachtet. Man weiß ebenfalls, daß sich das Schriftstück noch in ihrem Besitz befindet."

„Woher weiß man das?" fragte Dupin.

„Man schließt es mit absoluter Gewißheit aus der Natur des Dokumentes", erwiderte der Präfekt, „sowie auch aus der Tatsache, daß sich gewisse Resultate noch nicht ergeben haben, die sofort zutage treten würden, wenn es aus dem Besitz des Diebes in andere Hände überginge –, das heißt, wenn er es zu dem Zweck verwendete, zu dem allein er es gestohlen haben kann."

„Reden Sie doch ein wenig deutlicher", sagte ich.

„Gut, dann will ich so weit gehen und noch verraten, daß dies Papier seinem Besitzer eine gewisse Macht verleiht, und zwar in einer Sache, in der diese Macht von unermeßlichem Wert ist." Der Präfekt liebte es, sich in diplomatischen Redewendungen zu ergehen.

„Ich verstehe noch immer nicht recht", sagte Dupin.

„So? Nun, wenn man das Dokument einer dritten Person, deren Namen ich verschweigen will, übergeben würde, wäre die Ehre einer anderen, sehr hochstehenden Person kompromittiert, und diese Tatsache gibt dem Inhaber des Schriftstückes eine Gewalt über die erlauchte Person, deren Ehre und deren Friede auf diese Weise in steter Gefahr schweben."

„Aber diese Gewalt", warf ich ein, „könnte doch nur ausgeübt werden, wenn der Dieb wüßte, daß der Bestohlene um den Diebstahl weiß. Wer aber würde wagen ..."

„Der Dieb", sagte G., „ist der Minister D., der alles wagt, ohne sich Skrupel zu machen, ob seine Handlungen eines Mannes würdig sind oder nicht. Er ging bei seinem Diebstahl ebenso scharfsinnig wie kühn zu Werke. Das fragliche Dokument – um es frei herauszusagen: den Brief also – hatte die bestohlene Person erhalten, als sie sich im königlichen Boudoir allein befand. Während des Lesens wurde sie durch den Eintritt der anderen erlauchten Persönlichkeit, vor der sie ihn gerade sorgfältig verbergen wollte, unterbrochen; nach einem eiligen und vergeblichen Versuch, ihn in einer Schublade zu verbergen, war sie gezwungen, ihn offen, wie er war, auf dem Tisch liegenzulassen. Die Seite mit der Adresse war nach oben gekehrt, und so kam es, daß der Brief, von dessen Inhalt nichts zu sehen war, weiter nicht bemerkt wurde. Nach diesem kleinen Zwischenfall tritt der Minister D. ein. Sein Luchsauge bemerkt das Papier, erkennt die Handschrift der Adresse, beobachtet die Verwirrung der Person, an die der Brief gerichtet war, und durchschaut das Geheimnis sofort. Nach einigen geschäftlichen Erörterungen, die er in seiner bekannten Art herunterhaspelt, zieht er einen Brief von ungefähr gleichem Aussehen wie der in Frage stehende aus dem Portefeuille, öffnet ihn, tut, als ob er ihn läse, und legt ihn dann dicht neben jenen hin. Dann redet er wieder etwa eine Viertelstunde lang über Staatsgeschäfte. Als er sich schließlich verabschiedet, nimmt er statt seines eigenen den Brief vom Tisch, der ihm nicht gehört. Der rechtmäßige Eigentümer sah es, wagte jedoch natürlicherweise nicht darauf aufmerksam zu machen, da jene dritte Person, vor der er das Schreiben verbergen mußte, dicht neben ihm stand. Der Minister verließ das Gemach, sein eigener, durchaus unwichtiger Brief blieb auf dem Tisch zurück."

„Hier haben Sie also", wandte sich Dupin zu mir, „einen Fall, in dem der Dieb die Gewalt, von der

## Der entwendete Brief

wir eben redeten, in vollstem Maße besitzt: Er weiß, daß der Bestohlene von seiner Tat unterrichtet ist."

„Ja", erwiderte der Präfekt, „und die so erlangte Gewalt ist während der letzten Monate in gefährlichem Umfang zu politischen Zwecken angewendet worden. Die bestohlene Person überzeugt sich von Tag zu Tag mehr von der Notwendigkeit, den Brief zurückzuerlangen. Doch kann das natürlich nicht offen geschehen. Jetzt hat sie mir voller Verzweiflung die Sache übertragen."

„Ich glaube, man hätte auch unmöglich einen scharfsinnigeren Vermittler finden können", sagte Dupin aus einem ganzen Wirbelwind von Rauchwolken heraus.

„Sehr schmeichelhaft", erwiderte der Präfekt, „aber es ist immerhin möglich, daß man diese Meinung tatsächlich von mir hat."

„Es ist klar", sagte ich, „daß der Brief, wie Sie bemerkten, noch im Besitz des Ministers ist; denn nur der Besitz und nicht die Anwendung des Briefes verleiht ihm seine schädliche Gewalt. Sobald er Gebrauch von dem Brief gemacht hat, ist die durch ihn erlangte Macht dahin."

„Das ist richtig", sagte G., „und von dieser Überzeugung ging auch ich aus. Meine erste Sorge war, die Wohnung des Ministers vollständig durchsuchen zu lassen. Die Hauptschwierigkeit bei diesem Unternehmen bestand darin, daß es ohne sein

## Der entwendete Brief

Wissen geschehen mußte. Man warnte mich oft und dringend vor dem Unheil, das er anrichten würde, wenn er unseren Plan nur im geringsten ahnte."

„Aber solche Nachsuchungen", sagte ich, „sind doch gerade Ihr Gebiet. Die Pariser Polizei hat dergleichen doch schon oft vorgenommen."

„O gewiß! Und deshalb verzweifle ich auch nicht. Außerdem erleichterten mir die Lebensgewohnheiten des Ministers mein Vorhaben in hohem Grade. Er bleibt eine ganze Nacht von zu Hause fort. Seine Dienerschaft ist durchaus nicht zahlreich. Ihre Schlafzimmer liegen ziemlich weit von den Räumen des Ministers entfernt, und da sie zumeist Neapolitaner sind, kann man sie leicht betrunken machen. Wie Sie wissen, habe ich Schlüssel, mit denen ich jedes Zimmer, jedes Kabinett in Paris öffnen kann. Seit drei Monaten ist wohl keine Nacht vergangen, in der ich nicht stundenlang in eigener Person die Wohnung des Ministers durchsucht hätte. Es handelt sich hier um meine Ehre und – nun verrate ich ein Geheimnis – um eine enorme Belohnung. Deshalb stellte ich die Nachsuchungen auch nicht eher ein, bis ich mich fest davon überzeugt hatte, daß der Dieb ein listigerer Mann sei als ich selbst. Ich darf mir das Zeugnis ausstellen, daß ich alle Ecken und Winkel, in denen man den winzigsten Papierfetzen hätte verbergen können, gründlichst durchforscht habe."

## DER ENTWENDETE BRIEF

„Aber ist es nicht möglich", warf ich ein, „daß der Minister, obwohl zweifellos noch im Besitz des Briefes, denselben irgendwo anders als in seinem Hause verborgen hält?"

„Das ist nicht anzunehmen", sagte Dupin. „Wie die Dinge bei Hofe und besonders die Intrigen, in die D. bekanntermaßen verwickelt ist, nun einmal liegen, ist es von größter Wichtigkeit, das Dokument jederzeit bei der Hand zu haben, um es jeden Augenblick vorzeigen zu können; ja, dieser Punkt ist fast so wichtig wie der Besitz des Schriftstückes selbst."

„Um es jeden Augenblick vorzeigen zu können?" wiederholte ich.

„Das heißt, zerstören zu können", meinte Dupin.

„Jedenfalls", bemerkte ich, „das Papier muß also in der Wohnung sein. Daß der Minister es nicht mit sich herumträgt, steht wohl außer Frage?"

„Vollständig" sagte der Präfekt. „Zweimal schon habe ich ihm, scheinbar von Straßenräubern, auflauern und seine Person unter meinen Augen durchsuchen lassen."

„Diese Mühe hätten Sie sich sparen können", sagte Dupin. „D. ist doch gerade kein Narr und war Ihres Auflauerns gewärtig."

„Ein Narr ist er gerade nicht, aber ein Dichter", meinte G., „und als solcher meiner Meinung nach von einem Narren nicht gar so sehr verschieden."

„Das stimmt", sagte Dupin nach einem langen und nachdenklichen Zug aus seiner Meerschaumpfeife, „obwohl ich selbst manchen Knittelvers verbrochen habe."

„Teilen Sie uns doch die näheren Umstände Ihrer Nachforschungen mit!" sagte ich.

„Nun also, wir nahmen uns Zeit und suchten überall. Ich habe in derlei Dingen eine lange Erfahrung. Ich nahm mir das ganze Gebäude vor, ein Zimmer nach dem anderen, und widmete jedem einzelnen die Nächte einer ganzen Woche. Zuerst durchsuchten wir die Möbel jedes Zimmers. Wir öffneten jedes erdenkliche Schubfach, und Sie können sich denken, daß für einen gut geschulten Polizisten kein Geheimfach oder sonstiges Versteck existiert. Jeder Mann, dem bei einer Haussuchung ein Geheimfach entgeht, ist ein Tölpel. Die Sache ist so einfach. Bei einem Schrank ist doch stets ein ganz genau bestimmter Umfang, ein bestimmter Raum in Betracht zu ziehen. Wir stellen die genauesten Berechnungen an. Nicht der fünfzigste Teil einer Linie könnte uns entgehen. Nach den Schränken nahmen wir uns die Stühle vor. Die Polster wurden mit den langen, feinen Nadeln, die Sie wohl schon bei mir gesehen haben, untersucht. Von den Tischen hoben wir die Platten ab."

„Wozu das?"

„Manchmal entfernt die Person, die einen Gegenstand verbergen will, die Platte des Tisches oder eines ähnlich gestalteten Gegenstandes, höhlt das Bein aus, legt den betreffenden Gegenstand in der Höhlung nieder und befestigt die Platte wieder. Die Bretter und Pfosten von Bettstellen werden auch oft zu ähnlichem gebraucht."

„Aber könnte man eine solche Höhlung nicht durch Klopfen entdecken?" fragte ich.

„Absolut nicht, wenn man nach dem Hineinlegen des Gegenstandes die Aushöhlung mit Watte gefüllt hat. Überdies mußten wir in dem Fall jedes Geräusch nach Möglichkeit vermeiden."

„Aber sie konnten doch unmöglich alle die Möbel auseinandernehmen oder in Stücke zerbrechen, in denen man möglicherweise einen Brief hätte verstecken können. Ein solch kleines Schriftstück kann man so fest zusammenrollen, daß es in Gestalt und Umfang kaum von einer Stricknadel abweicht, und einen solchen Körper könnte man mit Bequemlichkeit zum Beispiel in die Leiste eines Stuhles einlegen. Sie werden doch nicht alle Stühle zerlegt haben?"

„Gewiß nicht! Aber wir machten es noch gründlicher, wir untersuchten die Leisten jedes Stuhles im Haus, ja, sogar die einzelnen Teile jeder Art von Möbel mit einem stark vergrößernden Mikroskop. Wären irgendwo die Spuren einer kurz zuvor geschehenen Abänderung sichtbar gewesen, so wäre es uns gewiß nicht entgangen. Ein einziges Körnchen Sägemehl zum Beispiel, das der Bohrer hätte zurücklassen können, wäre in der Größe eines Apfels sichtbar gewesen. Die geringste Ungenauigkeit bei dem erneuten Leimen, das unbedeutendste Klaffen in dem Gefüge hätte unfehlbar zur Entdeckung geführt."

„Sie untersuchten natürlich auch die Spiegel, die Dielen, das Eßgeschirr und durchstöberten Betten und Bettzeug so gut wie auch Vorhänge und Teppiche?"

„Selbstverständlich, und als wir mit jedem Möbelteilchen fertig waren, untersuchten wir das Haus selbst. Wir teilten seine ganze Oberfläche in Abteilungen, die wir mit Zahlen bezeichneten, damit wir keine übergingen. Dann durchforschten wir jeden Quadratzoll des Hauses mit dem Mikroskop und untersuchten schließlich auch die beiden Nebenhäuser in derselben Weise."

„Auch die beiden Nebenhäuser?" rief ich aus. „Welch unendliche Mühe müssen Sie gehabt haben!"

„Die hatten wir allerdings, aber die ausgesetzte Belohnung ist auch enorm."

„Haben Sie auch den Grund und Boden der Häuser untersucht?"

„Der Boden war überall mit Ziegelsteinen gepflastert und machte uns verhältnismäßig wenig

Mühe. Wir untersuchten das Moos zwischen den einzelnen Steinen und fanden es überall unberührt."

„Sie durchforschten auch D.'s Papiere und die Bücher seiner Bibliothek?"

„Gewiß! Wir öffneten jedes Päckchen, jedes Heftchen; wir begnügten uns nicht damit, nach der Art einiger Polizeibeamten, ein Buch einfach zu schütteln, sondern wendeten jedes Blatt in jedem Band um. Die Dicke eines jeden Buchdeckels maßen wir auf das Genaueste ab und unterwarfen ihn der peinlichsten mikroskopischen Untersuchung. Es ist vollständig ausgeschlossen, daß einer der Einbände neuerdings aufgeschnitten und wieder zusammengefügt worden ist – diese Tatsache hätte uns auf keinen Fall entgehen können. Etwa fünf oder sechs Bände, die eben vom Buchbinder gekommen waren, durchsuchten wir sorgfältig mit unseren Nadeln."

„Haben Sie auch den Fußboden unter den Teppichen durchforscht?"

„Aber selbstverständlich, wir nahmen jeden Teppich auf und untersuchten die Dielen mit dem Mikroskop."

„Auch die Tapeten an den Wänden?"

„Ja."

„Besichtigten Sie auch die Keller?"

„Ebenfalls."

„Dann müssen Sie sich also verrechnet haben", sagte ich, „und der Brief befindet sich nicht im Haus des Ministers."

„Ich fürchte, Sie haben recht", sagte der Präfekt. „Und nun, Dupin, was würden Sie mir raten zu tun?"

„Noch einmal eine gründliche Haussuchung vorzunehmen."

„Das ist vollständig nutzlos", sagte G., „so gewiß ich weiß, daß ich lebe, so gewiß befindet sich der Brief nicht in dem Haus."

„Einen besseren Rat kann ich Ihnen nicht geben", sagte Dupin. „Sie haben doch sicher eine genaue Beschreibung des Briefes?"

„O gewiß!" Hier zog der Präfekt ein Notizbuch hervor und las uns eine ausführliche Beschreibung der inneren und vor allem der äußeren Beschaffenheit des Briefes vor. Als er damit fertig war, verabschiedete er sich so niedergeschlagen, wie ich den guten Mann noch nie gesehen hatte.

Etwa einen Monat später besuchte er uns wieder und fand uns fast in der gleichen Situation wie das vorige Mal. Wir boten ihm eine Pfeife und einen Stuhl an und begannen eine alltägliche Unterhaltung. Endlich fragte ich:

„Nun G., wie steht es denn mit dem gestohlenen Briefe? Ich glaube, Sie haben sich wohl überzeugt, daß sich der Minister nicht so leicht überlisten läßt!"

## Der entwendete Brief

„Daß ihn der Teufel holte! Ja, ich habe die Untersuchung auf Dupins Vorschlag hin wieder aufgenommen, aber es war verlorene Mühe, wie ich vorausgesehen hatte."

„Wie hoch, sagten Sie, war die ausgesetzte Belohnung?" fragte Dupin.

„Nun, sie war sehr hoch. Es war eine sehr freigiebige Belohnung, ich möchte die Summe nicht gern nennen, aber so viel will ich Ihnen sagen, daß ich jedem, der mir den Brief aushändigte, gern ein Akzept auf fünfzigtausend Francs auf meinen Namen ausstellen würde. Die Sache wird von Tag zu Tag wichtiger, erst kürzlich ist die Belohnung verdoppelt worden. Aber selbst wenn man sie verdreifachte, könnte ich nicht mehr tun, als ich tue und getan habe."

„Nun", sagte Dupin gedehnt zwischen langen Zügen aus seiner Meerschaumpfeife, „ich glaube wirklich, lieber G., Sie haben in dieser Sache noch nicht das Äußerste getan. Sie könnten noch manches in Betracht ziehen, meine ich."

„Was denn? – Wieso?"

„Nun – paff, paff – Sie könnten – paff, paff – in der Sache Rat einholen – paff, paff, paff. – Kennen Sie die Geschichte, die man sich von dem Doktor Abernethy erzählt?"

„Nein! Hole der Geier Ihren Abernethy!"

„Das kann er meinetwegen tun. Aber eines Tages

kam ein reicher Geizhals auf die Idee, dem Abernethy einen ärztlichen Rat abzulisten. Er nahm ihn in einer Privatgesellschaft beiseite und erzählte ihm seinen Fall, als handele es sich um den einer fingierten dritten Person.

‚Nehmen wir an', sagte der Geizhals, ‚seine Symptome seien diese und jene, was würden Sie ihm raten, zu nehmen, Herr Doktor?'

‚Nehmen?' sagte Abernethy, ‚nun, ich würde ihm raten, unbedingt einen Arzt zu nehmen.'"

„Aber", meinte der Präfekt, ein wenig aus der Fassung gebracht, „ich bin sehr gern bereit, Rat einzuholen, und auch dafür zu bezahlen. Ich würde wirklich jedem, der mir in dieser Sache Hilfe leistet, fünfzigtausend Francs zahlen."

„Wenn das der Fall ist", sagte Dupin, indem er eine Schublade öffnete und ein Scheckbuch herausholte, „können Sie mir ein Akzept über den erwähnten Betrag ausstellen. Wenn Sie unterschrieben haben, werde ich Ihnen den Brief aushändigen."

Ich war verblüfft, der Präfekt wie vom Donner gerührt. Einige Minuten lang saß er sprachlos und unbeweglich und blickte meinen Freund mit offenem Mund und starren Augen, die aus ihren Höhlen treten wollten, ungläubig an. Dann, als er ein wenig zu sich zu kommen schien, ergriff er eine Feder und füllte, oftmals innehaltend und vor sich hinstarrend, ein Akzept über fünfzigtausend

## Der entwendete Brief

Francs aus und händigte es über den Tisch hinweg meinem Freund aus. Dieser prüfte es sorgfältig und steckte es in seine Brieftasche; dann schloß er seinen Schreibtisch auf, entnahm demselben einen Brief und überreichte ihn dem Präfekten. Der Beamte ergriff ihn mit wahrer Ekstase, öffnete ihn mit zitternder Hand, überflog mit raschem Blick den Inhalt, stolperte, stürzte dann nach der Tür und eilte ohne weitere Umstände zum Hause hinaus, ohne auch nur ein Wort gesprochen zu haben, seit ihn Dupin aufgefordert, das Akzept zu unterzeichnen.

Als er uns verlassen hatte, gab mir mein Freund einige Erklärungen.

„Die Pariser Polizei", sagte er, „ist in mancher Hinsicht sehr tüchtig. Sie ist beharrlich, scharfsinnig, listig und besitzt auf den Gebieten, auf denen sie zu arbeiten hat, durchaus gründliche Kenntnisse. Als uns G. erzählte, daß er in der Wohnung des Ministers Haussuchung abgehalten habe, war ich vollständig überzeugt, daß es so gründlich und unübertrefflich gewissenhaft geschehen sei, wie es einem Menschen nur immer möglich ist – das heißt gründlich und gewissenhaft, soweit er eben die Durchsuchung ausdehnte."

„Soweit er die Durchsuchung ausdehnte?"

„Ja!" antwortete Dupin. „Die Maßnahmen, die er ergriff, waren nicht nur die besten ihrer Art, sie wurden auch vollkommen gut durchgeführt. Wäre der Brief innerhalb des Bereiches seiner Untersuchungen versteckt gewesen, man hätte ihn unter allen Umständen gefunden."

Ich lachte bloß, er schien jedoch vollständig im Ernst zu reden.

„Die Maßregeln also", fuhr er fort, „waren in ihrer Art gut und waren auch gut angewandt; ein Fehler bestand jedoch darin, daß sie auf diesen Mann und diesen Fall nicht anwendbar waren. Der Präfekt verfährt mit einer gewissen Anzahl scharfsinniger Hilfsmittel, wie mit einem Prokrustesbett, dem er alle seine Pläne gewaltsam anpaßt. Aber er befindet sich fortwährend im Irrtum, da er stets für den Fall, um den es sich gerade handelt, zu tiefsinnig oder zu oberflächlich vorgeht. Ich glaube, mancher Schulknabe ist ein besserer Denker als er. Ich kannte einen achtjährigen kleinen Jungen, dessen Erfolge bei dem Spiele „paar oder unpaar" die allgemeine Aufmerksamkeit erregten. Dieses Spiel ist sehr einfach und wird mit Klickern oder Murmeln gespielt. Einer der Spieler verbirgt eine Anzahl der Steinchen in seiner Hand und fragt den Partner, ob ihre Zahl eine gerade oder ungerade sei. Wenn derselbe richtig rät, gewinnt er eins, im anderen Falle verliert er eins. Der Knabe, von dem ich sprach, gewann alle Klicker, über die seine Mitschüler verfügten. Natürlich ging er beim Raten von einem bestimmten Grundsatz aus, und dieser beruhte auf bloßer Beobachtung und der Berechnung des Scharfsinns seiner Gegner. War sein Gegner zum Beispiel ein Dummkopf, der ihn mit geschlossener Hand fragte: ‚paar oder unpaar?' und er hatte ‚unpaar' gesagt und verloren, so gewann er doch beim zweiten Male, denn er sagte sich: ‚Der Tölpel hatte beim ersten Male ‚paar' in der Hand und sein Scharfsinn reicht gerade aus, ihn jetzt ‚unpaar' nehmen zu lassen. Ich werde also ‚unpaar' sagen.' Er tut es und gewinnt. Bei einem Gegner von etwas höherer Intelligenz hätte er wie folgt argumentiert: ‚Der Junge hat gesehen, daß ich beim ersten Male ‚unpaar' geraten habe. Zuerst wird er, wie der erste Partner, eine einfache Abwechslung von ‚paar' und ‚unpaar' eintreten lassen wollen. Dann wird er sich besinnen und dies Vorgehen für zu durchsichtig halten. So behält er also ‚paar' bei und ich muß ‚unpaar' raten.' Er tut es und gewinnt. Worin besteht mithin die Methode des Nachdenkens bei diesem Knaben, den seine Kameraden ‚einen glücklichen Spieler' nannten?"

„In nichts weiter", sagte ich, „als darin, daß er sich mit seinem Geist vollständig in den seines Partners hineinversetzt."

„So ist es", bestätigte Dupin, „und als ich den Knaben fragte, wie er es anstelle, um sich möglichst sicher in die Denkweise eines anderen hineinzuversetzen, erhielt ich folgende Antwort: ‚Wenn ich herausfinden will, wie klug oder wie dumm, wie gut oder wie böse einer ist oder was er in dem Augenblick denkt, so ahme ich genau seinen Gesichtsausdruck nach und warte ab, was für Gedanken oder Gefühle daraufhin in meinem Kopfe oder meinem Herzen aufsteigen, um sich mit jenem Ausdruck zu decken.' Auf dieser Antwort des Schulknaben ist all die anspruchsvolle Weisheit aufgebaut, die man Rochefoucauld, La Bruyère, Macchiavelli oder Campanella zugeschrieben hat."

„Und dies Identifizieren des Verstandes des Denkenden mit dem seines Gegners", sagte ich, „hängt also, wenn ich Sie recht verstehe, von der Genauigkeit ab, mit welcher der Geist des Gegners abgemessen wird."

„Was die praktische Verwertung anbetrifft, so hängt es allerdings hiervon ab", erwiderte Dupin, „und der Präfekt und seine Genossen irren so häufig, weil sie versäumen, sich mit ihrem Gegner zu identifizieren und seinen Verstand entweder gar nicht oder falsch abschätzen. Sie haben eine ganz bestimmte Vorstellung von Scharfsinn, und wenn sie irgend etwas Verstecktes suchen, so tun sie es da, wo sie selbst es verborgen haben würden. Sie haben ja darin recht, daß ihr Scharfsinn den der großen Masse getreu repräsentiert, aber wenn die Schlauheit eines Verbrechers von dem Charakter der ihrigen verschieden ist, werden sie natürlich überlistet. Dies ist immer der Fall, wenn der Gegner an Verstand überlegen ist, und sehr häufig, wenn er geistig unter ihnen steht. Sie kennen keinen Unterschied im Prinzip des Verfahrens; wenn sie durch außergewöhnliche Dringlichkeit oder eine besonders hohe Belohnung angespornt werden, so erweitern oder übertreiben sie höchstens ihre alte Methode in der Praxis, ohne an dem Prinzip nur das Geringste zu ändern. Was ist zum Beispiel in diesem Fall des D. getan worden, um die Methode des Verfahrens zu ändern? Was ist all dies Bohren, Durchsuchen und Klopfen, dies Besichtigen mit dem Mikroskop, all dies Einteilen des Gebäudes in numerierte Quadratzölle anderes, als eine Übertreibung der Anwendung des einen Prinzips, der einen Durchforschungsmethode, die auf dem begrenzten Begriff von menschlichem Scharfsinn gegründet ist, an den sich der Präfekt nun einmal während der langen Ausübung seiner Tätigkeit gewöhnt hat? Sehen Sie nicht deutlich, daß er es als gewiß angenommen hat, daß alle Menschen, die einen Brief verstecken wollen, denselben, wenn auch nicht gerade in ein Loch, das sie in ein Stuhlbein gebohrt haben, so doch in irgendeinen verborgenen Winkel legen, daß sie also demselben Gedankengang folgen, der einen Menschen bestimmen würde, einen Brief in ein Bohrloch im Stuhlbein zu verstecken? Und sehen Sie nicht auch ein, daß solche ausgeklügelten Verstecke nur bei gewöhnlichen Gelegenheiten anwendbar sind und nur von Menschen mit mittelmäßigem Verstand benutzt werden? Denn immer, wenn etwas versteckt worden ist, kann man fast mit Sicherheit annehmen, daß es in der einen, erwähnten, ausgeklügelten Weise geschah. Die Auffindung hängt also durchaus nicht von dem Scharfsinn des Suchenden ab, sondern von seiner Sorgfalt, Geduld und Beharrlichkeit. Ist der Fall wichtig oder ist eine hohe Belohnung auf die Entdeckung ausgesetzt, was in den Augen der Polizei dasselbe ist, so haben die eben erwähnten Eigenschaften noch nie ihren Dienst versagt. Jetzt werden Sie verstehen, was ich meinte, als ich die Vermutung aussprach, daß der Brief ohne Zweifel entdeckt worden wäre, wenn er sich innerhalb des Bereiches der polizeilichen Nachforschungen befunden – mit anderen Worten, wenn das Prinzip des Verbergens sich mit einem der Prinzipien der Nachforschungen gedeckt hätte. Der Präfekt ist jedoch gründlich getäuscht worden, und der letzte Grund seiner Niederlage liegt in der Annahme, daß der Minister ein Narr sei, weil er einigen Ruf als Dichter hat. Der Präfekt behauptet nun, daß alle Narren Dichter sind und macht sich nur eines logischen Fehlers schuldig, wenn er zurückschließt, daß alle Dichter Narren seien."

„Aber ist der Minister wirklich ein Dichter?"

fragte ich. „Soviel ich weiß, hat er noch einen Bruder, beide haben einen Ruf als Schriftsteller. Der Minister hat, glaube ich, eine gelehrte Abhandlung über die Differential-Rechnung geschrieben. Er ist ein Mathematiker und kein Dichter."

„Da irren Sie sich, ich kenne ihn gut, er ist beides. Nur als Mathematiker und Dichter hat er alles so geschickt berechnen können; wäre er nur Mathematiker gewesen, ich bin sicher, der Brief wäre in die Hände des Präfekten gefallen."

„Diese Ansichten überraschen mich", entgegnete ich, „denn sie widersprechen vollständig der allgemeinen Überzeugung der Menschen. Sie wollen doch nicht die wohlüberlegten Ideen ganzer Jahrhunderte für falsch erklären? Der mathematische Verstand wird doch seit langem als der Verstand ‚par excellence' angesehen."

„Man kann darauf wetten", sagte Dupin, eine Stelle aus Chamfort anführend, „daß jede öffentliche Meinung, jede hergebrachte Überlieferung eine Dummheit ist, denn sie hat der großen Menge zugesagt. Ich versichere Sie, die Mathematiker haben nach Kräften dazu beigetragen, den allgemeinen Irrtum, auf den Sie anspielen, zu verbreiten, und der darum nicht weniger ein Irrtum ist, weil er als eine Wahrheit verkündet wurde. Mit einer Kunst, die einer besseren Sache würdig gewesen, haben sie zum Beispiel den Ausdruck Analyse in Beziehung zu algebraischen Berechnungen gebracht. Die Franzosen sind die Urheber dieses sonderbaren Irrtums, aber wenn irgendein Ausdruck von irgendwelcher Bedeutung ist, wenn die Worte ihren Wert aus ihrer Anwendung herleiten, dann bedeutet Analyse doch ebensowenig Algebra wie im lateinischen ‚ambitus' Ehrgeiz, ‚religio' Religion oder ‚homines honesti' eine Anzahl Ehrenmänner."

„Ich werde noch sehen müssen, daß Sie mit den Pariser Algebraisten in Streit geraten", sagte ich – „aber fahren Sie nur fort."

„Ich bestreite die Anwendbarkeit und somit den Wert einer Vernunft, die in einer anderen Form als der abstrakt logischen gepflegt wird. Ich bestreite vor allem die Vernunft, die aus mathematischen Studien hervorgegangen ist. Die Mathematik ist die Wissenschaft von Form und Masse; mathematische Schlußfolgerung ist nur auf Beobachtung von Form und Masse gegründete Logik. Der große Irrtum liegt in der Annahme, daß selbst die Wahrheiten der sogenannten reinen Algebra abstrakte oder allgemeine Wahrheiten seien. Dieser Irrtum ist so ungeheuer, daß man sich über die Bereitwilligkeit, mit der er aufgenommen wurde, nicht genug verwundern kann. Mathematische Grundwahrheiten sind nicht allgemeine Grundwahrheiten. Was in bezug auf das Verhältnis der Erscheinungen zu Form und Masse wahr ist, ist zum Beispiel oft gänzlich falsch in Dingen der Moral. Und in der Mathematik selbst ist es auch gewöhnlich ganz unwahr, daß die Summe aller Teile dem Ganzen gleich sei. In der Chemie ist dieser Grundsatz ebenfalls falsch. Es gibt noch zahlreiche andere mathematische Wahrzeichen, die nur innerhalb der Grenzen ihrer Beziehungen Wahrheiten sind. Aber der Mathematiker schließt gewohnheitsmäßig aus seinen Endwahrheiten, als ob sie, wie die Welt im allgemeinen auch wirklich annimmt, von absolut allgemeiner Anwendbarkeit seien. Bryant erwähnt in seiner hochgelehrten Mythologie eine ähnliche Quelle des Irrtums, indem er sagt, daß wir, trotzdem wir die heidnischen Fabeln nicht glauben, uns doch fortwährend vergessen und Schlüsse aus ihnen ziehen, als wären sie tatsächlich Wirklichkeiten. Die Algebraisten jedoch, die selbst Heiden sind, glauben an die heidnischen Fabeln und ziehen ihre Folgerungen weniger aus Gedächtnisschwäche, als aus einer unbegreiflichen kleinen Denkstörung. Kurz, ich habe nie einen bloßen Mathematiker gefunden, dessen Behauptungen man, wenn sie sich nicht auf seine Wurzeln und Gleichungen bezogen, Glauben schenken konnte, keinen, dem es im geheimen nicht Dogma gewesen wäre, daß $x^2 + px$ absolut und unbedingt gleich $q$ wäre. Wenn es Sie interessiert, so sagen Sie nur einmal einem dieser Herren, daß Sie einen Fall für möglich hielten, in dem $x^2 + px$ nicht gleich $q$ wäre, und wenn der Betreffende Sie

## DER ENTWENDETE BRIEF

verstanden hat, so verziehen Sie sich möglichst schnell aus seinem Bereich, denn ohne Zweifel wird er Anstalten machen, Sie zu prügeln."

„Ich will damit sagen", fuhr Dupin fort, während ich mich begnügte, über seine letzten Bemerkungen zu lachen, „daß der Präfekt niemals in die Lage gekommen sein würde, mir das Akzept ausstellen zu müssen, wenn der Minister nichts weiter als ein bloßer Mathematiker wäre. Ich hingegen wußte, daß er beides war, Mathematiker und Dichter, und deshalb paßte ich meine Maßregeln diesen beiden Fähigkeiten an und zog auch die besonderen Umstände, die ihn zu dem Verstecken bewogen, genügend in Betracht. Ich wußte, daß er ein Hofmann und ein kühner Intrigant ist, und mußte mir sagen, daß ein solcher Mann die Praxis polizeilicher Nachforschungen kennt. Höchstwahrscheinlich würde er sich darauf gefaßt machen – und die Ereignisse haben gezeigt, daß er es tat – von Wegelagerern überfallen zu werden. Ebenso mußte er der geheimen Nachforschungen in seinem Haus gewärtig sein. Seine wiederholte nächtliche Abwesenheit vom Haus, die der Präfekt als so günstig für seine Sache hinstellte, hielt ich für nichts anderes als eine geschickte List, um der Polizei Zeit zum Durchsuchen des Hauses zu gewähren und sie zu der Überzeugung zu bringen, daß sich der Brief nicht in der Wohnung befinde. Ich war mir auch klar bewußt, daß der ganze Gedankengang, den ich Ihnen hier mit einiger Mühe auseinandergesetzt habe, und von dem die Polizei unabänderlich bei ihren Nachforschungen ausgeht, sich dem Geist des Ministers genau dargestellt habe. Das mußte ihn bestimmen, alle die gewöhnlichen Versteckarten als unsichere zu verschmähen. Dieser Mann, so reflektierte ich, ist viel zu klug, um nicht einzusehen, daß das komplizierteste Versteck, der verborgenste Winkel so offen vor den Augen, den Sonden, den Bohrern und Mikroskopen der Polizei daläge, wie seine gewöhnlichen Empfangszimmer. Ich sah schließlich ein, daß er aus natürlichen Gründen zum einfachsten Versteck genötigt sein würde, selbst wenn er nicht aus freier Wahl auf diesen Ausweg verfiele. Sie erinnern sich vielleicht des krampfhaften Lachens des Präfekten, als ich bei seinem ersten Besuch bemerkte, das Geheimnis verwirre ihn möglichweise nur deshalb so sehr, weil seine Lösung so außerordentlich einfach sei."

„Ja", sagte ich, „ich erinnere mich seiner übergroßen Heiterkeit sehr wohl. Ich dachte schon, er würde einen Lachkrampf bekommen."

„Die sinnliche Welt", fuhr Dupin fort, „ist reich an genauen Analogien zu der übersinnlichen; und so bekommt das rhetorische Dogma, daß Metapher oder Gleichnis sowohl ein Argument bekräftigen als auch eine Beschreibung verschönern können, einen Anschein von Wahrheit. Das Gesetz von der Schwungkraft scheint zum Beispiel in der Physik und in der Metaphysik dasselbe zu sein. Aus der Physik wissen wir, daß ein großer Körper schwerer in Bewegung zu setzen ist als ein kleiner, und daß die folgende Bewegung im Verhältnis zu der Schwere steht. Ebenso wahr ist es, daß Geister von größerer Auffassungskraft, die kräftiger, beständiger und bedeutungsvoller in ihren Bewegungen sind als solche geringeren Grades, doch weniger leicht bewegt und auf den ersten Stufen des Fortschritts verlegener und zaghafter sind. Im übrigen: ist Ihnen jemals aufgefallen, welche Schilder über den Türen der Läden am meisten die Aufmerksamkeit auf sich lenken?"

„Ich habe nie darüber nachgedacht", antwortete ich.

„Es gibt ein Rätselspiel, das man auf einer Landkarte spielt", fuhr er fort. „Der eine Spieler gibt dem anderen auf, ein bestimmtes Wort aufzusuchen, den Namen einer Stadt, eines Flusses, eines Staates, eines Reiches kurz, irgendein Wort, das auf der buntscheckigen, kreuz und quer beschriebenen Karte steht. Ein Anfänger in dem Spiel wird seinen Gegner stets dadurch zu verwirren suchen, daß er ihn die am kleinsten geschriebenen Namen suchen läßt, der geübtere Spieler wählt solche Worte aus, die sich in großen Buchstaben von einem Ende der

Karte zum anderen ziehen. Diese entgehen nämlich, gerade wie die mit übermäßig großen Buchstaben beschriebenen Schilder und Anschläge, leicht der Beobachtung, weil sie gar zu deutlich sind. Dies physische Übersehen ist einem moralischen genau analog, bei welchem der Verstand gerade die Anzeichen, die zu aufdringlich, zu greifbar sind, unbemerkt vorübergehen läßt. Aber dies ist ein Punkt, der, wie es scheint, etwas über den Horizont des Präfekten hinausgeht oder vielleicht etwas darunter steht. Er hat es nie für wahrscheinlich oder auch nur für möglich gehalten, daß der Minister den Brief direkt unter jedermanns Nase hingelegt hat, um eben jedermann davon abzuhalten, ihn zu bemerken.

Je mehr ich über den kühnen, wagemutigen und scharfen Verstand D.'s nachdachte und über die Tatsache, daß er das Dokument immer bei der Hand haben mußte, wenn es überhaupt seinen Zweck erfüllen sollte – wenn ich mich an den unzweifelhaften Beweis erinnerte, den die Nachforschungen des Präfekten erbracht hatten, daß das Schriftstück innerhalb der Grenzen des gewöhnlichen Forschungsgebietes dieses würdigen Beamten nicht verborgen war – um so mehr überzeugte ich mich davon, daß der Minister zu dem sinnreichen, klugen Mittel gegriffen habe, überhaupt nicht den Versuch zu machen, den Brief zu verstecken.

## Der entwendete Brief

Ganz erfüllt von diesem Gedanken, versah ich mich mit meiner grünen Brille und sprach eines schönen Morgens wie zufällig in der Wohnung D.'s vor. Ich traf ihn zu Hause, er gähnte, rekelte sich, vertändelte die Zeit und gab, wie gewöhnlich, vor, sich tödlich zu langweilen. Er ist vielleicht der energischste Mensch, den die Welt jetzt besitzt, doch nur dann, wenn ihn niemand sieht.

Um in ein harmloses Gespräch mit ihm zu kommen, klagte ich über meine schwachen Augen und bejammerte die Notwendigkeit, die grüne Brille tragen zu müssen, unter deren Schutz ich vorsichtig und gründlich im ganzen Zimmer umherspähte, während ich mich anscheinend nur für die Unterhaltung mit meinem Wirt interessierte.

Mit ganz besonderer Aufmerksamkeit betrachtete ich den großen Schreibtisch, an dem er saß. Auf demselben lagen verschiedene Briefe und andere Schriften, auch ein oder zwei Musikinstrumente und ein paar Bücher. Doch bemerkte ich nach langer, sorgfältiger Prüfung nichts, was besonderen Argwohn erregt hätte.

Schließlich fielen meine schweifenden Blicke auf einen abgebrauchten Kartenhalter von durchbrochenem Pappdeckel, der an einem schmutzigen blauen Bändchen von einem kleinen Messingknopf gerade mitten über dem Kaminsims herabbaumelte. In diesem Kartenhalter, der drei bis vier Abtei-

## Der entwendete Brief

lungen hatte, lagen fünf oder sechs Visitenkarten und ein einzelner Brief, der ziemlich beschmutzt und zerknittert schien. Er war fast ganz mitten durchgerissen, als habe man zuerst die Absicht gehabt, ihn als wertlos zu zerreißen, und sich erst später anders besonnen. Der Brief hatte ein großes, schwarzes Siegel, auf das der Buchstabe D sehr deutlich aufgedrückt war. Er war mit zierlicher Damenhandschrift an den Minister selbst adressiert. Nachlässig, ja, scheinbar fast verächtlich schien er in das oberste Fach des Kartenhalters gesteckt worden zu sein.

Kaum hatte ich diesen Brief erblickt, so wußte ich, es war der gesuchte. Jedoch war sein Äußeres von dem Brief, dessen genaue Beschreibung der Präfekt vorgelesen hatte, vollständig verschieden. Hier war das Siegel groß und schwarz und trug den Buchstaben D., dort war es klein und rot und zeigte das Wappen der herzoglichen Familie. Hier war die Adresse klein, von Damenhand geschrieben und trug den Namen des Ministers, dort war der Brief an eine königliche Person mit großen und entschiedenen Buchstaben adressiert; nur die Größe des Schriftstücks stimmte überein. Aber gerade diese gänzliche, auffallende Verschiedenheit, der schmutzige, zerrissene und zerknitterte Zustand des Briefes, welcher der Ordnungsliebe D.'s so sehr widersprach und den Beschauer nur zu deutlich von der

Wertlosigkeit des Gegenstandes überzeugen sollte, all dies sowie die allen Blicken exponierte Lage des Papiers, die so gut zu meinen Schlüssen paßte – all dies mußte verdächtig erscheinen.

Ich dehnte meinen Besuch so lange wie möglich aus, und während ich den Minister über einen Gegenstand, der ihn, wie ich wußte, stets interessierte und anregte, lebhaft unterhielt, wandte ich in Wirklichkeit mein ganzes Augenmerk auf den Brief. Ich prägte mir sein Aussehen und die Art, wie er im Halter steckte, genau ein und machte zum Schluß noch eine Entdeckung, die mir auch den kleinsten Zweifel, der mir vielleicht noch geblieben, zerstreute. Als ich die Ränder des Papiers genau betrachtete, bemerkte ich, daß dieselben fester als nötig zusammengepreßt erschienen. Sie zeigten das gebrochene Aussehen eines steifen Papiers, das schon einmal gefaltet, mit dem Falzbein geglättet und nun in umgekehrter Richtung wieder in die alten Falten gelegt worden ist. Diese Entdeckung genügte mir. Es war mir klar, daß man den Brief wie einen Handschuh umgewendet und mit anderer Adresse und anderem Siegel versehen hatte. Ich empfahl mich darauf bei dem Minister und ging, ließ jedoch meine goldene Schnupftabakdose auf dem Tisch stehen.

Am nächsten Morgen besuchte ich den Minister wieder, um meine Dose abzuholen. Wir kamen bald wieder auf unsere Unterhaltung vom Vortage zurück. Plötzlich jedoch ertönte dicht unter den Fenstern der Ministerwohnung ein Pistolenschuß, dem das wilde Geschrei und die verworrenen Rufe einer erschreckten Volksmenge folgten. D. eilte an ein Fenster, öffnete es und blickte hinaus. Ich schritt schnell auf den Kartenhalter zu, nahm den Brief heraus, steckte ihn in meine Tasche und ersetzte ihn durch einen anderen von genau demselben Aussehen, den ich zu Hause sorgfältig hergestellt hatte. Die Chiffre D hatte ich leicht durch ein aus Brot geformtes Siegel nachahmen können.

Der Auftritt auf der Straße war durch das tolle Benehmen eines Mannes verursacht worden, der eine Flinte mitten unter einer Menge von Frauen und Kindern abgefeuert hatte. Es stellte sich jedoch heraus, daß die Waffe nicht scharf geladen war, und man ließ den Mann als einen Trunkenbold oder einen Wahnsinnigen laufen. Als er seiner Wege gegangen, kam D. von dem Fenster zurück, an das ich ihm, gleich nachdem ich den Brief ergriffen, gefolgt war. Bald darauf verabschiedete ich mich von ihm. Der angeblich Wahnsinnige war ein von mir bezahlter Mensch."

„Aber welchen Zweck hatte es", fragte ich, „den Brief durch ein Faksimile zu ersetzen? Wäre es nicht besser gewesen, ihn gleich beim ersten Besuch offen zu ergreifen und mit ihm davonzugehen?"

„D. ist ein Mann", erwiderte Dupin, „dem alles zuzutrauen ist. Außerdem verfügt er jederzeit über Leute, die seinen Befehlen blindlings gehorchen. Hätte ich den verwegenen Schritt getan, zu dem Sie mir da jetzt raten, so hätte ich die Wohnung des Ministers vielleicht nicht lebendig verlassen, und die guten Pariser würden nie wieder etwas von mir gehört haben. Doch bestimmte mich noch etwas anderes zu dem heimlichen Vorgehen. Sie kennen meine politischen Überzeugungen: Ich handelte als der Anhänger der betreffenden hohen Dame. Achtzehn Monate lang hatte der Minister sie in der Gewalt. Jetzt hat sie ihn in der ihrigen, denn da er nicht weiß, daß sich der Brief nicht mehr in seinem Besitz befindet, wird er fortfahren, sich so zu benehmen, als besitze er ihn noch. Auf diese Weise wird er selbst an seiner politischen Vernichtung arbeiten. Sein Sturz wird ein ebenso ungeschickter wie plötzlicher sein. Man mag so viel man will über das *facilis descensus Averni* reden, aber bei jeder Art von Emporkommen gilt, was die Catalani vom Singen sagte: es ist viel leichter hinaufzukommen als herunter. In unserem Fall habe ich keine Teilnahme, kein Mitgefühl für den Stürzenden. Er ist ein *Monstrum horrendum*, ein genialer Mensch ohne Grundsätze. Ich muß jedoch gestehen, daß ich sehr gern seine Gedanken lesen möchte, wenn ihm diejenige, die der Präfekt eine ‚gewisse Person' nennt, Trotz bietet, und er sich genötigt sieht, den Brief zu öffnen, den ich in dem Kartenhalter versteckt habe."

„Wieso? Schrieben Sie etwas Besonderes hinein?"

„Natürlich – es schien mir nicht recht zu sein, das Innere ganz unbeschrieben zu lassen – das hätte ja wie Beleidigung ausgesehen. D. spielte mir einstmals in Wien einen bösen Streich, und ich versprach scherzhaft, ihm denselben zu vergelten. Deshalb wollte ich es ihm nicht ersparen, die Person, die ihn so überlistet hatte, kennenzulernen. Er kennt meine Handschrift sehr gut, deshalb schrieb ich mitten auf das weiße Blatt die Worte:

*Un dessein si funeste\**
*S'il n'est digne d'Atrée, est digne de Thyeste.\*\**

Sie stehen in Crébillons ‚Atrée'."

---

\*Ein ausgesprochen finsterer Plan.
\*\*Wenn er nicht des Atreus würdig ist, dann doch des Thyeste.

## *Du hast's getan!*

ICH WILL JETZT DEN ÖDIPUS des Rätsels spielen, das ganz Rattelburg so lange Zeit in Aufregung hielt. Ich will, ja, ich allein kann Ihnen die geheime Maschinerie erklären, die das Wunder zustande brachte – das einzig dastehende, das wahrhaftige, das eingestandene, das unbestrittene und unbestreitbare Wunder, das allem Unglauben unter den Rattelburgern ein für allemal ein Ende machte und alle Weltlichgesinnten und alle, die es gewagt hatten, skeptisch zu sein, zu der Strenggläubigkeit unserer Großmutter bekehrte.

Das Ereignis, von dem ich um keinen Preis im Ton unschicklicher Leichtfertigkeit reden möchte, trug sich im Sommer des Jahres 18... zu. Herr Barnabas Schüttelwert, einer der wohlhabendsten und angesehensten Bürger des Städtchens, wurde seit ein paar Tagen vermißt, und zwar unter Umständen, die das Schlimmste befürchten ließen. Er hatte eines Samstagmorgens in aller Frühe Rattelburg zu

## Du hast's getan!

Pferde verlassen, um, wie man wußte, die etwa fünfzehn Meilen entfernte Stadt B. zu besuchen und am Abend desselben Tages zurückzukehren. Zwei Stunden nach seinem Aufbruch kam sein Pferd ohne ihn und seinen Sattelranzen zurück. Das Tier war überdies verwundet und mit Kot bedeckt. Dies alles erregte natürlich bei den Freunden des Vermißten große Aufregung, und als er am Sonntagmorgen noch nicht zurückgekehrt war, wollte sich der ganze Flecken aufmachen, um nach seinem Leichnam zu suchen. Der Eifrigste und der Energischste bei den späteren Nachforschungen war der Busenfreund des Herrn Schüttelwert – ein Herr Karl Biedermann – oder, wie man ihn allgemein nannte, das „alte Karlchen" Biedermann. Mag man es nun für ein wunderbares Zusammentreffen halten oder mag der Name selbst einen unbemerkbaren Einfluß auf den Charakter seines Trägers ausüben, jedenfalls steht fest, daß es noch nie eine Person mit Vornamen „Karl" gegeben, die nicht offenherzig, mannhaft, ehrlich und gutmütig gewesen, die nicht eine volle, klare, wohltuende Stimme gehabt und ein Auge, das einem stets gerade ins Gesicht geschaut, als wollte er sagen: „Ich habe ein gutes Gewissen; ich fürchte niemanden und bin keiner niederen Handlung fähig." Und deshalb werden wohl auch in Zukunft alle sorglosen, herzlichen Herren, die gemütvoll auf der

Weltbühne umherspazieren, Karl genannt werden müssen.

Dem alten Karlchen Biedermann war es denn auch gar nicht schwergefallen, die Bekanntschaft aller ehrenwerten Leute des Fleckens zu machen, obwohl er sich erst seit ungefähr sechs Monaten in Rattelburg aufhielt und ganz fremd dorthin gekommen war. Da war nicht einer, dem ein Wort von ihm nicht wie tausend gewesen wäre; und was gar die Frauen anbetrifft, so läßt sich überhaupt nicht sagen, was sie alles getan hätten, um ihm einen Gefallen zu erweisen. Und dies alles, weil er „Karl" getauft worden war und mithin jenes offene Gesicht besaß, das, wie das Sprichwort sagt, „der beste Empfehlungsbrief" ist.

Ich habe schon erwähnt, daß Herr Schüttelwert einer der angesehensten und zweifellos der reichste Einwohner von Rattelburg war. Das alte Karlchen Biedermann stand auf so vertrautem Fuß mit ihm, daß man sie für Brüder hätte halten können. Die beiden alten Herren waren Nachbarn, und obgleich Herr Schüttelwert das alte Karlchen sehr selten oder vielleicht nie besuchte und, wie jedermann wußte, nie bei ihm speiste, hinderte dies die beiden Freunde doch nicht, außerordentlich intim miteinander zu sein, denn das alte Karlchen ließ keinen Tag vorübergehen, ohne sich drei- oder viermal nach dem Befinden seines Nachbarn zu erkundi-

## Du hast's getan!

gen. Häufig blieb er dann gleich zum Frühstück oder zum Tee da und sein Mittagsmahl nahm er fast täglich bei Herrn Schüttelwert ein. Wieviel Wein die beiden Tischgenossen dann jedesmal vertilgten, würde nur sehr schwer zu bestimmen sein. Des alten Karlchens Lieblingsgetränk war Château Margaux, und es schien Herrn Schüttelwerts Herzen wirklich gut zu tun, wenn er sah, wie der alte Knabe behaglich ein Glas nach dem anderen schlürfte, so daß er eines Tages, als der Wein drinnen war und natürlicherweise den Witz nach außen trieb, seinem alten Freund auf den Buckel klopfte und sagte: „Weißt du was, altes Karlchen? Du bist wahrhaftig der famoseste alte Kerl, den ich mein Lebtag getroffen; und da du nun so gern ein bißchen schlemmst, soll mich der Geier holen, wenn ich dir nicht eine ganz große Kiste Château Margaux verehre. Ich will des Teufels sein (Herr Schüttelwert hatte leider die betrübliche Angewohnheit zu fluchen, obwohl er nur selten über „Ich will des Teufels sein!" oder „Verflucht und zugenäht!" oder „Hol mich der Kuckuck!" hinausging). Ich will des Teufels sein", sagte er also, „wenn ich nicht schon heute nachmittag in der Stadt eine doppelte Kiste vom Besten, der zu haben ist, für dich bestelle! Kein Wort, mein Sohn, ich will es! Das ist abgemacht! Und nun paß auf! Eines schönen Morgens wird die Kiste ankommen, vielleicht gerade dann, wenn du sie am wenigsten erwartest!" Ich erwähne diesen kleinen Zug der Freigebigkeit des Herrn Schüttelwert nur, um Ihnen eine Vorstellung von der Vertraulichkeit zu geben, die zwischen den beiden Freunden herrschte.

Also an dem fraglichen Sonntagmorgen, als es nicht länger mehr zweifelhaft sein konnte, daß Herrn Schüttelwert irgend etwas zugestoßen sei, sah ich niemand so im Innersten beunruhigt und erschrocken, wie das alte Karlchen Biedermann. Als er zuerst erfuhr, daß das Pferd ohne seinen Herrn und ohne seines Herrn Satteltasche zurückgekommen, ganz blutüberströmt von dem Pistolenschuß, der dem armen Tier durch und durch gegangen, ohne es zu töten, als er das hörte, wurde er zuerst so bleich, als sei der Vermißte sein eigener, lieber Bruder oder sein Vater gewesen. Es überlief ihn, und er zitterte am ganzen Leib, als habe er einen Anfall von kaltem Fieber.

Zuerst überwältigte ihn der Schmerz so sehr, daß er weder etwas tun, noch überhaupt den Plan fassen konnte, Licht in die Sache zu bringen; eine lange Zeit bemühte er sich, den übrigen Freunden Herrn Schüttelwerts auszureden, schon jetzt Nachforschungen anzustellen, da es ihm das Beste scheine, noch etwas damit zu warten – sagen wir mal, ein oder zwei Wochen oder ein oder zwei Monate, man könne ja fürs erste abwarten, ob nicht von selbst etwas herauskäme oder ob nicht vielleicht Herr

## Du hast's getan!

Schüttelwert selbst wiederkäme und die Gründe auseinanderlegte, die ihn bewogen hätten, sein Pferd in diesem Zustand heimzuschicken. Sie haben wohl selbst oft bei Leuten, die ein recht schwerer Kummer niederdrückt, diese Neigung zum Aufschieben und Zeitnehmen bemerkt. Ihre Geisteskräfte scheinen ganz erschlafft zu sein, so daß sie einen Abscheu davor haben, irgendwie handelnd vorzugehen, und am allerliebsten ruhig in ihrem Bett liegen und „ihren Kummer nähren", wie die alten Damen sich ausdrücken, das heißt: über ihre Traurigkeit unaufhörlich nachgrübeln.

Die Leute von Rattelburg aber hatten eine so hohe Meinung von der Weisheit und der Umsicht des alten Karlchens, daß die meisten geneigt waren, ihm zuzustimmen und keine weiteren Nachforschungen anzustellen, „bis von selbst etwas herauskäme", wie der alte, ehrliche Herr sich ausgedrückt hatte; und ich glaube, am Ende würde man wohl allgemein bei diesem Entschluß geblieben sein, wenn nicht Herrn Schüttelwerts Neffe, ein junger Mann von ziemlich leichtfertigen Gewohnheiten und auch sonst schlechtem Charakter, in verdächtiger Weise dagegengeredet hätte. Dieser Neffe, ein Herr Pfennigfeder, wollte nichts von Aufschieben hören und bestand hartnäckig darauf, sofort Nachforschungen nach dem „Leichnam des ermordeten Mannes" anstellen zu lassen. Diesen Ausdruck wandte er an; und Herr Biedermann bemerkte sofort, daß das, gelinde gesagt, ein sehr sonderbarer Ausdruck gewesen sei, und diese Bemerkung des alten Karlchens übte ebenfalls eine große Wirkung auf die Menge aus, und man hörte jemanden recht nachdrücklich fragen, wie es komme, daß dem jungen Herrn Pfennigfeder die Umstände, die mit dem Verschwinden seines reichen Onkels zusammenhingen, so genau bekannt seien, daß er sich berechtigt fühle, deutlich und unzweideutig zu behaupten, sein Onkel sei ein „ermordeter Mann". Hierauf fielen in der Menge und besonders zwischen dem alten Karlchen und Herrn Pfennigfeder ein paar spitze Bemerkungen. Dies letztere war absolut nichts Neues, denn seit drei oder vier Monaten lebten die beiden auf gespanntestem Fuß miteinander. Es war sogar so weit gekommen, daß Herr Pfennigfeder den Freund seines Onkels in dessen Haus, in dem er selbst auch wohnte, zu Boden geschlagen hatte, weil er sich dort zu große Frechheiten gestattet haben sollte. Wie es hieß, hatte sich das alte Karlchen bei dieser Gelegenheit durch außerordentliche Mäßigung und christliche Liebe ausgezeichnet. Er erhob sich nach dem Schlag, ordnete seine Kleider wieder, machte jedoch nicht den geringsten Versuch, Gleiches mit Gleichem zu vergelten. Er murmelte nur etwas von „summarischer Rache bei der nächsten passenden Gelegenheit", aber das war

## Du hast's getan!

wohl nur eine sehr natürliche und leicht entschuldbare Äußerung seines gerechten Zornes, die nichts auf sich hatte und sofort wieder vergessen worden war.

Wie dem nun aber auch sei, für unsere Geschichte hat es nichts zu sagen.

Jedenfalls kamen die Leute von Rattelburg, hauptsächlich durch die überzeugende Beredsamkeit des Herrn Pfennigfeder, endlich zu dem Entschluß, die Umgegend zu durchstreifen, um eine Nachsuche nach dem vermißten Herrn Schüttelwert abzuhalten. Ich sage also, sie kamen im allgemeinen zu diesem Entschluß. Und nachdem sie ihn einmal gefaßt hatten, nahm man es als ganz selbstverständlich an, daß die Sucher sich in Trupps verteilen sollten, um die Gegend recht gründlich durchsuchen zu können. Ich erinnere mich jedoch nicht mehr, durch welche scharfsinnige Logik das alte Karlchen die Versammlung überzeugte, dies sei das Unklugste, was man tun könne. Jedenfalls überzeugte er alle – Herrn Pfennigfeder ausgenommen –, daß es das Beste sei, wenn die Bürger *en masse* eine sorgfältige und gründliche Nachsuchung anstellten; er selbst, das alte Karlchen, wolle den Zug anführen. Man konnte sich in der Tat, wie schon eingangs erwähnt, keinen besseren Pionier bei diesen Nachforschungen denken, als Herrn Biedermann. Jeder wußte, daß er ein Luchsauge hatte;

aber, obgleich er die guten Rattelburger in zahlreiche abgelegene Löcher und Winkel und auf Wege führte, von denen kein Mensch bisher eine Ahnung gehabt, und die Nachforschungen eine ganze Woche lang Tag und Nacht fortsetzte, ließ sich nicht die geringste Spur von Herrn Schüttelwert entdecken. Doch möchte ich das Wort „Spur" nicht wörtlich verstanden haben, denn eine Spur von einiger Bedeutung wurde immerhin gefunden. Die eigentümlichen Hufspuren des Pferdes, auf dem der arme Herr fortgeritten, waren auf der Hauptstraße, die zur Stadt führte, drei Meilen weit nach Osten zu verfolgen. Dann führten sie auf einen kleinen Abweg, der durch ein Wäldchen ging und sich später wieder mit dem Hauptweg vereinigte und ungefähr eine halbe Meile abschnitt. Man ging den Hufspuren nach und kam endlich an einen Sumpf mit stehendem Wasser, der, von Brombeergebüschen halb verdeckt, rechts vom Weg lag. Jenseits des Sumpfes verlor sich jede Spur. Es schien, als habe hier ein Kampf stattgefunden, und aus verschiedenen Zeichen ließ sich ersehen, daß ein großer, schwerer Körper, viel größer und schwerer als der eines Mannes, von dem Pfad aus in den Sumpf geschleift worden war. Dieser letztere wurde zweimal sorgfältig durchsucht, ohne daß man etwas gefunden hätte, und man war schon nahe daran, die Nachforschungen als hoffnungslos aufzugeben, als

## Du hast's getan!

die Vorsehung Herrn Biedermann auf den Gedanken brachte, das Wasser des Sumpfes vollständig abzulassen.

Dieser Vorschlag wurde mit Freude begrüßt und das alte Karlchen mit zahllosen Komplimenten über seinen Scharfsinn und seine Umsicht überhäuft. Da viele von den Bürgern in der Befürchtung, vielleicht einen Leichnam ausgraben zu müssen, Spaten mitgebracht hatten, wurde der Sumpf mit leichter Mühe und bald trockengelegt. Kaum war der Boden sichtbar, da entdeckte man mitten im Schlamm, der zurückblieb, eine schwarze Weste aus Seidensamt, die jeder Anwesende sofort als das Eigentum des Herrn Pfennigfeder erkannte. Die Weste war vielfach zerrissen und mit Blut bedeckt, und mehrere der Anwesenden erinnerten sich genau, daß ihr Eigentümer sie am Morgen der Abreise des Herrn Schüttelwert getragen, während wieder andere sich bereit erklärten, nötigenfalls eidlich zu bezeugen, daß Herr Pfennigfeder das fragliche Kleidungsstück während des Restes jenes denkwürdigen Tages nicht mehr getragen; und endlich konnte niemand behaupten, daß er die Weste an irgendeinem Tage nach dem Verschwinden des Herrn Schüttelwert am Leib des Herrn Pfennigfeder gesehen habe.

Nun begannen die Sachen für Herrn Pfennigfeder bös auszusehen, und der Verdacht, den man nun einmal gegen ihn hatte, wurde fast zur Gewißheit, als man bemerkte, daß er tödlich erbleichte und auf die Frage, was er denn zu seiner Entschuldigung vorzubringen habe, nicht ein Wort antworten konnte. Nun fielen auch die wenigen Freunde, die er sich bei seinem ausschweifenden Lebenswandel noch erhalten, wie ein Mann von ihm ab und verlangten sogar noch eindringlicher als seine alten, erklärten Feinde seine sofortige Festnahme.

Dagegen zeigte sich der Edelmut Herrn Biedermanns in desto strahlenderem Licht. Er verteidigte Herrn Pfennigfeder mit warmer, inniger Beredsamkeit und spielte mehr als einmal darauf an, wie er dem wilden jungen Mann, „dem Erben des würdigen Herrn Schüttelwert", die Beleidigung, die derselbe ihm, Herrn Biedermann, ohne Zweifel in der Hitze der Leidenschaft zuzufügen für gut befunden, längst vergessen und vergeben habe. Er verzeihe ihm, sagte er, aus tiefstem Herzen, und was ihn, Herrn Biedermann selbst, anbeträfe, so sei er nicht nur weit entfernt davon, diese, leider höchst verdächtigenden Umstände zum Nachteil des Herrn Pfennigfeder auszubeuten; er wolle im Gegenteil sein Möglichstes tun und seine ganze bescheidene Beredsamkeit aufwenden, um, soweit er es nur mit seinem Gewissen vereinbaren könne, diese wirklich so außerordentlich bedenkliche Sache in ihren schlimmsten Zügen zu mildern.

## Du hast's getan!

In dieser Weise, die sowohl seinem Herzen, wie auch seinem Verstand alle Ehre machte, redete Herr Biedermann wohl eine halbe Stunde oder noch länger; doch warmherzige Personen sind in ihren Bermerkungen selten mäßig genug. In dem übereifrigen, hitzigen Bemühen, einem Freunde beizustehen, lassen sie sich zu allen möglichen Schnitzern und unangebrachten Seitenhieben oder zu Ungeschicklichkeiten verleiten, die, trotzdem sie in der besten Absicht von der Welt geschehen, das Vorurteil gegen den Verteidigten eher bestärken als zerstreuen.

Diese Wirkung hatte auch die ganze Beredsamkeit des alten Karlchens, denn obgleich er sich in allem Ernst für den Verdächtigten ins Zeug gelegt hatte, geschah es dennoch, daß jede Silbe, die er äußerte, den Argwohn, der sich gegen Herrn Pfennigfeder nun einmal erhoben, nur noch bestärkte und die Wut der Menge gegen ihn aufstachelte.

Der Redner hatte den merklichen Fehler gemacht, den Verdächtigten den „Erben des würdigen Herrn Schüttelwert" zu nennen. Daran hatten die Rattelburger bis jetzt noch gar nicht gedacht. Man erinnerte sich nur gewisser Drohungen, die der Onkel, der außer seinem Neffen keine anderen lebenden Verwandten mehr hatte, vor ein oder zwei Jahren ausgesprochen: er wolle Herrn Pfennigfeder enterben, und hatte seit der Zeit die Enterbung als eine abge-

## Du hast's getan!

machte Sache angesehen, doch die Bemerkung des alten Karlchens richtete ihre Aufmerksamkeit wieder auf diesen Punkt und stellte ihnen die Möglichkeit vor Augen, daß diese Drohungen eben nichts als Drohungen gewesen sein könnten. Und daraufhin stellte man sich sofort die natürliche Frage: „Cui bono?", eine Frage, die den jungen Mann fast noch schwerer belastete als die gefundene Weste.

Und hier muß man mir, wenn man mich nicht mißverstehen will, gestatten, eine kleine Abschweifung zu machen und zu bemerken, daß die kurze lateinische Phrase, die ich eben anwandte, immer falsch übersetzt und mißverstanden worden ist. In allen bekannten Romanen sind die beiden lateinischen Worte „Cui bono?" mit „zu welchem Zweck?" oder „zu welchem Ende?" übersetzt worden. Ihre wirkliche Bedeutung ist jedoch „zu wessen Nutzen?". Cui, wem; bono, zum Nutzen. Es ist eine rein juristische Phrase und genau anwendbar bei Fällen, wie dem vorliegenden, bei denen es sich darum handelt, die Wahrscheinlichkeit der Täterschaft aus der Wahrscheinlichkeit des dem mutmaßlichen Täter aus der Tat erwachsenden Vorteils herzuleiten. In unserem Fall deutete die Frage „Cui bono?" ganz entschieden auf Herrn Pfennigfeder. Sein Onkel hatte ihm, nachdem er zuerst ein Testament zu seinen Gunsten gemacht, mit Enterbung gedroht. Die Drohung war jedoch nicht ausgeführt

## Du hast's getan!

worden, und das ursprüngliche Testament anscheinend unverändert geblieben. Wäre dies nicht der Fall gewesen, so hätte man dem Verdächtigten kein anderes Motiv als Rache unterschieben können, doch spräche die Möglichkeit, bei dem Onkel noch einmal wieder zu Gnaden zu kommen, entschieden gegen eine solche Annahme. Da jedoch das Testament nicht umgestoßen war, die Drohung einer Enterbung aber noch immer über dem Haupt des Neffen schwebte, so wird uns plötzlich das stärkste Motiv zu einer solchen Greueltat klar: wenigstens schlossen die würdigen, scharfsinnigen Einwohner von Rattelburg in dieser Weise.

Herr Pfennigfeder wurde also auf der Stelle festgenommen und von der Menge, die sonst so gut wie keine Nachforschungen mehr anstellte, in die Stadt zurückgeführt. Unterwegs geschah noch etwas, das den Argwohn gegen ihn steigern mußte. Man bemerkte, daß Herr Biedermann, der in seinem Eifer immer ein Stückchen Weges vor der Menge herlief, plötzlich einen kleinen Gegenstand von dem Gras aufhob, und, nachdem er ihn schnell untersucht, einen halben Versuch machte, ihn in seiner Tasche verschwinden zu lassen. Doch, wie gesagt, die Handlung wurde bemerkt und infolgedessen verhindert, und der aufgehobene Gegenstand stellte sich als ein spanisches Messer heraus, das ein Dutzend Personen sofort als Eigentum des Herrn

## Du hast's getan!

Pfennigfeder erkannten. Überdies waren die Anfangsbuchstaben seines Namens in den Griff graviert. Das Messer war geöffnet, und seine Klinge wies Blutspuren auf.

Nun stand die Schuld des Neffen wohl außer allem Zweifel, sofort nach der Ankunft in Rattelburg wurde er vor den Untersuchungsrichter geführt.

Hier nahmen die Dinge ebenfalls eine für ihn überaus ungünstige Wendung. Als man den Angeklagten fragte, wo er sich an dem Morgen, an dem Herr Schüttelwert verschwunden sei, aufgehalten habe, hatte er wahrhaftig die Frechheit, zu gestehen, daß er an demselben Morgen mit seiner Büchse draußen gejagt habe, und zwar in unmittelbarer Nähe des Sumpfes, in dem man seine blutbesudelte Weste dank dem Scharfsinn des Herrn Biedermann aufgefunden hatte.

Nun trat das alte Karlchen vor und bat mit Tränen in den Augen darum, vernommen zu werden. Er sagte, daß sein strenges Pflichtgefühl Gott und den Menschen gegenüber ihm nicht gestatte, noch länger zu schweigen.

Bisher habe ihn die aufrichtigste Zuneigung zu dem jungen Mann, ungeachtet der üblen Behandlung, die er ihm, Herrn Biedermann, habe angedeihen lassen, bewogen, alle nur erdenklichen Einwendungen zu machen, um den Verdacht, der ja leider schwer auf Herrn Pfennigfeder laste, zu entkräften;

## Du hast's getan!

doch sprächen jetzt die Umstände zu überzeugend, zu verdammend gegen ihn, Herrn Pfennigfeder nämlich; nun dürfe er sich nicht länger zurückhalten und müsse alles sagen, sollte auch sein, Herrn Biedermanns Herz, darunter brechen.

Und nun setzte er deutlich auseinander, wie an dem Nachmittag des Tages vor dem Verschwinden des Herrn Schüttelwert dieser würdige alte Herr seinem Neffen in seiner – Herrn Biedermanns – Gegenwart gesagt habe, der Zweck der Reise, die er morgen unternehmen werde, sei der, bei der Farmerbank eine ungewöhnlich hohe Geldsumme zu deponieren, und daß bei dieser Gelegenheit der besagte Herr Schüttelwert dem besagten Neffen deutlich seinen unabänderlichen Entschluß kundgetan habe, das urprüngliche Testament für nichtig erklären zu lassen und ihn „mit einem Ei und einem Butterbrot" abzuspeisen. Er, der Zeuge, fordere nun den Angeklagten in feierlicher Weise auf, auszusagen, ob er, der Zeuge, in allen wesentlichen Punkten die Wahrheit gesagt habe oder nicht.

Zum großen Erstaunen aller Anwesenden gab Herr Pfennigfeder die Wahrheit dieser Aussagen ohne die geringste Einschränkung zu. Der Untersuchungsrichter hielt es nun für seine Pflicht, etliche Polizisten in das Haus des Herrn Schüttelwert zu schicken, damit sie das Zimmer des Angeklagten einer genauen Durchsuchung unterzögen. Von dieser

## Du hast's getan!

Haussuchung kamen sie fast umgehend wieder mit der wohlbekannten stahlbeschlagenen Brieftasche aus rotbraunem Leder zurück, die, wie jedermann wußte, Herr Schüttelwert seit Jahren bei sich getragen hatte. Ihr wertvoller Inhalt jedoch war verschwunden, und vergebens bemühte sich der Untersuchungsrichter, aus dem Angeklagten herauszubringen, welchen Gebrauch er von dem Geld gemacht oder wo er es verborgen habe. Er leugnete hartnäckig, von der Sache auch nur das Geringste zu wissen.

Die Polizeidiener hatten außerdem noch in dem Bett des Unglückseligen auf dem Strohsack eines seiner Hemden und ein Halstuch gefunden, beides mit den Anfangsbuchstaben seines Namens gezeichnet und mit dem Blute des Opfers auf das gräßlichste besudelt.

Kaum war dies alles festgestellt, so wurde auch gemeldet, daß das Pferd des Ermordeten soeben infolge der erhaltenen Verletzung verendet sei. Herr Biedermann schlug sofort die Sezierung des Tieres vor, damit man, wenn möglich, die Kugel fände. Man folgte seinem Rat und fand, als hätte sich alles vereinigt, um die Schuld des Angeklagten restlos zu beweisen, nach langem Suchen in dem Brustkasten des Pferdes eine ungewöhnlich große Kugel, die bei näherer Untersuchung genau in den Lauf der Büchse des Herrn Pfennigfeder paßte, während sie für

## Du hast's getan!

die Büchsen aller übrigen Einwohner von Rattelburg und Umgegend zu groß war.

Um die Sache noch klarer zu machen, stellte sich überdies heraus, daß die Kugel außer der gewöhnlichen noch eine kleine Naht hatte, die mit der anderen einen rechten Winkel bildete, und diese zweite Naht entsprach genau einer zufälligen Erhöhung in dem Kugelgießer, den der Angeklagte selbst als sein Eigentum anerkannte.

Nach Auffindung dieser Kugel hielt der Richter alle weiteren Schuldbeweise für überflüssig und erklärte, daß der Angeklagte vor die nächsten Assisen gestellt werden würde. Jede Bürgschaft – Herr Biedermann mit seinem warmen Herzen hatte sich erboten, dieselbe in beliebiger Höhe zu leisten –, müsse er unbedingt zurückweisen. Dieser Edelmut des alten Karlchens stimmte auf das schönste zu dem ehrenhaften, liebenswürdigen Betragen, dessen er sich während der ganzen Zeit seines Aufenthalts in Rattelburg befleißigt hatte. Im vorliegenden Fall ließ sich der würdige Herr so von seiner warmen Herzensgüte fortreißen, daß er, als er sich anbot, Bürgschaft für seinen jungen Freund zu leisten, ganz vergessen zu haben schien, daß er auf Gottes weiter Erde eigentlich kein festes Besitztum im Werte auch nur eines Dollars hatte.

Es war nicht schwer, vorauszusehen, wie der Urteilsspruch lauten würde. Unter den lauten Ver-

## Du hast's getan!

wünschungen der Rattelburger wurde Herr Pfennigfeder vor die Geschworenen gestellt, und die Kette der überzeugenden Schuldbeweise, die Herrn Biedermanns zartes Gewissen noch durch einige weitere belastende Aussagen verstärkte, wurde vollständig ausreichend befunden, die Schuldfrage zu bejahen; der Angeklagte wurde, ohne daß die Geschworenen auch nur ihre Sitze verließen, „des vorsätzlichen Mordes" schuldig befunden. Darauf wurde dann über den Unglücklichen das Todesurteil ausgesprochen. Man brachte ihn in das Gefängnis zurück, bis die unerbittliche Rache des Gesetzes ihren Lauf nehmen sollte.

Das alte Karlchen hatte sich jedoch durch sein wahrhaft edelmütiges Betragen den Herzen der ehrlichen Bürger von Rattelburg nur noch teurer gemacht. Noch mehr als sonst wurde er ihr erklärter Liebling, und um die reichliche Gastfreundschaft, die man ihm erwies, wenigstens in etwas zu erwidern, war er, wie er einmal durchblicken ließ, gezwungen, die äußerst sparsamen Gewohnheiten, die ihm seine Armut bis jetzt auferlegt, daranzugeben. Er gab kleine Gesellschaften, bei denen es lustig herging – nur wurde die Heiterkeit natürlicherweise hin und wieder ein wenig gedämpft, wenn man sich gelegentlich des widrigen, trüben Loses erinnerte, dem der Neffe des vielbetrauerten Busenfreundes des großherzigen Gastgebers entgegenging.

## Du hast's getan!

Eines schönen Tages wurde der alte, edelmütige Herr durch den Empfang des folgenden Briefes auf das angenehmste überrascht:

*Herrn Karl Biedermann, Wohlgeboren, Rattelburg, von F. & Cie. Chât. Mar. A – Nr. 1. – 6 Dtz. Flaschen (1/2 Groß).*

*Herrn Karl Biedermann, Wohlgeboren.*
*Sehr geehrter Herr!*
*Infolge einer Bestellung, die unsere Firma vor etwa zwei Monaten durch unseren Geschäftsfreund Herrn Barnabas Schüttelwert gemacht wurde, haben wir die Ehre, heute morgen eine doppelte Kiste Château Margaux an Ihre Adresse abgehen zu lassen. Qualität Antilope. Violettes Siegel. Kiste numeriert und wie obenstehend markiert.*
*Wir verbleiben, sehr geehrter Herr,*
*Ihre ergebensten Diener*
*Stadt B., 21. Juni 18...            Frosch & Cie.*

*PS.: Die Kiste wird Ihnen einen Tag nach Empfang dieses Briefes per Fracht zugehen. Unsere Empfehlungen an Herrn Schüttelwert.            F. & Cie.*

Seit dem Tod des Herrn Schüttelwert hatte Herr Biedermann jede Hoffnung aufgegeben, den versprochenen Château Margaux jemals zu bekommen, und sah die Sache jetzt fast als eine Fügung der gütigen Vorsehung an. Er war im höchsten Grad entzückt und lud im Übermaß seiner Freude für den nächsten Abend eine große Gesellschaft ein, die ihm helfen sollte, das Geschenk des guten alten Herrn Schüttelwert seiner Bestimmung zu übergeben. Doch erwähnte er den „guten alten Herrn Schüttelwert" bei seinen Einladungen mit keinem Worte. Er dachte viel darüber nach und kam zu dem Schluß, daß es wirklich besser sei, nichts zu sagen. Also, wie gesagt, er erzählte nichts von einem Geschenk, sondern bat seine Freunde nur, ihm zu helfen, ein paar Flaschen ganz besonders guten Weines, den er schon vor ein paar Wochen in der Stadt bestellt habe und der morgen eintreffen müsse, austrinken zu helfen. Ich habe mich selbst oft gefragt, warum das alte Karlchen beschlossen hatte, nicht zu sagen, daß es den Wein von seinem alten Freund zum Geschenk erhalten. Ich konnte wirklich nicht klug daraus werden, obgleich mir einleuchtete, daß er jedenfalls einen wichtigen Grund zum Schweigen hatte.

Der Abend kam und mit ihm eine hoch ehrenwerte Gesellschaft; das halbe Städtchen war im Haus des Herrn Biedermann erschienen – auch ich befand mich unter den Gästen. Doch zum Verdruß des Wirts kam die Kiste Château Margaux erst an, als man dem leckeren Abendmahl schon alle Ehre angetan hatte. Es war eine ungeheuer große Kiste,

## Du hast's getan!

und da man bereits in ausgezeichneter Stimmung war, wurde unter allgemeinem Beifall beschlossen, sie auf die Tafel hinaufzuheben und dort ihres Inhaltes zu entledigen.

Gesagt, getan. Ich half mit, und im Nu stand die Kiste auf dem Tisch, mitten zwischen Flaschen und Gläsern, denen dabei bös mitgespielt wurde. Das alte Karlchen, das schon ziemlich angeheitert und puterrot im Gesicht war, setzte sich mit einer Miene komischer Würde an die Spitze der Tafel, schlug wie ein Besessener mit einer festen Karaffe auf den Tisch und befahl jedermann, sich ruhig zu verhalten, „bis der Schatz gehoben sei".

Das Lachen und Schreien dauerte noch ein wenig an, endlich wurde es ruhig, ja, wie es bei dergleichen Gelegenheiten oft geschieht, es trat Totenstille ein. Man forderte mich auf, den Deckel zu öffnen, und ich kam diesem Wunsch „mit unermeßlichem Vergnügen" nach.

Ich steckte einen Meißel zwischen Deckel und Kiste und schlug einige Male leicht mit dem Hammer auf denselben. Der Deckel flog plötzlich mit Heftigkeit in die Höhe, und im selben Augenblicke richtete sich, dem Wirt gerade gegenüber, der blutige, schon halb verweste Leichnam des ermordeten Herrn Schüttelwert in sitzender Stellung aus der Kiste auf. Er blickte Herrn Biedermann ein paar Augenblicke lang mit seinen verglasten Augen starr und kummervoll an. Dann sprach er langsam, aber deutlich und nachdrücklich die drei Worte: „Du hast's getan!" und fiel, als sei er nun zufriedengestellt, aus der Kiste heraus und streckte seine Glieder auf dem Tische aus.

Die Szene, die folgte, spottet jeder Beschreibung. In grauenhaftem Entsetzen stürzte alles auf die Türen und Fenster zu, und selbst einige der stärksten Männer wurden vor bloßem Schreck ohnmächtig. Doch nach dem ersten wilden Ausbruch des Grauens richteten sich aller Augen auf Herrn Biedermann. Wenn ich tausend Jahre alt würde, könnte ich nie die Todesangst vergessen, die sich auf seinem eben noch so triumphierenden, strahlenden, nun geisterhaft verzerrten Gesicht widerspiegelte.

Mehrere Minuten lang saß er wie versteinert, seine vollständig ausdruckslos gewordenen Augen schienen nach innen gewandt und in der Anschauung seiner elenden, heuchlerischen Seele ganz versunken zu sein. Endlich wurden sie sich der äußeren Welt wieder bewußt, es blitzte in ihnen auf, und im selben Augenblick sprang er von seinem Stuhl und fiel mit Kopf und Schultern schwer auf den Tisch, so daß er den Leichnam berührte, und legte ein ausführliches Geständnis des grausigen Verbrechens ab, um dessentwillen man Herrn Pfennigfeder eingekerkert und zum Tode verurteilt hatte.

## Du hast's getan!

Er erzählte im wesentlichen folgendes: Er folgte seinem Opfer bis in die Nähe des Sumpfes, dort schoß er mit einer Pistole auf das Pferd und erschlug den Reiter mit dem Griff derselben, eignete sich die Brieftasche an und schleppte das Pferd, das er für tot hielt, mit vieler Mühe in die Brombeergebüsche, die den Sumpf umstanden. Den Leichnam des Herrn Schüttelwert befestigte er auf seinem eigenen Pferd, um ihn, weit von dem Tatort, im Walde zu verbergen.

Die Weste, das Messer, die Brieftasche, ja sogar die Kugel hatte er selbst an die Stellen gebracht, an denen man sie gefunden, in der Absicht, sich an Herrn Pfennigfeder zu rächen. Auch hatte er die Entdeckung des blutgeröteten Halstuches und Hemdes herbeigeführt.

Gegen Ende dieser haarsträubend gräßlichen Aussagen wurde die Stimme des schuldigen Elenden unsicher und hohl. Als er endlich fertig war, erhob er sich, schwankte ein paar Schritte vom Tisch zurück und fiel tot zu Boden.

Die Mittel, die dieses rechtzeitige Geständnis herbeiführten, waren trotz ihrer großen Wirksamkeit äußerst einfach. Herrn Biedermanns übermäßige Biederkeit hatte mich angeekelt und gleich anfangs Verdacht bei mir erregt. Ich war dabeigewesen, als Herr Pfennigfeder ihn geschlagen hatte, und der teuflische Ausdruck, der damals, wenn auch nur für einen Augenblick, sein Gesicht verzerrte, hatte mich überzeugt, daß er die Drohung, sich zu rächen, reichlich ausführen werde. So war es mir also möglich, die Manöver des alten Karlchens in einem ganz anderen Licht zu erblicken, als es die guten Rattelburger taten. Ich sah sofort, daß alle belastenden Entdeckungen direkt oder indirekt von Herrn Biedermann ausgingen. Was mir jedoch die Augen über den wahren Sachverhalt öffnete, war der Umstand, daß Herr Biedermann in dem Kadaver des Tieres eine Kugel fand. Ich hatte nicht, wie die Rattelburger, vergessen, daß der Körper des Pferdes ein Loch aufwies, durch das die Kugel eingedrungen, und ein anderes, durch das sie wieder hinausgegangen war. Wenn man dennoch eine Kugel fand, war es klar, daß die Person, die sie gefunden, dieselbe vorher dort versteckt haben mußte. Das blutige Tuch und das Hemd bestärkten ebenfalls meine Annahme, denn bei genauer Prüfung stellte sich heraus, daß das vermeintliche Blut guter Bordeaux war. Als ich dies alles recht bedachte und auch die Ausgaben und ungewohnte Freigebigkeit des Herrn Biedermann bemerkte, wuchs mein Argwohn stündlich, doch sprach ich zu niemanden darüber.

Mittlerweile stellte ich eifrige Nachforschungen nach dem Leichnam des Herrn Schüttelwert an und suchte aus naheliegenden Gründen an Orten, die

## Du hast's getan!

möglichst weit von denen, die Herr Biedermann mit seiner Schar durchgestöbert hatte, entfernt waren. Nach einigen Tagen kam ich an einen alten, versiegten Brunnen, dessen Öffnung durch Brombeergestrüpp verborgen war, und auf seinem Boden fand ich, was ich suchte. Ich hatte jedoch auch zufällig die Unterhaltung der beiden Freunde mit angehört, in der das alte Karlchen Herrn Schüttelwert durch allerlei Schmeicheleien zu überreden gewußt, ihm eine Kiste Châteaux Margaux zu versprechen. Diesen Umstand benutzte ich. Ich verschaffte mir ein steifes Stück Fischbein, stieß es in den Hals des Leichnams hinab und legte ihn in eine alte Weinkiste, derart, daß sich der Körper mit dem Fischbein beugen mußte. Dann drückte ich den Deckel kräftig nieder und nagelte ihn an. Ich konnte also erwarten, daß er, sobald man die Nägel entfernte, aufspringen und der Leichnam in die Höhe schnellen würde.

Danach markierte und numerierte ich die Kiste, schrieb die Adresse und den Brief unter dem Namen des Weinhändlers, mit dem Herr Schüttelwert in Verbindung gestanden; meinem Diener gab ich Befehl, die Kiste zu einer genau angegebenen Zeit in das Haus des Herrn Biedermann zu schaffen; und die Worte, die der Leichnam sprechen sollte, beschloß ich selbst so wirkungsvoll wie möglich hervorzubringen: infolge meines Talentes als

## Du hast's getan!

Bauchredner durfte ich mir's schon zutrauen. Im übrigen aber überließ ich alles dem bösen Gewissen des Mörders.

Weiter habe ich nichts zu erzählen. Höchstens, daß Herr Pfennigfeder auf der Stelle freigelassen wurde: er erbte das Vermögen seines Onkels und zog aus seiner schlimmen Erfahrung manche gute Lehre, begann einen neuen Lebenswandel, wurde ein anderer und lebte noch lange glücklich und zufrieden.

## *Hüte dich vor des Teufels Wetten!*

*Eine Geschichte mit einer Moral*

„Con tal que las costumbres de un autor", sagt Don Thomas de las Torres in der Vorrede zu seinen „Liebesgedichten", *„sean puras y castas, importo muy poco que no sean igualmente severas sus obras"* – das heißt auf gut deutsch: wenn die persönliche Moral eines Autors gut ist, hat die Moral seiner Bücher nichts weiter zu sagen. Ich bin der Meinung, daß Don Thomas jetzt für diese Behauptung im Fegefeuer brennt; und es wäre sehr gut wenn er, um der poetischen Gerechtigkeit zu genügen, dort so lange bleiben müßte, bis seine „Liebesgedichte" nicht mehr gedruckt und aus Mangel an Lesern endgültig ad acta gelegt würden. Jede Erzählung sollte eine Moral haben; oder vielmehr, was viel zweckentsprechender ist: die Kritiker haben entdeckt, daß jede Erdichtung eine solche hat. Philipp Melanchthon schrieb vor einiger Zeit einen Kommentar über die „Batrachomyomachia" und bewies, daß der Dichter die Absicht gehabt habe, Abscheu vor Empörung zu erwecken. Pierre La Seine geht einen Schritt weiter und behauptet, daß er geradezu vorgehabt, den jungen Leuten Mäßigkeit im Essen und Trinken anzuempfehlen. Jacobus Hugo überzeugte uns davon, daß Homer mit Evenus Calvin, mit Antinous Martin Luther, mit den Lotophagen die Protestanten im allgemeinen, mit den Harpyien die Holländer gemeint habe. Unsere modernen Scholastiker sind ebenso scharfsinnig. Diese Burschen entdeckten einen ganz neuen Sinn in dem bekannten Werk „Die Vorsündflutler", eine Parabel in der Geschichte „Powhattan", neue Ausblicke in „Rotkehlchenhahn" und Transcendentalismus in „Springübermeindaum". – Kurz, man hat uns gezeigt, daß kein Mensch sich niedersetzen kann und schreiben, ohne tiefe Gedanken auszudrücken. Den Autoren wird auf diese Weise ziemlich viel Arbeit erspart. Ein Novellist zum Beispiel braucht sich nicht im geringsten mehr um die Moral in seinen Erzählungen zu bekümmern. Sie wird ja schon so ganz von selbst darin liegen, und die Kritiker mögen sehen, wie sie sie herausfinden. Wenn die gehörige Zeit verflossen ist, wird eines Tages im „Monat" oder in der „Woche" ein Essay erscheinen, in dem alles gesagt ist, was der Autor beabsichtigte und nicht beabsichtigte, sowie was er beabsichtigt haben sollte und noch

## Hüte dich vor des Teufels Wetten!

beabsichtigt haben könnte, so daß am Ende alles klipp und klar ist.

Deshalb ist der Vorwurf, den ein paar Dummköpfe gegen mich erhoben, ich habe nie eine moralische Geschichte oder besser nie eine Geschichte mit einer Moral geschrieben, durchaus unbegründet. Sie waren eben nicht die Kritiker, dazu geeignet, mich zu erklären und meine Moral zu enthüllen – das ist wohl das ganze Geheimnis. Nebenbei gesagt, glaube ich, daß die Vierteljahresschrift „Das Vierteljahr" sie bald für ihre Dummheit beschämen wird. Mittlerweile übergebe ich ihnen, um ihren Schimpfereien ein Ende zu machen, die folgende traurige Geschichte, eine Geschichte, deren offenkundige Moral niemandem zweifelhaft sein kann, denn selbst der oberflächlichste Leser weiß, daß sie eine enthält, weil es nämlich in dicken Buchstaben unter der Überschrift steht. Man sollte mich für diese Anordnung loben – denn sie ist doch bei weitem zweckmäßiger als die Lafontaines und anderer „moralischer Geschichtenschreiber", die ihre Moral bis zum letzten Augenblicke aufsparen und sie ihrer Geschichte an den Schwanz binden.

*Defuncti injuria ne afficiantur* war eins der Gesetze der zwölf Tafeln, und *De mortuis nil nisi bonum* ist ein ganz ausgezeichnetes Gebot, selbst wenn der fragliche Tote weiter nichts gewesen wäre als der tote Punkt in einem Schwungrade. Ich habe auch nicht im geringsten die Absicht, meinen toten Freund Toby Dammit herunterzumachen. Er war ein armer Hund, das ist wahr, und starb auch wie ein Hund, gewiß! doch trug er nicht Schuld an seinen Lastern, die vielmehr von einem körperlichen Fehler seiner Mutter herrührten. Sie hatte ihn in seiner Jugend so oft und so tüchtig wie nur eben möglich durchgeprügelt, denn einem wohlgeratenen Menschen bereiten seine Pflichten stets Vergnügen; doch das arme Weib war linkshändig, und ein linkshändig geprügeltes Kind sollte besser ungeprügelt bleiben. Die Welt dreht sich von rechts nach links, und deshalb geht es nicht an, ein Kind von links nach rechts zu prügeln. Wenn sonst jeder Schlag eine üble Neigung austreibt, so muß doch natürlich jeder Puff in umgekehrter Richtung irgendeine Schlechtigkeit hineintreiben. Ich war oft Zeuge, wenn Toby gezüchtigt wurde; und schon aus der Art und Weise, wie er dann hinten und vorne ausschlug, entnahm ich, daß er von Tag zu Tage schlimmer wurde. Endlich sah ich mit Tränen in den Augen, daß an dem Taugenichts Hopfen und Malz verloren sei. Eines Tages wurde er so geprügelt, daß er schwarz im Gesicht ward wie ein kleiner Neger, und als auch dies keinen anderen Erfolg hatte, als ihm zu einem Nervenzufall zu verhelfen, konnte ich mich nicht länger bezwingen, sondern warf mich auf meine Knie, erhob laut meine Stimme und prophezeite ihm ein schreckliches Ende.

## Hüte dich vor des Teufels Wetten!

Er war unglaublich frühreif – was Laster anging. Als er eben fünf Monate alt war, konnte er schon so wütend werden, daß er vor Zorn keinen Laut hervorzubringen vermochte; als er sechs Monate alt war, überraschte ich ihn einmal dabei, wie er ein Spiel Karten benagte, und mit sieben Monaten frönte er der verabscheuenswerten Angewohnheit, die weiblichen Babies zu tätscheln und zu küssen. Mit acht Monaten weigerte er sich mit aller Entschiedenheit, seine Unterschrift unter eine Aufforderung zum Beitritt zu einem Mäßigkeitsvereine zu setzen. So wuchsen also seine Laster Monat für Monat, bis er nach Ablauf seines ersten Lebensjahres nicht allein darauf bestand, einen Schnurrbart zu tragen, sondern auch die üble Gepflogenheit hatte, zu fluchen und zu schwören und seine Ansichten durch Wetten zu bekräftigen.

Diese letzte, durchaus unvornehme Angewohnheit bereitete meinem Freunde Toby Dammit denn auch jenes schreckliche Ende, das ich prophezeit hatte. Die böse Neigung war mit ihm gewachsen und groß und stark geworden, so daß er, als er zum Manne geworden, auch nicht einen Satz aussprechen konnte, ohne ihn mit dem Vorschlag zu einer Wette zu spicken. Nicht, daß er jemals wirklich wettete –, o nein! Ich muß meinem Freunde die Gerechtigkeit widerfahren lassen und sagen, daß er gerade sooft Eier gelegt wie wirklich gewettet hat. Die Angewohnheit war weiter nichts als eine Formel, der er selbst nicht den mindesten Sinn beilegte. Es waren einfache, wenn nicht ganz und gar unschuldige Füllwörtchen, mit denen er seine Sätze abzurunden pflegte. Wenn er sagte: „Ich verwette das und das", so dachte kein Mensch daran, ihn beim Worte zu nehmen. Ich jedoch hielt es für meine Pflicht, ihn zur Rede zu stellen; die Angewohnheit war gar zu unmoralisch, und ich sagte es ihm ins Gesicht, ja! ich bat ihn, mir zu glauben, daß sie sogar ziemlich unfein sei. In der Gesellschaft sei sie verpönt – hier sprach ich die reine Wahrheit. Das Gesetz habe sie verboten – ich hatte nicht die geringste Absicht, eine Lüge zu äußern. Ich machte ihm Vorstellungen – vergebens. Ich bat – er lächelte. Ich flehte ihn an – er lachte. Ich predigte – er höhnte. Ich drohte – er fluchte. Ich schlug ihn – er rief die Polizei. Ich zog an seiner Nase – er schnaubte sie und rief, er wolle dem Teufel seinen Kopf verwetten, daß ich das nicht zum zweitenmal riskieren würde.

Armut war ein anderes Laster, das sich durch einen körperlichen Mangel seiner Mutter auf meinen Freund Toby Dammit übertragen hatte. Er war in ganz verabscheuenswertem Grade arm, und dies war ohne Zweifel der Grund, weshalb seine Füllwörtchen-Wetten selten eine pekuniäre Wendung nahmen. Ich muß gestehen, daß ich ihn niemals eine Wette aussprechen hörte, wie: „Ich verwette einen Taler", er sagte meistens: „Ich wette, um was Sie wollen" oder „ich wette um alles in der Welt" oder „ich wette um jeden Kram" oder, schon bedeutungsvoller, besagtes: „Ich verwette dem Teufel meinen Kopf".

Diese letzte Formel schien ihm am besten zu gefallen, vielleicht, weil sie das kleinste Risiko enthielt, denn Dammit war ein außerordentlich sparsamer Mensch. Sein Kopf war klein, und hätte ihn irgend jemand beim Worte genommen, so wäre auch sein Verlust nur klein gewesen. Doch dies sind meine eigenen Gedanken, und ich weiß nicht, ob ich sie mit Recht auch ihm zuschreiben darf. Jedenfalls stieg die fragliche Phrase stetig in seiner Gunst, obgleich es doch nichts Unschicklicheres geben kann als einen Mann, der täglich sein Gehirn verwettet, wie wenn es sich um Banknoten handele, doch in diesem Punkte schien mein Freund in seiner verbrecherischen Gemütsverfassung ganz empfindungslos zu sein. Schließlich sah er von allen anderen Wettformeln ganzlich ab und beschränkte sich so hartnäckig und ausschließlich auf „Ich verwette dem Teufel meinen Kopf", daß mich seine Beharrlichkeit sowohl verwunderte wie entsetzte. Über Dinge, die ich mir nicht erklären kann, bin ich immer entsetzt. Geheimnisse zwingen den Menschen zum Denken und schaden so der Gesundheit. In dem Ausdruck, mit welchem Herr Dammit diese

## Hüte dich vor des Teufels Wetten!

seine Lieblingswette aussprach –, in seinem Tonfalle, in seinen Mienen – lag etwas, was mich zuerst interessierte und dann unruhig machte, etwas, das ich mangels eines modernen Ausdrucks „übergeschnappt" nennen möchte, das Herr Coleridge ohne Zweifel „mystisch", Herr Kant „pantheistisch", Herr Carlyle „twistisch" und Herr Emerson „hyperquizzitistisch" genannt haben würde. Von Anfang an konnte ich es nicht ausstehen. Herrn Dammits Seelenheil war höchst gefährdet, und ich beschloß, meine ganze Beredsamkeit daran zu setzen, um ihn zu retten. Ich gelobte mir, ihm das zu sein, was der heilige Patrick der irischen Chronik zufolge für die Kröte war, das heißt, „ihn zu einer klaren Erkenntnis seiner Lage zu bringen". Noch einmal begann ich, ihm Vorstellungen zu machen. Noch einmal faßte ich meine ganze Energie zu einem scharfen Verweise zusammen.

Als ich ausgeredet hatte, benahm sich Herr Dammit ziemlich unverständlich. Ein paar Augenblicke lang blieb er still und sah mir nur forschend ins Gesicht. Dann legte er den Kopf auf eine Seite und zog die Augenbrauen außerordentlich weit in die Höhe. Hierauf breitete er seine Handflächen vor mir aus und zuckte mit den Schultern. Nun zwinkerte er mit dem rechten Auge und wiederholte die Prozedur bald mit dem linken. Dann schloß er plötzlich beide ganz fest. Nicht lange danach riß er sie wieder so weit auf, daß mir um die Folgen bange wurde. Und nun brachte er seinen Daumen in Berührung mit seiner Nase und hielt es für angemessen, mit den übrigen Fingern eine nicht näher zu beschreibende Bewegung zu machen. Hierauf stemmte er die Arme in die Seite und ließ sich zu einer Antwort herab.

Ich erinnere mich jedoch nur der Hauptpunkte seiner Rede: „Er wäre mir sehr verbunden, wenn ich meinen Mund halten wollte; er habe kein Verlangen nach meinen Ratschlägen; meine Reden seien ihm Wurst; er sei alt genug, um seine Worte allein verantworten zu können. Ich hielte ihn wohl immer noch für das Baby Dammit; oder wollte ich vielleicht gar etwas gegen seinen Charakter sagen? Wollte ich ihn beleidigen? Wäre ich denn ganz verrückt? Und kurz – wüßte meine Mutter überhaupt, daß ich so lange von Hause fort und allein auf der Straße wäre? Er stelle mir diese letzte Frage, weil er auf meine Aufrichtigkeit baue, und werde meine Antwort unbedingt für wahr halten. Er frage mich also nochmals ausdrücklich, ob meine Mutter wüßte, daß ich ausgegangen sei. Meine Verwirrung jedoch verrate mich, und er verwette dem Teufel seinen Kopf, daß sie es nicht wisse."

Herr Dammit machte nicht die kleinste Pause, um mir Zeit zu einer Erwiderung zu gönnen, sondern drehte sich, sobald er ausgeredet, auf dem Absatze herum und machte sich eiligst fort. Und das war gut. Er hatte meine Gefühle tief verwundet, ja! meinen Zorn hatte er erregt. Und ich wäre gar zu gern auf seine frevelhafte Wette eingegangen und hätte für den Erzfeind Herrn Dammits kleinen Kopf gewonnen – denn meine Mama wußte wohl, daß ich für kurze Zeit ausgegangen war.

Aber, „Khoda shefa midêhed" – der Himmel gibt Linderung, wie die Muselmänner sagen, wenn man ihnen auf den Fuß getreten hat. Edle Pflichterfüllung hatte mir die Beleidigung eingetragen, und ich trug sie mit Mannesmut. Doch mußte ich mir sagen, daß ich nun alles getan hatte, was möglich war, um den Elenden zu retten. So beschloß ich denn, ihn nach seinem Wunsche nicht länger mehr mit meinen Ratschlägen zu belästigen, sondern seinem Gewissen zu überlassen. Aber trotz alledem konnte ich es nicht übers Herz bringen, seine Gesellschaft ganz und gar zu meiden. Ich ging sogar so weit, mich in einige seiner weniger tadelnswerten Neigungen zu fügen, und es konnte vorkommen, daß ich mich dabei überraschte, wie ich seine schlimmen Streiche lobte, mit Tränen in den Augen, wie es die Feinschmecker mit gutem Senf machen, denn so tief betrübte es mich, seine üblen Reden anhören zu müssen.

Eines schönen Tages waren wir Arm in Arm spazierengegangen und kamen schließlich am Ufer des

## Hüte dich vor des Teufels Wetten!

Flusses an die neue Brücke und beschlossen, hinüberzugehen. Die Brücke war, um bei Unwetter Schutz zu gewähren, überdacht worden, doch hatte sie nur wenige Fenster, so daß es unter ihrem Bogen sehr dunkel war. Als wir hineintraten, fiel mir der Kontrast zwischen der Helligkeit draußen und dem Dunkel drinnen gleich schwer auf die Seele. Dem unglückseligen Dammit ging es jedoch nicht so, denn er rief fidel, *er* wolle dem Teufel seinen Kopf verwetten, daß ich's an der Hüfte habe. Er schien ungewöhnlich guter Laune zu sein. Er war überaus lebhaft – so sehr, daß mir plötzlich ein unerklärlicher, unruhiger Verdacht auf stieg. Ich fragte mich und frage mich heute noch, ob es nicht möglich war, daß er Beziehungen zu transcendentalen Wesen hatte. Doch ist mir die Diagnose dieses Übels nicht geläufig genug, um hier mit Sicherheit Auskunft geben zu können, und unglücklicherweise ist auch keiner meiner Freunde vom „Vierteljahr' zugegen. Ich erwähne diese Vermutung auch nur, weil mein Freund oft von einer gewissen gespenstermäßigen und unheimlichen Lustigkeit besessen war, die einen wahren Hanswurst aus ihm machen konnte. Nichts bereitete ihm dann größeres Vergnügen, als über alle Gegenstände, die ihm in den Weg kamen, hinüberzuklettern oder zu springen und dabei mit dem ernstesten Gesicht von der Welt alle möglichen verrückten kurzen und langen Worte auszurufen oder vor sich hin zu murmeln. Ich wußte nie recht, ob ich ihn bemitleiden oder durchprügeln sollte. Das nebenbei! Als wir nun an das Ende der besagten Brücke kamen, wurden wir plötzlich durch ein ziemlich hohes Drehkreuz in unserem Wege aufgehalten. Ich ging ruhig hindurch, indem ich es, wie jeder vernünftige Mensch tut, herumdrehte. Doch schien diese Drehung dem verdrehten Herrn Dammit nicht zuzusagen. Er hatte es sich in den Kopf gesetzt, über das Drehkreuz zu springen, und behauptete noch dabei, in der Luft einen Bogen beschreiben zu können. Ich glaubte jedoch ganz bestimmt, daß er das nicht tun könne. Denn mein Freund, Herr Carlyle, konnte über alle möglichen Drehkreuze die schönsten Bogen schneiden, dies hier auf der Brücke jedoch wäre auch ihm zu hoch gewesen, und deshalb glaubte ich, daß Toby Dammit es auch nicht könne; ich sagte ihm daher mit ein paar Worten, daß er ein Prahlhans sei, der sein Wort nimmer wahr machen würde. Später mußte ich es bitter bereuen – denn er antwortete mir unverzüglich, er verwette dem Teufel seinen Kopf, daß er es doch könne.

Ich wollte ihm trotz meines vorhin erwähnten Entschlusses mit einem Vorwurf über seine Gottlosigkeit antworten, als ich dicht neben mir ein Geräusch vernahm, das wie ein leiser Husten oder wie der bekannte Ausruf „hm! hm!" klang. Ich fuhr

## Hüte dich vor des Teufels Wetten!

ein wenig zusammen und blickte überrascht um mich. Meine Augen blieben plötzlich auf der Gestalt eines kleinen, lahmen, alten Herrn von ehrwürdigem Äußern haften, der in einer Nische in dem Holzwerk der Brücke stand. Man konnte sich tatsächlich nicht leicht etwas Ehrwürdigeres denken, denn er war nicht nur vollständig in Schwarz gekleidet, auch sein Hemd war tadellos sauber, und der Kragen schloß exakt über einer weißen Krawatte. Sein Haar hatte er vorn gescheitelt wie ein Mädchen und die Arme gedankenvoll über den Magen gekreuzt, während er die Augen sinnend nach oben gerichtet hielt.

Als ich näher hinsah, bemerkte ich, daß er über den anderen Kleidungsstücken eine schwarze Seidenschürze trug. Ich fand dies sonderbar, doch ehe ich noch eine Bemerkung machen konnte, sagte er ein zweites Mal: „Hm! hm!"

Ich war auf diese Bemerkung hin nicht sofort zu einer Antwort bereit, denn solch lakonische Meinungsäußerungen sind eigentlich überhaupt nicht zu beantworten. Ich habe z.B. eine Zeitschrift gekannt, die auf den einfachen Zuruf ‚Unsinn' durchaus nicht eingehen konnte. Deshalb schäme ich mich auch gar nicht, einzugestehen, daß ich mich bei Herrn Dammit nach Hilfe umsah.

„Dammit!" sagte ich, „was machen Sie denn eigentlich? Hören Sie denn nicht, daß dieser Herr eben ‚hm! hm!' gesagt hat?" Ich blickte meinen Freund bei diesen Worten streng an, denn, aufrichtig gesagt, war ich ziemlich perplex, und wenn ein Mann ziemlich perplex ist, muß er die Augenbrauen zusammenziehen und möglichst wild auszusehen versuchen, sonst gerät er leicht in Gefahr, plötzlich Ähnlichkeit mit einem Schafskopf zu haben.

„Dammit!" sagte ich also, und es klang fast wie „verdammt", obgleich mir im Augenblick nichts ferner lag, als zu fluchen. „Dammit! Der Herr sagte ‚hm! hm!'!" Ich habe nicht die Absicht, diese meine Bemerkung für eine tiefsinnige zu erklären, ich hielt sie selbst nicht für tiefsinnig, doch habe ich schon angedeutet, daß die Wirkungen unserer Reden mit der Wichtigkeit, die sie in unseren Augen haben, nicht immer übereinstimmen. Wenn ich Herrn Dammit mit einer Bombe in die Luft gesprengt oder mit einem Exemplar der ‚Poets and Poetry of America' auf dem Kopfe herumgetrommelt hätte, so würde er doch kaum mehr aus der Fassung geraten sein, als da ich ihn mit den einfachen Worten anredete: „Dammit! Was machen Sie denn eigentlich? Hören Sie denn nicht, daß dieser Herr eben ‚hm! hm!' gesagt hat?"

„Wie? Wirklich?" schnaufte er nach einer Weile, und dabei zeigte sein Gesicht mehr Farben, als ein Raubschiff beim Anblick eines Kauffahrers aufzieht. „Haben Sie bestimmt gehört, daß er das gesagt hat? Na, jedenfalls bin ich jetzt vollkommen ruhig und kann die Sache kühn in Angriff nehmen. Los also!"

Diese Worte schienen den kleinen alten Herrn zu erfreuen – Gott allein weiß, weshalb. Er kam aus der Nische heraus, hüpfte anmutig heran, faßte Dammit bei der Hand, schüttelte sie herzlich und sah ihn mit dem Ausdruck unverfälschtester Güte ins Gesicht.

„Ich bin sicher, Sie werden gewinnen, Herr Dammit", sagte er mit dem freimütigsten Lächeln, „doch müssen wir der Form halber einen Vertrag aufsetzen."

„Hm! hm!" erwiderte mein Freund, legte mit einem tiefen Seufzer seinen Rock ab, band ein Taschentuch um seine Taille und änderte den Ausdruck seines Gesichtes, indem er die Augen zum Himmel aufschlug und seine Mundwinkel herunterhängen ließ. – „Hm! hm!" Und „hm! hm!" sagte er nach einer kurzen Pause nochmals, und nach dieser Pause habe ich kein anderes Wort mehr von ihm gehört als: „hm! hm!"

‚Aha', dachte ich bei mir, ohne meinen Gedanken Worte zu verleihen, ‚es ist ja sehr sonderbar, daß Toby Dammit auch einmal schweigt, wahrscheinlich ist dies die Folge seiner Redseligkeit von vorhin. Die Extreme berühren sich. Es soll mich wundern, ob er die vielen nicht zu beantwortenden Fragen, die er mir an dem Tage stellte, an dem ich ihm meine letzte Rede hielt, auch vergessen hat? Jedenfalls jedoch ist er jetzt von den Beziehungen mit transcendentalen Wesen kuriert.'

„Hm! hm!" erwiderte Toby, als habe er meine Gedanken gelesen und sah dabei aus wie ein in Träumerei versunkenes Schaf.

Der alte Herr ergriff ihn jetzt beim Arme und führte ihn tiefer in den Schatten der Brücke hinein, ein paar Schritte von dem Drehkreuz weg. „Lieber Kerl", sagte er dann, „es ist eine Gewissenssache, daß ich Ihnen diesen Sprung gestatte. Warten Sie hier, bis ich meinen Platz beim Drehkreuz wieder eingenommen habe, damit ich sehe, ob sie gut hinüberkommen und auch den Bogen nicht auslassen. Es ist ja nur der Form halber, wissen Sie. Ich werde kommandieren: Eins, zwei, drei und – los! Bei ‚los!' springen Sie!"

Nun stellte er sich bei dem Drehkreuz auf, machte einen Augenblick lang, wie in tiefes Nachdenken versunken, Pause, blickte nach oben, lächelte, wie mir schien, leichthin, zog die Bänder seiner Schürze fester, sah Dammit lange an und sagte dann, wie verabredet: „Eins, zwei, drei und – los!"

Genau bei dem Worte „los!" begann mein armer Freund seinen Anlauf. Das Drehkreuz war ja immerhin kein Kirchturm, und ich hoffte doch wohl, daß er drüber kommen werde. Und wenn er es nicht konnte? – das war hier die Frage – wenn er es nicht konnte? ‚Welches Recht', fragte ich mich, ‚hat dieser alte Herr, einen anderen Herrn zum Springen zu veranlassen? Der kleine, alte Einfaltspinsel! Wer ist er überhaupt? Wenn er mich etwa zum Springen auffordern sollte, ich täte es nicht, da könnte er Gift drauf nehmen, und im übrigen ist es mir egal, was für eine Art dummer Teufel er ist.'

Die Brücke war also, wie gesagt, in ganz lächerlicher Weise bedeckt und hatte das unangenehmste Echo, das ich in meinem Leben gehört habe, doch fiel es mir erst auf, als es die vier letzten Worte, die gesprochen wurden, widerhallte.

Aber was ich sagte oder was ich dachte oder hörte, nahm nur einen Augenblick in Anspruch. In weniger als fünf Sekunden nach dem ersten Schritt des Anlaufs unternahm mein armer Toby den Sprung. Ich sah ihn hurtig laufen und kräftig vom Boden der Brücke emporspringen, wobei er mit den Beinen, als er sich in die Luft erhob, den tollsten Bogen zu drehen anfing, den ich je gesehen. Ich sah ihn hoch in der Luft gerade über dem Drehkreuz schweben und den Bogen zu Ende drehen und fand es ungewöhnlich sonderbar, daß er von da nicht weiter und auf die andere Seite herunter zu können schien. Doch der ganze Sprung dauerte ja bloß einen Augenblick, und ehe ich noch eine tiefere Bemerkung machen konnte, kam Herr Dammit mit dem Rücken platt auf den Boden zu liegen, und zwar auf derselben Seite des Drehkreuzes, von der aus er in die Höhe gesprungen war. Zu gleicher Zeit sah ich den alten Herrn, so rasch er konnte davonlaufen, nachdem er irgend etwas, das in der Dunkelheit der Brücke über das Drehkreuz weg schwer in seine Schürze gefallen war, fest in dieselbe eingewickelt. Dieses alles setzte mich höchlichst in Erstaunen, doch hatte ich nicht Zeit, länger nachzudenken, denn Herr Dammit lag so sonderbar still da, daß ich schloß, er müsse sich in seinen tiefsten Gefühlen verletzt fühlen und bedürfe meiner Hilfe. Ich eilte zu ihm hin und mußte leider konstatieren, daß er eine sozusagen hauptsächliche Verletzung erlitten hatte. Er war nämlich seines Kopfes beraubt worden, den ich selbst nach längerem Suchen in der Dunkelheit nirgends finden konnte. Ich beschloß also, meinen armen Freund nach Hause zu schaffen und einen Homöopathen holen zu lassen. Doch kam mir plötzlich noch ein Gedanke, ich riß ein Fenster in der Brückenwand auf, und wie ein Blitz durchfuhr mich die Erkenntnis der traurigen Wahrheit: Ungefähr fünf Fuß über dem Drehkreuz ragte aus dem letzten Brückenbogen eine flache Eisenstange hervor, die sich horizontal über die ganze Breite der Brücke erstreckte und mit vielen anderen dazu diente, dieselbe zu tragen. Offenbar war der Hals meines unglücklichen Freundes in allzunahe

## Hüte dich vor des Teufels Wetten!

Berührung mit dem scharfen Rande dieses Stützeisens gekommen.

Er überlebte seinen schrecklichen Verlust nicht lange. Die Homöopathen gaben ihm nicht wenig genug Medizin ein, und außerdem zögerte er noch sehr, das bißchen, was sie ihm gaben, zu nehmen. Es ging ihm immer schlechter und endlich starb er ganz. Ich betaute sein Grab mit meinen Tränen und schickte den Metaphysikern eine sehr mäßige Rechnung für die Begräbniskosten. Die Schufte weigerten sich aber, diese zu bezahlen und ich ließ daraufhin Herrn Dammit wieder ausgraben und verkaufte ihn als Hundefutter.

## *Das Abenteuer eines gewissen Hans Pfaall*

> *Das Herz voll rasender Fantasie'n,*
> *Die alle mir untertan,*
> *Mit meinem Luftroß will ich zieh'n*
> *Und glüh'ndem Speer die freie Bahn.*
> Tom O'Bedlam's Song.

NACH DEN LETZTEN BERICHTEN aus Rotterdam scheint in dieser Stadt eine gesteigerte wissenschaftliche Erregung zu herrschen. Tatsächlich haben sich dort Naturerscheinungen ereignet, die so völlig unerwartet, so vollkommen neu, so entschieden allen bisherigen Ansichten widersprechend sind, daß ich keinen Zweifel darüber hege, daß noch lange Zeit nachher ganz Europa in Unruhe, alle Kräfte in Gärung, Vernunft und Astronomie miteinander im Kampfe bleiben werden.

Wie verlautet, war eines Tages (das Datum weiß ich nicht genau) eine große Volksmenge aus Grün-

## Das Abenteuer eines gewissen Hans Pfaall

den, die nicht besonders erwähnt werden, auf dem großen Börsenplatze der guten Stadt Rotterdam versammelt. Der Tag war für die Jahreszeit außergewöhnlich warm – kein Lüftchen regte sich –, und die Menge ertrug es gern, daß hier und da kurze Regenschauer sie besprützten, die aus der großen, weißen, über den ganzen blauen Himmelsbogen zerstreuten Wolkenmasse hernniederfielen. Trotzdem wurde gegen Mittag eine leichte, aber deutliche Erregung bei der Versammlung bemerkbar; das Schwatzen von 10 000 Zungen folgte; und einen Augenblick später waren 10 000 Gesichter zum Himmel aufwärts gewandt, 10 000 Pfeifen sanken zu gleicher Zeit aus 10 000 Mundwinkeln, und ein Getöse, das nur mit dem Rauschen des Niagara verglichen werden konnte, tönte lang, laut und rasend durch die Stadt und Umgegend von Rotterdam.

Die Ursache dieses Tumults wurde bald offensichtlich. Aus der gewaltigen Gestalt der schon erwähnten scharf gezeichneten Wolkenmasse trat langsam in den offenen blauen Himmelsraum ein sonderbarer, fremdartiger, aber offenbar fester Gegenstand, der so seltsam geformt, so absonderlich zusammengesetzt war, daß der Haufe handfester Bürger, die mit offenem Munde unten standen, ihn durchaus nicht zu begreifen und gar nicht genug zu bewundern vermochten. Was konnte das sein? Im Namen aller Teufel von Rotterdam, was

## Das Abenteuer eines gewissen Hans Pfaall

konnte das möglicherweise bedeuten? Niemand wußte es, niemand konnte es ausdenken; niemand – nicht einmal der Bürgermeister Mynheer Superbus Von Underduk – hatte den geringsten Anhaltspunkt, um dieses Geheimnis zu entwirren; da also nichts Vernünftigeres zu tun war, steckte jedermann seine Pfeife sorgsam wieder in den Mund, behielt dauernd die Erscheinung im Auge, paffte, sann nach, watschelte umher und grunzte bedeutungsvoll, watschelte zurück, grunzte, sann und paffte schließlich wieder.

Inzwischen aber senkte sich der Gegenstand von so viel Neugierde, die Ursache von so viel Rauch tiefer und tiefer auf die schöne Stadt herab. In wenigen Minuten war er so nah, daß man ihn genau erkennen konnte. Es schien, ja es war zweifellos eine Art Ballon, aber sicher hatte man einen solchen Ballon noch nie in Rotterdam gesehen. Denn – so muß ich fragen – wer hat jemals von einem Ballon gehört, der ganz aus schmutzigem Zeitungspapier gemacht war? Niemand in ganz Holland; aber hier unter den eigenen Nasen der Leute oder vielmehr in einiger Entfernung über ihren Nasen, hing eben dieses erwähnte Ding und war – wie ich von wohlunterrichteter Seite weiß – wirklich aus diesem Material gemacht, von dem man niemals je gehört hatte, daß es zu solchem Zwecke verwendbar sei. Es war eine offenbare Beleidigung für den gesunden

## Das Abenteuer eines gewissen Hans Pfaall

Menschenverstand der Bürger von Rotterdam. Und die Gestalt des Phänomens war noch empörender, denn es war nichts anderes als eine umgekehrte Narrenkappe. Diese Ähnlichkeit wurde durchaus nicht abgeschwächt, als die Menge bei näherer Betrachtung bemerkte, daß eine große Quaste von der Spitze herabhing und am oberen Rande, der Grundfläche des Kegels, ein Kreis kleiner Instrumente angebracht war, die Schafglocken ähnlich sahen und dauernd die Melodie von „Betty Martin" klingelten. Aber es kam noch schlimmer. Mit blauen Bändern an dieser abenteuerlichen Maschine befestigt, hing anstatt einer Gondel ein riesiger mausgrauer Kastorhut mit übertrieben breitem Rande, halbkugelförmigem Kopfe, schwarzem Bande und silberner Schnalle. Es ist jedoch bemerkenswert, daß viele Bürger von Rotterdam beschworen, denselben Hut früher schon öfters gesehen zu haben, und die ganze Versammlung schien ihn als alten Bekannten zu betrachten, während Frau Grettel Pfaall bei seinem Anblick in einen Ausruf freudiger Überraschung ausbrach und erklärte, es sei genau der Hut ihres eigenen guten Mannes. Dieser Umstand war nun um so auffallender, als tatsächlich vor etwa fünf Jahren Pfaall mit drei Gefährten in ganz plötzlicher und unerklärlicher Weise von Rotterdam verschwunden war und seither alle Versuche, Nachricht von ihm zu erhalten, zu keinem Ergebnis führten. Allerdings hatte man kürzlich in einer einsamen Gegend im Osten der Stadt einige Knochen, die für menschliche gehalten wurden, mit allerlei sonderbarem Plunder vermischt, gefunden, und manche Leute gingen soweit zu glauben, daß an diesem Ort ein abscheulicher Mord verübt worden sei, dessen Opfer aller Wahrscheinlichkeit nach Hans Pfaall und seine Gefährten wären. Doch kommen wir auf unsere Erzählung zurück.

Der Ballon (denn ein solcher war es ohne Zweifel) war nun bis auf eine Entfernung von hundert Fuß heruntergekommen, so daß die Menge die Person seines Insassen ziemlich genau sehen konnte. Das war wirklich ein sonderbarer Jemand. Er konnte nicht größer sein als zwei Fuß, aber schon diese geringe Höhe würde genügt haben, ihn aus dem Gleichgewicht zu bringen und über den Rand der winzigen Gondel zu kippen, wäre nicht ein kreisförmiger Reifen in Brusthöhe in die Taue des Ballons getakelt gewesen. Der Körper des kleinen Mannes war unverhältnismäßig breit, was der ganzen Gestalt eine lächerliche Rundlichkeit gab. Die Füße waren natürlich überhaupt nicht sichtbar, die Hände riesengroß. Sein Haar war grau und hinten zu einem Zopf zusammengebunden. Die Nase war erstaunlich lang, krumm und entzündet; die Augen rund, glänzend und schlau; Doppelkinn und Wange, obgleich vom Alter runzlig, waren breit und

## Das Abenteuer eines gewissen Hans Pfaall

gedunsen; aber nirgends an seinem Kopfe konnte man so etwas wie Ohren sehen. Dieser seltsame kleine Herr trug einen losen hellblau seidenen Überrock mit dazu passenden engen kurzen Hosen, die an den Knien mit silbernen Schnallen befestigt waren. Seine Weste war aus schönem gelben Stoffe; eine weiße seidene Mütze saß keck auf einer Seite des Kopfes, und um diese Ausstattung zu vollenden, umhüllte ein blutrotes seidenes Tuch seinen Hals und hing lose, in einen phantastischen Knoten von übertriebener Größe geschlungen, auf die Brust herab.

Nachdem sich der kleine alte Herr, wie schon gesagt, bis auf etwa hundert Fuß der Erde genähert hatte, wurde er plötzlich von einem Anfall von Unruhe erfaßt und schien abgeneigt, der *terra firma* irgendwie näher zu kommen. Er warf also eine Menge Sand aus einem Leinensack, den er mit großer Mühe aufhob, und blieb sofort auf derselben Höhe stehen. Dann holte er eilig und aufgeregt aus einer Seitentasche seines Überrocks eine große Brieftasche aus Saffianleder. Er wog sie mißtrauisch in der Hand, sah dann außerordentlich erstaunt aus und war offenbar von ihrem Gewicht überrascht. Schließlich öffnete er sie, holte einen großen Brief heraus, der mit rotem Wachs gesiegelt und sorgfältig mit rotem Zwirn zusammengebunden war, und ließ ihn genau zu Füßen des Bürgermeisters Super-

## Das Abenteuer eines gewissen Hans Pfaall

bus Von Underduk herabfallen. Seine Exzellenz bückten sich, um ihn aufzuheben. Aber der Luftschiffer, der noch immer recht verwirrt war und den offenbar seine Geschäfte nicht länger in Rotterdam zurückhielten, begann in diesem Augenblick eifrige Vorbereitungen für die Abreise zu machen. Und da es nötig war, einigen Ballast abzuwerfen, um den Wiederaufstieg zu ermöglichen, purzelte das ganze halbe Dutzend Säcke, die er nacheinander auswarf, ohne sie erst zu entleeren, unglücklicherweise auf den Rücken des Bürgermeisters und rollte ihn wohl ein Dutzend Mal vornüber im Angesichte aller Bewohner von Rotterdam. Es ist aber nicht anzunehmen, daß der große Underduk diese Unverschämtheit des kleinen Mannes unbestraft durchgehen ließ. Im Gegenteil soll er während jedes seiner sechs Purzelbäume nicht weniger als sechsmal deutlich und wütend aus seiner Pfeife gepafft haben, die er die ganze Zeit mit aller Macht festhielt und die mit Gottes Hilfe bis an sein seliges Ende festzuhalten er beabsichtigt.

Inzwischen stieg der Ballon auf wie eine Lerche, und, hoch über die Stadt hinwegfliegend, trieb er ruhig hinter eine Wolke, ähnlich der ersten, aus welcher er so sonderbar aufgetaucht war, und blieb so den erstaunten Augen der Rotterdamer Bürger für immer verschwunden. Alle Aufmerksamkeit galt nun dem Briefe, dessen Herabfallen mit seinen

## Das Abenteuer eines gewissen Hans Pfaall

Begleitumständen eine so umstürzlerische Wirkung sowohl auf die Person wie auch auf die persönliche Würde seiner Exzellenz von Underduk ausgeübt hatte. Während seiner herumkugelnden Bewegungen hatte der hohe Beamte aber nicht versäumt, an die wichtige Tatsache zu denken, daß es notwendig sei, den Brief in Sicherheit zu bringen, denn bei näherer Betrachtung stellte sich heraus, daß er in die richtigen Hände gefallen und an ihn selbst gerichtet war, an ihn und Professor Rubadub, in ihrer öffentlichen Eigenschaft als Präsident und Vizepräsident der Rotterdamer astronomischen Akademie. Also wurde er sofort von beiden Würdenträgern geöffnet, und es ergab sich, daß er folgende ungewöhnliche und in der Tat sehr ernsthafte Mitteilung enthielt:

An
*Ihre Exzellenzen Von Underduk und Rubadub, Präsidenten und Vizepräsidenten der staatlichen astronomischen Akademie in der Stadt Rotterdam.*

Ihre Exzellenzen werden sich vielleicht eines bescheidenen Handwerkers namens Hans Pfaall, seines Zeichens Blasebalgflicker, erinnern, der mit drei anderen vor etwa fünf Jahren unter Umständen, die man wohl unerklärlich fand, aus Rotterdam verschwand. Mit Verlaub Ew. Exz. bin ich, der Schreiber dieser Mitteilung, Hans Pfaall selbst. Den meisten meiner Mitbürger ist wohl bekannt, daß ich während vierzig Jahren in dem kleinen schiefen Backsteinhause am oberen Ende des Sauerkrautgäßchens meinen Wohnsitz hatte. Meine Vorfahren haben auch schon seit Menschengedenken dort gewohnt und, wie ich, das ehrbare und recht einträgliche Gewerbe des Blasebalgflickens betrieben, denn, ehrlich gesagt, bis in letzter Zeit die Köpfe aller Leute auf Politik begierig wurden, konnte kein ehrbarer Bürger von Rotterdam ein besseres Geschäft als das meinige wünschen oder verdienen. Der Kredit war gut, es gab immer genug Arbeit, und es fehlte weder an Geld noch an gutem Willen. Aber, wie ich schon sagte, bald fingen wir an, die Folgen von Freiheit, langen Reden, Radikalismus und ähnlichem Zeuge zu verspüren. Leute, die früher die besten Kunden der Welt waren, hatten jetzt keinen Augenblick Zeit, um an uns zu denken. Sie hatten zuviel damit zu tun, über Revolutionen zu lesen und mit dem Fortschritt und dem Geist der Zeit vorwärts zu gehen. Wenn ein Feuer angefacht werden sollte, konnte es auch durch eine Zeitung geschehen, und ich bezweifle nicht, daß Leder und Eisen in gleichem Maße an Dauerhaftigkeit zunahmen, wie die Regierung immer schwächer wurde – denn, nach kurzer Zeit war in Rotterdam kein einziger Blasebalg mehr, der eines Nadelstiches oder eines Hammerschlages bedurfte. Ich war bald arm

## Das Abenteuer eines gewissen Hans Pfaall

wie eine Kirchenmaus, und da ich für Frau und Kinder zu sorgen hatte, wurde die Last unerträglich, und ich verbrachte manche Stunde damit, über die beste Art zu grübeln, wie ich meinem Leben ein Ende bereiten könnte. Inzwischen ließen drängende Gläubiger mir keine Muße zum Nachdenken. Mein Haus war tatsächlich von morgens bis abends belagert. Besonders drei Burschen waren es, die mich mehr quälten als zu ertragen war, indem sie dauernd meine Tür bewachten und mir mit dem Gesetze drohten. Diesen schwor ich bittere Rache, wenn es mir je glücken sollte, sie in meine Gewalt zu bekommen, und ich glaube, nichts in der Welt außer der Freude dieser Erwartung verhinderte mich, sofort meinen Selbstmordplan auszuführen und mir mit einer alten Büchse das Gehirn auszublasen. Ich hielt es aber für das beste, meinen Zorn zu verbergen und sie mit Versprechungen und schönen Worten hinzuhalten, bis eine glückliche Wendung meines Geschickes mir Gelegenheit zur Rache böte.

Eines Tages, als ich ihnen entwischt war und mich noch entmutigter fühlte als gewöhnlich, schlenderte ich lange Zeit ziellos durch die finsteren Gassen, bis ich zufällig an einer Ecke gegen den Verkaufsstand eines Buchhändlers stolperte. Da ich einen Stuhl für den Gebrauch der Kunden dabeistehen sah, setzte ich mich mürrisch hin und öffnete,

## Das Abenteuer eines gewissen Hans Pfaall

ohne recht zu wissen warum, den ersten Band, der mir in die Hände fiel. Es war eine kleine Abhandlung über spekulative Astronomie von Professor Encke in Berlin oder einem Franzosen ähnlichen Namens. Ich hatte einen leisen Schimmer von Dingen dieser Art und vertiefte mich bald mehr und mehr in den Inhalt des Buches, so daß ich es sofort zweimal durchlas, bevor ich wieder zu mir kam und wußte, was um mich vorging. Inzwischen wurde es dunkel, und ich lenkte meine Schritte heimwärts. Aber die Broschüre in Verbindung mit einer Entdeckung für Luftballons, die mir von einem Vetter aus Nantz kürzlich als wichtiges Geheimnis mitgeteilt wurde, hatte mir einen unauslöschlichen Eindruck gemacht, und als ich die dämmrigen Straßen herunterging, rief ich mir die wirren, oft unverständlichen Gedankengänge genau ins Gedächtnis zurück. Einige besondere Stellen wirkten in ungewöhnlicher Weise auf meine Einbildungskraft. Je länger ich darüber nachsann, desto tiefer wurde das in mir erweckte Interesse. Der geringe Umfang meiner allgemeinen Bildung und insbesondere meine Unwissenheit in bezug auf naturphilosophische Gegenstände veranlaßten mich durchaus nicht, meine Fähigkeit zu verstehen, was ich gelesen hatte, zu bezweifeln oder den unklaren Begriffen, die daraus entstanden waren, zu mißtrauen; sie wirkten vielmehr als weitere Anre-

## Das Abenteuer eines gewissen Hans Pfaall

gung auf meine Einbildungskraft, und ich war so eitel (vielleicht auch so vernünftig) zu überlegen, ob diese unreifen Gedanken, die in ungeregelten Geistern erwachten, vielleicht nicht nur allen Anschein, sondern auch alle Kraft und Wirklichkeit und anderen unzertrennlichen Eigenschaften von Instinkt oder Intuition besitzen.

Es war spät, als ich nach Hause kam, und ich ging gleich zu Bett. Aber mein Geist war allzu beschäftigt, um mich schlafen zu lassen, und ich lag die ganze Nacht in Sinnen vertieft. Am Morgen stand ich früh auf, ging gleich in die Buchhandlung und legte alles bare Geld, das ich besaß, im Kauf von einigen Bänden Mechanik und praktische Astronomie an. Nachdem ich sie glücklich nach Hause gebracht hatte, widmete ich ihrer Durchsicht jeden freien Augenblick, und bald machte ich solche Fortschritte in Studien dieser Art, daß ich sie für ausreichend hielt, um einen gewissen Plan zur Ausführung zu bringen, den mir der Teufel oder mein guter Genius eingegeben hatte. Zwischendurch machte ich alle möglichen Anstrengungen, um die drei Gläubiger zu beruhigen, die mich so sehr quälten. Und es gelang mir auch, teils indem ich soviel von meiner Hauseinrichtung verkaufte, daß ich einen Teil ihrer Forderung bezahlen konnte, teils auch durch das Versprechen, den Rest dann zu bezahlen, wenn ein kleiner Plan, den ich, wie ich ihnen sagte, im Auge hatte, und zu dessen Ausführung ich um ihre Hilfe bat, mir gelungen wäre. Auf diese Weise (denn sie waren unwissende Leute) kostete es mich wenig Mühe, sie für mein Vorhaben zu gewinnen.

Nachdem die Sache so geregelt war, gelang es mir mit Hilfe meiner Frau, mit größter Vorsicht und Heimlichkeit alles, was ich noch besaß, zu Geld zu machen und außerdem in kleinen Beträgen und unter den verschiedensten Vorwänden eine nicht unbeträchtliche Summe baren Geldes zu borgen, ohne im geringsten zu bedenken (ich schäme mich, es zu gestehen), wie ich sie später zurückbezahlen könne. Mit den so zusammengekommenen Geldmitteln verschaffte ich mir nach und nach ein sehr feines Nesseltuch und Batist in Stücken von je 12 Ellen, Schnur, eine Menge Kautschukfirnis, einen großen, tiefen, auf Bestellung angefertigten Weidenkorb und verschiedene andere Dinge, die zum Bau und zur Ausstattung eines Ballons von außergewöhnlicher Größe notwendig waren. Ich veranlaßte meine Frau, ihn so rasch wie möglich fertig zu machen, und gab ihr alle möglichen Anleitungen für das besondere Verfahren. Inzwischen verarbeitete ich den Zwirn zu Netzwerk von ausreichendem Umfang, takelte es mit einem Reifen und den nötigen Tauen und kaufte zahlreiche Instrumente und Material, um in den Regionen der höheren Atmosphäre Versuche anzustellen. Dann ergriff ich die Gelegenheit,

## Das Abenteuer eines gewissen Hans Pfaall

in eine verborgene Gegend im Osten von Rotterdam fünf eisenbeschlagene Fässer zu schaffen, jedes von etwa 50 Gallonen Inhalt, und ein noch größeres; sechs Zinnröhren von drei Zoll Durchmesser, passender Form und zehn Fuß Länge; außerdem eine Menge einer besonderen metallischen Substanz, eines Halbmetalls, das ich nicht nennen will, nebst einem Dutzend Korbflaschen mit einer ganz gewöhnlichen Säure. Das Gas, das aus letzteren Bestandteilen gebildet wird, ist niemals von einem anderen Menschen als mir hergestellt oder doch wenigstens nie zu einem ähnlichen Zwecke verwendet worden. Ich kann nur die Behauptung wagen, daß sein wesentlicher Bestandteil Stickstoff ist, daß es bisher für nicht reduzierbar galt und daß seine Dichtigkeit etwa 37,3mal geringer ist als die von Wasserstoff. Es ist geschmacklos, aber nicht geruchlos; brennt, wenn unvermischt, mit grünlicher Flamme und wirkt sofort todbringend auf tierisches Leben. Ich würde mich nicht scheuen, das ganze Geheimnis offen darzulegen, wenn es nicht (wie ich vorhin schon erwähnte) von Rechts wegen einem Bürger von Nantz in Frankreich gehörte, der es mir bedingungsweise mitteilte. Dieselbe Persönlichkeit überließ mir auch – ohne eine Ahnung von meinen Absichten – ein Verfahren, Ballons aus der Haut eines gewissen Tieres zu bauen, einem Stoffe, durch den das Ausströmen von Gas fast unmöglich sein soll. Ich fand es aber doch zu teuer und nahm schließlich auch an, daß Batist und Nesseltuch mit einem Überzug von Kautschukfirnis ebenso gut seien. Ich erwähne diesen Umstand, da ich es für wahrscheinlich halte, daß späterhin die betreffende Persönlichkeit einen Ballonaufstieg mit dem neuen Gas und dem eben besprochenen Stoffe versuchen wird und ich ihr die Ehre einer ganz vorzüglichen Erfindung nicht streitig machen will.

An allen Stellen, wo eins der kleineren Fässer während der Füllung des Ballons liegen sollte, grub ich heimlich kleine Höhlen, die auf diese Weise einen Kreis von 25 Fuß Durchmesser bildeten. In den Mittelpunkt dieses Kreises, der für das größte Faß bestimmt war, grub ich wieder eine Höhle, aber von größerer Tiefe. In jede der kleinen Vertiefungen legte ich einen Blechkasten, der 50 Pfund, und in die größere ein Fäßchen, das 150 Pfund Schießpulver enthielt. Das Fäßchen und die Blechkästen verband ich in zweckmäßiger Weise mit einer verdeckten Zündleitung, und nachdem ich in einen der Blechkästen das Ende von etwa vier Fuß Zündschnur eingeführt hatte, bedeckte ich die Höhle, legte das Faß darüber und ließ das andere Ende der Schnur kaum sichtbar etwa einen Zoll aus dem Faß heraushängen. Dann füllte ich die übrigen Höhlen aus und setzte die Fässer in der für sie bestimmten Lage darauf.

## Das Abenteuer eines gewissen Hans Pfaall

Außer den oben angeführten Gegenständen brachte ich auch einen der von Grimm verbesserten Kondensierungs-Apparate für atmosphärische Luft in das Lager und versteckte ihn dort. Ich fand jedoch, daß diese Maschine noch erheblicher Abänderung bedurfte, bevor sie den Zwecken, für die ich sie verwenden wollte, angepaßt werden konnte. Aber durch angestrengte Arbeit und unermüdliche Ausdauer erreichte ich einen vollen Erfolg für alle meine Vorbereitungen. Mein Ballon war bald fertig. Er sollte mehr als 40000 Kubikfuß Gas enthalten und mich nach meiner Berechnung leicht in die Höhe bringen mit allen Geräten, wenn ich sie richtig verstaute, und obendrein 175 Pfund Ballast. Ich hatte drei Firnisüberzüge und fand, daß das Batistnesseltuch allen Zwecken ebenso entsprach wie Seide, genau so fest war und sehr viel billiger.

Als alles fertig war, erzwang ich von meiner Frau einen Eid der Verschwiegenheit über alles, was ich seit dem Tage meines ersten Besuches in der Buchhandlung unternommen hatte, versprach ihr meinerseits, sobald es die Umstände gestatteten, zurückzukommen, gab ihr das wenige Geld, das ich noch besaß, und sagte ihr Lebewohl. Ich sorgte mich gar nicht um sie. Sie war, was man eine tüchtige Frau nennt, und konnte sich ohne meine Hilfe in der Welt durchschlagen. Ehrlich gesagt, glaube ich, daß sie mich immer für einen Faulpelz hielt, eine schwere Zugabe, die nur dazu taugte, Luftschlösser zu bauen, und daß sie eigentlich froh war, mich los zu sein. Es war tiefe Nacht, als ich mich von ihr verabschiedete; ich nahm die drei Gläubiger, die mich so sehr gequält hatten, als *aides-de-camp* mit, und wir trugen den Ballon mit Gondel und Zubehör auf einem Umwege an die Stelle, wo die anderen Gegenstände lagen. Dort fanden wir alles unberührt, und ich begann sofort meine Arbeit.

Es war der erste April. Wie schon gesagt, war die Nacht dunkel, kein Stern zu sehen, und ein feiner Sprühregen fiel von Zeit zu Zeit, was uns recht unbehaglich war. Aber meine größte Sorge galt dem Ballon, der trotz des schützenden Überzuges durch die Feuchtigkeit anfing, ziemlich schwer zu werden. Deshalb ließ ich meine drei Gläubiger sehr fleißig arbeiten, gestoßenes Eis rund um das Mittelfaß legen und die Säure in den anderen umrühren. Aber sie hörten nicht auf, mich mit Fragen zu überhäufen, was ich denn mit allen diesen Vorrichtungen vorhabe, und brachten ihre Unzufriedenheit über die schreckliche Arbeit, die ich ihnen aufzwang, zum Ausdruck. Sie konnten nicht einsehen (sagten sie), was Gutes dabei herauskommen solle, wenn sie bis auf die Haut naß würden, nur um an solchem greulichen Zauberwerk teilzunehmen. Mir wurde unbehaglich, und ich schaffte mit aller Kraft darauf los; denn ich glaubte sicher, daß die Idioten

## Das Abenteuer eines gewissen Hans Pfaall

annahmen, ich habe einen Vertrag mit dem Teufel abgeschlossen und das, was ich eben zu tun im Begriffe war, sei irgend etwas geheimnisvoll Böses. Deshalb fürchtete ich sehr, daß sie mich alle verlassen könnten, brachte es aber doch zuwege, sie zu beruhigen, da ich ihnen versprach, alle Schulden voll auszubezahlen, wenn ich dieses Geschäft zu gutem Ende brächte. Solchen Reden gaben sie natürlich ihre eigene Auslegung, da sie zweifellos glaubten, ich werde auf alle Fälle in den Besitz großer Mengen baren Geldes gelangen, und, vorausgesetzt, daß ich alles bezahlte, was ich ihnen schuldig war, und mit Rücksicht auf ihre Dienste, noch einiges mehr, kümmerte es sie wenig, was aus meiner Seele und meinem Leibe würde.

Nach etwa viereinhalb Stunden schien mir der Ballon genügend gefüllt. Ich befestigte also die Gondel und brachte alle meine Geräte hinein: ein Teleskop; ein Barometer mit einigen wichtigen Abänderungen; ein Thermometer; ein Elektrometer; einen Kompaß; eine Magnetnadel; eine Sekundenuhr; eine Glocke; ein Sprachrohr usw.; außerdem eine luftleere Glaskugel, die sorgsam mit einem Stöpsel verschlossen war; den Kondensator nicht zu vergessen; etwas ungelöschten Kalk; ein Stück Siegelwachs; einen reichlichen Wasservorrat und eine große Menge Speisevorräte, wie z.B. harten Fleischkuchen, der in verhältnismäßig kleinem

Umfang viele Nährstoffe enthält. Außerdem brachte ich ein paar Tauben und eine Katze in der Gondel unter.

Da der Tag schon anbrach, fand ich, es sei hohe Zeit aufzusteigen. Ich ließ wie zufällig eine brennende Zigarre zur Erde fallen, und als ich mich bückte, um sie aufzuheben, zündete ich heimlich das Ende der Lunte an, das, wie gesagt, ein wenig über den untere Rand eines der kleinen Fässer heraushing. Dies geschah, ohne daß die drei Gläubiger das Geringste merkten; in die Gondel springend, schnitt ich das einzige Tau durch, das mich an der Erde festhielt, und freute mich, als ich merkte, daß ich mit unfaßbarer Geschwindigkeit aufwärts schoß, in aller Gemütlichkeit 175 Pfund Bleiballast mitführend mit dem Bewußtsein, daß ich noch einmal soviel hätte tragen können. Als ich die Erde verließ, stand das Barometer auf 30 Zoll, das Celsiusthermometer auf 19°.

Aber kaum hatte ich eine Höhe von 50 Ellen erreicht, als dröhnend und krachend in der greulichsten und stürmischsten Weise ein so dichter Orkan von Feuer und Kies und brennendem Holz, glühendem Metall und zerfetzten Gliedern aufstieg, daß mein Herz verzagte und ich, vor Entsetzen zitternd, auf den Boden der Gondel fiel. Ich begriff nun, daß ich die Sache übertrieben hatte und daß die schlimmsten Folgen des Stoßes mir noch bevorstanden. Nach weniger als einer Sekunde fühlte ich auch alles Blut meines Körpers in meine Schläfen stürzen und gleich darauf eine Erschütterung, die ich nie vergessen werde, plötzlich durch die Nacht brechen, als wollte sie das Firmament auseinanderreißen. Als ich später Zeit zur Überlegung hatte, führte ich natürlich die furchtbare Wucht der Explosion – insofern sie mich selbst betraf – auf ihren wahren Grund zurück, auf meine Lage direkt darüber und in der Stoßrichtung ihrer größten Gewalt. Aber damals dachte ich nur daran, mein Leben zu retten. Der Ballon fiel erst zusammen, dann dehnte er sich furchtbar aus, dann wurde er mit greulicher Schnelligkeit um und um getrieben, und schließlich, schwankend und taumelnd wie ein Betrunkener, schleuderte er mich, den Kopf nach unten und das Gesicht nach außen, über den Rand der Gondel, wo ich in schrecklicher Höhe an einem etwa drei Fuß langen Stück dünner Schnur baumelte, das zufällig durch einen Riß am Boden des Weidenkorbes hing und in dem beim Fallen glücklicherweise mein linker Fuß sich verfangen hatte. Es ist unmöglich, völlig unmöglich, sich von dem Grauen meiner Lage einen annähernden Begriff zu machen. Krampfhaft rang ich nach Luft; ein Schauer wie Schüttelfrost erregte jeden Nerv und Muskel meines Körpers; ich fühlte, wie meine Augen aus den Höhlen traten, eine furchtbare Übelkeit überwältigte mich, und schließlich verließ mich die Besinnung, und ich fiel in Ohnmacht.

Wie lange ich in dieser Lage blieb, kann ich unmöglich sagen; immerhin muß es eine ziemlich lange Zeit gewesen sein, denn als ich wieder langsam zu mir kam, begann es zu tagen, der Ballon war in ungeheurer Höhe über dem wilden Ozean und nirgends, soweit der Horizont reichte, eine Spur von Land zu sehen. Meine Gefühle, als ich zum Bewußtsein kam, waren aber doch nicht so angsterfüllt, wie man annehmen könnte. Allerdings war viel Wahnsinn in der ruhigen Betrachtung meiner Lage. Ich hob meine Hände, eine nach der anderen, an meine Augen und überlegte erstaunt, durch welchen Vorgang das Anschwellen ihrer Adern und die schreckliche Schwärze der Fingernägel entstanden sein könne. Dann untersuchte ich vorsichtig meinen Kopf, schüttelte ihn mehrmals und befühlte ihn mit großer Aufmerksamkeit, bis ich zu meiner Befriedigung fand, daß er nicht, wie ich eigentlich halb gefürchtet hatte, dicker war als mein Ballon. Dann griff ich in geschickter Weise in meine beiden Hosentaschen, vermißte darin ein Päckchen Tabletten und einen Zahnstocherbehälter, bemühte mich, den Grund ihres Verschwindens zu begreifen und war unbeschreiblich betrübt, als mir dies nicht gelang. Ich merkte nun, daß mein linkes Fußgelenk sehr schmerzte, und ein undeutliches Bewußtsein

## Das Abenteuer eines gewissen Hans Pfaall

meiner Lage begann in meinem Geiste aufzudämmern. Aber, so merkwürdig es klingen mag, ich war weder erstaunt noch von Grauen ergriffen. Wenn ich überhaupt irgend etwas empfand, war es eine Art frohlockender Befriedigung über die Klugheit, die ich entfalten wollte, um mich aus dieser Klemme zu ziehen, und keinen Augenblick zweifelte ich an meiner endlichen Rettung. Während weniger Minuten blieb ich in tiefes Sinnen gehüllt. Ich erinnere mich deutlich, daß ich öfters die Lippen zusammenpreßte, den Zeigefinger an die Seite meiner Nase legte und überhaupt Bewegungen und Gesichtsverzerrungen machte wie Leute, die, behaglich im Lehnstuhl sitzend, über wichtige und verwickelte Dinge nachdenken.

Als ich meine Gedanken dann genügend gesammelt glaubte, legte ich mit großer Vorsicht und Überlegung meine Hände auf den Rücken und löste eine große eiserne Schnalle am Gurtband meiner Hose. Diese Schnalle hatte drei Zähne, die etwas rostig waren und sich deshalb schwer drehen ließen. Trotzdem gelang es mir mit einiger Mühe, sie in rechtwinkelige Lage zum Rahmen der Schnalle zu bringen, und ich freute mich, daß sie in dieser Stellung festhielten. Das so hergestellte Instrument zwischen den Zähnen haltend, begann ich nun, den Knoten meiner Krawatte zu lösen. Ich mußte mehrmals ausruhen, bis mir dieses Vorhaben

## Das Abenteuer eines gewissen Hans Pfaall

gelang, aber schließlich führte ich es aus. Am einen Ende der Krawatte befestigte ich die Schnalle, das andere band ich der Sicherheit halber fest um mein Handgelenk. Dann zog ich meinen Körper mit ungeheurem Aufwand von Muskelkraft in die Höhe, und es gelang mir beim ersten Versuche, die Schnalle über die Gondel zu werfen und sie, wie beabsichtigt, in den mittleren Rand des Weidengeflechts einzutakeln.

Jetzt war mein Körper nach der Seite der Gondel geneigt in einem Winkel von 45°, aber daraus darf nicht geschlossen werden, daß ich nur 45° unter der Senkrechten war, im Gegenteil lag ich fast waagerecht mit der Ebene des Horizonts, denn der erreichte Lagenwechsel hatte den Boden der Gondel erheblich außerhalb meiner Stellung gedrängt, was natürlich eine sehr dringende Gefahr bedeutete. Es ist zu bedenken: erstens, daß, wenn ich beim Start aus der Gondel mit dem Gesicht nach dem Ballon gefallen wäre statt nach außen, wie es tatsächlich war, zweitens, wenn das Tau, an dem ich hing, über dem oberen Rande statt durch einen Spalt am Boden der Gondel gehangen hätte – ich sage, es ist klar, daß in jedem der erwähnten Fälle es mir unmöglich gewesen wäre, auch nur soviel fertig zu bringen wie bisher, und die Eröffnungen, die ich jetzt machen werde, wären der Nachwelt verloren gegangen. Ich hatte also allen Grund, dankbar zu sein, obgleich ich tatsächlich noch zu verstört war, um überhaupt irgend etwas zu sein. Ich blieb etwa eine Viertelstunde in dieser außergewöhnlichen Lage hängen, ohne die geringste Bewegung zu machen, in einem sonderbaren Zustande idiotischer Freude. Aber dieses Gefühl mußte natürlich rasch vergehen, und ihm folgten Entsetzen, Furcht und das Bewußtsein völliger Hilflosigkeit, gänzlichen Zusammenbruchs. Das Blut, das so lange in den Gefäßen meines Kopfes und meines Halses angesammelt war und bisher meinen Geist im Delirium aufrecht erhielt, begann nun in seine eigenen Kanäle zurückzufließen, und die Klarheit, die sich zur Erkenntnis meiner Gefahr gesellte, raubte mir meine Selbstbeherrschung und den Mut, ihr zu begegnen. Aber zu meinem Glück dauerte diese Schwäche nicht lang. Zu rechter Zeit kam der Geist der Verzweiflung mir zu Hilfe, und mit krampfhaftem Schreien und Mühen schleuderte ich meinen Körper aufwärts, bis ich schließlich mit schraubenartigem Griffe den ersehnten Rand erreichte, mich darüber wand und schaudernd der Länge nach in die Gondel fiel.

Es dauerte ziemlich lang, bis ich soweit zu mir kam, um die übliche Bedienung des Ballons zu besorgen. Dann aber untersuchte ich ihn aufmerksam und fand ihn zu meiner großen Erleichterung unbeschädigt. Meine Geräte waren alle heil, und glücklicherweise hatte ich auch weder Ballast noch Vorräte verloren. Diese waren so gut an ihren Plätzen verwahrt, daß ein solches Geschehnis ja auch außer Frage stand. Meine Uhr zeigte die sechste Stunde. Ich stieg noch immer rasch, und das Barometer vermerkte eine Höhe von 3/4 Meilen. Scharf unter mir lag ein kleines rechteckiges schwarzes Ding im Ozean, ungefähr von der Größe eines Dominos und auch sonst diesem Spielzeug sehr ähnlich. Als ich das Teleskop darauf richtete, stellte ich deutlich ein englisches Vierundneunziger-Kanonenboot fest, das dicht am Wind, mit der Nase nach WSW durch die Wellen stampfte. Außer diesem Schiff sah ich nichts als Meer und Himmel und die Sonne, die längst aufgegangen war.

Es wird nun höchste Zeit, daß ich Ew. Exz. den Zweck meiner Reise erkläre. Ew. Exz. werden in Erinnerung haben, daß unglückliche Umstände in Rotterdam Selbstmordgedanken in mir erweckt hatten. Nicht als ob mir das Leben an und für sich zuwider gewesen wäre, sondern die unseligen Begleitumstände meiner Lage hatten mich über das Maß des Erträglichen aufgerieben. In diesem Gemütszustande, da ich zwar zu leben wünschte, und doch des Lebens überdrüssig war, hatte die Abhandlung in dem Buchhändlerstand, verstärkt durch die willkommene Entdeckung meines Vetters in Nantz, meiner Einbildungskraft eine Zuflucht

## Das Abenteuer eines gewissen Hans Pfaall

eröffnet. So raffte ich mich schließlich auf; ich beschloß zwar fortzugehen, aber doch zu leben; die Welt zu verlassen, aber doch weiter zu existieren – kurz, um die Rätsel beiseite zu lassen –, ich beschloß, möchte kommen was da wolle, den Weg zum Monde zu erzwingen. Nun, um nicht für noch verrückter gehalten zu werden, als ich tatsächlich bin, will ich auseinandersetzen, welche Erwägungen mich dazu führten zu glauben, daß ein Unternehmen dieser Art – wenn auch zweifellos schwierig und gefährlich – doch für einen kühnen Geist nicht ganz jenseits der Grenzen der Möglichkeit sei.

Zunächst mußte die augenblickliche Entfernung des Mondes von der Erde berücksichtigt werden. Nun ist der mittlere oder durchschnittliche Abstand zwischen den Mittelpunkten der beiden Gestirne 59,9643mal der Äquatorradius der Erde, d.h. nur ungefähr 237 000 Meilen. Ich sage der mittlere oder durchschnittliche Abstand, es ist aber zu erwägen, daß, da die Bahn des Mondes eine Ellipse ist, deren Exzentrizität nicht weniger als 0,05484 der größeren Halbachse der Ellipse selbst beträgt und der Mittelpunkt der Erde in ihrem Brennpunkte liegt, der eben erwähnte Abstand erheblich vermindert werden könnte, wenn es mir gelänge, den Mond in seiner Erdnähe zu treffen. Aber ohne einstweilen mehr von dieser Möglichkeit zu sagen, war es auf alle Fälle sicher, daß ich von den 237 000 Meilen den Erd-

## Das Abenteuer eines gewissen Hans Pfaall

radius, also 4000 Meilen, und den Mondradius, also 1080, zusammen 5080, abziehen könnte, so daß eine tatsächliche Entfernung von 231 920 Meilen unter durchschnittlichen Umständen zu überfliegen bliebe. Reisen zu Lande sind wiederholt mit 60 Meilen Geschwindigkeit in der Stunde vollbracht worden; und tatsächlich kann eine noch viel größere Schnelligkeit vorausgesehen werden. Aber selbst bei dieser Geschwindigkeit würde ich nicht mehr als 161 Tage brauchen, um die Mondfläche zu erreichen. Es gab jedoch viele Umstände, die mich veranlaßten zu glauben, daß die durchschnittliche Geschwindigkeit meiner Reise möglicherweise 60 Meilen in der Stunde erheblich übersteigen könne, und da diese Überlegungen einen tiefen Eindruck auf meinen Geist machten, will ich sie später ausführlicher erklären.

Der zunächst zu beachtende Punkt war von viel größerer Wichtigkeit. Aus Angaben des Barometers wissen wir, daß bei Aufstiegen von der Erdoberfläche wir bei 1000 Fuß ungefähr 1/30 der ganzen Masse der atmosphärischen Luft hinter uns gelassen haben; daß wir bei 10 600 durch nahezu 1/3 gestiegen sind und daß wir bei 18 000 – etwa der Höhe des Cotopaxi – die Hälfte der ganzen Masse, oder auf alle Fälle die Hälfte der fühlbaren Masse der unsere Erde umgebenden Luftschicht überwunden haben. Man hat auch ausgerechnet, daß

## Das Abenteuer eines gewissen Hans Pfaall

bei einer Höhe, die $1/100$ des Erddurchmessers nicht übersteigt – also 80 Meilen –, die Luftverdünnung so ungeheuer wäre, daß animalisches Leben auf keinen Fall erhalten bleiben könnte, und überdies, daß die allerfeinsten Hilfsmittel, die wir besitzen, um das Vorhandensein der Atmosphäre festzustellen, unzulänglich wären, um uns von ihrer Existenz zu überzeugen. Aber ich begriff auch, daß diese Berechnungen alle auf unseren erfahrungsmäßigen Kenntnissen von den Eigenschaften der Luft und den mechanischen Gesetzen, die ihre Ausdehnung und Zusammenziehung in dem Raume regeln, den wir vergleichsweise die unmittelbare Erdnähe nennen können, beruhen. Zu gleicher Zeit wird als erwiesen angenommen, daß das animalische Leben unfähig ist und sein muß, sich bei irgendeiner gegebenen, unerreichbaren Entfernung von der Oberfläche zu verändern. Es können natürlich alle derartigen Schlüsse auf Grund solcher gegebenen Tatsachen einfach nur durch Analogie festgestellt werden. Die größte Höhe, zu der jemals Menschen gelangten, war 25 000 Fuß, die Messrs. Lussac und Biot bei ihrem Unternehmen im Luftschiff erreichten. Dies ist eine mäßige Höhe, sogar im Vergleich zu den fraglichen 80 Meilen; und ich mußte denken, daß der Gegenstand einen großen Spielraum für Zweifel und theoretische Betrachtungen offen ließ.

## Das Abenteuer eines gewissen Hans Pfaall

In der Tat steht aber bei einem Aufstieg zu einer gegebenen Höhe die wägbare Menge von Luft bei irgendeinem weiteren Aufstiege durchaus nicht im Verhältnis zu der erreichten hinzugekommenen Höhe (wie aus den obigen Feststellungen klar hervorgeht), sondern in einem immer abnehmenden Verhältnis. Es ist also einleuchtend, daß, wie hoch wir auch heraufkommen, wir doch, genau gesagt, niemals an eine Grenze gelangen können, über der keine Atmosphäre mehr gefunden wird. Sie muß da sein, wenn auch vielleicht in einem Zustande unendlicher Verdünnung.

Andererseits wußte ich auch, daß es nicht an Beweisen für die Existenz einer wirklichen und bestimmten Grenzlinie der Atmosphäre fehle, über der absolut keine Luft irgendwelcher Art mehr sein soll. Aber ein Umstand, der von denen, die für eine solche Grenze kämpfen, außer acht gelassen wurde, schien mir zwar keine Widerlegung dieses Glaubens, wohl aber der Untersuchung wert zu sein. Beim Vergleich der aufeinanderfolgenden Erscheinungen des Enckeschen Kometen bei seiner Sonnennähe zeigt sich, daß, wenn man auch in genauester Weise alle Störungen berücksichtigt, die durch die Anziehungskraft der Planeten entstehen, doch die Perioden allmählich kleiner werden; nämlich die größere Halbachse der Kometenellipse wird kürzer, in langsamer aber ganz regelmäßiger Abnahme. Das ist nun genau, was sich ereignen müßte, wenn wir annehmen, daß der Komet von einem außerordentlich dünnen ätherischen Medium, das den Raum seiner Bahn durchdringt, Widerstand erführe. Denn es ist klar, daß ein solches Medium, wenn es die Geschwindigkeit des Kometen aufhält, seine Zentripetalkraft verstärken muß, während es seine Zentrifugalkraft schwächt. Mit anderen Worten, die Anziehungskraft der Sonne würde dauernd größere Gewalt gewinnen und der Komet bei jeder Drehung näher angezogen werden. In der Tat gibt es keinen anderen Weg, diese Abweichung zu erklären. Aber ich wiederhole: Man hat beobachtet, daß der wirkliche Durchmesser der Nebelhülle des Kometen sich rasch zusammenzieht, wenn er näher an die Sonne kommt, und sich ebenso rasch ausdehnt, wenn er sich in Richtung der Sonnenferne bewegt. War ich also nicht berechtigt, mit Valtz anzunehmen, daß diese sichtbare Zusammenziehung des Volumens ihren Ursprung in der Zusammenpressung desselben ätherischen Mediums hat, von dem ich vorhin gesprochen habe, und dessen Dichtigkeit im Verhältnis zu seiner Sonnennähe steht? Das linsenförmige Phänomen, das man auch das Zodiakallicht nennt, war auch ein beachtenswerter Gegenstand. Dieses Licht, das in den Tropen sehr gut sichtbar ist und mit keinem Meteorschein verwechselt werden kann, erstreckt sich schräg auf-

## Das Abenteuer eines gewissen Hans Pfaall

wärts und folgt im allgemeinen der Richtung des Sonnenäquators. Es schien mir entschieden eine dünne Atmosphäre zu sein, die von der Sonne aus mindestens durch die Bahn der Venus und, wie ich glaube, unendlich weiter sich erstreckt.* In der Tat konnte ich nicht annehmen, daß dieses Medium auf die Bahn des Kometen oder auf die unmittelbare Nähe der Sonne beschränkt sei. Es war im Gegenteil leicht, sich vorzustellen, daß es das ganze Gebiet unseres Planetensystems durchdringe, in das, was wir die eigenen Atmosphären der Planeten nennen, gedrängt und vielleicht bei einigen durch irgendwelche lediglich geologischen Beweggründe abgeändert, d.h. verändert, und in seinen Verhältnissen (oder in seiner absoluten Natur) abweichend durch Dinge, die von den betreffenden Himmelskörpern verflüchtigt sind.

Nachdem ich diese Auffassung der Sache angenommen hatte, hegte ich nur noch wenige Zweifel. Da ich es für sicher hielt, daß ich bei meiner Fahrt Atmosphären begegnen werde, die eigentlich den Atmosphären der Erdoberfläche gleich sind, war ich überzeugt, daß ich vermittelst des sehr scharfsinnig ausgedachten Grimmschen Apparates in der Lage sein werde, sie in genügenden Mengen zum

---

* Das Zodiakallicht ist wahrscheinlich, was die Alten „Trabes" nennen. *Emicant Trabes quos docos vocant.* Plinius, 2. Buch, S. 26.

## Das Abenteuer eines gewissen Hans Pfaall

Zwecke der Atmung zu kondensieren. Dieses würde das hauptsächliche Hindernis für eine Reise nach dem Monde aus dem Wege räumen. Ich hatte in der Tat einiges Geld und viel Arbeit auf die Anpassung des Apparates zu dem beabsichtigten Zwecke verwendet und sah einer erfolgreichen Anwendung zuversichtlich entgegen, wenn es mir möglich wäre, die Reise innerhalb einer angemessenen Zeit auszuführen. Dieses bringt mich wieder auf die mögliche Schnelligkeit der Reise zurück.

Es ist richtig, daß Ballons im ersten Teile ihres Aufstieges von der Erde mit einer verhältnismäßig geringen Geschwindigkeit in die Höhe gehen. Nun liegt die Kraft des Aufsteigens vollständig darin, daß die Gravität der atmosphärischen Luft größer ist als die des Gases in dem Ballon, und es scheint zunächst nicht wahrscheinlich, daß der Ballon, wenn er aufsteigt, und infolgedessen nach und nach in atmosphärische Schichten von rasch abnehmender Dichtigkeit kommt – ich sage, es scheint nicht annehmbar, daß bei dieser Aufwärtsbewegung die ursprüngliche Schnelligkeit zunehmen solle. Andrerseits war mir nicht bekannt, daß bei irgendeinem der bekannten Ballonaufstiege eine Abnahme der absoluten Aufstiegsgeschwindigkeit wahrgenommen wurde; wenn dies aber der Fall gewesen wäre, dann durch nichts anderes als durch Gasausströmung aus schlecht gebauten Ballons, die mit keinem besseren Stoffe als gewöhnlichem Firnis überzogen waren. Es scheint also, daß diese Ausströmung nur genügte, um die Wirkung der vergrößerten Schnelligkeit durch die abnehmende Entfernung des Ballons vom Schwerpunkte auszugleichen. Ich überlegte nun, daß, vorausgesetzt, daß, ich bei meiner Fahrt auf das angenommene Medium stieße, und vorausgesetzt, daß es ausschließlich der Stoff wäre, den wir atmosphärische Luft nennen, es verhältnismäßig wenig ausmachen könne, in welchem äußersten Zustande von Verdünnung ich es fände, d.h. in bezug auf die Kraft meines Aufstieges, denn das Gas im Ballon würde nicht nur selbst einer ähnlichen Verdünnung unterworfen sein (im Verhältnis zu welchem Vorkommen ich eine Ausströmung von soviel ertragen könnte, wie zur Vermeidung einer Explosion nötig wäre), sondern so wie es ist, würde es weiter spezifisch leichter bleiben als irgendeine Zusammenstellung von Nitrogen und Wasserstoff. So bestand eine Aussicht, ja tatsächlich eine große Wahrscheinlichkeit, daß zu keiner Zeit meines Aufstieges ich einen Punkt erreichen würde, wo das vereinigte Gewicht von meinem riesigen Ballon, dem wahrnehmbar dünnen Gas darin, der Gondel und ihrem Inhalt dem Gewicht der Masse der verdrängten umgebenden Atmosphäre gleich wäre, und das hätte, wohl verstanden, die einzige Bedingung sein können, unter der mein Aufwärtsflug auf-

## DAS ABENTEUER EINES GEWISSEN HANS PFAALL

gehalten würde. Aber selbst wenn dieser Punkt erreicht wäre, könnte ich noch Ballast und anderes Gewicht von fast 300 Pfund abstoßen. Inzwischen würde die Schwerkraft fortwährend abnehmen im Verhältnis zu den Quadraten der Entfernung, und so würde ich mit wunderbar vergrößerter Geschwindigkeit schließlich in jenen fernen Regionen ankommen, wo die Anziehungskraft der Erde von der des Mondes aufgehoben wird.

Es gab aber noch eine andere kleine Schwierigkeit, die mir einige Unruhe verursachte. Es ist beobachtet worden, daß bei Ballonaufstiegen in einigermaßen erheblicher Höhe außer den Atmungsbeschwerden sich auch starke Schmerzen im Kopf und im Körper einstellen, oft begleitet von Nasenbluten und anderen beängstigenden Symptomen und im Verhältnis zu der erreichten Höhe zunehmend und unangenehmer werden.*

Dies war eine einigermaßen erschreckende Überlegung. War es nicht wahrscheinlich, daß diese Symptome so lange zunehmen würden, bis der Tod selbst einträte? Ich glaubte schließlich, daß es an-

---

\* Seit der ursprünglichen Veröffentlichung von Hans Pfaall habe ich gefunden, daß M. Green, der durch den Nassau-Ballon bekannt wurde, und andere spätere Aeronauten die Behauptungen von Humboldt in dieser Beziehung widerlegen und von *abnehmenden* Beschwerden sprechen, also übereinstimmend mit der hier geäußerten Theorie.

ders sein müsse. Die Ursache war in der allmählichen Abnahme des gewohnten Luftdruckes auf den Körper zu suchen und in der daraus entstehenden Ausdehnung der an der Oberfläche liegenden Blutgefäße – nicht in irgendeiner Zerrüttung des Systems, wie im Falle der Atembeschwerden, wo die atmosphärische Dichtigkeit nicht chemisch ausreichend ist für die Bluterneuerung in einer Herzkammer. Außer dem Mangel dieser Erneuerung konnte ich keinen Grund finden, weshalb das Leben nicht auch in einem Vakuum erhalten bleiben könnte. Denn die Ausdehnung und Einziehung der Brust, die man gewöhnlich Atmen nennt, ist lediglich eine Muskelbewegung, und die Ursache, nicht die Wirkung der Atmung. Mit einem Wort, ich nahm an, daß, da der Körper sich an den Mangel an atmosphärischem Druck gewöhnen würde, diese Schmerzempfindungen nach und nach abnehmen müßten – und ich verließ mich vertrauensvoll auf meine eiserne Widerstandskraft, um sie zu ertragen, solang sie andauerten.

Hiermit, Ew. Exz., habe ich Ihnen einige, wenn auch längst nicht alle Erwägungen, die mich dazu führten, eine Reise nach dem Mond zu planen, vorgetragen. Ich werde jetzt dazu übergehen, Ihnen den Erfolg eines scheinbar so kühnen und auf alle Fälle in den Annalen der Menschheit beispiellosen Unternehmens zu unterbreiten.

## Das Abenteuer eines gewissen Hans Pfaall

Nachdem ich die vorerwähnte Höhe erreicht hatte, d.h. 3 3/4 Meilen, warf ich eine Anzahl Federn aus der Gondel und erkannte, daß ich noch immer mit genügender Schnelligkeit aufstieg; also bestand keine Notwendigkeit, Ballast auszuwerfen. Ich war froh darüber, denn es lag mir daran, so viel Gewicht, wie ich tragen konnte, mitzunehmen, aus dem einleuchtenden Grunde, daß ich weder über die Schwerkraft, noch über die atmosphärische Dichtigkeit des Mondes Sicheres wußte. Bis jetzt litt ich nicht unter körperlichem Unbehagen, atmete mit größter Freiheit und fühlte keinen Kopfschmerz.

Die Katze lag sehr gemütlich auf meinem Überrock, den ich abgenommen hatte, und betrachtete die Tauben mit Gleichgültigkeit. Diese waren am Bein angebunden, um sie an der Flucht zu verhindern, und pickten eifrig einige Reiskörner, die ich für sie auf den Boden der Gondel gestreut hatte.

Um 6 Uhr 20 zeigte das Barometer eine Höhe von 26 400 Fuß oder 5 Meilen und einen Bruch. Die Umschau schien unbegrenzt. Mit Hilfe der sphärischen Geometrie ist es in der Tat leicht auszurechnen, einen wie großen Teil der Erdoberfläche ich sah. Die konvexe Oberfläche eines Kugelsegments verhält sich zur ganzen Oberfläche der Kugel wie der *sinus versus* des Segments zum Durchmesser der Kugel. In meinem Falle war nun der *sinus versus*, d.h. die Dicke des Segments unter mir, ungefähr gleich meiner Höhe oder der Höhe des Gesichtspunkts über der Oberfläche. „Wie 5 Meilen, also zu 8 000" würde das Verhältnis der Erdfläche ausdrücken, wie ich sie sah. Mit anderen Worten, ich sah etwa 16/100 der ganzen Oberfläche der Kugel. Das Meer schien glatt wie ein Spiegel, obgleich ich durch das Teleskop erkennen konnte, daß es heftig bewegt war. Das Schiff war nicht mehr sichtbar, sondern wahrscheinlich ostwärts weggetrieben. Nun begann ich, ab und zu heftige Kopfschmerzen zu fühlen, hauptsächlich um die Ohren; aber noch konnte ich mit erträglicher Leichtigkeit atmen. Die Katze und die Tauben schienen überhaupt keinerlei Beschwerden zu empfinden.

Zwanzig Minuten vor sieben trat der Ballon in eine lange Reihe von dichten Wolken, die mich in große Verlegenheit brachten, da sie meinen Kondensator beschädigten und mich bis auf die Haut durchnäßten. Dies war allerdings eine merkwürdige Begegnung, denn ich hätte nicht für möglich gehalten, daß eine Wolke von solcher Beschaffenheit in dieser großen Höhe bestehen könne. Ich hielt es jedoch für am besten, zwei Fünfpfundsäcke Ballast auszuwerfen, wobei ich immer noch ein Gewicht von 165 Pfund zurückbehielt. Nachdem ich dies getan hatte, stieg ich rasch über das Hindernis und merkte gleich, daß ich eine große Zunahme der Geschwindigkeit meines Aufstieges erlangt hatte.

## Das Abenteuer eines gewissen Hans Pfaall

Wenige Sekunden, nachdem ich die Wolke verlassen hatte, schoß ein zuckender Blitz hindurch, von einem Ende zum anderen, so daß sie durch ihren ganzen großen Umfang aufflammte, wie ein Haufe glühender Holzkohle. Wir müssen bedenken, daß dies am hellen Tage geschah. Die lebhafteste Phantasie könnte die Gewalt dieses Phänomens nicht beschreiben, wenn es sich im Dunkel der Nacht gezeigt hätte. Es wäre vielleicht ein passendes Bild für die Hölle selbst gewesen, als ich weit in die gähnenden Abgründe hinabblickte und meine Einbildungskraft umherschweifen ließ in den sonderbar gewölbten Hallen, den rötlichen Schlünden und grauenhaften Klüften dieses gräßlichen und unergründlichen Feuers. Ich war tatsächlich mit knapper Not davongekommen. Wäre der Ballon nur eine kurze Zeit noch in der Wolke geblieben, d.h., hätte das Unbehagen des Naßwerdens mich nicht veranlaßt, Ballast auszuwerfen, so hätte meine Vernichtung die Folge sein können, wahrscheinlich sogar sein müssen. Diese im allgemeinen am wenigsten in Betracht gezogenen Gefahren sind doch die größten, die sich bei Ballonfahrten ereignen. Ich hatte aber damals schon eine zu große Höhe erreicht, um mir über diesen Punkt noch Gedanken zu machen.

Ich stieg nun rasch auf, und um sieben Uhr zeigte das Barometer eine Höhe von nicht weniger als 9 1/2 Meilen. Ich begann, große Beschwerden beim

## Das Abenteuer eines gewissen Hans Pfaall

Atemholen zu empfinden; auch mein Kopf schmerzte stark, und nachdem ich schon einige Zeit eine Feuchtigkeit auf den Wangen gefühlt hatte, merkte ich nun, daß es Blut war, das ganz rasch aus meinen Ohrmuscheln sickerte. Meine Augen schmerzten auch sehr. Als ich mit der Hand darüberstrich, schienen sie nicht unerheblich aus ihren Höhlen getreten zu sein, und alle Gegenstände in der Gondel waren vor meinen Blicken verzerrt. Diese Symptome waren stärker, als ich erwartet hatte, und verursachten mir große Besorgnis. In diesem kritischen Augenblicke warf ich sehr unvorsichtiger- und unbedachterweise drei Fünfpfundsäcke Ballast aus. Die nun erreichte erhöhte Schnelligkeit meines Aufstieges brachte mich zu rasch und ohne genügende Abstufung in eine stark verdünnte Schicht der Atmosphäre, und die Folgen wären meinem Unternehmen und mir selbst beinahe verhängnisvoll geworden. Ich wurde plötzlich von einem Krampf erfaßt, der mehr als fünf Minuten dauerte, und sogar, als er einigermaßen nachließ, konnte ich nur in Abständen und keuchend Atem holen und blutete immer weiter stark aus Nase und Ohren und sogar leicht aus den Augen. Die Tauben schienen außerordentlich unglücklich und mühten sich ab zu entkommen, während die Katze jämmerlich miaute und mit hängender Zunge in der Gondel hin- und herlief, als wäre sie vergiftet. Ich merkte nun zu spät, welcher großen Unbedachtsamkeit ich mich schuldig gemacht hatte, als ich den Ballast auswarf, und meine Aufregung war ungeheuer. Ich erwartete nichts Geringeres als den Tod, und zwar den Tod in wenigen Minuten. Die körperlichen Schmerzen, die ich erlitt, machten mir auch die nötigen Anstrengungen zur Erhaltung meines Lebens fast unmöglich. Es war mir nur wenig Überlegungskraft geblieben, und die Heftigkeit der Schmerzen in meinem Kopfe schienen noch zuzunehmen. Ich merkte also, daß meine Sinne bald schwinden würden, und ergriff schon eine der Ventilleinen mit der Absicht, den Abstieg zu versuchen, als mir einfiel, welchen Streich ich den drei Gläubigern gespielt hatte. Die Folgen, die daraus für mich entstehen konnten, wenn ich zurückkäme, hielten mich im Augenblick auf. Ich legte mich auf den Boden der Gondel nieder und versuchte, meine Gedanken wieder zu sammeln. Dies gelang mir insofern, als ich beschloß, mich zur Ader zu lassen. Da ich aber keine Lanzette hatte, um die Operation vorzunehmen, mußte ich mir helfen, so gut ich konnte, und schließlich gelang es mir, mit einem Federmesser eine Ader in meinem linken Arm zu öffnen. Kaum hatte das Blut zu fließen begonnen, als ich mich schon sehr erleichtert fühlte, und als ich etwa eine mäßige halbe Schüssel voll verloren hatte, waren die meisten der schlimmsten Symptome vor-

## Das Abenteuer eines gewissen Hans Pfaall

bei. Ich hielt es aber doch nicht für ratsam, gleich wieder zu versuchen, auf den Füßen zu stehen, sondern nachdem ich meinen Arm so gut wie möglich verbunden hatte, blieb ich noch etwa 1/4 Stunde liegen. Nach Verlauf dieser Zeit stand ich auf und fühlte mich freier von absolutem Schmerz als während der letzten 1 1/4 Stunden meines Aufstieges. Die Atembeschwerden waren aber nur wenig behoben, und ich merkte, daß es bald notwendig sein würde, den Kondensator zu gebrauchen. Inzwischen sah ich mich nach der Katze um, die wieder gemütlich auf meinem Rocke lag, und stellte zu meiner unendlichen Überraschung fest, daß sie die Zeit meines Unwohlseins dazu benutzt hatte, einen Wurf kleiner Kätzchen zur Welt zu bringen. Das war ein Zuwachs in der Zahl der Passagiere, den ich nicht erwartet hatte. Aber ich freute mich über das Ereignis. Es sollte mir Gelegenheit geben, eine Mutmaßung, die auf meinen Entschluß, den Aufstieg zu wagen, den größten Einfluß ausgeübt hatte, einer Art von Prüfung zu unterziehen. Ich hatte mir eingebildet, daß das gewohnheitsmäßige Ertragen des Luftdruckes auf der Erdoberfläche mehr oder weniger die Ursache der Schmerzen sei, die in einer gewissen Entfernung über der Oberfläche die Lebewesen befällt. Falls die Kätzchen das Unbehagen in gleichem Maße fühlten wie ihre Mutter, war meine Annahme falsch; wenn sie es aber nicht taten, mußte ich dies als eine starke Bestätigung meines Gedankens betrachten.

Um 8 Uhr hatte ich schon eine Höhe von 17 Meilen über der Erdoberfläche erreicht. So schien es mir klar, daß meine Geschwindigkeit nicht nur im Zunehmen sei, sondern daß diese Zunahme in geringem Maße auch wahrnehmbar gewesen wäre, wenn ich den Ballast nicht ausgeworfen hätte. Die Schmerzen im Kopf und in den Ohren kamen von Zeit zu Zeit wieder, und auch das Nasenbluten hielt an, aber im allgemeinen litt ich viel weniger, als ich erwartet hatte. Trotzdem wurde mir das Atmen jeden Augenblick schwerer, und jedes Einatmen war mit einer krampfhaften, qualvollen Bewegung der Brust verbunden. Nun packte ich meinen Kondensator aus und machte ihn gebrauchsfertig.

Der Blick auf die Erde war in diesem Abschnitt des Aufstieges wunderschön. Westlich, nördlich und südlich lag die endlose Fläche des scheinbar unbewegten Ozeans, der jeden Augenblick einen tieferen blauen Farbton annahm. In weiter Entfernung nach Osten, aber klar sichtbar, dehnten sich die Inseln von Großbritannien, die ganze atlantische Küste von Frankreich und Spanien aus sowie ein kleiner Teil des nördlichen afrikanischen Festlandes. Von einzelnen Gebäuden war keine Spur sichtbar, und die stolzesten Städte der Menschheit waren vom Angesicht der Erde hinweggeschwunden.

## Das Abenteuer eines gewissen Hans Pfaall

Was mich im Aussehen der Dinge unter mir erstaunte, war die scheinbare Konkavität der Oberfläche der Erdkugel. Ich hatte gedankenlos genug erwartete, ihre tatsächliche Konvexität beim Aufstieg erkennbar zu finden; aber eine kurze Überlegung genügte, um den Widerspruch zu erklären. Eine Leine, die von meiner Stellung aus lotrecht zur Erde gesenkt worden wäre, hätte die Senkrechte eines rechteckigen Dreiecks gebildet, dessen Basis vom Rechteck zum Horizont gereicht hätte, und die Hypotenuse vom Horizont zu meiner Stellung. Aber meine Höhe war nichts im Vergleich zu meinem Gesichtsfelde. Mit anderen Worten: Die Basis und die Hypotenuse des gedachten Dreiecks wären in meinem Falle so lang gewesen im Vergleich zur Senkrechten, daß jene beiden nahezu parallel erschienen wären. Auf diese Weise scheint der Horizont des Luftschiffers immer auf gleicher Linie mit der Gondel zu liegen. Aber da der nächste Punkt unter ihm in weiter Entfernung zu sein scheint und auch tatsächlich ist, so scheint er natürlich auch in großer Entfernung vom Horizont zu liegen. Daher der Eindruck von Konkavität; und dieser Eindruck muß bleiben, bis die Höhe auch im Vergleich zum Gesichtsfeld so groß ist, daß die scheinbare Parallelität von Basis und Hypotenuse verschwindet.

Da in dieser Zeit die Tauben sehr zu leiden schienen, beschloß ich, sie freizulassen. Ich machte erst

## Das Abenteuer eines gewissen Hans Pfaall

die eine los, eine schöne graugesprenkelte Taube, und setzte sie auf den Rand des Weidengeflechts. Sie schien äußerst unbehaglich, sah ängstlich um sich, mit den Flügeln schlagend und laut girrend, aber sie konnte nicht dazu gebracht werden, sich aus der Gondel zu wagen. Ich nahm sie schließlich in die Höhe und warf sie etwa sechs Ellen weit vom Ballon fort. Sie machte aber gar keine Versuche herunterzukommen, wie ich erwartet hatte, sondern mühte sich mit großer Heftigkeit ab, wieder aufzugelangen, und stieß dabei sehr schrille gellende Schreie aus. Schließlich gelang es ihr, wieder ihren alten Platz auf dem Rande der Gondel zurückzugewinnen, aber kaum war dies geschehen, als ihr Kopf auf die Brust sank und sie tot in die Gondel fiel. Die andere hatte mehr Glück. Um zu verhindern, daß sie dem Beispiel ihrer Gefährtin folge und wieder zurückkehre, warf ich sie mit aller Gewalt herunter und freute mich zu sehen, daß sie ihren Abwärtsflug mit großer Geschwindigkeit fortsetzte, wobei sie die Flügel behaglich und in ganz natürlicher Weise benützte. In kurzer Zeit war sie außer Sehweite, und ich bin überzeugt, daß sie heil nach Hause kam. Pussy, die von ihrer Krankheit vollständig erholt schien, aß nun mit gutem Appetit den toten Vogel und ging dann mit sichtlicher Zufriedenheit schlafen. Die Kätzchen waren ganz munter und legten nicht das geringste Zeichen von Unwohlsein an den Tag.

## Das Abenteuer eines gewissen Hans Pfaall

Um 8 1/4 Uhr konnte ich schon nicht mehr ohne unerträgliche Schmerzen Luft schöpfen, deshalb begann ich, den Apparat, der zu dem Kondensator gehörte, um die Gondel herum zu befestigen. Dieser Apparat bedarf einiger Erklärung. Ew. Exz. werden sich gnädigst erinnern, daß meine Absicht zunächst war, mich selbst und die Gondel mit einer Schutzwehr gegen die stark verdünnte Luft, in der ich lebte, zu umgeben, in der Absicht, innerhalb dieser Schutzwehr vermittelst meines Kondensators zum Zweck der Atmung eine Menge eben dieser genügend kondensierten Luft einzuführen. Im Hinblick auf diesen Zweck hatte ich einen sehr starken, ganz luftdichten, aber elastischen Gummisack hergestellt. In diesen Sack, der von genügendem Ausmaß war, wurde gewissermaßen die ganze Gondel hineingesteckt, d.h., der Sack wurde über den ganzen Boden der Gondel gezogen, dann weiter in die Höhe, an den Außenseiten der Taue entlang zum oberen Rand oder Reifen, wo das Weidengeflecht befestigt war. Nachdem ich den Sack so übergezogen und nach allen Seiten und am Boden einen vollständig geschlossenen Raum hergestellt hatte, war es notwendig, seinen obersten Teil, seine Öffnung, zu befestigen, indem ich den Stoff über den Rand des Weidengeflechts zog, d.h. zwischen Weidengeflecht und Rand. Aber was sollte die Gondel festhalten, während das Geflecht vom Rande entfernt war, um den Gummisack durchzulassen? Nun war das Geflecht nicht unbeweglich an der Gondel befestigt, sondern durch eine Anzahl von Schiffer- oder Laufknoten. Ich machte also nur einen Teil der Knoten zu gleicher Zeit auf, so daß die Gondel an den übrigen hängen blieb. Nachdem ich so einen Teil des Tuches, das den oberen Teil des Sackes bildete, eingefügt hatte, befestigte ich die Laufknoten wieder, und zwar nicht an dem Rand – das wäre ja nicht möglich gewesen, da der Stoff jetzt dazwischen steckte –, sondern an einigen großen Knöpfen, die am Stoffe selbst etwa drei Fuß über der Öffnung des Sackes angebracht waren; die Abstände zwischen den Knöpfen entsprachen genau den Abständen zwischen den Laufknoten. Nachdem dies geschehen war, löste ich wieder eine Anzahl Knoten vom Rande, fügte einen neuen Teil des Tuches ein, und dann trafen die gelösten Knoten mit den zu ihnen passenden Knöpfen zusammen. Auf diese Weise war es möglich, den ganzen oberen Teil des Sackes zwischen Rand und Geflecht zu bringen. Nun könnte man annehmen, der Rand mit der Gondel müsse herabgefallen sein, da das ganze Gewicht der Gondel und ihres Inhalts nur durch die Stärke der Knöpfe gehalten wurde. Dies scheint auf den ersten Blick eine unzulängliche Verbindung, aber sie war es durchaus nicht, denn die Knöpfe waren nicht nur selbst sehr fest, sondern auch so nahe beieinander, daß nur ein sehr kleiner Teil des ganzen Gewichtes an jedem einzelnen hing. Ja, wären die Gondel und ihr Inhalt noch dreimal so schwer gewesen, hätte ich mir auch keine Gedanken darüber gemacht. Nun zog ich den Reifen wieder in dem Kautschuküberzug hoch und spannte ihn fast auf seine frühere Höhe durch drei leichte Stangen, die ich für diese Gelegenheit vorbereitet hatte. Dies geschah natürlich, um den Sack oben ausgestreckt zu halten und den unteren Teil des Weidengeflechtes in seiner richtigen Stellung zu bewahren. Nun blieb nur noch die Öffnung des abgeschlossenen Raumes zu befestigen, und dies geschah rasch, indem ich die Falten des Stoffes vereinigte und durch eine Art feststehendes Drehkreuz sehr dicht an der Innenseite zusammendrehte.

In den Seiten des so um die Gondel befestigten Überzuges waren drei Fensterscheiben von dickem, aber klarem Glase angebracht, durch die ich ohne Mühe nach jeder horizontalen Richtung sehen konnte. In dem Teil des Stoffes, der den Boden bildete, war ein viertel Fenster derselben Art eingesetzt, das in einen kleinen Spalt der Gondel paßte. Dies ermöglichte mir, senkrecht herunterzusehen; aber da ich wegen der Falten, die sich in dem Stoffe durch die besondere Art seiner Befestigung gebildet hatten, keine entsprechende Einrichtung über mir anzubringen vermochte, konnte ich nicht erwarten, daß mir Dinge im Scheitelpunkte über mir sichtbar würden. Doch das war von geringer Wichtigkeit, denn selbst wenn es gelungen wäre, ein Fenster oben anzubringen, würde der Ballon selbst mich an seinem Gebrauch gehindert haben.

Ungefähr einen Fuß unter einem der Seitenfenster befand sich eine kreisförmige Öffnung, an deren innerer Kante ein Messingring mit Schraubgewinde angebracht war. In diesen Ring wurde der Schlauch des Kondensators eingeschraubt, dessen Hauptteil natürlich im Innern der Gummizelle war. Durch diesen Schlauch wurde ein gewisser Teil der umgebenden dünnen Atmosphäre vermittelst eines luftleeren Raumes im Innern der Maschine angezogen und dann in kondensiertem Zustande entladen, um sich mit der dünnen Luft zu vermischen, die bereits in der Zelle war. Dieses mehrmals wiederholte Verfahren füllte schließlich den Raum mit einer zum Atmen ganz geeigneten Atmosphäre. Aber in einem so engen Raume wäre sie natürlich sehr bald verdorben und durch das häufige Ausatmen aus der Lunge untauglich geworden. Deshalb wurde sie aus einem kleinen Ventil am Boden der Gondel abgelassen, da die dicke Luft leicht in die dünne Atmosphäre heruntersank. Um die Unzuträglichkeit, zu irgendeiner Zeit einen vollständig luftleeren Raum innerhalb der Zelle herstellen zu müssen, zu vermeiden, wurde diese Reinigung niemals auf einmal bewirkt, sondern nach und nach, indem ich das Ventil nur wenige Sekunden öffnete und wieder schloß, bis ein bis zwei Stöße der Pumpe des Kondensators die abgelassene Luft ersetzt hatten. Als Experiment hatte ich die Katze mit ihren Jungen in einen kleinen Korb gesetzt und außerhalb der Gondel an einen der unteren Knöpfe aufgehängt in der Nähe des Ventils, durch das ich sie jederzeit füttern könnte, wenn es nötig war. Dies geschah nicht ohne Gefahr. Sobald dichte Luft dem Raume zugeführt war, wurden Reifen und Stäbe unnötig, da die Expansion der eingeschlossenen Atmosphäre den elastischen Gummi mächtig ausdehnte.

Als ich mit diesen Einrichtungen vollständig fertig war und wie beschrieben den Raum gefüllt hatte, war es 10 Minuten bis 9 Uhr. Während der ganzen Zeit meiner Beschäftigung damit litt ich die schrecklichsten Qualen durch Atemnot, und bitter bereute ich die Nachlässigkeit oder sogar Tollkühnheit, deren ich mich schuldig gemacht hatte, als ich eine so wichtige Sache auf den letzten Augenblick verschob. Aber nachdem sie vollendet war, genoß ich sogleich die Vorteile meiner Erfindung. Endlich atmete ich wieder vollständig frei und leicht, und weshalb sollte ich auch nicht? Es überraschte mich auch angenehm, daß ich in hohem Maße von den heftigen Schmerzen befreit war, die mich seither geplagt hatten. Leichte Kopfschmerzen und ein Gefühl von Vollsein und Ausdehnung in den Hand- und Fußgelenken und im Halse waren fast die einzigen Beschwerden, über die ich jetzt zu klagen hatte. Daraus ging hervor, daß der größte Teil der Schmerzen, die das Fehlen des Luftdruckes begleiteten, jetzt vermindert waren, wie ich erwartet hatte, und daß die in den letzten zwei Stunden erlittene Qual nur die Wirkung der mangelhaften Atmung war.

20 Minuten vor 9 Uhr, also kurz bevor ich die Öffnung der Zelle schloß, hatte das Quecksilber seine Grenze erreicht oder war im Barometer, das, wie schon gesagt, von besonders großer Bauart war, abgelaufen. Es zeigte jetzt eine Höhe von 132 000 Fuß oder 25 Meilen, und ich konnte also damals von der Erdoberfläche einen Abschnitt übersehen, der nicht weniger als den 320. Teil ihres ganzen Umfanges ausmachte. Um 9 Uhr sah ich im Osten wieder kein Land mehr, aber erst als ich bemerkte, daß der Ballon rasch nach NNW trieb. Der Ozean unter mir behielt seine scheinbare Konkavität, obgleich mein Blick oft durch die hin- und herflutenden Wolkenmassen aufgehalten wurde.

Um 9 1/2 Uhr machte ich das Experiment, einige Handvoll Federn aus dem Ventil zu werfen. Sie schwebten nicht, wie ich vermutet hatte, sondern fielen alle zusammen mit größter Geschwindigkeit wie eine Kugel herunter und waren nach wenigen Sekunden aus meinem Gesichtsfelde verschwunden. Ich wußte zunächst nicht, was ich aus dieser außergewöhnlichen Erscheinung machen sollte, da ich nicht glauben konnte, daß die Geschwindigkeit meines Aufstieges plötzlich so ungeheuer zugenommen habe. Aber bald begriff ich, daß die Atmosphäre jetzt viel zu dünn war, um auch nur Federn zu tragen, daß sie tatsächlich mit so großer Geschwindigkeit fielen, wie es den Anschein hatte, und ich durch die gleichzeitige Schnelligkeit ihres Fallens und meines Aufstieges überrascht wurde.

Um 10 Uhr hatte ich wenig Interessantes zu beobachten. Alles ging glatt, und ich glaubte, der Ballon befinde sich jetzt in einem jeden Augenblick schneller werdenden Aufstiege, obgleich ich keine Möglichkeit besaß, die Schnelligkeitszunahme zu messen. Ich fühlte weder Schmerzen noch Unwohlsein irgendwelcher Art und war in besserer Stimmung als je, seit ich Rotterdam verlassen hatte; beschäftigte mich bald mit dem Nachprüfen meiner verschiedenen Apparate, bald mit der Erneuerung der Luft in der Zelle. Für diese hatte ich beschlossen, regelmäßige Abstände von 40 Minuten einzuhalten, mehr meiner Gesundheit zuliebe, als weil eine so häufige Lufterneuerung nötig gewesen wäre. Inzwischen konnte ich mich nicht enthalten, Zukunftsbilder zu entwerfen. Meine Einbildungskraft schwelgte in der Vorstellung der wilden und traumhaften Gefilde des Mondes. Die plötzlich entfesselte Phantasie schweifte nach Herzenslust durch die ewig wechselnden Wunder eines schwankenden Schattenlandes. Einmal sah ich altersgraue, urehrwürdige Wälder mit felsigen Abhängen und Wasserfällen, die mit lautem Getöse in bodenlose Abgründe stürzten; dann kam ich plötzlich in ewig mittägliche Einöden, wo kein Wind vom Himmel jemals eindrang und weite Strecken, mit Mohnwiesen und schlanken liliengleichen Blumen bestanden, sich ewig still und bewegungslos ausdehnten. Dann wieder geriet ich tief hinab in eine andere Gegend, die nur von einem einzigen trüben, dunklen, von Wolken eingefaßten See erfüllt war. Aber diese Bilder waren nicht die einzigen, die meinen Geist beherrschten. Finstere, entsetzliche Schrecken drängten sich allzu häufig meinem Gemüte auf und erschütterten die innersten Tiefen meiner Seele nur durch die Ahnung ihrer Möglichkeit. Aber ich ließ meine Gedanken nicht bei diesen Vermutungen verweilen, da ich fand, daß die wirklichen und greifbaren Gefahren meiner Reise schon für meine ungeteilte Aufmerksamkeit genügten.

Als ich um 5 Uhr damit beschäftigt war, die Luft zu erneuern, benutzte ich die Gelegenheit, um die Katze und ihre Jungen durch das Ventil zu beobachten. Die Katze selbst schien wieder sehr zu leiden, was ich ohne weiteres hauptsächlich den Atembeschwerden zuschrieb; aber mein Experiment mit den Kätzchen hatte sehr merkwürdige Ergebnisse. Ich hatte natürlich erwartet, daß sie auch einige Qual äußern würden, obgleich in geringerem Maße als die Mutter, und dies hätte genügt, um meine Ansicht bezüglich des gewohnheitsmäßigen Ertragens des Luftdruckes zu bestätigen. Aber ich war nicht darauf vorbereitet, sie bei genauester Untersuchung kerngesund zu finden, mit größter Leichtigkeit und völliger Regelmäßigkeit atmend und nicht das geringste Unbehagen äußernd. Dies konnte ich mir nur erklären, indem ich in meiner Annahme noch weiter ging, nämlich, daß die stark verdünnte Luft ringsum vielleicht nicht, wie ich sicher angenommen hatte, chemisch ungenügend für das Leben sei, und daß möglicherweise ein in diesem Medium geborenes Lebewesen schließlich gar keine Belästigung bei der Atmung fühlen, sondern im Gegenteil beim Versetzen in eine dichtere Luft dieselben Qualen erleiden könne, die ich kürzlich durchmachte. Seither habe ich immer tief bedauert, daß ich durch einen widrigen Zufall meine kleine Katzenfamilie verlor, was mich der Einsicht in diese Frage, die ich durch fortgesetzte Beobachtung vielleicht hätte gewinnen können, beraubte. Als ich meine Hand mit einer Schale Wasser für die alte Katze durch das Ventil schob, blieb mein Hemd-

## Das Abenteuer eines gewissen Hans Pfaall

ärmel in dem Laufknoten, der das Körbchen festhielt, hängen und löste es einen Augenblick vom Knopfe. Wäre das Ganze plötzlich in Luft aufgegangen, hätte es nicht plötzlicher und unerwarteter meinen Blicken entzogen werden können. Zwischen dem Loslösen des Korbes und seinem völligen Verschwinden ist sicher nicht 1/10 Sekunde vergangen. Meine guten Wünsche begleiteten Katze und Kätzchen, aber ich hatte natürlich keine Hoffnung, daß sie am Leben bleiben könnten, um von ihrem Unglück zu erzählen.

Um 6 Uhr bemerkte ich, daß der östliche sichtbare Teil der Erde größtenteils in dicke Schatten gehüllt war, die mit großer Geschwindigkeit zunahmen, und 5 Minuten vor 7 Uhr war die ganze sichtbare Fläche in nächtliches Dunkel gehüllt. Die Strahlen der untergehenden Sonne hörten jedoch erst viel später auf, den Ballon zu beleuchten. Obgleich ich dies selbstverständlich erwartet hatte, verursachte es mir doch großes Vergnügen. Es ging daraus hervor, daß ich morgens das aufgehende Gestirn mindestens viele Stunden früher sehen werde als die Bürger von Rotterdam, obgleich ihre Lage viel östlicher war, und daß ich so Tag für Tag im Verhältnis zu der erreichten Höhe das Sonnenlicht immer länger und länger genießen könne. Ich beschloß nun, ein Reisetagebuch zu führen, wobei ich die Tage durchgehend mit 24 Stunden berechnete, ohne die Zeit der Dunkelheit zu berücksichtigen.

Als ich um 10 Uhr schläfrig wurde, beschloß ich, mich zur Nachtruhe niederzulegen. Aber hier zeigte sich eine Schwierigkeit, an die ich, trotzdem sie einleuchtend genug ist, bis zu dem Augenblicke, von dem ich eben spreche, nicht gedacht hatte. Wenn ich schlafen ging, wie ich mir vornahm, wie konnte dann in der Zwischenzeit die Luft in der Zelle erneuert werden? Es war unmöglich, sie länger als eine Stunde einzuatmen, und selbst wenn diese Zeit nur um 1/4 Stunde verlängert würde, könnten die verhängnisvollsten Folgen daraus entstehen. Die Wahrnehmung dieser Verlegenheit bereitete mir keine geringe Sorge; vielleicht wird man mir nicht glauben, daß nach allen Gefahren, die ich durchgemacht hatte, ich diesen Punkt so schwer nahm, daß ich alle Hoffnung auf die glückliche Ausführung meines Endzweckes aufgeben und mich zu der Notwendigkeit entschließen wollte, abzusteigen. Aber diese Zögerung war nur vorübergehend. Ich überlegte, daß der Mensch der ausgemachte Sklave seiner Gewohnheiten ist, und daß manche Dinge im regelmäßigen Laufe seines Lebens überhaupt nur für unbedingt notwendig gelten, weil er sie durch seine Gewohnheit dazu gemacht hat. Sicher war, daß ich es ohne Schlaf nicht aushalten konnte, aber ich mußte mich doch leicht

## Das Abenteuer eines gewissen Hans Pfaall

an die Unbequemlichkeit gewöhnen können, während der ganzen Zeit meiner Ruhe alle Stunde geweckt zu werden. Die Luft ausgiebig zu erneuern, erforderte nicht mehr als höchstens 5 Minuten, und die ganze Schwierigkeit bestand darin, ein Mittel zu erfinden, um im richtigen Augenblick wach zu werden. Die Lösung dieser Frage machte mir, ehrlich gestanden, große Mühe. Ich hatte natürlich von dem Studenten gehört, der, um nicht über den Büchern einzuschlafen, in einer Hand eine Kupferkugel hielt, deren Fallen auf eine Metallschale, die auf dem Fußboden neben seinem Stuhle stand, sehr wirksam dazu diente, ihn aufzuwecken, wenn die Müdigkeit ihn einen Augenblick überwältigt hatte. Aber mein Fall lag anders und konnte nicht in dieser Weise erledigt werden, denn ich wollte ja nicht wach bleiben, sondern in gleichmäßigen Abständen aus dem Schlafe geweckt werden. Schließlich verfiel ich auf folgenden Ausweg, den ich, so einfach er aussehen mag, im Augenblick seiner Entdeckung doch so stolz begrüßte, als ob er eine Erfindung würdig derjenigen des Teleskops, der Dampfmaschine oder sogar der Buchdruckerkunst sei.

Ich muß vorausschicken, daß der Ballon in seiner jetzt erreichten Höhe noch immer seinen Aufstieg mit gleichmäßiger und regelmäßiger Steigerung fortsetzte, und die Gondel mit so vollkommener Stetigkeit folgte, daß nicht die geringste Schwankung fühlbar war. Dieser Umstand kam mir sehr zugute bei dem Plan, den ich nun auszuführen beschloß.

Mein Wasservorrat war an Bord in Fäßchen von je 5 Gallonen Inhalt aufbewahrt, die sehr sorgfältig in der Gondel rundum verstaut waren. Ich band eins davon los, nahm zwei Taue, band sie fest quer über den Rand des Flechtwerkes, so daß sie etwa einen Fuß auseinander und parallel lagen und eine Art Lager bildeten; legte das Fäßchen darauf und befestigte es in waagerechter Lage. Etwa 8 Zoll genau unter diesen Tauen und 4 Fuß vom Boden der Gondel entfernt, befestigte ich ein anderes Lager, dieses aber aus einer dünnen Planke, dem einzigen Stück Holz dieser Art, das ich besaß. Auf dieses Gestell und genau unter den einen Rand des Fäßchens stellte ich einen kleinen irdenen Krug. Nun bohrte ich ein Loch in den Boden des Fasses über dem Kruge und paßte einen Spund aus weichem Holze hinein, der in spitz zulaufender oder konischer Form geschnitten war. Diesen Spund probierte ich solange aus, bis er gerade so fest war, daß das aus dem Loch sickernde und in den darunter befindlichen Krug fallende Wasser diesen im Verlauf einer Stunde bis zum Rande füllte. Das war leicht festzustellen, indem ich beobachtete, wie rasch der Krug gefüllt werden konnte. Nachdem ich dieses alles in Ordnung gebracht hatte, war mein übriger Plan klar. Ich legte mein Bett so auf den Boden der Gondel, daß mein Kopf genau unter dem Ausguß des Kruges zu liegen kam. Nun mußte also nach Verlauf einer Stunde der Krug, der voll geworden war, überlaufen, und zwar aus dem Mundstück, das etwas niedriger lag als der Rand. Ebenso sicher war, daß das Wasser aus einer Höhe von 4 Fuß auf mein Gesicht fallen und ich infolgedessen sofort aufwachen mußte – selbst aus dem festesten Schlummer der Welt.

Es war genau 11 Uhr, als ich diese Vorbereitungen vollendet hatte, und ich legte mich sofort nieder im festen Vertrauen auf die Wirksamkeit meiner Erfindung. Auch wurde ich in dieser Beziehung nicht enttäuscht. Pünktlich alle 60 Minuten weckte mich mein zuverlässiger Zeitmesser, und nachdem ich den Krug wieder in das Spundloch des Fäßchens geleert und die Bedienung des Kondensators besorgt hatte, legte ich mich wieder zu Bett. Diese regelmäßigen Unterbrechungen verursachten mir sogar weniger Unbehagen, als ich befürchtet hatte, und als ich schließlich endgültig aufstand, war es 7 Uhr, und die Sonne hatte viele Grade über meiner Horizontlinie erreicht.

3. April
Ich fand, daß der Ballon jetzt in einer ungeheueren Höhe und die Konvexität der Erde überra-

schend deutlich sei. Unter mir im Meer lag eine Gruppe schwarzer Flecken, die zweifellos Inseln waren. Der Himmel über mir war pechschwarz und die Sterne glänzend sichtbar; übrigens waren sie das immer seit dem ersten Tage meines Aufstieges. Fern im Norden sah ich eine dünne, weiße und äußerst glänzende Linie am Rande des Horizontes, und ich zögerte nicht, sie für die südliche Eisscheibe des Polarmeers zu halten. Meine Neugier war heftig erregt, denn ich hoffte, noch viel weiter nördlich zu kommen und mich vielleicht zu irgendeiner Zeit genau über dem Pol selbst zu befinden. Ich bedauerte nur, daß in diesem Falle meine große Höhe mich verhindern würde, eine so genaue Untersuchung vorzunehmen, wie ich sie gewünscht hätte. Immerhin würde ich vieles feststellen können. An diesem Tage ereignete sich sonst nichts Außergewöhnliches. Mein Apparat arbeitete weiter in guter Ordnung, und der Ballon stieg ohne wahrnehmbare Schwankung. Die Kälte war sehr groß und zwang mich, mich fest in meinen Überrock zu hüllen. Als die Erde im Dunkel lag, ging ich zu Bett, obgleich noch viele Stunden rings um meine eigene Lage helles Tageslicht blieb. Die Wasseruhr war pünktlich in ihrem Dienst, und ich schlief fest bis zum Morgen, außer den regelmäßigen Unterbrechungen.

## 4. April

Guten Mutes aufgewacht und erstaunt über die merkwürdige Veränderung, die das Aussehen des Meeres erfahren hatte. Es hatte in hohem Maße die bisherige tiefblaue Farbe verloren und war jetzt grauweiß mit einem blendenden Glanze. Die Konvexität des Ozeans war so klar geworden, daß die ganze Masse des fernen Wassers sich ungestüm in den Abgrund des Horizontes zu stürzen schien, und ich lauschte gespannt auf den Widerhall dieses mächtigen Wasserfalles. Die Inseln waren nicht mehr sichtbar; ob sie dem Horizont entlang nach Südwest entschwunden waren oder ob ich sie bei meinem raschen Aufstiege außer Sicht gelassen hatte, war unmöglich zu sagen. Ich neigte aber zu letzterer Annahme. Die Eisküste im Norden wurde immer deutlicher. Die Kälte war durchaus nicht besonders stark. Nichts Wichtiges ereignete sich. Verbrachte meinen Tag mit Lesen, da ich mich genügend mit Büchern versehen hatte.

## 5. April

Habe die sonderbare Erscheinung beobachtet, daß die Sonne aufgeht, während fast die ganze sichtbare Erdoberfläche in Dunkelheit gehüllt bleibt. Mit der Zeit breitete sich das Licht überall aus, und ich sah wieder die Eislinie im Norden. Sie war nun sehr deutlich und schien von sehr viel dunklerer Farbe als das Wasser des Ozeans. Ich näherte mich ihr offenbar mit großer Schnelligkeit. Ich bildete mir ein, wieder einen Streifen Landes zu sehen, im Osten sowohl wie im Westen, war aber nicht ganz sicher. Wetter mäßig. Nichts Wichtiges den ganzen Tag zu sehen. Ging früh zu Bett.

6. April

War überrascht, den Eisrand in sehr geringer Entfernung zu sehen und ein riesiges Feld von gleicher Art, das sich im Norden nach dem Horizont hin erstreckte. Es war klar, daß der Ballon, wenn er seinen jetzigen Kurs einhielt, bald über dem Eismeer ankommen mußte, und ich bezweifelte kaum mehr, daß ich schließlich den Pol sehen werde. Den ganzen Tag über näherte ich mich weiter dem Eise. Gegen Abend erweiterten sich plötzlich deutlich die Grenzen meines Horizonts, was zweifellos daher kam, daß die Erde ein abgeplattetes Sphäroid ist und ich über den abgeflachten Gegenden in nächster Nähe des arktischen Kreises angekommen war. Als mich schließlich die Dunkelheit überraschte, ging ich in großer Besorgnis zu Bett, da ich fürchtete, daß ich den Gegenstand meiner großen Neugier gerade dann überfliegen könnte, wenn ich keine Möglichkeit hätte, ihn zu beobachten.

## Das Abenteuer eines gewissen Hans Pfaall

7. April

Stand früh auf und erblickte zu meiner großen Freude – den Nordpol selbst. Es konnte nichts anderes sein! Er war es ohne Zweifel – genau zu meinen Füßen, aber ach! Ich war nun in solche Höhe gelangt, daß ich nichts genau unterscheiden konnte. Wenn ich in der Tat nach dem Zunehmen der Zahlen urteilte, die meine jeweilige Höhe zu den verschiedenen Tageszeiten zwischen 6 Uhr nachmittags und 9 Uhr abends am 2. April angeben (wo das Barometer abgelaufen war), so mußte ich folgern, daß der Ballon jetzt, am 7. April um 4 Uhr morgens, eine Höhe von 7254 Meilen über dem Meeresspiegel erreicht habe. Diese Höhe mag ungeheuer erscheinen, und doch blieb die Schätzung, auf der sie beruhte, wahrscheinlich weit hinter der Wirklichkeit zurück. Zweifellos überblickte ich den ganzen größten Durchmesser der Erde; die ganze nördliche Halbkugel lag wie eine senkrecht projizierte Karte vor mir, und der große Kreis des Äquators selbst bildete die Grenzlinie meines Horizonts. Ew. Exz. mögen sich trotzdem leicht vorstellen, daß die bisher noch nicht erforschten Gegenden innerhalb der arktischen Zone, obgleich unter mir gelegen, also ohne Verkürzung sichtbar, doch verhältnismäßig zu klein und zu weit von meinem Gesichtspunkte entfernt waren, um eine genaue Untersuchung zu gestatten. Was ich aber sehen konnte, war trotzdem von sonderbarer und aufregender Natur. Nördlich von dem erwähnten ungeheueren Rande, den man mit einer kleinen Einschränkung die Grenze der von Menschen entdeckten Gegenden nennen kann, dehnte sich eine nahezu ununterbrochene Eisfläche aus. In den ersten Graden ihrer Ausdehnung ist ihre Oberfläche merklich abgeflacht, später in eine Ebene zusammengedrückt, um schließlich „nicht ganz konkav" am Pol selbst in einem scharf abgegrenzten kreisförmigen Mittelpunkt zu endigen, dessen scheinbarer Durchmesser in einem Winkel von etwa 65 Sekunden zu dem Ballon lag und dessen schwärzliche Farbe, in Schattierungen wechselnd, immer dunkler war als irgendein anderer Fleck auf der sichtbaren Halbkugel und gelegentlich sich zu völligem Schwarz vertiefte. Aber sonst konnte ich wenig feststellen. Um 12 Uhr hatte der kreisförmige Mittelpunkt an Umfang wesentlich abgenommen, und um 7 Uhr nachmittags entschwand er völlig meinen Blicken, da der Ballon über den westlichen Eisrand rasch in der Richtung nach dem Äquator flog.

8. April

Stellte eine erhebliche Verminderung im scheinbaren Durchmesser der Erde fest, außerdem eine wesentliche Veränderung in ihrer allgemeinen Farbe und ihrem Aussehen. Die ganze sichtbare Fläche

## Das Abenteuer eines gewissen Hans Pfaall

hatte in verschiedenen Abstufungen eine blaßgelbliche Färbung angenommen und an manchen Stellen einen Glanz erhalten, der sogar den Augen schmerzlich war. Der Blick abwärts war auch erheblich behindert durch die mit Wolken überhäufte dichte Luft in der Nähe der Oberfläche, durch deren Wolkenmassen ich nur hie und da einen Blick von der Erde selbst erhaschen konnte. Diese Erschwerung des direkten Sehens hatte mich schon seit den letzten 48 Stunden mehr oder weniger gestört; aber meine augenblickliche ungeheure Höhe brachte gleichsam die treibenden Dunstkörper dichter zusammen, und die Störung wurde natürlich im Verhältnis zu meinem Aufstiege mehr und mehr fühlbar. Trotzdem konnte ich leicht merken, daß der Ballon jetzt über der Gruppe großer Seen in Nordamerika schwebte und einen Kurs genau nach Süden nahm, der mich bald nach den Tropen bringen mußte. Dieser Umstand gewährte mir die aufrichtigste Befriedigung, und ich begrüßte ihn als ein glückliches Vorzeichen für meinen endlichen Erfolg. Tatsächlich hatte ich über meine bisherige Richtung einige Beunruhigung empfunden, denn wenn ich sie noch länger beibehalten hätte, wäre überhaupt keine Möglichkeit gewesen, an den Mond zu gelangen, dessen Bahn nur in dem kleinen Winkel von 5° 8' 48" zur Ellipse geneigt liegt. So sonderbar es auch erscheinen mag, begann ich jetzt

## Das Abenteuer eines gewissen Hans Pfaall

erst einzusehen, welchen großen Irrtum ich begangen hatte, als ich meine Abfahrt von der Erde nicht von einem Punkt in der Ebene der Mondellipse aus unternahm.

### 9. April

Der Erddurchmesser hatte stark abgenommen, und die gelbe Farbe der Oberfläche wurde stündlich tiefer in der Tönung. Der Ballon hielt stetig seinen Kurs nach Südwest und kam um 9 Uhr nachmittags über der Nordecke des Golfs von Mexiko an.

### 10. April

Heute früh wurde ich plötzlich durch einen lauten knatternden, krachenden Lärm aus dem Schlafe geschreckt, den ich mir nicht erklären konnte. Er dauerte nur kurz, aber während er zu hören war, hatte er keine Ähnlichkeit mit irgend etwas, was ich jemals auf der Welt vernommen hatte. Ich brauche wohl nicht zu sagen, daß ich äußerst beunruhigt war, da ich im ersten Augenblick den Lärm für das Platzen des Ballons hielt. Aber bei genauester Untersuchung des ganzen Apparates fand ich nichts in Unordnung. Verbrachte einen großen Teil des Tages mit Grübeln über den außergewöhnlichen Vorfall, konnte aber keine Lösung finden. Ging unbefriedigt ins Bett, in großer Angst und Aufregung.

## Das Abenteuer eines gewissen Hans Pfaall

11. April

Bemerkte eine überraschende Abnahme des scheinbaren Durchmessers der Erde und zum ersten Male eine große Zunahme in demjenigen des Mondes, der in wenigen Tagen voll sein mußte. Ich brauchte lange Zeit und große Mühe, um die Zelle mit der zum Leben genügenden sphärischen Luft zu füllen.

12. April

Die Richtung des Ballons änderte sich in sonderbarer Weise, und obgleich ich dies natürlich erwartet hatte, war ich doch sehr darüber erfreut. Nachdem der Ballon bei seinem früheren Kurs etwa den 20. Grad südlicher Breite erreicht hatte, schwenkte er plötzlich in steilem Winkel nach Osten ab und setzte den ganzen Tag diese Richtung fort, sich fast, wenn nicht vollständig, genau in der Ebene der Mondellipse haltend. Bemerkenswert war eine starke Schwankung der Gondel als Folge dieser Richtungsänderung – eine Schwankung, die während mehrerer Stunden stärker oder schwächer anhielt.

13. April

Wurde wieder sehr beunruhigt durch eine Wiederholung des lauten knatternden Geräusches, das mich am 10. April erschreckt hatte. Dachte lange darüber nach, ohne eine befriedigende Schlußfolgerung daraus ziehen zu können. Große Abnahme im Erddurchmesser, der jetzt zum Ballon in einem Winkel von kaum mehr als 25° lag. Den Mond konnte ich überhaupt nicht sehen, da er fast im Zenit stand. Blieb weiter in der Ebene der Ellipse, aber ohne weiter nach Osten zu kommen.

14. April
Äußerst rasche Abnahme des Erddurchmessers. Heute hatte ich entschieden den Eindruck, daß der Ballon augenblicklich die Linie der Apsiden zum Punkt der Erdnähe durchlief, mit anderen Worten, daß er den direkten Kurs hielt, der ihn unmittelbar zum Mond bringen mußte, und zwar an die der Erde am nächsten liegende Stelle seiner Bahn. Da der Mond selbst direkt über mir war, blieb er meinen Blicken verborgen. Große anhaltende Anstrengungen nötig, um die Atmosphäre zu kondensieren.

15. April
Nun konnte ich nicht einmal mehr die Umrisse der Kontinente und Meere mit Bestimmtheit auf der Erde bezeichnen. Ungefähr um 12 Uhr hörte ich wieder, zum dritten Male, den schrecklichen Ton, der mich früher schon erschreckt hatte. Jetzt dauerte er aber längere Zeit an und nahm an Stärke zu. Schließlich, während ich bestürzt und von Grauen

ergriffen irgendeine gräßliche Zerstörung erwartete, erzitterte die Gondel mit äußerster Stärke, und eine riesige flammende Masse aus irgendeinem mir unbekannten Stoffe kam mit dem Lärm tausendfachen Donners brüllend und heulend an den Ballon. Als ich meine Angst und mein Erstaunen einigermaßen überwunden hatte, vermutete ich ohne weiteres, daß es ein vulkanisches Bruchstück sei, das von dem Weltkörper abgestoßen war; ein Teil jener Substanz, von der man auf der Erde zuweilen Teile findet und sie in Ermangelung einer besseren Bezeichnung Meteorsteine nennt.

16. April

Als ich heute, so gut ich konnte, aus allen Seitenfenstern aufwärts sah, bemerkte ich zu meiner großen Freude einen sehr kleinen Teil der Mondscheibe, die auf allen Seiten des großen Umfanges meines Ballons hervorsah. Ich war in äußerster Erregung; denn ich bezweifelte nicht, daß meine gefährliche Fahrt sich ihrem Ende näherte. Die Bedienung des Kondensators erforderte jetzt eine so ungeheure Mühe, daß ich mir kaum noch die geringste Rast von meiner Anstrengung gestatten konnte. Schlaf war überhaupt ausgeschlossen. Ich wurde ganz krank, und mein Körper zitterte vor Erschöpfung. Unmöglich konnte die menschliche Natur diesen Zustand heftigen Leidens noch länger ertragen. Während der jetzt kurzen Zeit der Dunkelheit kam wieder ein Meteorstein in meiner Nähe vorbei, und die Häufigkeit dieser Erscheinungen erschreckte mich einigermaßen.

17. April

Dieser Morgen wurde ein Wendepunkt in meiner Reise. Ich erinnere daran, daß am 13. April die Erde in einem Winkel von 25° lag. Am 14. hatte dieser noch erheblich abgenommen, am 15. war eine noch stärkere Abnahme bemerkbar, und als ich mich am 16. schlafen legte, stellte ich einen Winkel von nicht mehr als etwa 7 Grad und 15 Minuten fest. Wer beschreibt mein Erstaunen, als ich am Morgen dieses Tages (17. April) beim Erwachen aus einem kurzen, aufgeregten Schlummer die Erdfläche unter mir so plötzlich und wunderbar im Umfang vergrößert fand, daß sie nicht weniger als 39° scheinbaren Durchmessers darstellte. Ich war wie vom Donner gerührt. Worte können keinen Begriff von dem völligen Schrecken und dem Erstaunen geben, die mich ergriffen und ganz und gar überwältigten. Meine Knie zitterten unter mir – meine Zähne klapperten – mein Haar stand zu Berge. „Der Ballon ist also wirklich geplatzt", das waren die ersten verworrenen Gedanken, die meinen Geist durchstürmten, „der Ballon ist also wirklich geplatzt, und ich fiel, fiel mit der heftigsten, beispiellosesten Geschwindigkeit! Aus der riesigen Entfernung, die ich schon so rasch durcheilt hatte, war zu schließen, daß es höchstens noch zehn Minuten dauern könnte, bis ich mit der Erdoberfläche zusammenstoßen und in die Vernichtung gestürzt werden mußte." Aber endlich kam mir die Überlegung zu Hilfe. Ich sann, ich grübelte, und ich begann zu zweifeln. So war die Sache unmöglich. Ich konnte keinesfalls so rasch heruntergekommen sein. Überdies näherte ich mich zwar der Fläche unter mir, aber längst nicht in dem Schnelligkeitsverhältnis, das ich zuerst angenommen hatte. Diese Überlegung trug dazu bei, meinen gestörten Geist zu beruhigen, und es war mir schließlich möglich, die Erscheinung aus dem ihr zukommenden Gesichtspunkte zu betrachten. Tatsächlich mußte der Schrecken mich meiner Sinne beraubt haben, um mich den großen scheinbaren Unterschied zwischen der Fläche unter mir und der Oberfläche meiner Mutter Erde übersehen zu lassen. Letztere war in Wirklichkeit über mir und vollständig durch den Ballon verborgen. Während der Mond, der Mond selbst in seinem Glanze unter mir, zu meinen Füßen lag.

Die Betäubung und Überraschung, die durch diese außerordentliche Veränderung im Stande der Dinge in meinem Geist erregt wurde, war vielleicht das unerklärlichste an dem ganzen Abenteuer. Denn der Umsturz selbst war nicht nur natürlich und unvermeidlich, sondern ich hatte ihn auch tatsächlich erwartet, als einen Umstand, der eintreten müßte, wenn ich an dem Punkte meiner Reise angekommen wäre, wo die Anziehung des Planeten durch die Anziehung des Satelliten aufgehoben wurde, oder besser gesagt, wo die Schwerkraft des Ballons zur Erde weniger stark wäre als seine Schwerkraft zum Monde. Freilich erwachte ich auch aus einem tiefen Schlummer mit ganz verwirrten Sinnen, um eine überraschende Erscheinung wahrzunehmen, die ich zwar lange kommen sah, in diesem Augenblicke jedoch nicht erwartete. Der Umschwung selbst hat sich natürlich allmählich und gradweise vollzogen, und es ist durchaus nicht sicher, daß ich ihn durch irgend einen internen Beweis einer Umkehrung wahrgenommen hätte, wenn ich wach gewesen wäre, als er sich zutrug, d.h., wahrscheinlich hätte ich weder an meiner Person noch an meinem Apparat irgendwelche Belästigung oder Störung bemerkt.

Ich brauche wohl nicht zu sagen, daß, als ich zum richtigen Verständnis meiner Lage kam und von dem Schrecken, der jede Regung meiner Seele verzehrt hatte, befreit war, meine Aufmerksamkeit zunächst der Betrachtung der physikalischen Erscheinung des Mondes galt. Er lag unter mir wie eine Karte, und obgleich er noch in einer nicht unerheblichen Entfernung zu sein schien, konnte ich doch seine Gliederung mit auffallender und geradezu unbegreiflicher Genauigkeit feststellen. Das gänzliche Fehlen von Meeren sowie auch von Seen, Flüssen und sonstigen Gewässern fiel mir beim ersten Blick als erstaunlichstes Merkmal seines geologischen Baues auf. Doch, so sonderbar es klingt, sah ich große ebene Gebiete, die entschieden angeschwemmt waren, während bei weitem der größte Teil der sichtbaren Halbkugel mit unzähligen vulkanischen Bergen bedeckt war, die, kegelförmig in der Form, eher wie künstliche als wie natürliche Erhebungen aussahen. Der höchste davon ist nicht mehr als 3 3/4 Meilen hoch; aber eine Karte der vulkanischen Gegenden von Campi Phlegraei würde Ew. Exz. einen besseren Begriff von der allgemeinen Gestalt geben als irgendeine unwürdige Beschreibung, die ich selbst wagen könnte. Die meisten Vulkane waren entschieden im Zustande des Ausbruches, und ihre Wut und Wucht äußerte sich in fürchterlicher Weise durch das wiederholte Donnern der fälschlich so benannten Meteorsteine, die nun mit immer schrecklicher werdender Häufigkeit aufwärts zum Ballon geschleudert wurden.

18. April

Heute stellte ich eine riesige Zunahme der Gestalt des Mondes fest, und die entschieden gesteigerte Schnelligkeit meines Abstieges fing an, mich zu beunruhigen. Ich muß daran erinnern, daß zu Beginn meiner Erwägungen über die Möglichkeit einer Fahrt nach dem Monde das Vorhandensein einer Atmosphäre in seiner Nähe, deren Dichtigkeit im Verhältnis zum Körper des Gestirnes stände, eine erhebliche Bedingung meiner Berechnungen bildete, und zwar trotz vieler Lehren vom Gegenteil und, wie ich hinzufügen muß, trotz allgemeinen Unglaubens gegen das Bestehen irgendeiner Mondatmosphäre. Aber außer meinen früheren Behauptungen bezüglich des Enckeschen Kometen und des Zodiakallichtes stützten sich meine Ansichten auf gewisse Beobachtungen von Herrn Schroeter von Lilienthal. Er beobachtete den Mond, der zweieinhalb Tage alt war, abends nach Sonnenuntergang, bevor der dunkle Teil sichtbar wurde, und setzte seine Beobachtungen fort, bis er zu sehen war. Die beiden Hörner schienen sich in sehr scharfen, verschwommenen Spitzen zu verlängern, und ihre fernsten Ausläufer waren von den Sonnenstrahlen schwach beleuchtet, bevor irgendein Teil der dunklen Halbkugel sichtbar wurde. Kurz nachher war der ganze dunkle Rand beleuchtet. Diese Verlängerung der Hörner über dem Halbkreis, dachte ich, mußte durch den Wiederschein der Sonnenstrahlen durch die Mondatmosphäre entstehen (die genügend Licht in seine dunkle Halbkugel zurückwerfen konnte, um ein helleres Zwielicht zu erzeugen als das Licht, das die Erde zurückwirft, wenn der Mond etwa 32 Grad von Neumond entfernt ist), also 1356 Pariser Fuß. Mit Hinblick darauf nahm ich an, daß die größte Höhe, aus der die Sonnenstrahlen zurückgeworfen werden können, 5376 Fuß sein müsse. Meine Gedanken über diese Sache erhielten auch ihre Bestätigung durch eine Stelle in den „Philosophical Transactions", in der behauptet wird, daß bei der Verfinsterung der Monde des Jupiters der dritte verschwinde, nachdem er 1" oder 2" der Zeit undeutlich war, und der vierte nahe des Randes unerkennbar werde\*.

---

\* Helvelius sagt, daß er mehrmals bei ganz klarem Himmel festgestellt habe, daß, während sogar Sterne sechster und siebter Größe deutlich sichtbar waren, der Mond und seine Flecken, obgleich bei gleicher Höhe und demselben Abstand von der Erde mit demselben vorzüglichen Teleskop betrachtet, nicht zu allen Zeiten gleich deutlich erschienen. Aus den Umständen der Beobachtung geht hervor, daß der Grund dieses Phänomens weder in unserer Luft noch im Fernrohr, im Mond oder im Auge des Betrachters zu suchen ist, sondern in irgend etwas (vielleicht einer Atmosphäre?), das um den Mond herum existiert.

Cassini hat öfters beobachtet, daß Saturn, Jupiter und die Fixsterne, wenn sie dem Mond bei der Finsternis nahe kamen, ihre kreisrunde Gestalt in eine ovale verwandelten; und bei anderen Finsternissen fand er überhaupt keine Veränderung der Gestalt. Daraus mag gefolgert werden, daß manchmal, nicht immer, ein dichter Stoff den Mond umgibt, worin das Licht der Sterne zurückgeworfen wird.

## Das Abenteuer eines gewissen Hans Pfaall

Auf die Widerstandskraft oder vielmehr die Tragkraft einer Atmosphäre von solcher Dichtigkeit hatte ich mich natürlich für die Sicherheit meines späteres Abstieges verlassen. Wenn ich mich darin geirrt hätte, dürfte ich schließlich für mein Abenteuer kein anderes Finale erwarten, als gegen die rauhe Oberfläche des Mondes in Atome zerschmettert zu werden. Und jetzt hatte ich in der Tat allen Grund, beängstigt zu sein. Meine Entfernung vom Mond war verhältnismäßig unbedeutend, während die Mühe, die der Kondensator verursachte, durchaus nicht abnahm und ich keine Anzeichen für eine abnehmende Dünnheit der Luft entdecken konnte.

19. April

Heute morgen, etwa um 9 Uhr, als die Oberfläche des Mondes erschreckend nahe kam und meine Befürchtungen aufs höchste angespannt waren, gab zu meiner großen Freude endlich die Pumpe des Kondensators deutliche Zeichen einer Veränderung in der Atmosphäre; um 10 Uhr hatte ich Veranlassung, ihre Dichtigkeit für erheblich verstärkt zu halten. Um 11 Uhr war sehr wenig Anstrengung am Apparat nötig; und um 12 Uhr wagte ich mit einigem Zögern, die Drehscheibe auszuschrauben, und als ich dadurch keine Störung empfand, riß ich die Kautschukzelle auf und takelte sie von der Gondel ab. Wie zu erwarten war, traten bei mir Atemnot und Kopfschmerzen als sofortige Folge eines so überstürzten und gefährlichen Experimentes ein. Aber da diese und andere Schwierigkeiten, die meine Atmung begleiteten, nicht so stark waren, um mein Leben in Gefahr zu bringen, beschloß ich, sie so gut wie möglich zu ertragen, in der Erwägung, daß sie sofort vergehen werden, wenn ich mich der dichteren Schicht am Monde näherte. Dieses Näherkommen war aber noch immer äußerst ungestüm, und bald wurde mir die schreckliche Gewißheit, daß, obgleich ich mich vermutlich nicht in der Erwartung einer Atmosphäre, deren Dichtigkeit der Masse des Satelliten entspricht, getäuscht hatte, ich doch insofern im Irrtum war, als diese Dichtigkeit durchaus nicht – nicht einmal an der Oberfläche – die genügende Tragfähigkeit für das große Gewicht hatte, das in der Gondel meines Ballons enthalten war. Aber dies hätte der Fall sein müssen, und zwar im gleichen Maße wie an der Erdoberfläche, wenn die tatsächliche Schwerkraft der Körper auf jedem Planeten im Verhältnis zur atmosphärischen Dichtigkeit stände. Daß dies nicht so war, bewies mein jäher Absturz zur Genüge, warum nicht, kann nur durch einen Hinweis auf die geologischen Störungen erklärt werden, auf die ich vorhin anspielte. Jedenfalls war ich jetzt dicht bei dem Monde und sank mit der schrecklichsten Geschwindigkeit herunter. Ich verlor also keinen

## Das Abenteuer eines gewissen Hans Pfaall

Augenblick, sondern warf zunächst meinen Ballast, dann meine Wasserfäßchen, den Kondensator, die Kautschukzelle und schließlich alles, was die Gondel enthielt, heraus. Aber das half alles nichts. Ich fiel immer weiter mit fürchterlicher Schnelligkeit und war kaum mehr als eine halbe Meile von der Oberfläche entfernt. Als letzte Rettung, nachdem ich schon meinen Rock, die Stiefel und den Hut losgeworden war, schnitt ich die Gondel selbst, die von nicht unerheblichem Gewichte war, vom Ballon ab, und, mit beiden Händen am Weidengeflecht hängend, hatte ich kaum Zeit zu bemerken, daß die ganze Gegend, so weit mein Auge reichte, dicht mit kleinen Wohnstätten bestreut war, bevor ich kopfüber mitten in eine phantastisch aussehende Stadt fiel, in eine Menge häßlicher kleiner Geschöpfe, die keine Silbe sprachen oder sich irgendwie bemühten, mir zu helfen, sondern alle wie ein Haufen Idioten, blöde grinsend und mich und meinen Ballon schief von der Seite ansehend, mit eingestemmten Armen dastanden. Ich wandte mich verächtlich von ihnen ab, und, aufwärts schauend nach der soeben verlassenen Erde, die ich vielleicht nie wieder betreten sollte, erblickte ich sie wie einen ungeheuren, trüben Kupferschild von etwa 2° Durchmesser unbeweglich fest am Himmel über mir, mit einem halbkreisförmigen Rande von glänzendem Golde an einer Kante leicht gesäumt. Ich konnte keine

Spuren von Wasser oder Land entdecken, und das Ganze war mit veränderlichen Flecken bewölkt und mit tropischen und äquatorialen Zonen umgürtet.

So, mit Verlaub Ew. Exz., hatte ich nach viel Herzensangst, unerhörten Gefahren und beispiellosem Entrinnen endlich am 19. Tage nach meiner Abfahrt von Rotterdam das Ziel meiner Reise heil erreicht, einer Reise, die zweifellos die außerordentlichste und folgenschwerste war, die je ein Bewohner der Erde beschlossen, unternommen und ausgeführt hat. Aber noch habe ich meine Abenteuer nicht erzählt. Ew. Exz. können sich wohl denken, daß ich nach einem Aufenthalt von 5 Jahren auf einem Gestirn, das nicht nur an und für sich, sondern noch besonders durch seinen engen Zusammenhang als Satellit mit der von Menschen bewohnten Erde sehr interessant ist, der staatlichen Fakultät für Astronomie private Mitteilungen zu machen habe, die noch sehr viel wichtiger sind als die doch auch schon wunderbare Erzählung von der so glücklich abgeschlossenen Reise. Dies ist auch der Fall. Ich habe viel, sehr viel zu erzählen und würde mir eine Freude daraus machen zu berichten. Ich habe viel zu sagen über das Klima des Mondes; über seinen wundervollen Wechsel von Hitze und Kälte; den ungemilderten brennenden Sonnenschein während 14 Tagen und die polare Kälte während der nächsten

14 Tage; von einer dauernden Übertragung von Feuchtigkeit durch Destillation wie *„in vacuo"* von dem der Sonne zunächst liegenden Punkte zu dem ihr entferntesten; von einer veränderlichen Zone fließenden Wassers; von den Bewohnern selbst, ihren Sitten, Gebräuchen und politischen Einrichtungen; von ihrem sonderbaren Körperbau; wie häßlich sie sind; daß sie keine Ohren haben, da diese Auswüchse in einer so merkwürdig veränderten Atmosphäre zwecklos wären; daß sie den Gebrauch und die Eigentümlichkeiten der Sprache durchaus nicht kennen; auf welche Weise sie diese durch eine sonderbare Methode des Wechselverkehrs ersetzen; von dem unbegreiflichen Zusammenhang jedes Mondbewohners mit irgendeinem Wesen auf der Erde – einem Zusammenhang, der vollständig demjenigen der Bahn des Planeten mit der des Satelliten entspricht und auch davon abhängt, und wodurch Leben und Schicksal der Bewohner des einen mit Leben und Schicksal der Bewohner des anderen verknüpft sind; und nicht zuletzt, Ew. Exz. es gestatten, von dunklen und greulichen Geheimnissen, die in den äußersten Gegenden des Mondes liegen, Gegenden, die infolge der höchst wunderbaren Drehung des Mondes um seine eigene Achse zugleich mit seiner Drehung um die Erde niemals der Beobachtung durch das Teleskop der Menschen ausgesetzt waren und es mit Gottes Hilfe auch nie-

mals sein werden. Alles dies und noch mehr, viel mehr möchte ich gern erzählen, aber, kurz gesagt, ich muß eine Belohnung dafür haben. Ich sehne mich danach, in meine Familie und in mein Heim zurückzukehren; und als Lohn für alle weiteren Mitteilungen meinerseits – unter Berücksichtigung des Lichtes, das ich auf viele Zweige der physikalischen und metaphysischen Wissenschaft werfen kann, erflehe ich durch den Einfluß Ihrer ehrenwerten Körperschaft Begnadigung für das Verbrechen, dessen ich mich schuldig gemacht habe durch den Tod meiner Schuldner bei meiner Abfahrt von Rotterdam. Dies ist also der Zweck des vorliegenden Schreibens. Sein Überbringer, ein Mondbewohner, den ich bewogen und entsprechend unterrichtet habe, mein Bote auf der Erde zu sein, wird Ew. Exz. Entscheidung abwarten und dann mit der Begnadigung zu mir zurückkehren, wenn sie irgend zu erlangen ist.

Ich empfehle mich usw.
als Ew. Exz. ergebenster Diener
Hans Pfaall.

Nachdem sie dieses höchst merkwürdige Dokument fertig gelesen hatten, soll Professor Rubadub in äußerstem Erstaunen seine Pfeife fallen gelassen und Mynheer Superbus Von Underduk seine Brille abgenommen, abgewischt, in die Tasche gesteckt und sich und seine Würde so weit vergessen haben, daß er sich dreimal auf dem Absatz umdrehte als Höhepunkt seines Erstaunens und seiner Verwunderung.

Darüber bestand kein Zweifel: Die Begnadigung mußte gewährt werden; das schwor wenigstens Professor Rubadub mit einem kräftigen Fluche, und das dachte schließlich auch der berühmte Von Underduk, als er den Arm seines Geistesbruders ergriff und, ohne ein Wort zu sprechen, möglichst bequem den Heimweg antrat, um über die zu ergreifenden Maßregeln nachzudenken. Als sie aber die Tür der bürgermeisterlichen Wohnung erreichten, wagte es der Professor, darauf hinzuweisen, daß, da der Bote es für richtig gehalten habe, wieder zu verschwinden – offenbar durch das wilde Aussehen der Bürger von Rotterdam zu Tode erschreckt –, die Begnadigung wenig Zweck hätte, da niemand als ein Mondbewohner die Reise auf so große Entfernung unternehmen würde. Der Bürgermeister stimmte der Richtigkeit dieser Bemerkung zu, und die Sache war damit erledigt. Aber nicht die Gerüchte und Vermutungen. Nachdem der Brief veröffentlicht worden war, entstanden verschiedene Meinungen und allerlei Klatsch. Einige Neunmalweisen machten sich sogar lächerlich, indem sie die ganze Sache nur für einen Ulk erklärten. Aber bei solchen Leuten scheint mir alles, was sie nicht verstehen, ein Ulk genannt zu werden. Ich kann nicht begreifen, wie sie eine solche Beschuldigung begründen wollen. Sie behaupten folgendes:

Erstens: daß gewisse Spaßvögel in Rotterdam eine besondere Abneigung gegen gewisse Bürgermeister und Astronomen haben.

Zweitens: daß ein komischer kleiner Zwerg und armseliger Zechkumpan, dem wegen schlechten Betragens beide Ohren dicht am Kopfe abgeschnitten wurden, seit einigen Tagen aus der Nachbarstadt Brügge verschwunden sei.

Drittens: daß die Zeitungen, die über den kleinen Ballon geklebt waren, holländische Zeitungen waren, also nicht auf dem Monde gedruckt werden konnten. Es waren schmutzige, sehr schmutzige Zeitungen, und der Drucker Kluck will auf die Bibel schwören, daß sie in Rotterdam gedruckt wurden.

Viertens: daß Hans Pfaall selbst, dieser Trunkenbold, und auch die Müßiggänger, die er seine „Schuldner" nennt, alle zusammen vor höchstens zwei oder drei Tagen in einer Schnapskneipe der Vorstadt gesehen wurden, wohin sie eben von einer Fahrt über See mit Geld in den Taschen zurückgekehrt waren.

Endlich: daß es allgemein bekannt ist oder sein sollte, daß die Astronomenschulen in der Stadt Rotterdam sowohl als alle anderen Schulen in allen

Weltteilen – um nicht zu sagen alle Schulen und alle Astronomen überhaupt –, gelinde gesagt, nicht im geringsten besser, größer und weiser sind als ... man von ihnen verlangen kann.

Nachschrift: Genau genommen besteht wenig Ähnlichkeit zwischen obigem Versuche und der berühmten „Mondgeschichte" von Locke; aber da beide den Charakter von Scherzerzählungen haben (obgleich die eine im spaßhaften Tone geschrieben ist, die andere aber im tiefsten Ernste) und da beide Scherze über denselben Gegenstand plaudern – den Mond –, außerdem beide versuchen, durch wissenschaftliche Einzelheiten Wahrscheinlichkeit vorzutäuschen – so hält der Verfasser von Hans Pfaall es zu seiner Selbstverteidigung für notwendig, zu sagen, daß sein eigenes *jeu d'esprit* etwa drei Wochen früher im Southern Literary Messenger erschien als der Anfang von Herrn Lockes Schrift in der New York Sun. Einige New Yorker Blätter, die eine Ähnlichkeit fanden, die vielleicht gar nicht besteht, haben Hans Pfaall abgedruckt und mit Moon Hoax verglichen, um den Verfasser des einen auch für den Verfasser des anderen zu erklären. Da eine viel größere Anzahl Personen, als es zugeben wollen, durch Moon Hoax getäuscht wurden, wird es vielleicht ganz unterhaltend sein, nun zu zeigen, weshalb eigentlich niemand sich hätte irreführen lassen sollen – wenn wir hier diejenigen Teile der Ge-

## Das Abenteuer eines gewissen Hans Pfaall

schichte anführen, die ihren wahren Charakter genügend beweisen. Denn so reich auch die entfaltete Phantasie sein mag, fehlt ihr doch viel von der Kraft, die ihr eine etwas gewissenhaftere Aufmerksamkeit auf Tatsachen und allgemeine Analogie geben könnte. Daß das Publikum auch nur einen Augenblick irregeführt wurde, ist ein Beweis für die allgemeine grobe Unwissenheit in astronomischen Dingen.

Die Entfernung des Mondes von der Erde ist rund gerechnet 240 000 Meilen. Wenn wir feststellen wollen, wie nahe eine Linse uns dem Satelliten scheinbar bringen kann (oder irgendeinem anderen Gegenstand), müssen wir diese Entfernung dividieren durch die vergrößernde oder, richtig gesagt, die raumdurchdringende Kraft des Glases. Locke gibt seinem Glase die Stärke von 42 000maliger Vergrößerung. Teilen wir dadurch 240 000 (die wirkliche Entfernung des Mondes), so bleiben 5 5/7 Meilen als scheinbare Entfernung. So weit könnte man keine Lebewesen erkennen, noch viel weniger die Einzelheiten, die in der Erzählung beschrieben werden. Locke spricht davon, daß Sir John Herschel Blumen (*Papaver rhea* usw.) sieht und sogar die Farbe und Form der Augen kleiner Vögel erkennt. Kurz zuvor hatte er aber selbst bemerkt, daß die Linse keine Dinge von weniger als 18" Durchmesser erkennen lassen kann, aber selbst dies spricht dem

Glase eine viel zu große Kraft zu, wie ich schon sagte. Beiläufig will ich bemerken, daß dieses wunderbare Glas von Hartlay & Grant, in Dumbarton, geschliffen sein soll, obgleich die Firma Hartlay & Grant schon viele Jahre vor der Veröffentlichung der Scherzerzählung ihre Tätigkeit eingestellt hatte.

Auf Seite 13 der Broschüre, wo der Verfasser von einem „Haarschleier" über den Augen einer Art Auerochsen spricht, sagt er: Es war dem scharfen Geiste des Dr. Herschel sofort klar, daß dies eine Einrichtung der Vorsehung war, um die Augen des Tiers vor den höchsten Graden von Licht und Dunkel zu schützen, denen alle Bewohner unserer Seite des Mondes periodisch ausgesetzt sind. Aber dies kann nicht als eine besonders scharfsinnige Beobachtung des Doktors aufgefaßt werden. Die Bewohner unserer Seite des Mondes haben entschieden überhaupt keine Dunkelheit, deshalb kann von den erwähnten höchsten Graden keine Rede sein. Während die Sonne nicht scheint, erhalten sie von der Erde ein Licht, das 13 unbewölkten Vollmonden entspricht.

Die ganze Topographie ist, obgleich er vorgibt, mit Blunts Mondkarte übereinzustimmen, ganz abweichend von dieser oder irgendeiner Mondkarte und sogar mit sich selbst im Widerspruch. Auch die Himmelsrichtungen sind ganz durcheinander gebracht, da der Verfasser offenbar nicht weiß, daß diese auf einer Mondkarte nicht mit den Punkten auf der Erde übereinstimmen, sondern Osten links ist usw.

Vielleicht durch so unklare Namen wie Mare Nubium, Mare Tranquilitatis, Mare Feacunditatis usw., die manche frühere Astronomen den dunklen Punkten gegeben haben, verführt, hat der Verfasser von Ozeanen und anderen großen Gewässern auf dem Monde erzählt, während nichts in der Sternenkunde sicherer bestimmt ist, als daß es nichts Derartiges dort gibt. Wenn man die Grenzen zwischen Licht und Dunkel (bei zunehmendem Mond) beobachtet, ist die Grenzlinie, wo irgendwelche der dunklen Punkte sie kreuzen, unregelmäßig und gezackt; wären diese dunklen Punkte flüssig, so wäre jene glatt.

Die Beschreibung der Flügel des Fledermausmannes auf Seite 21 ist nichts anderes, als eine wörtliche Abschrift von Peter Wilkins Bericht über die Flügel des fliegenden Insulaners. Schon allein diese Tatsache hätte Verdacht erregen müssen, sollte man meinen.

Auf Seite 23 finden wir folgendes: „Welchen fabelhaften Einfluß muß unsere 13mal größere Kugel auf diesen Satelliten ausgeübt haben, als er noch unfertig im Schoß der Zeiten ruhte, als untätiger Gegenstand chemischer Affinitäten." Das ist ja sehr schön, aber niemals hätte ein Astronom eine solche

## Das Abenteuer eines gewissen Hans Pfaall

Bemerkung gemacht, am wenigsten in einem wissenschaftlichen Blatte. Denn in dem beabsichtigten Sinne ist unsere Erde nicht nur 13mal, sondern 49mal größer als der Mond. Dieselbe Entgegnung ist auf alles in den nächsten Seiten folgende anzuwenden, wo als Einleitung zu irgendwelchen Entdeckungen auf dem Saturn der philisophische Korrespondent zu einer schulbubenhaften Beschreibung des Planeten übergeht. Dies im Edinburger *„Journal of Science"*!

Aber besonders ein Punkt hätte die Täuschung verraten müssen. Angenommen, daß wir wirklich die Möglichkeit hätten, Tiere auf der Oberfläche des Mondes zu sehen, was müßte dann zuerst dem Beobachter von der Erde aus auffallen? Sicher weder ihre Gestalt noch ihre Größe noch sonstige Merkmale, sondern ihre sonderbare Stellung. Es würde uns scheinen, als ob sie mit den Fersen nach oben und dem Kopf nach unten liefen, wie die Fliegen an der Stubendecke. Der wirkliche Beobachter hätte einen unwillkürlichen Schrei des Erstaunens ausgestoßen, obgleich er durch sein Wissen schon darauf vorbereitet war; der erfundene Beobachter hat diese Tatsache nicht einmal erwähnt; er spricht davon, den ganzen Körper solcher Wesen gesehen zu haben, obgleich er nachweislich nur den Durchmesser ihrer Köpfe bemerkt haben kann. Schließlich muß noch festgestellt werden, daß die Größe und besonders die Kräfte der Fledermausmenschen (z.B. ihre Fähigkeit, in einer so dünnen Atmosphäre zu fliegen, wenn der Mond überhaupt eine solche hat) sowie die meisten anderen Phantasiegebilde bezüglich des Lebens der Tiere und Pflanzen im Widerspruch zu allen sachgemäßen Beobachtungen über diese Dinge stehen und daß die Analogie hier oft zu abschließender Beweisführung kommt. Vielleicht ist es auch kaum nötig hinzuzufügen, daß alle Vermutungen, die Brewster und Herschel im Anfang des Artikels über „eine Überleitung von künstlichem Licht durch den Brennpunkt der Sehweite" zugeschrieben werden, zu jener Art von bilderreicher Sprache gehören, die man am besten mit „Salbaderei" bezeichnet. Es gibt eine wirkliche und sehr bestimmte Grenze für optische Entdeckungen bei Sternen. Eine Grenze, deren Natur nur genannt zu werden braucht, um verstanden zu werden. Wenn tatsächlich das Schleifen von großen Linsen alles wäre, was man dazu braucht, hätte der menschliche Scharfsinn schon längst die Aufgabe erfüllt, und wir besäßen sie in allen nötigen Größen. Aber leider steht im Verhältnis zur zunehmenden Größe der Linsen und ihrer raumdurchdringenden Kraft auch die Abnahme des Lichtes vom Objekt infolge der Strahlenstreuung. Und gegen diesen Übelstand gibt es kein Heilmittel innerhalb der menschlichen Fähigkeiten;

## Das Abenteuer eines gewissen Hans Pfaall

denn die Dinge sind nur sichtbar durch das Licht, das direkt oder zurückgestrahlt von ihnen ausgeht. Das einzige künstliche Licht, das Herrn Locke also helfen könnte, wäre dasjenige, das er selbst zu werfen fähig wäre, aber nicht auf den „Brennpunkt der Sehweite", sondern auf den wirklichen Gegenstand, der gesehen werden soll, nämlich auf den Mond. Es war leicht auszurechnen, daß, wenn das Licht, das von einem Stern kommt, so zerstreut ist, daß es so schwach wird wie das Licht, das von allen Sternen in einer klaren Nacht ohne Mondschein ausgeht, der Stern nicht mehr für irgendeinen praktischen Zweck sichtbar ist.

Das Teleskop des *Earl of Ross*, das kürzlich in England gebaut wurde, hat ein *speculum* mit reflektierender Oberfläche von 4071 qm; während das Herschel-Teleskop nur eine solche von 1811 hat. Das Metall des *Earl of Ross* hat 6 Fuß Durchmesser, ist an den Kanten 5 1/3" und in der Mitte 5" dick. Das Gewicht ist 3 Tonnen, die Länge des Brennpunktes 50 Fuß. – Ich habe kürzlich ein sonderbares und ziemlich geistreiches kleines Buch gelesen, dessen Titel lautet:

*„L'homme dans la lune ou le voyage chimérique fait au monde de la lune, nouvellement découvert par Dominique Gonzales, Avanturier Espagnol, autrement dit le Courier volant. Mis en notre langue par J.B.D.A. Paris, chez Francois Piot près la Fontaine de Saint Benoist. Et*

chez J. Goignard, au premier pilier de la grand' salle du Palais, proche les Consultations, MDCXLVIII", pp. 176.

Der Autor erklärt, sein Werk aus dem Englischen eines gewissen D'Avisson (Davison?) übersetzt zu haben, obgleich eine schreckliche Zweideutigkeit in dieser Behauptung liegt.

„J'en ai eu", sagt er, „l'original de M. D'Avisson, médecin des mieux versez qui soient aujourd'huy dans la connaissance des Belles Lettres, et sur tout de la Philosophie Naturelle. Je lui ai cette obligation entre les autres, de m'avoir non seulement mis en main ce Livre en anglois, mais encore le Manuscrit dir Sieur Thomas D'Anan, gentilhomme Ecossois, recommandable pour sa vertu, sur la version duquel j'advoue que j'ay tiré le plan de la mienne."

(Ich habe das Original davon erhalten, sagt er, von Herrn D'Avisson, dem heute am besten über die Wissenschaft und besonders die Naturphilosophie unterrichteten Arzt. Ich verdanke ihm dies unter anderem, daß er mir nicht nur dieses englische Buch gegeben hat, sondern auch das Manuskript des Herrn Thomas D'Anan, eines schottischen Edelmannes, der wegen seiner Tugend empfehlenswert ist, und ich gestehe, daß ich mich bei Abfassung meiner Schrift auf die seinige gestützt habe.)

Nach einigen unwichtigen Abenteuern, etwa in der Art des Gil Blas, die die ersten 30 Seiten ausfül-

## Das Abenteuer eines gewissen Hans Pfaall

len, erzählt der Autor, daß er, als er auf einer Seereise erkrankte, von der Schiffsmannschaft mit einem Negersklaven auf der Insel St. Helena ausgesetzt wurde. Um die Möglichkeit, Nahrung zu finden, zu vergrößern, trennen sich die beiden und leben so weit wie möglich voneinander entfernt. Dadurch kommen sie dazu, Vögel zu züchten, die ihnen als Brieftauben dienen. Nach und nach lernen diese Vögel, Pakete von gewissem Gewicht zu tragen, und dieses Gewicht wird allmählich vergrößert. Schließlich kommt der Autor auf den Gedanken, die Kraft einer großen Anzahl dieser Vögel zu vereinigen, damit sie ihn selbst in die Höhe tragen. Eine Maschine wird zu diesem Zwecke erdacht, und wir erhalten eine ausführliche Beschreibung davon an der Hand eines Stahlstiches. Darauf sehen wir den Senior Gonzales mit Spitzenkrause und einer großen Perücke rittlings auf etwas sitzend, das einem Besenstiel sehr ähnlich sieht, und hochgehoben durch eine Menge wilder Schwäne (*ganzas*), von deren Schwänzen Schnüre zu der Maschine reichen. Die verschiedenen Ereignisse, die in der Erzählung des Señors aufgeführt werden, stützen sich alle auf eine wichtige Tatsache, die dem Leser fast bis zum Schluß vorenthalten wird. Die *ganzas*, mit denen er so gut bekannt wurde, waren keine Bewohner von St. Helena, sondern vom Mond. Seit Menschengedenken war es

## Das Abenteuer eines gewissen Hans Pfaall

ihre Gewohnheit, jedes Jahr nach irgendeinem Punkte der Erde zu wandern. Natürlich mußten sie zur gegebenen Zeit wieder in ihre Heimat zurückkehren, und als der Autor einmal ihre Dienste zu einer kurzen Reise braucht, wird er unerwartet steil in die Höhe getragen und kommt in sehr kurzer Zeit beim Satelliten an. Hier findet er u.a., daß die Bewohner unendliche Freude genießen, daß sie keine Gesetze kennen, ohne Schmerzen sterben, daß sie 10–30 Fuß hoch sind, 5000 Jahre leben und einen Kaiser haben namens Irdonozur; daß sie 60 Fuß hoch springen können und, da sie nicht den Gesetzen der Schwerkraft unterworfen sind, mit Fächern umherfliegen.

Ich kann es mir nicht versagen, ein Beispiel der allgemeinen Philosophie dieses Buches zu geben.

„Ich muß Ihnen nun erklären", sagt Gonzales, „wie der Ort aussah, auf dem ich mich befand. Alle Wolken waren unter meinen Füßen oder, wenn Sie wollen, zwischen mir und der Erde ausgebreitet. Was die Sterne anbetrifft, so sahen sie, da es dort, wo ich war, keine Nacht gab, immer gleich aus, nicht glänzend wie gewöhnlich, sondern blaß, so ähnlich wie der Mond am Morgen. Aber wenige waren sichtbar und diese zehnmal größer (soweit ich es beurteilen konnte), als sie den Bewohnern der Erde erscheinen. Der Mond, der in zwei Tagen voll sein sollte, war von schrecklicher Größe.

## Das Abenteuer eines gewissen Hans Pfaall

Ich darf nicht vergessen zu sagen, daß die Sterne nur auf der Seite der Kugel zu sehen waren, die dem Mond zugekehrt war, und daß sie um so größer erschienen, je näher sie ihm waren. Ich muß Ihnen auch mitteilen, daß, gleichviel ob es ruhiges oder stürmisches Wetter war, ich mich doch immer genau zwischen Mond und Erde befand. Davon wurde ich durch zwei Umstände überzeugt – meine Vögel flogen immer in gerader Linie, und immer, wenn wir versuchten auszuruhen, wurden wir unmerklich rund um die Erdkugel getragen. Denn ich stimme der Lehre des Kopernikus bei, der behauptet, daß sie nie aufhört, sich von Osten nach Westen zu drehen, nicht auf den Äquinoktialpolen, die gewöhnlich Weltpole genannt werden, sondern auf den Zodiakalpolen, eine Frage, über die ich mir vornehme, ausführlicher zu sprechen, wenn ich Muße habe, mein Gedächtnis aufzufrischen bezüglich der Astrologie, die ich in meiner Jugend in Salamanca gelernt, aber wieder vergessen habe."

Trotz der Schnitzer ist das Buch nicht ohne Anspruch auf Beachtung, da es eine naive Probe gibt von den in damaliger Zeit geläufigen astronomischen Lehren. Eine davon behauptet, daß die „Schwerkraft" nur eine kurze Zeit über der Oberfläche der Erde anhalte; und infolgedessen hören wir, daß unser Reisender „rund um die Erdkugel getragen wird" usw.

## Das Abenteuer eines gewissen Hans Pfaall

Es sind noch mehr Reisen nach dem Mond geschrieben worden, aber keine wertvollere als die eben erwähnte. Die von Bergerac ist ganz bedeutungslos. Im dritten Bande der *American Quarterly Review* findet sich eine recht ausführliche Kritik über eine gewisse „Reise" von der erwähnten Art; eine Kritik, von der schwer zu sagen ist, ob der Autor darin mehr die Torheit des Buches oder seine eigene gänzliche Unwissenheit in der Astronomie beweist. Ich vergaß den Titel des Buches, aber die „Mittel" der Reise sind noch viel schlechter erdacht als sogar die *„ganzas"* unseres Freundes Señor Gonzales. Beim Graben in der Erde findet dort der Abenteurer ein gewisses Metall, auf das der Mond eine starke Anziehungskraft ausübt. Sogleich baut er daraus einen Kasten, der, nachdem man ihn von seiner Befestigung auf der Erde losgemacht hat, sofort mit ihm nach dem Satelliten fliegt. Die „Flucht des Thomas O'Rourke" ist ein nicht ganz so erbärmliches *jeu d'esprit*, das ins Deutsche übersetzt wurde. Thomas, der Held, war tatsächlich Wildhüter eines irischen Edelmannes, dessen Überspanntheit zu allerlei Erzählungen Stoff gab. Die Flucht wird auf dem Rücken eines Adlers unternommen aus Hungry Hill, einem hohen Berge der Bantry Bai.

In diesen zahlreichen Broschüren ist die Absicht immer satirisch, da eine Beschreibung der Sitten auf

## Das Abenteuer eines gewissen Hans Pfaall

dem Monde im Vergleich zu den unsrigen beabsichtigt wird. Nirgends wird der Versuch gemacht, die Einzelheiten der Reise selbst glaubwürdig zu gestalten. Die Autoren scheinen alle gleichmäßig unwissend in der Astronomie zu sein. In Hans Pfaall ist die Absicht originell, da der Versuch gemacht wird, die *„versimilitude"* in der Anwendung wissenschaftlicher Prinzipien (insofern die absonderliche Art des Vorwurfs es gestattet) bei der tatsächlichen Reise von der Erde zum Monde durchzuführen.

# Ligeia

*Und darin liegt der Wille, der nicht stirbt. Wer kennt
die Geheimnisse des Willens in seiner Stärke? Denn
Gott ist nur ein großer Wille, der alles durchdringt
durch die Natur seiner Gewalt. Der Mensch ergibt sich
nicht vollends den Engeln, noch dem Tode, es geschehe
denn durch die Schlaffheit seines schwachen Willens.*
Joseph Glanvill.

Ich kann mich, bei meiner Seele, nicht erinnern, wie, wann und selbst wo ich zuerst die Bekanntschaft von Lady Ligeia machte. Lange Jahre sind seitdem verflossen, und mein Gedächtnis ist durch langes Leiden geschwächt. Oder vielleicht kann ich mich nur jetzt nicht auf diesen Punkt besinnen, weil in Wahrheit der Charakter meiner Geliebten, ihr seltenes Wissen, ihre eigenartige und doch gelassene Schönheit und die ergreifende und bezaubernde Beredsamkeit ihrer musikalischen Sprache den Weg zu meinem Herzen mit so ruhigen und leise nahenden Schritten fanden, daß sie unbemerkt und unerkannt geblieben sind. Doch glaube ich, daß ich ihr zuerst und dann sehr häufig in einer großen, alten, baufälligen Stadt am Rhein begegnet bin. Von ihrer Familie habe ich sie sicherlich sprechen hören. Daß diese aus ferner alter Zeit stammt, kann nicht bezweifelt werden. Ligeia! Ligeia!

In Studien vergraben, die mehr als alles andere geeignet sind, Eindrücke der Außenwelt zu ertöten, ist es nur dieses süße Wort allein – Ligeia –, das mir in Gedanken ihr Bild vor Augen bringt, das Bild Ligeias, die nicht mehr ist. Und nun, während ich schreibe, kommt mir zum Bewußtsein, daß ich nie den Vatersnamen gekannt habe von ihr, die meine Freundin und meine Verlobte war, die Mitarbeiterin meiner Studien und schließlich mein geliebtes Weib wurde. War es ein spielerisches Gebot Ligeias, oder wollte sie die Stärke meiner Liebe prüfen, als sie mir verbot, Fragen über diesen Punkt zu stellen? Oder war es mehr meine eigene Laune, ein seltsam romantisches Opfer am Altar der leidenschaftlichen Verehrung? Ich erinnere mich nur undeutlich der Tatsache selbst – was Wunder, daß ich die Umstände, die diese verursachten oder begleiteten, völlig vergessen habe? Und wirklich, wenn jemals jener Geist, den wir Romantik nennen, wenn jemals sie, die bleiche und dunkelbeschwingte Ashtophet der abgöttischen Ägypter, über Ehen, die unter einem unglücklichen Stern geschlossen wurden, schwebte, wie erzählt wird, so muß sie sicher über der meinigen geschwebt haben.

Aber über einen Punkt läßt mein Gedächtnis mich nicht im Stiche. Das ist Ligeias körperliches Bild. Sie war groß von Wuchs, ziemlich schlank, ja in ihren späteren Tagen abgezehrt. Ich würde vergeblich versuchen, die Majestät, die ruhige Gelassenheit ihres Gehabens oder die unbegreifliche Leichtigkeit und Elastizität ihres Schrittes beschreiben zu wollen. Sie kam und ging wie ein Schatten. Nie merkte ich, wenn sie mein geschlossenes Arbeitszimmer betrat, außer durch die liebe Musik ihrer leisen süßen Stimme, wenn sie ihre marmorkühle Hand auf meine Schulter legte. In der Schönheit des Gesichtes ist nie ein Mädchen ihr gleichgekommen. Es war die strahlende Schönheit eines Opiumrausches, eine ätherische, beseligende Erscheinung, seltsamer und göttlicher als die phantastischen Gebilde, die um die schlummernden Seelen der Töchter von Delos schwebten. Und doch waren ihre Züge nicht von dem regelmäßigen Schnitt, den zu bewundern wir durch die klassischen Werke der Heiden fälschlich gelehrt wurden. „Es gibt keine auserlesene Schönheit", äußert sich Baco von Verulam über die Formen und Arten der Schönheit, „ohne eine gewisse Seltsamkeit in den Maßen." Doch wenn ich auch sah, daß Ligeias Gesichtszüge nicht von klassischer Regelmäßigkeit waren, wenn ich auch sah, daß ihre Lieblichkeit in der Tat „auserlesen" war, und fühlte, daß viel „Seltsamkeit" sie durchdrang, so habe ich doch vergeblich versucht, die Unregelmäßigkeit zu ergründen und meine eigene Wahrnehmung des „Seltsamen" treffend festzustellen. Ich prüfte die Zeichnung der hohen, bleichen Stirn – sie war fehlerlos – wie kalt wirkt dieses Wort auf so göttliche Majestät angewandt! Die Haut, die mit dem reinsten Elfenbein wetteiferte, die gebietende Größe und Ruhe, die sanfte Erhebung über den Schläfen und dann die rabenschwarzen, glänzenden, überreichen und natürlich gewellten Zöpfe, die das Homerische Beiwort „Hyazinthin" zur vollsten Geltung brachten! Ich betrachtete die feine Zeichnung der Nase, und nur auf den reizendsten Medaillons der Hebräer habe ich eine ähnliche Vollkommenheit gefunden. Da war die gleiche köstliche Weichheit des Antlitzes, dieselbe kaum wahrnehmbare leichte Biegung, die gleichen harmonisch gewölbten Nasenflügel, Zeichen des freien Geistes. Ich schaute auf den süßen Mund. Hier war in der Tat der Triumph allen himmlischen Wesens. Die herrliche Linie der kurzen Oberlippe, das zarte schwellende Schmollen der unteren, die spielenden Grübchen und die sprechenden Farben, die Zähne, die mit einem fast überraschenden Glanze jeden Strahl des heiligen Lichtes zurückwarfen, das in ihrem heiteren, ruhigen und doch überschäumend leuchtenden Lächeln auf sie fiel. Ich prüfte die Form des Kinns – und auch hier fand ich die Lieblichkeit der Breite, die Zartheit und die Majestät, die Fülle und die Vergeistigung der Griechen – den Umriß, den Gott Apoll, wenn auch nur im Traume, dem Cleomenes, Sohn der Athenerin, offenbarte. Und dann starrte ich in Ligeias Augen.

Für Augen haben wir kein Vorbild in der weit zurückliegenden Antike. Es mag auch sein, daß in den Augen meiner Geliebten das Geheimnis lag, auf das Lord Verulam anspielte. Sie waren, glaube ich, weit größer als die gewöhnlichen Augen unserer eigenen Rasse. Sie waren selbst tiefer als die tiefsten Gazellenaugen aus dem Stamme des Tales von Nourjahad. Doch nur in Zwischenräumen, in Augenblicken der größten Erregung wurde diese Eigentümlichkeit bei Ligeia besonders bemerkbar. Und in solchen Augenblicken glich ihre Schönheit – vielleicht schien es meiner erhitzten Phantasie nur so – der Schönheit von Wesen, die überirdisch oder der Erde fremd waren – der Schönheit der sagenhaften Huris der Türken. Die Farbe des Auges war vom glänzendsten Schwarz, weit darüber hingen tiefschwarze lange Wimpern. Die Augenbrauen, etwas unregelmäßig in der Zeichnung, hatten dieselbe Färbung. Das „Seltsame" jedoch, das ich in ihren

Augen fand, war unabhängig von der Form, der Farbe oder dem Strahlen der Züge und mußte sicherlich dem Ausdruck zugeschrieben werden. O Wort ohne Bedeutung! Hinter dessen weitem, leeren Schalle wir so viel unserer Unwissenheit des rein Geistigen verbergen! Der Ausdruck von Ligeias Augen! Wie habe ich mich eine lange Sommernacht hindurch abgemüht, ihn zu ergründen. Was war es – tiefer als die Quelle des Demokrit –, das in den Pupillen meiner Geliebten lag? Was war es? Ich war von der Leidenschaft beherrscht, es zu entdecken. Diese Augen! Diese großen, glänzenden, diese göttlichen Sterne! Sie wurden mir Zwillingssterne der Leda und ich ihr ehrfürchtigster Deuter.

Es gibt keinen Punkt in den vielen unbegreiflichen Anomalien der Geisteswissenschaft, der ergreifender und aufreizender ist als die Tatsache, die, soviel ich weiß, niemals in den Schulen erwähnt wird, daß bei unseren Bemühungen, uns etwas lang Vergessenes ins Gedächtnis zurückzurufen, wir uns oft am Rande des Erinnerungsvermögens befinden, ohne imstande zu sein, die Erinnerung völlig zurückzurufen. Und wie oft habe ich bei meinem eifrigen Forschen in Ligeias Augen gefühlt, wie mir die volle Erkenntnis ihres Ausdruckes näher kam – immer näher –, doch nicht ganz mein wurde, um schließlich völlig wieder zu verschwinden. Und (seltsam, o seltsamstes Geheimnis von allem!) ich fand in den alltäglichsten Gegenständen des Weltalls einen Kreis von Analogien zu diesem Ausdruck. Ich will damit sagen, daß lange nach der Zeit, in der mein Geist von Ligeias Schönheit erfüllt war – dort thronend wie auf dem Altar –, ich aus vielen Erscheinungen der Umwelt ein Gefühl ableitete, wie ich es immer um mich und in mir fühlte, wenn ich in ihre großen leuchtenden Augensterne sah. Deshalb konnte ich aber dieses Gefühl doch nicht genau bestimmen, noch es analysieren oder auch nur sicher wahrnehmen. Ich erkannte es – laßt es mich wiederholen – manchmal bei der Betrachtung von rasch wachsendem wilden Wein, beim Anblick einer Motte, eines Schmetterlings, einer Chrysalide, dem Laufe des fließenden Wassers. Ich habe es im Ozean beim Fall eines Meteors, in den Blicken ungewöhnlich alter Leute gefühlt. Und es gibt einen oder zwei Sterne am Himmel (einen besonders, einen Stern sechster Größe, doppelt und wechselnd, der nahe dem großen Stern in der Lyra zu finden ist), bei deren Betrachtung durch das Teleskop dieses Gefühl sich in mir regte. Es erfüllte mich auch bei gewissen Tönen von Saiteninstrumenten und nicht selten bei Stellen in Büchern. Unter unzähligen anderen Beispielen erinnere ich mich genau an einen Satz von Joseph Glanvill, der (vielleicht nur wegen seiner Seltsamkeit, wer kann es wissen?) niemals verfehlte, mir dieses Gefühl einzugeben: „Und darin liegt der Wille, der nicht stirbt. Wer kennt die Geheimnisse des Willens in seiner Stärke? Denn Gott ist nur ein großer Wille, der alles durchdringt durch die Natur seiner Gewalt. Der Mensch ergibt sich nicht vollends den Engeln, noch dem Tode, es geschehe denn durch die Schlaffheit seines schwachen Willens."

Die Länge der Jahre und spätere Überlegung haben es mir ermöglicht, tatsächlich eine entfernte Verbindung zwischen dieser Stelle bei dem englischen Moralisten und einer Seite von Ligeias Charakter herzustellen. Eine Intensität in Gedanken, Handlung oder Sprache war möglicherweise bei ihr ein Ergebnis oder wenigstens ein Anzeichen jener riesigen Willenskraft, die während unseres langen Zusammenlebens keinen anderen, unmittelbareren Beweis ihres Bestehens gab. Keine der Frauen, die ich jemals kannte, war wie sie, die äußerlich gesetzte, ewig ruhige Ligeia, die Beute der ungestümsten Leidenschaft, die sie wie ein rasender Geier verzehrte. Und die Größe dieser Leidenschaft konnte ich nur ermessen durch die wunderbare Tiefe jener Augen, die mich zugleich entzückten und erschreckten, durch die zauberische Melodie, Modulation, Klarheit und Gelassenheit ihrer so leisen Stimme und die heiße Energie (die der Kontrast mit der Art ihrer Ausdrucksweise doppelt wirksam machte) der seltsamen Worte, die sie zu sprechen pflegte.

Ich habe von den Kenntnissen Ligeias gesprochen: Sie waren unermeßlich, wie ich sie nie bei einer anderen Frau gefunden habe. In die klassischen Sprachen war sie tief eingedrungen, und soweit meine eigene Kenntnis der modernen Sprachen Europas reichte, habe ich nie einen Fehler bei ihr entdeckt. Habe ich wirklich je bei Ligeia einen Irrtum festgestellt in irgendeiner der am meisten bewunderten, weil unverständlichsten Fragen der gerühmten Wissenschaft der Akademie? Wie seltsam, wie ergreifend, daß sich diese eine Seite des Wesens meiner Frau erst jetzt in letzter Zeit meinem Bewußtsein aufgedrängt hat! Ich sagte, ihr Wissen sei derart, wie ich es nie bei einer Frau gefunden habe; aber wo lebt der Mann, der alle die weiten Gebiete des philosophischen, physikalischen und mathematischen Wissens erfolgreich wie sie durchstreift hat? Damals habe ich nicht, wie jetzt, klar erkannt, daß die Kenntnisse Ligeias riesenhaft, überwältigend waren. Doch war mir ihre unendliche Überlegenheit hinreichend klar, um mich mit einer kindlichen Zuversicht ihrer Führung durch die verworrene Welt der metaphysischen Untersuchungen, mit denen ich in den ersten Jahren unserer Ehe sehr eifrig beschäftigt war, anzuvertrauen. Mit welchem großen Triumph – mit welchem lebhaften Entzücken – mit wieviel himmlischer Hoffnung fühlte ich, wenn sie sich bei wenig gesuchten und noch weniger bekannten Studien über mich beugte, wie sich die köstliche Aussicht langsam mir erschloß – jene langen, herrlichen und ganz unbetretenen Pfade –, um schließlich an das Ziel einer Weisheit zu gelangen, die zu göttlich ist, um nicht den Sterblichen verwehrt zu sein!

Wie schmerzlich mußte dann der Kummer sein, als ich einige Jahre später sah, wie meine wohlbegründeten Erwartungen die Flügel breiteten und fortflogen! Ohne Ligeia war ich nur ein Kind, das im Dunkeln umhertastet. Ihre bloße Anwesenheit, ihr Lesen allein machten die vielen Geheimnisse der transzentendalen Philosophie, in die wir uns vergraben hatten, lebendig klar. Ohne den strahlenden Glanz ihrer Augen wurden die funkelnden goldenen Buchstaben trübe wie das Blei des Saturns. Und nun leuchteten diese Augen immer seltener auf die Blätter, über denen ich brütete. Ligeia wurde krank. Die seltsamen Augen glänzten in einem allzu strahlenden Schimmer; die bleichen Finger bekamen die durchsichtige Wachsfarbe des Todes; und die blauen Adern auf der hohen Stirne schwollen und sanken ungestüm im Wechsel der leisesten Erregungen. Ich sah, daß sie sterben müßte – und verzweifelt kämpfte ich im Geiste mit dem düsteren Azrael, und der Kampf meines leidenschaftlichen Weibes war zu meinem Erstaunen noch heftiger als mein eigener. Vieles in ihrer starken Natur hatte in mir den Glauben erweckt, daß der Tod einst ohne seine Schrecken zu ihr kommen werde, doch so war es nicht. Es ist unmöglich, in Worten die Heftigkeit ihres Widerstandes und ihres Ringens mit dem Schatten zu schildern. Ich stöhnte vor Kummer bei diesem traurigen Anblick. Ich hätte sie gern beruhigt, ihr gern zugesprochen; aber bei der Heftigkeit ihres wilden Verlangens nach Leben – nach Leben – nur nach Leben – waren Trost und Vernunftgründe nichts als völliger Wahnsinn. Jedoch nicht vor ihrem letzten Augenblicke mitten in den stärksten Zuckungen ihres ungestümen Geistes war die äußerliche Gelassenheit ihres Gehabens erschüttert. Ihre Stimme wurde immer zarter, immer leiser – doch will ich nicht bei dem unheimlichen Sinne der ruhig gesprochenen Worte verweilen. Mein Kopf schwindelte, als ich, fast von Sinnen, einer überirdischen Melodie lauschte, Forderungen und heißen Wünschen, die kein Mensch vor ihr gekannt hat.

Daß sie mich liebte, hatte ich nie bezweifelt; und leicht hätte ich verstehen müssen, daß in einem Herzen wie dem ihrigen die Liebe nicht als gewöhnliche Leidenschaft herrschen könne. Aber erst bei ihrem Tode wurde ich ganz durchdrungen von der Gewalt ihrer Zuneigung. Lange Stunden hindurch hielt sie meine Hand und schüttete mir ihr überfließendes Herz aus, dessen mehr als leidenschaftliche Hingebung sich zur Vergötterung steigerte. Wie hatte ich es verdient, durch ein solches Geständnis beseligt zu werden? Wie hatte ich es verdient, in der Stunde, da sie es ablegte, durch den Verlust meiner Geliebten bestraft zu werden? Doch ich kann es nicht ertragen, diesen Punkt weiter auszuspinnen. Laßt mich nur sagen, daß in Ligeias mehr als weiblicher Hingabe zu einer Liebe, die ich so wenig verdiente, deren ich so ganz unwert war, ich schließlich den Grund ihres heißen, inbrünstigen Sehnens nach dem Leben erkannte, das nun so eilig entfloh. Für dieses wilde Sehnen, für diese heftige Gewalt des Wunsches nach Leben – nur nach Leben – fehlt mir die Kraft der Wiedergabe, der Ausdruck, der fähig wäre, es zu schildern.

Am späten Nachmittage vor der Nacht, in der sie von mir ging, winkte sie mich gebieterisch an ihre Seite und bat mich, ihr einige Verse, die sie selbst wenige Tage zuvor verfaßt hatte, zu wiederholen. Ich gehorchte ihr. Es waren diese:

> Horch! welch festliche Nacht
> Nach Jahren, die einsam vergingen!
> Ein weinender Engel, von himmlischer Macht,
> Mit schleierverhüllten Schwingen,
> Schaut auf der Bühne im Spiel
> Hoffnung mit Grauen ringen,
> Lauscht wilder Töne Gewühl,
> Hört Sphärenmusik erklingen.

## Ligeia

Die Spieler, geschaffen nach Gottes Bild,
Murmeln und flüstern und gehen
Hierhin und dorthin, wirr und wild –
Sind doch nur Puppen, sie gehen und stehen,
Geschoben von mächtigen, formlosen Wesen,
Die die Szene gestalten, die Bühne drehen,
Von Kondorschwingen lösen
Schmerzen, ungesehen!

Dies Wahnsinnspiel! Laß dir sagen,
Nie wird es vergessen werden!
Mit seinem Trugbild, das immer jagen
Die Massen, die stumpfen Herden,
In Runden rings unendlicher Länge,
Die ewig zurück zum Anfang kehrten;
Furcht, Irrtum und der Sünden Mengen –
Spielplanes Seele auf Erden.

Doch sieh! Mitten im Spielerring
Ein kriechend Wesen faucht!
Sich krümmend, ein blutrot Ding
Über die einsame Szene kraucht!
Es krümmt sich! Krümmt sich! Mit mordenden
    Zähnen
Die Spieler als Fressen verbraucht,
Die Fänge – Seraphe weinen Tränen –
In Menschenblut getaucht.

> Aus – aus die Lichter – alle!
> Über zitternde Wesen der Vorhang fällt;
> Ein Leichentuch ist's im Falle
> Rauschend wie der Sturm im Feld –
> Bleiche Engel künden frei,
> Unverhehlt vor aller Welt:
> Daß das Spiel die Tragödie „Mensch" sei,
> Eroberer Wurm der Held.

„O Gott!" schrie Ligeia auf, indem sie aus dem Bette sprang und die Arme in krampfhafter Bewegung in die Höhe streckte, als ich diese Zeilen beendet hatte. „O Gott! O himmlischer Vater! Soll es denn unabänderlich so sein? Soll dieser Sieger nicht einmal besiegt werden? Sind wir nicht Stück und Teil von dir? Wer kennt die Geheimnisse des Willens in seiner Stärke? Denn Gott ist nur ein großer Wille, der alles durchdringt durch die Natur seiner Gewalt. Der Mensch ergibt sich nicht vollends den Engeln, noch dem Tode, es geschehe denn durch die Schlaffheit seines schwachen Willens."

Und dann, wie erschöpft durch die Erregung, ließ sie ihre weißen Arme fallen und kehrte feierlich zu ihrem Sterbebette zurück. Und als sie ihren letzten Seufzer tat, kam mit ihm vermengt ein leises Murmeln von ihren Lippen. Ich neigte mein Ohr über sie und erkannte wieder die Schlußworte der Stelle bei Glanvill: „Der Mensch ergibt sich nicht vollends den Engeln, noch dem Tode, es geschehe denn durch die Schlaffheit seines schwachen Willens."

Sie starb, und ich, in den Staub getreten, in tiefster Trauer, konnte nicht länger die einsame Trostlosigkeit meiner Wohnung in der trüben und verfallenden Stadt am Rhein ertragen. Ich hatte keinen Mangel an dem, was die Welt Reichtum nennt. Ligeia hatte mir weit mehr, sehr viel mehr gebracht, als gewöhnlich den Sterblichen zufällt. Nach wenigen Monaten ermüdenden und ziellosen Wanderns kaufte ich eine Abtei, die ich nicht nennen will, in einer der wildesten und wenigst besuchten Gegenden des schönen Englands. Die düstere und traurige Größe des Gebäudes, das fast wüste Aussehen des Besitztums, die vielen finstern und altehrwürdigen Erinnerungen, die damit verbunden waren, entsprachen dem Gefühle völliger Verlassenheit, das mich in diesen abgelegenen und einsamen Teil des Landes getrieben hatte. Doch obwohl am Äußeren der Abtei mit dem absterbenden Grün, das sie umspann, nur wenig zu verändern war, ließ ich mich in einer kindlichen Perversität und vielleicht in der Hoffnung, meinen Gram zu täuschen, zu einer Entfaltung von mehr als königlicher Pracht im Innern verleiten. An solchen Torheiten hatte ich schon in meiner Kindheit Geschmack, und nun überkamen sie mich, als ob ich durch den Kummer kindisch geworden wäre. Ach! Ich fühle, wieviel beginnender Wahnsinn aus den prächtigen und phantastischen Draperien, den feierlichen ägyptischen Bildwerken, den eigenartigen Gesimsen und Möbeln, den verrückten Mustern der golddurchwebten Teppiche spricht! Ich schmachtete in den Fesseln des Opiumrausches, und meine Arbeiten und Angaben hatten die Färbung meiner Träume angenommen. Aber ich will mich nicht bei der Schilderung dieser Widersinnigkeiten aufhalten. Laßt mich nur von dem einen auf ewig verfluchten Zimmer reden, wohin ich in einem Augenblick von geistiger Verwirrung vom Altar als meine Braut, als Nachfolgerin der unvergessenen Ligeia die blondhaarige, blauäugige Lady Rowena Trevanion von Tremaine geleitete.

Jeder einzelne Teil der Bauart und Ausschmückung dieses Brautgemaches steht mir noch deutlich vor Augen. Wo war das Herz der stolzen Familie der Braut, als sie es aus Habgier zuließ, daß eine Jungfrau und geliebte Tochter die Schwelle eines derart ausgeschmückten Zimmers überschreite? Ich habe gesagt, daß ich mich genau an die Einzelheiten des Zimmers erinnere, doch habe ich in trauriger Weise alle Dinge von tieferer Wichtigkeit vergessen, und hier war kein Plan, kein Halt in der phantastischen Entfaltung, der im Gedächtnis haften könnte. Der Raum lag in einem hohen Turme der burgartigen Abtei, war fünfeckig und sehr groß.

Die ganze Südseite des Fünfecks nahm ein einziges Fenster ein, eine riesige Fläche von ununterbrochenem venetianischen Glase – eine einzige Scheibe von bleifarbenem Tone, so daß die durchfallenden Strahlen der Sonne und des Mondes mit bleichem Schimmer auf die Gegenstände im Raume trafen. Über den oberen Teil dieses hohen Fensters breitete sich das Spalier eines alten wilden Weinstockes aus, der an den massigen Mauern des Turmes emporrankte. Die Decke, aus düsterem Eichenholz, war außerordentlich hoch, gewölbt und kunstvoll geschnitzt mit den wildesten grotesken Bildern halb gotischer, halb druidischer Darstellung. Aus der mittelsten Vertiefung dieses melancholischen Gewölbes hing an einer einzelnen goldenen Kette mit langen Gliedern ein gewaltiger Weihrauchkessel aus gleichem Metall, von sarazenischem Muster und in einer Weise an vielen Stellen durchbrochen, daß mit schlängelnder Lebendigkeit andauernd vielfarbige Flammen hier und dort aufblitzten.

Einige Ruhebetten und goldene Leuchter im orientalischen Stil standen an verschiedenen Stellen, und da war auch das Bett, das Brautbett, von indischer Form, niedrig und aus massivem Ebenholz geschnitzt, mit einem Baldachin, der einem Bahrtuche glich. In jeder Ecke des Raumes stand ein riesiger Sarkophag aus schwarzem Granit, aus den Grabstätten der Könige von Luxor stammend, die verwitterten Sargdeckel mit uralten Reliefs bedeckt. Doch die Draperien des Zimmers waren das Phantastischste von allem. Die hohen Wände, riesenhaft, ja unverhältnismäßig in ihrer Höhe, waren von oben bis unten mit schweren und massiv aussehenden Stoffbehängen in breiten Falten bedeckt, und der gleiche Stoff diente als Teppich auf dem Estrich, als Decken auf den Ottomanen und dem Ebenholzbette, als Betthimmel und als prächtige in Falten geworfene Vorhänge, die teilweise das Fenster ausblendeten. Das Material war das reichste Goldgewebe. Es war in unregelmäßiger Anordnung über und über bedeckt mit tiefschwarzen Arabesken von etwa einem Fuß Durchmesser, die in das Gewebe eingewirkt waren. Aber nur von einem bestimmten Punkte aus betrachtet, hatten diese Figuren wirklich den Charakter von Arabesken. Durch einen jetzt allgemein bekannten Kunstgriff, der tatsächlich aus dem tiefsten Altertum stammt, waren sie bei der Betrachtung veränderlich. Wenn man den Raum betrat, machten sie nur den Eindruck von Ungeheuern, aber beim weiteren Vorwärtsschreiten verschwand dieser Anschein allmählich, und Schritt für Schritt, wie der Beschauer seinen Platz im Zimmer wechselte, sah er sich umringt von einer endlosen Reihe totenbleicher Gestalten, die zu dem Aberglauben der Normannen gehören oder in den sündhaften Träumen der

Mönche entstehen. Die Wirkung des Gaukelspiels wurde noch gewaltig erhöht durch die künstliche Einführung eines starken, andauernden Luftzuges hinter den Teppichen, der dem Ganzen eine greuliche und unheimliche Belebung verlieh.

In Hallen wie dieser, in einem Brautgemach wie diesem, verbrachte ich mit Lady von Tremaine die ruchlosen Stunden des ersten Monats unserer Ehe, verbrachte sie mit nur geringer Unruhe. Es konnte mir nicht entgehen, daß mein Weib die wilde Launenhaftigkeit meines Charakters fürchtete, daß sie mir auswich und mich wohl nicht liebte; aber das freute mich mehr, als wenn es umgekehrt gewesen wäre. Ich verabscheute sie mit einem Hasse, der mehr eines Teufels als eines Menschen würdig war. Meine Erinnerung flog zurück (o mit welcher Heftigkeit des Grams!) zu Ligeia, der Geliebten, der Hehren, der Schönen, der Begrabenen. Ich schwelgte in dem Gedanken an ihre Reinheit, ihr Wissen, ihre erhabene und vergeistigte Natur, ihre leidenschaftliche, ihre vergötternde Liebe. Jetzt endlich entbrannte meine Seele voll und frei in noch heftigerem Feuer als ihrem eigenen. In der Erregung meiner Opiumträume (denn ich war gewöhnlich von dem Gifte berauscht) rief ich laut ihren Namen in die Stille der Nacht oder am Tage in die verborgenen Schlupfwinkel der Schluchten, als ob ich durch die wilde Begierde, die feierliche Leidenschaft, die verzehrende Glut meines Sehnens nach der Heimgegangenen, sie auf die Pfade, die sie verlassen (o möchte es für immer sein!), zur Erde zurückführen könnte.

Gegen Anfang des zweiten Monats unserer Ehe wurde Lady Rowena von einer plötzlichen Krankheit befallen, von der sie sich nur langsam erholte. Das Fieber, das sie verzehrte, machte ihre Nächte unruhig, und in dem gestörten Zustande ihres Halbschlummers sprach sie von Lauten und Bewegungen im Turmzimmer und außerhalb, die, wie ich glaubte, nur in der Aufregung ihrer Phantasie oder vielleicht in den gauklerischen Einflüssen des Zimmers selbst ihren Ursprung hatten. Sie erholte sich allmählich und genas schließlich. Doch nur eine kurze Zeit verstrich, bevor eine zweite heftigere Störung sie wiederum auf das Schmerzenslager warf; und von diesem Anfalle erholte sich ihr Körper, der von jeher schwach war, niemals vollständig. Die Krankheitserscheinungen waren von dieser Zeit an beunruhigend und noch beunruhigender die Rückfälle, die dem Wissen und der großen Geschicklichkeit ihrer Ärzte spotteten. Mit dem Zunehmen der chronischen Krankheit, die offensichtlich ihre Konstitution zu heftig angegriffen hatte, um noch durch menschliches Können ausgerottet zu werden, mußte ich eine gleiche Zunahme der nervösen Erregbarkeit ihres Temperamentes und ihrer Reizbarkeit bei unbedeutenden Ursachen zur Furcht beobachten. Sie sprach wieder, und jetzt häufiger und hartnäckiger, von den Lauten – von den schwachen Lauten – und den ungewöhnlichen Bewegungen an den Teppichen, die sie früher schon erwähnt hatte.

Eines Nachts gegen Ende September machte sie mich dringender als sonst auf diese qualvollen Eindrücke aufmerksam. Sie war eben aus einem unruhigen Schlafe erwacht, und ich hatte mit Gefühlen halb von Angst, halb von ungewissem Schrecken die Verheerung in ihrem abgezehrten Gesichte beobachtet. Ich saß neben ihrem Ebenholzbette auf einer der indischen Ottomanen. Sie richtete sich halb auf und sprach mit einem ernsten leisen Flüstern von Lauten, die sie da hörte, aber die ich nicht hören konnte – von Bewegungen, die sie dort sah, aber die ich nicht wahrnehmen konnte. Der Wind rauschte hastig hinter den Wandteppichen, und ich wünschte, ihr zu beweisen (was, laßt es mich gestehen, ich nicht ganz glauben konnte), daß jenes kaum hörbare Atmen und jene sehr geringen Veränderungen der Figuren an den Wänden nur die natürlichen Wirkungen des üblichen Rauschens seien. Aber eine Totenblässe, die ihr Gesicht überzog, bewies mir, daß meine Bemühungen, sie zu beruhigen, fruchtlos sein würden. Sie schien ohnmächtig zu werden, und keine Dienerschaft war in Rufweite. Ich erinnerte mich, wo eine Kanne des leichten Weines, der ihr von den Ärzten verordnet war, stand, und eilte durch den Raum, ihn zu holen. Aber als ich in dem Lichtschein des Weihrauchkessels schritt, erweckten zwei Umstände von erschreckender Art meine Aufmerksamkeit. Ich fühlte, daß ein greifbarer und doch unsichtbarer Gegenstand leicht an meiner Person vorbeistreifte; und ich sah, daß dort auf dem goldenen Teppich gerade in der Mitte des hellen Scheines, der von dem Weihrauchkessel geworfen wurde, ein Schatten lag – ein schwacher, unbestimmter Schatten von engelhafter Gestalt – so, wie man sich den Schattens eines Schattens vorstellen mag. Doch ich war durch eine unmäßige Dosis von Opium wild erregt und beachtete diese Dinge nur wenig, sprach auch nicht darüber mit Rowena. Als ich den Wein gefunden hatte, ging ich durch das Zimmer zurück, goß einen Becher voll und hielt ihn an die Lippen der ohnmächtigen Lady. Sie war nun teilweise wieder zu sich gekommen und nahm das Gefäß selbst, während ich auf eine in der Nähe stehende Ottomane sank, meine Augen auf ihre Person geheftet. In diesem Augenblicke war es, daß ich deutlich einen leichten Schritt auf dem Teppich nahe dem Bette hörte; und eine Sekunde später, als Rowena den Wein zu ihren Lippen führte, sah ich – oder habe ich es nur geträumt? – in den Becher, wie aus einer unsichtbaren Quelle in der Atmosphäre des Raumes, drei oder vier große Tropfen einer leuchtenden, rubinroten Flüssigkeit fallen. Ich sah es – doch nicht Rowena. Sie trank den Wein ohne Zaudern, und ich unterließ es, mit ihr über eine Sache zu sprechen, die trotz allem nur die Eingebung einer lebhaften Phantasie sein mochte, die durch das Entsetzen der Lady, das Opium und die nächtliche Stunde krankhaft erregt war.

Doch ich kann es nicht vor mir selbst verhehlen, daß sofort nach dem Fallen der Rubintropfen ein rascher Wechsel zum Schlimmeren in der Krankheit meines Weibes eintrat, so daß in der dritten darauffolgenden Nacht die Hände ihrer Dienerinnen sie für das Grab ankleideten; und in der vierten saß ich allein mit ihrer verhüllten Leiche in jenem phantastischen Zimmer, das sie als meine Braut empfangen hatte. Wilde Visionen, vom Opium erzeugt, flatterten schattengleich um mich. Mit unruhigem Auge blickte ich auf die Sarkophage in den Ecken des Raumes, auf die wechselnden Figuren der Wandbehänge und auf das Züngeln der vielfarbigen Flammen des Weihrauchkessels über meinem Kopfe. Ich rief mir die Geschehnisse einer früheren Nacht ins Gedächtnis zurück, und mein Blick fiel auf den Fleck unter dem Schein des Weihrauchkessels, wo ich die schwachen Spuren des Schattens gesehen hatte. Er war jedoch nicht mehr da; und freier atmend wandte ich meine Blicke zu der bleichen, starren Form auf dem Bette. Dann überfielen meinen Geist tausend Erinnerungen an Ligeia, und zu meinem Herzen strömte mit der stürmischen Gewalt einer Flut das ganze unsagbare Weh, mit dem ich sie, als sie so verhüllt dalag, betrachtet hatte. Die Nacht verstrich; und noch immer das Herz voll bitterer Gedanken an die eine einzig und unsagbar Geliebte starrte ich auf die Leiche Rowenas.

Es mag Mitternacht gewesen sein, vielleicht auch früher oder später, denn ich hatte nicht auf die Zeit geachtet, als ein leises, sanftes, doch sehr deutliches Schluchzen mich aus meiner Träumerei aufschreckte. Ich fühlte, daß es von dem Ebenholzbette herkam – dem Totenbette. Ich lauschte in unbeschreiblichem, abergläubischem Schrecken – aber der Ton wiederholte sich nicht. Ich strengte meine Augen an, irgendeine Bewegung an der Leiche zu entdecken, aber nicht die leiseste war wahrnehmbar. Und doch konnte ich mich nicht getäuscht haben. Ich hatte das Geräusch gehört, wenn auch nur schwach, und meine Seele war in mir aufgeschreckt. Entschlossen und beharrlich hielt ich meine Aufmerksamkeit fest auf die Leiche gerichtet. Viele Minuten vergingen, ehe sich etwas ereignete, das Licht auf das Geheimnis werfen konnte. Endlich sah ich, daß ein leichter, sehr schwacher und kaum wahrnehmbarer Farbenhauch in die Wangen und die kleinen Äderchen der eingesunkenen Augenlider geschossen war. In einer Art unaussprechlichen Entsetzens und scheuer Furcht, für die die menschliche Sprache keine hinreichend ausdrucksvolle Bezeichnung hat, fühlte ich, wie mein Herz aufhörte zu schlagen, meine Glieder in ihrer Stellung erstarren. Doch schließlich gab mir ein Gefühl der Pflicht meine Selbstbeherrschung zurück. Ich konnte nicht länger bezweifeln, daß wir unsere Vorbereitungen übereilt hatten – daß Rowena noch lebte. Es mußte sofort etwas geschehen; aber der Turm war vollständig getrennt von dem Teil der Abtei, wo die Dienerschaft sich aufhielt – niemand von ihnen in Hörweite – ich hatte keine Möglichkeit, sie zu meiner Hilfe herbeizurufen, ohne den Raum für mehrere Minuten zu verlassen – und das konnte ich nicht wagen. Ich mühte mich deshalb allein ab in meinen Bestrebungen, das noch zögernde Leben zurückzurufen. Nach kurzer Zeit war jedoch offensichtlich ein Rückschlag eingetreten; die Farbe verschwand von Augenlidern und Wangen, und es blieb eine mehr als marmorgleiche Blässe; die Lippen preßten und zogen sich zusammen zu dem unheimlichen Ausdruck des Todes; eine abstoßende Klebrigkeit und Kälte überzog rasch die Oberfläche der Leiche; und die übliche strenge Starre trat sofort ein. Mit einem Schauder fiel ich auf die Ottomane zurück, von der ich so überrascht aufgeschreckt war, und wieder gab ich mich ganz den leidenschaftlichen Wachträumen von Ligeia hin.

So verging eine Stunde, als (konnte es möglich sein?) ich ein zweites Mal einen undeutlichen Ton, der von dem Bette kam, vernahm. Ich lauschte – in schauderndem Entsetzen. Der Ton wiederholte sich – es war ein Seufzer. Ich stürzte zu der Leiche und sah – sah deutlich – ein Zittern auf den Lippen. Eine Minute später öffneten sie sich und zeigten eine glänzende Reihe perlengleicher Zähne. Erschrecken kämpfte jetzt in meinem Herzen mit der tiefen Furcht, die bisher allein dort geherrscht hatte. Ich fühlte, daß meine Augen trübe wurden, daß ich phantasierte; und nur durch gewaltsame Anstrengung gelang es mir, mich zu der Aufgabe aufzuraffen, die die Pflicht mir wieder gebot. Jetzt war eine teilweise Röte auf der Stirn, den Wangen und der Kehle; eine wahrnehmbare Wärme durchflutete den ganzen Körper; selbst das Herz schlug schwach. Die Lady lebte; und mit verdoppeltem Eifer machte ich mich an die Aufgabe, das Leben zurückzurufen. Ich rieb und befeuchtete Schläfe und Hände und wandte jedes Mittel an, das Erfahrung und ein nicht geringes medizinisches Wissen mir eingaben. Aber vergebens. Plötzlich verflog die Röte, der Pulsschlag setzte aus, die Lippen nahmen wieder den Ausdruck des Todes an, und einen Augenblick später ergriff wieder den ganzen Körper die eisige Kälte, die Leichenfarbe, die gespannte Starre, die eingesunkene Form und alle die widerlichen Kennzeichen einer Leiche, die viele Tage im Grabe gelegen hat.

Und wieder versank ich in Träumereien von Ligeia – und wieder (ist es ein Wunder, wenn ich beim Schreiben zaudere), wieder klang an mein Ohr ein leises Schluchzen von dem Ebenholzbette her. Doch warum soll ich alle unaussprechlichen Schrecken jener Nacht erzählen? Warum soll ich bei dem Berichte verweilen, wie von Zeit zu Zeit bis fast zur grauen Dämmerung dieses gräßliche Drama der Wiederbelebung sich wiederholte, wie jeder erschreckende Rückfall nur zu einem grausameren, unabänderlichen Tode führte – wie jeder Todeskampf den Anschein eines Ringens mit einem unsichtbaren Feinde hatte, und wie jedem Kampf eine mir unerklärlich unheimliche Veränderung in dem körperlichen Aussehen der Leiche folgte? Laßt mich zum Ende eilen.

Der größte Teil der furchtbaren Nacht war vergangen, und sie, die tot gewesen war, bewegte sich einmal wieder – und jetzt kräftiger als bisher, obwohl sie von einer erschreckenderen, hoffnungsloseren Auflösung erstand wie je. Ich hatte schon lange aufgehört, mich zu sträuben oder zu rühren, und blieb starr auf der Ottomane sitzen als hilflose Beute eines Wirbels heftiger Erregungen, von denen

Furcht vielleicht die wenigst schreckliche, die wenigst verzehrende war. Die Leiche bewegte sich, und zwar stärker als zuvor. Die Farben des Lebens fluteten kräftiger als bisher in das Gesicht – die Glieder lösten sich –, und, wenn nicht die Augenlider noch fest zusammengepreßt und durch die Bänder und Hüllen das Aussehen der Gestalt das einer Leiche geblieben wäre, hätte ich wähnen können, Rowena habe endlich wirklich die Fesseln des Todes abgeschüttelt. Aber obgleich ich diesen Gedanken nicht gleich zu fassen vermochte, konnte ich doch nicht mehr länger daran zweifeln, als die in Leichentücher gehüllte Gestalt sich vom Bette erhob und schwankend mit schwachen Schritten, mit geschlossenen Augen, wie aus dem Traume aufgeschreckt, leibhaftig und greifbar in die Mitte des Raumes trat.

Ich zitterte nicht – ich bewegte mich nicht –, denn eine Flut unaussprechlicher Vorstellungen, von der Miene, der Gestalt und dem Gebaren der Erscheinung hervorgerufen und wie im Sturme mir durch den Kopf brausend, hatten mich gelähmt, mich zu Stein erstarrt. Ich bewegte mich nicht – aber ich starrte auf die Erscheinung. Eine wahnsinnige Verwirrung war in meinen Gedanken – ein unbezähmbarer Aufruhr. Konnte es tatsächlich die lebende Rowena sein, die vor mir stand? Konnte es überhaupt Rowena, die blondhaarige, blauäugige Lady

Rowena Trevanion von Tremaine sein? Warum, warum sollte ich zweifeln? Die Bänder lagen fest um ihren Mund – sollte es doch nicht der Mund der atmenden Lady von Tremaine sein? Und die Wangen – sie waren rosig wie im Mittag ihres Lebens – ja, es mochten wohl die schönen Wangen der lebenden Lady von Tremaine sein? Und das Kinn mit seinen Grübchen wie in gesunden Tagen, konnte es nicht das ihrige sein? Aber war sie seit ihrer Krankheit größer geworden? Welcher unaussprechliche Wahnsinn ergriff mich bei diesem Gedanken? Ein Sprung, und ich war zu ihren Füßen! Vor meiner Berührung zurückweichend, ließ sie die weißen Leinentücher, die ihr Haupt umhüllt hatten, herabfallen, und in die rauschende Luft des Zimmers strömten gewaltige Massen langen, verwirrten Haares; es war schwärzer als die Schwingen der Nacht! Und nun öffneten sich langsam die Augen der Gestalt, die vor mir stand. „Hier endlich", schrie ich laut, „kann ich nie – niemals mich täuschen – dies sind die tiefen, schwarzen, die seltsamen Augen – meiner verlorenen Liebe – der Lady – der Lady Ligeia."

# *Morella*

> Αὐτό καθ' αὐτό μεθ αὐτού, μονοειδές αει όν.
> *Ein Wesen, ewig eingestaltig mit sich selbst*
> *und für sich selbst.*
> Plato (Sympos.)

Mit einem Gefühl tiefer, doch höchst seltsamer Neigung betrachtete ich meine Freundin Morella. Ein Zufall hatte mich vor vielen Jahren in ihre Gesellschaft geführt; doch schon seit der ersten Begegnung glühte mein Herz in einem Feuer, das es vorher nie gekannt hatte; aber dieses Feuer war nicht das des Eros, und bitter und quälend war mir die wachsende Gewißheit, daß ich weder seine außergewöhnliche Ausbreitung erklären, noch auch seine ungewisse Heftigkeit beeinflussen könne. Und doch trafen wir uns; und das Schicksal verband uns am Altar; und ich habe nie von Leidenschaft gesprochen noch an Liebe gedacht. Sie jedoch floh die

Gesellschaft, schloß sich nur an mich an und machte mich glücklich. Es ist ein Glück, zu erstaunen, es ist ein Glück, zu träumen. Morellas Bildung war tiefgründig. So wahr ich zu leben hoffe, ihre Talente waren nicht von gewöhnlicher Art – ihre Geisteskraft war riesengroß. Das fühlte ich und wurde in vieler Beziehung ihr Schüler. Aber bald merkte ich, daß sie – vielleicht infolge ihrer Preßburger Erziehung – mir eine Anzahl jener mystischen Schriften vorlegte, die gewöhnlich als die Hefe der frühen deutschen Literatur bezeichnet werden. Diese waren – ich konnte nicht begreifen weshalb – ihre liebsten und dauernden Studien – und daß sie im Laufe der Zeit auch die meinigen wurden, kann nur dem einfachen aber wirksamen Einfluß der Gewohnheit und des Beispiels zugeschrieben werden. Mit allem diesem hatte, wenn ich mich nicht irre, mein Verstand wenig zu tun; meine Überzeugungen, wenn ich mich nicht selbst verkenne, wurden in keiner Weise von diesem Ideal beeinflußt; auch war weder in meinen Taten noch in meinen Gedanken ein Widerschein jener mystischen Lektüre zu finden. In dieser Überzeugung überließ ich mich vollständig der Führung meiner Frau und drang ohne Scheu in die Verwicklungen ihrer Studien ein. Und dann, dann, wenn wir über verbotenen Seiten brüteten und ich einen verbotenen Geist mich entzünden fühlte, legte Morella ihre kalte Hand auf die meinige und stöberte aus der Asche einer toten Philosophie einige leise, sonderbare Worte auf, deren befremdende Bedeutung sich in mein Gedächtnis einbrannte. Und dann, Stunde auf Stunde, konnte ich an ihrer Seite hinschmachten und der Musik ihrer Stimme lauschen, bis schließlich ihre Melodie mit Entsetzen vermischt war, ein Schatten auf meine Seele fiel, ich bleich wurde und bei so unirdischen Tönen im Innersten schauderte. Und so schwand die Freude plötzlich in Grauen, das Schönste wurde das Gräßlichste, wie Hinnom Gehenna wurde.

Es ist unnötig, genau die Art jener Erörterungen zurückzurufen, die, aus den erwähnten Büchern stammend, lange Zeit fast die einzige Unterhaltung zwischen Morella und mir bildeten. Die Gelehrten, denen die sogenannte theologische Sittenlehre bekannt ist, werden sie leicht verstehen, und von den Ungelehrten würden sie gewiß kaum verstanden werden. Fichtes wilder Pantheismus, die veränderte Παλιγγενεσία des Pythagoras; und vor allem die von Schelling vertretene Identitätstheorie waren im allgemeinen die Unterhaltungsstoffe, die der einbildungsstarken Morella als die schönsten erschienen.

Von jener Identität, die man die „Persönliche" nennt, sagt Locke, wenn ich nicht irre, daß sie in der Einheit vernünftiger Wesen bestehe, und da wir unter einer Person ein mit Verstand begabtes Wesen verstehen, und da es ein Bewußtsein gibt, das immer das Denken begleitet, so ist es dies, was uns zu dem macht, was wir „Unser Ich" nennen; wodurch wir uns von anderen denkenden Wesen unterscheiden und was uns unsere persönliche Identität gibt. Aber das *principium individuationis*, das Bewußtsein der Identität, die im Tode auf ewig verloren wird oder fortdauert, war mir von jeher ein Betrachtungsgegenstand von dringendstem Interesse, nicht nur wegen der verwirrenden und erregenden Natur seiner Folgen, sondern auch wegen der bestimmten und lebhaften Art, wie Morella darüber sprach.

Schließlich war die Zeit gekommen, wo die geheimnisvolle Art meiner Frau mich wie ein Zauberspruch bedrückte. Ich konnte die Berührung ihrer blassen Finger nicht länger ertragen, noch den leisen Ton ihrer musikalischen Stimme, noch den Glanz ihrer trübsinnigen Augen. Und sie wußte alles dies, aber sie empörte sich nicht dagegen; sie schien meine Schwäche oder Tollheit zu verstehen und nannte sie lächelnd Schicksal. Sie schien auch die mir selbst unbewußte Ursache meiner zunehmenden Entfremdung zu kennen, gab mir aber weder Wink noch Zeichen über deren Natur. Und doch war sie ein Weib und schwand von Tag zu Tag dahin. Bald wurden die roten Flecken auf der Wange stetig und die blauen Adern auf der blassen Stirn vorstehend; in einem Augenblick schmolz mein

Herz vor Mitleid, im nächsten traf mich der Blick ihrer wissenden Augen, und dann empfand meine Seele Abscheu, und ich wurde schwindlig wie jemand, der in einen schaurigen und unergründlichen Abgrund hinabblickt.

Soll ich nun sagen, daß ich mich mit ernstlichem und verzehrendem Wunsche nach Morellas Tode sehnte? Ich tat es; aber der gebrechliche Geist hing noch viele Tage an seinen irdischen Schlacken, viele Wochen und beschwerliche Monate, bis meine gequälten Nerven die Herrschaft über mein Gemüt erlangten, und ich über die Verzögerung wütend wurde und mit dem Herzen eines Feindes den Tagen, den Stunden und den bittern Augenblicken fluchte, die immer länger zu werden schienen, als ihr sanftes Leben zu Ende ging, wie die Schatten, wenn der Tag vergeht.

An einem Herbstabend, als kein Wind vom Himmel wehte, rief mich Morella an ihr Bett. Es war ein dünner Nebel über der ganzen Erde und ein warmes Glühen über dem Wasser, und über die bunten Oktoberblätter des Waldes war ein Regenbogen vom Himmel gespannt.

„Dies ist der Tag der Tage", sagte sie, als ich zu ihr trat, „ein Tag aller Tage, zum Leben oder zum Sterben. Es ist ein schöner Tag für die Söhne der Erde und des Lebens, ach, noch schöner für die Töchter des Himmels und des Todes."

## MORELLA

Ich küßte ihre Stirn, und sie fuhr fort: „Ich sterbe, und doch werde ich leben."

„Morella!"

„Es hat nie eine Zeit gegeben, da du mich lieben konntest – aber sie – die du im Leben verabscheutest, sollst du im Tode verehren."

„Morella!"

„Ich wiederhole, daß ich im Sterben liege, aber in mir ist ein Pfand jener Liebe – o wie war sie schwach! –, die du für mich, Morella, empfandest. Und wenn mein Geist scheidet, soll das Kind leben. Dein Kind und das meine, Morellas Kind. Aber deine Tage sollen Tage der Sorge sein – der Sorge, die von allen Empfindungen die dauerndste ist, wie die Zypresse der ausdauerndste Baum ist.

Denn die Tage deines Glückes sind vergangen; und die Freude wird nicht zweimal im Leben gefunden, wie die Rosen von Pästum zweimal im Jahre blühen. Du sollst nicht länger den Teian mit der Zeit spielen, sondern, da du Myrte und Weinstock nicht kennen wirst, sollst du dein Leichentuch auf Erden tragen wie die Mohammedaner in Mekka."

„Morella!" schrie ich, „Morella! Woher weißt du das?"

Aber sie wandte ihr Gesicht fort auf dem Kissen, und während ein schwaches Zittern ihre Glieder überfiel, starb sie, und ich hörte ihre Stimme nie wieder.

Doch, wie sie vorher gesagt hatte, das Kind, dem sie im Sterben das Leben gab und das erst atmete, als die Mutter aufgehört hatte zu atmen, ihr Kind, eine Tochter, lebte. Und wuchs seltsam heran an Gestalt und Verstand und war das genaue Ebenbild jener, die geschieden war, und ich liebte sie inniger, als ich für möglich gehalten hatte, irgendeinen Erdenbewohner zu lieben.

Aber es dauerte nicht lange, da wurde der Himmel dieser reinen Liebe getrübt, und Schwermut und Entsetzen und Kummer überzogen ihn mit Wolken. Ich sagte, das Kind wuchs seltsam heran an Gestalt und Verstand. Seltsam war in der Tat ihr rasches körperliches Wachsen, aber schrecklich, ach so schrecklich waren die verworrenen Gedanken, die mich überfielen, während ich die Entwicklung ihres Geistes beobachtete. Konnte es auch anders sein, da ich täglich in den Auffassungen des Kindes die reifen Kräfte und Fähigkeiten des Weibes entdeckte? Wenn Erfahrungslehren von den Lippen der Kindheit fielen? Und wenn ich stündlich die Weisheit oder die Leidenschaft des reifen Alters aus ihren großen, sinnenden Augen scheinen sah? Als, wie gesagt, alles dies meinen erschreckten Sinnen klar wurde – als ich es nicht länger vor meiner Seele verbergen, nicht es von meinen Gedanken entfernen konnte –, die davor zitterten, es zu begreifen – ist es da zu verwundern, daß ein Verdacht von

## MORELLA

schrecklicher und aufregender Natur sich in meinen Geist geschlichen hatte, daß mein Denken entsetzt in die unheimlichen Reden und weitreichenden Theorien der verstorbenen Morella zurückfiel? Ich verbarg vor der Neugierde der Welt ein Wesen, das zu verehren das Schicksal mir gebot, und in der strengen Zurückgezogenheit meines Heims wachte ich mit verzehrender Ängstlichkeit über allem, was das geliebte Wesen anging.

Und wie die Jahre dahinschwanden und ich Tag um Tag auf ihr heiliges, mildes und ausdrucksvolles Gesicht schaute und über ihre reifende Gestalt grübelte, entdeckte ich jede Stunde neue Ähnlichkeiten bei dem Kinde mit der melancholischen, toten Mutter. Und allstündlich wurden diese Schatten der Ähnlichkeit dunkler und voller, ausgesprochener, bestürzender und fürchterlicher in ihrem Aussehen. Ich konnte ertragen, daß ihr Lächeln dem ihrer Mutter ähnelte. Ich konnte auch ertragen, daß ihre Augen wie die ihrer Mutter waren, aber zu oft sahen sie in die Tiefen meiner Seele ganz mit Morellas eigener eindringlicher und bestürzender Absichtlichkeit. Und in den Linien der hohen Stirn, in den Löckchen des seidenweichen Haares, in den blassen Fingern, die sich hineinvergruben, in dem melodischen Klang der Sprache und vor allem, o vor allem in den Redewendungen und Ausdrücken der Toten auf den Lippen der Lebenden, Geliebten, fand ich

## MORELLA

Grund zu verzehrenden Gedanken und zum Entsetzen – einen Wurm, der nie sterben würde.

So vergingen zwei Lustren ihres Lebens, und noch immer blieb meine Tochter namenlos auf Erden. „Mein Kind", „meine Liebe" waren die Bezeichnung meiner väterlichen Zärtlichkeit, und die strenge Abgeschlossenheit ihres Lebens verhinderte allen anderen Verkehr. Morellas Name starb mit ihr auf Erden. Ich hatte nie mit der Tochter von der Mutter gesprochen; es war mir unmöglich, von ihr zu sprechen. In der kurzen Zeit ihres Lebens hatte jene keine Eindrücke von der Außenwelt erhalten außer denen, die ihr die engen Grenzen ihrer Zurückgezogenheit bieten konnten. Aber schließlich erschienen meinem Gemüt in seinem entnervten und aufgeregten Zustande die Tauffeierlichkeiten als eine augenblickliche Erlösung von den Schrecken meines Schicksals. Noch am Taufbecken zögerte ich, welchen Namen ich ihr geben sollte. Und die Namen der Weisen und Schönen aus alten und neuen Zeiten, aus meinem eigenen und fremden Ländern, drängten sich auf meine Lippen mit vielen, vielen schönen Namen der Sanften, Glücklichen und Guten. Was nötigte mich dann, die Erinnerung an die Tote, Begrabene aufzustören? Welcher Teufel zwang mich, jenen Laut zu flüstern, dessen Erinnerung schon das rote Blut in Strömen von meinen Schläfen in mein Herz ebben ließ? Welcher Feind sprach aus den Winkeln meiner Seele, als ich inmitten jener dunklen Chorgänger in der Stille der Nacht dem Gottesmann die Silben „Morella" ins Ohr flüsterte? Was Schlimmeres als ein Feind verkrampfte die Züge des Kindes und übersprühte sie mit den Farben des Todes, als es bei dem kaum hörbaren Klang stutzte, die glasigen Augen von der Erde zum Himmel aufhob und, auf die schwarzen Fliesen unserer Ahnengruft fallend, rief: „Hier bin ich!"

Deutlich, kalt und still fielen diese wenigen einfachen Töne in mein Ohr und rollten von dort wie geschmolzenes Blei zischend in mein Gehirn. Jahre, viele Jahre mögen dahinschwinden, aber die Erinnerung an diese Zeit nimmermehr! Ich verschmähte keineswegs die Blumen und den Wein, aber Schierling und Zypresse überschatteten mich bei Nacht und am Tage. Und ich beachtete weder Zeit noch Raum, und die Sterne meines Schicksals schwanden vom Himmel, und die Erde wurde dunkel, und ihre Gestalten glitten an mir vorbei wie fliehende Schatten, und unter ihnen sah ich nur – Morella. Die Winde des Firmaments atmeten nur einen Ton in mein Ohr, und die kräuselnden Wellen der See murmelten immer nur – Morella. Doch sie starb, mit eigenen Händen trug ich sie zu Grabe, und ich lachte mit langem und bitterem Lachen, als ich keine Spur der ersten in der Gruft fand, wo ich sie bettete, die zweite – Morella.